Erschienen im
Jubiläumsjahr 1997
bei Klett-Cotta

Howard Gardner
in Zusammenarbeit mit Emma Laskin

Die Zukunft der Vorbilder

Das Profil der innovativen Führungskraft

Aus dem Amerikanischen von
Ute Spengler

Klett-Cotta

Klett-Cotta
Die Originalausgabe erschien unter dem Titel
„Leading Minds. An Anatomy of Leadership"
im Verlag Basic Books, New York
© 1995 by Howard Gardner
Für die deutsche Ausgabe
© J. G. Cotta'sche Buchhandlung Nachfolger GmbH, gegr. 1659,
Stuttgart 1997
Fotomechanische Wiedergabe nur mit Genehmigung des Verlags
Printed in Finland
Schutzumschlag: Dietrich Ebert
Gesetzt aus der 10 Punkt Sabon
von Offizin Wissenbach, Würzburg
Auf holz- und säurefreiem Werkdruckpapier gedruckt
und gebunden von Söderström, Porvoo

Die Deutsche Bibliothek – CIP-Einheitsaufnahme
Gardner, Howard:
Die Zukunft der Vorbilder : das Profil der innovativen
Führungskraft / Howard Gardner. In Zusammenarbeit mit
Emma Laskin. Aus dem Amerikan. von Ute Spengler. –
Stuttgart : Klett-Cotta, 1997
Einheitssacht.: Leading minds <dt.>
ISBN 3-608-91809-4

Gewidmet Judith Krieger Gardner (1943–1994),
die das Denken, Fühlen und Handeln
aller Menschen beeinflußt hat, die sie kannten,

und

Erik Homburger Erikson (1902–1994),
dem Lehrer und Freund;
er beeinflußte das Denken, Fühlen und Handeln
einer Generation.

Inhalt

Vorwort

Es war nicht vorauszusehen, daß die zwei jüngsten meiner Buchpublikationen mich zu einer weiterführenden Beschäftigung mit der Frage erfolgreicher Menschenführung veranlassen könnten. In *Creating Minds: An Anatomy of Creativity Seen through the Lives of Freud, Einstein, Picasso, Strawinsky, Eliot, Graham and Gandhi* (1993) (dt. So genial wie Einstein. Schlüssel zum kreativen Denken, 1996) hatte ich sieben schöpferische Persönlichkeiten untersucht, deren erstaunlichste Leistungen in die Zeit um die Jahrhundertwende fielen. Der Vergleich zeigte sowohl auffallende Parallelen als auch verblüffende Unterschiede, doch erkannte ich bald, daß Gandhi in dieser Gruppe eine Sonderstellung einnahm. Während die übrigen sechs sich als Schrittmacher *innerhalb* spezifisch definierter Wirkungsfelder wie der Physik, Malerei oder Dichtung auszeichneten, sah Gandhi sein Ziel darin, zum Führer nicht nur einer Nation, sondern, wie sich zeigte, zum Lehrer der Menschheit zu werden. *Die Zukunft der Vorbilder* stellt den Versuch dar, über die Betrachtung kreativer Exponenten ihres Faches hinausgehend, die spezifischen Merkmale von Menschen zu bestimmen, die fachunabhängige Führung anstreben.

In meiner Untersuchung *The Unschooled Mind: How Children Think and How Schools Should Teach* (1991) (dt. Der ungeschulte Kopf. Wie Kinder denken, 2. Aufl. 1994) bin ich der Frage nachgegangen, warum Kinder, die in den ersten Lebensjahren gewöhnlich eine so mühelose Aufnahmefähigkeit zeigen, sich mit dem Erwerb der durch die Schule vermittelten Wissensinhalte und Fähigkeiten dennoch so schwer tun. Meine Forschungen führten mich zu dem Schluß, daß Kinder bereits mit etwa fünf Jahren über ein gut ausgebildetes natürliches – ‚ungeschultes‘ – Denkvermögen, das heißt über einfache theoretische Vorstellungen von Mensch und Welt, verfügen. Diese Theorien sind vielleicht originell, doch allzu oft naiv oder schlicht falsch. Die Schule ist nun zwar nach Kräften bemüht, das Denken der Fünfjährigen in eine differenziertere Richtung zu lenken, bleibt mit diesen Bemühungen indes meistens erfolglos. Man darf wohl sagen, daß die Mehrzahl der Erwachsenen, sofern sie sich nicht auf einem bestimmten Fachgebiet Expertenkenntnisse aneignen, die sie zwingen, die Welt auf grundlegend andere Art zu betrachten, ihrem kindlich-elementaren Theoriedenken treu bleiben.

Die Folgerungen aus dieser für den Wissenschaftler überraschenden Erkenntnis geben auch in sozialer Hinsicht zu denken. Führende Politiker und Politikerinnen, die die gesamte Wählerschaft ansprechen oder sich jenseits der einzelnen Fachsprachen zu allgemeinen Themen äußern, müssen sich auf das von mir so genannte „Denken der Fünfjährigen" einstellen – müssen die kindliche Denkweise akzeptieren oder aber, die Haltung des entschlossenen Pädagogen einnehmend, versuchen, sie zu ändern. Wie in *Der ungeschulte Kopf* im einzelnen dargelegt, ist das Vorhaben, einen Erwachsenen aus den eingeschliffenen Denkgewohnheiten des Vorschulalters herauszuführen, eine Aufgabe von Format.

Ungeplant und unmerklich ging aus der Konvergenz der Fragen, die ich in *So genial wie Einstein* und *Der ungeschulte Kopf* beinahe gleichzeitig verfolgte, das Thema eines dritten Buches, *Die Zukunft der Vorbilder*, hervor, dessen Geschichte allerdings weiter zurückführt. Politik und Welt-

geschehen haben mich schon als Kind fasziniert. Ich verschlang Zeitungen und Zeitschriften und hörte wie besessen
die Radionachrichten – der Druck auf die Einschalttaste war
zum Reflex geworden. Der Entschluß, über Führung und
Führungseigenschaften zu schreiben, hat es mir erlaubt, meiner Sucht nach politischen Nachrichten und nach Geschichte zu frönen. Im tieferen Sinn dieses leidenschaftlichen Interesses arbeitete ich Jahrzehnte an diesem Buch.

Erwähnt sei ein dritter und letzter Umstand, der zur Entstehung der Untersuchung beigetragen hat: die Überlegung,
daß Führung auch in einer sich hektisch wandelnden Welt
für die zentralen Institutionen, sei es die Schule oder der
Staat, von entscheidender Bedeutung bleibt. Vieles von dem,
was heute dem Gemeinwohl zugute kommt, ist dem Weitblick einflußreicher Männer und Frauen zu verdanken, und
ebenso viele Schrecken in aller Welt gehen auf Machtträger
zurück, die ihre vielleicht nicht geringere Begabung mit
destruktiven Folgen eingesetzt haben. Meine Untersuchung
könnte aus psychologischer Sicht zum Verständnis dessen
beitragen, was Führen bedeutet und warum fähige, konstruktive Führung im ausgehenden zwanzigsten Jahrhundert
nicht leicht zu verwirklichen ist.

Ich danke Judith Addington und James McGregor Burns,
die mir nahelegten, dieses Buch zu schreiben. Der Verwaltung des *Rockefeller Foundation Conference Center* in Bel-
lagio sowie dem *Center for Advanced Study in the Behavioral Sciences* in Stanford danke ich für die Möglichkeit, in
idyllischer Umgebung ungestört an den Entwürfen des
Buches zu arbeiten. Die Aufenthalte wurden durch Stipendien der Bauman Foundation, der MacArthur Foundation
sowie der Spencer Foundation getragen. Hilfreiche Kommentare und Anregungen verdanke ich, unter vielen ande-

ren: Rudolf Arnheim, Mary Catherine Bateson, Evan Bayh, Derek Bok, Sissela Bok, Gordon Brown, Jerome Bruner, Alfred Chandler, Sudhir Chandra, Ernesto Cortes, Vincent Crapanzano, Mihaly Csikszentmihalyi, John Dreibelbis, Neil Fligstein, Betty Friedan, John Gardner, Stephen Gessner, Peter Goldmark, Gerald Graff, Douglas Hague, Ronald Heifetz, Gerald Holton, Nina Holton, David Kipper, George Klein, Tanya Luhrmann, Geoff Mulghan, Nina Murray, Morris Offit, David Riesman, Felix Rohatyn, Milton Rosenberg, Henry Rosovsky, Albert Shanker, Hari Dev Sharma, Neil Smelser, John Stoessinger, Anthony Storr, Robert Sutton, Shirley Williams und Harry Woolf. Meine Freunde Tom Carothers, Mihaly Csikszentmihalyi, Bill Damon und Bob Ornstein, mein Sohn Jay und meine Frau, Ellen Winner, haben das ganze Manuskript gelesen und kommentiert sowie bei der Neuformulierung meiner zentralen These geholfen.

Eine unentbehrliche Grundlage für eine Untersuchung wie die vorliegende sind die hervorragenden Arbeiten vieler Biographen. Die betreffenden Autoren werden in den Anmerkungen des Buches aufgeführt. Da ich mich in den meisten Kapiteln stark auf einige einschlägige Biographien stütze, geht mein besonderer Dank an: Harry Ashmore, Mary Catherine Bateson, Taylor Branch, Alfred Chandler, Blanche Wiesen Cook, Edward Cray, François Duchene, Mary Ann Dzuback, David Garrow, Peter Goodchild, Peter Hebblethwaite, Jane Howard, Milton Mayer, Leonard Mosley, Forrest Pogue, Mark Stoler, Hugo Young und Giancarlo Zizola.

Die Zukunft der Vorbilder erscheint als zehntes Buch des Autors im Verlag *Basic Books*. Für ihre Unterstützung der vorliegenden Publikation danke ich meiner Lektorin Jo Ann Miller, ferner Kermit Hummel, Martin Kessler, Elliott Beard, Steve Csipke, Michael Mueller, Juliana Nocker und

Sharon Sharp. David Slatoff und Tamar Cohen besorgten die ansprechende Umschlaggestaltung.

Ein Wort schließlich zu den Verfassern des Buchs. Emma Laskin hat 1992 als wissenschaftliche Assistentin ihre Arbeit für mich aufgenommen und mir geholfen, das Material über die verschiedenen hier dargestellten Persönlichkeiten zusammenzutragen. Im Verlauf dieser gemeinsamen Arbeit erkannte ich, daß sie weit mehr war als eine kompetente und zuverlässige Hilfskraft. Sie hat nicht nur die Quellen gelesen und mit bewunderungswürdigem Scharfsinn kommentiert, sondern war mir überdies bei der Gesamtanlage des Werks behilflich. Ich möchte diese Unterstützung in gebührender Weise anerkennen und führe ihren Namen mit Vergnügen als den meiner Mitarbeiterin auf. Der theoretische Aufbau sowie die Formulierungen stammen von mir, doch viele einzelne Ideen gehen auf die zahllosen Memoranden und anregenden Gespräche zurück, zu der die monatelange, erfreuliche Zusammenarbeit Anlaß gab.

Teil I

Die theoretischen Grundlagen

1

Einleitung: Führung als kognitiver Prozeß

Mit Worten beherrschen wir Menschen.
Benjamin Disraeli

Praktiker, die sich von geistigen Einflüssen
völlig frei wähnen, sind gewöhnlich die Sklaven
eines verstorbenen Ökonomen.
John Maynard Keynes

Einstein und der Gipfel von Teheran

Ende November des Jahres 1943 trafen sich drei Männer
von damals bereits welthistorischem Rang in Teheran, der
Hauptstadt des Iran. Der Zweite Weltkrieg hatte sich definitiv zugunsten der Alliierten gewendet, als der britische
Premierminister Winston Churchill, der Präsident der Vereinigten Staaten, Franklin D. Roosevelt, und Staats- und Par-
teichef Iosif Stalin sich zum ersten Mal zusammensetzten,
um eine Reihe wichtiger Fragen zu besprechen. Während des
viertägigen Treffens erörterten die drei Staatsmänner und
ihre Repräsentanten unter anderem die Eröffnung einer
zweiten Westfront gegen die deutschen Truppen; die gegenüber Polen, Frankreich, der Türkei und China zu verfolgen-
de politische Linie; die Behandlung führender deutscher Persönlichkeiten nach Kriegsende sowie die Fortsetzung des

Die Führer der Alliierten in Teheran, 1943:
(sitzend v. l. n. r.) Stalin, Roosevelt, Churchill

Krieges gegen Japan und die übrigen Achsenmächte. Es
wurden jedoch nicht nur militärische und diplomatische
Entscheidungen getroffen – die Bündnispartner hatten sich
näher kennengelernt und die Allianz gefestigt.

Zur Zeit der Konferenz von Teheran führte Albert
Einstein ein ruhiges Leben in Princeton, New Jersey und
arbeitete wie in den vier vorausgegangenen Jahren an grundlegenden Fragen der Physik. In den Anfängen des Jahrhunderts hatte Einstein praktisch im Alleingang eine Revolution
der Physik eingeleitet. Der 1905 veröffentlichten speziellen
Relativitätstheorie war ein Jahrzehnt später die allgemeine
Relativitätstheorie gefolgt, zwei Theoreme, die bei ihrem
ursprünglichen Bekanntwerden von vorrangig wissenschaft-

Albert Einstein / Bettmann Archiv

lichem Interesse zu sein schienen, weil der Autor Probleme des Raums und der Zeit, der Schwerkraft und anderer physikalischer Kräfte behandelte. Es zeigte sich indessen, daß einige Aspekte seiner Arbeit, wie Einstein selbst erkennen mußte, von größter praktischer Bedeutung waren. In einem Brief aus dem Jahre 1939 teilte er Präsident Roosevelt mit, daß Bomben von kaum vorstellbarer Explosivkraft gebaut werden könnten, wenn es gelänge, in einer Masse von Uran Kettenreaktionen auszulösen. Beim Entschluß der amerikanischen Regierung, ein eigenes Kernwaffenprogramm in Angriff zu nehmen, spielte Einsteins warnender Hinweis eine ausschlaggebende Rolle. Ende 1943 war die Entwicklung der Atombombe in Los Alamos, New Mexico, in ihre entscheidende Phase getreten, ein Unternehmen, das ohne Einsteins umwälzende Einsicht in das Verhältnis von Masse und Energie undenkbar gewesen wäre.

Der Gedanke an Führerpersönlichkeiten ruft unwillkürlich die Vorstellung der politischen oder militärischen Heroen einer Epoche wach. Man denkt an Alexander den Großen, Napoleon, Abraham Lincoln oder die Generäle des amerikanischen Bürgerkriegs. Die bekannte Fotografie der Politiker Stalin, Churchill und Roosevelt auf der Veranda in Teheran ist ein Symbol dieses verbreiteten Führerbildes, und auf der Tagesordnung der Konferenz standen die Fragen von strategischer Bedeutung, mit denen wir uns Menschen in führenden Positionen gerne befaßt denken.

Auf den ersten Blick scheint kaum ein Mensch dieser Vorstellung weniger zu entsprechen als Einstein, dessen schwer verständliches Aufgabenfeld bis heute die wenigsten voll erfassen und der es obendrein liebte, die Fragen, die ihn beschäftigten, im Labor der eigenen Einbildungskraft zu bedenken, um sie danach vielleicht mit zwei, drei engen Mitarbeitern zu erörtern. Während des Ersten Weltkriegs war Einstein Pazifist. Erst im Gefolge von Hitlers Aufstieg zur Macht und gegen seine innersten Überzeugungen hatte er sich im Vorfeld des Zweiten Weltkriegs in politische Fragen hineinziehen lassen. Die Bitte, das Amt des Staatspräsidenten von Israel zu übernehmen, mit der man nach dem Tode Chaim Weizmanns an ihn herantrat, war für den Stubengelehrten ebenso amüsant wie beunruhigend, und zur Erleichterung beider Seiten, wie es heißt, lehnte er das Angebot umgehend ab.

Die ins Auge fallenden Unterschiede zwischen dem Führungstrio von Teheran und dem Gelehrten Einstein geben zu der berechtigten Frage Anlaß, ob es sinnvoll sei, so stark divergierende Persönlichkeitstypen im Zusammenhang zu sehen (oder darzustellen). Das Attribut Führer, das man Roosevelt oder Churchill bereitwillig zuerkennt, scheint einem Gelehrten wie Einstein unangemessen, es sei denn, man spräche unter Beifügung einer näheren Bestimmung vom *führenden Physiker.*

Meinem Buch liegt die These zugrunde, daß die Leistungen von Persönlichkeiten wie Churchill und Einstein besser faßbar werden, wenn man sich erstens auf deren Gemeinsamkeiten besinnt, zweitens aber, und dies vor allem, Zwischenglieder ins Auge faßt, die solche Prototypen verbinden. Im Vorgriff auf Späteres sei so viel gesagt, daß ich Churchill ebenso wie Einstein als Führungspersönlichkeiten betrachte, das heißt als Menschen, die das Denken, Verhalten und/oder Fühlen anderer signifikant beeinflußten. Churchills Einfluß war unmittelbarer Art; er kam durch persönliche Begegnungen und durch die Geschichten zustande, die der Politiker seiner wechselnden Zuhörerschaft vortrug. Ich nenne ihn darum einen *direkten* Führer. Einstein, der durch die von ihm entwickelten Ideen sowie deren Darstellung in Theorien oder Abhandlungen Einfluß ausübte, ist als *indirekter* Führer zu bezeichnen.

Einstein und Churchill stehen für die zwei Pole eines Kontinuums, das die *Einflußkapazität* einer Person (oder Personengruppe) angibt. (Mit dem Buchtitel „Wie man Einfluß nimmt" wäre ich meinem Thema ebenso gerecht geworden, hätte aber mit der lexikalischen Veränderung mein Ziel unterlaufen, das Nachdenken über Kreativität und Führung in neue Bahnen zu lenken.) Ein Kontinuum läßt sich zum einen von seinen Randzonen her verstehen; zu Churchill und verwandten Ausprägungen der Führungspersönlichkeit kehre ich denn auch im dreizehnten Kapitel zurück. Ein besseres

Verständnis der wesentlichen Elemente von Führung erreicht man jedoch durch den Vergleich von Einzelfällen, durch den Überblick über einen Kreis von Persönlichkeiten des zwanzigsten Jahrhunderts, der von der indirekten Einflußnahme, wie sie Einstein, Virginia Woolf oder Charles Darwin verkörpern, bis zur offenkundig direkten Führerschaft eines Stalin, eines Rommel oder einer Thatcher die ganze Bandbreite möglicher Führungsvarianten einschließt.

Der von mir gewählte Personenkreis umfaßt nicht nur ausgesprochen populäre Namen, ist jedoch geeignet, die zentrale Frage zu repräsentieren, die sich aus dem Vergleich Einsteins mit den weltpolitischen Akteuren von Teheran ergibt: Wer übte letztlich den größeren Einfluß aus – die drei mächtigsten Männer ihrer Zeit oder der einsame Denker, der über keine andere Waffe verfügte als eine kurze physikalische Gleichung? Auf diese irritierende Frage komme ich im Kontext verschiedener Führungsgestalten immer wieder zurück.

Elf Persönlichkeiten und ihr gemeinsamer Nenner

Es ist wenig wahrscheinlich, daß die elf Persönlichkeiten, deren Führungseigenschaften ich im folgenden genauer betrachte, bisher jemals in engeren Zusammenhang gebracht wurden. Herauszufinden, was sie verbindet, wäre eine Aufgabe für Liebhaber von Gesellschaftsspielen (vorausgesetzt, sie kennen die Einleitungsseiten dieses Buches nicht):

Margaret Mead (1901–1978), Ethnologin, erlangte Berühmtheit durch ihre Pionierarbeit zur Adoleszenz bei den Inselbewohnern der Südsee und ihre umfassenden Kenntnisse auf dem Gebiet des sozialen Wandels im zwanzigsten

Jahrhundert. Ihre ein halbes Jahrhundert umspannende unermüdliche Vortrags- und Publikationstätigkeit prägte die Vorstellung einer breiten Öffentlichkeit von Kindheit, Familie und Gesellschaft in den verschiedensten Weltregionen.

J. ROBERT OPPENHEIMER (1904–1967), theoretischer Physiker, wurde vor allem als Leiter des Manhattan-Projekts bekannt: von 1943 bis 1945 stand er an der Spitze eines beispiellos zahlreich und unterschiedlich zusammengesetzten Teams von Wissenschaftlern, die ausgewählt worden waren, die ersten Kernwaffen zu bauen. Nach dem Krieg auf dem brisanten Feld der Wissenschaftspolitik aktiv, wurde er später als Risiko für die nationale Sicherheit eingeschätzt. Er zog sich aus dem öffentlichen Leben zurück und verbrachte die letzten Jahre seines Lebens als geachteter Direktor des *Institute for Advanced Study* in Princeton.

ROBERT MAYNARD HUTCHINS (1899–1977) wurde mit dreißig Jahren Rektor der Universität Chicago und gewann mit seinen Vorstellungen von einer traditionsbezogenen, in Klassischer Philologie und Philosophie verankerten Hochschulbildung maßgeblichen Einfluß. Er blieb zeitlebens eine umstrittene Figur und amtierte in späteren Jahren als Stiftungsrat und Gründungsdirektor des *Center for the Study of Democratic Institutions*.

ALFRED P. SLOAN (1875–1966) gehörte zu den Begründern des modernen Großunternehmens. An der Spitze von General Motors gab er dem Konzern eine Organisationsform, die die Vorteile sowohl zentralisierter als auch dezentralisierter Strukturen nutzte. Als wichtiger Exponent der amerikanischen Wirtschaft vertrat er die Überzeugung, daß Amerika seine Stärke dem kapitalistischen System verdanke. Im Alter wurde er zu einem bedeutenden Philanthropen.

GEORGE C. MARSHALL (1880–1959) trat während des Zweiten Weltkriegs als hochbefähigter Stabschef der amerikanischen Armee hervor. Nach dem Krieg im Amt des Außenministers, gründete und überwachte er das Wiederaufbauprogramm für Westeuropa („Marshall-Plan"). Er machte sich weltweit einen Namen als unparteiischer Diener der Öffentlichkeit. Dennoch geriet er in den frühen fünfziger Jahren in die Schußlinie des Kommunistenjägers Joseph McCarthy.

PAPST JOHANNES XXIII. (1881–1963), geboren als Angelo Giuseppe Roncalli, war einer der bedeutendsten, zweifellos aber populärsten Päpste der neueren Zeit. Mit siebenundsiebzig Jahren als mutmaßlicher Papst des Übergangs ins höchste Pontifikalamt berufen, überraschte er seine geistlichen Kollegen durch die unverzügliche Ankündigung eines Vatikanischen Konzils, das die Rolle der katholischen Kirche in der modernen Welt neu überdenken sollte. Er forderte die Rückkehr zu den einfachen Glaubensinhalten des frühen Christentums, gab Anstöße zum Abbau der Spannungen zwischen den politischen Supermächten und wirkte vermittelnd zwischen Religionen, Nationen und Ideologien.

ELEANOR ROOSEVELT (1884–1962), Nichte von Theodore Roosevelt, 26. Präsident der Vereinigten Staaten, und Ehefrau Franklin D. Roosevelts, 32. Präsident der Vereinigten Staaten, setzte sich sowohl im eigenen Land als auch außerhalb Amerikas für Liberalismus und Menschenrechte ein. Da sie sich häufig links der von Franklin D. Roosevelt, ihrem

Mann, vertretenen politischen Positionen bewegte, zog sie den Unwillen der Kritiker auf sich. Ein Rollenvorbild für viele, besonders aber für die Frauen Amerikas, galt sie lange als die „meistbewunderte Frau der Welt".

Der Geistliche MARTIN LUTHER KING JR. (1929–1968) wurde zum sprachgewaltigsten und erfolgreichsten Anwalt der Afroamerikaner in der Mitte des zwanzigsten Jahrhunderts. Der von ihm organisierte Marsch nach Washington mobilisierte Millionen und gilt als Meilenstein in der Geschichte der Bürgerrechtsbewegung. Sein Einfluß als Führer der Schwarzen verlor an Gewicht, als er beschloß, sich in allgemeinen nationalen und internationalen Fragen zu engagieren. Sein gewaltsamer Tod durch die Hand eines fanatischen Anhängers der Rassentrennung hinterließ eine Lücke, die keiner seiner Nachfolger zu füllen vermochte.

MARGARET THATCHER (geb. 1925) entstammt bescheidenen mittelständischen Verhältnissen und stand in den Jahren von 1979 bis 1990 als Premierministerin an der Spitze einer konservativen britischen Regierung. Während ihrer Amtszeit leitete sie eine grundlegende Neuorientierung der sozialen, wirtschaftlichen und politischen Kräfte ihres Landes in die Wege. Ein Schlüsselmoment ihrer Amtszeit war ihr entschlossenes Führungskonzept während des Falklandkrieges (1982). Sie verschloß sich einer Annäherung an das westliche Europa, unterstützte indessen die Anknüpfung neuer Kontakte zu Osteuropa.

JEAN MONNET (1888–1979), französischer Ökonom und Diplomat, spielte eine entscheidende Rolle beim Wiederaufbau seines Landes nach dem Ende beider Weltkriege; er wirkte dabei jedoch weitgehend hinter den Kulissen. Seine guten Beziehungen zu Kreisen des Unternehmertums und der Politik auf beiden Seiten des Atlantik machten ihn zum ,internationalistisch' agierenden Partner des national orientierten de Gaulle. Aufgrund seiner jahrzehntelangen Bemühungen um die Verständigung von Völkern gilt er allgemein als Hauptarchitekt eines vereinten Europa.

MAHATMA GANDHI (1869–1948) war der politische und religiöse Führer, der seinen Heimatstaat Indien in der ersten Hälfte des zwanzigsten Jahrhunderts zur Unabhängigkeit führte. Er entwickelte und praktizierte eine asketisch geprägte Lebenslehre, der sich viele seiner engeren Mitarbeiter anschlossen. Das von Gandhi inaugurierte neuartige Verfahren zur Lösung sozialer sowie politischer Konflikte – *satyagraha*, gewaltloser Widerstand – hat seit der Ermordung des Politikers in Indien seine Bedeutung praktisch verloren, ist jedoch für politische Aktivisten und Dissidenten in aller Welt nach wie vor eine wichtige politische Waffe.

Die elf genannten Persönlichkeiten unterschiedlicher Nationalität, sozialer Herkunft und beruflicher Ausrichtung waren Führungsgestalten in dem von mir zugrundegelegten Sinne des Begriffs, das heißt, sie zählen zu den *Menschen, die durch ihr Wort und/oder persönliches Beispiel auf das Verhalten, Denken und/oder Fühlen einer bedeutenden Anzahl ihrer Mitmenschen* (hier als *Anhänger* oder *Adressaten* bezeichnet) *einen erkennbaren Einfluß ausüben.* Ihre Worte hinterließen Spuren – zunächst in ihrer eigenen, schließlich in unser aller Welt.

In der Schwierigkeit des Versuchs, diese elf Persönlichkeiten miteinander zu verknüpfen, spiegelt sich die Unterschiedlichkeit ihrer Wirkungsfelder. Mead und Oppenheimer arbeiteten vor allem zu Beginn ihrer Laufbahn hauptsächlich auf wissenschaftlichem Gebiet. Einfluß gewannen sie in erster Linie durch die Qualität ihrer fachbezogenen Forschungen, so daß sie in ihren Anfängen als *indirekt* Führende zu betrachten sind. Hutchins, Sloan, Marshall und Papst Johannes XXIII. wirkten in größeren und komplexeren Institutionen und hatten mit Menschen aus unterschiedlichen sozialen Schichten zu tun, konnten aber im Rahmen einer Universität, eines Konzerns, des Militärs und der Kirche bei ihrer jeweiligen Klientel immer noch mit grundsätzlich übereinstimmenden Interessen rechnen.

Die übrigen sahen sich einem weit umfangreicheren Personenkreis gegenüber. Eleanor Roosevelt gewann besondere Bedeutung im Leben der Frauen, deren Mehrheit nicht nur in den Vereinigten Staaten unter gesellschaftlicher Benachteiligung litt. King hatte seinen Anhang unter den Afroamerikanern, die jahrhundertelang einer Herabwürdigung ohnegleichen ausgesetzt waren. Weiter gesteckte Ziele verfolgen Führungspersönlichkeiten wie Margaret Thatcher, die den Weg ganzer Nationen zu bestimmen suchen, während Visionäre wie Gandhi oder Monnet sich zur Aufgabe machten, verschiedene Völker oder gar die Menschheit zu vereinen.

Ein Wort zur Gliederung. Der thematischen Entwicklung vom Fachgebiet zur Nation entsprechend, widme ich Mead, Oppenheimer, Hutchins, Sloan, Marshall, Papst Johannes XXIII., Roosevelt, King und Thatcher je ein Kapitel (4 bis 12). In einem kurzen Resümee, das dem elften Kapitel folgt, lasse ich die Argumentation Revue passieren. Kapitel 13 stellt querschnittartig die Tätigkeit von zehn Staats-

und Militärführern vor, die während der ersten Hälfte unseres Jahrhunderts auf der Weltbühne eine entscheidende Rolle spielten. Über die Nation im üblichen Wortsinn hinausgehend, behandle ich im vierzehnten Kapitel das Werk von Jean Monnet und Mahatma Gandhi, die den Anspruch erhoben, einer größeren Völkergemeinschaft als Führer zu dienen.

Vermittlung und Verkörperung von Geschichten

Führer erreichen ihre Wirkung in erster Linie durch die von ihnen vermittelten Geschichten. Ich spreche hier bewußt von *vermitteln* und nicht von *erzählen*, denn die verbale Wiedergabe einer Geschichte ist nur eine von möglichen Kommunikationsformen. ‚Führende‘ Künstler machen ihren Einfluß in der Regel durch die von ihnen gewählten Ausdrucksmittel geltend, durch die Phrasierungen einer Sonate oder die Figuren eines Tanzes; Wissenschaftler wirken durch den Einsatz der fachspezifischen Zeichensysteme – die mathematischen Gleichungen in der theoretischen Physik oder die anatomischen Modelle der Neurophysiologen. Führer sind jedoch nicht nur die *Vermittler* von Geschichten, sie *verkörpern* sie auch. Das heißt, die Geschichten brauchen nicht unbedingt ausdrücklich oder durch eine Kette ausgewählter Zeichen weitergegeben zu werden – auch Lebensgestaltung und Vorbildlichkeit erzählen ihre ‚Geschichte‘. George Marshall wäre hier als Beispiel zu nennen.

Bei direkter Führung muß die Lebensweise – die existentielle Darstellung der Geschichtsinhalte – für die Adressaten, die man zu beeinflussen hofft, deutlich erkennbar sein. Wenn ein Militärführer wie Stalin an die Tapferkeit seiner

Truppen appelliert, muß er selbst ein Bild der Furchtlosigkeit bieten, und wenn ein religiöser Führer wie Papst Johannes XXIII. die Katholiken dazu aufruft, den Vertretern anderer Religionen und Glaubensüberzeugungen mit Großmut zu begegnen, gewinnt sein eigener Umgang mit protestantischen Pfarrern oder kommunistischen Arbeitern entscheidendes Gewicht. Menschen, die nicht leben, was sie predigen, sind Heuchler, und Heuchelei beeinträchtigt die Wirksamkeit ihrer Geschichten.

Für den Einfluß des indirekt Führenden dagegen ist das Privatleben ohne Belang. Den Fachkollegen konnte es gleichgültig sein, ob Einstein seine Ehefrauen liebte, seine Kinder plagte oder seine Mitmenschen keines Wortes würdigte. Dennoch behält das Moment der Verkörperung auch für sie Bedeutung, denn für die Zunft ist es nicht unwichtig, wie Einstein an seine Wissenschaft heranging und wie diese Haltung in seinem Werk Ausdruck fand. Nicht nur die Schlüsse, die er zog, wurden für seine Nachfolger wegweisend, entscheidend für sein Wirken war auch die Art, wie er Fragen stellte oder Probleme formulierte, anging und löste. Entsprechendes gilt für die Ideen und Methoden Strawinskys und Martha Grahams, die Generationen von Komponisten und Tänzern beeinflußten. Hätten diese Künstler ihre Leistungen mit illegitimen Mitteln wie Datenfälschungen oder Plagiaten erreicht, wäre ihr Führungsanspruch bestritten worden.

Als aufschlußreich erweist sich ein Vergleich von Führerpersönlichkeiten aufgrund der Originalität ihrer Geschichten. *Alltägliche* Führer, definitionsgemäß der Regelfall, begnügen sich mit der möglichst wirkungsvollen Wiedergabe der traditionellen Geschichte ihrer Gruppe. Führende Politiker oder Wirtschaftsvertreter dieses Zuschnitts wie Gerald

Ford, Georges Pompidou oder Roger Smith von General Motors sehen es nicht auf eine Bewußtseinserweiterung ihrer Adressaten ab. Worte und Werke des durchschnittlichen Führers geben Kenntnis von den landläufigen Geschichten einer Gruppe, lassen aber kaum erahnen, welche Richtung die zukünftige Entwicklung der Gruppe einschlagen wird. Die von mir untersuchten Führerpersönlichkeiten zählen nicht zu dieser, der üblichen Kategorie.

Anders der außerordentliche, der *innovative* Führer, der eine im Bewußtsein der Bevölkerung oder seiner Adressaten schlummernde Geschichte aufgreift, ihr neue Aufmerksamkeit verschafft oder eine überraschende Wendung gibt. Unter den führenden Politikern der jüngeren Vergangenheit hatten weder Thatcher, noch Reagan, noch de Gaulle wesentlich Neues zu erzählen. Es gehörte vielmehr zu ihrer besonderen Begabung, Geschichten oder Themen zu finden und fruchtbar zu machen, die in der jeweiligen kulturellen Umgebung bereitlagen, mit den Jahren indes in Vergessenheit geraten oder vernachlässigt worden waren. Unter den Künstlern sind es die Neoklassiker, Neuromantiker oder auch Neomodernen, die versuchen, Motive und Formen wiederzubeleben, die außer Gebrauch gekommen sind. Mit ihrem Versuch, in Opposition zu konkurrierenden Zeitströmungen und Gegengeschichten den Glanz oder die Unschuld einer früheren Epoche einzufangen, kann es außerordentlichen Führern gelingen, ihrer Zeit eine neue Richtung zu geben.

Äußerst selten ist der *mit visionärer Kraft begabte* Führer. Nicht zufrieden damit, bekannte Wahrheiten herumzubieten oder eine Geschichte aus der nahen oder fernen Vergangenheit zu reaktivieren, schafft der Visionär eine neue, der Mehrzahl seiner Adressaten noch unbekannte Geschichte und gibt sie mit zumindest passablem Erfolg an die Mitwelt weiter. Neben den großen Religionsstiftern der Vergangenheit, Moses, Konfuzius, Jesus, Buddha, Mohammed, die zweifelsfrei in diese Gruppe gehören, sind meines Erachtens auch Menschen wie Gandhi und Jean Monnet als visionär begabte Führer, wenngleich bescheideneren Ranges zu betrachten.

Wo die exakte Trennlinie zwischen dem innovativen Führer und dem Visionär verläuft, läßt sich nicht leicht bestimmen, ist aber für meine Untersuchung in jedem Fall belanglos. Daß ich Thatcher als innovativ bezeichne, Gandhi und Monnet hingegen Visionskraft zubillige, mag manchen Leser zum Widerspruch reizen. Es ist im übrigen auch möglich, daß eine Geschichte für die Mehrzahl der Adressaten visionäre Züge hat, während sie einer kleinen Gruppe Kenntnisreicher ‚nur‘ als innovativ erscheint. So viel hingegen läßt meine Studie erkennen, daß visionäre Führung sich eher in Einzelbereichen wie der Kunst und Wissenschaft oder im Rahmen einzelner Institutionen wie Hochschulen oder Großunternehmen als auf gesamtgesellschaftlicher Ebene realisieren läßt. Es könnte sehr wohl sein, daß sich in einem Jahrhundert nicht mehr als ein oder zwei politische oder religiöse Führer von genuin visionärer Begabung namhaft machen lassen.

Einfluß im Fachgebiet, Einfluß auf die Gesellschaft

Die Erscheinung des visionären Führers berührt die grundlegende Unterscheidung zwischen der fachspezifischen und der gesellschaftlichen Führungsrolle, eines der Leitmotive meiner Untersuchung. Wer in einer traditionellen Domäne oder Disziplin die Führung übernimmt, kann damit rechnen, daß die Adressaten mit den Geschichten, den Bildern und anderen konkreten Ausdrucksformen der Domäne bestens vertraut sind. Einfacher ausgedrückt, man verständigt sich mit Experten. ‚Visionen‘ stehen gerade in der fortschrittshungrigen Gegenwart auf den meisten Gebieten hoch im Kurs. Man hat also, wenn auch zukunftsweisende Ideen nicht vom Himmel fallen, immerhin eine reelle Chance, auf einem Fachgebiet als erfolgreicher Neuerer zu wirken.

Unter den kreativen Persönlichkeiten, die ich in meinem Buch *So genial wie Einstein* (1996) dargestellt habe, waren sechs die Schöpfer bahnbrechend wirkender Geschichten, die die Domäne grundlegend veränderten. Sigmund Freud wies seinen Kollegen und schließlich der Welt einen neuen Weg zum Verständnis der normalen und der neurotischen Persönlichkeit; Einsteins Vorstellungen von Raum und Zeit waren seiner Zeit radikal fremd, erwiesen sich jedoch als wissenschaftlich produktiv; Strawinsky, Martha Graham, Picasso und T. S. Eliot lenkten ihre Kunst in eine Richtung, die anfangs verblüffte, in der Folge jedoch die Arbeit zahlreicher Nachfolger prägte. Als einflußreich erwiesen sich sowohl ihre Werke als auch die Methoden ihres Schaffensprozesses. Es ist anzunehmen, daß ein Umbruch in der Luft lag und das Publikum für die revolutionären künstlerischen Produktionen ‚gerüstet‘ war, die es ihrerseits auf weitere Durchbrüche der Neuerer oder visionärer Gestalter in ihrer Nachfolge einstimmten.

Nicht zu verwechseln mit den führenden Köpfen traditioneller Domänen sind Menschen, die sich die *Neuorientierung* eines politischen Gebildes – einer Nation oder einer Institution mit breiter Basis wie Kirche oder Militär – zum Ziel gesetzt haben. Diese haben es mit Adressaten von durchschnittlicher, relativ undisziplinierter Denkweise zu tun. (Selbst bei den verschiedenen Fachspezialisten unter den Adressaten ist keineswegs gewährleistet, daß der zufällige berufliche Expertenstatus sich auf ihr Urteil als Angehörige einer Nation oder Institution auswirkt.) Die Wählerin Lieschen Müller wird an der Urne kaum aufgrund politischer Expertise entscheiden, was auch für einen Freud, einen Picasso oder eine Martha Graham gilt. Wer Systeme verändern will, muß sich also zumindest anfänglich darauf einstellen, daß er sein Publikum am sichersten auf der Basis der allgemein verständlichen und geläufigen Vorstellungen erreicht, die sich der Durchschnittsbürger durch mehrjährige Teilnahme am sozialen Leben aneignet.

Von Krisenzeiten abgesehen, erwarten die Mitglieder einer Gesellschaft in der Regel keine unbekannten Geschichten oder geistigen Richtungsänderungen. Eher scheint das Gegenteil der Fall zu sein. Wie Richard Nixon einmal festhielt: „Ungefähr dann, wenn man einen Satz so oft geschrieben hat, daß einem übel wird, sind die Amerikaner so weit, daß sie ihn wahrnehmen." Der Durchschnittsbürger unterscheidet sich somit wesentlich von den Experten in Kunst und Wissenschaft, die zumindest in unserer Zeit fortwährend nach neuen Antworten, aber auch neuen Fragen Ausschau halten. Selbst in Krisenzeiten gelingt es Führern mit zukunftsweisenden Ideen nur selten, das von ihnen Gewünschte zu bewirken. Große Visionäre wie Gandhi, Buddha oder Jesus sind faszinierende Objekte für den Forscher, doch eine seltene Spezies, Mutanten der Gattung Führer, könnte man sagen.

Im Mittelpunkt meines früheren Werks, *So genial wie Einstein*, stehen die Architekten der großen künstlerischen und wissenschaftlichen Umbrüche des zwanzigsten Jahrhunderts und nicht ihre Zeitgenossen, die den Status quo repräsentierten oder mit erstrebten Neuerungen scheiterten. Die vorliegende Untersuchung beschäftigt sich, wie gesagt, mit dem besonderen Typus des außerordentlichen Führers, den man als innovativen oder visionären bezeichnen könnte, mit Persönlichkeiten, deren Wirken andere Menschen nachhaltig beeinflußt hat. Mein Interesse gilt Hutchins, nicht seinem Cambridger Kollegen Nathan Marsh Pusey, gilt Sloan statt Harlow Curtice, seinem Nachfolger an der Spitze von General Motors, und Thatcher statt ihrer Amtskollegen Neville Chamberlain, James Callaghan oder John Major. Die Unterschiede betreffen zum Teil unstreitig das Denken, die Persönlichkeit sowie die Zielsetzung der erfolgreicheren Führer, ob sie nun auf traditionellen Gebieten tätig waren oder ein breiteres Publikum anzusprechen suchten. Aber auch die Bedürfnisse und Forderungen der Adressaten sowie der Charakter des historischen Zeitabschnitts, in dem Führer und Anhänger agieren, wirken sich entscheidend auf das Gelingen von Führung aus.

Als Faustregel kann gelten: Kreative Künstler, Wissenschaftler und Experten verschiedener Disziplinen wirken indirekt, das heißt durch ihr Werk; erfolgreiche Führer von Institutionen und Staaten wirken direkt, durch die Geschichten und Handlungen, mit denen sie sich an ihr Publikum wenden. Diese Unterscheidung gilt allerdings nicht absolut. Auch Führer von Nationen können indirekt wirken wie de Gaulle, dessen Schriften für das französische Volk von nicht geringer Bedeutung waren. Entsprechend ist, beispielsweise durch Übernahme leitender Funktionen in Ständeorganisationen, auch innerhalb spezifischer Domänen direkte Führung möglich. Dabei ist zu beachten, daß ein solcher Führungsanspruch im Rahmen eines Fachgebietes nur dann ernst genommen wird, wenn er durch kreative, möglichst innovative Leistungen beglaubigt ist. Margaret Mead zum Beispiel konnte zur einflußreichen Präsidentin der *American Anthropological Association* werden, weil sie als Vertreterin ihrer Disziplin allgemein hohe Anerkennung genoß.

Kennzeichnend für meine Auswahl ist indes nicht nur die Konzentration auf Führung durch zukunftsweisende neue Ideen. Weitere Merkmale kommen hinzu: Die von mir untersuchten Führerpersönlichkeiten haben in demokratischen Gesellschaften agiert und ihre Stellung in der Regel durch Überzeugungskraft erreicht. Ich nenne sie darum *frei gewählte Führer*. Ihr Verhältnis zum Kreis der Adressaten war, von wenigen, bekannten Ausnahmen abgesehen, auf Öffnung angelegt – statt mit Ausschluß und Abgrenzung zu operieren, versuchten sie, ihren Einflußbereich zu erweitern. Auch wenn sie die Macht vielleicht suchten und genossen, war ihr Handeln dennoch in hohem Maße von Reformwillen und nicht von reiner Machtgier bestimmt. Möglicherweise gelten die Ergebnisse meiner Untersuchung also nicht in gleichem Maß für Personen, die ihren Status zum Beispiel durch Gewaltakte erreichten oder primär vom Haß auf andere oder vom Verlangen nach absoluter Macht getrieben waren. Meine zusammenfassende Darstellung der Führer des Zweiten Weltkriegs kann in dieser Hinsicht als Korrektiv der elf ausführlicheren Einzelporträts dienen. Der Überblick in Kapitel 13 rückt einige Charakteristika von Führergestalten ins Blickfeld, die aus Machtbesessenheit handelten oder ihren Vorteil darin sahen, verschiedene Gruppen gegeneinander aufzustacheln.

Wie schon in meiner Kreativitätsstudie beschränke ich die Untersuchung auf Personen des zwanzigsten Jahrhunderts. Zu den Voraussetzungen gehörte ferner, daß biographisches

Material zur Verfügung stand, daß der Führungsrang unbestritten war und Erfolge und Fehlschläge weit genug zurücklagen, um eine distanzierte historische Betrachtung zuzulassen. Weil die Lebenszeit aller dargestellten Persönlichkeiten in dieselbe Epoche fällt, konnte ich mich darauf verlassen, daß Unterschiede zwischen ihnen nicht auf die Auswirkungen ungleichartiger historischer Umstände zurückzuführen sind. Die Frage, ob die sich ergebenden Folgerungen auch für direkte Führer früherer Zeiten wie Oliver Cromwell oder Napoleon sowie für frühere indirekte Führer (und Schöpfernaturen) wie Dürer oder Jane Austen gelten können, muß vorläufig offenbleiben.

Im Zentrum – die Geschichte

Die Wirkung der Führerpersönlichkeit steht und fällt mit der erzählten oder verkörperten Geschichte und mit der Aufnahme, die diese Geschichte bei ihrem Publikum (den Mitstreitern oder Adressaten) findet. Was die elf Persönlichkeiten meiner Fallstudien mit den vielen anderen Gestalten unseres Jahrhunderts verbindet, deren Namen die ihren ohne weiteres ersetzen könnten, ist die Tatsache, daß sie eine Geschichte bereithielten, die sich für sie selbst und schließlich auch für andere als brauchbar erwies. Ihre Geschichten erzählten direkt und ausdrücklich von ihnen selbst und von ihrer Gruppe, von Herkunft und Zielen, von menschlichen Ängsten, Kämpfen und Träumen. Meine Analyse des Führertyps konzentriert sich folglich auf die Geschichten, die von erfolgreichen Führern vermittelt wurden.

Nun ist das Bewußtsein der Adressaten dieser Erzählungen keine Tabula rasa, die darauf wartete, daß sich die erste oder die beste Geschichte in ihre jungfräuliche Fläche einschriebe. Die Angesprochenen stehen bereits unter dem Eindruck zahlloser anderer Geschichten, die in ihren Familien, ihren Gesellschaften und Domänen wieder und wieder erzählt worden sind. Die Geschichten des Führers, gleichviel ob sie konventionell oder neuartig sind, lassen sich auf einen Wettbewerb mit bereits umlaufenden Geschichten und aktuellen Gegengeschichten ein, die sie, wenn sie sich behaupten wollen, verdrängen, unterdrücken, ergänzen oder irgendwie überbieten müssen. Sie unterliegen so einem darwinistisch geprägten Ausleseprozeß; als „Meme" – die kulturelle Spielart der Gene – ringen sie um die Gunst der Adressaten, und nur die kraftvollsten haben Aussicht auf Erfolg. Ich stelle im folgenden Geschichten vor, die das Rennen gemacht haben, lasse jedoch diejenigen nicht ganz außer acht, die offenbar weniger Anziehungskraft besaßen.

Ich spreche bewußt von *Geschichten* oder *Erzählungen* und nicht von *Botschaften* oder *Themen*. Mit dem Begriff *Geschichte* möchte ich darauf aufmerksam machen, daß der Führer seinem Publikum ein *dynamisches* Bild vor Augen führt: nicht Schlagzeilen oder Momentaufnahmen, sondern ein Drama, das sich in der historischen Zeit entfaltet, in dem sie – der Führer und sein Publikum – die Hauptfiguren oder Helden sind. Gemeinsam sind sie aufgebrochen, um bestimmte Ziele zu erreichen, und haben damit zu rechnen, daß sie auf ihrem Weg Hindernissen und Widerständen begegnen, die überwunden werden müssen. Unter Führern und Adressaten sind zahlreiche Geschichten in Umlauf, die im wesentlichen jedoch um Fragen der *personalen Identität* kreisen. Der erfolgreiche Führer ist somit voraussichtlich der, dem es gelingt, die Geschichte einer bestimmten Gruppe in neuer Version wirksam ins Gespräch zu bringen. Wirk-

samkeit bedeutet in diesem Zusammenhang auch Ange-
paßtheit, denn die Geschichte muß den einzelnen Adressaten in einem je besonderen historischen Moment sinnvoll
erscheinen, muß an die Fragen „Woher kommen wir?",
„Wohin gehen wir?" anknüpfen, muß ‚Herkömmliches'
mit Wegweisendem verbinden. Man nehme den Kern von
Eleanor Roosevelts Geschichte, die Vorstellung, daß eine
Frau, deren Vorzüge nicht in ihrem Äußeren, sondern in
ihrer Herkunft und ihren geistigen Mitteln lagen, das
Schicksal vieler benachteiligter Bürger verbessern konnte. In
der Mitte unseres Jahrhunderts hatte eine Geschichte dieses
Inhalts ihre Berechtigung, die fünfzig Jahre zuvor vielleicht
unrealistisch, ein halbes Jahrhundert später gönnerhaft
erschienen wäre.

Faßt man individuelle Führungsrollen ins Auge, mag es
sich um traditionale oder visionäre, direkte oder indirekte,
integrative oder ausgrenzende, erfolgreiche oder gescheiterte
Führung handeln, dann ist nicht nur die ‚Ausstrahlung'
kurrenter Geschichten zu berücksichtigen, die bereits im
Spiel sind, sondern auch die geistige Nische, die von den Geschichten des Führers mit der Zeit besetzt wird. Entsprechend konkurriert ihre individuelle Verkörperung im Leben
einzelner Führer mit Myriaden früherer Bilder und Stereotypen, die bereits im Bewußtsein des Publikums akkumuliert
sind. Durch ihren Lebensalltag mußte Eleanor Roosevelt die
Vorstellungen widerlegen, daß nur Männer zur Führung
fähig sind, daß gegenüber sozial Privilegierten Argwohn am
Platz ist und daß nur Menschen von ungewöhnlicher
Erscheinung und Begabung soziale Umwälzungen bewirken
können. Eine Geschichte, die sich durchsetzen will, muß pla-
stisch, detailreich und gut strukturiert sein, damit sich die
Adressaten in ihr ‚wie zu Hause' fühlen. Erst wenn die

sekundären Merkmale wohlvertraut sind, kann der Führer damit rechnen, daß sein Publikum ‚den Text ergänzt'. Auf den Charakter der Geschichten, die von Führern vermittelt werden, und auf ihre unterschiedlichen Realisierungen und Verkörperungen komme ich im dritten Kapitel zu sprechen.

Führung als kognitiver Prozeß

Ich fasse zusammen. Man darf annehmen, daß Führung und Führungsprozesse sich besser verstehen lassen, wenn man den Bereich zu verstehen sucht, in dem Führung Gestalt annimmt – den *menschlichen Geist*, konkreter, seine unterschiedliche Ausprägung im Denken von Führern und Anhängern (auch als *Adressaten, Publikum* oder *Mitstreiter* bezeichnet), denn beide Seiten beschäftigen mich. Das Buch versteht sich folglich als eingehende Untersuchung erstens der Wege, auf denen Führer unterschiedlichen Typs Erfolge unterschiedlichen Grades dadurch erreichen, daß sie zentrale Lebensfragen aufgrund eigener Überlegungen bestimmen und lösen, und zweitens des Vorgehens, mit dem sie gleichzeitig oder nachfolgend versuchen, die geistige Einstellung ihrer verschiedenen Adressatenkreise so zu verändern, daß bestimmte erwünschte Modifikationen eintreten.

Wenn ich das menschliche Denken in den Mittelpunkt meiner Untersuchung stelle und von kognitionswissenschaftlicher Betrachtung spreche, knüpfe ich damit bewußt an eine Methode erkenntniswissenschaftlicher Forschung an, die in den letzten Jahrzehnten eine rapide Entwicklung durchlaufen hat. Im Unterschied zum Behaviorismus, der sich auf die Beschreibung empirisch beobachtbarer Verhaltensphänomene beschränkt, sowie zur Psychoanalyse, deren Interesse vornehmlich der Persönlichkeits- und Motivationsforschung gilt, untersucht die empirische Erkenntniswissenschaft, wie Ideen (auch: Gedanken, Bilder oder Vorstellungen)* sich entwickeln und wie sie gespeichert, abgerufen, kombiniert, erinnert sowie durch die Operationen des mentalen Apparates – nur allzu oft – umgestellt oder verzerrt werden. Häufig werden relativ einfache Stimuli, einzelne Wörter etwa oder elementare geometrische Formen, sondiert; der überzeugte Kognitionsforscher jedoch verfolgt auch das Ziel, komplexere und bedeutungsvollere Informationsvarianten wie Geschichten, Szenarien, Träume und Ideen zu erklären.

Mit dem Phänomen der Führung konfrontiert, wird ein Kognitionswissenschaftler folgende Fragen stellen: Was sind die Ideen (oder Geschichten) der Führer? Wie sind sie zustande gekommen? Wie werden sie mitgeteilt, verstanden oder mißverstanden? Wie beziehen sie sich auf andere Geschichten, besonders auf gegenläufige Konkurrenzgeschichten, die sich bereits im Bewußtsein der Adressaten festgesetzt haben? Wie beeinflussen Schlüsselideen (oder -geschichten) das Denken, Fühlen und Verhalten anderer Menschen? Diese Fragen sind es denn auch, die uns nachfolgend beschäftigen.

Ich darf mein Verfahren mit guten Gründen in kognitionswissenschaftlichen Zusammenhang stellen, möchte indes keine falschen Erwartungen wecken. Mein Modell entspricht nicht der bekannten Methode der Informationsverarbeitung, in der Entstehen oder Begreifen einer Geschichte Schritt für Schritt (Input zu Output) verfolgt wird, ist aber dennoch im weiteren Sinne kognitionsorientiert: Ein aktiver Geist ver-

---

* Alle Begriffe sind in der Kognitionsforschung gebräuchlich und werden häufig auch synonym verwendet.

gleicht Geschichten, hebt einige Aspekte pointierend hervor und läßt andere im Hintergrund. Meine kognitionswissenschaftliche Betrachtungsweise der Führung stellt Überlegungen in den Mittelpunkt, die in der reichhaltigen sozialgeschichtlichen Behandlung des Themas bisher zu kurz gekommen sind. Das Gros der einschlägigen Werke fällt in vier Kategorien, von denen jede Beachtung verdient, durch Berücksichtigung kognitionswissenschaftlicher Perspektiven indes nur gewinnen kann.

Von einigen Wissenschaftlern wird Führung ausschließlich unter dem Gesichtspunkt von *Machterwerb* und *Machtausübung* behandelt. Jede Gesellschaft braucht einen politischen Apparat, und gewisse Personen übernehmen die Regelung der sozialen und politischen Strukturen oder werden dazu bestimmt.

So wenig mir einfiele, die Bedeutung des Machtwillens als Kraft oder Triebfeder eigenen Ranges zu leugnen, möchte ich dennoch mit Nachdruck betonen, daß Macht an sich – im Gegensatz zu Gewaltherrschaft – nicht geeignet ist, einschneidende Veränderungen herbeizuführen. Der Hebel Macht – wie immer diese erreicht wurde – braucht einen Stützpunkt, braucht Rückhalt in Sinnverweisen, oder Geschichten, an denen ein innerer Führungskreis und das Staatswesen als Ganzes sich orientieren können. Von diesem Prinzip sind auch Politiker wie Stalin, Hitler und Mao Zedong nicht ausgenommen, die im zwanzigsten Jahrhundert eine enorme Machtfülle in ihrer Hand vereinigen konnten.

Eine verwandte Richtung unterstreicht die Rolle bestimmter *politischer Strategien*. In Anerkennung der Tatsache, daß Macht ausgeübt werden muß, konzentrieren sich die Vertreter dieser Gruppe auf die politischen Entscheidungen und die Prozesse ihrer mehr oder minder erfolgreichen Durchsetzung. Solche Ausrichtung an den politischen Zielen präpariert im Extremfall eine politisch geschwächte Führerfigur heraus; partizipierende Interessengruppen haben ihre besonderen Zielvorstellungen und suchen Mittel und Wege zu ihrer Realisierung; Entscheidungen kommen durch eine Art rationales Kalkül zustande.

Politische Ziele haben unzweifelhaft ihr Gewicht. Einschränkend sei jedoch festgehalten, daß eine Bevorzugung bestimmter Verfahren oder Initiativen auf Kosten anderer, wie sie durch bestimmte gesellschaftliche Ereignisse oder Interessengruppen gefördert wird, nicht zufällig zustande kommt. Die Formulierung alternativer Zielvorstellungen durch Führerpersönlichkeiten trägt entscheidend zur Festlegung des einzuschlagenden Kurses bei. Ronald Reagan zum Beispiel trat zwar als Sprecher der vermögenden südkalifornischen Oberschicht auf, die ihn zum Wechsel in die Politik ermutigte, doch das Amerika des späten zwanzigsten Jahrhunderts wurde maßgeblich von seinen persönlichen Fähigkeiten, Zielsetzungen und Überzeugungskünsten geprägt. Von den politischen Weggefährten, dem Geschäftsmann Barry Goldwater und dem Schauspieler George Murphy, läßt Reagan sich sehr wohl unterscheiden.

Eine dritte Forschungsrichtung zieht die Bedeutung individueller Führerpersönlichkeiten ausdrücklich in Zweifel und stützt sich auf eine Untersuchung der Öffentlichkeit, der Adressaten. Sie stellt eine Ergänzung der Theorie von der Eigendynamik politischer Ziele dar und rückt die Ängste und Bedürfnisse der Bevölkerung als ganzer oder einzelner Gruppen ins Zentrum ihrer Betrachtung. Ihren Analysen zufolge hat die Masse der Bürger ein hinlänglich sicheres Gespür für die wichtigsten gesellschaftlichen Ziele, ob es sich um politische Richtlinien, Unzufriedenheit, Wünsche oder Ängste handelt. Auch wenn letzten Endes ein Führer als Integrationsfigur nötig wird, ist die Wahl der individuellen Persönlichkeit dabei weitgehend zufällig. Sie wird auf denjenigen fallen, der das bereits artikulierte Begehren des Publikums am besten zu erkennen und zu befriedigen weiß.

Daß sich zuzeiten ein Führer durchsetzen wird, der ein akutes Wahrnehmungsbewußtsein für die Wünsche einer potentiellen Anhängerschaft besitzt, sei nicht bezweifelt. Aber diese intuitive Erkenntnis entbindet ihn nicht von der Aufgabe, mit einer klar und überzeugend formulierten Botschaft aufzutreten und kontroverse Inhalte zu bekämpfen, die innerhalb seines Kulturraums bereits in Umlauf sind. Gewiß suchte Deutschland in den zwanziger und frühen dreißiger Jahren verzweifelt nach einer neuen gesellschaftspolitischen Ordnung; daß die Weltgeschichte nicht denselben Verlauf genommen hätte, wäre an Hitlers Stelle ein anderer Politiker zur Macht gelangt, darf jedoch als ebenso sicher gelten.

Eine vierte, rein psychologisch orientierte Forschungsrichtung steht dem von mir zugrundegelegten Ansatz näher und geht, anders als die zuvor genannten Richtungen, ebenfalls von der zentralen Rolle des Führers aus. Die meisten psychologischen Untersuchungen zum Thema Führung stellen indes das *Persönlichkeitsbild* der Führer in den Mittelpunkt: seine oder ihre persönlichen Bedürfnisse, grundlegenden psychodynamischen Strukturen, frühen Lebenserfahrungen und· Beziehungen zu anderen Menschen. Ich greife im folgenden wiederholt auf Erkenntnisse zurück, die im Rahmen dieses komplementären methodischen Ansatzes gewonnen wurden. Doch ebenso wie andere methodische Verfahren läßt die Persönlichkeitsforschung offen, wie der vom einzelnen Führer geforderte gesellschaftspolitische Kurs und der Grad seines Erfolges bei verschiedenen Adressatenkreisen zu erklären sind. Auch in diesem Zusammenhang kann die kognitionswissenschaftliche Perspektive, der Blick auf die geistigen Strukturen, die in Führern und Anhängern wirksam werden, eine methodische Lücke schließen.

Daß meine Arbeit auf andere Untersuchungen zum Thema Führung nur sehr eingeschränkt Bezug nimmt, ist keinesfalls als Geringschätzung früherer Forschungsbeiträge auf diesem intensiv beackerten Feld zu verstehen. Die Anmerkungen zum vorliegenden sowie zu zahlreichen weiteren Abschnitten dürften hinreichend klarmachen, wieviel ich den Wissenschaftlern verdanke, die das Persönlichkeitsbild und die Lebensgeschichte einzelner Führerfiguren sowie verschiedene Führungsvarianten und die entscheidende Rolle der Adressaten untersucht haben. Insbesondere weiß ich mich meinem Mentor, dem verstorbenen Psychoanalytiker Erik Erikson, verpflichtet, dem diese Arbeit zahlreiche Anregungen verdankt. Die stattliche Anzahl ausgezeichneter Kompendien zum Thema Führung sowie die kognitionswissenschaftliche Ausrichtung meiner eigenen Arbeit entheben mich der Notwendigkeit, den kritischen Überblick auf andere Forschungsrichtungen in diesem Feld auszudehnen.

Ein letztes, grundsätzliches Wort zum Thema des Buches. Meine Untersuchung ist in gewisser Hinsicht konservativ zu nennen. Sie geht von der Voraussetzung aus, daß es Menschen gibt, die man als Führer bezeichnet, Menschen, die Geschichten und Zielvorstellungen übermitteln, diese zu verwirklichen suchen und damit bisweilen Erfolg haben. Diese Einstellung wird Zeitgenossen mit radikaleren Neigungen zu schaffen machen, die ihre Zweifel haben, ob Führer in der Lage sind, Ereignisse zu beeinflussen, ob eine derartige Beeinflussung überhaupt zulässig ist, kurz, ob der Begriff der Führung ein Weiterleben verdient. Als Theorieentwurf mögen solche Erwägungen reizvoll sein, im Licht der biologischen Grundlagen des Menschen und seiner Geschichte erscheinen sie mir wenig überzeugend. Wer meinem Unternehmen skeptisch gegenübersteht, ist gebeten, seine eigene, ‚führerlose‘ Darstellung vom Erfolg des Manhattan-Projekts, von der Frühphase der amerikanischen Bürgerrechtsbewegung oder vom Weg Indiens zur Unabhängigkeit vorzulegen.

Der Aufbau des Buches

In den abschließenden Kapiteln des ersten Teils kommen die einzelnen Komponenten zur Sprache, die menschlichem Führungsverhalten zugrunde liegen. Die Analyse verläuft zunächst doppelsträngig. Im zweiten Kapitel werden die Momente der menschlichen Entwicklungsgeschichte dargestellt, die Führungsphänomene ermöglichen. Das dritte Kapitel geht auf die Erfindung von Geschichten, das Kernprojekt aller Führung, ein und gibt einen Überblick über typische Geschichten, mit denen Führer im Laufe von Jahrhunderten gearbeitet haben. Die Engführung dieser zwei Schienen – genetische Analyse und Analyse der Botschaft – in den anschließenden Fallstudien erleichtert die Untersuchung von Führung, wie sie von einflußreichen Persönlichkeiten des zwanzigsten Jahrhunderts repräsentiert wird.

Im zweiten und umfangreichsten Teil dieses Buches kommen in der Darstellung von Führung auf unterschiedlichen Gebieten meine methodischen Leitgedanken zur Anwendung. Von den Domänen begrenzten Umfangs zu den weitläufigsten fortschreitend, lege ich eine Serie von Fallstudien vor. Ich untersuche Führung zunächst am Beispiel klassischer wissenschaftlicher Disziplinen, der Ethnologie von Margaret Mead und der Physik Robert Oppenheimers. Zu Beginn ihrer Laufbahn standen beide als führende Vertreter ihres Faches für einen Typus von Führung, wie sie großen Künstlern und Ausnahmeerscheinungen unter den Wissenschaftlern seit jeher zufällt. Im Unterschied zu diesen Prototypen indirekter Führung versuchten Mead und Oppenheimer ihren Einfluß jedoch auszudehnen. Direkten Führungsrollen innerhalb ihrer Fachgebiete folgte später die Übernahme der weitgespannten, transdisziplinären Zuständigkeiten direkter Führung – zwei weitere Beispielfälle für das Problem ‚Einstein oder die großen Drei‘, dem ich in diesem Buch nachgehe.

Die Kapitel sechs bis neun behandeln Führung innerhalb verschiedener Institutionen mit heterogener Mitgliederschaft wie Schulen, Universitäten und Stiftungen. Meine Wahl fiel hier zunächst auf Hutchins, der den von ihm geführten Institutionen hohe Ziele setzte, bei der Durchsetzung seiner Schlüsselideen allerdings in bezeichnende Schwierigkeiten geriet.

In den Kapiteln sieben bis neun gehe ich, nach wie vor im Zusammenhang der Domänen begrenzteren Umfangs, auf drei klassische Systeme oder ‚Stände‘ ein: den Großkonzern, das Militär und die Kirche, Organisationen, die für viele Kommentatoren den Inbegriff von Führung darstellen. Wie ich zu zeigen versuche, zeichnen sich die drei Stände jedoch gegenüber enger wie auch breiter angelegten Systemen durch bemerkenswerte Übereinstimmungen und Unterschiede aus. Thema der Fallstudien sind Sloan, Marshall und Papst Johannes XXIII.

Die Kapitel 10 und 11 sind der Führung von Gruppen gewidmet, die bisher als nichtdominante, marginale oder – um einen Ausdruck des Historikers Bruce Miroff zu entlehnen – als *dissenting groups* (Dissens-Gruppen) galten. Ich arbeite mit dem Beispiel der Frauen und Afroamerikaner. Aus beiden Gruppen sind seit mindestens einem Jahrhundert begabte Führungspersönlichkeiten hervorgegangen, doch erst seit etwa fünfzig Jahren ist es einzelnen von ihnen gelungen, landesweit Aufmerksamkeit zu erregen und sich dem nationalen Bewußtsein einzuprägen. Der Frauenbewegung fehlt eine zentrale Persönlichkeit von überragendem Einfluß, doch hat Eleanor Roosevelt für die Herausbildung eines weiblichen Bewußtseins sowohl in Amerika als auch im Ausland in mancher Hinsicht eine entscheidende Rolle gespielt. Weitestgehende Einigkeit besteht in der Beurteilung Martin Luther Kings als herausragendem Führer der Afroamerikaner.

In Kapitel 12 wende ich mich nach einem kurzen Resümee der allgemein als prototypisch geltenden Führungsvariante, der Staatsführung, zu. Im Vordergrund steht dabei die schwierige Aufgabe des politischen Führers, extrem unterschiedliche Personenkreise anzusprechen und daneben als Exponent und Steuermann eines einheitlichen politischen Gebildes aufzutreten. Meine These, daß Führung in bestimmten Fällen von der Erfindung und Übermittlung innovativer Geschichten abhängen kann, wird durch das Beispiel Margaret Thatcher veranschaulicht.

Der reinste Inbegriff politischer Führung sind die Lenkerinnen und Lenker großer Nationen in Krisenperioden. Ein Blick auf die Persönlichkeiten, die während des Zweiten Weltkriegs in ihrem Land die Verantwortung trugen, gibt Aufschluß über Führung in risikoreichen Zeiten, in denen vie-

les auf dem Spiel steht, und zeigt Führung in ihren verwerf-
lichsten und heldenhaftesten Formen. Im dreizehnten Kapitel
gehe ich kurz auf die drei alliierten Führer des Teheraner Gipfels, daneben aber auch auf Chiang Kai-shek, de Gaulle, Hitler, Lenin, Mao Zedong, Mussolini und Hideki Tojo ein. Der
Überblick gibt mir die Möglichkeit, Einsichten über prototypisch indirekte Führung, die aus meiner Kreativitätsstudie
hervorgegangen sind, durch Erkenntnisse über prototypisch
direkte Führer vom anderen Ende des Spektrums zu ergänzen.
Außerdem lassen sich einige der Hypothesen überprüfen, die
aus den elf Einzelfalluntersuchungen gewonnen wurden.

Der dritte Teil des Buches führt die Untersuchung in
zweifacher Richtung fort. Kapitel 14 behandelt die wohl
bedeutendste, zugleich aber seltenste und tiefgründigste
Führungsvariante, deren Wirkung, über den Nationalstaat
hinausreichend, tendenziell die gesamte Menschheit umfaßt.
Folgt man historischer Überlieferung, fällt die große Epoche
der Führung universalen Anspruchs in die Zeit vor etwa
zweitausend Jahren, als einige der großen Weltreligionen
gegründet wurden. Vereinzelte ähnlich gerichtete Bestrebungen in jüngeren Jahrhunderten konnten sich nie über längere Zeit behaupten. Aus diesem Grund gewinnt der Fall
Gandhi eine besondere Bedeutung, die er weniger aus der
unmittelbaren Wirksamkeit der verfolgten Strategien als aus
dem Versprechen bezieht, das er möglicherweise für kommende Jahrhunderte bereithält. In einem bescheideneren
Rahmen sind auch die Bemühungen Jean Monnets dem
Typus von Führung zuzurechnen, die darauf zielt, sich einen
Wirkungsraum zu erschließen, in dem nationale Begrenzungen und Rivalitäten aufgehoben sind.

Im fünfzehnten und letzten Kapitel lasse ich die wichtigsten Ergebnisse der Untersuchungen Revue passieren; dem

Modell der idealtypischen Führungspersönlichkeit folgen ein Überblick über die prägnanten Merkmale von Führung, die sich der Analyse entnehmen lassen, sowie eine Darstellung konstanter und neuer, zeitbedingter Einflußgrößen im Führungsbereich. Vorschläge zur wirksamen Gestaltung von Führung schließen die Untersuchung ab.

Bemerkungen zur Arbeitstechnik

Welche methodischen Hilfsmittel habe ich bei der Arbeit an den Fallstudien herangezogen, und zu welchen Folgerungen könnten sie Anlaß geben? Das wesentliche Material lieferten mir die veröffentlichten Biographien sowie historische Darstellungen der betreffenden Epochen. Besonders wertvoll waren autobiographische Quellen, die in fast allen Fällen zur Verfügung standen. Daneben habe ich, soweit erforderlich, Originaldokumente, vor allem Reden, populäre Schriften, Tondokumente und Videoaufzeichnungen, benutzt, Medien, in denen die Protagonisten ihre Geschichten in eigenen Worten vortragen. Hitlers *Mein Kampf* sowie Gandhis Autobiographie *Die Geschichte meiner Experimente mit der Wahrheit* wiegen, im Guten wie im Bösen, manche Sekundärquelle auf.

Zahlreiche wissenschaftliche Darstellungen könnten zu der Annahme verleiten, Forschungsergebnisse kämen in überwiegender Zahl entweder auf induktivem Weg zustande (man liest eine Menge Biographien und wartet mit ungetrübtem Blick auf die Entwicklung der richtigen Schlußfolgerungen), oder sie ergäben sich aus der Überprüfung von Hypothesen (man schlägt ein Modell zur Darstellung des prototypischen Führers vor und unterzieht es mittels Kontrolle der ‚Daten' einem systematischen Testverfahren). Die vorliegende Arbeit ist keinem der beiden Lager zuzuordnen. Am Anfang meiner Untersuchungen standen ein paar allgemeine Gedanken zum Thema Führung, in erster Linie die Überlegung, daß alle Führer sich auf Geschichten stützen und daß diejenigen, die ein gemischtes Publikum erreichen wollen, zwangsläufig dazu neigen werden, einfache Geschichten vorzutragen. Ausgehend vom methodischen Vorgehen meiner früheren Studien zur Kreativität hatte ich mir außerdem vorgenommen, mehrere Faktoren im Auge zu behalten – so den familiären Hintergrund und das Leistungsprofil, die „Intelligenzen", von Führungspersönlichkeiten, die entscheidende Rolle der Zuarbeit von Freunden und Helfern sowie die zur Entwicklung und Verbreitung neuartiger Ideen erforderliche Zeitspanne.

Im Verlauf der Arbeit traten einige der genannten Themen in den Hintergrund, während andere sich einer eingehenderen Betrachtung anboten. So hatte ich zu Beginn der Untersuchung kaum daran gedacht, ob Merkmale wie Reisen in der Jugend, die Fähigkeit zur Herausforderung von Autoritäten, frühe Beschäftigung mit moralischen und religiösen Fragen oder die Art der Zeiteinteilung von Personen des öffentlichen Lebens zu den Voraussetzungen erfolgreicher Führung gehören könnten.

Dieses Schwanken zwischen Erwartungen und überraschenden Einsichten wiederzugeben ist zwar nicht einfach (und vielleicht nicht einmal ratsam), doch glaube ich, daß sich der Entdeckungsprozeß ein Stück weit in meinem Buch niederschlägt. Ich habe meine Ausgangsüberlegungen so weit in die drei ersten Kapitel einbezogen, daß der Leser unter ähnlichen Voraussetzungen an die Fallstudien herangehen kann wie ich. Im letzten Teil des Buches kommen die Gesetzmäßigkeiten und Schlußfolgerungen zur Sprache, die im Verlauf der Arbeit Gestalt angenommen haben.

Im ersten Teil werden mehrere Unterscheidungen einge-führt, die kognitive Aspekte der Führung berühren, Fakto-ren wie direkte und indirekte Formen der Führung, fachbe-zogene und fachüberschreitende Führung, soziale Öffnung oder Abgrenzung als Grundlage von Geschichten, Geschich-ten als Wege zur Identitätsbildung, die Verkörperung von Geschichten sowie Widerstände und Gegengeschichten. Einige Leser werden sich kritisch mit den Begriffen ausein-andersetzen, andere mit leichter Ungeduld von Spitzfindig-keiten oder überschießendem Soziologenjargon sprechen. Beide Reaktionen haben meine Sympathie; sie sind mir nicht fremd. Zeitweise lese ich wie ein Buchhalter, der jede Ein-tragung im Hauptbuch sorgfältig im Auge behält. Ein ander-mal nehme ich Informationen auf wie ein Konzertbesucher und überlasse Analytisches dem freien Spiel meiner Einbil-dungskraft.

Ich habe mich bemüht, beiden Perspektiven gerecht zu werden, versuche im ersten Teil, meine begrifflichen Kate-gorien so klar wie möglich zu erläutern, und widme mich anschließend, mit gelegentlichem Einschub von Programm-notizen, der reinen Musik. Um meine kameralistischen Nei-gungen und diejenigen unter meinen Lesern zu befriedigen, die diese Vorliebe für exakte Buchführung teilen, habe ich zusammen mit Emma Laskin Anhänge ausgearbeitet, in denen die Schlüsselkategorien in Anwendung auf alle darge-stellten Personen aufgeführt sind.

Die Welt mag stürmischen Wandlungen unterliegen; wir, die wir diese Welt bewohnen, werden dieselben bleiben. Wenn auf psychologischer Grundlage über Führung gesprochen wird, sollten Überlegungen zu den Möglichkeiten und Grenzen der biologischen Spezies, zu der die Führungspersönlichkeiten und ihre Adressaten gehören, den Anfang machen.

2

Führung und menschliche Entwicklung

Führer ist, wer andere dazu bringt, etwas zu tun,
was sie nicht tun wollen, und es gern zu tun.
Harry Truman

Der Mensch lebt in Kulturen. Er wächst in Gesellschaften heran, die im Laufe von Jahrhunderten durch andere Menschen geformt wurden, und betätigt sich mehr oder weniger eifrig in Systemen, die sich in ebenso langer Zeit entwickelt haben. Als Verfasser dieses Buches gehe ich davon aus, daß die Menschen adäquat sozialisiert sind und an diesen Systemen partizipieren, im allgemeinen in der Rolle Geführter, gelegentlich auch als Führende.

Ich habe im ersten Kapitel davon gesprochen, daß meine Untersuchung sowohl kognitionstheoretisch als auch kultursoziologisch orientiert ist. Ich betrachte Führung als geistigen und somit auch kulturellen Prozeß, einen Prozeß, der das Vermögen einschließt, Geschichten zu erfinden, zu verstehen und zu bewerten und sich der Spannungen zwischen ihnen bewußt zu sein. Immer wieder erringen bestimmte Geschichten eine dominierende Funktion, darunter vor allem solche, die den in Gemeinschaften oder Systeme integrierten Menschen ein zeit- und bedürfnisgerechtes Identitätsgefühl vermitteln. Mit der Annahme, daß Geschichten als zentraler Bezugspunkt fungieren, wird vorausgesetzt, daß bestimmte Persönlichkeiten in der Lage sind, ihrer Mitwelt diese Geschichten zu vermitteln, daß sie ein Publikum finden, das sich mit diesen Geschichten identifiziert, und daß sich nach

Verbreitung dieser Geschichten einige in den dargestellten Zusammenhang eingeschlossen, andere von ihm ausgeschlossen fühlen.

Wie müssen Wesen beschaffen sein, die Teil einer solchen Gemeinschaft sind, die in eine Welt aus Erzählungen eintauchen und sich schließlich als Parteigänger einer Führungsfigur, in führender Rolle oder auch in beiderlei Funktion darin einrichten? Wie hat man sich den Geist vorzustellen, der durch eine bestimmte Art von Geschichten, die von bestimmten Leuten erzählt werden, Impulse bezieht? Vier grundlegende Faktoren scheinen mir dabei von Bedeutung zu sein. Zwei lassen sich kurz darstellen, zwei weitere machen eine ausgedehntere Diskussion erforderlich.

Der Mensch als Primat

Der erste Faktor ist unser Primatenerbe. Im Unterschied zu den Verbandsformen der meisten anderen Arten ist das Zusammenleben der Primaten in Hierarchien mit klaren *Dominanzbeziehungen zwischen den Gruppenindividuen* gegliedert. Primaten erkennen bereits in frühem Alter individuelle Artgenossen, kämpfen miteinander um Rangpositionen in der Hierarchie und entwickeln im Umgang miteinander spezifische Dominanz- oder Unterwerfungsverhältnisse.

Besonders ausgeprägt sind diese Prozesse unter den Primaten der Savanne. Sie beginnen mit den spielerischen Auseinandersetzungen unter den Jungtieren und münden in die hart geführten Kämpfe um die Herrschaft über die Kolonie, den Schutz des Nachwuchses und den Besitz der begehrtesten Weibchen. Dominanzhierarchien finden sich bei einigen Primaten allerdings auch unter den weiblichen Tieren. Dominante Männchen unterscheiden sich von ihren nichtdominanten Geschlechtsgenossen durch einen insgesamt niedrigeren Streßpegel sowie durch besondere Eigenschaften der Neurotransmitter (Substanzen, die auf chemischem Weg Nervenimpulse an den Synapsen weiterleiten), zum Beispiel eine höhere Serotoninproduktion. Interessant ist die Beobachtung, daß diese physiologischen Indikatoren sich mit einem Positionswechsel des Tieres in der Hierarchie verändern. Daß Primaten sich häufig zu Ingroups und Outgroups zusammenschließen, legt die Vermutung nahe, die Nähe zu den genetisch nächstverwandten Artgenossen könnte einen evolutiven Vorteil einschließen.

Zu unserem Primatenerbe gehört ferner der *Nachahmungstrieb*. Der Wahl des Vorbildes und des als mustergültig betrachteten Verhaltens kommt entscheidendes Gewicht zu. Nachahmung verläuft fast immer gleichgerichtet, das heißt, Primaten mit niedrigem Rang imitieren das Verhalten ihrer höherrangigen Artgenossen. Aber die Bandbreite der nachzuahmenden Verhaltensmomente ist relativ schmal. Es wäre zum Beispiel kaum sinnvoll, davon zu sprechen, daß nichtmenschliche Primaten andere Gruppenmitglieder durch „Geschichten" zur Entwicklung eines neuen Identitätsgefühls oder neuer Vorstellungen vom Zweck des Lebens veranlaßten.

Die genetische Bindung des Menschen an vorhumane Lebensformen, ein Feld, das die zentrale Thematik meiner Arbeit allenfalls am Rande zu berühren scheint, ist für eine Untersuchung des menschlichen Führungsverhaltens indes von fundamentaler Bedeutung. So lassen sich die an nichtmenschlichen Primaten beobachteten „Dominanzprozesse" im Gruppenverhalten von Vorschulkindern feststellen. Die dominanten Kinder bestimmen über das Spielzeug, regen

Spiele an, die sie auch organisieren, und halten die Gruppe zusammen, während die weniger dominanten sich an den Wortführern orientieren und viel Zeit damit verbringen, sie zu imitieren und zu versuchen, sich bei ihnen in Gunst zu setzen. Zahlreiche Faktoren wie Größe, Kraft, Geschicklichkeit, Intelligenz, Aussehen und Geschlecht sind ausschlaggebend dafür, welche Organismen die höheren Ränge in einer neu entstehenden sozialen Hierarchie einnehmen.

Allgemeiner gesagt, der Mensch als Primat ist auf eine Führer-Gefolgschaft-Struktur seines sozialen Raums ,eingestellt'. Wir kämpfen um beherrschende Positionen und versuchen regelmäßig, unsere Stellung innerhalb der verschiedenen Hierarchien einzuschätzen – was *nicht* bedeuten soll, daß wir die Sklaven unserer Artzugehörigkeit sind. Auch herrschaftsfreie, kooperative Gruppierungen sind möglich. Doch wer erwartet, daß die Herausbildung derart gering strukturierter Gemeinschaften einfach ist und ihre Existenz unbestritten bleibt, ist für die geschichtliche Vergangenheit des Menschen und seine biologischen Grundlagen gleichermaßen blind.

Frühe Sozialisation:
Selbstidentifikation und Gruppenidentifikation

Weitere Hinweise auf den Ursprung des Bewußtseins von Gruppenidentität liefert der zweite Faktor. Forschungsstudien über die frühe Sozialisation von Kindern haben gezeigt, wie wichtig die starke und verläßliche Bindung zwischen dem Säugling und seiner Bezugsperson ist. Die ersten Vertrauensgefühle – in weniger glücklichen Fällen das erste Mißtrauen – bestimmen das Verhältnis des Menschen zu

künftigen Autoritätsinstanzen. Bereits mit achtzehn Monaten weiß sich das Kind als von der Dingwelt und von anderen Individuen getrenntes Einzelwesen. Dieses Bewußtsein
zeigt sich nicht nur im richtigen Gebrauch von Namen und
anderen Wörtern, mit denen das Kind die Personen in seinem Umkreis und sich selbst bezeichnet; es bekundet sich
aufs eindrücklichste, wenn das Kind in den Spiegel blickt
und wahrnimmt, daß ein unbemerkt aufgetragener Fleck
sein Gesicht entstellt.

Von entscheidender Bedeutung in der Phase früher Sozialisation ist außerdem die Wahrnehmung der eigenen *Ähnlichkeit mit anderen*. Daß Kinder, wie häufig zu beobachten,
das Verhalten der Menschen in ihrer Umgebung nachahmen,
ist natürlich. Diese Anerkennung der Ähnlichkeit geht
jedoch schon bald über das bloß Mimetische hinaus. Seit
den Zeiten Freuds sprechen die Forscher von dem komplexeren Prozeß der *Identifikation*: das Kind erkennt nicht nur,
daß es bestimmte Merkmale mit anderen teilt, es kann sich
einem älteren Vorbild oder mehreren Rollenmodellen auch
allgemein verwandt fühlen. Eine Person auf der Straße oder
eine Figur aus dem Kinderfernsehen wird *nachgeahmt*, das
Identifikationsmuster dagegen sind ältere Geschwister oder
der Vater (beim Jungen) und die Mutter (beim Mädchen).
Die Identifikation kann so weit gehen, daß wesentliche Züge
des „Rollenmodells" verinnerlicht werden. (Seltener ist eine
starke Identifikation mit Gleichaltrigen.)

Sobald sich eine Identifikation verfestigt hat, ist das Kind
nicht mehr darauf angewiesen, die Verhaltensweise des Vorbildes genau im Auge zu behalten; es ist dann in der Lage,
sich vorzustellen, was die Identifikationsfigur in einer
bestimmten Situation tun *würde*. Je nachdem, wie nahe es
der Erfüllung der Ideale, der durch das Rollenvorbild dik-

tierten Erwartungen, kommt, erfährt das Kind ein hohes Maß an Befriedigung oder auch Scham- und Schuldgefühle. Gut eingespielte Jünger können auf die Anwesenheit der Führerfigur schließlich ganz verzichten; sie sind imstande, deren Geschichten vorwegzunehmen und ihrerseits potentielle Gefolgsleute zu inspirieren.

In der Regel identifizieren sich Kinder mit Personen des eigenen Kreises. Von besonderem Interesse ist darum die Wahl einer Vorbildfigur aus dem weiteren gesellschaftlichen Umfeld, zum Beispiel eines Politikers oder religiösen Führers. Die Fähigkeit, sich mit einer Autoritätsfigur außerhalb der persönlichen Umgebung zu identifizieren, hat sich als aufschlußreicher Hinweis auf eine künftige Führungsrolle erwiesen. Diese Identifikation zeigt sich sowohl in dem Bemühen, dem Vorbild nachzueifern, als auch in der Bereitschaft, ihm unter Umständen den Kampf anzusagen.

In den ersten Lebensjahren steht das Kind unter dem Einfluß zweier parallel verlaufender Prozesse. Das Kind lernt einerseits, sich auf zunehmend komplexe und differenzierte Weise als Individuum zu verstehen, und es entwickelt andererseits ein Gefühl der Zusammengehörigkeit mit Älteren im besonderen sowie mit einer oder mehreren sozialen Gruppen im allgemeinen. Beide Prozesse begleiten Kindheit und Jugend, ja sie setzen sich über die Kindheit hinaus bis ins Alter fort. In ihrer ersten Phase häufig als Identitätsbildung bezeichnet, werden sie in den mittleren Lebensjahren als Komponenten der staatsbürgerlichen Reife, im Alter als Grundlage der Verantwortung für die kommenden Generationen betrachtet.

Das Endprodukt dieser Prozesse der Selbstdefinition und Identifikation ist ein Individuum, das sich als Teil einer Gruppe versteht, das bestimmte Glaubensüberzeugungen,

Lebenseinstellungen und Wertvorstellungen besitzt und ein bestimmtes Verhalten entwickelt hat. Den Führungspersönlichkeiten ist aufgegeben, anderen zur Ausbildung ihrer persönlichen, sozialen und moralischen Identität zu verhelfen, und meist wirken sie unter anderem auch gerade durch den Weg, den sie zur Lösung der eigenen Identitätsprobleme gegangen sind.

Der Einfluß von Rollenvorbildern ist jedoch vielfältig. Das Kind kann durch Gedanken und Taten auffallen, die weder lobens- noch wünschenswert sind oder, wie es nicht selten vorkommt, gleichzeitig Bewunderung und Abscheu erregen. Folgen ergeben sich auch, wenn Vorbildfiguren entweder fehlen oder sich ihrerseits unbeständig oder destruktiv verhalten. Der oder die Heranwachsende wird in diesem Fall ein kohärentes oder integriertes Selbstbild oder ein reifes Gemeinschaftsbewußtsein vermissen lassen und zu amoralischen und unsozialen Handlungen neigen, Voraussetzungen für einen Persönlichkeitstyp, in dem Demagogen, nicht Heilige ihre Parteigänger finden.

Das Denken der Fünfjährigen

Aufgrund unseres Primatenerbes sowie des relativ überschaubaren Charakters der Ereignisse, die die ersten Lebensjahre des Menschen bestimmen, können wir die typische Entwicklung des fünfjährigen Kindes antizipieren, das, erstaunlich genug, bereits über die wesentlichen Voraussetzungen für eine Führer-Anhänger-Beziehung (oder für eine Beziehung zwischen Gleichrangigen) verfügt. Das heißt, schon der oder die Fünfjährige weiß sich und andere als Individuen und Mitglieder der Gruppe. Kinder dieser

Altersstufe können einfache Geschichten aufnehmen und sogar selbst bereits einfache narrative Handlungsmuster erfinden. Außerdem besetzen sie (noch relativ flexible) Positionen in verschiedenen Dominanzhierarchien und lernen in interagierenden Beziehungen Gleichaltriger die Signale des Führungs-, Gefolgschafts- und Gleichheitsverhaltens zu erkennen.

Dank Sigmund Freud und seinen Schülern in der psychoanalytischen Bewegung haben viele Wissenschaftler wenigstens *ein* relativ deutliches Bild der kindlichen Persönlichkeit: es läßt ein stark triebbestimmtes Individuum erkennen, das weiß, was es will, und darauf aus ist, das Gewünschte zu bekommen, ein begrenztes Einfühlungsvermögen besitzt, die Geschwister als seine Rivalen betrachtet und den Eltern starke, oft widersprüchliche „ödipale" Gefühle entgegenbringt. Dem Schweizer Psychologen Jean Piaget und seinen Forscherkollegen auf dem Gebiet der Kognitionspsychologie verdanken wir außerdem eine Vorstellung vom kindlichen Denken und damit von einem Individuum, das die Welt weitgehend aus der eigenen Perspektive betrachtet und sein ‚Weltbild' in erster Linie durch die Tätigkeit seiner Sinnesorgane und Bewegungssysteme gewinnt.

Freud und Piaget lieferten uns die dritte wesentliche Grundkomponente der Führung, das Denken des fünfjährigen Kindes. In einem zentralen Punkt allerdings waren sich die großen Gelehrten uneins. Beide glaubten, daß die kindliche Entwicklung verschiedene „Phasen" durchläuft, faßten diese Entwicklungsstufen jedoch unterschiedlich auf. Freuds affektive Phasen organisieren sich zu einem kumulativen Ganzen, das heißt, noch das Gefühlsleben Älterer, dem ödipalen Akutzustand Entwachsener, läßt in analogen Situationen ähnliche emotionale Konstellationen zu. In einem Erwachsenen zum Beispiel können Gefühlsregungen frühester Zeiten wachwerden, wenn er auf einen anspruchsvollen Chef oder einen verständnisvollen Therapeuten trifft.

Demgegenüber vertrat Piaget die Auffassung, daß dem Kind die Erkenntnismöglichkeiten einer bestimmten Stufe mit dem Übergang in ein neues Entwicklungsstadium unwiderruflich verloren sind. Hat das Kind die Fähigkeit zur Bildung von Invarianz erlangt – die Fähigkeit zu erkennen, daß sich die Menge einer Flüssigkeit zum Beispiel nicht verändert, wenn diese in ein andersgeformtes Gefäß gegossen wird –, dann hat Piaget zufolge dieses ‚reifere‘ Kind keinen Zugang mehr zu seinem früheren Bewußtseinszustand, in dem es die Flüssigkeitsmenge nach Flüssigkeitsspiegel und Gefäßdurchmesser beurteilte („es sieht größer aus, also ist es mehr“). Ja, legt man ihm seine früheren Aussagen vor, nimmt es nur ungläubig zur Kenntnis, daß es sich einmal im Widerspruch zum Erhaltungsprinzip hat äußern können.

Nun zeigt sich aber, daß auch die zwei größten Autoritäten auf dem Gebiet der Entwicklungspsychologie, die die neuere Zeit hervorgebracht hat, ihrem Gegenstand nicht voll gerecht wurden. Piaget wie auch Freud haben Entscheidendes übersehen. Jeder ist, um es konzilianter zu formulieren, unangreifbar, was sein Hauptanliegen betrifft. So bleiben den Menschen, wie Freud zu Recht annahm, emotionale Zustände und Bestrebungen ihrer Kindheit jederzeit zugänglich. Auch die Großen dieser Welt, die sich gezielt an frühkindliche Wut- oder Wonnegefühle ihrer Anhänger wenden oder sie neu entfachen, reaktivieren infantile Allmachtsoder Ohnmachtszustände.

Entsprechend hat Piaget die Phasenabfolge in bestimmten „universellen“ kognitiven Bereichen in gültiger Weise beschrieben. Leistungsschritte wie die Erkenntnis der Konstanz von Quantitäten unter qualitativen Veränderungen, zum Beispiel die Erhaltung von Flüssigkeitsmengen, sind grundsätzlich unumkehrbar. Liegt keine Störung des Nervensystems vor, bleiben dem Individuum diese differenzierteren Wissensstrukturen für immer erhalten. Erwachsene bekunden Mühe, anzuerkennen, daß sie über Objekte oder Objektzustände jemals anders geurteilt haben, und in der Regel sind sie nicht in der Lage, die Welt mit den Augen des Kindes zu sehen.

Ein anderes Phänomen konnten die zwei Erforscher des kindlichen Geistes allerdings nicht ausreichend klären. Kinder zeigen schon früh ein intensives Interesse an ihrer Umgebung, der Dingwelt und menschlichen Mitwelt, sowie an geistigen Sachverhalten. Auch unabhängig von den Erklärungen Älterer kommen sie zu sehr lebhaften Vorstellungen – oft ‚Theorien‘ genannt – von diesen verschiedenen Lebensbereichen, wozu die Überzeugungen gehören, daß schwere Gegenstände schneller zu Boden fallen als leichte; daß Dinge, die sich bewegen, lebendig sind, und Dinge, die sich nicht bewegen oder nicht bewegen können, tot; daß alle Menschen denken und Menschen, die gleich aussehen, denselben Namen haben oder in derselben Gegend wohnen, auch dasselbe denken.

Es ist das große Verdienst Piagets, auf diese frühen Theorien von Kindern im Vorschulalter hingewiesen zu haben. Unzutreffend war seine Annahme, derartige Irrtümer würden sich im Laufe der Weiterentwicklung in jedem Fall aufklären. Inzwischen gilt allgemein als erwiesen, daß die frühesten physikalischen, biologischen und psychologischen Vorstellungen von Kindern überaus zählebig sind. Selbst Studenten halten den Tatsachen und Unterrichtsinformationen zum Trotz gewöhnlich an der Überzeugung fest, daß die

Beschleunigung eines Gegenstandes von seiner Masse abhängt, daß die Evolution auf die Herausbildung optimaler Arten gerichtet ist oder daß bestimmte Einstellungen notwendig als Korrelate von Familien- oder Gruppenzugehörigkeit auftreten. Nur die sogenannten Experten scheinen ihre Urteile in diesen Bereichen umfassend und grundsätzlich zu revidieren. Die Physiker, Biologen und Sozialforscher in unserer Mitte sind offenbar als einzige in der Lage, die erstaunlich stabilen Theorien der frühen Kindheit aufzugeben.

Kinder entwickeln nicht nur ‚Theorien über die Welt‘, sie bilden auch zusammenhängende Vorstellungen über die Alltagsgeschehnisse. Bereits die Zwei- bis Dreijährigen speichern deutliche und zuverlässige Eindrücke von Ereignisketten. Mit vier oder fünf Jahren verfügen die Kinder über zahlreiche ‚Skripts‘ – man könnte auch von ‚Stereotypen‘ oder ‚Szenarien‘ sprechen –, kognitive Raster, die sowohl die regulären als auch die möglichen Merkmale von wiederkehrenden Ereignissen wie Geburtstagspartys, Einkäufen oder Restaurantbesuchen festhalten. Angesichts erdrückender Gegenbeweise erhalten die ‚Fakten‘ solcher Szenarien ein neues Gesicht. Mit der Zeit kann akzeptiert und sogar erwartet werden, daß es bei Geburtstagsfeiern statt Kuchen oder Eis ein Fruchtdessert gibt; daß im Restaurant nicht nach dem Essen, sondern bei der Bestellung bezahlt wird. Im großen und ganzen jedoch erweisen sich die frühen Skripts, Stereotypen und Szenarien als bemerkenswert wandlungsresistent.

Das fünfjährige Kind ist wißbegierig und oft verblüffend phantasievoll. Seinen Einfallsreichtum und seine beeindruckende Bereitschaft, sich auf neue Möglichkeiten einzulassen, sollte jeder Erwachsene sich so bewahren, wie es den Einsteins und Picassos unter uns zu gelingen scheint. Gelegentlich kommen Kinder mit einer Sicherheit zum Kern der Sache, die dem stärker in Vorurteilen und Ressentiments befangenen Erwachsenen unerreichbar ist (und zur sprichwörtlichen Redensart von der Originalität kindlicher Ideen führte: „Was Kindern nicht alles einfällt!"). In einer bedenklich großen Anzahl von Fällen muß man jedoch feststellen, daß der und die Fünfjährige sich bereits eine feste Meinung gebildet hat. Die Theorien und Szenarien des Kindes haben sich konsolidiert, und das heranwachsende Individuum zeigt wenig Neigung zur Veränderung, wenn nicht zwingende Umstände wiederholt dazu drängen.

Dieser Befund ist für unser Thema von zentraler Bedeutung. Wer zum führenden Kopf einer Expertengruppe in seinem Fachbereich wird, zieht seine Legitimität im allgemeinen aus der von ihm geleisteten Arbeit – er agiert als *indirekter* Führer. Auch wenn er sich der *direkten* und expliziten Übermittlung einer Botschaft bedient, kann er sich einem Fachpublikum auf differenzierte Art verständlich machen. Ein Physiker, der zu Physikern spricht, darf annehmen, daß seine Zuhörer mit dem Prinzip der Schwerkraft, der Beschleunigung und der Relativität vertraut sind; Diplomaten oder Sozialforscher wenden sich an ihresgleichen in der Annahme, daß die Zuhörer von nationalen oder kulturellen Klischees absehen können.

Grundsätzlich anderen Voraussetzungen sehen sich Menschen gegenüber, die transdisziplinäre Führung anstreben. Wer an heterogene Gruppen wie die Angehörigen einer Kirche oder einer Nation herantreten will, muß zumindest anfänglich von der Annahme ausgehen, daß die Vorstellungswelt der Mehrzahl seiner Adressaten weitgehend von der Denkweise des fünfjährigen Kindes geprägt ist. Solange es in der Hauptsache um Theorien und Auffassungen geht, mit denen schon bei Fünfjährigen zu rechnen ist, lassen sich in bescheidenem Umfang Veränderungen erzielen. Wenn also ein politischer Führer betont, wie wichtig es sei, die eigene Gemeinschaft zu stützen, ein zweiter dazu aufruft, anderen zu helfen, können beide der Aufmerksamkeit ihres Publikums gewiß sein. Soll hingegen eine differenziertere Geschichte übermittelt werden, die zum Beispiel eine breitere Definition der eigenen sozialen Gruppe verlangt, können Führende nur dann auf Erfolg hoffen, wenn sie das Publikum zu anderen Denkgewohnheiten erziehen. Wenn ich im folgenden vom ungeschulten Denken spreche, beziehe ich mich damit zusammenfassend auf Ideen, die Kinder in ihren ersten Lebensjahren entwickeln.

Der Erwerb von Fachwissen

Beim fünfjährigen Kind stößt die geistige Selbstausbildung an ihre Grenze. Das Kind hat das Äußerste dessen erreicht, was ihm aus eigenen Kräften möglich war: es verfügt über die Informationen, die ihm seine Sinnesorgane und sein Bewegungsapparat vermitteln konnten, und hat sich die Vorstellungen und Theorien zu eigen gemacht, welche die Mitglieder der Zeichen benutzenden Gattung Mensch am leichtesten (und ohne sich dessen bewußt zu sein) aufnehmen. Doch autodidaktisches Lernen hat seine Grenzen. Es überrascht nicht, daß sich in den meisten Gesellschaften an die ersten fünf Jahre des menschlichen Lebens eine Form systematischen Unterrichts anschließt. Das Resultat dieses Bildungsprozesses – *der Erwerb von Sachkenntnissen auf verschiedenen Gebieten* – ist das letzte der vier Schlüsselelemente einer Führungstheorie.

In vorschriftlichen und traditionalen Kulturen ist die bevorzugte Ausbildungsform die Lehre. Die Kinder werden einem Lehr-Meister übergeben und bilden durch Beispiele, praktische Übung und gelegentliche explizite Bewährungsproben die Eigenschaften und Fertigkeiten von Sachkundigen aus. In Gesellschaften mit schriftlicher Überlieferung ist für künftige Anwärter auf einflußreiche Positionen fast ausnahmslos der Schulbesuch vorgesehen. In den Schulen eignen sich die jungen Aspiranten elementare Bildung, bestimmte Umgangsformen und darüber hinaus, soweit möglich, die Fähigkeiten an, die es ihnen erlauben, eine mit gesellschaftlicher Wertschätzung belegte Funktion auszuüben. Eine entspannte und produktive Arbeit der Schüler mit ihren Meistern und Lehrern wird vermutlich zu einem Identifikationsverhältnis führen, zu dem Gefühl einer inneren Nähe und zu der Erwartung, eines Tages befähigt zu sein, als würdiger Nachfolger den Platz des Vorbildes einzunehmen.

Es gibt Domänen verschiedenster Art. Piaget verlegte sich auf die Untersuchung von Kenntnissen, die für jeden Menschen relevant sind: die Fähigkeit, Objekte zu klassifizieren oder aus einer Szene oder Geschichte Schlüsse zu ziehen. Jede Kultur macht die Beherrschung bestimmter Aufgaben praktisch zur Pflicht. In den modernen Industriegesellschaften zum Beispiel wird von jedem Bürger erwartet, daß er die Schule besucht und über eine elementare Bildung verfügt.

Die meisten Kulturen enthalten indes zahlreiche Sachgebiete, deren Beherrschung weder universell noch kulturell vorgeschrieben ist. So ermöglichen die modernen Industriekulturen ihren Bürgern, Techniken zu erlernen, die eine bestimmte, genau umschriebene Laufbahn wie die des Biologen, Rechtsanwalts oder Lehrers eröffnen, halten daneben aber auch Interessengebiete wie das Schachspiel oder die Rosenzucht bereit, die von persönlicher Neigung getragene Fähigkeiten verlangen.

Die Wahl der zu erlernenden Domänen stellt ein komplexes Problem dar. Bestimmte Fertigkeiten sind Mandate der eigenen Kultur oder Subkultur. So sind die meisten Kinder, die chinesische Schulen durchlaufen haben, in der Lage, Tuschzeichnungen von Pflanzen und Tieren anzufertigen, und von russischen Knaben jüdischer Herkunft ließ sich traditionsgemäß erwarten, daß sie Geige spielten und zumindest passable Schachspieler waren. Dagegen ist die Wahl anderer Domänen rein fakultativ und richtet sich nach der Familie und ihren Interessen, nach der Zeit, in die man geboren wird, oder nach den besonderen Begabungen, Präferenzen und der Geschicklichkeit des einzelnen.

Voraussetzung für eine erfolgreiche Teilnahme an der Erwachsenenkultur ist die Festlegung der Fähigkeiten, die man in Zukunft beherrschen will. In den meisten Kulturen wird diese Entscheidung seit je durch die Umstände – die Herkunft oder den Wunsch der Eltern oder eines Familienoberhaupts – diktiert. In heutiger Zeit wird die Wahl vermutlich von den einzelnen selbst getroffen, wenn auch oft in Abstimmung mit kompetenten Erwachsenen, vielleicht den Identifikationsfiguren. Der Erwerb von Expertenkenntnissen macht es dem Individuum möglich, die Leistungen der Meister seines Faches zu würdigen, darunter auch originelle Resultate, die geeignet sind, die Topographie der Domäne zu verändern. Damit hat es die Beschränktheit des ungeschulten Geistes endgültig überwunden.

In Bereichen aber, die sich seinem Sachverstand entziehen oder in denen es als Teil einer heterogenen und weithin unaufgeklärten Gruppe gilt – und damit vielleicht zufrieden ist –, wird es weit einfachere Botschaften vorfinden und aufnehmen. Die meisten modernen Menschen sind im täglichen Leben zwei gegensätzlichen Einflußzonen ausgesetzt: der fachspezifisch-differenzierten indirekten Führung in ihrem Tätigkeitsbereich und den relativ simplen Botschaften der direkten Führer größerer Systeme.

Expertenwissen im personalen Bereich

Bis in die jüngste Zeit haben wissenschaftliche Beobachter vor allem auf zwei Gebieten nach frühen Anzeichen auffallender Begabung gesucht. Eine erste Gruppe erfaßt die Kinder nach ihrer Begabung für schulische Leistungen; es sind die intellektuell Befähigten, deren Potential von den Lehrern erkannt und in neuerer Zeit durch Intelligenztests oder verwandte Meßverfahren zur Prüfung geistiger Leistungen evaluiert wird. Bei einer zweiten Gruppe wird die Auslese aufgrund keimender Fähigkeiten auf Einzelgebieten wie Musik, Schach, Sport oder Mathematik getroffen. Durch besondere Begabung im Wiedererkennen geometrischer Muster, durch mnemotechnische Leistungen oder körperliche Gewandtheit geben sich diese Kinder, denen häufig ehrgeizige Eltern oder Lehrer mit didaktischem Geschick zur Seite stehen, als vielversprechende Talente auf den betreffenden Gebieten zu erkennen.

In bestimmten Gesellschaften kann sich das Interesse in ähnlicher Weise auf Individuen konzentrieren, die besondere Begabungen im personalen Bereich erkennen lassen (ich habe in anderem Zusammenhang von „personalen Intelligenzen" gesprochen). Dabei denke ich an Menschen, die ein außergewöhnliches Gespür für die Bedürfnisse und Interes-

sen anderer haben und/oder sich mit entsprechender Sensibilität ihrer eigenen Begabungen, Bedürfnisse, Hoffnungen
und Ängste bewußt sind. Man weiß, daß es Gesellschaften
gibt, die unter Kindern gezielt nach künftigen religiösen oder
militärischen Führern suchen – die Tibeter wären ein Beispiel, deren geistliches Oberhaupt, der Dalai Lama, im frühen Kindesalter für sein Amt bestimmt wird –, und könnte
darum vermuten, daß den Merkmalen, die auf entsprechende Befähigungen hindeuten, in solchen Gemeinschaften
besondere Beachtung geschenkt wird.

Zahlreiche Organisationen in unseren modernen Gesellschaften bieten sich für eine Auslese künftiger Führerpersönlichkeiten an, ob es sich um die führenden Vertreter einer
Domäne – einer Wissenschaft, einer Kunstrichtung oder
eines handwerklichen Berufes – handelt oder um die fachüberschreitend wirkenden direkten Führer. Sportmann-
schaften, Pfadfindergruppen, religiöse Gemeinschaften, die
verschiedensten Vereine und sogar das Klassenzimmer sind
Nährböden zukünftiger Führer. Zum Teil findet eine bewußte und systematische Auslese statt; häufiger ist die formlose
Identifizierung bereits ausgeprägter, erwachsener Führungspersönlichkeiten. Aber es steht fest, daß Institutionen wie
die britischen Eliteschulen sich seit langem als Kaderschmie-
den verstehen. Nicht umsonst wird gerne behauptet, die
Schlacht bei Waterloo sei auf den Sportplätzen von Eton
gewonnen worden.

Kennerschaft auf unterschiedlichen praktischen und theoretischen Gebieten erlangen zweifellos nur die wenigsten;
man könnte jedoch annehmen, daß die meisten Menschen
die professionelle Fähigkeit ausbilden, ihre Mitmenschen zu
verstehen. Schließlich stehen wir alle seit frühester Zeit mit
anderen in Kontakt und erwerben so vielleicht alle ein

besonderes Geschick im Bereich persönlicher Beziehungen. Die Annahme scheint berechtigt, daß fast alle Menschen mit wachsender Reife komplexere Szenarien entwerfen (die zum Beispiel Ambivalenzen, Eifersucht oder Altruismus enthalten) und lernen, in begrenztem Umfang die Gedanken und Motive ihrer Mitmenschen zu erkennen. Unzählige Untersuchungen haben indessen gezeigt, daß nur die wenigsten von uns in der Lage sind, Täuschungen oder verborgene Beweggründe zu durchschauen; größeren Anlaß zur Besorgnis gibt vielleicht die Beobachtung, daß die meisten ihren detektivischen Scharfblick erheblich überschätzen. Es sieht mithin so aus, als könne selbst beim Erwerb von sozialer Kompetenz auf eine gründliche Ausbildung nicht verzichtet werden.

Und doch scheint soziale Begabung gewissen Menschen spontan verfügbar zu sein. Der Renaissance-Fürst Lorenzo de Medici führte als Vierzehnjähriger mit Erfolg komplexe diplomatische Verhandlungen. Ein naheliegendes Beispiel aus der jüngeren amerikanischen Geschichte ist Präsident Lyndon Johnson. Dem „Genie der Legislatur", wie er oft genannt wurde, gelang es immer wieder, mit traumwandlerischem Geschick die unwahrscheinlichsten Koalitionen zur Unterstützung umstrittener Gesetzesvorlagen zustande zu bringen. Die erfolgreiche Verabschiedung des Bürgerrechtsgesetzes von 1964 erklärte er so: „Es ging darum, herauszufinden, was für jeden der Männer von Bedeutung war, welche Fragen für wen entscheidend waren und warum. Ohne diese Einsichten geht gar nichts. Daß ich die Führer kannte und die Anliegen ihrer Organisationen begriff, hat mir geholfen, mein gesetzgeberisches Programm so zu gestalten, daß es ihren wie auch meinen Bedürfnissen entsprach." Zu bedauern ist, daß diese Fähigkeit des Präsidenten in seiner Außenpolitik ohne Wirkung blieb.

Was qualifiziert zur Führung?

Bisher sind vier Faktoren zur Sprache gekommen, die dem Phänomen Führung/Gefolgschaft in der menschlichen Gesellschaft zugrunde liegen. Meines Wissens wurden bisher jedoch kaum systematische Versuche unternommen, die frühe Lebensgeschichte nach Hinweisen auf Führungseignung zu untersuchen. Einige der hier dargestellten Persönlichkeiten waren seit frühesten Jahren unzweifelhaft beliebte Kameraden, deren Gesellschaft gesucht wurde; die Kindheit vieler anderer war von Einsamkeit, Isolation oder offenkundig asozialem, wenn nicht kriminellem Verhalten geprägt. Churchill war häufig sich selbst überlassen, und Mussolini wurde zweimal von der Schule verwiesen, weil er Kameraden mit dem Taschenmesser verletzt hatte. Führende Vertreter einzelner Disziplinen, darunter Freud, berichteten von früher Faszination durch Macht und strategisches Planen, während andere, wie Einstein, der Welt ihrer Mitmenschen im wesentlichen desinteressiert gegenüberstanden.

Ein paar vielversprechende allgemeingültige Ergebnisse liegen jedoch vor. Ein gemeinsames Merkmal ist zum Beispiel der frühe Verlust des Vaters. Mehr als sechzig Prozent führender britischer Politiker haben, wie eine Untersuchung zeigt, in jungen Jahren einen Elternteil, in der Mehrzahl der Fälle den Vater verloren. Es könnte sein, daß Kinder, die mit beiden Eltern aufwachsen, sich an Verhalten und Einstellung ihrer Mütter und Väter ausrichten, während Halbwaisen, die das mütterliche oder väterliche Vorbild schon früh entbehren, sich angeregt (oder gedrängt) fühlen, in sozialen und moralischen Fragen eigene Verhaltensmaximen zu entwickeln. Die frühe Nötigung zur Selbständigkeit könnte dazu disponieren, das Verhalten anderer zu lenken. Der französische Philosoph und Schriftsteller Jean-Paul Sartre behauptete, das Kind, dem der Vater fehle, sei gezwungen, selbständig Entscheidungen zu treffen. Aber die schmerzliche Erfahrung des frühen Verlustes scheint bleibende Spuren zu hinterlassen. Viele der vater- oder mutterlos aufgewachsenen Führer berichten von lebenslangen Gefühlen tiefer Einsamkeit.

Als wiederkehrendes Merkmal im Lebenslauf von Führerpersönlichkeiten werden außerdem ambivalente Elternbeziehungen genannt. Der Historiker James McGregor Burns berichtet, daß Gandhi, Lenin und Hitler ein positives Verhältnis zum einen, ein negatives Verhältnis zum anderen Elternteil hatten. Stalin wurde von seiner Mutter vergöttert, sein trunksüchtiger Vater prügelte ihn. Aus diesen Konstellationen erwachsen Ambivalenzgefühle, und man erklärt das Machtstreben als einen Versuch, den angstverursachenden Konflikt zu lösen. Soweit bekannt, war die Kindheit Bill Clintons ein klassisches Beispiel für eine gespannte Elternbeziehung. Seinen leiblichen Vater hat er nie kennengelernt, mit seinem gewalttätigen Stiefvater verstand er sich nicht, und in der Familie wurde er zunehmend in die Rolle des Vermittlers gedrängt. Es heißt, der Gedanke an eine politische Laufbahn sei ihm während seiner Schulzeit gekommen, in dem Moment, als ihm bewußt wurde, daß er Konflikte unter den Altersgenossen zu lösen verstand.

Es gibt Menschen, die sich schon in jungen Jahren unverkennbar von ihren Altersgenossen abheben. Charles de Gaulle und John F. Kennedy sind Beispiele dafür, daß charismatische Führer sich durch ein auffallendes oder anziehendes Äußeres auszeichnen können; andere wie Gandhi oder Hitler waren durchschnittliche oder sonderbare Erscheinungen, und ihr Charisma mag auf ihre ungewöhnliche

Persönlichkeit, ihr Auftreten oder ihren ausgefallenen Lebenslauf zurückgehen. Der Psychologe Mihaly Csikszentmihalyi hat darauf hingewiesen, daß einige Führerpersönlichkeiten ihren besonderen Rang gerade der Tatsache verdanken, daß sie sich über die gesellschaftlich zulässigen Modalitäten, Ziele zu erreichen, seit langem hinwegsetzen und dieser Mißachtung zum Trotz erfolgreich sind. Beobachtern erscheinen solche Bilderstürmer darum mit prophetischen Kräften begabt, auch wenn ihre Geschichten die Anhänger schließlich auf Wege der Zerstörung führten.

Ferner konnte gezeigt werden, daß Führer von früher Kindheit an dazu neigen, Risiken einzugehen und, oft gegen äußeren Widerstand auch von Autoritätspersonen, alles daran setzen, ihr Ziel zu erreichen. Ein Wille zur Macht – um der Macht oder eines bestimmten Zweckes willen – ist immer erkennbar. Die Risikobereitschaft zeugt von der Zuversicht, daß sich Erfolge zumindest zeitweise einstellen werden, und auch die Unnachgiebigkeit gegen alle Widerstände spiegelt den Willen, der eigenen Kraft zu vertrauen und sich nicht durch Kritik und Bedenken einschüchtern zu lassen.

Häufig hat solche Härte ihren Preis. Viele Führerpersönlichkeiten lassen die Wunden früher Verlusterlebnisse erkennen und legen eine Zähigkeit, ja Unbarmherzigkeit an den Tag, die für andere nicht leicht zu verstehen ist. In seiner Biographie John Churchills, des Herzogs von Marlborough, bemerkt Winston Churchill:

Berühmte Männer sind gewöhnlich das Produkt einer unglücklichen Kindheit. Der harte Druck der Umstände, feindliche Schläge, der Sporn früher Verspottung und Kränkung sind nötig, um die rücksichtslose Willenskraft und den hartnäckigen Mutterwitz zu wecken, ohne die nur selten große Taten vollbracht werden.

Sowohl die direkten als auch die indirekten Führer meiner Studie scheinen sich bereits in jungen Jahren als Ausnahmeerscheinungen empfunden zu haben. Sie waren sich ihrer Besonderheit und in einigen Fällen auch eines außerordentlichen Leistungspotentials bewußt. Wo das Gefühl solcher Auszeichnung fehlte, lassen sich Momente erlebter ‚Berufung' aufweisen – für Martin Luther der Augenblick, als ihn der Mißbrauch geistlicher Macht erschütterte, für Martin Luther King jr. die Entdeckung, daß er zum Anführer des Autobus-Boykotts in Montgomery, Alabama wurde. Für schöpferische Menschen – indirekte Führer, die auf eng umschriebenen Sachgebieten tätig sind – braucht das Bewußtsein der ‚Exklusivität' keine Probleme mit sich zu bringen. Der direkte Führer jedoch muß aus dieser immer zu wahrenden Distanz heraus um ständige Fühlungnahme mit seinen Zeitgenossen bemüht sein.

Meine Theorie der mehrfachen Intelligenz liefert ein weiteres, möglicherweise wichtiges Stück des Puzzles. Die meisten Führerinnen und Führer sind offenkundig zu überdurchschnittlichen Leistungen im personalen Bereich begabt – sie wissen, wie man andere Menschen anspricht und beeinflußt. Solches Vermögen bleibt indes brachliegendes Kapital, wenn die Gelegenheit fehlt, ihm Ausdruck zu geben. Wie ich im folgenden zeigen werde, sind Führungspersönlichkeiten im allgemeinen gute Redner und beeindrucken nicht selten auch durch ihre Schriften. Sie profilieren sich nicht nur als Erfinder vielversprechender Geschichten, sondern verstehen es außerdem, sie überzeugend vorzutragen. Ein Zeichen des künftigen Führers ist seine außergewöhnliche sprachliche Begabung, die Neigung und Fähigkeit, Worte eindrucksvoll zu gebrauchen. Wer diese sprachliche Intelligenz mit herausragender personaler Intelligenz verbindet, hat das Zeug zum

wirksamen Kommunikator und möglicherweise zur Übernahme einer Führungsrolle.

Was qualifiziert zum Anhänger?

Nicht nur die Führungsbegabung ist in ihren Voraussetzungen noch wenig erforscht, im dunkeln blieb bislang auch das
Bild des typischen Anhängers. Der Begriff des Anhängers
ließe sich natürlich so weit ausdehnen, daß er alle umfaßt,
die nicht ausdrücklich zu Führerpersönlichkeiten erklärt
werden, womit sich die Frage nach dem Charakter von
Gefolgschaft erübrigte. Es erscheint darum sinnvoll, zu
unterscheiden, wo die Neigung, als Parteigänger in den
Dienst einer Sache zu treten, besonders augenfällig hervor-
tritt und wo sie die in jedem Menschen zumindest latent vorhandene Gehorsamsbereitschaft nicht überschreitet.

Zu einem Führer gehört seine Gefolgschaft, und in einigen
Fällen lassen sich Personen nennen, die für eine von ‚ihrem‘
Führer verkündete Geschichte ihr Leben eingesetzt oder hin-
gegeben haben. Napoleon schrieb die Hälfte seines militärischen Genies der Tatsache zu, daß er die Menschen dafür
begeistern konnte, ihr Leben für seine Ziele zu opfern (die
andere Hälfte sah er, so jedenfalls wird berichtet, in seinem
Talent, mit großer Präzision zu berechnen, wie lange es dauern würde, eine Herde von Elefanten von Paris nach Kairo
zu befördern).

Zwei Vermutungen über die ‚Begabung‘, sich führen zu
lassen, verdienen Erwägung. Einerseits ist anzunehmen, daß
Parteigänger aus anderem Holz geschnitzt sind als Führende, daß sie zum Beispiel ständig nach eben der Autoritätsfigur suchen, deren Einfluß der oder die Führende sich ent-

75

zieht. Viele ‚Gläubige‘ wandern von einer Gruppe zur anderen, auf der rastlosen Suche nach der vollkommenen Gemeinschaft, die vielleicht nie zum Ziel kommt. Vorstellbar ist aber auch, daß chronische Anhänger und Führer wichtige Eigenschaften teilen. Von Napoleon stammt das Bonmot, er sei ein großer Führer geworden, weil er ein hervorragender Gefolgsmann gewesen sei. Ähnlich äußerte sich ein Wortführer der Französischen Revolution: „Wissen Sie, ich muß mich dem Volk anschließen – bin ich nicht sein Führer?" Viele künftige Führer wie der junge George Marshall und Angelo Roncalli (als junger Priester, noch Jahrzehnte von der Papstwürde entfernt) ließen sich von den Vorbildern inspirieren, die ihnen in ihren entscheidenden Entwicklungsjahren zur ‚führenden‘ Identifikationsfigur wurden. Vielleicht ist ‚geborenen‘ Führern und ‚geborenen‘ Jüngern das Bedürfnis nach sozialer Strukturierung, nach Hierarchie und nach einer Aufgabe gemeinsam – Bedürfnisse, die aus dem phylogenetischen Erbe stammen und bei Menschen mit weniger starkem Gemeinschaftssinn vielleicht schwächer ausgeprägt sind.

Die Einstellung zur Macht kann unter Anhängern stark variieren. Einige – der junge Stalin oder Mao Zedong wären ein Beispiel – lassen sich von Bewegungen mit starken Führerpersönlichkeiten begeistern, weil sie selbst, wenn auch anfangs noch unbewußt, an der Ausübung von Macht interessiert sind. Andere ziehen die Rolle des Anhängers vielleicht gerade darum vor, weil sie es schätzen, die Zügel der Macht in fremden Händen zu wissen. Der Physiker und Anthropologe Richard Morris äußerte die Ansicht, daß nur die wenigsten nach der Führung sozialer Gruppen streben: „Die meisten Menschen geben sich mit dem einmal erreichten Status zufrieden ... in einem bestimmten Alter verlieren sie in der

Regel den Aufstiegsdrang." Beide Anhängergruppen wird man vom Typus der ‚Retter' abgrenzen müssen, den im übrigen unauffälligen Menschen zum Beispiel, die in der Zeit des Nationalsozialismus bei Gefahr schwerster Strafen ihren verfolgten Mitbürgern beistanden.

Während der chronische Anhänger unter Umständen der Faszinationskraft mehrerer disparater Führungspersönlichkeiten erliegt, erweist sich die Mehrzahl als kritischer. Zu den Eigenschaften, in denen sich die Anziehungskraft bestimmter Führer manifestiert, gehören individuelle Erscheinungsmerkmale, die vor allem auf Kinder wirken: Größe, Kraft, Attraktivität und bewunderte Talente. Nach der Pubertät rücken weitere Eigenschaften ins Blickfeld: die Kraft der Ideen (oder Geschichten), ihre Geschlossenheit und historische Kompatibilität. Auch Persönlichkeitsmerkmale können den Status eines Führers erhöhen: Charisma, Vergeistigung und eine Mischung von Durchschnittlichkeit und Außergewöhnlichem wirken häufig eindrucksvoll.

Abschließend sei zum Thema Anhängerschaft festgehalten: 1. Anhänger werden durch unterschiedliche Eigenschaften führender Persönlichkeiten angezogen; bestimmte Gruppen sprechen auf Beweise von Macht oder Stärke an, andere auf die Originalität von Ideen oder die geistige Ausstrahlung. Das Charisma der äußeren Erscheinung ist von intellektuellem und geistigem Charisma abzugrenzen. 2. Erfolgreiche Führer zeichnen sich häufig entweder durch eine Verbindung dieser unterschiedlichen Eigenschaften aus – Robert Maynard Hutchins besaß sowohl eine attraktive Erscheinung als auch Esprit –, oder sie verstehen es, sehr unterschiedliche Adressaten zu fesseln – Margaret Mead beeindruckte die einen durch ihre Lebensweise, andere durch ihre Gedanken zum Kulturvergleich.

Der Führungsprozeß

Mit der Erwähnung typischer Eigenschaften, die den Anhänger an eine Führerpersönlichkeit binden, wird bereits die Endphase der Entwicklung, die Frage nach der Wirkungsweise des voll ausgeprägten Führungsverhaltens, angesprochen. Ich habe damit in gewisser Weise der laufenden Untersuchung vorgegriffen, soll doch die Darstellung verschiedener Führerfiguren gerade dem Zweck dienen, diese Hauptmerkmale zu bestimmen. Außerdem ist einschränkend zu bemerken, daß Führung niemals eine Form erreicht, die man als vollendet bezeichnen könnte; allenfalls kann man feststellen, daß es einigen Menschen gelingt, Erfahrungen zu sammeln und ihren Einfluß zu stärken. Unter Berücksichtigung dieser Vorbehalte lassen sich jedoch vier Faktoren identifizieren, die für die Ausübung wirksamer Führung offenbar wesentlich sind.

1. *Die Bindung an die Gemeinschaft (den Adressatenkreis).* Daß kein Führer sein kann, wo die Anhänger fehlen, liegt auf der Hand. Einen nachdrücklichen Hinweis verdient jedoch die anhaltende Aktivität und Dynamik der typischen Beziehung zwischen dem Führer und dem Kreis seiner Adressaten. Beide Seiten reagieren aufeinander und beeinflussen einander. Die Fallstudien werden zeigen, welche Probleme, Bedürfnisse und Geschichten bei den Adressaten auf Resonanz stoßen und wie der Führer seine Geschichten den gewandelten Umständen anpaßt. Anhaltende Wechselbeziehungen dieser Art zu einer oder mehreren Gruppen zeichnete so unterschiedliche Führerpersönlichkeiten wie Robert Hutchins und Jean Monnet schon in jungen Jahren aus. Soll die Bindung Bestand haben, müssen Führer und Anhänger

im Lauf der Zeit zusammen daran arbeiten, die gemeinsam vertretenen Werte in institutionelle oder organisatorische Realität umzusetzen.

2. *Ein bestimmter Lebensrhythmus.* Führende müssen in fortgesetzter, regelmäßiger Verbindung zu ihrer Gemeinschaft stehen. Daneben ist jedoch Selbsterkenntnis erforderlich – Klarheit über das eigene Denken, besonders auch über den Wandel der Ideen, Werte und Strategien. Zeit und Gelegenheit zum Nachdenken, zur Distanzierung vom Kampf oder von der Mission ist darum für jeden Führenden unerläßlich. Ich spreche vom „Gang auf den Gipfel", ein Rückzug (oder Vorstoß), der im buchstäblichen wie übertragenen Sinn vorkommt (Moses erstieg den Berg, de Gaulle absolvierte seine täglichen Spaziergänge). Phasen der Isolation, die zur täglichen Routine gehören können, aber sich unter Umständen auch über Monate, wenn nicht gar Jahre erstrecken, sind im Leben der Führer nicht weniger wichtig als die Gemeinschaft mit der Gruppe.

Das Verhältnis zwischen Isolation und Gruppennähe ist bei indirekter und direkter Führung markant verschieden. Für den Experten, der durch seine Tätigkeit innerhalb einer bestimmten Domäne wirkt und also meist allein oder in kleinen Gruppen arbeitet, ist das Auftreten vor einer breiteren, gemischten Öffentlichkeit nur sporadisch notwendig oder ratsam; wer dagegen direkt auf eine vielfältige und wechselnde Anhängerschaft einzuwirken sucht, verbringt viel Zeit in Gesellschaft der Adressaten, braucht aber auch Gelegenheit zur inneren Einkehr. Wenn wie im Fall Clintons der Eindruck entsteht, ein Führer meide die Reflexion in der Stille, liegt die Vermutung nahe, er entziehe sich dem Prozeß der Selbsterkenntnis.

3. *Ein erkennbarer Zusammenhang zwischen Geschichten und Lebensführung.* Einer meiner Grundthesen zufolge können Führende auf zweifache Art Einfluß nehmen – durch ihre Geschichten oder Botschaften und auf nonverbalem Weg durch die von ihnen verkörperten Persönlichkeitsmerkmale. Manche Führer ziehen phasenweise das eine oder das andere vor. Churchill zum Beispiel entwarf als Premierminister zunächst eine Geschichte vom ruhmreichen Großbritannien, dessen Ansehen es zu bewahren gelte, und beeindruckte später durch seinen Mut während der deutschen Bombardierung. Der Einfluß von Führern wie J. Robert Oppenheimer oder Ronald Reagan beruhte vorwiegend auf verbalen Mitteilungen; andere, wie George C. Marshall oder Johannes XXIII., wirkten mehr durch persönliche Qualitäten als durch ihre Geschichten, die wenig originell, doch zeitweilig in Vergessenheit geraten waren. Für bestimmte Sachverhalte, zum Beispiel für die Erklärung aktueller Mißstände oder Chancen, bieten sich Geschichten an; Aufrufe zum Mut oder zu Reformen lassen sich durch persönliches Vorleben glaubhafter vermitteln.

Geschichte und Lebensführung können im Widerspruch stehen. Zahlreiche Politiker geraten in Schwierigkeiten, wenn ihr Verhalten den von ihnen vorgetragenen Geschichten nicht zu entsprechen scheint. Für Richard Nixon wurde es schwierig, als Vorkämpfer von „Recht und Gesetz" aufzutreten, als er selbst wegen ungesetzlichen Vorgehens unter Beschuß geriet. Unter günstigen Umständen können Geschichte und Lebensbild einander jedoch ergänzen und verstärken. Als Martin Luther King jr. von der Bereitschaft sprach, Schmerz und Kritik zu trotzen, verbürgte sein Handeln die Wahrheit seiner Geschichte. Mehr noch, es gibt Augenblicke genial verwirklichter Führung, in denen Persönlichkeit und Geschichte zu einer Einheit verschmelzen, wie es in Träumen geschieht, in denen, um mit Yeats zu sprechen, Tänzer und Tanz nicht mehr zu trennen sind.

Über die Wechselwirkung von Leben und Geschichten in den Jugendjahren von Führerfiguren kann ich wiederum nur Vermutungen anstellen. Die meisten Biographien sind in diesem Punkt bedauerlicherweise unergiebig. Es ist zu erwarten, daß die Geschichten, die der Mensch erzählt, häufig auf eigene Erfahrungen zurückgehen und darum in der Selbstdarstellung ihren natürlichen Ausdruck finden. Hinzu kommt, daß der voraussehbare Groll, mit dem die Adressaten ein deutliches Auseinanderklaffen von Lebensführung und Geschichte quittieren würden, zur Vermeidung krasser Ungereimtheiten anhält.

4. *Die zentrale Bedeutung der freien Wahl.* In einer Gruppe nichtmenschlicher Primaten kann das Individuum sich durch rohe Gewalt behaupten. Eine analoge Situation entsteht, wenn ein menschliches Individuum eine Herrschaftsposition einnimmt, die es dem totalen Einsatz von Machtmitteln und/oder Gewalt, Terror und uneingeschränkter Härte verdankt.

In den vorliegenden Fallstudien werden Führerpersönlichkeiten dargestellt, die ihre Stellung unter Umständen erreicht haben, die ihnen und ihren Anhängern ein bestimmtes Maß an Wahlfreiheit gestatteten und der Lust oder Verführung zum Terror durch eine gewisse Stabilität entgegenwirkten. Nur in Fällen einer derart ‚frei gewählten Führung‘ ist es sinnvoll, an erzählte Geschichten und verkörperte Tugenden, an Meinungswandel durch Beispiel und Überzeugung zu denken. Man sollte sich dennoch der Stalins und Saddams dieser Welt erinnern, die mit Mitteln zur Macht gelangten, die den von weniger brutalen Führern benutzten Methoden nicht ganz unähnlich sind. Auch sie waren gezwungen, zu überzeugen, sich anzupassen, zu akzentuieren und abzuschwächen, je nachdem, wie es die Neigungen und Ängste derer verlangten, die sie zu führen beabsichtigten. Die absolute Macht hat in ihrem Fall aber schließlich zur absoluten Korruption geführt. Auch sollte man nicht vergessen, daß die Träger hoher Ämter dem Einfluß von Allmachtgefühlen erliegen können und dann entsprechend handeln werden. Präsident Franklin D. Roosevelt lenkte ein – so in der Affäre um die Reorganisation des *Supreme Court*, den er mit eigenen Leuten besetzen wollte – und gab nach, wenn er zu weit gegangen war. Margaret Thatcher dagegen blieb hart und setzte ihr unpopuläres Steuervorhaben durch.

Kommunikation und Zeichensysteme

Während der ersten Lebensjahre des Menschen wird Erkenntnis primär durch Wahrnehmung und Bewegung gewonnen, für die übrigen Organismen einschließlich der nichtmenschlichen Primaten die einzigen Mittel zum Wissenserwerb. Im Unterschied zu allen anderen Lebewesen besitzt der Mensch darüber hinaus die Fähigkeit, Zeichenverbindungen und Zeichensysteme zu gebrauchen, zu verstehen und sogar neu zu schaffen.

Mit ungefähr fünf Jahren sind die meisten Kinder bereits Experten des Zeichengebrauchs. Sie beherrschen eine ganze Palette von Zeichensystemen, darunter die natürliche Sprache, die Sprache der Gebärden und die Zeichensysteme der bildlichen Darstellung, des Rechnens, der Musik sowie anderer Kommunikationsmittel, die ihre Gesellschaft favorisiert. Ebenso bemerkenswert ist die Tatsache, daß sie diese Beherrschung von Zeichen ‚erster Ordnung‘ praktisch ohne systematische Anleitung erreichen. Wie häufig angemerkt wurde, wäre die Gattung Mensch längst untergegangen oder hätte zumindest das Sprachvermögen eingebüßt, wenn wir Wesen und Funktionieren der natürlichen Sprache verstehen müßten, um den Kindern das Sprechen beizubringen.

Es ist kaum übertrieben zu behaupten, daß die kognitive Entwicklung nach den ersten Lebensjahren mit der Entwicklung des Zeichenverständnisses zusammenfällt. Der Prozeß eines expandierenden Zeichengebrauchs setzt sich mit unverminderter Intensität fort, wenn das Kind in die Schule oder andere Bildungssysteme eintritt. In jeder modernen Gesellschaft fällt der Schule die schwierige Aufgabe zu, Zeichensysteme zweiter Ordnung zu unterrichten, die schriftlichen Notationen, die sich ihrerseits auf die Zeichensysteme erster Ordnung wie die gesprochene Sprache oder das Zahlensystem beziehen. Auch weniger geläufige Zeichensysteme wie die der Physik, der Musik, des Balletts oder des Fußballs können erlernt werden. Die Schule und andere Formen der Bildungsvermittlung machen die Schüler mit dem Gebrauch der Zeichensysteme vertraut, deren Kenntnis ihre Kultur vorschreibt.

Zeichensysteme sind die Träger der Denk-, Klassifikations- und Kommunikationsprozesse. Weil den nichtmenschlichen Primaten dieses Mittel fehlt, müssen sie Herrschaftsansprüche weitgehend durch Gewalt sichern, während den Menschen grundsätzlich freigestellt ist, wie sie Autorität durchsetzen wollen. Im weiteren wird ausführlicher davon die Rede sein, daß für die direkten Führer vorwiegend die Beherrschung des Zeichensystems Sprache von Bedeutung ist, weil Führung sich im wesentlichen durch den kreativen

Einsatz von Geschichten realisiert. Viele von ihnen – ich nenne sie die mit sprachlicher Intelligenz begabten – sind schon früh talentierte Erzähler, andere machen die gekonnte Vermittlung von Geschichten, sei es durch überzeugende Rhetorik, sei es durch wirkungsvoll verfaßte Schriften, zu ihrem vorrangigen Ziel. Von de Gaulle wurde gesagt, sein politisches Schicksal

war zeitlebens auf Worte gebaut. Der Soldat trat als Autor eines Buchs aus dem Dunkel der Anonymität; der Rebell wurde durch eine Rede zum Führer der Nation; dem Oppositionellen sicherten ein paar Zeitungsinterviews das politische Überleben; der Präsident regierte über Rundfunk und Fernsehen; den Einsiedler schließlich verband nur noch das Wort mit der wankelmütigen Menge.

Menschen dagegen, die in traditionellen Bereichen und Disziplinen arbeiten, brauchen sich nicht zu Meistern der natürlichen Sprache und zu brillanten Erzählern zu entwickeln. Einsteins Deutsch- oder Englischkenntnisse waren ebenso bedeutungslos wie die Tatsache, ob Picasso ein gutes Spanisch oder Französisch schrieb. Was für die führenden Köpfe ihres Metiers zählte, war die Beherrschung des Zeichensystems der Physik beziehungsweise der Malerei des zwanzigsten Jahrhunderts. Daß auch Menschen wie sie schließlich durch die Kraft ihrer Persönlichkeit wirken konnten, war möglich, weil sie sich der Welt bereits durch Substitute bekannt gemacht hatten: durch die Äußerung ihrer Gedanken und Erfahrungen in den von ihnen geschaffenen Zeichenketten, allgemeiner gesagt, ihren Werken. Sie hatten das Glück, in Kulturen zu leben, die verschiedene hochwirksame Kommunikationsformen hervorgebracht haben.

Führer bedienen sich einer zweiten Mitteilungsart – sie

kommunizieren durch körpersprachlich vermittelte Zeichen. Diese Zeichen können von prägnanter Einfachheit sein wie Gandhis Gewohnheit, auch bei der Konfrontation mit seinen Gegnern auf konventionelle Kleidung zu verzichten, oder Churchills *Victory*-Zeichen. Man denke hier auch an das Bild Martin Luther Kings, der mit entschlossener Miene hinter Gefängnisgittern steht. Ob eine symbolische Kommunikation dieser Art, die leibhaftige Verkörperung von Tugenden, als Geschichte zu bezeichnen sei, wie man sich zu Recht fragen kann, ist weitgehend ein Definitionsproblem. Meine Antwort wäre, daß visuelle Kundgebungen dieser Art als Träger eindeutiger Botschaften nur bedingt in Frage kommen. Einzig dann, wenn der Sender bekannt und sein Anliegen bereits bewußt gemacht ist, können solche Bilder der Kampfbereitschaft Schlagkraft gewinnen. Man könnte sagen, die Illustration genügt, weil die Geschichte bereits gewirkt hat.

Jeder Wissenschaftler, der ein Werk zur Veröffentlichung vorlegt, strebt, wie bescheiden auch immer, nach indirekter Führung. Ohne den Wunsch, meinen Kollegen – und einer breiteren Öffentlichkeit – durch meine Worte ein neues Bild vom Phänomen der Führung zu vermitteln, hätte ich dieses Buch nicht geschrieben. Vor allem mein Entschluß, das Gesamtspektrum der Führung, den fließenden Übergang ihrer indirekten zu den direkten Varianten zu sondieren, ist als Versuch zu begreifen, die geläufigen Vorstellungen von Führung zu verändern. Die systematisch geordneten Fallstudien sollen die Geschichten und lebensgeschichtlich verkörperten Zielvorstellungen dokumentieren, die die Leistungen eines Einstein oder Picasso mit den Verdiensten einer Thatcher oder eines Monnet verbinden, und das Keynes-Motto des ersten Kapitels mit Leben füllen.

Ich habe der Versuchung widerstanden, ein Führungs-
‚modell‘ zu entwickeln, andererseits aber eine Reihe von
Themen erörtert, an denen sich meine Untersuchung orientiert hat, so im vorliegenden Kapitel die Aspekte der
menschlichen Entwicklung, die für das Verständnis von
Führung von besonderer Bedeutung sind: das stammesge-
schichtliche Erbe, die frühe Herausbildung der Wahrnehmung des Selbst und der anderen, die Entwicklung wirksamer Theorien oder Szenarien des Weltverständnisses im
Kleinkindalter, die Anzeichen beginnender Kennerschaft auf
einer gesellschaftlich anerkannten Domäne sowie das Merk-
malsprofil des künftigen Führers und künftigen Anhängers.
Diese Elemente lassen sich als Eckwerte eines umfassenden
Modells von Führung verstehen.

In mancherlei Hinsicht mag Führung den Menschen mit
anderen Primaten verbinden – die so wichtige Kommunikation durch Zeichensysteme ist der Gattung Mensch vorbehalten. Nur wir Menschen verbringen den größten Teil
der Lebenszeit damit, Zeichen auszutauschen. In der Vielfalt
von Zeichensystemen und Botschaften, die in menschlichen
Kulturen in Umlauf sind, werden ausnahmslos überall diejenigen Wortverbände besonders geschätzt, die wir Geschichten nennen. *Meine* ‚Geschichte‘ wendet sich an dieser Stelle
den überzeugungskräftigen Erzählungen zu, die den Kern
des Phänomens Führung ausmachen.

3

Die Geschichten der Führer

Führung bedeutet, anderen Menschen Ideen zu
vermitteln.

Charles Cooley

In einer wunderbar eindringlichen Kurzgeschichte erzählt
die chilenische Schriftstellerin Isabel Allende von Belisa Crepusculario, einer schönen jungen Frau aus bettelarmer
Familie, die ihren Lebensunterhalt damit bestreitet, Worte
zu verkaufen. Für fünf Centavos verkauft sie Verse aus dem
Gedächtnis, für sieben Centavos verschönert sie Träume,
schreibt für neun Centavos Liebesbriefe und erfindet für
zwölf Centavos Beleidungen, die man gegen seinen Todfeind
schleudern kann.

Belisas Leben nimmt eine dramatische Wende, als sie
einem berserkerhaften Krieger in die Hände fällt, der unter
dem Namen „der Oberst" bekannt ist. Nachdem seine Männer sie entführt, brutal geschlagen und beinahe getötet haben, nennt er ihr den Grund für diesen Willkürakt: Er möchte Präsident werden, und zwar nicht durch Waffengewalt,
sondern durch das Mehrheitsvotum der Wähler. Anders ausgedrückt, er will das werden, was ich einen Führer nenne –
will frei gewählt die Macht ausüben. „Um das zu erreichen,
muß ich sprechen wie ein offizieller Kandidat. Kannst du
mir die Worte für eine Rede verkaufen?" bittet er sie.

Belisa erfindet einen Teppich von Worten, die versprechen, den Verstand der Männer und die Gefühle der Frauen
anzurühren. Dann liest sie dem Obersten, der Analphabet

ist, die Rede dreimal vor, damit er sie seinem Publikum auswendig zu Gehör bringen kann, was ihm gelingt. Unzählige Male hält er die Rede während des Wahlkampfes, um die Menschen zu überzeugen, ihm ihre Stimme zu geben. Und die Menschen, berichtet Allendes Erzähler, „waren geblendet von der Klarheit seiner Vorschläge und vom poetischen Glanz seiner Argumente, durchdrungen von der Kraft seines Wunsches, das Unrecht der Geschichte zu sühnen, waren zum ersten Mal in ihrem Leben glücklich." Den Regeln des Genres gehorchend, endet die märchenhafte Erzählung damit, daß der Oberst die Wahlen und Belisa die Liebe des Obersten gewinnt.

Die kleine Geschichte von Isabel Allende sagt Entscheidendes über den Zusammenhang von Sprache und Führung und ist ein anschauliches Beispiel für das Motto des Kapitels. Durch nackte Gewalt – das Vorgehen des Obersten in der Vergangenheit – läßt sich Macht über Menschen erstreiten und sichern. Um Zustimmung zu finden, muß man andere jedoch von den eigenen Vorstellungen überzeugen. Der ungebildete und ‚sprachlose‘ Oberst („Krieg ist das einzige, was ich beherrsche", vertraut er Belisa an) ist auf den Beistand einer Frau angewiesen, die der Sprache mächtig ist. Ihre Worte verhelfen ihm zur Legitimität. Auf dasselbe Komplementärverhältnis verweist Homer, der Achilles als einen Meister der Tat wie der Rede beschreibt.

Seit einigen Jahren setzt sich bei Sozialwissenschaftlern eine Erkenntnis durch, die Vertretern aus Politik, Religion und Militär seit langem bekannt ist: daß Geschichten (Erzählungen, Mythen, Märchen oder Fabeln) ein soziales Verkehrsmittel von einzigartiger Wirksamkeit sind. Wissenschaftler haben sich den Kopf darüber zerbrochen, was die Wirkung von Geschichten ausmacht: der Protagonist als

Identifikationsfigur, der Entwurf von Plänen und Zielen, das Eintreten einer Krisensituation, die ihre Lösung verlangt, Aufbau und Abfuhr von Spannungsgefühlen beim Adressaten oder die unverwechselbare Stimme eines Erzähler-Ichs. Man versuchte die prototypische Form des Erzählens zu identifizieren: den Aufbruch des Helden in die Fremde, der die heimische Umgebung verläßt, um später für immer dorthin zurückzukehren, oder den Kampf zwischen Gut und Böse. Andere analysierten die erzählerischen Mittel: Logik, Sprache, Personendarstellung, Humor und das Spiel mit Stimmungen und Erwartungen des Publikums. Auch die ursprünglichen Zwecke des Geschichtenerzählens wurden bedacht – Gemeinschaftsstiftung, Behandlung elementarer philosophischer oder religiöser Fragen, Ordnung der sonst chaotischen Existenz durch Sinngebung.

Der Versuch, Wesen und Zweck von Geschichten abschließend darzustellen, dürfte illusorisch sein. In seiner Darstellung der „Sprachspiele" zeigt der Philosoph Ludwig Wittgenstein, daß Geschichten bestenfalls eine „Familienähnlichkeit" aufweisen, eine Auffassung, der ich mich bereitwillig anschließe. Ich benutze in meiner Arbeit den Begriff Geschichte in weitesten Sinn. Während *sprachliches Erzählen* zwar im Mittelpunkt steht, sind Darstellungserfindungen aus allen Zeichensystemen eingeschlossen, seien es Neuformulierungen physikalischer Probleme oder gewandelte Ausdrucksformen im Tanz oder in der Dichtung. Außerdem soll die Geschichte, wie ich sie verstehe, auch die im zweiten Kapitel skizzierten Kommunikationsmodi umfassen: die *explizite, propositionale Botschaft* des Führers wie auch die *Verkörperung eines Lebensideals* im persönlichen Dasein und Handeln. Alle von mir unter dem Begriff Geschichte zusammengefaßten Varianten inventiver Ausdrucksmöglichkeiten unter separaten Bezeichnungen zu führen – was möglich gewesen wäre –, hätte nicht nur die Darstellung kompliziert, sondern außerdem zu der irrigen Vorstellung geführt, eine Geschichte ließe sich von einer Fabel oder choreographischen Sequenz, eine Mitteilung von einer personifizierten Darstellung, einem Traum oder einer Idee ohne weiteres unterscheiden.

Mir geht es im Gegenteil darum, zu zeigen, daß Führer sowohl sprachliche wie auch nichtsprachliche Mittel dazu benutzen, mit anderen Menschen zu kommunizieren und sie von einer bestimmten Ansicht, einem klar umrissenen Weltbild zu überzeugen. Das Wort *Geschichte* ist am besten geeignet, diesen Gedanken auszudrücken. Ich gehe davon aus, daß Geschichten, in diesem Sinn verstanden, den elementaren kognitiven Prozessen zuzurechnen sind und daß die kunstvoll erdachte Geschichte und ihre Vermittlung ein grundlegendes Element aller Führung darstellt. Geschichten sprechen beide Seiten des menschlichen Geistes, Verstand und Gefühle, an. Die mächtigste Waffe im literarischen Arsenal des Führers – dies meine zweite These – sind vor allem die *Identifikationsgeschichten*, Erzählungen um Selbsterkenntnis und Selbstbestimmung, die dem Individuum dabei helfen, denkend und fühlend zu erkennen, wer es ist, woher es kommt und wohin es geht.

Geschichten im Lebenszyklus

Säuglinge und Kleinkinder können mit ihren Bezugspersonen auf erstaunlich differenzierte Weise kommunizieren. Sie sind fähig, Entbehren, Angst, Überraschung, Bedauern und emotionales Wohlgefühl erkennen zu lassen. Mit etwa fünf

Jahren ist das Kind zum Schöpfer und Konsumenten von Geschichten geworden. Diese Geschichten können punktuell sein und aus einem einzigen Ereignis bestehen oder kurze, locker verbundene Handlungseinheiten zu pikaresken Sequenzen reihen. Bei aller Vielfalt sind die Geschichten dieser Lebensphase von elementarer Einfachheit. Eine besonders verbreitete Kategorie – man könnte von einem Typus ‚Krieg-im-All‘ oder ‚Krieg der Sterne‘ sprechen – handelt stets von zwei Mächten oder Personen (A und B), die sich feindlich gegenüberstehen (wie in den Serienfilmen über Kämpfe mit fremden Planeten). Zwischen A und B kann es dabei zu wiederholten Auseinandersetzungen kommen. Am Ende siegt im allgemeinen A (die Verkörperung des Guten), obwohl, meist vorläufig, auch B triumphieren kann. Das Kind identifiziert sich so gut wie immer emphatisch mit dem oder den Helden und dem oder den Anliegen der Macht A.

Das Szenario, das diesem Geschichtentypus zugrunde liegt, ist dem Bewußtsein der Kinder so nachdrücklich eingeprägt, daß es andere dem Kind dargebotene Erzählungen überlagern kann. Hat eine Geschichte in ihrer ursprünglichen Form zum Beispiel drei oder mehr Protagonisten und läßt den Kampf zwischen den zwei Mächten vielleicht vielschichtig, andauernd und unentschieden verlaufen, wird eine neugestaltete oder wiedererzählte Variante auf charakteristische Weise verändert. Sie kristallisiert sich dann in der Regel um eine einfachere Grundform: die Figurenvielfalt reduziert sich auf zwei Personen (oder zwei Gruppen oder Mächte), und aus einem komplexen und mehrdeutigen Konflikt wird der manichäische Kampf zwischen Gut und Böse.

Die einfache Struktur dieses rigorosen Dualismus ist nicht nur im phantasievollen Spiel, sondern auch im Urteil des Kindes über Alltagsereignisse erkennbar. Fünfjährige lieben

Märchen und andere Fabelgeschichten, in denen die Mächte des Lichts und der Finsternis aufeinanderprallen. Sie können sich mit dem Licht identifizieren, während sie zugleich erste Erfahrungen mit den Mächten des Dunkels machen und dessen Anziehungskraft spüren. Auch in den Auskünften über eigene Lebenssituationen meldet sich dieses dualistische Denken zu Wort, wird die Welt noch in Vorstellungen binärer Konflikte konstruiert. Nach ihren Freunden befragt, neigen sie dazu, die Altersgenossen als uneingeschränkt gutartig oder, seltener, als vollendete Bösewichte zu betrachten. Auch ein moralisches Dilemma wird als ‚Entweder-oder-Konflikt‘ begriffen, der Entschluß etwa, ein Medikament zu stehlen, um einem Kranken das Leben zu retten, gilt entweder als heroische Tat oder als Niedertracht, die drakonische Bestrafung verdient.

Man wird sich fragen, warum ich mich den Strukturen des kindlichen Erzählens widme, wenn mein Thema die Geschichten führender Persönlichkeiten in Politik und Wissenschaft sind. Die Antwort ist für mein Vorhaben von entscheidender Bedeutung: Der Erwachsene bleibt für diese elementaren Erzählungen lebenslang empfänglich. Erfolgreich sind häufig gerade die Führer, die sich auf die verbreitete Aufnahmebereitschaft für Handlungsschemata nach dem Modell der ‚Krieg-im-All-Geschichten‘ oder der Grimmschen Märchen – das heißt auf das naive, das ‚ungeschulte‘ Denken – einzustellen wissen; ihnen gelingt es, ihr Publikum mit Hilfe dieser simplen Handlungsmodelle von den Vorteilen eines Programms, eines Plans oder einer Politik zu überzeugen. Es ist sicher kein Zufall, daß Ronald Reagans *Strategic Defense Initiative* – der Mitte der achtziger Jahre entwickelte Plan, sich durch den Bau eines Abwehrschildes im Weltraum gegen einen atomaren Angriff durch die

Sowjetunion zu schützen – sehr bald als *Star-Wars*-Programm, als Plan eines „Kriegs der Sterne", bekannt wurde. Margaret Thatcher betrachtete die sogenannte *Star-Wars*-Initiative, die von Reagans Gegnern häufig als einfältig verspottet wurde, als die bedeutendste Entscheidung seiner gesamten achtjährigen Amtszeit.

Aber gerade im Bereich des Erzählens zeigt sich, daß die Menschen, auch wenn sie auf verschiedenen Gebieten häufig die Naivität des Vorschulalters behalten, über die Denkgewohnheiten der Fünfjährigen hinauswachsen können. Sieht die Fünfjährige die Welt in ein Schwarzweiß-Schema gepreßt, legt die Zehnjährige eine außerordentlich moderate und unbefangene Einstellung an den Tag, die bis ins Extrem gehen kann. Bei der Bewertung zweier Charaktere räumt sie die Möglichkeit ein, daß sich in beiden gute und schlechte Seiten verbinden, und sie berücksichtigt neben den Folgen einer Tat auch deren Absichten.

Wenn Fünfjährige zu schonungsloser Strenge neigen und Zehnjährige zu übermäßiger Fairneß, haben Heranwachsende – hier als Fünfzehnjährige bezeichnet – einen ausgeprägten Sinn für eine Vielfalt von Interessen und Perspektiven. Formelhaft ausgedrückt ließe sich sagen, daß Fünfzehnjährige im Relativismus schwelgen. Eine Person oder Auffassung mag noch so vorbehaltlos gerühmt werden, die Fünfzehnjährige bleibt eine Spur skeptisch. Auch Götter sind nicht ohne Makel, Teufel haben ihre Tugenden, und auf der anderen Seite des Flusses ist das Gras immer grüner. Was sich dem Blick in einer bestimmten Weise darbietet, läßt sich auch völlig anders sehen. Freunde hält man der unterschiedlichsten Dinge für fähig, und Freundschaft wird als dynamische Beziehung begriffen, die Wandlungen unterliegt; jede moralisch erscheinende Handlung kann den Keim zu Ungeheuerlichkeiten in sich bergen, während vermeintlich unmoralisches Verhalten im Lichte eines bislang unbekannten Prinzips möglicherweise zu rechtfertigen ist.

Nicht alle Heranwachsenden erreichen die Stufe des Relativismus. Einige verharren in der Egozentrik der Fünfjährigen, und noch mehr gelangen nie über die konventionelle Moralvorstellung der Zehnjährigen hinaus. Heutzutage lassen sich zahlreiche Fünfzehnjährige auf einen Flirt mit dem Relativismus ein, fallen aber nach wenigen Jahren in eine frühere, weniger flexible Erkenntnis- und Urteilshaltung zurück. In traditionalen oder totalitären Gesellschaften werden Ansätze zu relativierendem Denken gezielt und konsequent unterdrückt. Das ungeschulte, das undifferenzierte oder wenig differenzierte Denken stellt eine immerwährende Verlockung dar.

Es bleibt eine weitere Differenzierung des kognitiven Verhaltens zu erwähnen, die den kritischen Fünfundzwanzigjährigen oder den reifen Fünfzigjährigen zuzuordnen ist. Personen dieser Altersstufen scheinen in der Lage zu sein, zwei vordergründig disparate Empfindungen miteinander zu vereinbaren: das Bewußtsein der Relativität von Werten und das Bedürfnis, Stellung zu nehmen und eine bestimmte Auffassung für die – zumindest unter bestimmten Voraussetzungen – zutreffende zu erklären. Cicero, der Jurist und Meister politischer Rhetorik, bemühte sich in seinen Reden, die kontroversen Positionen von allen Seiten zu beleuchten, bezog zum Schluß jedoch eindeutig Stellung. Ich bezeichne diese Denkweise als persönliche Integration.

Ich möchte die vier Stufen der kognitiven Entwicklung an einem Beispiel veranschaulichen. Isabel Allendes Oberst ist auf Wahlreise. Nehmen wir an, er vertritt in einer lateinamerikanischen Gesellschaft, die bis dahin von den sprichwörtlichen zwanzig Familien der Oberschicht beherrscht wurde, die Interessen der Bauern und weist Belisa Crepusculario an, ihm Reden für vier verschiedene Adressatenkreise zu entwerfen.

Um die kindliche Krieg-im-All-Mentalität anzusprechen, stellt der Oberst die Bauern als Muster an Rechtschaffenheit und Tugend dar, während er die Wohlhabenden für alle Übel des Landes verantwortlich macht. Dieser holzschnittartig vereinfachten Version zufolge liegt die einzige Lösung darin, daß die Bauern die Plutokraten stürzen und den „Schrecken der Oligarchie" durch das „Glück der Demokratie" oder eine Diktatur der Bauern ersetzen. Beobachter der Geschichte des zwanzigsten Jahrhunderts erkennen in der Geschichte die Botschaft totalitärer Führer von rechts und von links, die Vorstellungswelt Mao Zedongs so gut wie diejenige Hitlers.

An die Denkweise Zehnjähriger mit ihrem radikalen Gerechtigkeitssinn gerichtet, schlägt der Oberst vor, den Reichtum der Nation aufzuteilen. Der private Großgrundbesitz soll aufgelöst und gleichmäßig unter die Bauern verteilt werden. Daneben sei es wichtig, die angestammten Rechte und Pflichten der Wohlhabenden zu berücksichtigen. Für die nächsten zehn Jahre also soll es jedem Vermögenden erlaubt sein, doppelt so viel Land und Geld zu besitzen wie sein ärmerer Nachbar (Elemente eines demokratischen Liberalismus mit reformerischen Tendenzen – der politische Kompromiß in der Spielart von Franklin D. Roosevelt und Lyndon Johnson).

Die adoleszenten Gemüter der Republik erreicht der Oberst mit einer relativistischen Strategie. Zunächst räumt er ein, daß es im Lande mehr als zwei Interessengruppen gebe, von denen jede ihre Verdienste habe. Zweifellos seien die Bauern um ihren gerechten Anteil betrogen worden, doch hätten viele von ihnen ihre staatsbürgerlichen Aufgaben nicht ernst genommen und sich sogar der Wahlpflicht entzogen. Unter den Reichen sieht er einerseits Selbstsucht und Ausbeutung, andererseits aber auch Wohltätigkeit und erfolgreiches politisches Agieren im Interesse des Landes. Weitere Anspruchsberechtigte wie die Kirche, das Erziehungswesen und die Medien seien bei einer Neuverteilung der Ressourcen zu berücksichtigen.

Der Versuch, zwischen diesen Kräften einen Ausgleich zu schaffen, erweist sich als komplexes Unternehmen und stellt die Problemlösefähigkeiten der meisten Adressaten auf eine harte Probe. Nach einer Skizzierung der Parameter schlägt der Oberst also eine vernünftige, relativistische Lösung vor. Die widerstreitenden Standpunkte der verschiedenen Interessengruppen finden Berücksichtigung, wenn jede Partei bei Beschlüssen, die ihre Kernanliegen betreffen, das Vetorecht erhält. Mit ihren Studien zu Geschlecht und Mentalität in unterschiedlichen Kulturen hat Margaret Mead versucht, ihrem Publikum eine relativistische Haltung nahezubringen, die vielfältige Gesichtspunkte in Betracht zieht und nicht voraussetzt, daß eine einzige Gruppe das Monopol auf die richtige Lebensführung besitzt.

Schließlich erhält der Oberst die Gelegenheit, sich an die weisen Ältesten des Landes zu wenden, Frauen und Männer im Alter von siebenundzwanzig bis zweiundsiebzig Jahren. In einer polyphon angelegten Darstellung berührt er die haarsträubenden Ungerechtigkeiten, die Notwendigkeit skrupulöser Fairneß sowie die Anerkennung relativer Ansprüche – und liefert, indem er jeder der drei Perspektiven ihr Recht gibt, eine persönliche Integration, von der er sich die Zustimmung der reifsten Persönlichkeiten seines Landes erhofft.

Bei dieser Gelegenheit fordert er die Form einer repräsentativen Demokratie, in der die Ansprüche aller Wählergruppen als legitim anerkannt werden. Gleichzeitig jedoch tritt er für eine radikale Reform der politischen Prozesse ein. Die Belange der Bauern sollen von nun an Vorrang erhalten, da diese nicht nur die Mehrheit der Bevölkerung stellen, sondern jahrhundertelanger Diskriminierung ausgesetzt waren. Der Status aller anderen Parteien wird nach einem analogen Schlüssel festgelegt. Mit einem derart komplexen Entwurf hat der Oberst jedoch das Gebiet der Wahlpolitik bereits verlassen; er (oder wahrscheinlicher ein Ghostwriter) ist auf dem bestem Weg, ein Dokument – eine föderale Verfassung, einen philosophischen Traktat oder Rechtskodex – zu entwerfen und damit zum indirekten Führer einer Domäne zu werden.

Geschichten im Wettstreit

Die vorliegende Untersuchung und im übrigen auch das Leben wäre einfacher, könnte man immer nur eine Geschichte auf einmal hören und evaluieren. Das aber wäre nur dann möglich, wenn der menschliche Geist sich als Tabula rasa präsentierte, wenn er sich auf eine einzige Geschichte konzentrieren könnte oder jede neue Geschichte alle ihre Vorgänger oder Konkurrenten wirkungslos machte oder auslöschte. Keine von diesen Bedingungen trifft zu.

Im Alter von vier oder fünf Jahren haben die meisten Kinder Dutzende von Skripts konstruiert, die auf ihren Alltagserfahrungen beruhen, haben von Älteren Dutzende Geschichten aus den in ihrer Gesellschaft verbreiteten Kommunikationsmedien und vielleicht zahllose weitere gehört.

Es ist anzunehmen, daß die Anzahl dieser Skripts und
Geschichten mit den Jahren zunimmt; außerdem werden
ihre Inhalte, wie gesagt, komplexer, subtiler und vieldeuti-
ger. Es würde mich nicht überraschen, wenn die Mehrzahl
der Erwachsenen in westlichen Gesellschaften hundert oder
mehr Skripts besäßen und Hunderte von Geschichten inter-
nalisiert hätten. Das märchenhafte Land, in dem Belisa und
der Oberst leben, hat eine reiche mündliche Überlieferung
bewahrt, und seine Einwohner haben ohne Zweifel ein noch
umfangreicheres Geschichtenensemble im Kopf.

Damit wird die problematische Aufgabe klar, die sich den
Geschichtenerzählern stellt. Eine bekannte oder aus Klischees zusammengesetzte Geschichte findet leicht Gehör. Sie
weckt zwar keinen Widerstand, doch es fehlt ihr an Eigen-
art, und ihre Wirkung dürfte sich als minimal erweisen.
Dagegen wird eine neuartige Geschichte anfänglich zweifellos Aufmerksamkeit erregen; sie unterscheidet sich von
früheren, kann also nicht einfach in ihren Vorläufern auf-
gehen.

Das Erfinden einer originellen Geschichte ist allerdings
mit eindeutigen Risiken verbunden. Sie kann mißverstanden
werden, kann irrtümlich einer alten Geschichte zugeschla-
gen werden, als deren Widerspruch sie gedacht war, kann als
bedeutungslos oder auch blasphemisch betrachtet werden.
Konkret gesagt: Wenn der Oberst sich als erster mit dem
Vorschlag hören läßt, die zwanzig mächtigsten Familien des
Landes sollten zur Übernahme sozialer Verpflichtungen herangezogen werden, wird er bei Journalisten und bei den bis
dahin benachteiligten Bauern auf Interesse stoßen, setzt sich
aber einer doppelten Gefahr aus. Man könnte ihm unterstellen, er ermutige die zwanzig Familien dazu, ihr Sozial-
verhalten weiterhin an der traditionellen Devise auszurich-

ten, daß „Adel verpflichtet"; und andererseits setzt er sich der Bedrohung durch verbale oder körperliche Angriffe von Angehörigen der führenden Familien aus, die es nicht schätzen, von anderen über ihre Pflichten belehrt zu werden, namentlich nicht von einem Emporkömmling und als Analphabeten bekannten Obristen *ihrer* Armee.

Was geht vor sich, wenn divergierende, häufig eindeutig kontradiktorische Geschichten unter den verschiedenen Adressatengruppen um Aufmerksamkeit, Anerkennung und Erfolg werben? – eine Situation, die in den meisten modernen Gesellschaften einschließlich der hier dargestellten dem Normalzustand entspricht. Jede Geschichte stößt auf *Gegengeschichten*, und jede neue Geschichte erzeugt Widerstand. Autoritäten gehen in ihren Ansichten zu einem Problem radikal auseinander, je nachdem, ob sie sich rational oder affektiv engagieren. Kurz, was geht vor sich, wenn aufgeklärtes mit ungeschultem Denken in Konflikt gerät?

Als Verfechter rationaler Prinzipien neigen Kognitionswissenschaftler zu dem Glauben, daß die differenziertere Geschichte sich durchsetzen wird. Weil das Denken tendenziell in seiner höchstentwickelten Form ablaufe, sei damit zu rechnen, daß einfachere Erwartungen und Erklärungen von komplexeren und subtileren verdrängt würden. Das bedeutet, daß Jugendliche unter dem Eindruck des ‚Fairneß-über-alles'-Arguments eine anfänglich vertretene ‚Krieg-im-All-Position' aufzugeben bereit sind, während sich Fairneß-Anhänger von dem simpleren Schwarzweiß-Schema kaum umstimmen lassen.

Ihre überzeugendsten Beweise findet diese kognitionswissenschaftliche These in experimentellen Untersuchungen. Es zeigt sich nicht nur, daß Kinder im Laufe ihrer Entwicklung im allgemeinen einfachere Erklärungsmuster zugunsten differenzierterer aufgeben; Diskussionen unter Kindern auf verschiedenen kognitiven Entwicklungsstufen ergaben überdies, daß sich die weniger fortgeschrittenen Kinder der komplizierteren Betrachtungsweise anschließen, während sich die differenzierter Reflektierenden durch die von ihren naiveren Gesprächspartnern gewöhnlich vorgebrachten Argumente selten auf deren Stufe ‚herunterziehen' lassen.

Doch nicht immer behalten vernunftgeleitete Erwägungen das letzte Wort. Überzeugungen können durch die verschiedensten Gründe und Ziele bestimmt sein. Neben ausdrücklichen machen sich unausgesprochene Argumente geltend, und Schlußfolgerungen werden sowohl von bewußten als auch von unbewußten Faktoren gesteuert. Die Geschichten sprechen Gefühle und Ratio der Hörer gleichermaßen an. Wiederholt konnten Sozialpsychologen zeigen, daß das Prestige eines Sprechers oder einer Sprecherin, die Identität ihrer Freunde und Feinde und der Appell an Sorgen oder Sehnsüchte der Adressaten einen Positionswechsel stärker beeinflussen als der bloße Wert eines rationalen Arguments.

Statt der logisch überzeugendsten könnte letzten Endes ebensogut die affektiv stärkste Argumentation die Oberhand gewinnen. Auf jeden Abraham Lincoln – dessen Reden präziser durchdacht waren als die seines Rivalen Stephen Douglas – kommt ein Adolf Hitler, der schamlos an die niedrigsten Instinkte der deutschen Bevölkerung appellierte und es verstand, durch das Anheizen von Leidenschaften Argumente um ihre Wirkung zu bringen.

Ein Lehrstück über die Grenzen einer rein rationalen Argumentationsanalyse waren die Debatten, die 1960 vom Präsidentschaftskandidaten der Demokraten, John F. Kennedy, und Richard M. Nixon, dem Kandidaten der Republikaner, geführt wurden. Nixon als der erfahrenere Politiker gab sich alle Mühe, die von Kennedy vorgebrachten Argumente Punkt für Punkt zu widerlegen. Wer die Diskussion im Rundfunk verfolgt hatte, hielt Nixon für den Debattensieger. Ein gänzlich anderes Resultat ergab die Befragung der Fernsehzuschauer. Sie standen im Bann von Kennedys gewinnender Erscheinung und Umgangsart, seinem Talent, den direkten Draht zum Publikum zu finden, und seiner Fähigkeit, die zentralen Punkte seines Programms für einen nationalen Neuaufbruch lebendig werden zu lassen, ja als ihr Repräsentant zu erscheinen. Nixons hagere Züge mit dem dunklen Bartschatten wirkten dagegen wenig anziehend, und der scharfe pedantische Ton, in dem der Republikaner Kennedys Argumente zu entkräften suchte, verärgerte die Zuschauer, lenkte sie also von den programmatischen Aussagen ab. Von den Fernsehzuschauern, deren Zahl die der Rundfunkhörer weit übertraf, wurde Kennedy als Sieger betrachtet – und mit knappem Vorsprung zum Präsidenten gewählt.

Mein Urteil über die Chancen rivalisierender Geschichten ist also widersprüchlich. Einerseits bietet die Entwicklungspsychologie hinreichend Belege dafür, daß die Fähigkeit zum Verständnis und zur Erfindung komplexer, polyfokaler Geschichten mit zunehmender Reife wächst. Unter bestimmten, günstigen Bedingungen können komplexere Geschichten und aufgeklärtes Denken das Feld behaupten. Es ist folglich mit der Möglichkeit zu rechnen, daß sich beispielsweise in der Ethnologie unter den Kollegen von Margaret Mead die relativistische Deutung und persönliche Integration gegen eine auf Machtkämpfe oder Fairneßanspruch bezogene Sicht durchsetzen.

Dem ist entgegenzuhalten, daß rationale Erwägungen nicht ohne Konkurrenz sind. Geschichten wirken aus vielerlei Gründen; Verständnis und Reaktionen der Hörer werden von einem bunten Motivationsspektrum bestimmt. Die entwicklungsgeschichtliche Dimension verliert besonders dann an Bedeutung, wenn man den Blick über die Grenzen einer Domäne hinaus auf die unterschiedlichen Gruppierungen innerhalb von Institutionen oder Staaten richtet. Das Bild vom Funktionsmechanismus einer Gesellschaft, das die Führungseliten der Weimarer Republik entwarfen, mochte differenzierteren Ansprüchen genügen; für viele Bürger war es weniger überzeugend als die von Hitler und seinen Anhängern vermittelte simple Geschichte von arischer Überlegenheit und deutscher Vergeltung.

Ein Letztes: Die bisher betrachteten Beispiele zeigen Geschichten als Konkurrenten in einem Streit, aus dem schließlich die eine oder andere als Sieger hervorgeht. Es gibt aber auch Geschichtenerzähler mit dem besonderen Talent, Erzählungen zu konzipieren, die beide Seiten einer Kontroverse zufriedenstellen oder mehr als nur einer einzigen geistigen Entwicklungsstufe angemessen scheinen. Durch die Wahl ihrer Worte und Beispiele sowie durch die Verwendung nichtsprachlicher Signale kann es Führenden gelingen, Vertreter jeder Denkweise davon zu überzeugen, daß sie auf *ihrer* Seite sind. Der Vortrag von Geschichten, biblischen Parabeln zum Beispiel, kann zu komplexer Mehrstimmigkeit ausgebildet sein und somit Menschen verschiedenen Alters, Glaubens und Bildungsniveaus ansprechen. Genau darin bestand die meisterliche Kunst so überragender Redner wie Franklin D. Roosevelt und Ronald Reagan und begabter Vermittler von der Art eines Jean Monnet oder Mahatma Gandhi.

Zusammenfassend ließe sich also sagen: Solange die Menschen leben, hören sie Geschichten, deren Qualitäten sie einer bewußten und unbewußten Wertung unterziehen. Es besteht immer die Möglichkeit, daß eine differenziertere Geschichte sich durchsetzt, besonders dann, wenn ein talentierter Erzähler zu einem gebildeten Publikum spricht. Meine Untersuchung liefert indessen ausreichenden Beweis dafür, daß in den meisten Fällen die einfachere Geschichte ihre Spuren hinterläßt und das ungeschulte Denken triumphiert.

Thema und Inhalt von Geschichten

Alles nur Vorstellbare – und gelegentlich auch schier Unvorstellbares – kann zum Gegenstand von Geschichten werden. Kein geborener (oder geschulter) Geschichtenerzähler wird der Versuchung widerstehen, ein Thema ohne Geschichte alsbald mit einer Geschichte zu versehen. Die Belisa in Isabel Allendes Erzählung rühmt sich ihrer Gabe, jedem Menschen sein eigenes Wort, seine unverwechselbare Geschichte zu geben, „denn es war nicht ihre Absicht, die Kunden mit vorfabrizierten Worten abzuspeisen". Ob die Originalität einer Geschichte auch für den Obersten von Interesse war, ist eine andere Sache; ihm als Führer kam es nicht darauf an, Neues zu bieten, sondern zu überzeugen. Der geschickte Einsatz etablierter Geschichten hat schon so manchem Kandidaten den Weg ins Amt des Präsidenten oder Premierministers geebnet; der alltägliche, das heißt nichtinnovative Führer, findet darin das geeignete Verfahren, sein Ziel zu erreichen.

Der Versuch, die Gesamtheit möglicher Geschichten zu erfassen, wäre ein aussichtsloses Unterfangen; wichtig ist jedoch eine Darstellung der von Führern erzählten Geschichten nach ihren wichtigsten Themen und Kategorien. Meiner

Analyse zufolge greifen diese Geschichten Grundfragen des Menschseins auf und versuchen, sie umfassend und zufriedenstellend zu beantworten. Die meisten Geschichten schöpfen aus dem Erlebnisgehalt der frühen Kindheit und kreisen um Fragen, die aus den ersten Lebensjahren hervorgegangen sind und das bewußte Leben fortan begleiten – Fragen nach dem Selbstbild und der Selbsteinschätzung, der Identität, der Gruppenzugehörigkeit, der Zukunft und der Vergangenheit, Fragen nach Gut und Böse. Vor etwa dreißig Jahren hat der afroamerikanische Führer Malcolm X in einer Reihe von Fragen an seine Anhänger die Aufgabe der Führer als Geschichtenerzähler zutreffend umschrieben: „Wir wollen wissen, wer wir sind; wie wir wurden, was wir sind; woher wir kommen und warum wir gegangen sind; wen wir zurückgelassen haben und wo; und was sie tun, dort drüben, wo auch wir einmal waren?"

In ebenso lebendigen Worten hat 1992 der Präsidentschaftskandidat Ross Perot die Antworten beschrieben, die von den Adressatengruppen gesucht werden: „Es ist unsere Pflicht, der amerikanischen Bevölkerung klar und einfach verständlich zu machen, wo wir stehen, wohin wir gehen und was zu tun ist. Dieses ‚Was‘ sollte danach mit dem Ziel allgemeiner Zustimmung diskutiert werden." Aus ihrer Sicht hat die Literaturkritikerin Diana Trilling denselben Sachverhalt wie folgt formuliert: „Phantasievolle Menschen in aller Welt und allen Lebensphasen stehen vor der ungelösten Frage: Wohin gehöre ich, und welchen Preis zahle ich für das, was ich erreicht habe?"

Im folgenden werden die Geschichten in drei sehr allgemeinen Kategorien dargestellt: Geschichten über das Selbst, über die Gruppe und über Sinn- und Wertvorstellungen. Damit ist nicht gesagt, daß eine Geschichte nur einer einzigen Kategorie angehören kann; es muß sogar offen bleiben, ob alle von Führern erzählten Geschichten von diesem Schema erfaßt werden. Meiner Beobachtung nach wenden sich jedoch die meisten Geschichten, mit denen Führer ihr Publikum zu gewinnen suchen, an das universelle menschliche Bedürfnis, sich selbst, die Gruppen innerhalb und außerhalb der eigenen Kultur sowie die Fragen nach Lebenssinn und Wertvorstellungen besser zu verstehen. Geschichten im weitesten Sinn – Schilderungen, Zukunftsvisionen, Träume und gelebte Ideen – sind gerade dann am wirksamsten, wenn sie gleichzeitig das erkennende (oder verstehende) Denken beschäftigen und andererseits das Gefühl von Zugehörigkeit und Sicherheit vermitteln. In diesem Sinn kommen alle Führergeschichten, unabhängig von Ziel und Komplexität, auf die elementaren Aufgaben zurück, die sich dem Kind stellen, wenn es die ersten Schritte in die größere Gemeinschaft tut. Jedes der von mir aufgeführten Themen begegnet den Adressaten in Form von mehr oder weniger komplexen Geschichten, die miteinander im Wettbewerb stehen, wobei sich – so unsere Annahme – die einfacheren Versionen (die den Denkgewohnheiten des fünfjährigen Kindes entsprechen) nicht ohne weiteres von den differenzierteren verdrängen lassen.

Das Selbstbild

Die ersten Anhaltspunkte für die Identitätsbildung entnimmt man den Worten von Personen, die zum engeren Lebenskreis gehören – Eltern, andere Verwandte oder charakteristisch gekleidete Repräsentanten religiöser und sozialer Gemeinschaften. Später, vor allem in der Zeit der Ablösung vom Elternhaus, wendet sich der Heranwachsende auf dem Weg zur Selbstfindung neuen Vorbildern zu, den Führern aus Politik und Gesellschaft sowie anderen Identifikationsfiguren, die oft zur Welt des Sports oder der Medien gehören.

Nun ist die Suche nach der persönlichen Identität keine neue Erscheinung. Die Athener legten einen Eid ab, der mit den Worten begann: „Ich übernehme aus der Vergangenheit meiner Familie, meiner Stadt, meines Stammes und meiner Nation eine Reihe von Schulden, Hinterlassenschaften, rechtmäßigen Erwartungen und Verpflichtungen, die die Voraussetzungen meines Lebens, meinen moralischen Ausgangspunkt bilden." Ich erinnere auch an Diogenes, der seine Landsleute mit dem zukunftsweisenden Bekenntnis herausforderte: „Ich bin weder Athener noch Grieche, ich bin ein Bürger der Welt."

Viele Menschen finden offenbar etwas Tröstliches darin, sich an einfache Schwarzweiß-Geschichten halten zu können, wenn sie mit Geschichten von anscheinend größerer Dichte und Komplexität konfrontiert werden. Als Grundlage für eine systematische Darstellung der Antworten, die auf die Frage nach der persönlichen Identität gegeben werden, bietet sich im Hinblick auf das Selbstkonzept dennoch der Bezug auf die verschiedenen Entwicklungsebenen an:

– Kleinere Kinder beziehen in ihre ersten Antworten körperliche Eigenschaften und einfache psychische Merkmale ein. Der oder die Fünfjährige sieht sich als klein- oder großgewachsenes, hellhäutiges (oder dunkelhäutiges) Individuum, das anderen Mitgliedern der Familie oder Gruppe gleicht oder nicht. Rassische und ethnische Stereotypen werden bereitwillig aufgenommen. Vielleicht als Kompensation für ihren noch nicht voll entwickelten Körper sehen sich

Kinder dieses Alters (und Ältere, die den für Fünfjährige typischen Geschichten zuneigen) häufig als kraftvolle Helden, die ihre Rechte aus ihrer Macht ableiten.

– Im Identitätsverständnis der Zehnjährigen treten an die Stelle körperlicher Indizien geistige Merkmale wie Ehrlichkeit, Pflichtbewußtsein und Fairneß. Das Schulkind legt Wert darauf, als anständig und hilfsbereit zu gelten. Es lehnt demzufolge Menschen, auch Führungskandidaten, ab, die diesen Eigenschaften des ‚braven Jungen‘ oder ‚braven Mädchens‘ nicht gerecht werden. Es würde als belastend empfunden, sich als ‚bösen Menschen‘ sehen zu müssen. Andererseits läßt sich diesem Etikett auch ein perverses Vergnügen abgewinnen, wie unter anderem das Beispiel des jungen ‚Messerhelden‘ Benito Mussolini zeigt.

– Heranwachsende sind zu einem weit differenzierteren Selbstverständnis fähig. Dem Menschen werden vielfältige, auch gegensätzliche Eigenschaften wie Großzügigkeit und Kleinlichkeit zugebilligt, die situationsabhängig auftreten. Äußere Merkmale können durch psychische Komponenten (Schüchternheit oder Härte) verstärkt oder abgeschwächt werden. Ferner wird ein Schwanken zwischen unterschiedlichen, rivalisierenden Identitäten eingeräumt, von denen die eine in der Gesellschaft als positiv, die andere als unsozial oder exzentrisch gilt. Der junge Mensch erkennt betroffen, daß ein Individuum (sagen wir, der amerikanische Präsident oder die Königin von England) auf eine bestimmte Art dargestellt wird, dennoch aber zahlreiche diesem Bild widersprechende Züge aufweisen kann und daß dieselbe Vieldeutigkeit auch ihn selbst charakterisiert. Jean Monnet stellte sich der Aufgabe, die Bürger der ehemals gegeneinander

Krieg führenden europäischen Staaten davon zu überzeugen, sich als Teil eines größeren, vereinten Ganzen, Europas, zu sehen.

– Im Erwachsenenalter schließlich wird die Vielfalt der persönlichen Eigenschaften als integriertes Ganzes, als Bild eines bestimmten Individuums gesehen. Im günstigen Fall empfindet sich der Mensch als ausgewogene Persönlichkeit und steht seinen Leistungen und dem Ansehen, das er in seinem sozialen Umfeld genießt, mit gelassener Zustimmung gegenüber. Andere sind enttäuscht oder verzweifelt, weil die Persönlichkeitszüge sich nicht zu einer Einheit ergänzen oder das Bild eines wenig sympathischen Menschen erkennen lassen. In jedem Fall aber findet zumindest der Versuch zur Bildung einer integrierten Persönlichkeit statt; dieses Bewußtsein persönlicher Integration muß der Führer einem größeren Adressatenkreis vermitteln und dazu beitragen, daß die anderen Individuen ein vergleichbares Selbstverständnis entwickeln. Dem entspricht, was Stephen Skowronek in seiner Arbeit über die amerikanischen Präsidenten sagt: Jeder erfolgreiche Präsident braucht „eine logisch und emotional schlüssige Erzählung über seinen Platz in der Geschichte".

Es versteht sich von selbst, daß das Problem der Identitätsbildung weitgehend vom Individuum zu lösen ist. Zumal in Gesellschaften, die den Weg zur Anerkennung individueller Rechte und Pflichten einschlagen, stellt sich damit für viele eine ebenso zentrale wie beschwerliche Aufgabe. Andererseits wird der einzelne nicht zu einem solipsistischen Kraftakt verpflichtet. Führer, die den Menschen bei der Entwicklung eines Identitätsbewußtseins helfen, üben eine entscheidende Funktion aus. Weil Lenin sich nicht als Theoretiker im Elfenbeinturm verstand, sondern als Mann der Tat die Geschichte befragte und aus den Ereignissen seine Schlüsse zog, konnte er seinen Anhängern ein positives Selbst-Gefühl vermitteln, das Kräfte freisetzte. Ähnliches gelang Bill Clinton im Wahljahr 1992, als er sich der amerikanischen Wählerschaft unter dem Motto des „neuen Demokraten" präsentierte, der die Fehler früherer, erfolgloser demokratischer Präsidentschaftskandidaten nicht wiederholen werde. Damit flößte er vielen Wählern das Selbstvertrauen ein, sich neu und positiver zu definieren und nicht nur als Bürger zu betrachten, die liberalere Ansichten vertraten als die konkurrierenden Republikaner. Denkwürdig ist das Beispiel Franklin D. Roosevelts, der in seiner ersten Rede als gewählter Präsident erklärte: „Die Furcht selbst ist das einzige, was wir zu fürchten haben", und damit in Millionen Bürgern, die tief in einer ökonomischen und geistigen Krise steckten, neue Hoffnungen weckte.

Die Gruppe

Das Identitätsgefühl des Individuums ist maßgeblich von seiner Stellung innerhalb unterschiedlicher Gruppen bestimmt. Fast alle Menschen gehören mehreren Gemeinschaften an, deren Aufgaben und Mitgliederschaften sich überlagern können. Ein wesentlicher Teil der frühen Sozialisation besteht darin, die eigenen Gruppen zu entdecken, sich über die Gefühlsbindungen an die verschiedenen Gruppen klarzuwerden und die unterschiedlichen Gruppenbeziehungen schließlich in Übereinstimmung zu bringen, was allerdings nur im Idealfall gelingt.

Der Tatsache eingedenk, daß sich im ‚Darwinschen' Wettstreit der Geschichten nicht unbedingt die als differenzierter beurteilten Ansichten durchsetzen, könnte man verschiedene Auffassungen von Gruppenzugehörigkeit unterscheiden:

– Fünfjährige sind sich ihrer mehrfachen Gruppenzugehörigkeit zwar vage bewußt, aber es fällt ihnen schwer, diese multiple Identität in ihren Konsequenzen zu erfassen. Sich als Mädchen oder Angehörige der Familie Greenspoon zu verstehen oder über seinen Wohnsitz in Georgia zu definieren ist für das Kind einfacher, als sich in eine Reihe separater, doch zum Teil überlappender Kollektive einzuordnen. Entsprechend beurteilt es die Gruppenmitglieder (und Gruppenführer) nach dem stereotypen Schema: Mädchen sind entweder gut oder böse; Papa Greenspoon hat immer recht (oder, dies seltener, immer unrecht); Leute aus Georgia werden berühmt oder gehen vor die Hunde. Tom Paine, amerikanischer Pamphletist des achtzehnten Jahrhunderts, appellierte an ein verwandtes Empfinden seiner Landsleute, als er in seinem einflußreichen Essay *Common Sense* die Briten als eine Horde von Tyrannen bezeichnete und, pro domo argumentierend, erklärte: „Die Sache Amerikas ist in hohem Maße die Sache der ganzen Menschheit." Paine war nicht der letzte Politiker der Geschichte, der sich für diesen ‚ungeschulten' Gesichtspunkt stark machte.

– Mit zehn Jahren ist das Kind in der Lage, das Nebeneinander verschiedener Gruppen sowie die Möglichkeit koinzidierender Zugehörigkeiten und der sich daraus ergebenden Loyalitätskonflikte zu verstehen. Das Individuum möchte die Gruppen, zu denen es in Beziehung steht, als positiv erleben und hofft zugleich, von der Begegnung mit fremdartigen oder feindlichen Gruppen möglichst verschont zu bleiben. Der Beginn des amerikanischen Bürgerkrieges stürzte die Südstaatler in einen Konflikt zwischen ihren Pflichten als amerikanische Patrioten und als treue Kinder des Südens. Viele bemühten sich, die konkurrierenden Darstellungen Abraham Lincolns und Jefferson Davis' zu versöhnen. Andere ließen sich aus dem Bedürfnis nach innerer Sicherheit und intellektueller Transparenz dazu bestimmen, eine der beiden Bindungen umgehend aufzugeben.

– In der Adoleszenzphase wird man sich dessen bewußt, daß jede Gruppe ihre lange, komplexe Geschichte hat und keine das Monopol auf Tugend oder Lasterhaftigkeit besitzt. Auch die Tatsache der mehrfachen Gruppenzugehörigkeit wird akzeptiert, und den offenkundigen Unvereinbarkeiten zwischen den Gruppen kann man – wie Widersprüchlichem überhaupt – einigen Reiz abgewinnen. (J. Robert Oppenheimer und Robert Maynard Hutchins konnten derartige Widersprüche genießen.) Der Heranwachsende ist außerdem fähig, die Gruppe als sozialen Organismus zu begreifen, dessen herkömmlicher Status oder gängige Praktiken sich unter Umständen ändern. Aber dieses Talent zu hypothetischem oder visionärem Denken ist bisweilen um den Preis einer ungerechtfertigten Idealisierung bestimmter praktischer oder philosophischer Prinzipien erkauft. Bedenkenloser als je ein Kind oder ein Erwachsener mittleren Alters wird der Jugendliche dazu bereit sein, für eine ‚gute' Sache sein Leben zu opfern. Derselbe Mensch, der es fertigbringt, den disparaten Ansprüchen verschiedener Parteien der Französischen (oder iranischen) Revolution intellektuell gerecht zu werden, endet möglicherweise als Verfechter einer Position mit absolutem Geltungsanspruch. Erkenntnistheoretischer Relativismus und Absolutheitsdenken schließen sich nicht immer aus. Ein geschickter Terroristenführer kann die den Heranwachsenden kennzeichnende Mischung aus Zynismus und Idealismus leicht für seine Zwecke ausbeuten.

– Der reife Erwachsene vermag sich von seiner Gruppenzugehörigkeit zu distanzieren und sich vorzustellen, daß er, einem anderen Gruppenverband angehörend, eine gänzlich andere Lebensanschauung vertreten würde. Statt jedoch wie der Relativist jedem Gruppennetz die gleiche Zukunftsfähigkeit zuzubilligen, macht der Erwachsene zumindest den Versuch, das besondere Ensemble von Gruppenzugehörigkeiten, in die das Schicksal ihn gestellt hat, zu rechtfertigen.

Zu fragen bleibt nach den Fällen, in denen die Gesamtheit der Gruppenzugehörigkeiten kein akzeptables Ganzes ergibt. Der nachdenkliche Mensch wird zweifellos nach dem Führer Ausschau halten, der hinsichtlich der Gruppenbindung andere Optionen anbietet, darunter die Möglichkeit, neue Gruppen zu schaffen. Die belastende Erfahrung, als deutscher Staatsangehöriger der Zwischenkriegszeit in einem Europa der Richter zu leben, hat zahlreiche politische Optionen geschaffen, von einer liberalen Weimarer Republik bis zum kommunistischen Regime sowjetischen Stils und der Schaffung einer neuen, der Nationalsozialistischen Deutschen Arbeiterpartei durch Hitler. Die Wahl, die der einzelne traf, spiegelte das Maß seiner Bereitschaft zur Integration – zur Duldung einer Vielfalt von Standpunkten.

So verlockend es ist, die positiven Seiten der Gruppenzugehörigkeit hervorzuheben – daß kollektive Identität auch feindseligen Absichten dienstbar gemacht werden kann, darf darüber nicht vergessen werden. Ein Blick auf die Folgezeit des kalten Krieges, auf das Wiedererwachen von Nationalismus und Ethnozentrismus als wirksamen politischen Kräften macht nur allzu deutlich, wie Gruppenidentität zur Ausgrenzung mißbraucht werden kann. Die Verbreitung von Gerüchten durch das staatliche Fernsehen des ehemaligen Jugoslawien trieb die Serben zu dem Glauben, man plane ihre systematische Ausrottung, was die als Vergeltung deklarierten Vernichtungsschläge gegen die Gruppe der Muslime auslöste. Vom Romanautor Kurt Vonnegut stammt die Schilderung der *granfalloons*, eine Fiktion unsympathischer, als fremd empfundener Gruppen wie ‚diese Liberalen' oder ‚diese Insider in Washington'. Die Ambivalenz der Gruppenzugehörigkeit unter dem Sowjetregime hat der russische Lyriker Jewgenij Jewtuschenko in einem anschaulichen Bild festgehalten:

> Leb wohl, Rote Fahne.
> Du warst unser Bruder

Dann wird er zum Sprecher der bitteren Enttäuschung der russischen Bevölkerung:

> Und dennoch verbargst du
> ein Roter Vorhang
> den Gulag
> Warum, Rote Fahne?

Man könnte es Ironie des Schicksals nennen, daß das Ende der feindlichen Konfrontation der Supermächte statt zur Bildung umfassenderer Identitäten zu erhöhten Spannungen zwischen den Gruppen geführt hat.

Sinn und Werte

Das Bild seiner selbst und seiner Gru0ppe, das der Mensch mit oder ohne Hilfe der Bildungssysteme entwickelt hat, ist meist mit Vorstellungen von Sinn- und Wertgehalten verknüpft. Im Grunde ist ein wertfreies Nachdenken über diese Bereiche schwieriger als der Versuch, den Gedanken über sich selbst, die eigene Gruppe und die Welt der anderen einen höheren Sinn beizulegen.

Die meisten Menschen empfinden darüber hinaus das Bedürfnis nach einem expliziten Wertekanon, nach einer Aufklärung darüber, was als wahr, schön und gut zu gelten habe. In früherer Zeit fungierten Kunst und Religion als einschlägige Autoritäten, denen in jüngerer Zeit die Philosophie, die Wissenschaften sowie neu konstituierte säkulare Gruppen an die Seite traten; als weitere Quellen von Wertsystemen sind persönliche Erkenntnissuche und Diskussionen zu nennen. In Phasen geschichtlicher Stabilität genügt es, sich diskussionslos an herkömmliche Normen zu halten. In Krisenperioden indes oder in Zeiten dramatischen Wandels verlangen die Menschen nach umfassenderen Deutungsmustern. Man wendet sich mit besonderer – vielleicht unangebrachter – Aufmerksamkeit Personen zu, die zwar nicht definitive Antworten, so doch eine allgemeine Orientierung bei der Klärung wesentlicher Fragen anbieten, der Fragen nach dem Sinn der Arbeit, dem Wert des Gebets, der gerechten Zuteilung von Belohnung und Strafe sowie der Einstellung zum Tod und anderen Grenzerfahrungen menschlicher Existenz.

Auch in der Einstellung zu Werten und Wertsystemen sind entwicklungsgeschichtlich bedingte Veränderungen festzustellen. Das kleine Kind erwartet ein eindeutig nach Gut und

Böse getrenntes Panorama; es ordnet die Gesamtheit der Werte und Urteile einer Art allumfassender, unbefragt gültiger Weltvernunft zu. Ältere Kinder erkennen, daß es konkurrierende Wertsysteme gibt, und hoffen, daß sie sich versöhnen lassen. Für Jugendliche ist die Überfülle existierender Sinnsysteme bereits unübersehbar geworden, und eine Synthese scheint ihnen undenkbar. Sie werden also jeden Anspruch auf eine philosophische Erklärung fallenlassen oder sich als Reaktion unkritisch auf eine Weltanschauung festlegen, die ihnen im Augenblick überzeugend erscheint.

In späteren Jahren, besonders im hohen Alter, erscheint der Versuch einer genuinen Synthese, ob personbezogen oder über das Persönliche hinausreichend, erneut sinnvoll. Die meisten Menschen übernehmen schließlich eines der bestehenden religiösen oder philosophischen Systeme, lassen sich aber die Freiheit, dieser bereits erreichten Synthese Spuren der eigenen geistigen Persönlichkeit aufzuprägen. Dem visionären Führer stellt sich die gewaltige Aufgabe, eine Geschichte vorzutragen oder zu repräsentieren, die sich an die glaubwürdigsten unter den bereits entwickelten Synthesen anschließt, diese auf die Probleme der Gegenwart bezieht, Raum läßt für das Geschehen der Zukunft und offen bleibt für individuelle Beiträge der Gruppenmitglieder. Martin Luthers Ideen zum Beispiel konnten sich auch darum so erstaunlich rasch ausbreiten, weil sie an die Stärken des Katholizismus anknüpften, legitime Besorgnisse über Mißstände in einer geistlichen Gemeinschaft ansprachen und persönliche Gedanken und Partizipation herausforderten. So unterschiedlichen zeitgenössischen Führern wie J. Robert Oppenheimer, Papst Johannes XXIII. und Martin Luther King jr. ist das Bemühen gemeinsam, ein Bild der Welt zu entwerfen, das ihren problematischen Zeiten gerecht wurde und ihrem beunruhigten Publikum bedeutungsvoll erschien.

Andere Themen, andere Geschichten

Nicht nur das seit je faszinierende Feld der sozialen Beziehungen fordert die menschliche Neugier heraus. Mit nicht geringerem Wissensdurst wendet der Mensch sich daneben anderen Lebensbereichen zu: der Welt der natürlichen und vom Menschen gemachten Objekte, der Welt der nichtmenschlichen lebenden Organismen, der Welt von Zeit und Raum sowie den unterschiedlichen rätselhaften Formen der inneren Welten wie Träume, Ängste und Erinnerungen. Kleinkinder können sich im Spiel oft unermüdlich mit Gegenständen dieser Welten beschäftigen. Jüngere Schulkinder stellen Fragen über Fragen und grübeln den häufig unbefriedigenden, nicht selten auch widersprüchlichen Auskünften nach, ältere beschäftigen sich mit den Deutungssystemen, die innerhalb ihrer Kultur entwickelt wurden. Die Erwachsenen wiederum hoffen darauf, daß sie irgendwann in der Lage sein werden, die von ihrer Kultur zur Verfügung gestellten Erklärungen mit den Antworten zu vereinbaren, die ihnen eigene Erfahrungen und Überlegungen nahelegen.

In vorgeschichtlichen Epochen und noch bis weit in die Zeit geschichtlicher Überlieferung stammten die von einzelnen Menschen vorgelegten Weltbilder im wesentlichen aus zwei Quellen – der individuellen Vorstellungskraft und den Bildern aus Kunst und Mythologie der eigenen Kultur, zwei Deutungsverfahren, die sich nicht unbedingt ausschließen, aber unabhängig voneinander betrachtet werden können. Die menschliche Vorstellungskraft stützt sich bei ihren Entwürfen auf einfache empirische Beobachtungen: dem menschlichen Auge erscheint die Welt als Fläche; Dinge, die sich selbsttätig bewegen, fallen in eine eigene Kategorie; in die Vergangenheit zurückzugehen ist nur in Träumen oder Filmen möglich, nicht aber in der Lebenswirklichkeit. Entgegen der Annahme Piagets, daß derartige Ideen sich auf den höheren Stufen der intellektuellen Entwicklung verlieren, haben sie selbst bei Bürgern der komplexen modernen Gesellschaft ihre Gültigkeit nicht verloren.

Künstlerische und mythologische Deutungen sind Destillate von Gedanken und Erfahrungen unserer Vorfahren aus älteren Menschheitsepochen. So glaubten die alten Ägypter an ein Fortleben der Toten im Schoß der Erde, während das Christentum ein Diesseits als Himmel der Seligen oder als Höllenpein denkt. Den Griechen der Antike erschien der Mensch als einzigartiges Wesen, während die im Umkreis Griechenlands siedelnden Völker eine engere Einheit von Mensch und Natur annahmen.

Die zwei Jahrtausende umspannende Entwicklung vielfältiger akademischer Disziplinen und Sachgebiete hat dazu geführt, daß menschliche Erkenntnis zur Aufgabe von Experten geworden ist und unter dem Einfluß neuer Daten und neuer Theorien einem ständigen Wandel sowie generell vorhersehbaren, konkret jedoch oft überraschenden Revisionen unterliegt. In den einzelnen Fachgebieten hält man sich an die führenden Spezialisten, von denen erwartet wird, daß sie über den aktuellen Wissensstand informieren.

Bohrende Fragen nach der Beschaffenheit unserer Welt und ihrer Zukunft sind den wenigsten Menschen fremd. Doch eine stetig wachsende Kluft trennt die sachlich fundierte Sicht des Experten vom Laienwissen, eine Entwicklung, die den direkten Führer zu einer Grundsatzentscheidung nötigt: er kann sich die Einsichten der Spezialisten zu eigen machen und dabei selber zum Experten werden, kann dieses Territorium den Fachleuten überlassen, ihre Ergebnisse nachbeten und auf einen eigenen Standpunkt verzichten oder sich drittens über den offenkundigen Entwicklungsfortschritt des Fachwissens hinwegsetzen und eine entweder traditionellere oder persönlicher gefärbte Linie vertreten.

Die Verfechter fundamentalistischer Positionen ziehen häufig die dritte Möglichkeit vor. Sie ignorieren zum Beispiel die erdrückenden wissenschaftlichen Beweise für die Existenz Jahrtausende währender Evolutionsprozesse und halten an der Vorstellung eines Schöpfergottes fest, der die Welt vor Tausenden – oder Millionen – Jahren in einem einzigen kurzen Schöpfungsakt ins Dasein rief. Wer fundamentalistische Empfindlichkeiten schonen will, hält Widersprüche zwischen wissenschaftlichen und religiösen Überzeugungen aus der Debatte.

Allgemeiner ausgedrückt: Der Umgang mit Fragen, zu deren Behandlung hochspezialisiertes Fachwissen benötigt wird, zwingt den Führer zu Entscheidungen. Für die überwiegend personbezogenen Geschichten, die die Identität des Individuums oder der Gruppe betreffen, sind Expertenbeiträge ohne entscheidenden Belang. Die überlieferten Geschichten aber, die vom Universum, seinen Objekten und seiner zukünftigen Entwicklung erzählen, haben sich im Lauf der Jahrhunderte durch die Arbeit der Wissenschaftler radikal verändert. Domänenexperten wie Mead oder Oppenheimer müssen entscheiden, in welchem Umfang diese Geschichte ihrer Disziplin den Hörern zumutbar ist, wenn sie ein breiteres Publikum ansprechen. Führern, die fachüberschreitend wirken wollen, stellt sich die Aufgabe, mit Blick auf das Fachwissen einerseits und auf das überwiegend ungeschulte Publikum andererseits ihre Position festzulegen.

Die Geschichten der Kulturen

Jeder Mensch, ob er auf der idyllischen Insel Samoa, im bäuerlichen China, in der Stammesgesellschaft Afrikas oder in einer modernen westlichen Industriestadt beheimatet ist, wird in der einen oder anderen Form mit den von mir skizzierten Themen in Berührung kommen. Es ist jedoch wenig wahrscheinlich, daß diese Themen ausdrücklich als Probleme der Identität oder Gruppenzugehörigkeit, des Wertespektrums oder der Weltordnung kenntlich gemacht und zur Diskussion gestellt werden. Abstrakte Theorien finden bei der Mehrheit wenig Anklang, und die meisten Geschichten werden in lebendiger Anschaulichkeit vermittelt, sei es im farbigen Detailreichtum der narrativen Darstellung oder in den personifizierten Tugenden eines dramatisch verlaufenden Lebens. Wir begegnen den Themen Leben und Tod eher in Film und Fernsehen und auf den Zeitungsseiten als in den Fachvorlesungen von Philosophen oder Theologen.

Im Lauf der Jahrtausende haben Führer und Geschichtenerzähler einen Vorrat an Charakteren, Schauplätzen und Ereignisabläufen geschaffen, in denen diese Themen Gestalt annehmen; vermittelt durch eine Art Kurzschrift, die die Mitglieder der einzelnen Kulturen mühelos entziffern, bietet sich damit eine Verständnisperspektive an. Griechen und Römer haben wie andere kulturstiftende Nationen ausführliche Mythologien konstruiert, die sich mit den Themen Leben und Tod, physische und geistige Realität, individuelle Identität und Gruppenidentität in lebhaften Formen auseinandersetzen. Dieselbe Funktion hat für das Abendland über nahezu zweitausend Jahre das Christentum wahrgenommen; Buddhismus, Islam und Konfuzianismus erfüllten die entsprechenden Aufgaben in den großen orientalischen Kulturen. Papst Johannes XXIII. stützte sich auf das christliche Erbe, während Mahatma Gandhi seinem Weltbild verschiedene geistige Traditionen zugrunde legte.

Jede Nation hat ihre kulturspezifischen positiven und negativen Heldenfiguren. In den Vereinigten Staaten wurde die politische Erfahrung weithin von George Washington, Benedict Arnold oder Robert E. Lee geprägt; eine ähnliche symbolische Rolle spielen in Deutschland Otto von Bismarck, Adolf Hitler oder Konrad Adenauer, in Frankreich Jeanne d'Arc, Napoleon oder Charles de Gaulle. Intellektuelle haben vergleichbare Leitfiguren unter den Künstlern, Denkern und Schriftstellern (William Shakespeare, Isaac Newton, Virginia Woolf, Martha Graham); unter Umständen genügen Anspielungen auf diese Gestalten, um einen dichten Erzählzusammenhang herzustellen. In den USA war es noch vor hundert Jahren selbstverständlich, daß sogar der durchschnittlich Gebildete nicht nur bibelfest war, sondern auch aus Shakespeares Werken zitieren konnte; Martin Luther King jr. setzte in seinen Reden und Schriften die Vertrautheit seines Publikums mit biblischen Geschichten und mit den Gründungsdokumenten der Vereinigten Staaten voraus.

In jüngerer Zeit drängt sich mit wachsendem Nachdruck ein neuer Kreis kulturspezifischer Geschichten ins Bewußtsein der Öffentlichkeit. Medienerzeugnisse (Rollenbilder, wie die von Clint Eastwood oder Marilyn Monroe vermittelten) und die erfolgreichen Produkte der Konsumgesellschaft (Coca-Cola oder Nike-Turnschuhe) erscheinen vermehrt als Inbegriff von Heldenhaftigkeit, Schönheit und gutem Leben, und in vielen Ländern bewegt sich die Jugend selbstverständlicher durch die von Walt Disney, George Lucas und Jim Henson geschaffenen Welten als durch die Räume der antiken Mythologie, der Religion oder Literatur.

Erzählungen über Werte, die im sozialen Alltag der Weltgemeinschaft ihren Ausdruck finden, stellen in der Regel die Tugenden der eigenen Gruppe und die Fehler der anderen in den Vordergrund und bestärken darum nur allzuleicht die auf Kenntnisdefiziten beruhenden Vorurteile. Von besonderer Bedeutung sind daher moderatere Weltbilder, die die Vorzüge des goldenen Mittelweges anerkennen, die nicht nur Schwarz und Weiß, sondern auch Grau als Wert gelten lassen und in erster Linie nicht das absolut Wahre oder radikal Falsche ansprechen, sondern Verstehen, Reflexion und Selbstdistanzierung. Die Verfechter eines integrativen Identitätsverständnisses werden immer auf Opponenten treffen, die ältere, tiefverankerte Ausgrenzungsmechanismen ins Spiel bringen. Nuancierende, pluralistische und ‚offene‘ Sichtweisen werden in Kapitel 14 im Mittelpunkt stehen, das den Anspruch auf weltumspannende Führung behandelt.

Die Medien als Vermittler von Geschichten

Traditionellerweise werden Geschichten im persönlichen Tête-à-tête überliefert – Mutter oder Großmutter erzählen sie dem Kind im Schein des Kaminfeuers, politische oder religiöse Führer verkünden sie ihrer Gemeinde. Moderne Politiker versuchen an diese Atmosphäre anzuknüpfen, wenn sie sich auf informelle Art an ihre Wählerschaft wenden, in ‚Kamingesprächen‘, ‚offenen Versammlungen‘ oder in scheinbar spontanen Gesprächen mit Reportern, die wie zufällig gerade landesweit berichten.

Zwei Umstände haben bewirkt, daß die Kommunikation zwischen Führern und ihren Gruppen in jüngster Zeit eine faszinierende Komplexität gewinnt. Zunahme und Ausbreitung der technischen Medien wären als erstes zu nennen. Verglichen mit Rundfunk, Fernsehen, elektronischer Post und anderen Zugangsmöglichkeiten zur weltumspannenden Datenautobahn erscheinen die ersten Megaphone und Mikrophone heute als äußerst primitive Kommunikationsmittel. Gandhi mochte das technische Rüstzeug der westlichen Zivilisation verachten, doch seinen Protesten wäre jede Wirkung versagt geblieben, hätte er sie nicht über den Telegraphen ohne Verzögerung in alle Weltgegenden verbreiten können. King durfte annehmen, daß seine Zusammenstöße mit rassistischen Polizisten eine breite Fernsehöffentlichkeit erreichten. Durch ihre glänzend inszenierten Dokumentarfilme hat die Regisseurin Leni Riefenstahl wesentlich zur mythischen Überhöhung Hitlers und des Nationalsozialismus beigetragen, und die Karrieren zeitgenössischer Märtyrer – und Terroristen (die sich durchaus auch als Märtyrer betrachten) – wären undenkbar ohne den ihnen jederzeit verfügbaren Medienzugang, der die weltweite Verbreitung ihrer aufrüttelnden oder nichtswürdigen Botschaften garantiert. Tendenziell – vielleicht auch zwangsläufig – wird die Information in den visuellen Medien auf zugespitzte, eingängige Schlagworte reduziert, was die Behandlung komplexer Probleme – außer in karikierender Absicht – erschwert. Die Druckmedien, zumindest die Massenblätter, schicken sich an, dem Beispiel der elektronischen Medien auf Gedeih und Verderb zu folgen.

Der zweite Umstand betrifft den Aufbau und die Manipulation des Führerimages. Führerinnen und Führer haben sich seit je mit Beratern umgeben und sollen bisweilen, wie der biblische Moses seinen redegewandteren Bruder Aaron, ihre Sprecher vorgeschickt haben. Heute sind den Beratern Dutzende von Spezialisten an die Seite getreten, deren Aufgabe es ist, jedes Wort und jede Nuance in öffentlichen Auftritten eines Staatsführers im voraus festzulegen. Die Rolle der Bürger in sogenannten Fokusgruppen hat eine Bedeutung erlangt, die den einflußreichen republikanischen Medienberater Roger Ailes zu der Bemerkung veranlaßte: „Nach meinem Tod komme ich als Mitglied einer Fokusgruppe auf die Erde zurück. Dann habe ich wirklich Macht."

Das Publikum kann infolgedessen nicht mehr unterscheiden, ob es eine authentische Persönlichkeit und ihre authentischen Äußerungen oder eine von Medienberatern geschaffene Figur vor sich hat. Mehr noch – es gibt politische Führer, die mit dem Rollenbild, das ursprünglich von solchen Experten der Imagebildung und Imagekorrektur entworfen wurde, fugenlos verschmelzen. Der Wunsch nach Authentizität, nach der direkten Begegnung mit dem genuinen, ‚ungeschminkten' Führer hat seine Berechtigung. Politiker wie Ross Perot machen Punkte, wenn sie sich darauf berufen können, nicht das Produkt der Medien oder deren Beraterstäbe zu sein. Zu bedenken bleibt, daß auch Authentizitätsbekundungen ein Kunstprodukt sein können. Gute Schauspieler verstehen es, Aufrichtigkeit vorzutäuschen, während viele ‚authentische' Persönlichkeiten im Scheinwerferlicht bloß ungelenk und dilettantisch wirken.

Mögliche Synthesen

Die Begegnung mit den unterschiedlichen Geschichten und Erzählern von Geschichten sowie mit der Vielfalt von Botschaften und verkörperten Wertvorstellungen, wie die Gesellschaft sie bereithält, stellt den einzelnen vor die unvermeidliche Aufgabe, ein Urteil zu fällen, zu wählen und eine Synthese vorzunehmen. Solange man jung ist, fällt es leicht, mit Spannungen zu leben; der Widerspruch zwischen dem Glauben an „A" und dem Glauben an „B" wird entweder gar nicht oder nur leicht und flüchtig empfunden. Mit zunehmender geistiger Reife indessen wird die Spannung zwischen offenkundig widersprüchlichen Aussagen oder Absichten zumindest in begrenzter Form für die meisten Menschen zum Problem und weckt den Impuls, die gegensätzlichen Positionen miteinander in Einklang zu bringen.

Die Aufgabe einer solchen Synthese wird von den einzelnen mit sehr unterschiedlichem Eifer wahrgenommen. Es gehört nicht zu den eingespielten Regelungsmechanismen von Kulturen und Subkulturen, ausdrücklich auf Übereinstimmungen und/oder Widersprüche hinzuweisen, und Anstrengungen zur Versöhnung solcher Spannungen gelten nicht selbstverständlich als Verdienst. Man vergleiche eine vom Cartesianismus geprägte Gesellschaft, die sich stolz als logisch stimmiges Regelwerk versteht, und eine Hindugesellschaft, in der unterschiedliche Anschauungen planlos und zum Teil sogar produktiv nebeneinander bestehen. In bestimmten Gesellschaften wiederum ist es verpönt, widersprüchlichen Anschauungen Ausdruck zu geben, während andere die logische Stringenz mit Ralph Waldo Emerson als den „Buhmann kleiner Geister" schmähen.

Auch abgesehen von divergierenden kulturellen Normen

sind Eigenschaften wie das Bedürfnis nach einer Synthese und die Fähigkeit, mit Widersprüchen zu leben, individuell sehr unterschiedlich ausgeprägt. Psychologen sprechen davon, daß sich in diesen Schwankungen der Toleranzgrenze „individuelle Unterschiede" konstituieren. Es gibt Menschen – der griechische Dichter Archilochos nannte sie Füchse –, die sich mit Leidenschaft in die Details zahlreicher konkurrierender Systeme versenken; andere, Archilochos' „Igel", ziehen es vor, an „eine einzige, große Sache" zu glauben. Auch die Toleranz gegenüber Mehrdeutigkeiten differiert. Wer auf der psychologischen Skala zur Messung faschistischer Neigungen die oberen Ränge erreicht, setzt Ordnung und Organisation über alles; wer schlecht abschneidet, duldet oder schätzt ein gewisses Maß an Chaos, Unstimmigkeit und Widersprüchlichkeit im Detail.

Führer sind Beispiele für diese individuellen Unterschiede und gestalten aus ihnen heraus das Profil ihrer Strategien. Ihrem persönlichen Bedürfnis nach Übereinstimmung und Vermittlung entsprechend, werden sie beim Entwerfen ihrer Geschichte mehr oder weniger auf eine gute Gliederung und inneren Zusammenhang achten. Amerikanische Präsidenten wie Reagan ließen sich durch handgreifliche Ungereimtheiten nicht erschüttern: Reagan konnte sein unverbrüchliches Bekenntnis zu einem ausgeglichenen Haushalt ablegen und gleichzeitig lächelnd eine Gesetzesvorlage unterzeichnen, die zu einer Erhöhung des Defizits beitrug. Andere Präsidenten, so die ehemaligen Ingenieure Herbert Hoover und Jimmy Carter, nahmen offenkundige Widersprüche wahr und versuchten möglichst widerspruchsfrei zu agieren, auch um den Preis peinlicher Situationen und sogar der Wiederwahl.

Ich habe früher auf die Anziehungskraft von Menschen hingewiesen, deren Geschichten und gelebte Ideen ein widerspruchsfreies Ganzes bilden; solche Synthesen befriedigen das ästhetische Gefühl vieler Führer und Anhänger. An dieser Stelle muß ich einräumen, daß die Gesamtkohärenz der Botschaften keine notwendige Voraussetzung für einen Erfolg ist. Viele, wenn nicht die meisten Zuhörer lassen sich lieber von jeder Geschichte und ihrer besonderen Wirkung neu in Bann schlagen, als sich auf einen möglichen Widerspruch zwischen Geschichte A und Geschichte F zu versteifen, und zahlreiche Zuhörer sehen über fehlende biographische Beglaubigungen gern hinweg, solange die Geschichte selbst sie ausreichend interessiert.

Anmerkungen zum Begriff der Geschichte

Fassen wir das bisher Gesagte zusammen. Ausgangspunkt war die These, daß die effektvolle Vermittlung einer Geschichte ein Schlüssel, vielleicht *der* entscheidende Schlüssel sowohl zu einer überzeugenden Führungsleistung als auch zum Erwerb einer Anhängerschaft ist. Meine Definition der Geschichte ist weit gefaßt, macht jedoch auf ein Kernmoment aufmerksam: in ihrer elementaren Form behandeln die von Führern erdachten Geschichten Fragen der persönlichen und der Gruppenidentität. Führer, die in einem signifikanten Bevölkerungskreis bedeutende Änderungen herbeiführen wollen, müssen ihren Zuhörern dabei helfen, sich über den Sinn ihrer Existenz als Menschen und Bürger klarzuwerden. Diese Analyse vorausgesetzt, ergeben sich aus der zentralen Rolle der Geschichte mehrere Fragen.

Zunächst einmal läßt sich nicht ohne weiteres bestimmen, was die Geschichten der Führer sind. Führer reden häufig und viel, aber nicht alle Äußerungen sind Geschichten, und nicht alle Geschichten im Repertoire stehen mit anderen in einem erkennbaren oder schlüssigen Zusammenhang. Ich ziehe in meiner Arbeit mit seltenen Ausnahmen nur solche erzählten oder lebensgeschichtlich manifestierten Geschichten heran, die sich wiederholen, von denen sich sagen läßt, daß sie den Menschen zumindest in einer bestimmten Lebensphase entscheidend geprägt haben. Mein Augenmerk gilt außerdem vor allem, wenn auch nicht ausschließlich, den Geschichten, die in ihrem Umfeld erfolgreich zu sein scheinen. Ich behaupte, daß jedes Kritikergremiun bei der Untersuchung des historischen und biographischen Materials einen ähnlichen Geschichtenkreis isolieren würde; daß überdies die Mitarbeiter der Führer, wollte man sie befragen, die von mir genannten Geschichten und gelebten Ideale angeben würden.

Ein zweiter Punkt betrifft die Charakterisierung der Geschichten. Ich nehme mir die Freiheit, die Geschichten auf ihre elementaren Formen zu reduzieren, häufig in Worten und Bildern zu sprechen, die noch einfacher sind als die von den Führern benutzten, und auf die eingehende Behandlung besonderer Versionen zu verzichten. Jede Geschichte ließe sich beliebig verlängern, die Anzahl ihrer Figuren, Episoden und Krisen vergrößern, aber ich verlasse mich darauf, daß der Leser in der Lage ist, den Stoff zu ergänzen. Diese Vereinfachung soll es mir ermöglichen, die Geschichten im Hinblick auf die oben dargestellten grundlegenden Gesichtspunkte zu diskutieren: den Inhalt (zum Beispiel persönliche Identität oder Gruppenzugehörigkeit), die geistige Reife (zum Beispiel Kampf zwischen Gut und Böse, relativistisches Prinzip) und die verkörperten Werte.

Mein methodisches Vorgehen fordert zu einer kritischen Überprüfung mit doppelter Stoßrichtung heraus. Zum einen läßt sich einwenden, daß Sinn und Zweck von Geschichten wesentlich im ‚Ohr des Zuhörers' liegen. Eine Geschichte, die für den einen von Identität handelt, berührt für den anderen Wertprobleme oder Fragen der Gruppenzugehörigkeit; was dem einen komplex erscheint, ist für den anderen einfach. Die Gelegenheit, bei der die Geschichte zum Einsatz kommt, die Person des Erzählenden und die Art des Adressatenkreises dürften ebenso entscheidend sein wie der manifeste (buchstäbliche) narrative Inhalt.

Ich beabsichtige nicht, die Relevanz der Kontextabhängigkeit zu bestreiten, schließe mich dem Argument vielmehr an, wenn auch mit Vorbehalt. Nicht nur repräsentieren Geschichten in jedem Fall eine Wechselwirkung zwischen Erzähler und Publikum, viele der erfahrensten Führer suchen diese Mehrdeutigkeit zu nutzen und hoffen, daß sich mit einer einzigen, unverändert erscheinenden Botschaft bei wechselnden Auditorien verschiedene, aber erwünschte Wirkungen erreichen lassen. Eine große Ansprache von Martin Luther King jr. war zweifellos für einen breiten Zuhörerkreis konzipiert, der von Sympathisanten bis zu Anhängern der Rassentrennung, engagierten Bürgerrechtlern, privaten Geldgebern und Politikern aus der Mitte des ideologischen Spektrums reichte. Wir Analytiker dürfen vor dieser Vielfalt von Sinn und Zweck keineswegs die Augen verschließen; es ist unsere Aufgabe, sie zu verstehen. Und doch muß ich daneben meine eigene, entschieden nicht-postmoderne Folgerung geltend machen: Die Geisteswissenschaften müßten sich aufgeben, ließen sich nicht auch Sinnschichten entdecken, die jenseits der spezifischen Kontexte, in denen Worte geäußert oder Botschaften vermittelt werden, Gültigkeit behielten.

Zu Kontroversen kann zweitens auch die von mir gewählte entwicklungspsychologische Perspektive Anlaß geben, die zweifach ins Spiel kommt: Ich untersuche die Entwicklung der Führer (und ihrer Anhänger) und beschreibe bestimmte Geschichten hinsichtlich der durch sie repräsentierten Entwicklungsstufe.

Meiner Einschätzung nach gehen Fortschritte in den Sozialwissenschaften auf die Bereitschaft der Forscher zurück, Organismen und Institutionen in ihren Frühformen zu betrachten und die Kontinuitäten und Brüche ihrer Entwicklung als eine Form der Reifung oder des Verfalls zu verstehen. Das Potential zur Führung (wie auch zur Gefolgschaft) ist schon früh in fast jedem von uns angelegt. Führung in vollendeter Form wird jedoch niemals erreicht – sie ist im wesentlichen nicht abschließbar, ist immer ‚in Entwicklung'. Entsprechend wird die anhaltende Dynamik, die sich über signifikante Zeitabschnitte zwischen Führern und Anhängern entfaltet, nur bei sorgfältiger Einhaltung einer Entwicklungsperspektive faßbar.

Strittiger ist die Entscheidung, Geschichten als Reflexe verschiedener geistiger Entwicklungsstufen zu betrachten. Ich könnte mit Recht darauf verweisen, daß es sich dabei um eine empirische These handelt, die bereits nachgewiesen ist. Es liegen Dutzende von wissenschaftlichen Arbeiten darüber vor, wie sich Denkweise und Weltsicht der Fünf-, Zehn- und Fünfzehnjährigen unterscheiden. Zu ergänzen bleibt, daß die meisten dieser Untersuchungen in modernen westlichen Gesellschaften und unter Laborbedingungen, nicht aber als ethnographische Forschung in natürlichen Umgebungen durchgeführt wurden.

Wenn ich eine entwicklungspsychologisch orientierte Beschreibung wähle, hat das allerdings andere Gründe. Einmal bietet sie sich als zweckmäßiges Instrument zur Analyse von

Geschichten an, das unabhängig davon einzusetzen ist, ob man dem Ablauf des Entwicklungsprozesses universelle Gültigkeit zuerkennt. Es könnte zum Beispiel selbst dann benutzt werden, wenn, sagen wir, eine neue Gesellschaft entdeckt würde, in der die Kinder sich als Relativisten erwiesen, während die Älteren absolute Positionen vertreten. In verwandter Weise bietet das Verfahren einen Weg, die häufig konkurrierenden und unvereinbar erscheinenden Geschichten miteinander zu vergleichen, die sich möglicherweise nicht nur nach Inhalt oder Zweck, sondern auch nach den kognitiven Mechanismen unterscheiden, die an ihrer Aufnahme und Übermittlung beteiligt sind.

In erster Linie aber ist das Vorgehen eine Herausforderung der geläufigen Theorie. Unter Entwicklungspsychologen gilt allgemein als selbstverständliche Annahme, daß Menschen eine geistige Entwicklung durchmachen, daß die späteren Stadien die früheren aufheben und daß sich in Konkurrenzsituationen die entwickelteren Formen durchsetzen. Meine im vorigen erwähnten ketzerischen Folgerungen besagen anderes.

Geschichten wirken meiner Ansicht nach auf vielfältige Art, und das bewußt oder unbewußt ablaufende Ringen um Geltung findet auf mehreren Ebenen statt. Die Phasen des geistigen Reifungsprozesses sind dabei nur ein Faktor unter anderen und in vielen Fällen nicht einmal der entscheidende. Unter Fachleuten wird sich wahrscheinlich die differenziertere Version behaupten; verläßt man aber das Gebiet des Expertenwissens oder werden Experten als Teil einer heterogenen Gruppe angesprochen, dann sind alle Wetten offen. Führer müssen nicht nur mit den verschiedenen Motiven rechnen, die ihre Zuhörer dazu bewegen können, bestimmte erzählte oder vorgelebte Geschichten anderen vorzuziehen, sie müssen sich darüber hinaus einem bedeutsamen Umstand gewachsen zeigen: der Beharrungskraft des ungeschulten Denkens, die es mit sich bringt, daß die Erzähler differenzierterer Identifikationsgeschichten häufig von Konkurrenten, die mit einfacheren, wenn nicht einfältigen Darstellungen aufwarten, in den Schatten gestellt werden.

Es ist nicht beabsichtigt, im folgenden jede Geschichte und ihre Gegengeschichten ihrer besonderen Entwicklungsstufe zuzuordnen – das wäre so unzumutbar wie unnötig. Ich unterscheide die von Führern benutzten Geschichten nach ihrer relativen Komplexität und verfolge ihr Schicksal in der Auseinandersetzung mit den konkurrierenden Geschichten derselben Kultur und mit den Geschichten von Rivalen. Wiederholt zeigt sich, daß eine differenziertere Erzählung über die Suche nach Identität (oder auch Sinn oder Wertorientierung) von einfacheren Erzählungen mit größerer Breitenwirkung verdrängt wird. Anhang I bringt eine leicht überschaubare Zusammenfassung einflußreicher Geschichten und ihrer Gegengeschichten.

Soviel zur Einleitung. Wenden wir uns nun dem eigentlichen Thema zu, der Untersuchung verschiedener Möglichkeiten von Führung. Die Beobachtung einzelner Führer in besonderen Situationen zeigt uns die Wirkung der typischen Geschichten, die hier in knappster Form dargestellt wurden. Wir verfolgen den Wettstreit der Geschichten, der sich im Bewußtsein aufstrebender Führer wie auch potentieller Anhänger abspielt, leuchten den Einflußbereich der Geschichten aus und untersuchen, wieweit Führer und Adressaten das Bestreben zeigen, die einzelnen Geschichten in einen umfassenden theoretischen Zusammenhang zu stellen.

Die vorliegende Arbeit hat ihren Ausgangspunkt, wie bemerkt, in einer früheren Studie über kreative Persönlichkeiten, Künstler und Denker, deren Tätigkeit zu einer Neu-orientierung ihres Fachgebiets führte. So beginnt unser Überblick denn mit zwei führenden Köpfen, die in jungen Jahren zu den kreativsten Vertretern ihrer Domäne zählten. Ohne Freudsches Format zu erreichen, haben die Forschungen Margaret Meads die Vorstellungen von der menschlichen Natur dennoch in wesentlicher Hinsicht verändert, und J. Robert Oppenheimer hat zwar nicht Einsteins Bedeutung erlangt, zu unserem Verständnis der physikalischen Welt gleichwohl Entscheidendes beigetragen.

Weder Mead noch Oppenheimer begnügten sich damit, im Kreis ihrer Fachgenossen zu wirken. Die Umstände, deren Verlauf ich nachgehe, führten dazu, daß beide sich mit allgemeineren Themen an eine zunehmend breitere Öffentlichkeit wandten und am Ende ihrer Laufbahn den Übergang von indirekter zu direkter Führung vollzogen hatten. Auf der Höhe ihres Wirkens sprachen sie zu ihrem Publikum direkt über die fundamentalen Fragen der Identität und der Lebenswerte, die den Kern der menschlichen Existenz berühren. Standen sie als führende Vertreter ihres Faches zunächst für den schmaleren Ausschnitt am Rand des Führungskontinuums, so verkörperten sie im Lauf ihres Lebens auch die gesamte Breite des Spektrums.

Teil II

Fallstudien: Vom Fach zur Nation

4

Margaret Mead:
Eine Erforscherin fremder Kulturen
erzieht die eigene Kultur

UPI/Bettmann Nachrichtenfotos

Ich habe den größten Teil meines Lebens damit
verbracht, die Lebensgewohnheiten anderer, ferner Völker zu studieren, damit die Amerikaner
sich selbst besser verstehen können.

Margaret Mead

Im September 1929, einen Monat vor dem Zusammenbruch
der New Yorker Börse, kehrte Margaret Mead, eine knapp
dreißigjährige Ethnologin, von ihrem zweiten Feldaufenthalt in die Vereinigten Staaten zurück. Überrascht nahm sie
zur Kenntnis, daß sie durch den ungewöhnlichen Erfolg
ihres ersten Buches, *Coming of Age in Samoa* (Kindheit und
Jugend in Samoa), zu einer bekannten Persönlichkeit geworden war. Die Arbeit galt als wichtiger wissenschaftlicher
Beitrag, stieß aber auch in der breiteren Öffentlichkeit auf
beispiellose Resonanz. Die Einkünfte aus ihrem Buch gestatteten Mead eine Unabhängigkeit, die für eine junge Wissenschaftlerin, zumal in der Zeit der großen Wirtschaftskrise,
ungewöhnlich war. Außerdem stand sie vor einer schicksal-
haften Entscheidung: Sollte sie ihr Leben der ‚reinen' Wissenschaft widmen und in erster Linie zu anderen Experten
ihres Faches sprechen, oder sollte sie ihre Arbeiten an die
lesende Öffentlichkeit ihres Landes richten?

Nur die wenigsten aus der großen Zahl vielversprechender
junger Talente aller Disziplinen kommen in den Genuß so
einhelliger und so früher Anerkennung. Mead schien jedoch
alle Voraussetzungen für künftige Erfolge mitzubringen.
Wie man unter anderem auch aus ihrer autobiographischen
Darstellung weiß, wuchs sie in privilegierten Verhältnissen
auf. Die Eltern, beide ausgebildete Sozialwissenschaftler,

widmeten der ältesten Tochter ihre besondere Aufmerksamkeit. Sie dokumentierten die Ereignisse ihrer Kindheit in dreizehn Notizbüchern, behandelten das Kind von frühester Zeit an wie eine Erwachsene und ließen es spüren, daß sie an seine zukünftigen Leistungen hohe Erwartungen knüpften. Auch Meads Großmutter väterlicherseits, eine Lehrerin, trug als beeindruckendes Vorbild an Klugheit, Integrität und Ausgeglichenheit zur Erziehung des Kindes bei, das zu Füßen der geliebten „Grandma" seinen ersten Unterricht erhielt. Das aufgeweckte, wißbegierige Kind, das vor Vitalität und Unternehmungslust sprühte, ließ verheißungsvolle Anlagen erkennen und verfügte außerdem über eine Fülle sozialer und künstlerischer Talente. Ein funkelndes, noch richtungsloses Geschoß, das auf seinen Abschuß wartete – so sah man Mead im Kreis ihrer Bekannten: „Sie würde Furore machen, soviel stand fest; wie, das war Nebensache."

Mead, die sich nur selten als Außenseiterin erlebte, verbrachte ihr erstes Studienjahr am De Pauw-College in Indiana „wie im Exil". Der frühreifen, intellektuell begabten jungen Frau blieb das von Partys und Club-Aktivitäten beherrschte Studentinnenleben fremd, und es gelang ihr nicht, sich ins College-Milieu einzugliedern. Jahre später erkannte sie, daß sie aus diesen Erfahrungen einer Pariaexistenz auch Nutzen gezogen hatte; die junge Studentin aber ergriff mit Begeisterung die Gelegenheit, an das New Yorker Barnard College zu wechseln. Im Milieu der Metropole fand sie wie so viele andere jugendliche Talente unter den Altersgenossen einen Kreis Gleichgesinnter und Gleichgestimmter, die Gruppe der *Ash Can Cats* (Ascheimer-Katzen), und verlor ihr Herz an das intellektuelle und künstlerische Leben in Morningside Heights und im bereits damals legendären Greenwich Village. New York City blieb der Fixpunkt, an den sie nach ihren Weltreisen immer wieder zurückkehrte.

Mit dem Jugendfreund Luther Cressman ging sie nach dem Collegeabschluß die erste ihrer drei Ehen ein, ließ indes erkennen, daß Ehe und Familie nicht ihr Lebensziel waren. Verfolgt man Meads Leben, gewinnt man den Eindruck, daß Heirat ein Ereignis war, das in bestimmte Lebensabschnitte gehörte, bevor man zu neuen Ufern und vielleicht neuen Ehegefährten aufbrach.

Entscheidend wurde für die junge Studentin die Begegnung mit Franz Boas, dem namhaften deutsch-amerikanischen Anthropologen. Boas leitete damals den Fachbereich Ethnologie an der Columbia Universität, zu der das Barnard College gehörte, und stand auf dem Gipfel seiner Laufbahn. Er genoß einen Ruf als vielseitiger Ethnologe, der alle Richtungen seines Faches beherrschte und auch in verwandten Disziplinen wie der Linguistik, Archäologie und naturwissenschaftlichen Anthropologie arbeitete.

Zu den umstrittenen Fragen von Rasse und Kultur hatte Boas im Lauf der Zeit entschieden Stellung bezogen. Er lehnte die biologistische Aufassung ab, wonach die menschliche Natur von genetischen Faktoren bestimmt sei, und war ein erbitterter Gegner aller Versuche, mit eugenischen Maßnahmen in die natürliche Evolution einzugreifen. Er betrachtete die Entwicklung des Menschen weitgehend als Ergebnis der besonderen geschichtlichen, sozialen, lebensgeschichtlichen und kulturellen Einflüsse und beabsichtigte, durch vergleichende Studien indigener Gesellschaften in allen Teilen der Welt weitere Beweise für seine These zu sammeln.

Mead wandte der Psychologie, mit der sie anfänglich geflirtet hatte, den Rücken zu und entschloß sich stolz und selbstbewußt für die Ethnologie. Als Graduate-Studentin in Columbia, inzwischen Anfang Zwanzig, arbeitete sie direkt mit Boas und seinen engsten Mitarbeitern, dem Linguisten Edward Sapir und der Kulturethnologin Ruth Benedict, zusammen. Mead bewunderte die Leistungen der drei Wissenschaftler, die sich ihrerseits von der Begeisterungsfähigkeit, Energie und Brillanz der jungen Kollegin beeindrucken ließen.

Mead war klar, daß sie Feldforschung betreiben und ‚ihre‘ Kultur studieren mußte, um sich als Ethnologin auszuzeichnen. Boas, selbst Amerikanist, schlug ihr vor, über die amerikanischen Indianer zu arbeiten, doch sie war fest entschlossen, nach Polynesien zu gehen. Nachdrücklich verteidigte sie ihren Plan und setzte die Wahl ihres Arbeitsgebietes durch. Mit dreiundzwanzig Jahren erstaunlich jung für ein derartiges Unternehmen, schiffte sich die junge Ethnologin nach Samoa ein.

Ihr Thema war die Kindererziehung auf Samoa unter besonderer Berücksichtigung der weiblichen Adoleszenz. Ein Jahr verbrachte sie mit Feldforschung, befragte zahlreiche Informanten und führte mehrere Fallstudien durch. Sie war wie zu allen Zeiten ihres Lebens von unermüdlichem Arbeitseifer, füllte zahlreiche Notizbücher und hatte ein Auge für alles, was sich ihren immerwachen Blicken bot und ihren empfänglichen Geist ansprach.

Mead hatte jedoch eine weitere, nicht weniger wichtige Aufgabe, die sich aus ihrer Verbindung zu Boas ergeben hatte: Sie sollte Material finden, mit dem sich die Position des biologischen Determinismus erschüttern ließ. Ältere Forscher, namentlich der amerikanische Psychologe G. Stanley Hall, hatten die Ansicht vertreten, die Adoleszenz sei ein von biologischen Faktoren gesteuerter Wachstumsabschnitt, eine individuelle ‚Sturm-und-Drang-Periode‘ mit pubertätsbedingten Entwicklungsturbulenzen. Boas hatte Mead die Idee in den Kopf gesetzt, der unter westlichen Heranwachsenden so verbreitete aufbegehrende, romantische Gefühlsüberschwang könne in ‚primitiven‘ Gesellschaften möglicherweise fehlen. Er wies sie an, die Lebenserfahrung der jungen Mädchen auf Samoa kritisch zu untersuchen.

Auf der Grundlage ihrer Feldstudien kam Mead zu dem Schluß, daß sich Kindheit und Jugend auf der Pazifikinsel Samoa vom Leben der Jugendlichen in den komplexen Gesellschaften des modernen Westens stark unterschieden. Auf Samoa wuchsen die Kinder nicht in der Kernfamilie auf, sondern in einer Großfamilie, die fünfzehn bis zwanzig Personen umfassen konnte. Die Beziehungen zwischen Kindern und Erwachsenen waren ungezwungen, facettenreich und diffus, nicht auf ein oder zwei Kernbindungen festgelegt und äußerst gefühlsbetont. Gewissensnöte, wie sie die Menschen des Westens plagen, waren den Samoanern weitgehend unbekannt. Von besonderem Interesse war die Beobachtung, daß die Jahre der Pubertät und Adoleszenz als Zeit der Entspannung und spielerischen Sexualität erschienen, auf die weder quälende Probleme noch haftende Traumata ihren Schatten warfen. Weder Keuschheitsgebote noch Träume von romantischer Liebe oder die Bürde anhaltender ödipaler Verstrickung ließen sich entdecken. Mead pries den unbelasteten Umgang der Samoaner mit Sexualität und verglich ihn mit den von puritanischen Traditionen genährten Spannungen und Schuldgefühlen, die das Leben so vieler junger Menschen zerstören. Abschließend verwarf sie die These Halls und anderer, daß die Adoleszenz notwendig eine Zeit psychischer Unruhe sei; auf Samoa stelle sie vielmehr

eine Lebensphase dar, die „freier, leichter und unkomplizier-
ter" verlaufe als in den Kulturen des Westens.

Nach ihrer Rückkehr in die Heimat faßte sie, bevor sie zu
neuen Feldstudien aufbrach, zunächst ihre Forschungsnoti-
zen zu einer Monographie zusammen, ein Vorgehen, das sie
sich zur lebenslangen Gewohnheit machte. *Coming of Age
in Samoa* entstand, ein aufsehenerregendes Buch, das sich
sowohl an Ethnologen wie auch an das breite Publikum
wandte. Nachdem Harper & Brothers das Manuskript
abgelehnt hatte, erschien das Werk im Verlag von William
Morrow. Der Lektor Thayer Hobson machte den folgenrei-
chen Vorschlag, Mead solle zwei abschließende Kapitel
ergänzen und darin die möglichen Konsequenzen ihrer
Ergebnisse für die Kindererziehung im modernen Amerika
behandeln.

Diese zwei Schlußkapitel waren es, die dem Buch seine
besondere Note und seine Wirkung verliehen und den
Namen der jungen, knapp dreißigjährigen Ethnologin unter
gebildeten Amerikanern zum Begriff machten. Auf den letzten Seiten verglich sie das idyllische Dasein auf den Pazifik-
inseln mit der amerikanischen Lebenswelt des zwanzigsten
Jahrhunderts. Das Leben in der heterogenen Gesellschaft
der tausend Möglichkeiten und rapiden Veränderungen fordere einen hohen Preis – Verbrechen und Delinquenz, zwi-
schenmenschliche Konflikte, Neurosen und den Kollaps
eines Traditionsgefüges, der künstlerischem Ausdruck den
Nährboden entziehe. Sehnsuchtsvoll blickt sie zurück auf
das Paradies der Südsee, auf ein Leben ohne Zwänge, ohne
Hast und ohne nennenswerte psychische Störungen, das
„außer dem Tod keinen schmerzlicheren Grund für Tränen
kennt als die Reise eines Verwandten auf eine andere Insel."

Mead rät nicht zur Übernahme der samoanischen Lebensweise. Selbst durch und durch wirklichkeitsnah, wußte sie wohl, daß diese Möglichkeit ihren Mitbürgern nicht anders als der eigenen hochsensiblen Proteusnatur verschlossen war. Aber sie legt den Lesern dringend nahe, aus dem Beispiel Samoa ihre Lehren zu ziehen und über andere Formen der Kindererziehung und über neue Lebensgewohnheiten nachzudenken.

Fünfunddreißig Jahre später schrieb Mead über das Buch: „Es war die erste Arbeit eines seriösen, ausgebildeten Ethnologen, die für den gebildeten Laien geschrieben war und auf alle gelehrten Finessen, mit denen man die Fachwelt zu überzeugen versucht und den Laien verwirrt, bewußt verzichtete." Absichtsvoll oder nicht, Mead hatte ein Werk verfaßt, das sich an zwei unterschiedliche Leserkreise richtete, die mit verschiedenen Erwartungen an den Text herangingen und aus ihrer Lektüre vielleicht verschiedene Schlüsse zogen. Will man untersuchen, was Führung in einer Disziplin oder Domäne von der Führung eines breiteren, diffuseren Adressatenkreises unterscheidet, sollte man sich dieser zwei unterschiedlichen Kommunikationswege bewußt sein.

Welche Erwartungen stellten Meads Kollegen, die Wissenschaftler, an die Arbeit? Da Mead die Schülerin eines Franz Boas war, konnten sie mit Grund vermuten, es werde sich um eine sorgfältig durchgeführte ethnographische Studie handeln, welche die Beobachtungen einer bis dahin kaum untersuchten Gesellschaft in Chronikform festhielt. In Anbetracht der theoretischen Positionen des großen Ethnologen ließ sich darüber hinaus erwarten, daß Forscher, die das Verhalten der Samoaner auf genetische, evolutionäre, rassische oder sonstige Faktoren im Umkreis des Biologischen zurückführen wollten, von Meads Ergebnissen keine Unterstützung erhoffen durften.

Doch Meads Text hielt für die Wissenschaftler auch Überraschungen bereit. Ungewöhnlich waren die scharfsinnigen, dezidierten Schlußfolgerungen in der Publikation einer noch unerfahrenen Ethnologin, die jünger war als die meisten ihrer Leser unter den Kollegen und als Frau zudem einer noch kleinen Minderheit der akademischen Gemeinschaft angehörte. Die Forschung war (und ist) in aller Regel konservativ, auf Absicherung bedacht und orientiert sich respektvoll am Überlieferten. Mead hatte diese Vorsichtsmaximen in den Wind geschlagen und ihre Fallstudie als Widerlegung der biologistischen Auffassung der Adoleszenz angelegt. Jahre später erklärte sie dazu: „In der Ethnologie genügt es, ein einziges Beispiel dafür zu finden, daß es einer Kultur möglich ist, etwas – sagen wir, einen Lebensabschnitt – einfach zu machen, das in allen anderen Kulturen schwierig ist, und man hat seinen Beweis geführt."

Auch Meads Darstellungsweise war für die Kollegen als Hinweis zu lesen. Wie ihr Beispiel zeigte, brauchte man Forschungsergebnisse nicht in den üblichen Wissenschaftsjargon mitsamt Fußnoten und explizitem Theoriegerüst zu kleiden; Daten und Auswertungen ließen sich auch in allgemein verständliches Englisch und sogar in eine gefällige Darstellung fassen. Das erste Kapitel zum Thema begann mit einer elegischen Passage:

Beim ersten Licht erwacht der Tag zum Leben. Stand der Mond am Himmel bis zur Morgendämmerung, erklingen schon vor Tagesanbruch die Rufe der jungen Männer von den Hügeln. Der beklemmenden Nacht entronnen, die von Geistern bevölkert ist, feuern sie sich mit schallenden Rufen zur Arbeit an.

Aber das Buch ließ sich nicht als kommerzielles Machwerk abtun. Mead war eine scharfäugige Beobachterin des Alltagslebens und mit dem Begriffsinstrumentarium der Ethnologie bestens vertraut. Von der minuziösen Schilderung eines Eingeborenentanzes wandte sie sich anscheinend mühelos der Analyse zu und untersuchte die Bedeutung des Tanzes für die Erziehung und Sozialisierung der Kinder auf Samoa. Eine Beschreibung der Erziehung jüngerer Kinder durch die älteren Schwestern gab Anlaß zu allgemeineren Reflexionen über Verantwortung und Autorität. Wie um zukünftiger wissenschaftlicher Kritik vorzubeugen, ergänzte sie ihre Arbeit um nicht weniger als fünf Anhänge, darunter eine Darstellung ihrer Methode, eine Karte der Wohnverhältnisse in den Dörfern, Verwandtschaftssysteme und sogar einen Exkurs über die „Geistesgestörten" der Population.

Mit der Gestaltung ihres ersten Werks bewies die junge Wissenschaftlerin ein Verhalten, das kreative Menschen und Führungspersönlichkeiten auszeichnet: die Bereitschaft, Risiken einzugehen und Autoritäten herauszufordern. Ohne Scheu ging sie mit den herrschenden ethnologischen Theorien ins Gericht, die kulturelle Differenzen mit Rassenunterschieden begründeten und in der Adoleszenz starke biologische Zwänge wirksam sahen. Nur ein Mensch mit stabilem Selbstbewußtsein, der sich darauf verließ, ‚die Sache schon hinzukriegen', konnte sich zumuten, es sowohl mit dem ethnologischen Establishment als auch mit dem breiteren Publikum aufzunehmen. Dem Verfahren indirekter Führung entsprechend erreichte die junge Mead ihre Adressaten durch die schriftliche Veröffentlichung ihrer Arbeiten und suchte nicht das direkte Gespräch. Wie sie sich im Fall eines Mißerfolgs verhalten hätte – ob sie sich in die Welt der braven, staubtrockenen Monographien zurückgezogen oder mit doppeltem Elan den zweiten Versuch unternommen hätte, läßt sich nur vermuten. Aber das Buch wurde zum Bestseller, und Meads Weg ins Forum einer breiteren Öffentlichkeit schien vorgezeichnet.

Da in späteren Jahren kritische Einwände laut wurden, die sich nicht nur gegen ihre popularisierende Darstellungsweise, sondern auch gegen die Methoden und Schlußfolgerungen ihres ersten Werks richteten, muß hier betont werden, daß die Reaktionen der Fachkollegen auf die Publikation einhellig zustimmend ausfielen. Der schmale Band wurde sogleich als wichtige Arbeit anerkannt, die eine exotische Gesellschaft in neuem Licht erscheinen ließ und daneben auf grundsätzliche und produktive Art umstrittene wissenschaftliche Probleme zur Sprache brachte. So angesehene Gelehrte wie der amerikanische Ethnologe Alfred Kroeber, sein britischer Kollege Bronislaw Malinowski und der britische Arzt und Wissenschaftler Havelock Ellis äußerten sich lobend über das Buch. Zum Zeitpunkt der Veröffentlichung galt seine Breitenwirkung in Fachkreisen eher als Vorzug denn als Ärgernis.

Ohne vermutlich zu übersehen, daß Meads Arbeit als Forschungsbeitrag zu ihrem Fachgebiet konzipiert war, ließ sich die große Lesergemeinde der Nicht-Ethnologen von anderen Qualitäten beeindrucken. In ansprechender Form, die eher an erzählerische Texte gemahnte, erfuhr man vom Pulsschlag des Lebens in einem Teil der Welt, der bis dahin hauptsächlich durch die Malerei von Paul Gauguin und die Prosa von Somerset Maugham bekannt geworden war. Meads exotische Darstellung junger Menschen, die sich unter der tropischen Sonne vergnügten, Yamswurzeln, Taro und Bananen aßen und sich mit Fischfang und Weberei ein entspanntes, auskömmliches Leben sicherten, lasen sich als verführerisches Gegenbild zu dem von Industrialisierung, Kommerz und Alltagshektik geprägten Nordamerika. Das offenbar kaum unter Regelzwang stehende Leben der samoanischen Jugend schien den damals populären fortschrittlichen Erziehungsidealen zu entsprechen. (In welcher Form Meads Buch auf dem Bildschirm erschienen wäre – hätten die Miniserien bereits existiert –, kann man sich leicht ausmalen!)

Auch das persönliche Bild Margaret Meads entsprach nicht der Klischeevorstellung von der akademischen Gelehrten. Sie war weder eine steife Germanistikprofessorin noch ein altjüngferliches Kräutchen-rühr-mich-nicht-an, sondern eine energische, attraktive junge Frau voll Mut und Abenteuerlust. Das sprichwörtliche ‚Mädchen von nebenan‘, von dem man erwartet hätte, daß es im Eckladen hinter der Theke steht, Lehrerin wird oder allenfalls versucht, sich vom Film entdecken zu lassen, hatte es gewagt, allein in einen entlegenen Winkel des Globus zu reisen, unter ‚Wilden‘ zu leben (‚edlen‘ Wilden so gut wie Kannibalen), hatte eine obskure Sprache erlernt und ihre Erlebnisse in lebendiger, leicht verdaulicher Prosa zu Papier gebracht. Nicht zuletzt enthielt Meads provokantes Buch das Versprechen, durch die Vergleichsmöglichkeiten, zu denen die Untersuchung einer zwar zeitgenössischen, doch denkbar andersartigen Kultur Gelegenheit bot, neue Gesichtspunkte zum Verständnis der eigenen Gesellschaft zu erschließen.

In den dreißiger Jahren setzte sie den Weg fort, den sie mit ihrer Arbeit über Samoa eingeschlagen hatte. Sie unternahm mehrere Reisen in die Südsee, wo sie bei den Manus, den Arapesh, den Mundugumor und den Balinesen Feldforschung betrieb. Neben der Kindererziehung und dem Familienleben wandte sie ihre Aufmerksamkeit dem Verhalten von Männern und Frauen in verschiedenen Kulturen zu. Sie reiste inzwischen nicht mehr allein. Reo Fortune, ihr zweiter und nach ihm Gregory Bateson, ihr dritter Ehemann, beide ebenfalls Ethnologen, begleiteten sie. Besonders mit Bateson zusammen erprobte sie neue ethnographische Methoden: die Spiele und Kunstwerke der Balinesen wurden auf Fotos und Filmen für die Nachwelt festgehalten.

Die Felduntersuchungen verschiedenartiger Kulturen, von denen einige zwar geographisch benachbart waren, sich in ihren Lebensgewohnheiten jedoch deutlich unterschieden, schufen die besten Voraussetzungen für Meads Analyse „kultureller Gesetzmäßigkeiten". Da ihre besondere Begabung in der detailreichen Beobachtung und lebendigen Darstellung, weniger aber in der Ausarbeitung von Theorien lag, arbeitete sie mit Bateson (auch mit Fortune) an einer schematischen Analyse der Ähnlichkeiten und Unterschiede der von ihr untersuchten Kulturen. Die Analyse sollte die Relationen zwischen zwei universellen Faktoren, dem Geschlecht und dem individuellen Temperament, berücksichtigen. Jede Kultur hatte diese Gegebenheiten zu verarbeiten, doch der Umgang mit ihnen und seine Gesetzmäßigkeiten mußten kulturspezifische Besonderheiten sichtbar machen.

Aus dem vergleichenden Überblick über die untersuchten Gesellschaften ergab sich eine Zuordnung der Kulturen zu diesen Schlüsselkategorien. Bateson und Mead stießen dabei auf alle Konstellationen, die ihr Schema zuließ. Ihrer Darstellung zufolge schätzten die Mundugumor bei Männern und Frauen ein wildes, besitzergreifendes Temperament, während die Arapesh von beiden Geschlechtern Sanftheit und Fürsorglichkeit erwarteten – beide Kulturen also schrieben ihren Frauen und Männern die gleiche Rolle zu. Unter den Tchambuli waren die Rollenerwartungen denen zahlreicher moderner Kulturen entgegengesetzt. Die forschen, energischen Frauen führten die Geschäfte, während den Männern, die sich gewohnheitsmäßig in Rankünen und kleinliche Rivalitätsquerelen verstrickten, nur nominelle Machtpositionen überlassen waren. In ihrer Darstellung der Stämme Neu Guineas, die sie zusammen mit Bateson studiert hatte, weist Mead die weit verbreitete Vorstellung fixierter Geschlechterrollen zurück und kommt zu einer ihrer prägnantesten und meistzitierten Aussagen: „Wir sind zu dem Schluß gezwungen, daß die menschliche Natur in einem kaum glaublichen Ausmaß bildbar ist und auf divergierende kulturelle Traditionen in divergierender Weise genauestens reagiert. ... Kulturen sind von Menschen aus menschlichem Material gemachte Gebilde."

Die von Bateson und Mead ausgearbeitete Typologie ließ Schlußfolgerungen über die Formen kultureller Konfliktbewältigung innerhalb einer Gesellschaft zu. Wenn ein Individuum den Erwartungen entsprach, die eine Gesellschaft an Geschlecht und Temperament knüpfte, würde es problemloser aufwachsen als die ‚Abweichler', deren Verhalten mit den kulturellen Erwartungen kollidierte. Sowohl Mead als auch Bateson lebten in dem Bewußtsein, in gewisser Hinsicht von den Normen ihrer Kultur abzuweichen, und erkannten jetzt, wo ihre Anpassungsmängel lagen. Hatten sie die untersuchten Stämme zunächst nach einem einfachen viergliedrigen Schema geordnet, änderten sie das Darstellungssystem im Laufe der Arbeit so ab, daß es die westliche Gesellschaft und sogar ihre je eigene, individuelle Kombination von Geschlecht und Temperament umfaßte. Vielleicht war es diese Beobachtung, die Erkenntnis, daß ihr System sich ebenso auf die eigene komplexe Welt wie auf primitive Gesellschaften anwenden ließ, die sie zu der Überzeugung führte, eine – wie sie an Boas kabelten – wegweisende Entdeckung gemacht zu haben. Sie hatten es mit einer Theorie, einer Geschichte, zu tun, an die sie nicht nur glaubten, die sie darüber hinaus in ihrer eigenen Existenz verbürgt fanden. Konnte es einen besseren Beweis für die Gültigkeit der Theorie geben als die Tatsache, daß sie Erklärungen für das ungewöhnliche Leben ihrer Autoren bereit hielt?

Das von Mead und Bateson entwickelte System hat die Ethnologie nicht nachhaltig beeinflußt. Schon Mary Catherine Bateson, die Tochter der beiden und selbst Ethnologin, kritisierte gewisse Unstimmigkeiten. Durch ihre vergleichenden Studien hatte sich Mead jedoch eine wichtige Ausgangsbasis für ihre zukünftige Tätigkeit geschaffen. Die Kenntnis der sieben Gesellschaften, mit denen sie zunehmend vertrauter wurde, diente ihr als geistiger Zettelkasten für die verschiedenen Modelle jugendlicher und erwachsener Lebensformen. Aus diesem Fundus konnte Mead in den kommenden Jahrzehnten schöpfen. Er erlaubte ihr, beim Vergleich verschiedener nichtindustrialisierter Kulturen aufschlußreiche Gemeinsamkeiten und Unterschiede festzuhalten und dabei die westlichen Kulturen, die ihren Lesern vertraut waren, unversehens in ein neues Licht zu rücken.

Ein Beispiel soll das Gesagte verdeutlichen. Auf Bali erforschte Mead einen bestimmten Trance-Tanz und konnte zeigen, daß er sich aus einem Neckverhalten der Mutter zum Kleinkind entwickelte. Anfänglich lösen diese Neckereien beim Kind hysterisches Entzücken oder heftiges Weinen aus, doch bald lernt es, auf den Spott nicht zu reagieren. Die Jugendlichen ziehen sich zunehmend in sich selbst zurück und wachsen zu verschlossenen Menschen heran. Balinesen lassen sich nur widerwillig auf enge persönliche Beziehungen ein und ziehen Rituale und Kunst als Medium eines distanzierteren, leichter kontrollierbaren emotionalen Ausdrucks vor. Im Zustand der Trance jedoch wird die Kindererfahrung wiederbelebt und die einst gesuchte emotionale Entlastung erneut erreicht. Anschließend behandelte Mead in allgemeiner Form das Verhältnis zwischen der Mutter-Kind-Beziehung und sexuellen und rituellen Verhaltensmustern im späteren Leben. Spekulative Analysen dieser Art regten Meads Fachgenossen zu neuen wissenschaftlichen Beobachtungen an und faszinierten daneben ein Laienpublikum, dessen Bedürfnis nach Informationen über fremde Kulturen und nach Einsichten, die auf das eigene Milieu anwendbar waren, keineswegs abnahm.

Meads wissenschaftliche Leistungen in den dreißiger Jahren sind beeindruckend: sie setzte ihre Feldarbeit fort, publizierte lebendige ethnographische Darstellungen, die von neugierigen Laien ebenso geschätzt wurden wie von rigiden Experten, und verfaßte bedeutende Beiträge zur Theorie und Methodik ihres Faches. Die Zusammenarbeit mit ihren Ehemännern, vor allem die synergetische Beziehung zu Bateson, ist ihr dabei unleugbar zugute gekommen. Andererseits hat auch Meads energisches Vorbild und hartnäckiger Ansporn die intellektuelle und berufliche Entwicklung der beiden Männer zweifellos nicht unbeeinflußt gelassen. „Reo hatte ein besseres, Gregory ein viel besseres Ohr als ich," erklärte sie einmal. „Aber wessen Schwein tot war, wußten sie nie. Ich wußte es immer."

Wäre ihr Leben weiterhin in den vorgezeichneten Bahnen verlaufen, hätte sie wohl beides erreichen können – einen Platz unter der akademischen Elite wie auch die Verbindung zu einem stetig wachsenden, aufmerksamen Publikum aus interessierten Laien und hätte damit innerhalb ihres Faches

sowie über dessen Grenzen hinaus als indirekte Führungspersönlichkeit wirken können. Tatsächlich gelang es ihr weit
besser als anderen Wissenschaftlern, die sich dem populären
Genre zugewandt hatten, auch in ihrem Fachbereich Macht-
und Einflußmöglichkeiten zu behalten.

Ende der dreißiger Jahre traten indes Ereignisse ein, die
Meads aktiver Feldforschung endgültig ein Ende setzten.
Nachdem ihr die Ärzte schon 1926 angekündigt hatten, daß
sie keine Kinder bekommen würde, brachte sie 1939 eine
Tochter zur Welt, Mary Catherine Bateson. Im selben Jahr
brach in Europa der Zweite Weltkrieg aus, in den zwei Jahre
später auch die Vereinigten Staaten eintraten. Gemeinsam
mit ihren Kollegen übernahm Mead Aufgaben für die
Kriegswirtschaft und arbeitete im Bereich der Ernährungs-
planung. Sie pendelte wie andere Persönlichkeiten, die ich in
diesem Buch vorstelle, regelmäßig nach Washington und
fand Zugang zu einflußreichen politischen Kreisen. Trotz
ihrer Kritik an der amerikanischen Gesellschaft (aus der
Südseeperspektive) blieb sie lebenslang eine überzeugte
Patriotin.

Bei Kriegsende wurde ihre dritte – und letzte – Ehe
geschieden. Mead war damals Mitte vierzig und galt, vielleicht ihrer frühen Anfänge wegen, in der Ethnologie bereits
als Vertreterin der älteren Generation. Sie beteiligte sich weiterhin aktiv an den wissenschaftlichen Debatten ihrer Disziplin, doch vornehmlich als geschätzte Rednerin auf Tagun-
gen und prominenter Gast in ‚ihren' Kulturen. Mead
sicherte sich diese Stellung sowohl auf indirektem Weg –
durch ihre anregenden Publikationen – als auch durch die
zunehmende Bereitschaft, sich für wissenschaftliche Konferenzen und Organisationen in direkter öffentlicher Funktion
zu engagieren. Bis zum Ende ihres Lebens erfreute sie sich

eines wachsenden Ansehens als Schriftstellerin, Kommentatorin und Rednerin, die zu Fragen der amerikanischen Gesellschaft Stellung nahm. Sie hatte ein direktes Führungsmandat ohne offiziellen Geschäftsbereich im nationalen Rahmen übernommem.

Als Ethnologin ging Mead in ihren mittleren und späten Jahren andere Wege. Experten haben gewöhnlich ein scharfes Auge darauf, wo die Kollegen aktiv an der Entwicklung des Faches mitarbeiten und wo Beiträge entweder ganz ausbleiben oder epigonale Züge annehmen. Nach der Publikation ihrer Monographien über die Völker des Südpazifik zählte Mead nicht länger zu den Ethnologen, von denen prototypische Feldforschung oder Grundlagenarbeit in rein theoretischen Subdisziplinen wie Linguistik, Verwandtschaftssysteme oder Mythenanalyse erwartet wurde. Sie übernahm jedoch verschiedene Rollen, die entscheidend zur Förderung ihres Faches beitrugen.

Erstens plädierte sie nachdrücklich für Studien über Kindheit, Familie, Sexualität und andere Fragen, die in der von Männern dominierten ethnologischen Domäne bisher so gut wie ganz ignoriert worden waren, und lieferte mit ihrer Monographie *Sex and Temperament in Three Primitive Societies* (1950 – dt.: Geschlecht und Temperament in drei primitiven Gesellschaften. 1974) und dem noch populäreren Werk *Male and Female* (1950 – dt. Mann und Weib, 1957) die ersten wichtigen Vorbilder. Nach Kriegsende besuchte sie Neuguinea, Samoa und andere Schauplätze ihrer früheren Felduntersuchungen und lenkte die Aufmerksamkeit auf Veränderungen, die sowohl in der Kindererziehung als auch in anderen persönlichen Bereichen eingetreten waren. Sie setzte sich außerdem für die Verwendung psychoanalytischer Begriffe und Analysemethoden ein, obwohl sie die Allgemeingültigkeit grundlegender Freudscher Konzepte, so des Ödipuskomplexes, nie vorbehaltlos anerkannt hatte. Schließlich plante sie eine systematische Darstellung der Möglichkeiten und Grenzen menschlicher Entwicklung. Die biologischen Grundlagen der Entwicklung, erklärte sie, „setzen Grenzen, die man unvoreingenommen zu berücksichtigen hat", und fügte hinzu, unsere menschliche Vorstellungskraft habe die Möglichkeiten dieser Bauelemente noch lange nicht ausgeschöpft.

Mead war ferner eine unermüdliche und beharrliche Verfechterin interdisziplinärer Studien, bei deren Durchführung sie der Ethnologie die zentrale Rolle zudachte. Viele Wissenschaftler hatten während des Krieges mit Spezialisten verschiedenster Fachrichtungen an praktischen Projekten gearbeitet, und in der Nachkriegszeit suchte man verstärkt den Kontakt zu Vertretern anderer Disziplinen. Mead liebte interdisziplinäres Arbeiten. Ein Konferenzteilnehmer, der sie bei der Arbeit beobachtete, verglich sie mit einem Kind im Sommerlager. Sie fand sich schnell in fremden Fachjargon und stellte Ideenverbindungen her, die Probleme von allgemeinem Interesse zu erhellen versprachen. Es gehörte zu ihren Stärken, Wissenschaftler verschiedener Richtungen ins Gespräch zu bringen und zu produktivem Engagement anzuregen, ein Verdienst, das durch ihre Neigung, die Gesprächsführung an sich zu reißen, nur unwesentlich beeinträchtigt wurde. Als erste bemühte sich Mead um die Entwicklung von Methoden, mit denen sich zeitgenössische Kulturen in Gruppenarbeit untersuchen ließen. Sie betonte, daß solche Gruppen das Gesamtspektrum der in einer Kultur vertretenen Individuen repräsentieren müßten, und setzte sich damit über soziale Schranken hinweg, während sie zugleich den Geltungsbereich wissenschaftlicher Untersuchungen ausweitete und deren Zuverlässigkeit absicherte. Vor allem auf dem Gebiet der Entwicklungsgeschichte hat Mead eine interdisziplinäre Zusammenarbeit auf höchstem Niveau gefördert. Sie war in der Lage, sogar entfernte Gebiete wie Kybernetik und Kommunikationstheorie in ihre Entwürfe einzubeziehen, und gleicht darin anderen Führungspersönlichkeiten auf intellektuellem Gebiet, deren Interessen spontan auf Nachbardisziplinen übergreifen.

Vor allem aber wurde Mead zur idealen Botschafterin der Ethnologie. Mit der Übernahme einer einflußreichen direkten Führungsrolle förderte und symbolisierte sie ethnologische Identität innerhalb und jenseits der Domäne. Als Persönlichkeit des öffentlichen Lebens mit leichtem Zugang zu den Medien konnte sie ihrem Fach nicht nur die Aufmerksamkeit eines breiteren Publikums sichern, sondern auch für die Einsicht werben, daß das Studium fremder Kulturen, die in unserer Zeit einem rapiden Wandel unterliegen und oft vom völligen Verschwinden bedroht sind, von großer Bedeutung ist. (Ähnlich setzt man sich seit jüngster Zeit für den Schutz der Artenvielfalt ein, um dem Verlust seltener Pflanzen- und Tierarten vorzubeugen.) Mead machte Begriffe populär, die aus den Arbeiten von Franz Boas und Ruth Benedict stammen; das Wort Kultur und der Begriff der Kulturen gingen dank ihrer Bemühungen in den amerikanischen Sprachschatz ein. Zwischen den Zeilen machte sie deutlich, daß die intime Kenntnis unterschiedlicher Kulturen den Ethnologen ein privilegiertes Verständnis der menschlichen Natur erlaubt, das ihren Aussagen Autorität verleiht. Ähnlich dem angesehenen Journal *National Geographic* trug sie außerdem dazu bei, die amerikanische Öffentlichkeit für die Integrität und Legitimität auch radikal fremder Lebensstile zu sensibilisieren.

Zusammenfassend läßt sich sagen, daß Mead, von einer ersten Geschichte und wissenschaftlichen Überzeugung ausgehend, einen allmählichen Wandel durchmachte und neue Positionen bezog. Zu Beginn ihrer Laufbahn hatte sie versucht, andere Ethnologen zu der Überzeugung ihres Lehrers Franz Boas von der prägenden Rolle der Umwelt zu bekehren; zusammen mit anderen Vertretern der ‚kulturellen Schule‘ bekämpfte sie erfolgreich die Gegengeschichte einer biologischen Begründung menschlicher Verhaltensphänomene und die implizite oder explizite Annahme einer einzig möglichen Darstellungsweise der Entwicklung des Menschen und seiner Natur. In ihrer Arbeit mit Fortune, besonders aber mit Bateson entwarf Mead in der Tradition von Ruth Benedict sodann verschiedene typologische Darstellungen der Relationen zwischen Geschlecht, Temperament und kulturspezifischem Verhalten. Auch in dieser Frage gingen die Gegengeschichten von der Annahme einer einzig möglichen Entwicklung aus oder hielten das Auftreten gesetzmäßiger Strukturen für prinzipiell unwahrscheinlich.

Beide Forschungsbeiträge fanden den Beifall der Fachwelt, wurden jedoch später wie jede einflußreiche Position zunehmend kritisch beurteilt. Während dieser Zeit, das heißt von etwa 1926 bis zum Ende der dreißiger Jahre, war Mead ein etabliertes, wenn auch zur Popularisierung neigendes Mitglied ihres Berufsstandes, und ihre relativ komplexen Geschichten richteten sich an Leser, die den Sachverstand des geschulten Experten besaßen.

In den folgenden Jahren entfernte sie sich von der Feldforschung betreibenden Mainstream-Ethnologie. Waren es zunächst die Südsee-Kulturen, denen sie die Vereinigten Staaten vergleichend gegenüberstellte, verlagerte sich der Schwerpunkt allmählich in umgekehrte Richtung. Dem Motto des Kapitels entsprechend versuchte Mead zum Selbstverständnis moderner Gesellschaften beizutragen und benutzte ihre Felderfahrungen als Hintergrund und Vergleichsmaterial. Sie hatte seit je ein gutes Auge für das Auftreten gesetzmäßiger Strukturen in exotischen Kulturkreisen; jetzt machte sie taktisch geschickten Gebrauch vom ständig wachsenden Vorrat ihres geistigen Zettelkastens und nutzte das bewährte Instrument intuitiver Erkenntnis zur Analyse der eigenen Gesellschaft – ein Vorgehen, das vielen überzeugend erschien.

Meads Ansehen unter den Fachkollegen blieb ungebrochen. Man schätzte ihr fabelhaftes Gespür für wichtige Probleme und vielversprechende Methoden und dankte ihr, daß sie der Disziplin, die man gemeinsam vertrat, ein hohes Maß an öffentlicher Anerkennung verschaffte. Mead lieferte den Ethnologen zwei Identitätsgeschichten: Erstens war die Ethnologie ihrer unvergleichlichen Datenvorräte wegen ein Fach von einzigartiger Bedeutung; zweitens verfügten die Ethnologen über besonders geeignete Voraussetzungen zum Verständnis der eigenen Kultur.

Dagegen fanden die Vereinfachungen, die notwendig waren, um ein ungeschultes Publikum zu erreichen, sowie Meads Bereitschaft, beinahe jedes Problem von vermeintlich wissenschaftlicher Warte zu betrachten, in Fachkreisen weniger Beifall. Auch die starke Betonung der interdisziplinären Zusammenarbeit stieß auf Skepsis – vielen Ethnologen erschien sie als Gefahr für die Reinheit und Einheitlichkeit ihres Faches. Mead lebte in dem Glauben, sich mit dem Studium der menschlichen Entwicklung und Sexualität in der Südsee den Schlüssel nicht nur zu Fragen der menschlichen Natur(en), sondern zu fast allen Themen von universeller Bedeutung verschafft zu haben. Die hier vorgelegten Fallstudien legen den Schluß nahe, daß direkte Führung in einer Domäne möglich wird, wenn man sich durch indirekte Führung, durch hervorragende Leistungen in der gewählten Domäne, die Sporen verdient hat, daß aber die fachliche Glaubwürdigkeit leidet, wenn man die eigene Zuständigkeit über ein zulässiges Maß hinaus überschreitet oder durch sein Wirken das Selbstverständnis der Disziplin bedroht.

Wie zahlreiche andere Experten, die ihren Einfluß später auf größere Gruppen ausdehnten, war Mead in mehreren akademischen Disziplinen zu Hause, bevor sie sich schließlich für die Ethnologie entschied, und es fiel ihr leicht – allzu leicht würden manche sagen –, erneut in die Rolle der Generalistin zu schlüpfen und Allerweltsweisheiten zu verkünden. Während des Krieges begann sie eine Reihe zunehmend anspruchsloser Bücher zu veröffentlichen, die einer Populärsoziologie näher standen als der professionellen Ethnologie.

In einer Zeit, da die Vereinigten Staaten versuchten, die einer Großmacht angemessene Rolle zu finden, und in ein Netz weltweiter Bindungen und Verpflichtungen eingespannt waren, fiel Mead eine Funktion von vitaler Bedeutung zu. Mit strategischem Geschick stellte sie zahlreiche als selbstverständlich geltende ‚Wahrheiten‘ in Frage und versuchte den Lesern eine differenziertere Sichtweise nahezubringen. Sie schrieb:

Meine Erfahrung als Ethnologin hat mich gelehrt, daß unsere wachsende Erkenntnis der Gesetze des physikalischen Universums, in dem wir leben, dem Menschen – vor allem in jüngster Vergangenheit – bisher ungeahnte Möglichkeiten eröffnet hat, Erkenntnisse über unser Menschsein, ein neues Verständnis des menschlichen Wesens.

Gestützt auf das Material ihres Spezialgebiets, konnte Mead nicht nur belegen, daß jedem Geschlecht zahlreiche unterschiedliche Rollen zur Verfügung standen und weibliche Führung so gut möglich war wie männliche Fürsorge, sie zeigte überdies, daß ein in unserer Kultur tabuisiertes Verhalten wie frühe Sexualerfahrung und oder Bisexualität in anderen Gesellschaften akzeptiert wird. Sie zog stereotype Vorstellungen über Jugend und Alter in Zweifel, wenn sie darauf hinwies, daß Kinder Verantwortung übernehmen und ältere Menschen lern- und wandlungsfähig bleiben können. In der Erziehung betonte sie die außerordentliche geistige Formbarkeit des Kindes und die Vorteile eines modernen Bildungswesens, das diese Anpassungsfähigkeit nutzt. Sie lenkte die Aufmerksamkeit auf das Überleben uralter Gebräuche wie der Zauberei und wies gleichzeitig darauf hin, daß scheinbar einfache Kulturen soziale Beziehungen und Konventionen kannten, die nicht weniger komplex waren als die, deren psychische Chiffren täglich auf der Couch des Psychoanalytikers enträtselt werden.

In dem Bemühen, nuanciertere Vorstellungen als die bei Laien üblichen unter die Leute zu bringen, warnte Mead vor einem „furchtsamen Rückzug auf exklusive Normen, der die Verschwendung von neun Zehnteln des Potentials der menschlichen Rasse bedeuten würde." Sie stellte ihrem westlichen Publikum die universell gültige Frage nach der menschlichen Identität: „Wer sind wir?" und bekämpfte den verbreiteten Glauben, „wir" seien etwas Außergewöhnliches und anderen kulturellen Gruppen überlegen. Sie zeigte, daß andere Kulturen mit Erfolg Probleme bewältigen, die uns im Westen zu schaffen machen, und betonte, daß wir alle der einen Gattung Mensch angehören. Ihre Geschichte vom Menschen war ein unzweideutiges Bekenntnis zur sozialen Öffnung; sie grenzte nicht aus, sie integrierte: „Die einzelnen Gruppen unterscheiden sich nicht durch angeborene Eigenschaften, sondern durch die Art, ihre Erfahrungen zu ordnen und ihnen Dauer zu verleihen, sowie durch Art und Zahl ihrer Berührungen mit anderen lebenden Traditionen." Sie versuchte den Menschen das Schuldbewußtsein zu nehmen, das ihnen der Bruch gesellschaftlicher Tabus, sei es Ehescheidung oder Bisexualität, aufnötigt, und regte sie an, mit neuen Familienformen zu experimentieren, mit der Ehe zu dritt oder der Kindererziehung in Gruppen. In einer Zeit, als populäre photographische Sammlungen wie Edward Steichens *The Family of Men* (1955) den Amerikanern ein anderes, ökumenisches Bild der Welt vor Augen führten, lieferte Mead neue Texte über die Völker der Welt, darunter ihr eigenes.

Ihre Geschichten gingen über den Horizont des ungeschulten Denkens weit hinaus. Sie verfocht eine entschieden relativistische Einstellung und zuweilen eine personale Integration, die selbst relativistische Positionen hinter sich ließ. Ihre Perspektive mußte sich, um Glaubwürdigkeit zu gewinnen, gegen die einfacher zugängliche Geschichte von der einzig richtigen Form menschlichen Lebens durchsetzen, deren Verständnis vornehmlich den Amerikanern (oder bestimmten anderen Gruppen) vorbehalten sei. Meads Mission erhielt Rückenwind durch die Empörung der amerikanischen Öffentlichkeit über die nationalsozialistische Version der Theorie vom kulturellen und rassischen Wertgefälle;

ebenso entscheidend war jedoch ihre einleuchtende Beweisführung und die Überzeugungskraft ihrer schriftlichen und mündlichen Darstellung.

Mead wirkte nicht nur durch die Vermittlung bestimmter Geschichten und Bilder; sie verkörperte ihre Botschaften in eigener Person. Die lebhafte, energiegeladene und (im allgemeinen) überlegt auftretende Amerikanerin reiste als Wissenschaftlerin rund um die Welt und teilte ihre Eindrücke direkt und unsentimental mit anderen Menschen. Ihre Kindheit, die Feldforschungen, Freunde und Reisen, ihre Tochter und ihre Enkelin – berufliche und private Erfahrungen boten sich an und wurden genutzt, um ihr die Kommunikation mit Menschen jeder Art und Herkunft zu ermöglichen. Viele ihrer Empfehlungen, wie Ratschläge zur Kindererziehung, zur Konfliktbewältigung und anderes mehr, gingen aus eigenen Lebenserfahrungen hervor, und weil ihr Leben in mancher Hinsicht zeittypisch war, stießen solche Vorschläge besonders bei den Lesern und Fernsehzuschauern der Mittelklasse auf offene Ohren.

Das Bedürfnis, zu kommunizieren und mitzureißen, wurde zum Motor ihres Lebens. Sie führte indirekt durch ihre Publikationen und direkt durch ihre Begegnungen mit kleineren und größeren Gruppen. Sie hielt Hunderte von Vorträgen und schrieb Hunderte von Artikeln, in denen sie ihr Evangelium von der einen Menschennatur in ihrer Vielfalt predigte. Mühelos scharte sie Freunde und Bekannte um sich und schenkte Einzelgängern ihre besondere Sympathie; anders als zahlreiche schöpferisch begabte Menschen, die Verbindungen abbrechen, wenn diese ihren Dienst getan haben, versuchte Mead alle Kontakte aufrechtzuerhalten. Sie gewinne alle paar Monate einen Freund oder eine Freundin hinzu, erklärte sie einmal, und verliere selten jemanden aus den Augen. Als ausgesprochene Führernatur besaß sie die Gabe, einen Kreis von Personen mit divergierenden Einstellungen und Ansichten so anzusprechen, daß fast jeder einzelne den Eindruck gewann, seine Perspektive sei bestätigt worden. Ihre Art, neue Ideen darzustellen, hatte etwas Beruhigendes, das Ungewohntem seinen Schrecken nahm, es verwandt erscheinen ließ und Abwehrreaktionen auffing.

Dennoch wirkte sie auf viele als erdrückende Persönlichkeit, die unweigerlich jede Diskussion dominierte und die Gesprächspartner in ihre Schranken wies. Oft glich sie eher einer leitenden Vorsitzenden, die darauf bedacht ist, die Zügel in der Hand zu behalten, als der souveränen Führungspersönlichkeit, die anderen Kraft und Sicherheit einflößt. Sie besaß jedoch ein ausgeprägtes Pflichtbewußtsein; in gespannten oder schwierigen Situationen konnte man damit rechnen, daß sie versuchen würde, helfend einzugreifen. Verantwortung zu übernehmen, war ihr zur zweiten Natur geworden. Meads Kollege Ted Schwartz forderte „ein Manhattan-Projekt zur Untersuchung der Quellen ihrer Energie, ihrer Kreativität sowie ihrer Lust und Fähigkeit, die Vielfalt unendlich vieler Menschenleben mit ihrem eigenen Leben und Intellekt zu umfassen." Weil sie sich aber der Sache, die sie vertrat, unterzuordnen schien und weil sie, wenn auch nicht jederzeit freundlich, doch das Bemühen um kooperatives Verhalten erkennen ließ, war die Mehrzahl ihrer Kollegen bereit, ihr den Vorrang zuzugestehen.

Mead machte den Eindruck eines geradlinigen Menschen, lebte in Wahrheit jedoch mit inneren Widersprüchen, die eine schwächere oder weniger engagierte Persönlichkeit wohl hätte verkrüppeln können. J. Robert Oppenheimer

war, wie ich zeigen werde, solchen Spannungen weniger gewachsen. Im Bewußtsein der verschiedenen Ansprüche und
Zwänge, denen sie sich ausgesetzt fühlte, verfaßte die Vier-
undfünfzigjährige einen Brief an ihre nächsten Angehörigen,
der nach ihrem Tod geöffnet werden sollte. In diesem Testament bekannte sie:

Ich empfinde immer stärker, wie sehr mein Leben in Einzelteile zer-
fällt, von denen ich jedes mit einem anderen Menschen teile; und
doch fühle ich innerhalb der einzelnen Segmente, daß ich in der
dazugehörigen Beziehung voll und ungeteilt aufgehe. ... An meiner
Arbeit sind verschiedene Menschen mit besonderen Interessen
beteiligt. ... Seit der Auflösung meiner Ehe verbringe ich nur noch
einen kleineren Teil meines Lebens mit demselben Menschen, und
eine Vielzahl besonderer Beziehungen, Arbeitsgemeinschaften,
kleiner Vergnügen und einzelner intensiverer Neigungen haben den
Platz der Ehe eingenommen. ... Von den Menschen, die früher einmal imstande waren, die Fäden in der Hand zu halten, bin ich
durch große Entfernungen getrennt.

Der Brief endet mit einem seltsam anmutenden Bekenntnis:
„Es war nicht meine Absicht, irgendeinen von Euch über
Teile meines Lebens in Unkenntnis zu lassen, die, wie ich
weiß, als sehr bedeutsam erscheinen können."

Von Freud stammt der Hinweis, Dementis zu mißtrauen,
und hier ist seine Warnung angebracht. Mead sah sich sehr
wohl veranlaßt, gewisse Seiten ihres Lebens geheimzuhalten.
Die wohl aufsehenerregendste war die intime Beziehung zu
ihrer Mentorin und Freundin Ruth Benedict, nur eine von
Meads zahlreichen Affären mit Männern und Frauen, die in
den ersten Jahren ihrer Bekanntschaft begonnen hatte und
bis in die Zeit der Ehe mit Bateson andauerte. Ein sorgsam
gehütetes Geheimnis war auch ihre Religiosität. In ihren

Vorträgen und Schriften äußerte sie sich nur selten über Religion und ihre eigenen religiösen Überzeugungen, und doch war dieses einzelgängerische Kind nichtreligiöser Eltern ein gläubiges Mitglied der Episkopalkirche, besuchte regelmäßig den Gottesdienst und schätzte priesterliche Rituale. Auch daß sie, die allgemein als rationaler Mensch bekannt war, sich weigerte, an ihre von den Ärzten diagnostizierte Krebserkrankung zu glauben und bei einer Heilerin Hilfe suchte, blieb der Öffentlichkeit verborgen.

Ein Bekanntwerden dieser Umstände hätte Meads Glaubwürdigkeit als Stimme der Öffentlichkeit erschüttern können und sie entweder in den säkularen Kreisen der Wissenschaft oder in wertkonservativen Teilen der amerikanischen Gesellschaft der Kritik ausgesetzt. Meads Tochter, Mary Catherine Bateson, schrieb über den Brief:

Der Brief von 1955 schien mir ein Ausdruck der Besorgnis, daß Einzelheiten aus ihrem Leben zufällig und im Zeichen von Skandal und Anrüchigkeit bekannt werden könnten, unter Umständen, in denen sie nicht in der Lage sein würde, den Menschen, die sie liebte, die Dinge aus ihrer Sicht zu erklären.

Mead, die ihre Arbeit der Verschiedenartigkeit menschlicher Existenzformen widmete, hat dieser Vielfalt auch in den Kapiteln des eigenen Lebens Ausdruck gegeben. Man gewinnt den Eindruck, die geistige Neugier und Experimentierlust ihrer Anfänge habe mit dem wachsenden Bedürfnis, konventionelle Überzeugungen fast jedweder Art in Zweifel zu ziehen, zwanghafte Züge angenommen. Das Festhalten an Teilen überlieferter Sitte scheint darauf hinzudeuten, daß ihr die bewußt avantgardistische Existenz nicht nur Genuß bedeutete. Die Verkörperung ihrer Theorien, zu der sie sich verpflichtet glaubte, forderte ihren Preis.

Mead war zweifellos eine Führerpersönlichkeit in dem hier zugrundegelegten Sinn des Wortes – ein Mensch, der das Denken, Verhalten und Fühlen einer signifikanten Anzahl von Individuen beeinflußt. Mit J. Robert Oppenheimer steht sie dabei für den besonderen Typus, der eine herausragende Stellung in der eigenen Disziplin zur Führungsrolle im Rahmen größerer Gemeinschaften ausdehnt. Mit fünfunddreißig Jahren war Mead dank ihrer Pionierarbeit als Feldforscherin und als Autorin zahlreicher, glänzend geschriebener Bücher zu einer führenden Ethnologin geworden, ein Rang, der bis zu ihrem Tod im Jahr 1978 unbestritten blieb. Sie verkörperte Führung in direkter und indirekter Form und wirkte in ihrem aktiven und engagierten Dasein als lebendiges Beispiel dessen, worüber sie sprach und schrieb.

Ihre Arbeiten über die Auswirkungen kultureller Faktoren auf die menschliche Entwicklung, über die kulturelle Prägung von Sexualität und Temperament sowie über die Notwendigkeit der Zusammenarbeit verschiedener Disziplinen haben die klassische Richtung der Ethnologie maßgebend beeinflußt. Ihr Ruf als Wissenschaftlerin, von dem ihre Teilnahme an zahllosen Podiumsgesprächen und Komitees Zeugnis ablegt, fand seine krönende Bestätigung, als die Sechzigjährige mit der Wahl zur Präsidentin der *American Anthropological Association* die höchste Auszeichnung errang, die ihr Fach zu vergeben hat. Ihre Fähigkeit, auf andere Fächer und andere Publikumskreise einzuwirken, sicherte ihr auch den Respekt jener Kollegen, die wissenschaftlichen Wert nicht nur an der Zahl veröffentlichter Artikel maßen. Unter dem Einfluß der Identitätsgeschichte, die Mead für die Ethnologie ihrer Zeit entworfen hatte, folgten andere ihrem Beispiel und versuchten, die Distanz zwischen Wissenschaft und Lebenswelt zu überwinden, wenn auch nur selten mit gleichem Erfolg.

Meads Einfluß erstreckte sich über ihr Fachgebiet hinaus auf breitere Wissenschafts- und Bevölkerungskreise. In den Sozialwissenschaften gehört sie zu dem runden Dutzend Gelehrter, die mit einigem Erfolg versuchten, die Wissenschaft vom Menschen auf eine umfassende und dezidiert interdisziplinäre Basis zu stellen. Praktisch konkurrenzlos war sie als Propagandistin im weiteren Bereich der Öffentlichkeitsarbeit, die beim amerikanischen Publikum um neue Optionen für Frauen, Familien und Kinder warb. Millionen lasen ihre monatliche Kolumne in *Redbook*, die von 1962 bis 1979 erschien. Ihre Bücher, von den frühen Berichten über das Leben auf den Südseeinseln bis zu ihrer reizvollen Autobiographie, *Blackberry Winter: My Earlier Years* (1972 – dt.: Brombeerblüten im Winter. Ein befreites Leben, 1978), stießen auf lebhafte Resonanz. Auf ihren Vortragsreisen fand sie landes- und weltweit eine große, aufnahmebereite Zuhörerschaft, und als in Amerika das Fernsehen zur beherrschenden Kommunikationsbühne wurde, gehörte sie zum festen Inventar der anspruchsvoll unterhaltenden – mitunter auch nur unterhaltenden – Talkshow-Programme. Kein anderer Name – „Margaret Mead sagt …" – war auf Cocktailparties häufiger zu hören. Sie war „der Inbegriff weiblicher Intellektualität in Amerika". Viele der heute selbstverständlichen Ansichten über Sexualität und Lebensformen hatte die nichtakademische Öffentlichkeit erstmals durch Mead kennengelernt. Heute werden sie von Menschen vertreten – oder attackiert –, die ihren Namen nie gehört haben.

Wie sah die Kerngeschichte aus, die Margaret Mead der Öffentlichkeit vortrug? Was sie mitzuteilen hatte, war, wie mir scheint, ursprünglich aus ihren Untersuchungen über fremde Völker erwachsen, richtete sich jedoch primär an ihre eigene Gesellschaft: Die menschliche Natur kann, so begrenzt sie sein mag, eine Fülle verschiedenartiger Kulturen hervorbringen, von denen keine das Monopol auf Weisheit besitzt und keine in jeder Hinsicht allen anderen überlegen ist. Wir sollten von fremden Kulturen lernen, so gut diese von der unseren lernen können. Das Ergebnis wäre Meads optimistischer Einschätzung zufolge eine Welt, in der Konflikte durch gegenseitiges Verständnis abgebaut werden könnten.

Dieser anscheinend so harmlose, unzweifelhaft für soziale Öffnung plädierende Gedanke war in damaliger Zeit ein Novum. Er widersprach einerseits der Vorstellung von universell gültigen ethischen Werten und andererseits einem sinnlosen Relativismus, dem jedes mögliche Verhalten so gut wie das andere ist. In einer Zeit, auf die die Schatten des Nationalsozialismus fielen, fand ein uneingeschränkter Kulturrelativismus keine Anhänger. Mead verlangte außerdem die Anerkennung gewisser Konstanten und Fixierungen der menschlichen Natur wie Geschlecht und Temperament, Verwandtschaft und Erziehung, die der nicht zu leugnenden Mannigfaltigkeit zugrunde liegen. Diese Idee einer Verbindung von kultureller Konstanz mit kultureller Vielfalt war komplex und erforderte eine Synthese scheinbar unvereinbarer Behauptungen. Sie ließ sich, wie angedeutet wurde, auf verschiedenen Ebenen verstehen und ging weit über die Grenzen des ungeschulten Denkens hinaus.

Mead unterscheidet sich von den im folgenden behandelten Persönlichkeiten vor allem darin, daß sie direkte und indirekte Führungsfunktionen sowohl fachbezogen wie fachübergreifend wahrnahm. Dabei kam ihr ohne Zweifel die Tatsache zu Hilfe, daß die von ihr vermittelten Vorstellungen vom Menschen und seiner Kultur mit allgemeineren Strömungen der amerikanischen Kultur zusammenfielen. Ein weiteres Plus war die Verständlichkeit ihrer fachbezogenen Identitätsgeschichten auch für Nicht-Ethnologen. Dieser reibungslose Transfer wäre in einer der Arkanwissenschaften wie der Quantenphysik, in der Oppenheimer wirkte, unmöglich gewesen. Dennoch verdienen Meads ungewöhnliche Begabung für den Umgang mit Sprache, für den persönlichen sprachlichen Austausch und das Erkennen kultureller Gesetzmäßigkeiten gebührende Erwähnung.

Mead hat durch eine Anzahl von Ideen befruchtend gewirkt. Zur Führung gehören indes auch ein Programm sowie die Schaffung von Strukturen oder Organisationen, die diesem Programm zur Durchsetzung verhelfen, Aufgaben, die Mead nicht übernehmen konnte oder wollte. Ihre zahlreichen intensiven Beziehungen waren nicht darauf angelegt, ihren Wirkungsbereich auszudehnen. Mead war sprunghaft, und ihre Interessen wechselten. Geduld gehörte nicht zu ihren Stärken; inspirierende Anstöße lagen ihr mehr als die beharrliche Durchführung. Ihre Besessenheit, jede Minute optimal zu nutzen, ließ selten zu, daß andere zum Zug kamen, sich engagierten oder Befugnisse übernahmen. Sie mißtraute langfristigen Verpflichtungen und blieb bei allem Geschick, als Initiatorin zu wirken, selten über längere Zeit in einer Gruppe oder Organisation aktiv. (Ihr längster Einsatz für eine Institution war vermutlich ihre Arbeit für die *American Anthropological Association*.) Sie äußerte Erleichterung darüber, daß ihr als Frau die Übernahme administrativer Aufgaben in der Regel erspart blieb. Führung als informelles, kurzlebiges Engagement zog sie den Dauerverpflichtungen innerhalb fester institutioneller Strukturen vor, Ausdruck vielleicht ihrer innersten Überzeugung, daß die Amerikaner sich keine Führer wünschen. Der Gedanke, sie selbst könne eine ‚Gefolgschaft' haben, hätte sie wohl erschreckt.

Mead fehlte nicht nur Organisationstalent, sondern auch ein realisierbares Programm. Wohl warb sie für ihre sehr allgemeinen (und verdienstlichen) Ideen über Vernunft, Zusammenarbeit, kulturellen Relativismus und Anerkennung der menschlichen Vielfalt, rief indes nicht zum Kreuzzug auf. Wenn andere Wissenschaftler ihre Energien einer einzigen Sache – der Gesundheit, der Umwelt, den Bürgerrechten oder der Abrüstung – widmeten, machte sich Mead das Thema für einen Monat oder ein Jahr zu eigen und wandte sich dann einem neuen, ebenso verführerischen Anliegen zu. Was sie mitzuteilen hatte, glich eher den Eindrücken einer betroffenen und engagierten Weltenbummlerin auf Vortragsreise als dem Referat einer problemorientierten Spezialistin. Alter und Krankheit trugen das ihre zu einer weiteren thematischen Zerfahrenheit bei. Ihre Aussagen wurden knapper, ihre Konzentration nahm ab, der Drang, möglichst alles zu tun, bevor es zu spät war, verstärkte sich. Es fällt leichter, ihre Wirksamkeit im Bereich der Bewußtseinsbildung nachzuweisen als ihren Einfluß auf besondere Themen.

Man war überrascht, Meads Namen am 31. Januar 1983, fünf Jahre nach ihrem Tod, auf der Titelseite der *New York Times* zu begegnen. Noch überraschender war indessen der Inhalt des Berichts. Ein australischer Ethnologe namens Derek Freeman, der Samoa in den frühen vierziger Jahren erstmals besucht hatte und Mitte der sechziger Jahre zu einem ausgedehnten Forschungsaufenthalt auf die Inselgruppe zurückgekehrt war, hatte ein Buch über Margaret

Mead und Samoa* geschrieben, in dem er Meads frühe Feldforschungen scharf attackierte.

Freeman zufolge hatte Mead Samoa gründlich mißverstanden. In seiner Darstellung erscheint ihre Tropenidylle als
Schauplatz einer von Konflikten und Ängsten zerrissenen
Gesellschaft. Systematisch geht Freeman ihren Behauptungen nach und kommt auf der ganzen Linie, ob es um Rang-
fragen, Zusammenarbeit, Aggression, Religion, Kindererziehung, Sexualmoral, Jugend oder das samoanische Ethos
geht, zu Ergebnissen, die denen seiner Vorgängerin diame-
tral widersprechen. Schlimmer noch: Freeman stellte nicht
nur Meads Resultate in Frage, er kritisierte auch ihre Methoden (sie hatte seiner Ansicht nach keine Ahnung davon,
wie man Feldforschung betreibt) und zog ihre Motive in
Zweifel. Laut Freeman hatte ein relativ unvoreingenomme-
ner Boas der jungen Wissenschaftlerin die Aufgabe gestellt,
ihre Feldforschung mit Blick auf die Thesen der Vererbungs-
theorie und deren Widerlegung durchzuführen. In einem
von Sarkasmus triefenden Kapitel voller versteckter Andeu-
tungen behauptet Freeman: „Mead liefert Boas die absolute
Antwort" – ein Lehrstück vom Aufstieg und Fall ethnolo-
gischer Legenden.

Freemans Attacke rief Meads Verteidiger auf den Plan.
Kenner des Faches wiesen nach, daß Freemans Datenmate-
rial und Quellen eine nicht weniger einseitige Orientierung
erkennen lassen, als sie, anders gepolt, in Meads frühen
Arbeiten vorliegen mochte. Auch das ehrfurchtgebietende
Renommee einer Autoritätsfigur wie Freeman könne, nicht
anders als eine arglose junge Frau, die Informanten zur Irre-

---

* *Margaret Mead and Samoa* – dt.: Liebe ohne Aggression. Margaret
Meads Legende von der Friedfertigkeit der Naturvölker. München 1983

führung veranlassen. Freemans hartnäckig pessimistisches Bild der Gesellschaft Samoas sei ebenso parteiisch wie Meads vorbehaltlose Glorifizierung. Dennoch war ihre langjährige Autorität in den Augen der Öffentlichkeit erschüttert. Den revisionistischen Korrekturen am Bild der Ethnologen-Legende Mead schließen sich zwei in den frühen achtziger Jahren erschienene Untersuchungen an. Mary Catherine Bateson und die Mead-Biographin Jane Howard schildern einen Menschen, der komplexer und zerrissener war, als das Bild der Globetrotterin, Proselytenmacherin und „Großmutter für alle" vermuten läßt. Mead erscheint als Mensch, der zweifellos große Anerkennung verdient, aber belastend sein konnte, der es den engsten Freunden gegenüber an Offenheit fehlen ließ und Wahrheiten über sich selbst auswich.

Auch Meads Botschaft an die Welt fand nach ihrem Tod weniger offene Ohren. Die fortschreitende Schwächung der Kernfamilie, der klägliche Zustand vieler anderer amerikanischer Institutionen, die Zunahme der Gewalt auf den Straßen und die weltweite Renaissance des Nationalismus waren Probleme, die Mead zwar selbst angesprochen hatte, die das von ihr verkündete optimistische Zukunftsbild einer aktiven, fortschrittlichen ‚gemeinsamen Welt für alle' dennoch in Zweifel zogen. Nicht deren Wünschbarkeit wurde in Frage gestellt (obwohl konservative Kreise mit Kritik nicht sparten), doch ihre Realisierung hielt man bestenfalls für unwahrscheinlich und glaubte im Grunde nicht daran, daß sie zu erreichen und aufrechtzuerhalten war. Als Frau, die sich eine wissenschaftliche Domäne erobert hatte, blieb Mead ein bewundertes Vorbild; in ihren Schriften jedoch entdeckte man mehr Individualismus, mehr Affinität zum ‚Weiblichkeitswahn', ja mehr biologistische Elemente, als vielen modernen Feministinnen lieb war.

In jüngster Zeit sind somit die Grenzen von Margaret Meads wissenschaftlicher und persönlicher Leistung sichtbar geworden. Meines Erachtens ist der nachwirkende Einfluß ihrer Tätigkeit trotz allem unbestreitbar. Mehr als jede und jeder andere ihrer Zeitgenossen hat sie dazu beigetragen, den Glauben an eine einheitliche, universell gültige Form der Kindheit und Jugend bei Fachkollegen und Laien ins Wanken zu bringen. Sie führte ihren Zuhörern und Lesern die kulturelle Diversität vor Augen und hob gleichzeitig hervor, daß keine Gruppe den Anspruch erheben kann, sämtliche Antworten zu kennen, und daß die Vielfalt der Kulturen auf Grundvoraussetzungen der menschlichen Natur beruht. Beispielgebend für ihre Zeit hat Mead gezeigt, daß ein einzelner Exponent der Verhaltensforschung, eine Frau zudem, sich direkt an breite Bevölkerungskreise wenden konnte, Resonanz fand und Fragen – wenn auch nicht Antworten – formulierte, die Bestand hatten. Daß ihr wissenschaftliches Credo durch ihr persönliches Leben verbürgt schien, ist ein bleibender Tribut an Meads intellektuelle und kommunikative Fähigkeiten und sicherte ihren Ideen und ihrem Vorbild bleibende Wirkung.

5

J. Robert Oppenheimer:
Physikunterricht und politische Lektionen

UPI/Bettmann Nachrichtenfotos

> In jedem Dichter steckt ein Stück von einem Füh-
> rer*; er will Macht über die Gedanken, denn er
> glaubt es besser zu wissen.
>
> *Joseph Brodsky*

Am 10. Oktober 1949 erschien auf dem Titelblatt der Zeitschrift *Life* die Photographie eines Mannes, der den Amerikanern seit einigen Jahren kein Unbekannter mehr war. Das Bild zeigte den Physiker J. Robert Oppenheimer in nachdenklicher Pose zwischen Papieren und Büchern sitzend, den durchdringenden und doch seltsam beruhigenden Blick direkt auf den Leser geheftet, die Zigarette anmutig in der Linken. „Oppie" oder „Opje", wie er von vielen scherzhaft genannt wurde, war für die Welt zum Symbol eines neuen Phänomens geworden – des Theoretikers und Naturwissenschaftlers, der mitten im politischen Leben stand.

Oppenheimer war das Genie hinter dem Manhattan-Projekt – dem bis dahin mit Abstand umfangreichsten, bestkoordinierten wissenschaftlichen Unternehmen der Geschichte –, in dessen Rahmen Oppenheimer mit seinen Kollegen an der Entwicklung der Atombombe arbeitete. Seit Kriegsende untersuchte er zusammen mit anderen führenden Wissenschaftlern und Politikern als Mitglied mehrerer eng verzahnter staatlicher Kommissionen die Bedeutung der Nuklearenergie für Krieg und Frieden. Der gutaussehende, noch jugendliche Wissenschaftler und Familienvater hatte vor kurzem die Leitung des renommierten *Institute for Advanced Study* in Princeton, New Jersey übernommen. Dort präsidierte der Mann, der, wie *Life* formulierte, den

---

* im Original deutsch

„Geist eines Leonardo da Vinci" besaß, mit intellektueller Brillanz und persönlichem Charme ein Kollektiv namhafter Gelehrter, unter ihnen sein Fachkollege Albert Einstein.

Fünf Jahre später sah sich derselbe Mann, der ein knappes Jahrzehnt lang der einflußreichste Wissenschaftler der Welt gewesen war, öffentlich des Verrats beschuldigt. Ausgerechnet er, dessen Team so entscheidend zum Sieg der Alliierten beigetragen hatte, wurde als Sicherheitsrisiko bezeichnet, als mutmaßlicher Informant, der für den Schutz der Geheimnisse seines Landes keine Gewähr mehr bot. Und tatsächlich wurde nach einem sonderbaren halbjuristischen Untersuchungsverfahren die Unbedenklichkeitserklärung für ihn aufgehoben. Jede weitere Tätigkeit in sicherheitssensiblen Bereichen war damit ausgeschlossen. Wieder erschien Oppenheimer auf den Titelseiten der großen Nachrichten- und Meinungsblätter des Landes, diesmal jedoch nicht als Lichtgestalt.

In den zwölf Jahren, die zwischen dem Fall von der Macht und seinem Tod nach einer Krebserkrankung lagen, blieb Oppenheimer an der Spitze des *Institute for Advanced Study*. Wie zuvor wandte er sich mit Schriften und Vorträgen über Fragen seines Interesses an verschiedene Adressatenkreise, ohne indes die frühere Autorität und den früheren Einfluß zurückzugewinnen. Im Dezember 1963, kurz nach der Ermordung John F. Kennedys wurde Oppenheimer eine Art Rehabilitierung zuteil. Lyndon B. Johnson überreichte ihm den prestigeträchtigen Enrico-Fermi-Preis, der alljährlich von der Atomenergiekommission der Vereinigten Staaten verliehen wird. Als er im Februar 1967 starb, galt er bei seinen Freunden und Bewunderern als Held, den man brutal zum Sündenbock gemacht hatte, bei vielen Beobachtern und Mitarbeitern als widersprüchlicher, schwer faßbarer Mensch, der seinen Sturz unwillentlich mitherbeigeführt hatte, und bei überzeugten Antikommunisten als einer der Bösewichte des kalten Krieges, der neben den wegen Meineids verurteilten Alger Hiss, wenn nicht neben die hingerichteten Spione Julius und Ethel Rosenberg zu stellen war.

Oppenheimer wurde am 22. April 1904 als Sohn einer Familie deutsch-jüdischer Herkunft in New York geboren und verlebte wie Margaret Mead eine harmonische und privilegierte Kindheit. Die Eltern, typische Vertreter des wohlhabenden, kultivierten Bürgertums, besaßen ein ausgeprägtes Sozialbewußtsein. Dem Erstgeborenen wandten sie ihre besondere Liebe und Fürsorge zu. Oppenheimer besuchte Fieldston, die Schule der *Ethical Culture Society*, und identifizierte sich, den Grundsätzen seiner Eltern und der *Society* folgend, mit deren idealistischen Zielen eines nicht konfessionsgebundenen Humanismus.

Der hochbegabte, frühreife Junge war seinen Klassenkameraden stets weit voraus. Sein Lesehunger war unersättlich, und was er gelesen hatte, vergaß er nicht. Beim Eintritt ins Harvard College belegte er doppelt so viele Kurse wie vorgeschrieben und glänzte in fast allen. Sprachkenntnisse erwarb er sich spielend. Er lernte Sanskrit und hatte sein Vergnügen daran, die Werke in der Originalsprache zu lesen. Als er die Niederlande besuchte, hatte er sich die Landessprache in sechs Wochen so weit angeeignet, daß er Physikunterricht auf Holländisch erteilen konnte. Sein wissenschaftliches Interesse konzentrierte sich auf die Naturwissenschaften, zunächst auf die Chemie, dann die Physik. Doch wie von einem umfassenden Wissensdrang berauscht, bezog er weitere Disziplinen in seine Studien ein und befaßte sich ebenso leidenschaftlich auch mit der Poesie.

Es ist nicht leicht, sich von der psychischen Verfassung des jungen Oppenheimer ein Bild zu machen. Er war – und blieb –, soviel läßt sich sagen, eine komplexe Persönlichkeit und darin der Sohn seiner Eltern. Nach außen hin liebenswürdig, schienen beide Eltern unter Spannungen und innerer Unruhe zu leiden; der Vater erweckte den Eindruck angestrengter Liebenswürdigkeit, während sich hinter der starken Emotionalität der Mutter ein melancholisches Naturell verbarg. Oppenheimer hatte sich als „salbungsvollen, abstoßend braven Musterknaben" in Erinnerung. Wie viele jugendliche Ausnahmebegabungen war er ein einsames, kränkliches Kind; aber er hatte ein paar gute Freunde und stand seinem jüngeren Bruder Frank nahe, der später ebenfalls Physiker wurde.

Der Heranwachsende machte eine schwierige Zeit durch. Wegen gesundheitlicher Probleme und psychischer Verstimmungen verbrachte er zunächst ein Jahr zu Hause und wurde für einen weiteren Sommer in die Berge geschickt, bevor man ihm erlaubte, das College zu besuchen. Wenigstens einmal dachte er ernsthaft an Selbstmord – er sprach von einer „chronischen" Selbstmordneigung – und versuchte in einem merkwürdigen Anfall unvermittelter Aggression Francis Fergusson, einen langjährigen Freund, zu erwürgen. Beim Autofahren und Segeln ging er bizarre und manchmal gefährliche Risiken ein. Er neigte zu Übertreibungen, die ihn zuweilen in Schwierigkeiten brachten, und tat sich schwer mit Beziehungen zu Gleichaltrigen, denen er häufig arrogant und zugeknöpft erschien. Im späteren Leben bekannte er:

Fast alles, was ich in den Tagen meiner unendlich langen Adoleszenz unternahm, tat oder unterließ, sei es ein Physikreferat, eine

Vorlesung, die Art, wie ich ein Buch las, wie ich mit einem Freund sprach oder wie ich liebte, löste in mir ein Gefühl starken Abscheus und Unrechts aus.

Als 1931 seine Mutter starb, schrieb er einem älteren Freund, er sei der einsamste Mensch auf der Welt.

Nach seinem Abschluß in Harvard arbeitete er am Cavendish Labor im englischen Cambridge und suchte während dieser Zeit einen Psychiater auf, der zu dem Schluß kam, der brillante junge Physiker sei schizophren. Die Diagnose scheint unzutreffend gewesen zu sein oder sich nicht bestätigt zu haben, doch ist leicht einzusehen, daß Oppenheimers Neigung, in einer inneren Welt zu leben, seine Schwierigkeiten im sozialen Umgang, das Bestreben, Situationen zu beherrschen, sowie eine fast übermenschliche Disziplin und Konzentrationsfähigkeit zu diesem Schluß führen konnten. Mehr als einmal stand Oppenheimer am Rande eines Zusammenbruchs, und Hinweise auf neurotische Verstimmungen im Grenzbereich der Psychose gab es auch bei anderen Mitgliedern der Familie. Verglichen mit relativ robusten, wenn auch nicht unproblematischen Persönlichkeiten wie Margaret Mead und Robert Maynard Hutchins, mußte Oppenheimer lebenslang beträchtliche Energie aufwenden, um Depressionen und Störungen seines psychischen Gleichgewichts abzuwehren.

Die wachsende Faszinationskraft der Physik rettete Oppenheimer aus den Nöten der Berufswahl und aus akuten Schwierigkeiten im persönlichen Leben. Durch die Arbeiten Einsteins war das Fach um die Jahrhundertwende zum Brennpunkt naturwissenschaftlichen Forschungseifers geworden. Inzwischen hatten die noch jüngeren Entdeckungen der Komplementarität, der Unschärferelation und anderer quantenmechanischer Erscheinungen das Interesse der besten Köpfe unter den jungen Naturwissenschaftlern auf sich gezogen. Oppenheimer nahm in ihrem Kreis zweifellos einen zentralen Rang ein. Seine frühen wissenschaftlichen Kontakte sind bezeichnend für die Mitglieder dieses Talentzirkels: Percy Bridgman in Harvard, J. J. Thomson am Cavendish Labor in Cambridge und in Göttingen Max Born, den Giganten wie Werner Heisenberg, Wolfgang Pauli, Eugen Wigner, Herman Weyl und John von Neumann umgaben, von denen einige später zu Kollegen Oppenheimers am *Institute for Advanced Study* wurden.

In bedeutenden Publikationen befaßte sich der junge Wissenschaftler mit der Relativität und der Quantenmechanik und dehnte die quantenmechanische Sicht auf bisher nicht untersuchte Bereiche aus. Bei seiner Rückkehr aus Europa erhielt er Lehrangebote von Harvard, vom *California Institute of Technology* und von der *University of California* in Berkeley. Er nahm die beiden letzteren Berufungen an und teilte seine Zeit in den dreißiger Jahren zwischen den Universitäten Nord- und Südkaliforniens.

In Berkeley fand Oppenheimer endlich den Anschluß an eine intellektuelle Gemeinschaft und ein Zuhause. Er genoß allseitige Achtung als bedeutender theoretischer Physiker, als vielseitiger Gelehrter, exzellenter Übersetzer der Ideen anderer Wissenschaftler und zunehmend auch als hervorragender Lehrer. Geduld mit weniger genialen Geistern war seine Sache nicht, und man konnte ihm Snobismus und Arroganz vorwerfen, doch er verstand es auf überragende Weise, begabten Studenten schwierige physikalische Vorstellungen nahezubringen, ihr Interesse zu wecken und sie zu außerordentlichen Leistungen anzuregen.

Es zeigte sich, daß Oppenheimer fähig war, besonders jüngere Wissenschaftler nachhaltig zu beeinflussen. Seine Briefe beweisen ein sichtlich verbessertes Geschick, soziale Situationen zu bewältigen; sie bezeugen darüber hinaus ein bemerkenswertes Einfühlungsvermögen, mochte der Adressat ein Freund, Student oder Vorgesetzter sein. Ähnlich anderen jungen Kreativen wie Freud und T. S. Eliot gelang es Oppenheimer mühelos, zu Menschen unterschiedlichster Herkunft und Denkweise gute Beziehungen zu unterhalten. Er schien jetzt in der Lage, die Wünsche und Bedürfnisse seiner Umgebung wahrzunehmen. Eine vielleicht seit je vorhandene soziale Sensibilität könnte durch die frühere Scheu und die eigenen seelischen Nöte überdeckt worden sein; möglich ist indes auch, daß er neue Fähigkeiten entwickelte, die in seiner Tätigkeit unentbehrlich waren.

Dem ehrgeizigen und fähigen Talent Oppenheimer schienen zur wissenschaftlichen Größe dennoch entscheidende Elemente zu fehlen. Obwohl ihn seine überragende Intelligenz und eine stupende Auffassungsgabe anderen Physikern überlegen machten, war es ihm nicht bestimmt, zum internationalen Star seines Faches aufzusteigen, und er hatte ganz offensichtlich nicht das Zeug zum Nobelpreisträger. Niemand kann für diese Unzulänglichkeit genaue Gründe angeben. Mag sein, daß banale Faktoren wie Zeit oder Glück eine Rolle spielten, vielleicht auch seine schwächere Leistung in der Experimentalphysik, die Neigung zu Depressionen und genereller Skepsis oder sein passionierter Dilettantismus, der ihn statt zu vertiefender Arbeit zur Erweiterung seines Interessenspektrums trieb.

Ich selbst neige zu der Vermutung, daß Oppenheimer zum unsterblichen Ruhm als theoretischer Physiker vor allem das wissenschaftliche Draufgängertum fehlte. Sein ambivalentes Verhältnis zum Risiko, das Zögern, abweichende Meinungen zu vertreten, setzten seiner Führungskompetenz Grenzen. Gespräche über die Ideen anderer zu führen, sie zu verstehen, zu übersetzen und zu unterrichten sagte ihm mehr zu als die konsequente, einsame Hingabe an die Entwicklung eigener theoretischer Konstrukte – der extrem isolierte Einzelgänger wurde in wachsendem Maß zum Gemeinschaftswesen. Er stellte lieber Fragen, als sein Leben – und vielleicht seine Karriere – der Aufgabe zu opfern, für ein einzelnes aus der großen Zahl ungelöster Rätsel die Antwort zu finden. Sein Freund und Kollege Isidor Rabi, selbst Nobelpreisträger, war der Ansicht, Oppenheimer sei bei aller Begabung nicht die Natur gewesen, der zu vermutenden Lösung eines wissenschaftlichen Problems ohne Rücksicht auf Konsequenzen nachzugehen: „Er war kein origineller Kopf. Die wirklichen Ideen kamen meist von anderen, aber er machte sie zugänglich und stellte sie dar." Rabi bemerkte ferner, Oppenheimer habe dazu geneigt, Rätselhaftes romantisch zu verklären; der leidenschaftliche Drang, es zu lösen, habe ihm gefehlt.

Aus den vorliegenden Zeugnissen geht nicht hervor, ob ihm das Ausbleiben eines durchschlagenden wissenschaftlichen Erfolges zu schaffen machte. Aber offensichtlich entdeckte er in den dreißiger Jahren, als Margaret Mead auf ihrem Fachgebiet erste Erfolge feierte, Welten jenseits der reinen Gelehrsamkeit. Es war die Zeit, als die Vereinigten Staaten sich innenpolitisch mit den Folgen der Wirtschaftskrise und außenpolitisch mit dem aufkommenden Faschismus auseinandersetzten. Oppenheimers Jugendfreundin Jean Tatlock, sein Bruder Frank und später auch seine Frau Kitty engagierten sich in der linken politischen Bewegung der dreißiger Jahre, und Oppenheimer schloß sich ihren Interessen und Aktivitäten an. Jahre später schrieb er:

Meine Bekannten in Pasadena und Berkeley waren fast ausschließlich Mitglieder des Lehrkörpers – Naturwissenschaftler, Altphilolo-
gen und Künstler. Mit Arthur Ryder studierte und las ich Sanskrit.
Meine literarischen Interessen waren weitgespannt, umfaßten
jedoch vor allem die Klassiker, Romane, Dramen und Gedichte,
daneben auch naturwissenschaftliche Texte außerhalb der Physik.
Ökonomie und Politik interessierten mich nicht, und ich las nichts
darüber. Über die aktuellen Tagesereignisse war ich kaum im Bilde.
Ich las weder Zeitungen noch Zeitschriften wie *Time* oder *Harper's*.
... Mein Interesse galt dem Menschen und seiner Welterfahrung; für
die Beziehungen des Menschen zur Gesellschaft fehlte mir das Verständnis.

Er fährt jedoch fort: „Seit Ende 1936 machten meine Interessen einen Wandel durch."

Ende der dreißiger Jahre war Oppenheimer ein anderer
Mensch geworden. Zur intellektuellen Brillanz des Physik-
experten kam Sensibilität für die Lage der weniger Privilegierten und wachsende Vertrautheit mit den politischen
Verhältnissen im In- und Ausland, eine Aktivierung der personalen Intelligenzen, die als Ferment seiner sprachlichen
und logischen Leistungsfähigkeit wirkte. Die in jungen Jahren verinnerlichten Prinzipien der *Ethical Culture Society*
verbanden sich mit zunehmender Besorgnis über die weltpolitischen Erschütterungen, und Oppenheimer wurde unzweifelhaft zu einem Parteigänger der Linken. Er verschlang
die Hauptschriften des Marxismus, übernahm sozialistische
Ideale, empörte sich über Ungerechtigkeiten, unterstützte
radikale Ziele und setzte sich für eine gerechte soziale
Ordnung ein.

Seinen engeren Bekanntenkreis hatte er seit jeher als Persönlichkeit beeindruckt, die den Rahmen des Üblichen
sprengte; jetzt drang sein Ruf über wissenschaftliche Kreise

hinaus. Der Mann, der bereits als direkter und indirekter Führer auf dem Gebiet der Physik wirkte, dehnte seinen Einfluß auf die Gedanken und Überzeugungen von Menschen aus, die mit Besorgnis die politische Situation innerhalb und außerhalb der Vereinigten Staaten beobachteten.

Daß die Kernenergie das Potential zur Herstellung hochwirksamer Waffen enthielt, hatte man in der Physik schon vor Beginn des Zweiten Weltkriegs erkannt. In einem seither berühmt gewordenen Brief des Jahres 1939, dessen Wortlaut aus der Feder des Physikers Leo Szilard stammt, hatte Einstein Präsident Roosevelt auf diese Möglichkeit hingewiesen. In der Folgezeit wurden verschiedene Versuche zur Entwicklung von Atomwaffen in die Wege geleitet, und Oppenheimer übernahm eine führende Rolle bei den in Berkeley durchgeführten Forschungen über die Reaktionen beschleunigter Neutronen. Zu seinen Aufgaben gehörte es, die theoretischen Berechnungen elementarer Kernreaktionen mit experimentellen Daten zu koordinieren; er sollte die kritische Masse berechnen, die für eine Kernspaltung gebraucht würde, und die Wirkung der geplanten Waffe einschätzen. Die führenden Wissenschaftler des Landes, die in dieser frühen Phase an der Entwicklung des Atomwaffenprogramms beteiligt waren – Arthur Compton in Berkeley, James Conant in Harvard und Ernest Lawrence, ein enger Mitarbeiter Oppenheimers in Berkeley – erkannten Oppenheimers wissenschaftlichen Scharfblick und seine Fähigkeit, hochkomplizierte Aufgaben schnell zu lösen.

Dennoch lagen Welten zwischen Oppenheimer, dem Forschungsleiter an der amerikanischen Westküste, und Oppenheimer, dem Führer des wohl bedeutendsten wissenschaftlichen und militärischen Unternehmens in der Geschichte der

Menschheit. Es war keineswegs vorauszusehen, daß man den Physiker aus Berkeley mit der Leitung der Mission Manhattan-Projekt betrauen würde. Seine Fähigkeit, die technischen Probleme zu bewältigen, die sich beim Bau einer Atomwaffe ergaben, stand außer Zweifel; er genoß den Respekt seiner Wissenschaftskollegen, und er war gewillt, ja bestrebt, sich uneingeschränkt für das Projekt zur Verfügung zu stellen. Gegen ihn sprachen sein relativ jugendliches Alter (er war noch nicht vierzig), sein Mangel an administrativer Erfahrung, seine deutliche Bevorzugung theoretischer vor experimenteller Arbeit und seine Qualifikation als Wissenschaftler, die den Rang der Größten seines Faches nicht ganz erreichte. Oppenheimers Sympathie für linke Ideen, die bekannt war, mußte die Militärbürokratie bedenklich stimmen. General Leslie Groves, der die Gesamtleitung des Projekts innehatte, erinnerte sich zwei Jahrzehnte später: „Niemand, mit dem ich sprach, zeigte sich begeistert von Oppenheimer als möglichem Direktor des Projekts." Im Gedanken an Oppenheimers linke Neigungen bezog sich Groves sogar auf „vieles, das uns ganz und gar nicht behagte".

Schließlich wurde Oppenheimer Anfang 1943 zum wissenschaftlichen Leiter des Manhattan-Projekts ernannt. Groves hatte sich trotz anfänglichen eigenen Bedenken und deutlicher Zurückhaltung auf seiten einiger Berater davon überzeugt, daß unter den möglichen Anwärtern Oppenheimer als einziger über die optimale Verbindung von intellektuellen und persönlichen Fähigkeiten verfügte. Groves betrachtete Oppenheimer als wissenschaftliches Genie besonderer Art und fand außerdem persönlichen Gefallen an ihm. In Anbetracht der Alternativen mußte Groves erkennen, daß bei weitem niemand ähnlich geeignet schien, eine heterogene Versammlung von Wissenschaftlern und Technikern zu leiten und deren reibungslose und effiziente Zusammenarbeit sicherzustellen. So wurde Oppenheimer, der bis dahin vor allem als indirekter Führer einer traditionellen Domäne gewirkt hatte, übergangslos zum direkten Führer eines Unternehmens von unvergleichlich größeren Dimensionen.

Seine Tätigkeit als Direktor des Manhattan-Projekts wird übereinstimmend als glänzende Leistung bewertet. Er besaß sämtliche Tugenden, die man sich wünschen konnte. Die technische Materie war ihm perfekt vertraut, er konnte neue Erkenntnisse umgehend integrieren, verstand es, zentrale Sachverhalte so zu erklären, daß sie unterschiedlich gebildeten und ausgebildeten Personen verständlich wurden, und war ein unermüdlicher Arbeiter. Er fühlte sich verantwortlich für die Lebensbedingungen der Gruppe in den abgelegenen Standorten des Projekts, Santa Fe und Los Alamos, und kümmerte sich um alles, von den Gehältern bis zum Speisezettel und zu den gesellschaftlichen Aktivitäten. Zu seinen Pflichten gehörte die Anwerbung der fähigsten Spezialisten – im Durchschnittsalter von fünfundzwanzig bis vierzig – für die höheren Aufgaben, was häufig einer Verführung lustloser Kandidaten gleichkam, und er hielt zu ihnen und ihren in die *Mesa* verpflanzten Familien engen Kontakt. Auch für das Hilfspersonal sorgte er mit beeindruckender Gewissenhaftigkeit. Der große Physiker Hans Bethe berichtete:

Der Erfolg von Los Alamos war weitgehend eine Frage der Zusammenarbeit und der Führung durch den Direktor. Die wesentliche Funktion eines Laborleiters ist nicht die technische Arbeit. Der Direktor von Los Alamos hatte die Aufgabe, eine Schar von Primadonnen zu effizienter Zusammenarbeit zu bewegen, die weitläufigen technischen Arbeiten zu verstehen und zu koordinieren und Entscheidungen zwischen möglichen Entwicklungsrichtungen zu treffen. Ich habe keinen Laborleiter erlebt, der diese Funktionen so brillant erfüllte wie Oppenheimer.

Die positive Einschätzung wird von nahezu allen Beobachtern geteilt. Der Physiker Victor Weisskopf sprach von Oppenheimers „anhaltend intensiver Präsenz, die in allen ein Gefühl unmittelbarer Partizipation auslöste". Oppenheimers langjähriger Freund Paul Horgan nannte ihn „einen erstklassigen Anreger und Interpreten der Einbildungskraft", Rabi „einen geborenen Führer ... [der im Rahmen des Manhattan-Projekts] ein Klima euphorischer Begeisterung und außerordentlicher intellektueller und moralischer Kraft entfachte, das bis heute für alle der damals Beteiligten eines der großen Erlebnisse ihres Lebens geblieben ist". Der Physiker Edward Teller sinnierte: „Ich weiß nicht, woher Oppenheimer das Geschick nahm, mit dem er die Leute behandelte." Die Antwort gibt vielleicht ein anderer langjähriger Freund, Haakon Chevalier:

Ich könnte mir denken, daß die Selbstverständlichkeit des Führungsanspruchs seine Wurzeln in der frühen Kindheit hat. Vermutlich war ihm lange Zeit, in der Schule und im College, die führende Stellung quasi natürlich zugefallen. Er war seinen Altersgenossen so unzweifelhaft überlegen, daß niemand seinen Vorrang in Frage stellte, und mit der Zeit konnte er diesen Status als ein ihm natürlich zukommendes Recht empfinden.

In Los Alamos stand Oppenheimer vor einer Aufgabe von beispiellosen Dimensionen. Um nach Lieferung des benötigten Materials mit der Konstruktion einer Atombombe beginnen zu können, hatte er unter größter Geheimhaltung einen riesigen wissenschaftlich-technischen Forschungsapparat aufzubauen und das Interesse, die Kooperation und die Moral von viertausendfünfhundert Arbeitern langfristig sicherzustellen. Die Forderung der Militärführung lautete dahingehend, auf dem schnellsten Wege und unter weitestgehenden Sicherheitsmaßnahmen eine Waffe zu entwickeln. Doch für die meisten Wissenschaftler bedeutete die Zumutung, geheime Arbeit an einem fremden Projekt zu leisten, einen direkten Widerspruch zu der uneingeschränkten, im Grunde egozentrischen Arbeitsweise, an die sie gewöhnt waren.

Oppenheimer bestand darauf, daß innerhalb von Los Alamos die größtmögliche Offenheit herrschte, soweit es sich mit den verständlichen Sicherheitsmaßnahmen vereinbaren ließ. Er widersetzte sich dem Wunsch der Militärs, die Mitarbeiter über die Natur des Projekts im unklaren zu lassen, und unterhielt regelmäßige Kontakte zu Wissenschaftlern in den USA sowie in Teilen Europas. In Los Alamos sorgte er für informelle Veranstaltungen, die den Wissenschaftlern zwanglosen Verkehr und entspannten Gedankenaustausch ermöglichen sollten. Er gab den Anstoß zu Diskussionen, an denen er sich sowohl vermittelnd und klärend als auch mit Sachbeiträgen beteiligte. Schwierige Kollegen wie den ehrgeizigen Edward Teller behandelte er mit Phantasie und Geschick. Er ließ Teller als Querkopf agieren, erlaubte ihm, einigen seiner Ideen von einer „Superbombe" (wie der Wasserstoffbombe) nachzugehen, und gab ihm intellektuellen Spielraum; gleichzeitig stellte er sicher, daß Teller anderen Wissenschaftlern nicht ins Gehege kam und die Arbeit an der Hauptaufgabe des Labors mit zielstrebiger Intensität weiterging.

Mit bewundernswertem Erfolg gelang es Oppenheimer, sein Temperament im Zaum zu halten und seine bis dahin unverhüllte Neigung zu Arroganz und Herrschsucht zu unterdrücken. Er brachte das Kunststück fertig, sowohl der unangefochtene Führer des wissenschaftlichen Unternehmens als auch der Kollege zu sein, war willens, wie jeder andere Verantwortung und Pflichten zu übernehmen, und nur ungern bereit, den Vorgesetzten oder den Überlegenen herauszukehren.

Oppenheimer gelang – um die Begriffe der Untersuchung anzuwenden – der Übergang vom indirekten Führer, der auf einem begrenzten, wenn auch zentralen Sektor der Physik arbeitete, zum direkten Führungsmandat an der Spitze einer großen, heterogenen Forschergemeinschaft. In seiner Rolle als Wissenschaftler hatte er mit Experten zu tun und konnte wissenschaftliche Fragen der Nuklearphysik in ihrer ganzen Komplexität ins Gespräch bringen. Gleichzeitig trug er als direkter Führer einer Gemeinschaft von Frauen und Männern eine Identitätsgeschichte von elementarer Einfachheit vor: Wir, die Wissenschaftler und Techniker, haben das Privileg, über besondere Kenntnisse und Fertigkeiten zu verfügen. Als Patrioten müssen wir so effizient und selbstlos wie möglich gemeinsam daran arbeiten, eine Waffe herzustellen, die den Alliierten helfen kann, den Krieg zu gewinnen. Alles spricht dafür, daß Oppenheimer selbst vorbehaltlos an diese Geschichte glaubte, und sein Handeln war Ausdruck seiner Überzeugung. Es ist kaum vorstellbar, der Führungsverantwortung für einen hochbrisanten wissenschaftlichen Auftrag besser gerecht zu werden.

Sogar eine Geschichte von der Notwendigkeit wissenschaftlicher Kooperation in Kriegszeiten wird auf vereinzelten Widerstand stoßen. Zu den Gegengeschichten in Oppenheimers Umfeld gehörten Erzählungen über die Trennung der „reinen Wissenschaft" von ihrer praktischen Anwendung oder von einer „Wissenschaft im Dienst der Politik". Auch die erforderliche Geheimhaltung widersprach einem wissenschaftlichen Credo: der freien Verfügbarkeit aller Erkenntnis. Als die erfolgreiche Fertigstellung der Schreckenswaffe in den Bereich des Wahrscheinlichen rückte, mehrten sich im Kreis der Wissenschaftler warnende Stimmen, die auf die Einsatzmöglichkeiten derartiger Waffen und ihre Folgen aufmerksam machten. Oppenheimers taktisches Geschick verhinderte, was einem weniger gewandten Führer hätte widerfahren können – daß seine Geschichte im Kreuzfeuer dieser opponierenden Konkurrenzgeschichten unterging.

Die Führungsrolle in Los Alamos hatte ihren Preis. Der kräftezehrende Einsatz für das Projekt trieb Oppenheimer an den Rand krankhafter Erschöpfung. Er wurde zum Kettenraucher, magerte ab bis zur Auszehrung und hustete. Beiläufige Begegnungen Oppenheimers mit alten Bekannten aus der linken Szene ließen in Sicherheitskreisen erneute Zweifel an seiner staatsbürgerlichen Loyalität wach werden; es kam vor, daß er sich nach einem zermürbenden Arbeitstag eingehenden Befragungen unterziehen mußte. Wiederkehrende Selbstzweifel, die quälende Vorstellung, den hohen Anforderungen seines Auftrags als Wissenschaftler und Leiter nicht zu genügen, führten zu wiederholten Krisen. In den Jahren 1943 und 1944 erklärte er mehrfach, die Arbeit nicht fortsetzen zu können. Er blieb dennoch und behielt mit stetig wachsender Kompetenz und Leistungsfähigkeit das Steuer in der Hand, bis seine gewaltige Aufgabe im Sommer 1945 den Gipfel der Vollendung erreichte.

Als die ersten Atomwaffen detonierten, zunächst als Test-explosion im Halbwüstengebiet nördlich von Alamogordo, New Mexico, später mit verhängnisvollen Folgen über den japanischen Städten Hiroshima und Nagasaki, stand Oppenheimer auf dem Höhepunkt seiner Laufbahn. Er hatte ein Unternehmen von beispielloser Komplexität und Bedeutung erfolgreich geleitet und abgeschlossen und sich dabei die Achtung seiner Kollegen und Untergebenen erworben. Es war ihm gelungen, die Kluft zwischen wissenschaftlicher Kompetenz und administrativer Führung zu überbrücken. Ähnlich wie Mead nach ihrem zweiten Feldaufenthalt eröff-nete sich Oppenheimer nach Abschluß des Manhattan-Pro-jekts ein Spektrum unerwarteter beruflicher Möglichkeiten, vom Neubeginn in der Welt der Hochschulphysik bis zum Wechsel in die politische Arena.

Während die Mehrzahl seiner Kollegen, zum Teil mit unverhohlener Erleichterung, in die Labors an den heimi-schen Universitäten zurückkehrten, zog Oppenheimer es vor, sein bundespolitisches Engagement fortzusetzen. Seine unbestrittene Erfahrung als Atomwissenschaftler, wachsen-der Einblick in die politische Szene und eine zunehmende Vertrautheit mit führenden Politikern und einflußreichen politischen Persönlichkeiten erleichterten ihm den Zugang zu verantwortungsvollen Positionen. In den ersten Nach-kriegsjahren nahm er verschiedene wichtige Funktionen wahr: als Mitglied des Wissenschaftsausschusses der Atom-energiekommission der Vereinten Nationen, als Vorsitzen-der des Allgemeinen Beratungsausschusses der Atomener-giekommission der Vereinigten Staaten sowie als Mitglied des Gutachterausschusses für Naturwissenschaften, der das Amt für Mobilmachung beriet. Alle Ämter versah er mit außerordentlichem Geschick. Ein Ausschußkollege sagte von ihm: „Die Führung unserer Gruppe fiel automatisch ihm zu; die Vorstellung, ein anderer könnte den Vorsitz führen, schien ausgeschlossen." Alice Kimball Smith und Charles Weiner berichten:

Oppenheimer wurde eine Art Guru der Atomenergie. Weil er Diskussionen mit präziser Knappheit zusammenfaßte und oft einen Tag länger in Washington blieb, um an einem weiteren Treffen teilzunehmen, waren die anderen Gremiumsmitglieder froh, ihm die Protokollierung zu überlassen, was manchmal bedeutete, daß Oppenheimer sich selbst Bericht erstattete.

Diesen Oppenheimer, einen Mann mittleren Alters im Zenit seiner Macht und seines Einflusses, machte *Life* im Herbst 1949 zum Gegenstand seiner Titelgeschichte.

Aber Oppenheimers Leben hatte seine dunkleren Seiten. Bereits vor dem Bau und der Explosion der ersten Bomben waren sich Oppenheimer und die übrigen Physiker über die furchterregenden Folgen einer Anwendung der Waffe im klaren gewesen. Viele Wissenschaftler hatten dafür plädiert, auf eine Anwendung der Bomben zu verzichten und statt dessen nur ein einzelnes „Demonstrationsobjekt" in Sichtweite des Feindes zur Explosion zu bringen; andere traten dafür ein, Atomwaffen entweder zu internationalisieren oder zu verbieten. Oppenheimer nahm den Entschluß zum Abwurf der Bombe über Japan offenbar nicht ohne Bedenken auf, machte sich jedoch nicht, wie einige seiner Kollegen es wünschten, zum Wortführer einer Fronde aus Gewissensgründen. Mehr noch, Oppenheimer hatte die Weiterleitung einer Petition, die eine „Probedemonstration" verlangte, zu verhindern gewußt. Er stand jedoch sichtlich unter dem tiefen, vielleicht lähmenden Eindruck der tragischen Auswirkungen der Lage und zitierte in einem berühmt gewordenen Augenblick einen Abschnitt aus *Bhagavad Gita*: „Tausend Sonnen, die mit ihrem lodernden Glanz auf einmal den Himmel erfüllten, wären wie das Strahlen der ALLMACHT. ... Ich bin zum Tod geworden, zum Welterschütterer." Das eigene Urteil faßte er so zusammen: „In einem kruden Sinn, den keine Vulgarität, kein Humor und keine Übertreibung ganz tilgen kann, haben die Physiker die Sünde erkannt; und dieses Wissen wird sie nie mehr verlassen."

Nach dem Krieg lag Oppenheimer viel daran, in einflußreichen Kreisen die Stimme der Vernunft zu erheben. Er befürwortete eine internationale Kontrolle der Atomenergie, die friedliche Nutzung der Kernenergie und eine allmähliche Abrüstung. Im privaten Kreis riet er zur Vorsicht und äußerte sich skeptisch zum Bau von Waffen mit noch stärkerer Wirkungskraft, wie der Wasserstoffbombe. In der Umgebung von Vertretern der Verteidigungslobby blieb er dabei häufig in der Minderheit und erlebte überdies ein anscheinend unaufhaltsames Anwachsen konservativer und nationalistischer Strömungen im politischen Leben der Vereinigten Staaten.

Er steckte also in einem Dilemma. Um seinen Einfluß in den Korridoren der Macht zu sichern, war er häufig gezwungen, seine persönlichen Überzeugungen zu unterdrücken und sich auf die Seite einer militanteren Mehrheit zu schlagen. Geplagt von Schuldgefühlen, die seine Rolle beim Bau der Atombombe in ihm wachhielt, den Unwägbarkeiten seiner angeschlagenen Position in der Sicherheitsfrage ausgesetzt und von einem unbestreitbaren, wenn auch ambivalenten Verlangen getrieben, den Zentren der Macht nahe zu sein, war Oppenheimer ein tief zerrissener Mensch, der seinem jugendlichen Ich näher zu sein schien als dem selbstgewissen Führer der vierziger Jahre.

Obwohl sein Name der Nation zum Begriff wurde, tat Oppenheimer sich niemals ganz leicht damit, vor einem gemischten Publikum zu sprechen. Anders als Margaret Mead, die jeden Medienauftritt genoß, blieb er im Innersten der introvertierte Gelehrte und intellektuelle Führer, der eine Zuhörerschaft schätzte, mit der er Sachwissen und kulturelle Werte teilte. Da sich die Nische, die er besetzte, im Amerika der fünfziger Jahre jedoch ausweitete, mußte er in der Lage sein, für mindestens vier verschiedene Gruppen, oder Adressatenkreise, die geeignete Sprache zu finden und in begrenztem Maß Führungsfunktion zu übernehmen.

In erster Linie blieb er der Experte für physikalische Sachfragen. Die wenigsten unter seinen Fachkollegen besaßen wie er die Fähigkeit, aktuelle Entwicklungen im Auge zu behalten und neue, vielversprechende Forschungsrichtungen zu erschließen, die seine Arbeit im *Institute for Advanced Study* auszeichnete. Seine Institutstätigkeit galt den fundamentalen Fragen der Existenz: Woraus besteht das Universum? Welches sind die optimalen Denkmodelle für Materie und Energie? Wie ist das Universum entstanden, und in welche Richtung wird es sich entwickeln?

Für die Physiker seiner Generation blieb Oppenheimer der inspirierende Kollege, der begeisterte und Impulse gab. Bei der Abschiedsfeier in Los Alamos hielt er eine Ansprache, deren Brillanz noch den heutigen Leser in Bann schlägt. Bewundert wurde vor allem seine Fähigkeit, den Physikern ein Bild der größeren Zusammenhänge zu vermitteln – erkennbar zu machen wie ein bestimmtes Problem oder Gebiet der Physik mit anderen in Verbindung steht, wie die

Physik an andere Wissenschaften, andere Wissensbereiche und an die Welt persönlicher Entscheidungen anknüpft. Er war sich der starken Bande bewußt, die die Gemeinschaft der Wissenschaftler einten, und betrachtete diese Verwandtschaft als Grundlage für eine mehr als bisher von der Vernunft geleitete Welt, in der Wissen in nutzbringender Absicht angestrebt, geteilt und eingesetzt wird.

Oppenheimers primäre Adressatengruppe wurde durch drei weitere Gruppen ergänzt. Mit souveräner Sicherheit wandte er sich an Zuhörer aus verschiedenen Wissenschaftsbereichen – Vertreter der übrigen am Institut vertretenen Disziplinen und Wissenschaftler des landesweiten Hochschulbereichs. Für sie repräsentierte er die interdisziplinär gebildete Persönlichkeit, die in naturwissenschaftlichen Labors ebenso zu Hause war wie in den Ateliers der Künstler und den Bibliotheken der Historiker und Literaten. Weit mehr als Mead war Oppenheimer ein Intellektueller für Intellektuelle. Ihn interessierte vor allem, was wissenschaftliche Erkenntnis – und Ignoranz – ausmacht. Er liebte Gespräche über das Rätsel des menschlichen Geistes und des Universums. Die Formulierung allgemeiner, fächerverbindender Fragen – „Wie läßt sich die menschliche Moral auf einer DNA-Sequenz codieren?" – reizte ihn nicht weniger als die Begutachtung von Lösungen, die seine Kollegen vorschlugen. Bei einem Publikum von Spezialisten konnte Oppenheimer ebenso wie bei seinen Primäradressaten, den Physikern, ein gewisses Maß an Sachkenntnis und eine grundsätzliche innere Bereitschaft für seine geistigen Vorhaben voraussetzen.

Schwieriger gestaltete sich die Zusammenarbeit mit Politikern, die von Oppenheimer Aufklärung über die komplexe Materie der Atomenergie und Ratschläge für den Umgang mit Massenvernichtungswaffen erwarteten. Hier wurde Auskunft darüber gefordert, welches Potential, im Guten wie im Bösen, in der neu geschaffenen Waffe steckte. Teils ging es um die Erläuterung technischer Zusammenhänge, teils um moralische Handlungsanweisungen. Während Oppenheimers subtile Betrachtungsweise ihre Bewunderer fand, rief sein Hang, Fragen zu stellen, statt Antworten zu liefern, bei anderen Zuhörern Unwillen hervor. Wenig glücklich verlief eine Begegnung mit Präsident Harry Truman, dem Oppenheimers chronische Selbstanklagen auf die Nerven gingen. „Halten Sie mir in Zukunft diesen Menschen vom Hals", soll er Außenminister Dean Acheson zugeflüstert haben. „Schließlich hat er die Bombe ja bloß gemacht; losgelassen hab ich sie."

Fehlendem Enthusiasmus zum Trotz scheute Oppenheimer nicht vor dem Versuch zurück, Bildung und Aufklärung an eine breitere Öffentlichkeit zu vermitteln. Er war sich der Kluft bewußt, die den wissenschaftlichen Fachmann vom interessierten Laien trennt, und trug tatkräftig dazu bei, die Welt der Naturwissenschaften zu erläutern und zu rechtfertigen. Viele von uns, die bereits Kinder des Atomzeitalters sind und seine Gegebenheiten als Selbstverständlichkeit hinnehmen, machen sich kaum mehr ein Bild von der Intensität solcher öffentlichen Auseinandersetzungen, die sich aus der neuen Rolle des Naturwissenschaftlers ergaben, der Rolle des Schöpfers und Machtträgers, der sein will wie Gott.

Oppenheimer bemühte sich, die Probleme sowohl für Politiker wie auch für das breitere Publikum vereinfacht darzustellen, ohne sie zu verzerren, und geriet so in einen Strudel von Widersprüchen, die er geduldig zu klären versuchte: Wie kann ein Wissenschaftler den offenen Gedankenaustausch befürworten und gleichzeitig streng geheime Forschung betreiben? Wie ist angesichts der Möglichkeit, daß neue Entdeckungen unseren Planeten vernichten können, wissenschaftliches Erkenntnisstreben zu rechtfertigen? Welche Folgen lassen sich erwarten, wenn technologisches Know-how auch politischen Gegnern zugänglich ist – und was sind die Folgen eines Wettrüstens, das die Alternative wäre? Wie kann die furchtbare Waffe der Kernenergie unschätzbare Möglichkeiten zu friedlicher Nutzung bergen? Man kann sich vorstellen, wie Oppenheimer damit ringt, den Übergang zu vollziehen, dem Wechsel von Sachfragen über die Beschaffenheit der Materie zu universellen Fragen nach der menschlichen Natur und Identität gerecht zu werden. Gleichzeitig weicht das einfache, sozial exklusive politische Weltbild militärischer Prägung (Alliierte gegen Achsenmächte) einem integrativen Denken, das auf die Menschheit gerichtet ist.

Häufig stützte sich Oppenheimer auf fundamentale Erkenntnisse der Physik, um sein Dilemma – unser aller Dilemma – zu erklären. So griff er zum Beispiel auf die epochemachende Entdeckung der Komplementarität durch den dänischen Physiker Niels Bohr zurück:

Langsam dringt uns die Tatsache ins Bewußtsein, daß es weit schwieriger ist, die Wahrheit zu sagen, als man gemeinhin annimmt. Sogar Aufrichtigkeit ist nicht leicht, es sei denn, man kann sich auf die Basis umfassender gemeinsamer Erfahrungen und Kenntnisse stützen. Große Politiker und politische Aktionen lassen Beziehungen und harmonische Verbindungen zwischen Ansichten, Verallgemeinerungen und Idealen erkennen, die auf den ersten Blick weder vereinbar noch relevant erscheinen. Ähnliches ist heute verlangt, wenn es um die Frage nach der Rolle des einzelnen in der Gesellschaft geht: Ist das Individuum ein Werkzeug der Gesellschaft oder ihr Zweck? Weder die erlösungsbedürftige menschliche Seele noch der Mensch als Teil des Gemeinwesens darf außer acht

196

gelassen werden, und jede der beiden Vorstellungen ruft das Empfinden wach, daß beide einander ergänzen. Unsere Erfahrungen als Wissenschaftler haben uns diesen Dualismus bewußt gemacht.

Bei dem Versuch, eine breitere Öffentlichkeit mit den Widersprüchen und Paradoxen bekannt zu machen, die ihm aus eigener Erfahrung vertraut waren, berührte Oppenheimer einige der zentralen Themen, die zahlreiche führende Persönlichkeiten des zwanzigsten Jahrhunderts, vor allem aber die großen Denker beschäftigten. Er bat seine Zeitgenossen in aller Welt um ihre Beteiligung am Streit der Meinungen über die großen Fragen der Zeit – über die Beziehungen zwischen Wissen, Macht und Öffentlichkeit, über das Gleichgewicht zwischen Reinheit und Unschuld einerseits und geistiger Korruption oder Skepsis andererseits, über das ausgewogene Verhältnis von Offenheit und Geheimhaltung, besonders in einer Gesellschaft, zu deren Grundlagen die Meinungsfreiheit gehört, und über die Schwierigkeiten verantwortlicher Entscheidungsfindung in einer Zeit hochspezialisierten Wissens, dessen Handhabung Experten auf Treu und Glauben überlassen werden muß.

Oppenheimer war, wie ich festhielt, ein Mensch, der Komplexes liebte, der sich von Rätseln fesseln ließ und selbst von der Verführungskraft mystischer Vorstellungen nicht unberührt blieb. Seine Schlüsselgeschichte repräsentiert eine persönliche Integration aus Elementen wissenschaftlicher Erkenntnis, historischer Umstände und menschlicher Schwäche. Getreu seiner Natur läßt er seine Leidenschaft für Rätselhaftes und Paradoxes in seine Mitteilung einfließen:

– „Ein Sachverhalt ist schwieriger zu verstehen, wenn niemand ihn versteht."

– „Die Menschen dieser Welt müssen sich vereinigen, oder sie werden untergehen. Der Krieg, der so viele Zerstörungen anrichtete, hat diese Worte geschrieben. Die Atombombe hat sie den Menschen anschaulich klar gemacht."

– „Wir haben in das Bemühen um militärische Sicherheit Anstrengungen, Untersuchungen, Nachdenken und Reichtümer investiert. ... Wir haben dem Menschen die furchtbarste Unsicherheit seit Menschengedenken geschaffen."

– „Niemand sollte unsere Universitäten verlassen, ohne sich der Tatsache bewußt geworden zu sein, daß er, und jeder andere mit ihm, zwangsläufig und ohne eigene Schuld ein unwissendes Geschöpf bleiben wird."

– „Wir haben etwas geschaffen, eine Waffe des Schreckens ... und damit stellt sich erneut die Frage, ob Wissenschaft, ob Welterkenntnis dem Menschen Vorteile bringt."

– „Die Atombombe ..., die ihren ganzen Erfolg, ja ihre Existenz der Möglichkeit offener Diskussion und freier Forschung verdankt, erschien als seltsames Paradox – als Geheimnis und zugleich beispielloses Machtmittel."

Oppenheimer offenbarte seine innersten Gedanken über die Welt und versuchte auf diese Weise, seine Einsichten mit verschiedenen Adressatenkreisen zu teilen. Man kann sich vorstellen, daß Physiker und andere Wissenschaftler Oppenheimers Versuche, die paradoxen Strukturen der Physik in die Rätsel des zeitgenössischen Alltags einzulesen, verstanden und vielleicht begrüßten. Ungeschulten Köpfen hingegen mußten diese Botschaften zunächst befremdlich erscheinen. Sie glichen eher Grübeleien über die Relativität – die physikalische oder kulturelle – oder dem Bemühen um eine große persönliche Synthese und blieben eindeutige Aussagen über Gut und Böse schuldig. Darum ist es verständlich, daß Oppenheimers Publikum, soweit es nicht aus den Reihen der Wissenschaft kam, auf die komplexen Probleme, deren Vermittlung er sich zum Ziel setzte, verwirrt, frustriert oder befremdet reagierte.

In den späten vierziger und frühen fünfziger Jahren wurde Amerika, aufgehetzt durch Joseph McCarthy, Senator aus Wisconsin, von Paroxysmen antikommunistischer Haßgefühle geschüttelt. Jeder, der die flüchtigste Verbindung zu sozialistischen oder kommunistischen Kreisen unterhielt, war dieser modernen Hexenverfolgung schutzlos preisgegeben. Oppenheimer hatte seit langem unter Gerüchten und Tuscheleien über seine linken Neigungen und seine Sympathie für kommunistische Ideen und Institutionen zu leiden und wurde seit Kriegsmitte überwacht. Als die Unbedenklichkeitserklärung für ihn zur Erneuerung anstand, entschlossen sich seine Gegner zum Angriff – auf ihn und die antimilitaristische Bewegung, der er nahestand. Im Dezember 1953 setzten ihn Kollegen aus der Atomenergiekommission davon in Kenntnis, daß er den Zugang zu Staatsgeheimnissen verlieren werde, falls er nicht zu einem Anhörungsverfahren bereit sei.

Oppenheimer war bestrebt, seinen Namen von jedem Verdacht auf landesverräterische Tendenzen reinzuwaschen; er ersuchte um die Gelegenheit zu einer Anhörung, die ihm gewährt wurde und im April und Mai 1954 stattfand. Dieses Hearing „In Sachen J. Robert Oppenheimer" wurde zur größten psychischen Belastung des Physikers seit seiner problematischen Jugendzeit. Die Befragung erinnerte eher an ein Gerichtsverfahren als an eine „Untersuchung", blieb jedoch ohne den Schutz der Rechte und Sicherheiten, die bei formaljuristischen Verfahren gewährt werden.

Durch den persönlichen Angriff auf sein Verhalten und seine Motive im Innersten getroffen, war Oppenheimer zu einem überzeugenden Auftritt als Zeuge in eigener Sache nicht in der Lage. Er antwortete ausweichend, verwickelte sich wiederholt in Widersprüche und stärkte damit Kritikern den Rücken, die ein indiskretes, wenn nicht gar eindeutig illoyales Verhalten Oppenheimers während der Kriegsjahre für wahrscheinlich und seinen Widerstand gegen die Entwicklung der Wasserstoffbombe für unklug hielten, ihm aber auch mangelnde Kooperation als Zeuge in früheren Befragungen über seine Freunde und Familienangehörigen vorwarfen. Beobachter, die die Zeichen der Zeit und die inquisitorischen Töne des Hearings registriert hatten, waren nicht überrascht, als die Atomenergiekommission Oppenheimer am 28. Juni 1954 die Unbedenklichkeitserklärung verweigerte.

Wenige Ereignisse in der jüngeren amerikanischen Geschichte sind gründlicher sondiert worden als der „Fall Oppenheimer". Berichte, Romane und Theaterstücke erschienen, ein Fernsehfilm durfte nicht fehlen, und immer wieder wurden die Fragen zur Person Oppenheimers sowie die Probleme von Wissenschaft, Erkenntnis und Erkenntniszugang – wissenschaftssoziologische Leitmotive unserer Zeit – neu verhandelt. Es läßt sich jedoch fragen, ob Oppenheimers Schicksal in dieser Sache nicht von Beginn an so gut wie besiegelt war. Möglicherweise war nichts von allem, was er oder andere hätten vorbringen können, dazu geeignet, den Lauf der Ereignisse zu verhindern, die Oppenheimer später als „Farce" bezeichnete.

Für mich legt sich indes der Schluß nahe, daß Oppenheimer, wenn auch zweifellos unwissentlich, zu seinem politischen Sturz aktiv beigetragen hat. Als subtile, komplexe Persönlichkeit mit einer elementaren Lust am Vieldeutigen und Paradoxen war er nicht fähig, in die Rolle zu schlüpfen, die für einen Sieg in dieser politischen Befragung unerläßlich war. In taktischer Hinsicht standen Oppenheimer zwei Möglichkeiten offen: er konnte die Anschuldigungen ins Lächerliche ziehen und eine Empörung zur Schau tragen, die Zweifel an den Motiven seiner Ankläger wecken mußte. Oder er konnte einräumen, daß er, fehlbar wie jeder Mensch, gelegentlich irrig geurteilt hatte (und das hatte er tatsächlich), daß es sich dabei jedoch immer um wohlmeinende und harmlose Versuche zum Schutz von Freunden und Verwandten gehandelt habe, die ohnehin Jahrzehnte zurücklagen, und daß seine Loyalität und patriotische Gesinnung bewiesen und über jeden Zweifel erhaben sei.

Keine der beiden Strategien ließ sich mit Oppenheimers Temperament vereinbaren. Er war ein außergewöhnlicher Mensch, der hochkomplizierte theoretische Probleme bewältigte und gezeigt hatte, daß er auch kritischen Situationen gewachsen war, namentlich dann, wenn es um eine gerechte Sache ging. Seine Schwäche lag im Umgang mit Durchschnittsmenschen, den weniger subtilen Denkern, die Schwarzweiß-Raster vorzogen. Der Historiker George Kennan, ehemals Kollege Oppenheimers am *Institute for Advanced Study*, bemerkte: „Als Mensch, in dem sich die Neigungen des Naturwissenschaftlers, Gelehrten und Ästheten verbanden, war [Oppenheimer] für einen bürokratischen Machtkampf schlecht gerüstet."

Im Zusammenhang des Verfahrens sind die Unterschiede zwischen Oppenheimer und einigen seiner Kollegen aufschlußreich. Zu seinen verläßlichsten Verteidigern während des Hearings gehörte sein alter Freund Isidor Rabi, der es als gewitzter New Yorker fertigbrachte, die Anklage als Absurdität zu behandeln und die Ankläger in die Defensive zu treiben. Er war ein Mann, der Risiken einging, um sich und

seine Freunde zu verteidigen. Am meisten schadete Oppenheimer die Aussage des zum Gegner gewordenen einstigen
engen Freundes Teller, des selbsternannten „Vaters der
Wasserstoffbombe", der Oppenheimers Zuverlässigkeit seit
langem anzweifelte. Wie er es in vierzig Jahren ununterbro-
chener Einflußnahme auf die amerikanische Verteidigungs-
politik wieder und wieder demonstrierte, verstand sich
Teller darauf, die Sprache der Politiker und Generäle zu
sprechen. Seine bedachtsam gewählten Worte ließen kaum
Zweifel daran, daß Amerikas Schicksal bei einem Mann von
der Unberechenbarkeit und Unverläßlichkeit Oppenheimers
in schlechten Händen sei. Ein manichäisches Weltbild, in
dem die Vereinigten Staaten das Gute und die Sowjetunion
das Böse vertraten, erwies sich als durchsetzungsfähige
Gegengeschichte im Wettstreit mit einem differenzierteren
Denken, das Gelegenheiten zum Dialog suchte und patriotische Rhetorik ebenso verabscheute wie geistige Klischees.

Ich halte die Beschuldigungen gegen Oppenheimer nicht
für stichhaltig. Zweifelhafter erscheint mir, ob Oppenheimer
selbst sich als vollkommen unschuldig betrachtete, und diese
Ambivalenz kam ihn teuer zu stehen. Ich frage mich, ob er
jemals von einem inneren Unbehagen frei war, wenn er sich
nicht im Kreis von Wissenschaftlern und Intellektuellen bewegte, denen er sich eng verbunden wußte. Abgesehen von
der außerordentlichen Zweijahresperiode des Manhattan-
Projekts hatte Oppenheimer lebenslang Schwierigkeiten,
Menschen als seinesgleichen anzuerkennen. Das konnte, vor
allem in seiner Jugend, bedeuten, daß er Gesprächspartner
mit kalter Arroganz ‚zur Schnecke machte'. Philip Graham,
den mächtigen Verleger von *Newsweek* und *Washington
Post*, stellte er einmal als Ignoranten dar, der einen bestimmten Sanskrit-Text wohl nicht im Original gelesen habe.

Andererseits trat er, vor allem im Kreis einflußreicher Politiker und Militärs, mit schmeichlerischer Unterwürfigkeit auf, wenn er sich Unterstützung sichern wollte. Sein Familienleben hatte bedrückende Züge: Kitty Oppenheimer war Gewohnheitstrinkerin, seine Tochter Toni nahm sich später das Leben, und sein Sohn zog sich vollständig aus der Öffentlichkeit zurück. Ich glaube, daß Oppenheimer trotz der Sensibilität, die er im Umgang mit Personen seines Zirkels an den Tag legte, nicht in der Lage war, sich in die Persönlichkeit seiner Ankläger (und neutraler Beobachter) zu versetzen und abzuschätzen, was ihnen begreiflich erscheinen würde und was sie irritieren mußte.

Viele Kollegen brachten Oppenheimer Bewunderung und Respekt entgegen. Er war brillant, vielseitig, ein guter Unterhalter und Zuhörer sowie ein loyaler Verteidiger der Grundprinzipien der Gelehrtenrepublik. Niemand attestierte ihm Gelassenheit; vielmehr erschien er vielen als eine Art Svengali,* eine Gestalt, die andere durch ein hypnotisches Fluidum in Bann zog – mit seinem durchdringenden Blick und seinem unglaublich breiten und detaillierten Wissen, mit dem spielerischen Sinn für Widersprüche und der meisterhaften Beherrschung der Themen und Probleme, die seine Zuhörer bewegten. Die meisten Wissenschaftler empfanden ihn als Ausnahmemenschen und waren sich mit leichtem Unbehagen der Faszination bewußt, die er auf sie ausübte. Wendell Latimer, einer seiner Kollegen in Berkeley, sah in Oppenheimers Wirkung auf andere Menschen „mystische Elemente" im Spiel; Rabi sprach von einer „spirituelle[n] Qualität" mit „noch unerkannten Tiefen der Einsicht und

---

* Figur eines Hypnotiseurs und Musikers aus *Trilby* (1894), Roman von George Du Maurier [A. d. Ü.]

Vernunft." Der namhafte Literaturkritiker John Mason Brown beschrieb Oppenheimers Ausstrahlung: „Die Wirkung seiner Persönlichkeit wird durch die zarte Physis verstärkt. Wenn er spricht, scheint er zu wachsen. Seine geistige Intensität verdrängt jeden Gedanken an die fehlende Statur." Weniger stark ist solche Wirkung begreiflicherweise bei Generälen und Politikern, die sich durch körperliche Präsenz und Machtsymbole vielleicht leichter beeindrucken lassen als durch Willensstärke und subtile oder gar mysteriöse Geisteskräfte.

Daß meine Darstellung auf einen Widerspruch hinausläuft, ist mir bewußt: Oppenheimer gehörte nicht zu den Menschen, die grundsätzlich unfähig sind, den Standpunkt anderer einzunehmen. Er hatte bei verschiedenen Gelegenheiten und vor allem als Leiter des Manhattan-Projekts ein fast unnatürliches Einfühlungsvermögen bewiesen. Vielleicht war diese Aktivierung persönlicher Intelligenz eine erworbene Fähigkeit, die Oppenheimer nie, wie etwa Franklin D. Roosevelt, zur zweiten Natur wurde; oder sie war möglicherweise mehr eine ausgeprägte Form der Zuvorkommenheit oder Freundlichkeit als das instinktive Erfassen der Möglichkeiten, den anderen zu überzeugen. Etwas in Oppenheimers Natur widersetzte sich der natürlichen Sympathie zu Menschen außerhalb seines eigenen Kreises – vielleicht ein starkes Machtbedürfnis, vielleicht ein angeborenes Gefühl der Besonderheit, der Überlegenheit oder auch Unzulänglichkeit. Für Oppenheimer wie für Hutchins (vgl. Kapitel 6) hatte diese fundamentale Unfähigkeit, sich auf bestimmte Adressatenkreise einzustellen, verhängnisvolle Konsequenzen.

Es ist nicht ausgeschlossen, daß Oppenheimer zum Teil ein Opfer der historischen Umstände wurde. Unmittelbar

nach der Explosion der ersten Atombombe war in der amerikanischen Öffentlichkeit eine Sympathie für den einge-
schränkten Gebrauch von Kernwaffen und vielleicht sogar
für ein internationales Kontrollsystem festzustellen. Hätte
sich Oppenheimer damals verteidigen müssen, wäre ihm
möglicherweise ein verständnisvolleres Publikum sicher gewesen. In den frühen fünfziger Jahren jedoch hatten die
Russen bereits die erste Wasserstoffbombe gezündet, und die
meisten Amerikaner glaubten, der Konflikt zwischen den
USA und der Sowjetunion lasse keinen Mittelweg zu.
Damals mußte Oppenheimers gemäßigte Sprache auf taube
Ohren stoßen.

Das Untersuchungsverfahren und das abschließende ver-
nichtende Urteil trafen Oppenheimer tief. Er sprach nie
mehr vor der amerikanischen Öffentlichkeit, blieb jedoch
der vorbildliche Präsident des *Institute for Advanced Study*,
rekrutierte herausragende Denker als Fakultätsmitglieder,
nahm sich der jungen Wissenschaftler an, die als Gäste am
Institut weilten, und sorgte für ein Diskussionsniveau, das
auch international seinesgleichen suchte. Er hielt zahlreiche
Vorträge in wissenschaftlichen Gesellschaften, in denen er
mit Einsicht, Scharfsinn und Bescheidenheit zu den Gegen-
wartsthemen aus Wissenschaft und Ethik, zum Problem der
ständigen Wissensvermehrung und zu anderen aktuellen
Fragen Stellung nahm. In den fünfziger und sechziger Jahren
war er einer der beeindruckendsten Referenten auf diesen
Gebieten.

Mit bemerkenswerter Zurückhaltung verzichtete Oppenheimer auf jede öffentliche Stellungnahme zu der Untersuchung. In seiner Umgebung war die Meinung zu hören, er sei
aus den erschütternden Erfahrungen gestärkt hervorgegan-

gen, habe zur Beschäftigung mit den Gebieten zurückgefunden, die seine unbestreitbare Stärke waren, und eine neue Sensibilität für die Gebrechlichkeit der menschlichen Natur gewonnen. Selbst bei der Verleihung des Enrico-Fermi-Preises – die wohl weitestgehende Form öffentlicher Rehabilitierung, die ein Mann in seiner Position erwarten konnte – begnügte er sich mit der kurzen, feinsinnigen Bemerkung: „Ich glaube, Herr Präsident, zu der heutigen Preisverleihung gehörten Menschlichkeit und Mut. Das scheint mir ein gutes Omen für unser aller Zukunft."

Mead und Oppenheimer scheinen ein seltsames Gespann, das jedoch ebenso große Ähnlichkeiten wie Unterschiede erkennen läßt. Auf der einen Seite ein Mann von europäischer Lebensart, theoretischer Physiker, introvertiert, mit Neigung zu grüblerischem Pessimismus, der sich als öffentlicher Kommentator zurückhielt und elitäre Bildungsinteressen verfolgte. Daneben eine Frau und amerikanische Patriotin, Ethnologin, extravertiert und optimistisch, Aktivistin aus Instinkt, eingefleischte Lehrmeisterin der Öffentlichkeit und Volkskundeexpertin. Sie hätten wohl wenig gemeinsam gehabt und es für längere Zeit nicht miteinander ausgehalten.

Als Führungspersönlichkeiten jedoch sind Mead und Oppenheimer Zwillingsfiguren. Beide zeigten bereits in jungen Jahren auffallende intellektuelle Fähigkeiten, Sensibilität und Neugier und nahmen unter ihren Altersgenossen eine Ausnahmestellung ein. Noch während ihrer College-Zeit war die Wahl ihres Studienfaches unentschieden. Vermutlich hätten die eine wie der andere mit Erfolg in den verschiedensten wissenschaftlichen Bereichen – und Berufen – tätig werden können.

Nach der Entscheidung für ihr Spezialgebiet gehörten beide bald zu den führenden Vertretern ihres Faches. Die wenigsten Physiker und Ethnologen hatten im Alter von fünfunddreißig Jahren die Aussichten, die sich Mead und Oppenheimer boten. Beide stellten fachintern auch ihre Führungsbegabung unter Beweis: Oppenheimer als Lehrer und Vermittler zwischen den Fachbereichen, Mead als Feldforscherin, Schriftstellerin und Organisatorin. Die Ereignisse des Zweiten Weltkriegs stellten beide in einen größeren Wirkungskreis. Oppenheimer wurde zum Direktor eines Projekts von unabsehbarer Bedeutung, während Mead sich darum bemühte, ein Verständnis der Lebensformen ihrer eigenen Gesellschaft zu gewinnen und ihre Einsichten an die zunehmend aufmerksame amerikanische Öffentlichkeit weiterzugeben.

Nach dem Krieg hatten beide sich verschiedenartigen Adressatenkreisen und deren Ansprüchen zu stellen – einerseits dem Publikum aus den klassischen akademischen Disziplinen mit ihren Fachsprachen, andererseits Zuhörern, die auf ein begrenztes wissenschaftliches Verständnis Anspruch erhoben, ohne wirkliche Sachkenntnis zu besitzen, sowie drittens der gebildeten Öffentlichkeit. An diese Aufgabe gingen die beiden Führungspersönlichkeiten aus den Reihen der Wissenschaft verschieden heran. Meads Bindungen an die Schulethnologie lockerten sich, und nach ihrem Tode wurde sogar ihr Ruf als Samoa-Expertin ernsthaft in Frage gestellt. Sie mied feste Bindungen an Institutionen und gründete keine Schule. Ihr letztes Publikum waren die amerikanischen Leser und Zuschauer, die Informationen über exotische Welten und vielleicht mehr noch Ratschläge zur eigenen Lebensgestaltung von ihr erwarteten. Man schätzte sie als Wissenschaftlerin, die mühelos Verbindung zu einem breiteren

Publikum fand. Einige ihrer Ansichten mögen heute überholt sein; es bleibt anzuerkennen, daß sie geholfen hat, kultursoziologische Fragestellungen zu formulieren, die für Jahrzehnte Gültigkeit behielten.

Oppenheimer blieb im wesentlichen Physiker, repräsentiert allerdings eher den Lehrer und Wissensvermittler als den akademischen Gelehrten. Den vermehrten Aufforderungen, vor einem größeren Publikum zu sprechen, wurde er mit Erfolg gerecht, wenn er Wissenschaftler oder gebildete, hochmotivierte Laien vor sich hatte. Aber er fand nie den direkten Kontakt zur breiteren Öffentlichkeit – suchte ihn wohl auch nicht. Sein Konflikt mit den Sicherheitsbehörden und die wachsenden Polarisierungstendenzen seiner Zeit brachten es mit sich, daß er im Umgang mit führenden Politikern und ihren Wählern weit weniger erfolgreich war als Mead. Er blieb einem wissenschaftlichen Vorgehen verpflichtet, das die Fragen in ihrer ganzen Komplexität und Subtilität entfaltete, einer differenzierten Denkweise, die ihre Liebhaber in den Universitäten fand und nicht auf den Straßen. Edward Teller, der Kollege und 'Handlanger der Nemesis, hatte auf lange Sicht mehr Erfolg, weil er die direkte und indirekte Zusammenarbeit mit politischen und militärischen Führungskräften suchte, für die er einfachere Geschichten nach dem alten Freund-Feind-Schema bereithielt.

Mit der unterschiedlichen Art, sich ihrem Publikum zu präsentieren, vermittelten Mead und Oppenheimer im Medium ihres Verhaltens unterschiedliche Botschaften. Mead ging auf ihr Publikum zu, und das Publikum kam ihr entgegen. Kommunikation war ihr Thema, und darauf verstand sie sich. Der zurückhaltende, beherrschte Oppenheimer hatte kein Talent zu schulterklopfender Kumpanei, zum Bad in der Menge oder zur glaubhaften Teilnahme am „allgemeinen Diskurs", wie er sich ausdrückte. In einem 1960 in Berlin gehaltenen Vortrag griff er dieses Problem auf:

Es beunruhigt mich, daß uns heute die Fähigkeit, miteinander zu sprechen, so weitgehend verlorengegangen ist. Im Verlauf folgenreicher Entdeckungen sind wir einander in unseren Gewohnheiten und ein Stück weit sogar in der Sprache fremd geworden. Wir hatten weder die Zeit, noch das nötige Können, noch den Willen, einander mitzuteilen, was wir gefunden hatten, zu hören, zuzuhören und die Bereicherungen der gemeinsamen Kultur und des gemeinsamen Wissens zu begrüßen. Wir dürsten nach geistigem Adel: den seltenen Worten und Taten, in denen sich Einfachheit und Wahrheit verbinden.

Die Welt in ihrer komplexen Problematik zu begreifen und dennoch fähig zu sein, sich unterschiedlich gebildeten Menschen mit begrenztem Sachwissen verständlich zu machen – vielleicht ist dies der fundamentale Anspruch, den unsere Zeit an ihre führenden Köpfe stellt. Mead und Oppenheimer haben sich, jeder auf seine Art, dieser Aufgabe unterzogen, und ihr Leben zeigt als teils inspirierendes, teils bedrückendes Vorbild, wie Spezialisten die Grenzen ihres Faches überwinden. Margaret Mead setzte ganz auf den gesunden Menschenverstand; daß Oppenheimer seine gesammelten Schriften unter dem Titel *Uncommon Sense* (Jenseits des Common sense) publizierte, erscheint bezeichnend. Für den schwermütig-poetischen Geist des Physikers war die Schwierigkeit moderner Kommunikation das zentrale Thema, während Mead, die im wesentlichen ausgeglichene Natur, mit größerem Geschick demonstrierte, daß Kommunikation rundum gelingen kann.

Mit den Porträts von Mead und Oppenheimer habe ich meine Untersuchung des Führungsspektrums eröffnet. Beide

Wissenschaftler waren kreative Persönlichkeiten, deren Einfluß sich anfangs aus ihrem Denken und ihren Veröffentlichungen ergab. Sie repräsentieren damit den Rand des Spektrums, für den prototypisch Albert Einstein steht: den einsamen Gelehrten (oder Künstler), den es nicht nach direkter Führung drängt. Mit der Übernahme profilierterer, zunächst fachinterner, später fachüberschreitender Führungsrollen verkörperten Mead und Oppenheimer zwei wichtige Nahtstellen: den Übergang von der direkten zur indirekten Führung und von der Führung im Rahmen einer Domäne zur Führung einer größeren Gemeinschaft anders- oder nichtqualifizierter Adressaten. Dennoch trennt beide noch Wesentliches von den politischen Führern am anderen Rand des Kontinuums, die bei internationalen Konferenzen, wie dem legendären Treffen von Teheran, eine Nation vertreten.

In den nächsten vier Kapiteln sind Führungspersönlichkeiten dargestellt, die eng umschriebene Institutionen leiteten – den überschaubaren Betrieb einer amerikanischen Universität, das größere und komplexere Gefüge eines internationalen Konzerns und schließlich die Großsysteme der amerikanischen Streitkräfte und der römisch-katholischen Kirche.

6

Robert Maynard Hutchins: „Höhere Bildung" für die Vereinigten Staaten

UPI/Bettmann

Die Macht eines Präsidenten ist die Macht des
überzeugenden Wortes.

Richard Neustadt

So gut wie jeder Gebildete ist in der Lage, einen
Vortrag zum Thema „Die Ziele der Universität"
zu halten, und so gut wie niemand wird den Vortrag freiwillig anhören. Referate und Aufsätze dieser Art sind in der Regel wohlmeinende Übungen
in sozialer Rhetorik mit geringem Gebrauchswert.
Bemühungen um normative Aussagen über die
Ziele der Universität sind im Ergebnis meist sinnlos oder fragwürdig.

Michael Cohen und James March

In Europa hatte der Zweite Weltkrieg seinen Höhepunkt
erreicht, als in den Vereinigten Staaten ein Kampf von weniger schicksalhafter Bedeutung ausgefochten wurde – der
Kampf um das Wesen einer Anstalt der höheren Bildung.
Robert Maynard Hutchins, der langjährige Rektor der Universität Chicago, stand mit einem großen Teil des Lehrkörpers auf dem Kriegsfuß. Hutchins und seine Mitarbeiter
versuchten, ein optimales studentisches Lehrprogramm zu
schaffen. Die puristische Auffassung, die vom Rektor, der
Mehrheit seiner handverlesenen Administratoren und einem
kleineren Teil der Fakultätsmitglieder vertreten wurde, sah
vor, den Studenten einen einheitlichen Lehrplan vorzu-
schreiben. Anhand der Werke großer Dichter und Denker,
der *great books,* sollten sie die klassischen Fächer studieren
und sobald sie die nötige geistige Befähigung nachweisen
konnten, ein einheitliches Magisterdiplom erhalten. Gegen
diese Position zogen die Anhänger einer pluralistischen,
jedenfalls aber praktikableren Auffassung zu Felde, die für

eine Reihe leichter realisierbarer Curricula eintraten. Sie wollten den Studenten ermöglichen, auf verschiedenen Wegen zum Diplom zu kommen, und ihnen zum Beispiel Natur- oder Geisteswissenschaft, Sozial- oder Kunstwissenschaft als alternative Studiengänge anbieten.

Hutchins, der mit knapp dreißig Jahren zum Präsidenten der Universität von Chicago ernannt worden war, hatte sich bereits in den frühen vierziger Jahren als hoch angesehener Vertreter des amerikanischen Unterrichtswesens einen Namen gemacht. Ein Veteran zahlreicher Debatten auf Universitäts- und Bundesebene, genoß er allgemeine Wertschätzung, weil er ein hohes intellektuelles Niveau und eine liberale Bildung auf philosophischer Grundlage verfocht. Aus dem Kampf mit den Dozenten seiner Universität, der in einem unbefriedigenden Kompromiß endete, ging Hutchins dennoch als Verlierer hervor. Auch weitere Reformversuche scheiterten, die er als Universitätsrektor und später als Leiter anderer Institutionen anbahnte.

Es scheint verwunderlich, daß es dem Rektor einer Universität nicht gelungen sein sollte, die hauseigene Dozentenschaft von seinen Ideen zu überzeugen, zumal diese im weiten Umkreis auf Zustimmung stießen und sogar in andere Hochschulen Eingang gefunden hatten. Die Ursache dieses Debakels ist teils in den besonderen Chicagoer Verhältnissen, namentlich in Hutchins' eigenmächtigem Führungsstil und seiner dominierenden Persönlichkeit, teils aber, wie ich meine, in einem tieferliegenden Problem zu suchen, in der Aufgabe, eine relativ eng umschriebene Institution zu leiten.

Dozenten eines Universitätsbetriebs denkt man sich in einem gemeinsamen Ziel vereinigt – schließlich spricht man allgemein vom ‚Lehrkörper'. Doch anders als die Ethnologin oder der Physiker, die sich an ihre Fachkollegen wenden, muß der Leiter einer Universität in der Lage sein, eine oft widerspenstige Schar von Einzelpersönlichkeiten anzusprechen, die verschiedene Disziplinen vertreten, schwer zu vereinbarenden Treuepflichten unterliegen, verschiedenen Bildungszielen anhängen und überdies zu chaotischem Gruppenverhalten neigen. Ihre Ausbildung und ihr Expertenwissen betreffen ein einzelnes wissenschaftliches Fachgebiet. In allgemeineren Bildungsfragen sind sie möglicherweise nicht besser und zuverlässiger informiert als der Durchschnittsbürger. Daß jedes Fakultätsmitglied sich in der Überzeugung gefällt, der klügste Kopf in der Runde zu sein, wie ein Witzbold einmal bemerkte, trägt nicht zur Vereinfachung der Beziehungen bei.

Aufgrund seiner intellektuellen Fähigkeiten und seiner dominierenden Persönlichkeit konnte Hutchins in jungen Jahren zum Universitätsrektor und später zum Leiter anderer Institutionen aufsteigen. Er verlor indessen mehr Kämpfe, als er gewann, und weckte häufig Verständnis und Mitgefühl, ohne als Vorbild zu wirken. Der Einblick in seinen ungewöhnlichen Lebensweg und in die Gründe für sein schließliches Scheitern wird erkennen lassen, wie außerordentlich schwierig es ist, auch nur eine verhältnismäßig kleine, genau definierte Institution zu leiten, eine Aufgabe, die doch weniger anforderungsreich zu sein scheint als die Führung eines Konzerns, einer Kirche, einer Militärmaschinerie oder eines Staates.

Der junge Hutchins, Sproß einer alteingesessenen Familie aus New England, groß gewachsen, gut aussehend und ehrgeizig, von selbstbewußtem Auftreten und intellektueller Brillanz, schien wie kaum ein anderer für spätere Führungsaufgaben prädestiniert. Sein Vater war Pastor der presbyterianischen Kirche und späterer College-Rektor und Stiftungspräsident. Der Sohn, der wie Mead und Oppenheimer liebevolle Zuwendung und Förderung erfuhr, wuchs in einer Familie auf, die sich harte Arbeit, hohe ethische Maßstäbe und schonungslose Selbstkritik zur Aufgabe machte. Ohne sich in kirchlichen Aktivitäten zu engagieren, wurde er von seinem geistlichen Umfeld stark beeinflußt und dachte sogar daran, Missionar zu werden.

Er besuchte zunächst zwei Jahre das evangelische Oberlin College, wo man der Verbindung zwischen dem Wissenserwerb und der Anwendung des Gelernten im Dienst der Gesellschaft besonderen Wert beimaß, eine Gesinnung, die Hutchins tief berührte. Nach kurzer Dienstzeit in der Armee schloß er am Yale College den ersten Teil seines Studiums ab. Er glänzte in fast jedem Fach außer der Leichtathletik und hatte sich bald als eine der tonangebenden Figuren in der Studentenschaft profiliert. Zu seinem Jahrgang gehörten neben den späteren Verlegern Henry Luce und William Benton der Dramatiker Thornton Wilder, der zu einem Freund fürs Leben wurde.

Während seiner Collegezeit erwies Hutchins sich als bemerkenswert begabter Redner und Debattierer. Das Vorbild seines Vaters, eines wortgewandten Kanzelredners, vor Augen, sprach er klar, ohne emotionale oder theatralische Effekthascherei und hatte relevantes Zahlenmaterial und anschauliche Beispiele aus dem Gedächtnis präsent. Seine bewundernswert rasche Auffassungsgabe, die Fähigkeit, zu provozieren, ohne zu verletzen, und eine immer wache Ironie machten es ihm leicht, die Zuhörer für sich zu gewinnen.

Nach vorübergehenden, wenig vergnüglichen Erfahrungen als Hochschullehrer, erhielt Hutchins ein Angebot, das seinem Leben eine neue Richtung gab. James Angell, Rektor der Yale Universität, schlug ihm vor, den Sekretärsposten der *Yale Corporation* zu übernehmen, der kleinen Schar Auserwählter, denen die Universitätsverwaltung oblag. Zu seinen Hauptaufgaben gehörten neben der Mittelbeschaffung die Bereiche Kontaktpflege und Public Relations, und er wurde zu einem geschickten Anwalt der Universität in der Öffentlichkeit. Harry Ashmore, einer seiner Biographen, berichtet: „In seinen öffentlichen Verlautbarungen ließ Hutchins seiner rastlosen, skeptischen Intelligenz freien Lauf. Aber sein Esprit und sein Charme sorgten dafür, daß die oft bissigen Bemerkungen keinen Protest erregten, und er erwies sich als erfolgreicher Sachwalter der universitären Interessen."

Hutchins hatte bereits als Student am Yale College ein Jurastudium aufgenommen, das er während seiner Arbeit für die *Yale Corporation* mit den gewohnten glänzenden Erfolgen fortsetzte. Er kam zu dem Schluß, das Studium der Rechte eigne sich wie kein anderes zum Erwerb einer geschliffenen Rhetorik. Von den Kommilitonen zum erfolgversprechendsten Studenten seines Jahrgangs gekürt, wurde der frischgebackene Magna-cum-laude-Absolvent an die Juristische Fakultät der Yale-Universität berufen. Dort unterrichtete er Prozeßrecht und Öffentliches Recht und unterstützte den Dekan, Charles Clark, bei der Durchführung von Studienreformen.

Kaum hatte er sich als Mitglied der Rechtsfakultät etabliert, als sich ihm eine neue Möglichkeit bot: Clark verließ die Universität, um dem Ruf an ein Appellationsgericht zu folgen, und Hutchins wurde zum stellvertretenden Dekan ernannt. Sobald er den Posten angetreten hatte, stürzte er sich in einen Strudel von Aktivitäten, produzierte einen anhaltenden Strom von Positionspapieren, nahm Ernennungen vor und bewies ein virtuoses Geschick bei der Erledigung der Tagesgeschäfte von Budgetberatungen bis zu Studienplanungen und Fakultätssitzungen. (Durch seine Arbeit in der *Yale Corporation* war er für solche Tätigkeiten zweifellos gut gerüstet.) Außerdem trieb er zwei Projekte voran, denen sein besonderes Interesse galt – die Förderung psychologischer Forschungen im Dienst des Beweisrechts sowie die finanzielle Sicherung eines zu gründenden Instituts für Verfahrensrecht. Im Dezember 1927 stimmten die Mitglieder der *Yale Corporation* für die Ernennung Hutchins' zum amtierenden Dekan.

Ausnahmetalente denkt man sich in der Regel als Ausübende bestimmter Tätigkeiten, etwa als Musiker, als Schachspieler oder als Mathematiker. Weil es sich dabei immer um rechnerische oder algorithmische Prozesse handelt, können die Kinder und Jugendlichen in kurzer Zeit Fortschritte machen, wenn es ihnen gelingt, die jeweils geltenden Gesetze oder Gesetzmäßigkeiten zu durchschauen. Besondere Erfahrung im Umgang mit anderen Menschen brauchen die Hochbegabten indessen nicht, solange sie nicht den Ehrgeiz haben, bis an die Spitze ihres Faches zu gelangen.

Die Gelegenheit, so jung, wie Hutchins es damals war, eine direkte Führungsrolle zu übernehmen – zumal innerhalb einer Institution –, ist auch in einer Gesellschaft, die Jugendlichkeit favorisiert, äußerst selten. Selbst wenn man Hutchins' familiäre Vorbilder sowie seine außerordentlichen Fähigkeiten und Anlagen in Rechnung stellt, ist kaum zu bezweifeln, daß sich für die hohen Ämter, die der junge Jurist bekleidete, in Yale auch andere Kandidaten gefunden hätten. Sein Erfolg beruhte zum Teil auf der Wesensverwandtschaft mit James Angell; noch heute wird einem angesehenen Hochschulrektor bei der Besetzung höherer Posten breiter Spielraum zugestanden. Hutchins' ungewöhnlich gutes Aussehen und seine verbindliche Umgangsart waren zweifellos Vorzüge, die ihm zustatten kamen. Der Schlüssel zu seinem kometenhaften Aufstieg scheint jedoch in einer erstaunlichen Lernfähigkeit zu liegen, die ihm die Wege ebnete, wo andere Jahre benötigen, um Fuß zu fassen, und Monate, um ihre Fehler zu verarbeiten. Er schien in der Lage, sich in knapp zehn Jahren die administrativen Fähigkeiten zu erwerben, die so vielen anderen, erfahreneren Kollegen abgingen.

Nicht nur schien Hutchins die Rolle des Dekans auf den Leib geschrieben zu sein, er verstand es auch, die Situation angemessen einzuschätzen, zu erkennen, was sie erforderte, und dieses Ziel überzeugend und häufig auch effektiv zu vertreten. Wie andere frühreife ‚natürliche' Führungspersönlichkeiten, darunter einige der hier dargestellten, besaß er eine ebenso seltene wie nützliche Kombination von Intelligenzen: die logische Fähigkeit, Möglichkeiten wahrzunehmen, die sprachliche Fähigkeit des überzeugenden mündlichen und schriftlichen Ausdrucks sowie die interpersonale Intelligenz, die ihm ein Urteil darüber erlaubte, wie in einer bestimmten Situation bei bestimmten personellen Gegebenheiten zu verfahren war.

Damit soll keineswegs gesagt sein, daß Hutchins ein untadeliger Verwaltungssekretär, Professor oder Dekan gewesen wäre. Im Gegenteil: er machte Fehler, versprach häufig mehr, als er hielt, besaß mehr Enthusiasmus als praktisches Wissen und unterschätzte nicht selten die Anstrengungen, die zur Durchführung neuer Maßnahmen erforderlich waren. Die Naivität und das Ungestüm der Jugend forderten ebenfalls ihren Tribut, und es fehlten ihm sowohl ein durchdachtes Programm als auch verläßliche Handlungsstrategien.

Dennoch herrschte an der *Yale Law School* unter Hutchins' Leitung eine Art Aufbruchsstimmung; man lebte in dem Gefühl, daß Neues sich Bahn brach, daß man *die* Fakultät für Rechtswissenschaft war. Heute wurde ein neues Spezialisierungsprogramm vorgelegt, morgen eine Verbindung zur medizinischen Fakultät ins Auge gefaßt; ein Programm über „Rechtsrealismus" [eine konsequent pragmatische, an der sozialen Wirklichkeit orientierte Richtung im Rechtsdenken – A. d. Ü.] hat bis heute Spuren hinterlassen. „Es kümmert uns nicht besonders, ob alle unsere Experimente erfolgreich verlaufen", erklärte er bezeichnenderweise. „Wir sind zufrieden, wenn andere juristische Fakultäten daraus ihren Nutzen ziehen, und sei es nur, um unsere Fehler zu vermeiden. Eine Universität hat den unschätzbaren Vorteil, sich Experimente leisten zu können." Er scheute sich nicht, Autoritäten und Dogmen in Frage zu stellen, wußte aber auch, wann bescheidenes Auftreten und humorvolles Understatement am Platz war. Leider trat diese sympathische Neigung, die eigene Bedeutung herunterzuspielen, im Lauf der Zeit immer mehr zurück.

Ein bestimmter Aspekt von Hutchins' Amtszeit in Yale verdient besondere Erwähnung. Der junge Dekan zählte sich entschieden zu den progressiven Kräften der Fakultät. Er setzte sich dafür ein, den Studenten Wahlmöglichkeiten zu geben, er forderte sie auf, sich außerhalb ihres Faches zu engagieren, und kritisierte die Trockenheit und Monotonie der Fallmethode, die fehlende Intellektualität juristischer Fakultäten mit ‚Berufsschulcharakter' sowie die isolierte Stellung der Rechtswissenschaft innerhalb der Universität. Außerdem förderte er eine enge Allianz mit den damals neu entstehenden Fächern Verhaltensforschung und Sozialwissenschaften. Er war der Auffassung, die Erkenntnisse der Sozialwissenschaft müßten bei Rechtsentscheiden berücksichtigt werden, und psychologische Methoden seien heranzuziehen, um zum Beispiel die Zuverlässigkeit von Zeugenaussagen, die Wirksamkeit von Gesetzen und die Angemessenheit von Strafen zu überprüfen. Entsprechend bemühte er sich um die Gründung – und Finanzierung – von Institutionen, die der Rechtswissenschaft empirische Daten verschaffen sollten.

Als Hutchins Ende der zwanziger Jahre begann, sich als Jurist und Hochschulverwalter einen Namen zu machen, war er somit ein zukunftsorientierter, progressiver Praktiker und Innovator, und ließ, wenn überhaupt, kaum Hinweise auf den emphatisch konservativen Bildungstheoretiker erkennen, als der er sich den Amerikanern bald präsentierte.

Ein weiteres Mal wurde Hutchins vom Glück begünstigt. Die Universität Chicago, eine der renommiertesten Bildungsanstalten des Landes, suchte einen neuen Rektor. Um die Jahrhundertwende hatte William Rainer Harper als junger, innovativer Gründungsrektor und führender Bildungstheoretiker seiner Hochschule, besonders im Graduiertenbereich, Prestige, Unterstützung und intellektuelle Kapazität verschafft. Seine Nachfolger jedoch waren eine Enttäuschung. Den Verwaltern der Hochschule lag nun vor allem daran, einen Mann zu finden, der die lebendige Atmosphäre der Harper-Ära wiederbelebte und sich mit Aufmerksamkeit und Ideenreichtum der Ausbildung der Undergraduates widmete.

Im April 1929 erschien Hutchins vor dem Auswahlkomitee. Trotz seines jugendlichen Alters und seiner begrenzten administrativen Erfahrung hinterließ er bei den Komiteemitgliedern und namentlich bei Harold Swift, einem Nach-

kommen des Gründers der bekannten Fleischverschiffungs-
firma, einen hervorragenden Eindruck. Nach einer Rück-
sprache mit den Kollegen der *Yale Law School*, die ihrem
Dekan ein positives, wenn auch mit einer gewissen Zurückhaltung formuliertes Zeugnis ausstellten, erhielt der jugendliche Hutchins das Angebot, an einer der größten Hochschulen des Landes mit 14 000 Studenten, 780 Dozenten
und einem Jahresbudget von 7,4 Millionen Dollar als Rektor zu wirken, und sagte zu.

In Chicago entfaltete Hutchins dieselbe Betriebsamkeit,
die bereits seine Amtszeit am Yale College gekennzeichnet
hatte und je nach individueller Chaostoleranz als dynamisch
oder turbulent empfunden wurde. Seine ersten Jahre brachten eine Flut von Neuerungen, die alle im Bildungsbereich
Engagierten, darunter die Geldgeber, aufhorchen ließen: die
Einrichtung von Professuren speziell für den Collegebereich,
die Zulassung von Mittelschülern ans College, die Einführung zweijähriger neben den traditionellen vierjährigen Col-
lege-Programmen, die Einteilung der Fachbereiche in zwei
übergeordnete Abteilungen sowie eine erkennbare Neigung
zu interdisziplinären (nichtspezialisierten) Kursen. Hutchins
war ein Anhänger kontroverser Debatten, förderte das Streit-
gespräch und verstand es meisterhaft, die Projekte, an denen
ihm lag, durchzusetzen. Mary Ann Dzuback, Verfasserin
einer der Hutchins-Biographien, faßt die Ergebnisse der Reformen zusammen: „Das College-Programm rückte von der
Peripherie ins Zentrum der Hochschule; die weitgehend
wahlfreie Studiengestaltung mit drei verschiedenen Ab-
schlußmöglichkeiten wurde durch ein vorgeschriebenes Programm ersetzt, das nur noch einen einzigen Abschluß vorsah,
und an die Stelle zehnwöchiger Fachkurse traten interdisziplinäre Jahreskurse im Rahmen des Gesamtlehrplans."

Die organisatorischen Veränderungen bildeten einen wichtigen, wenn auch umstrittenen Teil von Hutchins' Programm, doch erst mit seiner in den späten zwanziger Jahren entstandenen Bildungstheorie hat der Rektor der Universität Chicago Wesentliches zu der bis heute andauernden Diskussion über die Aufgabe der Universität beigetragen. Dieser Teil seiner Geschichte kann nicht erzählt werden, ohne Mortimer Jerome Adler einzuführen, einen New Yorker Juden, der an der Columbia Universität Philologie und Psychologie studiert hatte und durch John Erskines legendäres Seminar über die *great books* fürs Leben geprägt worden war. Unter Erskines Leitung lasen und diskutierten die Studenten in kleinen Gruppen bedeutende Texte westlicher Dichter und Denker, Werke, die man heute als Kanon bezeichnen würde. Adler, ein überzeugter Autodidakt und geborener Renegat, stand vielen geistigen Strömungen seiner Zeit mit Unbehagen gegenüber. Er orientierte seinen Kulturbegriff an der griechischen und römischen Antike und sein Gesellschaftsideal am hierarchischen Aufbau des Wissens im Mittelalter und am Beziehungsgeflecht mittelalterlicher Institutionen.

Hutchins und Adler waren sich Ende der zwanziger Jahre am Yale College begegnet, und ihr gemeinsames Interesse an der Psychologie und der Juristerei hatte sie zusammengeführt. Die Gegensätze in Temperament und Herkunft konnten kaum größer sein: Hutchins war verbindlich, zurückhaltend und zumindest dem Anschein nach entgegenkommend, Adler wirkte schroff, stellte sein Licht nicht unter den Scheffel und war ein Streithahn. Trotzdem verstanden sie sich von Anfang an glänzend und blieben ein halbes Jahrhundert lang eng verbunden. In Chicago leiteten sie achtzehn Jahre lang gemeinsam ein Seminar über die *great books*. Adler hat mehr als jeder andere auf die Entwicklung von Hutchins'

Bildungstheorien Einfluß genommen. Im Mittelpunkt dieser Ideen stehen die Lektüre und Diskussion klassischer Werke sowie der Versuch, die dargestellten Leitideen und Denkprozesse im eigenen Leben zu verwirklichen.

1936 veröffentlichte Hutchins sein Buch *The Higher Learning in America* (Die amerikanische Hochschulbildung), eine Reihe von Aufsätzen, in denen er seine neu gewonnenen pädagogischen Vorstellungen einer breiteren Öffentlichkeit bekanntmachte. Konservativ in der Sache und radikal formuliert, forderten sie eine grundlegende Neuorientierung der Werte und Institutionen der amerikanischen Hochschulbildung.

Hutchins eröffnete seine Abhandlungen mit einem wortgewaltigen Angriff auf die geistige Öde der amerikanischen Colleges, die weder Ideale noch einheitliche Konzepte anzubieten hätten. „Die amerikanische Hochschulbildung besticht durch ihre Planlosigkeit", erklärte er. Er kritisierte die Ausrichtung am Vergnügen und an der Berufspraxis sowie an irrigen Ideen von Fortschritt und Nutzen und die, wie er meinte, tolpatschigen Versuche einer direkten „Charakterbildung" über soziale statt über intellektuelle Lernprozesse. Ferner beklagte er das Fehlen von Qualitätsmaßstäben, die finanzielle Abhängigkeit, das Übergewicht des Sports, den grassierenden Antiintellektualismus und die ungeprüfte Annahme, jeder Mensch habe das Anrecht auf Bildung, ob er sich darum bemühe oder nicht.

An die Stelle dieser falschen Götter wollte Hutchins, dem, bildlich gesprochen, Freund Adler über die Schulter blickte, ein Ausbildungsprogramm setzen, in dessen Mittelpunkt die Bildung des Geistes stand. „Ein disziplinierter, gebildeter Geist wird sich auf jedem Felde bewähren", behauptete er und blieb nicht auf halbem Weg stehen: „Das verbindliche Ziel einer Universität ist die Suche nach Wahrheit um ihrer selbst willen." Im lapidaren Ton fester Überzeugungsgewißheit fährt er fort: „Ausbildung bedeutet Unterricht. Unterricht bedeutet Wissen. Wissen ist Wahrheit. Und es gibt nur *eine* Wahrheit. Darum sollte es auch nur *eine* Art der Ausbildung geben. Über mögliche Unterschiede in Organisation und Verwaltung, in lokalen Sitten und Gebräuchen bin ich mir im klaren, doch das sind Details."

Hutchins verfolgte das Ziel, aufbauend auf einem Kanon bedeutender literarischer Zeugnisse, Werken von Bestand, einen Lehrplan zu gestalten, der die Künste des Lesens, Schreibens, Denkens, Redens und der Mathematik umfassen und zur Herausbildung eines gemeinsamen Ideenschatzes und gemeinsamer Arbeitsmethoden führen sollte. Leitsterne des Unternehmens waren die großen systematischen Denker der Vergangenheit, allen voran Aristoteles und Thomas von Aquin.

Besonders interessant und umstritten war Hutchins' Forderung, der Lehrplan müsse einheitlich konzipiert sein und als Grundlage dieser Einheitlichkeit habe die Metaphysik zu gelten. Unter Metaphysik verstand Hutchins die Wissenschaft, die nach den fundamentalen Bedingungen unserer Welt, unserer Existenz und unserer Individualität fragt. „An der Metaphysik als der höchsten der Wissenschaften," erklärte er, „richtete sich das Denken der Griechen aus, wie sich das Denken des Mittelalters an der Theologie ausrichtete. ... Ohne Theologie oder Metaphysik kann es keine einheitlich begründete Hochschule geben." Konkreter gesagt, durch das Studium der Metaphysik würden sich den Studenten die Natur der verschiedenen Disziplinen und deren Wechselbeziehungen erschließen.

Der Student, gleichgültig, ob er Physik, Politikwissenschaft oder Literatur studierte, sollte mithin zu den Prinzipien Zugang finden, die diesen Fächern in Theorie und Praxis zugrunde lagen, und vielleicht sogar die Ähnlichkeiten und Unterschiede zwischen einem naturwissenschaftlichen und geisteswissenschaftlichen Weltverständnis erkennen. Entsprechend würde ein Vergleich von Naturwissenschaften, Sozialwissenschaften und Metaphysik dem Studenten bewußt machen, daß diese Fächer „dieselben Thesen und Tatsachen, jedoch in unterschiedlichem Zusammenhang behandeln." Hutchins zog den Schluß: „... die angemessenen Lehrinhalte der höheren Bildung sind folglich die grundlegenden Probleme der Metaphysik, die Sozialwissenschaften und die Naturwissenschaften."

Hutchins' Ideen stießen beim amerikanischen Publikum auf eine weit stärkere Resonanz, als in Zeiten der großen Wirtschaftskrise zu erwarten war, und lösten zahlreiche Debatten und Diskussionen aus. Mit einer bewußt provokativen Stellungnahme hatte der jüngste unter den Rektoren bedeutender Universitäten die Auseinandersetzung über Sinn und Zweck der Hochschule neu eröffnet. Wer kämpferische Töne liebte oder dem geordneten Wissenskanon längst vergangener Zeiten nachtrauerte, reagierte mit besonderem Enthusiasmus. Der Nachhall dieses spektakulären geistigen Ereignisses war noch fünfzig Jahre später zu vernehmen, als Allan Bloom, ein Philosoph der klassischen Schule und wie Hutchins an der Universität Chicago tätig, *The Closing of the American Mind* (1987 – dt. Der Niedergang des amerikanischen Geistes, 1988) veröffentlichte. Blooms Diagnose und Therapie sind mit Hutchins' Konzept zwar nicht identisch, fanden ihre Anhänger aber in ähnlichen Kreisen und riefen vergleichbare Kritik hervor.

Nicht überall stießen Hutchins' Theorien auf Zustimmung. Widerspruch regte sich dort, wo man den Status quo guthieß oder zögerte, die geltenden Praktiken grundlegend zu ändern. Zum Teil riefen die Ideen Bewunderung hervor, während die Realisierungsvorschläge als undurchführbar oder unfinanzierbar galten. Wo die Substanz von Hutchins' Ideen Anstoß erregte, wurden die heftigsten Einwände laut und alsbald Gegengeschichten in Umlauf gesetzt. Der führende Kopf dieser Gruppe war Harry D. Gideonse, Ökonom und Lehrer an der Universität Chicago, der innerhalb eines Jahres mit einer eigenen Arbeit, *The Higher Learning in a Democracy* (1937 – Die Hochschulbildung in einer Demokratie), auf Hutchins' Theorien reagierte.

Die Stoßrichtung von Gideonses Kritik ergibt sich aus der Betonung des Wortes Demokratie. In einer abwertenden Gesamteinschätzung kritisierte er Hutchins' Darstellung als vage und unspezifisch – „Was ist Metaphysik heute, und wie viele Arten von Metaphysik kann es geben?" fragte er pointiert. Hutchins' Argumente nannte er elitär, reaktionär und antidemokratisch. Die Amerikaner, so seine These, leben in einer Zeit, in der die Wissenschaft viele herkömmliche Wahrheiten in Zweifel gezogen, aber auch neue Erkenntnisse vorgelegt hat, und in der menschliches Wissen allgemein als vorläufig und wandelbar angesehen wird. Man stehe vor vielfältigen Möglichkeiten, die Welt zu betrachten und Wissenszusammenhänge herzustellen. „Von oben verfügte Einheit ist nur ein anderes Wort für Uniformität," erklärte Gideonse, der Hutchins ferner entgegenhielt, daß Bildung verschiedenen Zwecken diene. Die Jugendlichen mit den Gedanken, Problemen und Lebensbedingungen ihrer Zeit bekannt zu machen und den ganzen Menschen zu bilden seien nicht weniger wichtige Ziele als die Kultivierung des Geistes nach vorbestimmten Richtlinien. Der reformerisch gesonnene Dekan Hutchins hätte derartige Einwände zumindest des Nachdenkens für wert gehalten, der Traditionalist von Chicago verdammte sie.

Dem Monismus von Hutchins setzte Gideonse die vergleichsweise dynamischen und pragmatischen Auffassungen des hochgeachteten Philosophen und Reformpädagogen John Dewey entgegen. Dewey, der in den dreißiger Jahren bereits zur Legende geworden war und mit seinen progressiven Ideen das amerikanische Schulwesen nachhaltig beeinflußt hatte, bildete eine wirksame und glaubwürdige Gegenkraft zum scholastischen Denken des Hutchins-Adler-Kreises. Gideonse zitierte aus Deweys Gifford-Vorlesungen: „[Fortschrittliche Vorstellungen der genannten Art] … widersprechen der herkömmlichen Auffassung, daß das Erkennen dem Handeln grundsätzlich überlegen und das Unwandelbare dem Veränderlichen vorzuziehen sei; sie gehen davon aus, daß Sicherheit, die durch aktive Beherrschung erreicht wird, mehr wert ist als theoretische Gewißheit.“ Schließlich griff Dewey persönlich in die Debatte ein:

Ich möchte dem Autor [Hutchins] keineswegs bewußte Neigungen zum Faschismus unterstellen. Grundsätzlich jedoch erinnert sein Bild des richtigen Weges an die skeptische Einstellung zur Freiheit und den daraus folgenden Ruf nach *irgendeiner* Autorität, der gegenwärtig weltweit zu vernehmen ist. … Soweit ich sehe, hat Hutchins die Frage, wer die Wahrheiten festlegt, die der Hierarchie zugrunde liegen, vollkommen außer acht gelassen.

Damit hatte ein pädagogisches Tauziehen begonnen, das fast ohne Unterbrechung bis zum heutigen Tag andauert.

Was als Meinungsstreit unter philosophisch orientierten Pädagogen erscheinen konnte, betraf in Tat und Wahrheit

allgemeinere Fragen. Hutchins kritisierte das Hochschulsy-
stem (ein Unternehmen, das weithin Anklang fand) und
legte fest, wie höhere Bildung und Ausbildung auszusehen
hätten (Ideen, die vielerorts mißbilligt wurden). Im vollen
Bewußtsein der Kontroverse trat er mit dem Anspruch an
die Öffentlichkeit, zur führenden Stimme im amerikanischen Bildungswesen zu werden. Wir sollten versuchen, die
Botschaft, ihr Publikum sowie ihr Schicksal genauer zu
erfassen.

Glaubt man der innovativen Geschichte, die Hutchins seinen Kollegen und einem breiteren Publikum vortrug, sind
wir, die amerikanischen Vertreter des höheren Bildungswesens, auf Abwege geraten. Wir huldigen falschen Göttern –
dem Sport, der Anlehnung an die Berufspraxis, einem Stu-
diensystem à la carte –, was zu vorübergehenden Erfolgen,
letztlich jedoch zu einem inhaltslosen Leben führt. Erforderlich sind neue, verpflichtende Ideen, vielleicht auch eine
Rückkehr zu traditionellen Vorstellungen, die Ziele und
einen Sinnzusammenhang vermitteln. Die von Hutchins
empfohlene Alternative war in der Überzeugung begründet,
daß der höhere Bildungsweg im wesentlichen der geistigen
Erziehung gewidmet sein sollte, daß Lektüre und Diskussion
des literarischen Kanons die bevorzugte Lehrmethode dar-
stellten und daß diese zweckvoll vertiefte Allgemeinbildung
ein ‚Bildungsbürgertum‘ heranziehen würde, das im Ober-
linschen Sinne die Verantwortung für das Gemeinwohl übernehmen konnte.

Hutchins' Entwurf hatte sich, wie angedeutet, mit verschiedenen Gegengeschichten zu messen, von denen einige
keine positiven Neuansätze enthielten: ihre Anhänger ver-
harrten im Status quo, entweder weil er ihnen behagte oder
weil er bei aller Unvollkommenheit Verbesserungen nur unter

größten Schwierigkeiten zuzulassen schien. Die Gegengeschichte, die von Dewey und anderen fortschrittlichen
Pädagogen verbreitet wurde, ging von wesentlich anderen
Voraussetzungen aus. Sie vermittelte die Idee einer vorläufi-
gen, pluralistischen Erkenntnis, die einem dynamischen
Wandel unterlag und eher aus der Beobachtung der von
Natur und Mensch geschaffenen Welten und aus der Interaktion mit andersgearteten Individuen hervorging als aus
dem intensiven Studium klassischer Schriften, deren Entstehung Jahrhunderte oder gar Jahrtausende zurücklag. Den
Vertretern dieser Anschauung zufolge gab es zahlreiche
gleichwertige Bildungswege, nicht nur den einen alleingülti-
gen, den die Philosophen von Chicago vorschrieben. Keine
der beiden Aufassungen setzte sich endgültig durch; doch
nur eine kleine Minderheit unter den amerikanischen
Pädagogen bekannte sich ausdrücklich zu den von Hutchins
verfochtenen Positionen, und bei diesem Stand der Dinge ist
es bis heute geblieben.

Als Verwirrspiel stellt sich die Frage dar, welche der beiden Geschichten die differenziertere, die Geschichte des
‚geschulteren‘ Kopfes ist. Auf den ersten Blick scheint
Hutchins' Geschichte mit ihrer klaren Vorstellung von dem,
was richtig, wichtig und erstrebenswert sei, als die unkompli-
ziertere. Die Fortschrittsgeschichte Deweys dagegen appelliert an eine vergleichsweise pluralistische und relativistische
Vorstellung von Erkenntnis. In der Praxis jedoch stellte Hutchins' Programm mit seinen intellektuellen Inhalten und
anspruchsvollen Argumentationen hohe Anforderungen an
Studenten und Dozenten, während das Fortschrittspro-
gramm Deweys leicht als Vorwand für ein permissives Lern-
klima dienen konnte, das keine Leistungsansprüche stellte
und sich ohne Anstrengung absolvieren ließ. Die Tatsache,

daß beide Geschichten sowohl komplexe wie auch vereinfachende Aspekte enthalten, könnte erklären, warum nach
Jahrzehnten der Auseinandersetzung bis heute noch keine
der beiden als Sieger feststeht.

Hutchins' Anschauungen liegen klar zutage. Schwerer zu
fassen ist die Rolle, die er verkörperte. Während sich Dewey
als Prototyp des indirekten Führers auf die Lehre und das
Publizieren beschränkte und das Kreuzfeuer öffentlicher
Debatten im allgemeinen mied, war Hutchins ein Mann der
Öffentlichkeit. Der attraktive, wortgewandte Redner mit
dem weltläufigen Auftreten und der natürlichen Überzeu-
gungsgabe wirkte häufig entwaffnend auf Zuhörer, die in
ihm einen Griesgram oder Sonderling vermutet hatten. Seine
Vorliebe für Experimente und Debatten war ungebrochen;
in diesem Sinne blieb er ein Kämpfer und gewann die Bewunderung der geistig Junggebliebenen. Doch er verteidigte
jetzt einen anderen Glauben, einen Kurs, der von der praxis-
nahen Orientierung an den Sozialwissenschaften abwich,
für die er sich an der *Yale Law School* engagiert hatte. Sein
langjähriger Mitarbeiter und Biograph Milton Mayer erklärte: „Der leidenschaftliche Verfechter eines wissenschaftlichen Ansatzes in der Rechtslehre war sozusagen über
Nacht zum erbitterten Feind der Wissenschaft geworden."

Hutchins' Wirkung beruhte zum Teil auf dem betont
appellativen Charakter seiner Botschaft, zum Teil aber auch
auf seinem gewinnenden Äußeren und seinen liebenswürdi-
gen aristokratischen Umgangsformen. Er war der erklärte
Liebling aller, die sich für das eine oder das andere begeistern
ließen, und der besondere Günstling derer, die wie spätere
Bewunderer amerikanischer Konservativer, William F. Buck-
ley oder George Will, auf beides ansprachen, die Traditions-
bewußtsein kultivierten und darin ihren Halt fanden. Wie so

viele Persönlichkeiten, die durch Impulsivität und eine magnetische Ausstrahlungskraft beeindrucken, wurde Hutchins von Außenstehenden mehr geschätzt als im engeren Kreis der eigenen Kollegen und Mitarbeiter. Seine Zusammenstöße mit Angehörigen des Lehrkörpers gingen indes über Revierkämpfe hinaus. Viele Professoren vertraten nachdrücklich die Auffassung, daß Hutchins sich gravierender Vereinfachungen schuldig mache, oder hielten seine Darlegungen sogar für abwegig. Aus ihrer Sicht ließ *seine* Position Kenntnis und Nuanciertheit vermissen, und vielleicht war gerade das der Grund, warum sie Menschen ansprach, die dem Alltag des Wissenschaftsbetriebs mit seinen Reglements und Gepflogenheiten fernstanden.

Die naheliegende Annahme, der einst liberale Hutchins sei von seinem Mephisto Mortimer J. Adler und dessen Clique, die den Literaturkritiker Richard McKeon, den Historiker Stringfellow Barr und den Philosophen Scott Buchanan einschloß, zu einer scholastischen Pädagogik bekehrt worden, würde den Tatsachen nicht gerecht. Erstens waren Adler und seine ketzerischen Ideen dem jungen Juristen auf Anhieb sympathisch gewesen, und zweitens hatten Hutchins' Herkunft und Erziehung einen deutlich konservativen Einschlag. Hutchins war ein Mann der institutionellen Hierarchien und nicht wie Adler dazu geschaffen, wider den kulturellen Stachel zu löcken. Von dem – vielleicht reuigen – Bewußtsein dieser paradoxen Sachlage zeugt Hutchins' Bemerkung dem Freund gegenüber, daß es nicht immer möglich sei, sowohl der Leiter einer Universität als auch Erziehungswissenschaftler und Philosoph zu sein.

Ohne Hutchins der Unaufrichtigkeit beschuldigen zu wollen, nehme ich an, daß ihn die Suche nach der ‚Geschichte, die ankommt‘ für opportunistische Regungen anfällig machte.

Ich betrachte ihn als einen Menschen, der beständig ein doppeltes Ziel im Auge hatte, der zum einen suchte, seiner Institution Profil zu geben, zum anderen, in der Öffentlichkeit Kredit zu gewinnen. Am Yale College schien der Schritt zum Rechtsrealismus angezeigt; in Chicago war der Ruf nach einem streng geregelten Studium generale das Gebot der Stunde. Ferner ist zu vermuten, daß ihn die Sicherheit Adlers anzog. Der Prediger in Hutchins suchte nach einer tragfähigen Plattform für seine Verkündigung. Zeitweise schien zwischen dem positiven, experimentierfreudigen Optimisten der Jahre am Yale College und dem späteren Anwalt des Konservativismus ein Abgrund zu liegen; Hutchins' Verhalten vertrug sich nicht immer mit seinen Worten. Dennoch glaube ich nicht, daß er sich einer bestimmten Erziehungstheorie stark genug verpflichtet fühlte, um auf Gedeih und Verderb daran festzuhalten, ohne Rücksicht darauf, welche Botschaften im Bewußtsein seiner Zuhörer mitschwangen. Er erscheint mir als Idealist pragmatischer Färbung, der es genoß, zugkräftige Entwicklungen anzustoßen und sich von ihnen tragen zu lassen, und der vermutlich auch andere mögliche Geschichten hätte vertreten können.

Nachdem er dem Land zunächst als überzeugender Vertreter erziehungswissenschaftlicher Theorien bekannt geworden war, übernahm Hutchins schon bald – und vielleicht mit Erleichterung – die Rolle, die prominenten Amerikanern quasi natürlich zuwächst: er behandelte in Vorträgen Fragen des öffentlichen Interesses. Über tausend Einladungen jährlich waren während seines aktiven Berufslebens keine Seltenheit; davon nahm er etwa hundert an und leitete überdies eine wöchentliche Rundfunksendung, den *Chicago Roundtable*. Eher in der Art eines Politikers als eines Universitätsrektors, eines direkten eher als eines indirekten Führers, äußerte sich Hutchins zu den Themen seiner Zeit, zu den bürgerlichen Freiheiten wie zum Wesen der Demokratie und zu den Problemen von Krieg und Frieden. Trotz seiner konservativen bildungspolitischen Einstellung schlug er sich in der öffentlichen Diskussion zumeist auf die Seite der liberalen Demokraten: er war ein unerschütterlicher Verteidiger des First Amendment, der Pressefreiheit und der Bürgerrechte für verschiedene Minderheiten, ein sicherer Interpret und Anwalt der Verfassung und ein unerschrockener Gegner der Kommunistenhatz.

In einer Rede aus dem Jahr 1932, die auf lebhafte Zustimmung stieß, unterstützte er die Jungen Demokraten und nährte Gerüchte, daß er für eine Berufung ans Bundesgericht, vielleicht sogar für die Vizepräsidentschaft im Gespräch sei. Aber die Aussichten, in ein höheres Amt gewählt oder berufen zu werden, waren durch Hutchins' strikt isolationistische Haltung vermutlich von vornherein ausgeschlossen. Noch wenige Jahre und sogar Monate vor Beginn des Zweiten Weltkriegs sprach sich Hutchins wortreich gegen jede Beteiligung der USA am europäischen Kriegsgeschehen aus.

Hutchins sah sich als Verteidiger langfristiger amerikanischer Interessen gegen die kurzlebige Zugkraft eines Hurrapatriotismus. Vor dem Export demokratischer Prinzipien nach Übersee, so gab er seinen Landsleuten zu bedenken, solle man zunächst die Demokratie im eigenen Land vorantreiben – hohe Voraussetzungen für etwas, das er „nur einen Krieg" nannte. Mit dem Argument „der Weg zum Krieg schafft keine Freiheit" forderte Hutchins eine neue Ordnung im eigenen Land. Er plante einen Artikel mit der Überschrift „Wo Hitler recht hat" und erklärte, man müsse Hitler „halb zustimmen", wenn er die Bürger dazu aufrufe, ein Ideal zu verfolgen, das über träge Bequemlichkeit hinausgehe – eine Äußerung, die er später bereuen sollte.

Der Angriff auf Pearl Harbor ließ die Opportunität von Hutchins' Antikriegskampagne fraglich erscheinen. „Langfristige Interessen sind dem kurzfristigen Interesse, den Krieg zu gewinnen, unterzuordnen. … Wir müssen bereitstellen, was das Land braucht", erklärte er. Wie sich herausstellte, waren gerade die Labors der Universität Chicago entscheidend für die Kriegsvorbereitungen, und Hutchins sorgte dafür, daß sie dem Staat uneingeschränkt zur Verfügung standen. Er war stolz auf die bedeutende Rolle, die eine Reihe von Wissenschaftlern seiner Universität bei der Auslösung der ersten atomaren Kettenreaktion am 2. Dezember 1942 gespielt hatten, und hielt fest, daß die Universität Chicago mehr militärische Projekte durchgeführt habe als jede andere Hochschule des Landes.

Seine Bemühungen um eine Bildungsreform setzte Hutchins auch während der Kriegsjahre fort. In einer umstrittenen Rede vom Januar 1944 überraschte er seine sprachlosen Kollegen mit der Forderung, die Berufung auf Lebenszeit abzuschaffen und die Dozenten nach ihrer Bedürftigkeit zu bezahlen statt nach ihrer Position. Hutchins, der den Lehrkörper in den hochsensiblen Bereichen Anstellung und finanzielle Sicherheit angegriffen hatte, gab sich schockiert über die feindseligen Reaktionen, die seine Rede auslöste. Es muß unentschieden bleiben, ob sein Erstaunen auf Naivität, Unaufrichtigkeit oder eine seltsame Mischung beider Wesenszüge zurückging.

Nach dem Krieg widmete Hutchins seine ganze Aufmerksamkeit erneut den Aufgaben der Hochschule, in erster Linie

der unvollendet gebliebenen Neugliederung der Studienord-
nung, die er in den dreißiger Jahren in Angriff genommen
hatte. Doch die Zeiten hatten sich gewandelt. Unter den
Dozenten wuchs der Widerwille gegen das als eigenmächtig
empfundene Vorgehen des Rektors. Vor allem Fragen der
Berufung und Studienplanung sollten nach übereinstimmen-
der Ansicht der Dozenten dem Sachverstand der Lehrstuhl-
inhaber anvertraut bleiben. Die Philosophen kritisierten
seine einseitig Adlersche Sicht ihres Gebietes, den Sozialwissenschaftlern mißfiel seine Verachtung für ihre empirische
Arbeitsweise, die Naturwissenschaftler wehrten sich gegen
sein doktrinäres Urteil über das Wesen der Erkenntnis, und
seine gelegentlichen Drohungen, die Anstellungsbedingungen von Grund auf zu ändern, stießen quer durch die Disziplinen und ideologischen Gruppierungen auf nahezu ein-
mütige Ablehnung. Die jungen Männer, die von den
Schlachtfeldern zurückkehrten und ihr Studium aufnahmen,
waren älter als frühere Studienanfänger und erwarteten
rasches berufliches Fortkommen und einen privaten Neubeginn. Eine philosophisch orientierte Bildung im selbstge-
schaffenen Elfenbeinturm war nicht nach ihrem Sinn, und
sie strömten an Universitäten, die ihnen helfen konnten, den
Anschluß an die Gesellschaft zu finden. Hutchins wahrte in
dieser prekären Zeit sein verbindliches Auftreten und konnte erbitterte Auseinandersetzungen im großen und ganzen
vermeiden. Um jedoch nicht als offenkundiger Verlierer
dazustehen, war er gezwungen, sich in den meisten Punkten,
die ihm besonders am Herzen lagen, den Wünschen der Kollegen zu fügen, und Kompromißlösungen konnten seine
protestantische Natur wohl schwerlich zufriedenstellen.

Hutchins war auch persönlich müde geworden. Er bat
darum, das Amt des Kanzlers der Universität übernehmen zu

dürfen, um sich damit von administrativen Verpflichtungen zu entlasten. In der (vergeblichen) Absicht, seine zerrüttete Ehe zu retten, ließ er sich für das akademische Jahr 1946–47 beurlauben. Bereits Mitte der vierziger Jahre hatte er seinen Rücktritt angeboten, der abgelehnt wurde. Er engagierte sich vermehrt außerhalb der Hochschule, war Herausgeber und Direktor der Encyclopaedia Britannica und unterstützte verschiedene andere Projekte zur Verbreitung der *great books* in den mittleren Bildungsschichten. Beim größeren Teil seines Publikums stand sein Name bald mehr für Adlers Bildungsprogramm und seine Durchführung im außeruniversitären Bereich als für die Belange der Chicagoer Hochschule. Nach dem Krieg bekannte er einem Freund: „Die Lebenssäfte sind ausgetrocknet, die Lebensgeister erschöpft. Ich suche nach allen möglichen Ausflüchten." Schließlich zog er sich 1951, nach zwanzigjähriger Dienstzeit als Hochschulleiter, aus allen Universitätsämtern zurück.

Ob man Hutchins' Wirken in Chicago als Erfolg oder Fehlschlag beurteilt, hängt vom Standpunkt des Betrachters ab. Mehrere der von ihm vorgeschlagenen Programme und Maßnahmen wurden tatsächlich übernommen, und davon haben einige seinen Abgang überlebt und sind bis heute gültig. Sein Mut, namentlich sein Eintreten für Mitglieder des Lehrkörpers, die kommunistischer Sympathien beschuldigt wurden, stieß auf große Bewunderung. Anerkannt wurde auch seine Bereitschaft, fähige Dozenten unabhängig davon zu berufen, ob sie seine Einstellung teilten, und in den vierziger Jahren hatte er sich trotz seinen Zweifeln, ob die Naturwissenschaften an sich und in ihren Folgen als geistige Leistung von Wert zu betrachten seien, dafür eingesetzt, daß die Universität von Chicago zu einem der weltweit führenden Zentren naturwissenschaftlicher Forschung wurde.

In Hochschulkreisen gilt er als der Mann, der die Universität Chicago zu einem Bildungsinstitut machte, an dem Diskussionen über Studienziele in den Mittelpunkt rückten, an
dem die Aufgabe der Jugendbildung ernst genommen wurde
und die Werke der großen Dichter und Denker, die Themen
der Metaphysik und interdisziplinäres Arbeiten Berücksichtigung fanden, wenn sie auch nicht die beherrschende Stellung einnahmen, die Hutchins und Adler sich wünschten. In
Hutchins' Amtszeit hatte Chicago den Ruf einer Universtät
eigener Art, die einen besonderen Dozenten- und Studenten-
typus anzog – ernsthafte, engagierte Wissenschaftlerinnen
und Wissenschaftler mit einem Interesse für philosophische
Fragen. Es war, wie Hutchins sich ausdrückte, „eine auf
Fachwissen spezialisierte Institution für Nicht-Spezialis-
ten... Bürger, die im Idealfall die Fähigkeit erreichen, ihren
Interessen und den Bedürfnissen der Gemeinschaft entsprechend von einem Fach zum anderen zu wechseln." Als die
Universität 1993 bei einer Umfrage, wieviel Vergnügen die
amerikanischen Hochschulen bieten, unter dreihundert höheren Bildungsanstalten den letzten Platz erreichte, muß
Hutchins' Seele auf Chicago herabgelächelt haben.

Auch aus allgemeinerer Sicht findet Hutchins' einzigartiger Rang seine Bestätigung. Unter den führenden Exponenten des Bildungswesens, die die Vereinigten Staaten in der
ersten Hälfte des zwanzigsten Jahrhunderts hervorbrachten,
kommt Hutchins mit Recht das Etikett des „letzten der Titanen" zu, jener Universitätsrektoren alter Schule, die ihr
Institut mit persönlicher Autorität und eigenen Ideen leiteten und gleichzeitig die Nation ansprachen. Als gewandter
und überzeugender Redner für die Sache der höheren Bildung erregte Hutchins landesweite Bewunderung. Auch
unabhängig vom Schicksal einzelner Hutchins-Projekte galt

Chicago weithin als Hochschule, die ein Bildungsprogramm auf höchstem Niveau verfolgte und intellektuellen Modetrends abhold war. Die Graduiertenliste der Ära Hutchins und der ersten Jahre danach kann sich sehen lassen, und für alle, die eine Ausbildung nach dem unverfälschten Hutchins-Adler-Modell wollten, waren unter dem Patronat von Hutchins eine Reihe besonderer Einrichtungen entstanden: die *Great books-* und *Paideia*-Programme an High-Schools und Colleges im ganzen Land sowie als bleibende Hinterlassenschaft das St. John's College in Annapolis, Maryland – samt späterer Schwesterinstitution in Santa Fe, New Mexico –, dessen vierjähriger Studienplan auf der Lektüre und Diskussion der *great books* aufbaute.

Nach seinem Rücktritt als Rektor im Jahr 1951 bekleidete Hutchins mehrere einflußreiche Posten. Von 1951 bis 1954 war er Vizedirektor der finanziell neu erstarkten Ford-Stiftung und betreute dort vor allem Projekte in den Bereichen Bildung, Technologie und Publikationen. Von 1954 bis 1957 präsidierte er den von der Ford-Stiftung gegründeten *Fund for the Republic*, der Stipendien für Arbeiten über bürgerliche Rechte und Freiheiten vergab. Zweimal, von 1959 bis 1973 und 1975 bis 1977, war er als Gründungspräsident des *Center for the Study of Democratic Institutions* in Santa Barbara, Kalifornien tätig, wo ein illustrer Kreis von Gästen und hauseigenen Dozenten über aktuelle Themen schrieb und diskutierte. Daneben hatte Hutchins von 1947 bis 1977 den Vorsitz des Beratergremiums der Encyclopaedia Britannica inne und setzte die Reihe seiner Reden, Publikationen und Seminare fort, zu denen vier ambitiöse *Pacem in terris*-Konferenzen gehörten, die von der einflußreichen Enzyklika Papst Johannes' XXIII. angeregt worden waren.

Man könnte denken, daß Hutchins, von den Bürden der

Universitätsverwaltung, der Geldbeschaffung und den Verhandlungen mit einer oft aufsässigen Dozentenschaft befreit, ein wunderbares Leben führte. Doch der Hutchins aus den Jahren nach 1951 glich, wie sein Kollege, der Soziologe Edward Shils, es spöttisch resümierte, einem „Fürsten im Exil". Er blieb die inspirierende, charismatische Persönlichkeit, die Loyalitätsgefühle weckte, eine Quelle zündender Ideen und ein Verkünder pathetischer Erklärungen zu Weltproblemen in Rede und Schrift. Mit seiner Unterstützung verschiedener rein liberaler Anliegen erinnert er mehr an den unternehmenden Dekan der Juristischen Fakultät als an den traditionsbewußten Rektor.

Hutchins' Ideen aus der Zeit nach seinem Amtsrücktritt, die er klar und angemessen zu artikulieren verstand, fanden Anhänger unter den liberal Gesinnten. Doch abgesehen von seinen Bildungstheorien, die bereits hinreichend bekannt waren, unterschieden sich Hutchins' Themen und Ansichten kaum von denen anderer intellektueller und politischer Führer wie Adlai Stevenson, Theodore Hesburgh, Margaret Mead oder Eleanor Roosevelt. Als Figur des öffentlichen Lebens war Hutchins nicht sonderlich innovativ, und da seine Ideen seit Ende der sechziger Jahre auf härter werdende Opposition stießen, wurde er bereits vor seinem Tod im Jahr 1977 zum Anachronismus.

Der alternde Hutchins lieferte zusätzliche Beweise dafür, daß ihm mehr als an der Entwicklung eines konsistenten eigenen Standpunkts daran gelegen war, den öffentlichen Meinungsstreit in Gang zu halten. Nach der Detonation der ersten Atombombe zum Beispiel warnte er vor der Vernichtung der Erde und unterstützte die Forderung nach einer Weltregierung. Gleichzeitig jedoch sprach er über die Wunder der Kernenergie (sie „stellt Düngemittel und Bodenstabilisatoren in Aussicht, die wirksamer sind als alle bis heute bekannten") und erklärte, die Nuklearkräfte seien „möglicherweise geeignet, eine neue Zeit des Friedens und des Überflusses einzuläuten". Andererseits aber äußerte er die Befürchtung, daß dieser neue Wohlstand zu „Langeweile und Suizidtendenzen" führen könnte. Daß er die Bildung als Lösung all dieser Probleme darstellte, überrascht nicht.

Wie sich zeigte, bot der Markt der Ideen einem alternden enfant terrible, dessen Meinungsspektrum vom Altbekannten bis zum scheinbar Widersprüchlichen reichte, nur einen außerordentlich schmalen Spielraum. Hutchins hatte damit gerechnet, für seine Tätigkeit bei den philanthropischen Einrichtungen weitgehend freie Hand zu bekommen, mußte jedoch entdecken, daß selbst die großen Stiftungen, und vielleicht gerade die Ford-Stiftung, ihre eigene Agenda hatten und überdies auf jede Art von Kontroverse mit Angstreflexen reagierten, so daß er sich in dauernde Auseinandersetzungen mit Verwaltungsräten und Treuhandbeiräten verstrickt sah. Da die Einrichtung neuer Institutionen ins Geld ging – und geht –, Hutchins' Geschick, neue Finanzierungsquellen zu erschließen, indes nie so außerordentlich war, wie seine Reputation vermuten ließ, verbrachte er seine Zeit damit, die Reichen um finanzielle Zuwendungen anzugehen. Allmählich betrachtete sich Hutchins als Versager und ließ nicht selten die sarkastische Bemerkung hören: „Mit Hutchins geht's bergab".

Tragisch scheint insbesondere, daß es Hutchins nicht beschieden war, den Ort zu finden (oder zu gründen), der sowohl den eigenen wie auch fremden Ansprüchen genügte. Das von ihm gegründete Zentrum in den blühenden Hügeln Südkaliforniens hatte sich gewaltige Ziele gesetzt: sein Programm, attischen Geistes würdig, sah vor, große Denker zusammenzuführen, die die Probleme der Zeit diskutieren sollten, um mit dem magnetischen Hutchins als begeisterndem Spiritus rector dezidierte Handlungsanweisungen zu formulieren. Aber es gelang Hutchins nie, das Zentrum auf Dauer mit einem Lehrkörper von überragender Qualität zu besetzen, und die zahlreichen namhaften Gäste gingen mit den Vorstellungen des Gründers über Gespräch und Aktion nicht unbedingt einig. Ein administratives Debakel folgte dem nächsten. Die meisten Publikationen des Zentrums hatten bedauerlicherweise weniger Ähnlichkeit mit bedeutenden öffentlichen Dokumenten, die geschaffen waren, landesweite Debatten auszulösen, sondern glichen den stereotypen Gründungsprogrammen, die March und Cohen im Motto des Kapitels aufs Korn nehmen. Ebenso wie die Universität Chicago unter späteren Rektoren neue Wege ging und an Geltung verlor, war dem Zentrum nach Hutchins' Krankheit und Tod in den späten siebziger Jahren ein Überleben in sinnvoller Form versagt. Hutchins' Biographin Mary Ann Dzuback erklärte: „Als Hutchins das Zentrum so weit außerhalb des akademischen Lebens und der Organisationsformen höherer Bildungsanstalten plazierte, hatte er den Verfall ungewollt miteingeplant."

Hutchins machte vermutlich bis an sein Lebensende die Zeit oder die Umstände für seine Fehlschläge verantwortlich. Aber wir müssen auch die Möglichkeit in Betracht ziehen, daß die Ursachen bei ihm selbst zu suchen sind. Hutchins war intelligent und einfallsreich, dachte aber weder als Analytiker noch als Gelehrter. Es fiel ihm schwer, sich ausführlich auf ein Thema einzulassen, es auf Expertenniveau zu behandeln und solide Grundlagenarbeit zu leisten. In seinem Buch *The Higher Learning in America* deutete er an, daß er

sich nicht als Spezialisten, als Mann für die Details sah, sondern als Generalisten. Entgegen der verbreiteten Meinung
war er keineswegs der typische Gründer und Leiter von
Institutionen. Seine Begabung lag darin, sich für eine Sache
zu begeistern und die Menschen zum Mittun zu bewegen.
Doch wie Margaret Mead wurde er eines Themas bald müde
und wartete ungeduldig darauf, sich neuen Projekten und
Ideen zuzuwenden. Vielleicht hatte ihn sein kometenhafter
Aufstieg daran gehindert, sich die Erfahrung zu eigen zu
machen, daß eine Idee nur Schritt für Schritt in Wirklichkeit
umgesetzt werden kann.

Am meisten geschadet hat Hutchins jedoch seine Selbstbe-
zogenheit. Wie John Gardner, ein hellsichtiger Beobachter
von Führungspersönlichkeiten, der selbst an hervorragender
Stelle im Dienst der Öffentlichkeit steht, zu bedenken gibt,
war Hutchins zu brillant und zu überheblich. Er fand Gefallen an den Ideen anderer, zog indes die eigenen vor; er liebte
Diskussionen, die jedoch seinen Vorgaben folgen sollten; er
war ein guter, vielleicht sogar begnadeter Zuhörer, aber mehr
daran interessiert, daß ihm zugehört wurde. Shils zufolge
„[argumentierte] er … immer, als müsse er einem Querkopf
vernünftig erklären, was ohnehin auf der Hand liegt". In die
Vernunft verliebt, hatte er wenig Sinn für die irrationalen
und spirituellen Seiten menschlicher Beziehungen. Es machte
ihm Spaß, sich widersprüchlich zu äußern, auch wenn er
damit im Endeffekt die eigene Position untergrub. Er sprach
viel von Dialog, Debatte, Kontroverse und Kompromiß, trat
aber selbst zunächst als autoritative, im Lauf der Jahre als
zunehmend autoritäre Persönlichkeit in Erscheinung.

Hutchins leitete zwanzig Jahre lang eine wichtige Bil-
dungsinstitution und machte sich über einen noch längeren
Zeitraum zum Sprecher der aufgeklärten amerikanischen

Gesellschaft in Fragen der Bildungs- und Öffentlichkeitspolitik; er verdient es deshalb alles in allem, als Führer betrachtet zu werden. Seine Führung war dann am erfolgreichsten, wenn zwei Voraussetzungen gegeben waren: Sie mußte sich erstens an Adressaten wenden, bei denen sie offene Ohren fand, und das waren meist Teile der mittleren Bildungsschichten, nicht aber die eigenen, vielleicht bildungsgesättigten, vielleicht übermäßig kritischen Kollegen; zweitens mußte die übermittelte Botschaft mit dem übereinstimmen, was er im eigenen Verhalten und Handeln vorlebte.

Hutchins überzeugte als Schüler der *great books* und als Verteidiger bürgerlicher Rechte, weil er beiden Anliegen auch im eigenen Leben Platz einräumte. Weniger glaubwürdig wirkte er als Exponent des öffentlichen Diskurses, der Konsensfindung und demokratischer Prozesse, weil seine persönliche Haltung in diesen Fragen offenkundig ambivalent war. Im Grunde blieb er ein Außenseiter, ein elitärer Einzelgänger im Gewand des Demokraten.

Ein Vergleich der bisher behandelten Beispielfälle macht drei deutlich unterscheidbare Verhaltensweisen im Umgang mit einem breiteren Zuhörerkreis erkennbar. Mead führte zusammen, vereinfachte und lenkte – sie suchte die Menschen unter einem einzigen, konsensfähigen Thema zu sammeln. Oppenheimer schuf Komplexität; sein Interesse galt vornehmlich der Artikulation von Problemen – die er genoß – und weniger einem entschlossenen Lösungsversuch. Hutchins war bei allem Charme und allen Führungsqualitäten ein Mensch, der polarisierte, der es liebte, Gegensätze zu verschärfen und Grenzen zu setzen, sich selbst an der Seite der Engel, seine Opponenten an der Seite des Teufels zu sehen. Einmal gab er seinen starken Überzeugungen in dieser Sache rückhaltlos Ausdruck:

Im Lauf der Zeit habe ich gelernt, die Pädagogen aufzugeben, und bin zu der Überzeugung gelangt, daß nur eines weiterhilft – der Appell an die Öffentlichkeit, vor der die Pädagogen in tödlicher Angst leben. Niemand reagiert, wenn ich versöhnliche Töne anschlage. ... Wenn ich gehässig werde, müssen die Lehrer wenigstens die Fragen der Interessengruppen beantworten.

Zeitweise, wie bei der Frage nach dem Wert der Naturwissenschaften oder dem Nutzen der Kernenergie, geriet er auf diese Weise sogar in öffentlichen Widerspruch mit sich selbst.

Aufbau und Führung auch einer relativ übersichtlichen und begrenzten Institution, wie College und Universität sie darstellen, ist eine komplexe und schwierige Aufgabe. Zwar sind die Mitglieder ein homogener Kreis von Wissenschaftlern, doch die wissenschaftlichen Neigungen und pädagogischen Ansichten können weit auseinandergehen. Die Aufgabe erscheint um so anspruchsvoller, als die amerikanischen Hochschulen in unserem Jahrhundert einen andauernden Wandel durchgemacht haben. Einst Bastionen privilegierter Sprößlinge wohlhabender Familien, komfortable Gehege für die kommende Generation der Ärzte, Juristen und ähnlicher Berufsstände, Oasen fern aller Großstadtprobleme, dienen sie heute als ‚Multiversitäten‘ zahlreichen nationalen Gruppen, sind bemüht, die Benachteiligungen verschiedener Bevölkerungskreise zu beseitigen, und übernehmen die universelle Weiterbildung im Anschluß an die Sekundarstufe. In diesem historischen Gärungsprozeß zeichnen sich ein paar Figuren ab: die erste Generation der ‚Titanen‘ – Charles Eliot, der an der Harvard Universität das *free elective system*, die freie Kurswahl für die Studenten, einführte und den Übergang vom College zur Universität erleichterte; Experimentatoren wie Harold Taylor von der Sarah-

Lawrence-Universität, der das geisteswissenschaftliche Curriculum um eine künstlerische Ausbildung ergänzte; die Schöpfer kleiner Raritäten wie Frank Aydellot in Swarthmore, der ein Tutorensystem für die Studenten schuf; sodann die Gründer der großen staatlichen Universitäten und Multiversitäten unserer Zeit wie Herman Wells an der Universität von Indiana, John Hannah an der Michigan State-Universität und allen voran Clark Kerr an der Universität von Kalifornien.

Fast alle standen früher oder später vor Problemen, die sie nicht zu ihrer Zufriedenheit lösen konnten, ein Schicksal, das vielleicht gerade die innovativen Führer trifft. Aber sie mußten, solange sie über Einfluß verfügten, zwei entscheidenden Anforderungen gerecht werden, die sich nicht immer widerspruchslos miteinander vereinbaren ließen: unentbehrlich war erstens eine Geschichte, die den verschiedenen Adressatenkreisen, von verknöcherten Vorstandsmitgliedern bis zu beeindruckbaren Studienanwärtern, gleichermaßen sinnvoll erschien, und zweitens ein ausreichendes Maß an Leitung und Unterstützung für die ihnen Anvertrauten, das den reibungslosen Tages- und Jahresablauf sicherstellte. Die erste Aufgabe verlangte Artikulationsfähigkeit und öffentliche Präsenz, die zweite eine gewisse Zurückhaltung, ein Wirken aus dem Hintergrund, das die nötigen Sanktionen und Belohnungen durchsetzte und die Grundlagen für eine langfristige Bindung nicht unbedingt an den Leiter, doch an die Anstalt schuf.

Hutchins gelang es über weite Strecken seines Lebens, einem Teil der Angehörigen seiner Universität und darüber hinaus weiteren Bevölkerungsgruppen eine eindrückliche Geschichte zu vermitteln. Weniger erfolgreich war sein Versuch, die Einrichtungen zu schaffen, die seine Mission mit

Hingabe fortführten. (Eliots Harvard-Universität und Ayde-
lottes Swarthmore haben die Zeit vielleicht unbeschädigter
überstanden als Hutchins' Universität Chicago.) Vielleicht
aber hat Hutchins Wichtigeres erreicht: Er verhalf einem
bedeutenden Bildungskonzept zur Durchsetzung, dem Programm einer breit abgestützten, allgemeinen Bildung und
Ausbildung für die verantwortungsbewußten Bürger einer
Demokratie, und er vertrat seine Idee so virtuos und so überzeugend, daß sie bis heute im Wettbewerb besteht, auch
wenn man sie „mehr durch Verstoß als durch Befolgung
ehrt".

7

Alfred P. Sloan jr.:
Die amerikanische Industrie

UPI/Bettmann

Heutzutage muß jeder – Mann, Frau oder Kind,
die künftigen Generationen eingeschlossen, an der
Stärke von General Motors interessiert sein.

Alfred P. Sloan

Im dreizehnten Jahrhundert begann das einst geschlossene feudale Gesellschaftssystem Europas in einzelne Segmente zu zerfallen, und drei soziale Bereiche eigenen Rechts, auch Stände genannt, traten ins Blickfeld – der Adel, die Geistlichkeit und das Bürgertum, genauer, die Kaufmannsschicht. Die Stände, die zunächst nur als Berater der Fürsten fungierten, gewannen stetig an Einfluß. Während ursprünglich weder der Leibeigene noch der freie Untertan das Recht besaß, sich seinen Stand zu wählen, konnten spätere Generationen allmählich in gewissem Maß darüber entscheiden, welchem Stand sie angehören wollten. In einer Familie mit mehreren Söhnen war es zum Beispiel dem einen möglich, die geistliche Laufbahn einzuschlagen, während seine Brüder Kaufleute wurden.

Heute sprechen wir nicht mehr von ‚Ständen‘, sondern fassen innerhalb der Gesellschaft größere Berufsgruppen zusammen. Im Rahmen der vorliegenden Untersuchung wurden bisher drei Vertreter der wissenschaftlichen Berufe dargestellt, Ausübende einzelner Disziplinen – der Physik und der Ethnologie – sowie der Rektor einer Hochschule. Dabei war zu beobachten, wie sich der Einfluß indirekter Führungspositionen im Fachbereich zur direkten Führung, das heißt zum überzeugenden persönlichen Wirken im Kreis der Fachkollegen, ausweiten kann, und wie dieser Einfluß gegebenenfalls über die Grenzen der Universität hinauswirkt, wenn die vorgetragenen Geschichten ein breiteres Publikum ‚ansprechen‘.

Alfred P. Sloan jr., einer der führenden Köpfe des zeitgenössischen Standes der Unternehmer, sowie die in den folgenden Kapiteln dargestellten Persönlichkeiten George C. Marshall, der militärische, und Papst Johannes XXIII., der geistliche Führer, lassen interessante Gemeinsamkeiten erkennen. Alle drei wurden am Ende des neunzehnten Jahrhunderts in bescheidenen Verhältnissen geboren; alle zeigten bereits früh, was in ihnen steckte, und dennoch dauerte es Jahre, bis sie in traditionellen Institutionen zu einflußreichen Positionen aufstiegen. Alle waren besonnene Naturen, doch bereit, in wichtigen Fragen auch legitimierte Führungspersönlichkeiten herauszufordern; sie haben zu einer zeitgemäßen Neudefinition ihrer Institutionen beigetragen und ihren Anhängern den evolutiven Charakter des sozialen Systems, dem sie gemeinsam angehörten, verständlich gemacht. Obwohl die Institutionen, die sie vertraten, durch einen hierarchischen Aufbau bestimmt sind, stützten sie ihre Führung weniger auf Autoritätsansprüche als auf Überzeugungsarbeit und setzten auf soziale Inklusion. Dem Wettbewerb konnte sich freilich keiner von ihnen entziehen; auch Unternehmen, Armeen und Kirchen haben ihre Konkurrenten.

Ein letztes verbindendes Merkmal ergibt sich aus dem Charakter der drei modernen Stände, die zwar nur bestimmte Seiten des menschlichen Daseins betreffen, aber dennoch auf größere Reichweite angelegt sind als eine wissenschaftliche Domäne. Im Unterschied zu führenden Vertretern einzelner Ressorts hatten Sloan, Marshall und Johannes XXIII. einen breiteren und differenzierteren Adressatenkreis anzusprechen und Botschaften zu formulieren, die auch für Nicht-Experten verständlich waren. Meine Darstellung folgt der Ausweitung der Einflußsphären und läßt dem Großunternehmen, das den engsten Bereich repräsentiert, zunächst das Militär und dann die Kirche folgen, die, zumindest der Möglichkeit nach, die tiefsten und weitläufigsten Schichten der menschlichen Existenz berührt.

Die frühe Automobilgeschichte ist von der Ford-Legende geprägt. Ford hatte als einfallsreicher Erfinder und nicht weniger einfallsreicher Unternehmer das Modell T entwikkelt, einen funktionellen Pkw zu günstigem Preis, der Anfang des zwanzigsten Jahrhunderts sämtlichen Konkurrenten den Rang ablief. Noch in den frühen zwanziger Jahren kamen 50 bis 60 Prozent aller in den USA hergestellten Kraftfahrzeuge aus den Werkhallen der *Ford Motor Company*.

Henry Ford verfügte nur über eine bescheidene Schulbildung und bezog seine Ansichten aus der persönlichen Lebenserfahrung. Er entwickelte im Lauf seines Lebens auf den meisten Gebieten, von der Politik bis zum Design und zur Gestaltung des Betriebsalltags dezidierte, oft ausgefallene Vorstellungen. Sein Ziel war das Auto für jedermann. Gewerkschaften waren ihm ein Dorn im Auge. Er geizte zwar nicht bei den Arbeiterlöhnen, führte aber ein paternalistisches Regiment, lebte also, um die Begriffe unserer Studie zu verwenden, seine Vorstellungen im Umgang mit anderen vor. Mit besonderer Geringschätzung nahm er die Versuche von Konkurrenten zur Kenntnis, ihre Betriebe nach organisatorischen Prinzipien aufzubauen, und erklärte:

Meines Erachtens ist keine Anlage gefährlicher als die sogenannte „organisatorische Begabung". Aus ihr geht in der Regel ein riesiges Betriebsdiagramm hervor. ... Bevor die Information eines Mannes aus einem Quadrat in der unteren linken Ecke des Diagramms den Präsidenten oder Aufsichtsratsvorsitzenden erreicht, vergehen etwa sechs Wochen.

Überzeugungsstärke und Charisma verfehlten indes am Ende ihre Wirkung. Ford hatte auf ein falsches Bild vom Verbraucher und auf ein falsches Unternehmensmodell gesetzt. In den späten zwanziger Jahren geriet die Vormachtstellung der *Ford Motor Company* ins Wanken; als der Zweite Weltkrieg ausbrach, war Fords Marktanteil von sechzig auf zwanzig Prozent geschrumpft, während sich General Motors von zwölf auf fünfzig Prozent gesteigert hatte. In den fünfziger Jahren war General Motors das größte und reichste Unternehmen der Welt. Dieser sprunghafte Aufstieg ging auf zahlreiche Faktoren und auf die Bemühungen zahlreicher Persönlichkeiten zurück, in entscheidendem Maß jedoch zweifellos auf Alfred P. Sloan jr., der GM von 1923 bis 1946 als Präsident leitete und bis 1956 Aufsichtsratsvorsitzender war.

Sloan wurde 1875 in New Haven im Bundesstaat Connecticut geboren. Unter seinen Vorfahren waren Lehrer und Geistliche; sein Vater war im Kaffee-, Tee- und Zigarrengroßhandel tätig. Die frühen Jahre Sloans scheinen anders als die unserer drei frühreifen Wissenschaftler wenig bemerkenswert. Kurz nachdem er am *Massachusetts Institute of Technology* seine Ausbildung zum Elektroingenieur abgeschlossen hatte, trat er in die im Staat New Jersey ansässige *Hyatt Roller Bearing Company* ein. In den folgenden Jahren wurde ein von Hyatt produziertes Wälzlager zu einem wichtigen Bestandteil im Kraftwagenbau.

Bei Sloans Eintritt in die Firma war Hyatt ein Kleinbetrieb, der etwa 25 Mitarbeiter beschäftigte. Bald stieg Sloan zum leitenden Manager des Unternehmens auf und gewann in kürzester Zeit gründlichen Einblick ins Wirtschaftsleben, vor allem in die explosionsartige Entwicklung der Automobilindustrie. Sloans geschickte, durchgreifende Führung verhalf Hyatts zu einem kräftigen Wachstumsschub, und binnen kurzem war die Firma sowohl als Zulieferer wie auch in beratender Funktion für verschiedene Autohersteller tätig. Während eines bestimmten Zeitraums war sie Fords einziger Lieferant für Kugellager.

1916 fragte William C. Durant, der Spitzenmann der *General Motors Company*, bei Sloan an, ob das Hyatt-Unternehmen zum Verkauf stehe. Sloan überlegte und kam zu dem Schluß, daß seine Firma trotz beachtlichen Wachstumsgewinnen ihre Form und Größe nicht über längere Zeit würde halten können. Überdies mißtraute er der anhaltenden Krisenstimmung, die unberechenbare, hektische Schwankungen der saisonalen Nachfrage mit sich brachte. Nach kurzem Zögern und einigen Verhandlungsrunden verkaufte Sloan die *Hyatt Company* für 13,5 Millionen Dollar an General Motors. Sloan übernahm bei GM ein Firmenkonglomerat mit dem Namen *United Motors* und wurde innerhalb weniger Jahre Mitglied der Geschäftsleitung von GM.

Sloans Wechsel zu GM fiel in eine Zeit, in der nicht nur die amerikanische Automobilbranche, sondern die gesamte Industrie des Landes einen tiefgreifenden Wandel durchmachte. Bis ins späte neunzehnte Jahrhundert waren die meisten Unternehmen im Besitz von Familien, die häufig auch die Firmenleitung innehatten. Nur wenige Betriebe wie Fabriken oder Plantagen waren in einzelne Abteilungen gegliedert, die jedoch im allgemeinen wiederum einem einzigen Leiter oder Vorarbeiter, allenfalls einer kleinen Gruppe unterstanden.

Mehrere Faktoren trugen dazu bei, daß sich diese Art der Geschäftsführung grundlegend veränderte: das Aufkommen des Schienenverkehrs, das Wachstum der städtischen Wirtschaft mit seiner rasant steigenden Güternachfrage, die Umstellung auf neue Energiequellen wie Kohle und Erdöl und neue Produkte wie synthetische Farbstoffe sowie der Ersatz menschlicher Arbeitskraft durch Maschinen. Bereits zu Beginn des zwanzigsten Jahrhunderts nahm in den Vereinigten Staaten eine relativ kleine Anzahl von Großunternehmen, so die *Standard Oil Company*, die *United States Steel Corporation* und die *American Tobacco Company*, eine marktbeherrschende, oft monopolistische Stellung mit hoher Produktionstiefe ein. Diese Firmen verließen sich nicht auf unabhängige Zulieferindustrien, sondern versuchten, von der Rohstoffbeschaffung bis zum Vertrieb von Gebrauchsgütern sämtliche Produktionsstufen zu kontrollieren. Für bestimmte Aufgaben wie Buchführung, Verkauf und Produktion wurden Spezialisten verpflichtet. Amerikanischer Experimentierfreude folgend, erprobte man verschiedene Organisationsmodelle – die Einrichtung von Abteilungen, Geschäftsführung durch Komitees, Formen der Zentralisierung und Dezentralisierung. „Die bedeutendste Innovation der amerikanischen Wirtschaft in der Zeit von 1880 bis zur Jahrhundertwende", hielt der amerikanische Wirtschaftshistoriker Alfred Chandler fest, „war die Entstehung der industriellen Großunternehmen." Bereits 1900 war die Aktiengesellschaft, die den Einkauf und die Produktion von Materialien und Bestandteilen, Finanzierung und Marketing in einer umfassenden Infrastruktur zusammenschloß, zur Basiseinheit der Industrie geworden.

Verglichen mit den Sektoren Erdöl, Stahl und Tabak hatte die Automobilindustrie ihre Entwicklung noch vor sich. Im Jahr 1900 wurden bloße 500 Kraftwagen verkauft, 1907 waren es 65 000, und 1915 lagen die Verkaufszahlen für Pkws knapp unter der Millionengrenze. Den Markt teilten sich mehrere größere Unternehmen, von denen einige – so Buick und Ford – überdauerten, während andere – Maxwell, Oakland – seit langem auf den Schrottplätzen der Autogeschichte gelandet sind. Hinter diesen Gesellschaften konnten ebensogut Amateure, Spekulanten oder technisch begabte Spinner wie Handels- oder Industriemagnaten stehen. Undurchsichtige oder schwer überschaubare Finanzierungsarten waren keine Seltenheit – noch hatten die Wallstreet-Banker nicht das Heft in der Hand.

Durant gehörte zu den tatkräftigsten und weitsichtigsten unter den ersten Magnaten der Automobilbranche. Nach Anfangserfolgen bei Buick gelang ihm die Gründung und Fusionierung mehrerer Unternehmen; er vereinte Geschick mit einer entschlossenen Risikofreudigkeit, die sich im allgemeinen bezahlt machte. Seine *General Motors Company*, die bald in *General Motors Corporation* umbenannt wurde, bestand aus mehreren damals führenden Herstellern, darunter Buick, Cadillac, Oldsmobile und Oakland.

Anders als Ford, der Vertreter eines extremen Zentralismus, hatte Durant eine Vorliebe für die dezentrale Organisation: Er ließ die verschiedenen Gesellschaften unter dem Dach von GM weitgehend nach eigenem Gutdünken schalten und walten. Während Ford eine interne Expansion betrieb – die Fließbandmontage vervollkommnete und alle Betriebsabläufe rationalisierte –, meinte Durant den Erfordernissen der Automobilherstellung mit einer äußeren Abrundung durch Akquisitionen am besten zu entsprechen. Der neue Partner Sloan faßte seine Eindrücke von Durant wie folgt zusammen:

Über William Durant konnte ich mir nicht schlüssig werden. Sein geniales Gespür für alles, was mit dem Kraftfahrzeugbau zusammenhing, war bewundernswert ... [und] seine Loyalität dem Unternehmen gegenüber absolut. ... Doch ich hatte den Eindruck, daß er die Geschäftsführung zu beiläufig betrieb und dazu neigte, sich zu übernehmen. ... Besonders zu denken gab mir die Tatsache, daß er GM in den Jahren von 1918 bis 1920 expandieren ließ, ohne durch eine klar formulierte Managementpolitik die Kontrolle über die verschiedenen Unternehmensteile sicherzustellen.

Sloan versuchte, auf die Geschäftsführung Durants Einfluß zu nehmen. Er war kein angriffslustiger Mensch, scheute aber auch nicht davor zurück, die Unternehmenspolitik und selbst das Vorgehen Durants zu kritisieren. Durant wiederum schätzte den fähigen Juniorpartner, verließ sich indes lieber auf die eigene Nase als auf die Ratschläge anderer.

Nach dem Ersten Weltkrieg entging die *General Motors Corporation*, die den forcierten Expansionskurs Durants nicht verkraftet hatte, nur knapp dem Zusammenbruch. Das Unternehmen mußte Verluste in der Höhe von 100 Millionen Dollar hinnehmen, und privat stand Durant bei seinen Banken mit fast 40 Millionen Dollar in der Kreide. Entschlossenes Handeln war gefragt. Nach einigen Wochen intensiver Verhandlungen wurde Durant, der ein persönliches Vermögen von mehr als 100 Millionen Dollar verloren hatte, mit sanfter Gewalt zum Rücktritt gedrängt und ein radikaler geschäftspolitischer Kurswechsel vorgenommen, der nicht nur das Firmenprofil von GM, sondern langfristig auch das Bild des amerikanischen Großunternehmens einschneidend veränderte.

In den Anfängen von GM hatte sich Sloan über die New Yorker Finanzwelt hinaus nach Unterstützung umgesehen und zu diesem Zweck Kontakte mit den du Ponts aus Delaware aufgenommen. Die Familie du Pont, Besitzerin eines Unternehmens für Chemikalien und Sprengstoff, wurde Hauptinvestorin bei GM und hielt 1919 einen Kapitalanteil von 29 Prozent. Dank dieser Beteiligung konnte Pierre du Pont, Präsident der *Du Pont Company*, in der Geschäftsleitung von GM eine maßgebende Rolle übernehmen.

Unter der Präsidentschaft du Ponts war das Familienunternehmen in ein Firmenkonglomerat umgewandelt worden, das die Größenordnung von *United Motors* und GM erreichte, jedoch einen anderen Geschäftsstil pflegte. Du Pont war wie Sloan Absolvent des MIT und verband seine wissenschaftlich-technischen Kenntnisse mit dem Interesse für Unternehmensorganisation. Anders als die genialen Exzentriker Ford und Durant waren beide echte Unternehmer. Sie bevorzugten, wie Sloan es ausdrückte, „den langsamen Prozeß, das heißt, alles verfügbare Faktenmaterial wurde gesammelt, so umfassend analysiert, wie unsere Erfahrungen und Fähigkeiten es zuließen, und daraufhin der Kurs festgelegt." Die entscheidende Frage war, wessen Stil die Zukunft von General Motors im besonderen und der künftigen Automobilindustrie im allgemeinen bestimmen würde.

Als GM in die Krise geriet, die sowohl durch den externen Wirtschaftskollaps als auch durch internes Mismanagement verursacht war, schien es geboten, der Öffentlichkeit zu beweisen, daß die Führung der Gesellschaft in fähigen Händen lag. „Pierre du Pont war der Mann bei GM, dessen Prestige und Respektabilität dem Unternehmen, der Öffentlichkeit und den Banken das nötige Vertrauen einflößen konnte", stellte Sloan rückblickend fest. Drei Jahre lang bemühten sich du Pont, Sloan, zwei weitere Vorstandsmit-

glieder sowie ein kleiner Troß gewichtiger Berater in fast täglichen Gesprächen, GM wieder auf die Beine zu bringen.
Allein 1921 fanden 101 Sitzungen statt. Du Pont und Sloan
waren sich in der Regel einig, doch Sloan verteidigte seine
Meinung und behauptete sich in Auseinandersetzungen.

Die wegweisenden Ideen zur Reorganisation von GM
kamen von Sloan, der seine Vorschläge bereits 1919 in
einem Memorandum niedergelegt hatte. Sloans Bestürzung
über den Zustand des Unternehmens ging so weit, daß er
ernsthaft daran dachte, seinen Posten bei GM aufzugeben
und in die Bankenfirma Lee Higginson und Co. einzutreten. Zu den ersten Entschlüssen des neu gebildeten Vor-
standes gehörte die vorbehaltlose Übernahme von Sloans
Planungsentwurf. Man stellte sich damit hinter „eine Organisationsform für die *General Motors Corporation*, die
die Gesamtheit der extensiven Betriebsabläufe definitiv
einer einheitlichen Aufsicht unterstellt, welche gleichzeitig
jeden Versorgungsbereich koordinieren soll, ohne dabei die
Effektivität der bisherigen Arbeitsweise in irgendeiner
Weise zu beeinträchtigen."

Nach Sloans Ansicht stellte sich der Unternehmensgruppe
und ihrer Kapazität die entscheidende Aufgabe, die Vorzüge
eines dezentralen und zentralen Führungs- und Kontroll-
konzepts auf optimale Weise zu verbinden. Er dachte im
besonderen an Kontrollmaßnahmen im Bereich der einzelnen Betriebsabteilungen, zum Beispiel der Fertigungsabtei-
lung für Wagentypen oder für besondere Einzelteile und
Zubehör. Die von ihm vorgeschlagene Lösung sah vor, den
Managern der einzelnen Abteilungen weitreichende Selbständigkeit bei der Gestaltung der täglichen Operationen zu
gewähren, gleichzeitig aber eine allgemeine Verwaltungsab-

teilung größeren Umfangs einzurichten, die sich aus leitenden Angestellten (einem Präsidenten, einem Vizepräsidenten für Betrieb und Finanzen sowie Gruppenleitern) und beratenden Personalbeauftragten als hauseigenen Experten zusammensetzen sollte. Jede Abteilung hatte außerdem eigene Gewinnabrechnungen vorzulegen, damit ihr Anteil an der Erfolgsbilanz des Gesamtunternehmens beurteilt werden konnte. Es mag überraschen, doch diese relativ unkomplizierte Auflösung des Gordischen Knotens der Betriebsführung erwies sich in der Unternehmenswelt als revolutionäres Verfahren; es fand bei GM dauernde Anwendung und wurde von zahlreichen anderen Unternehmen jeder Größe übernommen. Sloans Meisterstreich indirekter Führung – ein praktikables Organigramm der Unternehmensstruktur – fand landesweite Resonanz.

Die zwanziger Jahre brachten ein schnelles, tatsächlich jedoch überhitztes Wachstum der amerikanischen Wirtschaft und eine weitere Expansion im Automobilsektor. GM war die treibende Kraft beider Trends. 1923 konnte du Pont seine Aufgabe als erfüllt betrachten: GM war saniert. Er trat als Präsident zurück und übergab Sloan die Leitung des Unternehmens. Sloan, jetzt auf dem Gipfel seiner Macht, plante für *General Motors* eine neue, effiziente Organisationsstruktur.

Ihm und seinen engsten Mitarbeitern war eine entscheidende Tatsache klar geworden: „das beste" Automobil gab es nicht. Sie studierten den Markt und schufen eine Produktpalette, die den Wünschen und Bedürfnissen aller Kundenschichten entsprechen sollte. „Ein Wagen für jeden Geldbeutel und jeden Zweck", ein Angebot, das „Masse" mit „Klasse" verbinden sollte, war die neue Losung. Ferner erkannte man, daß für jedes Marktsegment eine eigene Produktreihe geschaffen werden mußte, und setzte auf Qualität, die höher rangierte als ein paar hundert Dollar Mehrkosten – ein deutlicher Vorstoß in Richtung Spitzenleistung. Sloan beschrieb seine Politik als „umfassenden Plan, der das Unternehmen befähigen sollte, mit einem gut gestylten Wagen jeder Preisklasse auf den Markt zu gehen, einem General vergleichbar, der Angriffe dadurch vermeidet, daß er an jedem strategischen Punkt der Front eine Einheit aufstellt."

Ganz anders Ford, der Wirtschaftlichkeit über alles stellte und seinen Kunden, wie er einmal witzelte, jede gewünschte Farbe anbot, „solange es Schwarz [war]". Ford verließ sich auf seine Intuition und nahm an, damit den Wünschen der Durchschnittsverbraucher auf die Spur zu kommen, während Sloan und seine Mitarbeiter sorgfältige Untersuchungen des Marktes und der geschäftspolitischen Alternativen durchführten. Alfred Chandler nannte Fords Politik – wenn man will, Fords Gegengeschichte – „einen der, wie sich zeigte, kostspieligsten Irrtümer der amerikanischen Unternehmensgeschichte".

Sloans Erfolg an der Spitze der *General Motors Corporation*, die auf dem besten Wege war, zum Flaggschiff der amerikanischen Wirtschaft zu werden, hatte verschiedene Facetten. So pflegte man bei GM die Entwicklung von Werbe- und Verkaufsstrategien, um auf einem großen, doch unberechenbaren Markt ausreichend präsent zu sein. Entscheidendes Element der Kampagne war der Aufbau eines Kaders guter und loyaler Händler. Schon früh hatte man den Wert des Gebrauchtwagens erkannt, und der Gebrauchtwagenhandel erwies sich als weitere wirksame Möglichkeit, den Markt mit Alternativen einzudecken. Da die Zahl der Autokäufer nicht unendlich steigen konnte, war Wachstum grundsätzlich nur über den brancheninternen Wettbewerb zu gewinnen. GM verlegte sich folglich darauf, im Jahresrhythmus neue, prägnant gestaltete Modelle auf den Markt zu bringen, forderte die Konsumenten zum Handel mit alten Modellen auf und schuf sich ein ausgezeichnetes Renommee im Sektor Kundendienstleistungen.

Die unternehmenspolitischen Initiativen drängten sich. Separate Organisationen wurden geschaffen, die verschiedene neu definierte Aufgaben übernahmen, so die Teil- oder auch Vollfinanzierung von Autokäufen, die Förderung der Solidarität unter den leitenden Angestellten und die Vernetzung der Einzelhändler. Jahresprognosen wurden eingeführt, um schnelle Marktanpassungen zu ermöglichen. Es entstand eine starke, weitgehend selbständige Forschungsabteilung, deren Einfluß auf die Firmenpolitik nach einigen teuren Fehlentwicklungen allerdings stark zurückgebunden wurde. Und schließlich machte GM weit früher als Ford seinen Frieden mit den Gewerkschaften, vor allem mit der wichtigen Organisation der *United Auto Workers*. Innerhalb weniger Jahrzehnte gehörten Sloans umwälzende Maßnahmen zum festen Inventar der Automobilindustrie.

Damit stehen wir vor der Frage nach Sloan als Führungspersönlichkeit, einem Menschen, der das Denken, Verhalten und Fühlen anderer beeinflußte. Aus einer bestimmten Perspektive betrachtet – man könnte vom Fordschen Blickwinkel sprechen –, hatte Sloan einen leichten Stand. Er besaß Autorität und war als Vorsitzender des Aufsichtsrates, vor allem aber des geschäftsführenden Ausschusses, im allgemeinen in der Lage, seine Auffassung durchzusetzen. Bei einem Menschen vom Schlag Durants konnte eine solche Konstellation leicht autokratische Züge annehmen, und auch Sloan sah bei Antritt seines neuen Amtes darauf, daß die Vollmachten des Hauptgeschäftsführers der Gesellschaft beträchtlich ausgeweitet wurden.

Sloan freilich verstand seine Position anders und vielleicht auch moderner als Durant. Die Methode, Mitarbeiter unter Druck zu setzen, schien ihm als Führungsmittel ungeeignet: „Ich habe die Vollmachten des Hauptgeschäftsführers, solange ich den Posten innehatte, zwar nie prinzipiell eingeschränkt, sie aber mit Zurückhaltung gehandhabt. Es erwies sich als produktiver, den Mitarbeitern meine Ideen schmackhaft zu machen, als ihnen Befehle zu geben." Sloan besetzte die leitenden Posten mit den kompetentesten Leuten, die er bekommen konnte, behandelte sie anständig, bezahlte sie gut und richtete Ausschüsse ein, in denen Fragen und Möglichkeiten eingehend diskutiert und einvernehmliche Lösungen erstritten werden konnten. „Die Entscheidungen über die Geschäftspolitik sind das Ergebnis von Diskussionen der Leitungs- und Planungsgruppen", hielt Sloan fest. Die Unternehmensführung stützte sich also in erster Linie auf eine Verwaltung durch Ausschüsse und Konsensentscheidungen.

Natürlich ist nichts geeigneter, ein Unternehmen zu paralysieren, als das Vertrauen auf die endlosen Sitzungen zahlreicher unverbindlich und entschlußlos agierender Komitees. In den frühen zwanziger Jahren machte eine bissige Persiflage auf GMs Leitungsstrategie aus dem Munde Henry Fords die Runde: „Die Ford-Fabriken und -Unternehmen haben kein Organisationsschema, keine an Positionen geknüpften Verpflichtungen, keine Funktionshierarchie, kaum Titel und keine Konferenzen." (Eine auf Ausschußentscheidungen beruhende Geschäftsleitung ist im übrigen auch für die jüngsten Schwächesymptome einiger amerikanischer Großunternehmen, darunter IBM und GM, verantwortlich gemacht worden.) Sloan gelang es, lähmenden Einflüssen vorzubeugen. Er entschied nach sorgfältiger Abwägung über die Ziele und die Besetzung der Komitees, gab den Mitgliedern bestimmte Aufgaben vor, überwachte die Fortschritte und lenkte nach Ablauf einer gewissen Zeit auf den Moment der Entscheidung hin: „Ein großer Teil meiner Arbeit bei GM war der Entwicklung, Organisation und periodischen Reorganisation dieser leitenden Gruppen gewidmet." Die Besetzung der Komitees von GM erinnert an Margaret Meads Methode beim Studium zeitgenössischer Kulturen: es wurden bewußt Personen aus den verschiedensten Abteilungen und Sachgebieten gewählt, so daß etwa der Enthusiasmus des Verkaufsleiters auf die Sachlichkeit des Statistikers stieß und die einzelnen Mitglieder Gelegenheit hatten, einander zu informieren und sich mit den Problemen und Standpunkten der anderen sowie den individuellen und kollektiven Leistungsmöglichkeiten bekannt zu machen. Sloan behielt diese Prozesse genau im Auge und griff ein, wenn es notwendig schien. Häufig erwähnte er die zentrale, unlösbar erscheinende Aufgabe: „Wie konnten wir eine dauernde Kontrolle über das ganze Unternehmen so ausüben, daß die dezentrale Organisationsstruktur gewahrt blieb? Dieses Paradox blieb eine ständige Herausforderung."

Führung hat ihre menschlichen Dimensionen, die notwendig und entscheidend sind. Sloan war zweifellos ein Pionier, vielleicht auch ein Genie der Unternehmensorganisation, doch diese Sachkenntnis war nicht das ausschlaggebende Moment für seinen Erfolg. Hinzu kam, daß Sloan die Eigenschaften verkörperte, die er bei seinen Mitarbeitern suchte. Ein unermüdlicher Arbeiter, hatte er alle verfügbaren

Informationen jederzeit parat. Er forderte zur Auseinandersetzung mit Schlüsselproblemen auf, war selbst über alle Daten und Details auf dem laufenden und machte ihre Bedeutung für die Entscheidungsfindung deutlich. Seine Beteiligung an den Gruppensitzungen setzte den Maßstab für die Art der Überlegungen, die ihm wichtig erschienen, und für den von ihm bevorzugten Weg zu gemeinsamen Entscheidungsprozessen. Den Jahresbericht des Unternehmens schrieb er lange Zeit selbst.

Er verwendete außerdem viel Zeit darauf, die Mitarbeiter kennenzulernen, und interessierte sich nicht nur für die höheren Chargen, sondern auch für die mittleren Kader aus anderen Unternehmensbereichen. Er ermunterte sie zu Stellungnahmen, schrieb und beantwortete zahllose Memoranden und suchte Mitglieder der ‚Unternehmensfamilie‘ an ihren Arbeitsplätzen auf :

Während der zwanziger und frühen dreißiger Jahre machte ich es mir zur Gewohnheit, die Händler persönlich aufzusuchen. Ich ließ einen privaten Eisenbahnwagen in ein Büro umwandeln und fuhr in Begleitung mehrerer Mitarbeiter in fast jede Großstadt der USA. Wir besuchten fünf bis zehn Händler pro Tag. Ich traf sie in ihren Geschäftsräumen und bat um Vorschläge oder kritische Bemerkungen zu ihrer Verbindung mit unserem Unternehmen, zum Produkt, zur Firmenpolitik und zu den Nachfragetrends und erkundigte mich nach ihren Zukunftsprognosen und vielen anderen Dingen von geschäftlichem Interesse. Ich notierte mir, was zur Sprache kam, und nahm mir die Notizen nach meiner Rückkehr vor.

Dieses Interesse blieb nicht unerwidert: Als Sloan von seinem Posten zurücktrat, ehrten ihn die Händler durch eine Spende von über 1,5 Millionen Dollar zugunsten der Krebsforschung.

Wie die anderen bisher dargestellten Führungspersönlichkeiten muß Sloan in doppeltem Zusammenhang betrachtet werden. Er war erstens ein Fachmann auf seinem Gebiet, der Organisation und Leitung eines komplexen Industrieunternehmens, vielleicht des weitläufigsten, das die Welt bis dahin gekannt hatte. Seine Sachkenntnis erwuchs einerseits aus seinem Studium, andererseits aus seinen Erfahrungen bei Hyatt, *United Motors* und bei der *GM Corporation*. Diesen Teil seiner Arbeit führte Sloan als Experte aus: Wichtig war einzig, daß seine Botschaft, seine ‚Geschichte‘, für andere Angehörige der Domäne verständlich und nachvollziehbar war. Der Mensch Sloan war für diese indirekte Führerschaft ohne Bedeutung – er hätte seinen Einfluß hinter den Kulissen oder auch nur durch Bücher ausüben können wie der zur Zeit populäre Unternehmensberater und Schriftsteller Peter Drucker, um ein Beispiel zu nennen.

Als Präsident von GM war Sloan indessen auch ein direkter Führer des Unternehmens. Von dieser Plattform aus vermittelte er den Tausenden Beschäftigten eine explizite Identitätsgeschichte. Sie enthielt neben der allgemeinen Botschaft: „Jeder Beschäftigte der *GM Corporation* ist ein Teil des bedeutendsten und vitalsten Unternehmens der Vereinigten Staaten, vielleicht der Welt" ein weiteres, spezifisches Identitätsangebot: „GM ist kein Unternehmen wie alle anderen; sowohl Arbeiter als auch Verwaltung sind Mitglieder der weltweit fortschrittlichsten und einflußreichsten Unternehmensorganisation. Die Firma fordert alle Beschäftigten, ganz gleich in welcher Position, zur Mitsprache auf, um mit ihrer Hilfe die unübertroffene Qualität des Produkts auf Dauer sicherzustellen. GM ist eine Familie und Sloan ihr wohlwollender Patriarch. Mit seinem unermüdlichen Einsatz für das Unternehmen verkörpert er die Tugenden der großen GM-Gemeinschaft und erwartet von seinem Unternehmensnachwuchs, daß er es ihm gleichtut."

Sloan hatte darüber hinaus eine Bedeutung als Mann der Öffentlichkeit, als direkter Führer von Millionen Amerikanern, die die Industrie ihres Landes repräsentierten. Er war nicht nur der landesweit bekannte Manager von GM, dem Unternehmen mit Hunderttausenden Beschäftigter und mehr als einer Million Aktionäre – in ihm hatte die amerikanische Industrie ihr Leitbild gefunden, an dem man in Krisenzeiten wie dem Zweiten Weltkrieg Orientierung suchte und dem zahlreiche Industrielle applaudierten, während ihm andere Wirtschaftsvertreter, Schriftsteller, Politiker und Teile der Öffentlichkeit mit scharfer Kritik begegneten. Von seinem Nachfolger „Engine" Charlie Wilson (Charlie Wilson, „die Maschine") wird der bezeichnende Ausspruch überliefert: „Was gut ist für GM, ist gut für Amerika".* Sloan hätte ähnlich hochtrabende Äußerungen wohl vermieden, doch war er sich der einzigartigen Stellung, die ‚sein' Unternehmen mit den Jahren im Leben der Nation errungen hatte, nicht ohne Stolz bewußt.

Wie läßt sich die Geschichte einordnen, die Alfred P. Sloan jr. seinem Land vortrug? Es war erstens die Geschichte von der Macht der Wirtschaft, die dem politischen Stand an Bedeutung zumindest gleichkam, vielleicht aber auch die Vorrangstellung unter den modernen Ständen einnahm. John D. Rockefeller und ‚Räuberbarone' seinesgleichen hatten die Macht der amerikanischen Industrie unter Beweis gestellt. Sloan und seine Kollegen von GM konnten Plus-

---

* In Wahrheit sagte Wilson: „Wir bei General Motors waren immer der Meinung, daß das, was dem Land nützt, auch gut ist für General Motors." Bezeichnenderweise ist die Äußerung in der entstellten Form in den amerikanischen Volksmund eingegangen.

punkte hinzufügen: Die Industrie wurde gut organisiert und umsichtig geführt, war sich ihrer öffentlichen Verantwortung bewußt und willens, in schwierigen Zeiten als Führungsorgan zu wirken und den Wohlstand der arbeitenden Bevölkerung zu mehren; die Kritiker des Kapitalismus waren schlecht unterrichtet oder böswillig; GM hatte die Wirtschaftskrise überstanden und während des Zweiten Weltkriegs den Aufstieg zum führenden Hersteller für Kriegsmaterial geschafft; seine Führer waren das leuchtende Vorbild der Branche und auch als Privatpersonen von großer Herzensgüte. Ein lebender Beweis dieser letzteren Behauptung, gab Sloan einen Teil seines Vermögens in Form bedeutender philanthropischer Schenkungen an die Nation zurück. „Die finanzielle Geschichte von GM ist eine Geschichte des Wachstums", erklärte Sloan und ergänzte: „Wir haben für die Aktionäre gute Arbeit geleistet, ohne dabei unsere Verantwortung gegenüber unseren Beschäftigten, Kunden, Händlern, Zulieferern und der Gesellschaft zu vernachlässigen."

Mit seiner Geschichte trug Sloan dazu bei, eine Nation – vielleicht zum ersten Mal in der Geschichte – in Kategorien der Wirtschaft, genauer, über die nationalen und internationalen Großunternehmen zu definieren. Wir Amerikaner, verkündete er, gehören einer Gesellschaft an, die an das Unternehmertum glaubt und es fördert, ein Unternehmertum, in dem Größe keine Belastung, sondern möglicherweise ein Vorteil ist und in dem das Gedeihen der Firma mit dem Wohlstand der Nation Hand in Hand gehen kann. Wie der einzelne Bürger sein Auto als einen Garanten für mehr Privatsphäre und Mobilität betrachtet, kann er die autoproduzierende Industrie als Garanten seines persönlichen Wohlstandes betrachten. Was Wunder, daß sich die Augen der

Nation auf Detroit richten, wenn im Herbst die neuen Modelle vorgestellt werden?

Sloans Botschaft war breitenwirksam. Sein ursprünglicher Adressatenkreis, die Angehörigen eines einzelnen Unternehmens, erweiterte sich, umfaßte zunächst die gesamte Industrie und nachfolgend, wie es das Motto des Kapitels festhält, die Nation. Seine Botschaft spiegelte diese Entwicklung. Ging es anfänglich um die Rolle der Beschäftigten in einem bestimmten Unternehmen, wurde dem Publikum später nahegebracht, daß die amerikanische Wirtschaft die Grundlage für ein gutes Leben schafft. Sloans Botschaft erfaßte zwar nicht alle Dimensionen des menschlichen Lebens – so wurden weder politische noch religiöse Seiten berührt –, bot jedoch die Möglichkeit eines spezifisch modernen Selbstverständnisses an. Außerdem enthielt sie, obwohl innovativ, nichts Bedrohliches, weil sie den Segen eines florierenden Kapitalismus für alle in Aussicht stellte.

Die schöpferischen Kräfte des Kapitalismus waren denn auch das A und O von Sloans Botschaft. Er sprach von der „Entwicklung einer Industrie, die mehr als jede andere zum ökonomischen und sozialen Fortschritt der Menschheit beitragen wird"; vom Auto sagte er: „Nach keiner anderen Maschine hat der Mensch so sehr verlangt." Er pries den Kapitalismus als Lebensform: „Der Ehrgeiz … in der Welt materieller Leistung zu den besten zu zählen, ist ein Ziel, das hohe Anerkennung verdient, und die Tatsache, daß es bis in jüngste Zeit diese Geltung besaß, hat zweifellos bedeutend zur Entwicklung Amerikas und des höchsten Lebensstandards beigetragen", und er stellte die – rhetorische – Frage: „Wer könnte sich zu der Behauptung veranlaßt sehen, ein Prozeß, der es zuläßt und befürwortet, aus den natürlichen Fähigkeiten und dem Fleiß außerordentlicher Persönlichkeiten Kapital zu schlagen, sei unerwünscht oder stehe im Widerspruch zum Gemeinwohl?" Bemerkungen wie die folgende zeigen, daß Sloan seine persönliche Geschichte mit der seines Unternehmens verknüpft sah:

Keinem in der Industrie Tätigen wurden je größere Wirkungsmöglichkeiten geboten, als sie sich mir mit der Präsidentschaft von General Motors eröffneten. ... Als Präsident von General Motors erkannte ich, daß unser Denken das Leben von Hunderttausenden Menschen unmittelbar beeinflußt und sich auf das wirtschaftliche Wohlergehen zahlreicher wichtiger Gesellschaftsbereiche auswirkt.

Die Themen Automobil und Wirtschaft erlaubten es Sloan wie auch seinen Kollegen und Nachfolgern bei GM, eine Inklusions-Rhetorik zu benutzen. Die Autoindustrie wie auch die Gesamtwirtschaft sahen sich in einem endlos erscheinenden Wachstumsprozeß begriffen. Sloan konnte als führender Manager von dem Vorteil Gebrauch machen, daß die im eigenen Umkreis erzählte Geschichte sich leicht an breitere Adressatenkreise in der gesamten Nation übermitteln ließ. Doch zur Industrie gehörten unübersehbar auch die Dimensionen des Wettbewerbs. Der Erfolg von GM konnte nur auf Kosten anderer Unternehmen errungen werden. Die ersten und kaum sichtbaren Verlierer waren die vielen kleineren Firmen, die GM als Vollstrecker eines unverhüllten Monopolkapitalismus entweder aufkaufte oder in den Konkurs trieb. Das populärste Opfer wurde die *Ford Motor Company*, die in ungewöhnlich kurzer Zeit sowohl ihre Spitzenmanager als auch ihre Marktanteile mehrheitlich an GM verlor. Die Gewerkschaften waren in periodische Auseinandersetzungen mit dem von Sloan geführten GM-Management verstrickt, und die wachsende Neigung der Bevölkerung, das Land als eine Kollektion mehr oder weniger gewinnträchtiger Unternehmen zu betrachten, könnte auch subtilere Einbußen bewirkt haben.

Die Machtposition von GM forderte jedoch nicht nur materielle Opfer. Der Erfolg der Legende vom Wohltäter Großunternehmen schwächte die Glaubwürdigkeit alternativer Geschichten. In älteren Zeiten hatte das Selbstbild der Amerikaner andere Züge getragen als Interesse an Geld und materiellem Erfolg – Selbstlosigkeit, geistige Bedürfnisse, Hilfe für die vom Schicksal weniger Begünstigten; dem Ehrgeiz des einzelnen und der Gruppe waren Grenzen gesteckt. Ohne diese Identitätskomponenten unmittelbar in Frage zu stellen, beschwor Sloan ein Selbstverständnis, das in Vorstellungen von Größe, Macht und Dominanz verankert war. Der GM-Chef, der selbst als Mäzen auftrat, versuchte in seiner Geschichte auch der Wohltätigkeit einen Platz einzuräumen, doch ein Standpunkt, der sich auf kapitalistischen Wettbewerb gründete, mußte tendenziell der Beförderung von Ich-Interesssen dienen. Die Geschichte vom Materialismus konnte sich, vielleicht weil sie die einfachere und eigennützigere war, über viele Jahre weithin unangefochten behaupten. In Zeiten allgemeinen Wohlstands mochte es scheinen, als ob jeder vom Aufschwung profitierte; geriet die Wirtschaft jedoch unter Druck, stieg die Wahrscheinlichkeit, daß der Erfolg einzelner Personen oder Unternehmen mit dem Scheitern anderer erkauft wurde.

1956, zehn Jahre vor seinem Tod, trat Sloan als Aufsichtsratsvorsitzender von General Motors zurück. Im Ruhestand widmete er sich vor allem der Arbeit an seiner interessanten und einflußreichen Autobiographie *My Years with General Motors* (Meine Zeit bei General Motors), einer wichtigen Quelle für alle späteren Darstellungen des Unternehmens. Das umfangreiche Werk ist eine fast uneingeschränkte Erfolgschronik und Hymne auf das amerikanische Unternehmertum. (Das für mich faszinierendste Detail des Buchs: Der neunzehnseitige Index enthält nicht einen einzigen Eintrag zum Stichwort „Japan".)

Seit Sloans Zeiten hat sich die nationale und internationale Geschäftswelt grundlegend verändert. In den Vereinigten Staaten hat man für Eisenbahnen nur noch ein mitleidiges Lächeln übrig. Kurz- und Langstreckenreisen werden immer häufiger im Flugzeug zurückgelegt; Dienstleistungen und Kommunikation haben Schwerindustrie und Handelsgüter als Wirtschaftszweige der Zukunft ersetzt; die Automobilindustrie der Vereinigten Staaten hat eine Serie von Rückschlägen hinter sich, die hauptsächlich auf die überlegene Konkurrenz von Fahrzeugen ausländischer, besonders japanischer Herkunft zurückgehen. General Motors spielt wie IBM und einige andere Unternehmen die Rolle des gestürzten Giganten, eines Unternehmens, das die weltweite Entwicklung verschlafen hat. Heute knüpfen sich die Hoffnungen auf einen neuen, geschmeidig-‚schlanken' Wettbewerbsgeist in den USA an die bekannten Namen aus der Computerbranche – Stephen Jobs von Apple und NeXT, Bill Gates von Microsoft und Mitch Kapor von Lotus. Während man Sloan zu seinen Lebzeiten einen an Ehrfurcht grenzenden Respekt entgegenbrachte, wurde einer seiner Nachfolger, Roger B. Smith, zur Zielscheibe der abendfüllenden Kinosatire *Roger and Me.*

Ob es Sloan (oder seinem geklonten Zwilling unserer Tage) gelungen wäre, für GM von heute ein neues Erfolgskapitel zu schreiben, darüber mag rätseln, wer will. Unsere Einsichten in die Entwicklung menschlicher Kognitionsprozesse sprechen nicht für die Annahme, daß ein alternder Mensch, der sich mit dem Unternehmen GM der dreißiger oder fünf-

ziger Jahre vollständig identifizierte, fähig sein könnte, in seinem Lebenswerk den Keim der Selbstzerstörung zu entdecken und entsprechend zu handeln. Angemessene Planung
hätte in diesem Fall bedeutet, auf metastrategischer Ebene
über Probleme wie Geldmärkte oder die Marktnische des
Unternehmens und seine Führung in den kommenden Jahrzehnten nachzudenken. Zu Lebzeiten Sloans wurde GM
geführt wie die Armee oder ein Staat: auf der Basis riesiger
Informationsmengen, die die Bürokratie durchliefen, und
zahlloser eingebauter Sicherheitssysteme. Nichts konnte vom
intuitiven Unternehmergeist eines Henry Ford oder Thomas
Edison weiter entfernt sein. Natürlich erkannte der junge
Sloan die Schwächen des von Durant zusammengestückelten
Firmenkonglomerats. Ob seine Ausbildung am MIT und
seine Lehrjahre bei Hyatt und *United Motors* ihm aber
erlaubt hätten, ein Unternehmen aufzubauen, das mit unge-
brochener Vitalität das Ende des Jahrhunderts erreichen
konnte, muß fraglich bleiben. Gegen Ende seiner Präsidentschaft bei GM galt Sloans größte Sorge dem Design der jährlichen Modellserien. Für die Generaldirektoren von heute
und morgen sind vielleicht Vertrautheit mit der Wallstreet
und *junk bonds*, mit dem Fusionsfieber der achtziger Jahre
oder ungezählte Stunden Hacker-Erfahrung am College-
Computer eine bessere Vorbereitung.

Inzwischen wird wieder ausdrücklich die Frage gestellt, ob
‚Geschichten‘ in der Geschäftswelt von heute am Platz seien.
Als IBM in den frühen neunziger Jahren Louis Gerstner mit
der Sanierung des Unternehmens betraute, erklärte der neue
Manager: „Das letzte, was IBM heute braucht, ist eine
‚Vision‘. Dringlich sind Kostensenkungen und ein stärker
marktorientiertes Arbeiten in allen Abteilungen." Bei
Microsoft stieß Bill Gates in dasselbe Horn: „Visionen sind

trivial. Unternehmensleitung ist hart." Dem ließe sich entgegenhalten, daß auch Gerstners Absage an ‚visionäre' Programme ihrerseits eine Geschichte darstellt – vielleicht die Wirtschaftsbotschaft der Postmoderne. Aber lassen wir doch Gerstner selbst sprechen, der ein Jahr später erklärte: „Memoranden genügen nicht, [um eine Unternehmenskultur zu ändern]. Man muß die Gefühle der Leute ansprechen. Einkaufen muß man mit Herz und Überzeugung, nicht nur mit dem Kopf." Bewaffnet mit einer neuen Geschichte über „Markt, Management und Teamwork" zog Gerstner durchs Land und erzählte seinen Angestellten eine neue Identitätsgeschichte: „Ich bin jetzt einer von uns."

Sloans Lebensgeschichte ist ein weiterer Beweis für die durchschlagende Wirkung der richtigen Begabung am richtigen Ort. Im Jahr 1920 brauchte GM die Fähigkeit zum Unternehmensaufbau sowie unternehmerische Entschlußkraft, und beides verkörperten Sloan und du Pont. In den folgenden drei Jahrzehnten, als das Agrarleben fortgesetzt an Bedeutung verlor, verlangten Wirtschaft und Nation nach einer Geschichte, die den Menschen ihre neue, moderne Welt erklärte, die Welt des Massentransports und der Massenkommunikation, der Hochkonjunkturen und Pleiten, der Kriegsperioden, der Wirtschaftskrisen und des Wohlstands. Zumindest in diesem kurzen historischen Abschnitt war die Geschichte, die von der Wirtschaft, der Autoindustrie im allgemeinen und General Motors im besonderen handelte, eine Botschaft, die die Bürger des Landes hören wollten. Sie hätte ebensogut von anderen erzählt und vorgelebt werden können, und tatsächlich haben auch Persönlichkeiten wie Ford, du Pont und die Mitglieder der Familie Rockefeller kraft ihrer Leistung die Fackel der amerikanischen Wirtschaft weitergetragen.

Dank einer Verkettung der hier dargestellten besonderen Umstände waren in der Mitte des Jahrhunderts Sloan und sein Unternehmen die vermutlich einflußreichsten Gestalter dieser Geschichte. Erst neue Kräfte – die Bedrohung durch Faschismus und Kommunismus, der Aufstieg Asiens und der sogenannten Dritten Welt, Probleme der amerikanischen Wirtschaft und der amerikanischen Psyche –, Kräfte, die sich unternehmerischer Kontrolle entzogen, weckten in vielen Bürgern die Erkenntnis, daß Amerikas Wirtschaft nicht allein Wirtschaft sein konnte.

George C. Marshall:
Die Verkörperung des guten Soldaten

UPI/Bettmann Nachrichtenfotos

> Ich definiere Führung als die Fähigkeit und den
> Willen, Männer und Frauen unter einem gemein-
> samen Ziel zu vereinen, verbunden mit einem
> Charakter, der Vertrauen erweckt.
>
> *Feldmarschall Bernard Montgomery*

Oberstleutnant (ad interim) George C. Marshall galt allgemein als zurückhaltend und besonnen. Sein bewundertes
Vorbild war General John J. („Black Jack") Pershing, der
während des Ersten Weltkriegs das amerikanische Expeditionskorps in Europa befehligte. Aber bei seiner ersten Begegnung mit Pershing im Oktober 1917 trat Marshall dem
imponierenden General mit Schärfe und Entschlossenheit
entgegen. Pershing hatte eine militärische Übung inspiziert,
deren Ablauf ihm mißfiel, und dem Kommandierenden General und seinem Stabschef die Leviten gelesen. Angesichts
der Verhältnisse an der Front empfand Marshall die Proteste
als unfair und gab Pershing seinen Standpunkt öffentlich
und dezidiert zu verstehen. Ein „Strom von Fakten" brach
aus ihm heraus, und als Pershing in seiner Verblüffung auf
Schwierigkeiten im Hauptquartier verwies, gab Marshall
zurück: „Mag sein, Herr General, aber wir schlagen uns täglich mit solchen Problemen herum und müssen sie bis zum
Abend gelöst haben."

Mehr als zwanzig Jahre später, im November 1938, war
Marshall in Gesellschaft eines Vorgesetzten von höherem
Rang, des Präsidenten Franklin D. Roosevelt. Roosevelt
legte ehrgeizige Pläne für den Bau von zehntausend Kriegs-
flugzeugen vor, und Marshall registrierte mit Bestürzung,
daß das Projekt des Präsidenten offenbar kein Programm für
die Rekrutierung des Flug- und Wartungspersonals enthielt.
Nach dem Vortrag mischte Roosevelt sich unter die Zuhörer

und fragte Marshall, ob er das Vorhaben überzeugend vertreten habe. Marshall erwiderte scharf: „Es tut mir leid, Herr Präsident, aber ich sehe die Dinge völlig anders." Die Anwesenden waren schockiert über die offenen Worte Marshalls, der zum ersten Mal an einer Besprechung mit dem Präsidenten teilnahm. Nach der Sitzung kam Finanzminister Henry Morgenthau auf Marshall zu und verabschiedete sich mit der Bemerkung: „Immerhin, es war nett, Sie kennengelernt zu haben."

Im Mai 1940 kam es zu einem weiteren Zusammenstoß Marshalls – jetzt Chef des Generalstabs – mit seinem obersten Vorgesetzten. Es ging um die Mobilisierung von Soldaten und Flugzeugen im Hinblick auf den möglichen Kriegseintritt der USA. Die Sitzung hatte sich ergebnislos hingezogen, und als Roosevelt sein Desinteresse an einem Beitrag Marshalls zu erkennen gab, riß dem gewöhnlich beherrschten Soldaten die Geduld. Er bat um drei Minuten Redezeit. Sein Biograph Ed Cray beschreibt die Szene:

Zwei Jahrzehnte zuvor hatte er General Pershing in den Schlammfeldern von Gondrecourt zur Rede gestellt; jetzt forderte er den Präsidenten der Vereinigten Staaten heraus. ... Die Worte brachen aus ihm hervor, zunächst präzis, dann in einer Sturzflut verzweifelter Empörung. Unterkünfte, Verpflegung, Waffen – es fehlte an allem. Neue Artillerie- und Flugabwehrgeschütze entworfen, aber noch nicht im Bau ... Die Deutschen hatten eine Million Mann in 140 Divisionen im Westen zusammengezogen. Was waren fünf gegen diese Horde? Längst waren die drei Minuten um, und die Mängelliste des Generalstabschefs wollte nicht enden.

Diesmal reagierte Morgenthau anders. In seinem Tagebuch findet sich die Bemerkung: „Unerschrocken bot er [Marshall] dem Präsidenten die Stirn."

Was bedeutet es, wenn ein normalerweise beherrschter Mensch, der sein Verhalten sorgfältig unter Kontrolle hält, alle Bedenken in den Wind schlägt und seinen Vorgesetzten in öffentliche Auseinandersetzungen verwickelt? Wer auf diese Weise in die Offensive geht, wird kaum bewußt seine Karriere aufs Spiel setzen, obwohl er sich über das Risiko einer Degradierung oder gar Entlassung im klaren sein dürfte. Daß er die Lage verkennt und annimmt, sein Widerspruch in einer derart spannungsgeladenen Situation werde auf Zustimmung stoßen, ist ebensowenig wahrscheinlich.

Mir scheint, daß Marshall immer dann Einspruch erhob, wenn er die Sachlage überblickte, wenn er überzeugt war, im Recht zu sein, und vor allem dann, wenn niemand sonst in der Lage oder bereit war, die von ihm vertretene Position zur Sprache zu bringen. In allen drei Fällen hatte Marshall einen offenkundig sachverständigen Amtsträger vor sich, von dem zu erwarten war, daß er die richtigen Entscheidungen traf, der sich jedoch, seiner vorauszusetzenden Kompetenz zum Trotz, unklug verhielt. Es war zu befürchten, daß der Vorgesetzte, wenn niemand ihm widersprach, seinen irrigen Kurs fortsetzte. Marshall vertraute darauf, daß eine konzise Darstellung seiner abweichenden Auffassung, gestützt auf Tatsachen und Zahlen, die Entscheidung beeinflussen, zumindest aber eine neue Beurteilung der Lage ermöglichen würde. Man könnte sagen, er sprach im eigenen Interesse, doch zugleich in der *interesselosen* Überzeugung, daß der Einspruch im Sinne der Sache notwendig sei.

Ein weiterer Gesichtspunkt kommt hinzu. Durch seinen Widerspruch gab Marshall faktisch zu verstehen, daß er sich den übrigen Teilnehmern des Treffens, auch dem Träger der höchsten Befehlsgewalt, für gleichrangig hielt. Er setzte damit eine neue Form der Kollektivität, ein neues ‚Wir‘, bestehend aus allen, die sachkundig waren und Verantwortung trugen. Unter dem Aspekt des Eigeninteresses formuliert: Er ließ erkennen, daß er sich für fähig hielt, eine Führungsposition zu übernehmen; er verkörperte Führung in Wort und Tat. Außerdem eröffnete er seinem Vorgesetzten die Möglichkeit, den Führungskreis zu erweitern und den Eindringling aufzunehmen. Pershing wie auch Roosevelt reagierten entsprechend und wandten Marshall vermehrt ihre Aufmerksamkeit zu.

Wer im Ruf des Außergewöhnlichen steht, ist sich dieser Eigenschaft erstaunlicherweise oft gar nicht bewußt. In einer 1992 publizierten Arbeit stellen die Entwicklungspsychologen Anne Colby und William Damon fest, daß Personen mit überdurchschnittlichem moralischen Verantwortungsbewußtsein ihr Verhalten häufig als Selbstverständlichkeit betrachten. Die Wissenschaftler zitieren unter anderem den Fall einer in ärmlichen Verhältnissen lebenden Frau, die annahm, jeder sei wie sie selbst gewillt, ein Dutzend Kinder zu adoptieren. Wie meine Kreativitätsstudien mehrfach belegen, erwarten auch kreative Menschen, daß jeder auf ihrem Feld Tätige danach strebt, originell zu sein, das heißt, die gängigen Verfahren zu revidieren und ein Zeugnis zu hinterlassen, das noch auf Jahre hinaus von sich reden macht. Sie setzen ebenso voraus, daß die meisten Menschen bereitwillig sowohl ihr eigenes Leben wie das anderer darauf ausrichten würden, ihrem Werk Unsterblichkeit zu sichern.

Bei der Arbeit an den vorliegenden Fallstudien habe ich nun mit Überraschung festgestellt, in welchem Maß künftige Führungspersönlichkeiten schon in jungen Jahren von dem Gefühl durchdrungen sind, zur Elite zu gehören. Im Bewußtsein der eigenen Ausdrucks- und Überzeugungskraft nehmen sie in der Regel unbekümmert am Gespräch der ranghöchsten Autoritäten teil. Margaret Mead und J. Robert Oppenheimer zum Beispiel zeigten keine Scheu, sich mit den führenden Ethnologen beziehungsweise Physikern ihrer Zeit in Diskussionen einzulassen. Robert Maynard Hutchins fiel der Umgang mit den Administratoren der Hochschule schon als junger Jurist leicht. Alfred Sloan jr. zögerte nicht, William Durant oder Pierre du Pont seine abweichenden Ansichten vorzulegen, und wie soeben festgestellt wurde, fühlte sich Marshall berechtigt, auch den Vertretern höherer und höchster Ränge der militärischen und politischen Hierarchie seine Einwände klarzumachen. Angelo Roncalli, der spätere Papst, wußte abzuwägen, was er sagte und zu wem er sprach, ließ jedoch zeit seines Lebens die Fähigkeit erkennen, selbständig zu denken und – wenn auch nur in persönlichen Aufzeichnungen – deutlich zu machen, daß er nicht bereit war, sich durch Personen und Maßnahmen, die er nicht billigte, einschüchtern zu lassen (vgl. dazu Kapitel 9). Man könnte vermuten, daß künftige Führungspersönlichkeiten diese Umgangsweise für natürlich halten und sich, wenn überhaupt, erst später bewußt machen, wieviel Furchtlosigkeit sie voraussetzt.

Marshalls familiäre Herkunft und seine frühen Jahre lassen kaum Hinweise auf eine zukünftige Führungsposition erkennen. Er wurde am 31. Dezember 1880 als drittes Kind einer relativ wohlhabenden Familie in Uniontown, Pennsylvania geboren. Der junge Marshall stand im Schatten der zwei älteren Geschwister, die talentierter und gewandter schienen, und wuchs in dem Gefühl heran, vor allem auf intellektuellem Gebiet unbegabt und benachteiligt zu sein. Da der Vater, Besitzer einer Fabrik für Koks und Hochöfen,

Marshalls älteren Bruder Stuart eindeutig vorzog, mußte die liebevolle Mutter den Jüngeren vor dem Zorn und gelegentlich auch vor der harten Hand des Vaters in Schutz nehmen. Marshall suchte mit verzweifelter Anstrengung die Liebe des Vaters zu gewinnen, doch die wesentlichen Impulse für seinen Ehrgeiz und eine leidenschaftlich ausgeprägte Redlichkeit scheinen auf den Einfluß der Mutter zurückzugehen. Als Marshall zehn Jahre alt war, erlitt die Familie schwere finanzielle Rückschläge, und diese unerwartete Schicksalswende trug das Ihre dazu bei, aus Marshall einen äußerst umsichtigen und genügsamen jungen Mann zu machen.

Für Marshall wurde die schwierige Kindheit zum Ansporn. Er ertrug es nicht, zu verlieren oder sich als Versager zu fühlen. Wenn die Geschwister oder Nachbarskinder versuchten, ihn zu übervorteilen, suchte er nach geeigneten Mitteln zur Selbstverteidigung. Erwachsene denken häufig an die prägenden Erlebnisse ihrer frühen Kindheit zurück. Zu Marshalls gerne erzählten Jugenderinnerungen gehörte die Geschichte von der Floßfahrt. Eine Gruppe von Mädchen hatte sich um die vereinbarte Beteiligung an den Kosten für ein Riverrafting gedrückt, und Marshall rächte sich, indem er das Floß, auf dem sie trieben, zum Kentern brachte. „Das vergesse ich nie – etwas mußte passieren und zwar schnell. Was ich tat, machte mich vorübergehend wieder zum Herrn der Lage."

Schon früh entschloß sich Marshall, die militärische Laufbahn einzuschlagen. Da er weder die herausragenden intellektuellen Fähigkeiten noch die Beziehungen besaß, die ihm einen Ausbildungsplatz in Westpoint gesichert hätten, sah er von einer Bewerbung an der militärischen Eliteschule des Landes ab und wurde Kadett am *Virginia Military Institute* (VMI). Er blieb ein mittelmäßiger Schüler in allen theoretischen Fächern außer Geschichte, ein Gebiet, auf dem er glänzte, bewies sich indes bald als Meister anderer militärischer Tugenden. Drill, Disziplin und Entscheidungsfreudigkeit wurden als seine Stärken erkannt. Er war immer der Klassenoffizier. Die besondere Achtung der übrigen Kadetten und seiner Lehrer errang sich Marshall, als er nach einem ungewöhnlich quälenden und schmerzhaften studentischen Initiationsritual davon absah, mit dem Finger auf die Schuldigen zu weisen, und Haltung bewahrte.

Bereits während seiner Kadettenzeit ließ Marshall die Eigenschaften erkennen, die ihn als reifen Erwachsenen auszeichneten. Er war zweifellos weder ein wissenschaftliches Talent noch ein Intellektueller, und niemand hätte ihm auffallende theoretische Intelligenz bescheinigt. Seine Begabung lag eher im Bereich der ,personalen Intelligenzen', in der abgewogenen Beurteilung von Menschen und Ereignissen. Er war ein ausdauernder Arbeiter, zeichnete sich durch Disziplin und Besonnenheit aus und erwartete diese Eigenschaften auch von anderen. Während er die Kunst des Befehlens erlernte, wurde ihm klar, daß er sich ein allzu vertrautes Verhältnis zu den künftigen Untergebenen, die seinem Kommando unterstehen würden und, sofern die Umstände es verlangten, bestraft oder entlassen werden mußten, nicht erlauben konnte.

Anwandlungen von Ungeduld oder Jähzorn lernte Marshall zu beherrschen; auf andere Menschen, besonders auf Frauen, wirkte er charmant, geistreich und überzeugend. Eine natürliche Bescheidenheit hinderte ihn nicht daran, seine Interessen wahrzunehmen. So platzte er im April 1901, kurz vor seiner Abschlußprüfung am VMI, unangemeldet ins Büro des Rektors William McKinley und verlangte, eine Sonderprüfung für die Ernennung zum Leutnant ablegen zu dürfen. Vermutlich konnte er sich mit seinem entschlossenen Auftreten gerade darum Respekt verschaffen, weil man wußte oder spürte, daß man es mit einem normalerweise beherrschten Menschen zu tun hatte. Aus seiner habituellen Zurückhaltung war zu schließen, daß seine Betroffenheit tief gehen mußte, wenn er seine Gefühle zur Schau stellte, und daß nur gute Gründe und eine tiefe innere Überzeugung ihn veranlaßt haben konnten, sich zu exponieren.

Im Juni 1901 legte Marshall die Schlußprüfung ab und heiratete im Jahr darauf Elizabeth Carter Cole. In den folgenden drei Jahrzehnten versah er militärische Posten in den verschiedensten Regionen der Welt. (In dieser Hinsicht weist sein beruflicher Werdegang enge Parallelen zum Führer eines anderen gesellschaftlichen Großsystems, zu Papst Johannes XXIII., auf.) 1902 war er als Leutnant der Infanterie auf den Philippinen stationiert. Von 1906 bis 1908 besuchte er in Fort Leavenworth, Kansas die Kavallerieschule und Stabsakademie, studierte mit Eifer Militärstrategie, hatte Gelegenheit, selbst zu unterrichten und Führungsaufgaben zu übernehmen, und schloß als Klassenbester ab. Nachdem er in den Vereinigten Staaten mehrere Instruktionsposten übernommen hatte, tat er von 1913 bis 1916 erneut Dienst auf den Philippinen. Nach seiner Ernennung zum Hauptmann wurde er zum Expeditionskorps der Alliierten in Frankreich abkommandiert.

Marshall hatte allen Grund, so möchte man denken, mit dem Verlauf seiner militärischen Karriere zufrieden zu sein. Der junge Offizier wurde regelmäßig befördert und genoß einen ausgezeichneten Ruf als Ausbilder und Truppenführer. Er verstand es, Aufgaben an die geeigneten Leute zu delegieren, andere zur Zusammenarbeit anzuregen und Autorität zu übertragen, wenn nötig aber auch durchzusetzen. Er wurde ein hervorragender Instrukteur, und mit Zivilisten arbeitete er nicht weniger gut zusammen als mit dem Militärpersonal. Vermutlich weckten gerade die allgemeine Anerkennung seiner Talente und das dämmernde Bewußt-sein seiner besonderen Fähigkeiten Marshalls Unzufrieden-heit mit dem gemächlichen Verlauf seiner Karriere. Trotz unbestrittener Fähigkeit zur Planung großangelegter Manö-ver waren ihm zum Beispiel auf den Philippinen weniger als hundert Mann unterstellt. 1916 gab er dieser Verstimmung über sein schleppendes berufliches Fortkommen Ausdruck:

Der vollkommene Beförderungsstillstand bei der Infanterie hat mich dazu veranlaßt, einen Berufswechsel ins Auge zu fassen, der stattfinden könnte, sobald die wirtschaftlichen Voraussetzungen gegeben sind. … Die Beförderungsmöglichkeiten sind durch das Gesetz sowie durch die Massierung etwa gleichaltriger Angehöri-ger desselben Dienstgrades soweit eingeschränkt, daß ich es für ein Unrecht halte, meine besten Jahre in einem aussichtslosen Kampf gegen unüberwindliche Hindernisse zu verschwenden.

Für den ehrgeizigen Soldaten ist der Krieg bei allen Gefah-ren, die er mit sich bringt, die große Aufstiegschance. Auch Marshall brauchte nach Ausbruch des Ersten Weltkriegs auf Beförderungen nicht lange zu warten. Dem Majorsrang folgte die Ernennung zum Oberstleutnant. Eine geringfügige körperliche Beeinträchtigung sowie die Tatsache, daß Mar-shall noch nicht im Rang eines Truppenbefehlshabers stand, hatten jedoch zur Folge, daß andere, so Douglas MacArthur, zu höheren Positionen und Verantwortlichkeiten aufstiegen. Marshall ersuchte um die Versetzung an die europäische Front, die ihm mit der Begründung verweigert wurde, er sei als Stabsoffizier unentbehrlich. „Oberstleutnant Marshalls besondere Fähigkeiten sind Stabsaufgaben", erklärte der

Divisionskommandeur, General Robert Lee Bullard. „Es dürfte in der Armee keinen zweiten geben, der sich, sei es in Theorie oder Praxis, mit ihm messen kann."

Als Stabsoffizier spielte Marshall eine entscheidende Rolle bei der Planung der schwierigen und komplexen Maas-Argonnen-Offensive im Herbst 1918, die den Transport von 500 000 Mann und 2 700 Geschützen in weniger als vierzehn Tagen erforderlich machte. Er wurde bekannt als das „Genie" hinter der „großartigsten Stabsoperation des Krieges" und hatte noch immer keine Gefechtserfahrung. Auf diese Weise blieb es Marshall trotz unbestritten großartigen Leistungen verwehrt, im Gefolge des Ersten Weltkriegs unter die Stars der amerikanischen Streitkräfte aufzurücken.

Ungeachtet des scharfen Zusammenstoßes mit General Pershing – oder gerade deswegen – wurde Marshall zum Ersten Adjutanten des Generals ernannt, als dieser in den frühen zwanziger Jahren Stabschef der Armee in Washington wurde. Zwischen den beiden Männern, die einander nach Herkunft, Naturell, Begabung und Mängeln eng verwandt waren, entstand eine tiefe, dauernde Zuneigung. Pershing wurde für Marshall die entbehrte Vaterfigur, und zugleich lernte der Jüngere von einem Meister, was wirksame Führung bedeutet:

Ich kenne keinen Mann, der mehr Kritik ertrug. ... Man konnte sagen, was man wollte, solange es offene, konstruktive Kritik war. ... General Pershing war eine Führungspersönlichkeit, die jede Versammlung dominierte. Er konnte den Mitarbeitern Dampf machen, wenn die Umstände es verlangten, und war außer Dienst ein sehr freundlicher, liebenswürdiger Mann, im Dienst jedoch äußerst streng.

Nach fünfjähriger Arbeit für General Pershing tat Marshall Mitte der zwanziger Jahre Dienst beim Fünften Infanterieregiment im chinesischen Tientsin und hatte in den ersten Jahren der Wirtschaftskrise verschiedene Posten in den Vereinigten Staaten inne. In den frühen dreißiger Jahren wirkte er als brillanter Ausbildungsleiter an der Infanterieschule in Fort Benning, Georgia und erhielt 1933 seine Ernennung zum Obersten. Mitte der dreißiger Jahre wurde er Stabschef der in Chicago stationierten Dreiunddreißigsten Division. Seine letzte Mission vor Washington war der Posten des Kommandierenden Generals der Fünften Brigade von 1936 bis 1938 in Vancouver.

Noch immer wartete Marshall auf die Anerkennung, die er nach eigenem Dafürhalten und nach dem Urteil anderer beanspruchen konnte. Unterdessen hatte er mehrere schmerzliche Verluste erlitten, so im Jahr 1927 den Tod der geliebten Ehefrau Elizabeth. Er blieb ein vorbildlicher Lehrer. Niemand konnte wie er eine komplexe strategische Situation in wenigen prägnanten Sätzen umreißen. Daneben war er an einer Modernisierung und Vereinfachung der Rekrutenausbildung beteiligt und zog eine eindrückliche Kohorte junger Offiziere heran, deren Karriereprofile er in seinem berühmten „Schwarzen Buch" festhielt. Doch in einer Zeit bisher ungekannter Nöte auf heimischem Boden und knapper finanzieller Mittel sah man keinen Anlaß, Beförderungen in den Streitkräften vorzunehmen.

Den erhofften Aufstieg brachten Marshall schließlich politische Umstände, die gleichen, die ihn bisher verhindert hatten. Solange die militärischen Ernennungen von Anhängern MacArthurs vorgenommen wurden, war Marshall dazu verurteilt, im zweiten Glied zu bleiben. Die seit langem schwelenden Rivalitätsgefühle hätte keiner der beiden Männer zugegeben. (Als MacArthur im Koreakrieg schließlich des Kommandos enthoben wurde, machte er bezeichnenderweise Marshall für die Entscheidung verantwortlich, der inzwischen das Verteidigungsministerium führte, sich aber gegen eine Abberufung MacArthurs ausgesprochen hatte.) Doch erst als Malin Craig, ein ‚Mann Pershings‘, MacArthur im Amt des Generalstabschefs ablöste, erhielt Marshall den ersten Stern. Die Ernennung Marshalls zum Brigadegeneral war eine der ersten Amtshandlungen Craigs.

Der entscheidende Karriereschritt war vollzogen, auf den Marshall, zwischen Gelassenheit und Ungeduld schwankend, so manches Jahr gewartet hatte. Ein knappes Jahrzehnt vor seiner Pensionierung sah sich der Mittfünfziger im Vorzimmer der Macht. Seiner Ernennung zum Zugeteilten Stabsoffizier im Juli 1938 folgte im Oktober desselben Jahres die Beförderung zum Stellvertretenden Generalstabschef, und im April 1939 ernannte Präsident Roosevelt den dienstjüngsten General zum Generalstabschef des Heeres. In dieser Funktion fiel Marshall die Aufgabe zu, die amerikanische Armee auf das größte militärische Unternehmen der Menschheitsgeschichte vorzubereiten und anschließend als Hauptverantwortlicher die Planung der Gefechte zu übernehmen, die zur Niederlage der Achsenmächte führen sollten. Das Heer, das 1939 mit einer Stärke von 200 000 Mann im Weltvergleich die siebzehnte Stelle einnahm, war 1945 auf 8⅓ Millionen Wehrpflichtige angewachsen, und als Marshall im Dezember 1944 zum Fünfsternegeneral ernannt wurde, überraschte die Beförderung niemanden mehr.

Trotz der wohlmeinenden Versuche moderner (und postmoderner) Historiker, die Grenzen der traditionellen Geschichtsschreibung auszuweiten, sind es noch immer vor allem die Sieger, die in die Geschichtsbücher eingehen. Die

Vereinigten Staaten haben mit ihren Verbündeten den Zweiten Weltkrieg gewonnen, und diese Tatsache hat den Namen der Amerikaner Franklin Roosevelt, Harry Truman, Douglas MacArthur, Dwight Eisenhower, George Patton und George Marshall einen Glanz verliehen, der ihnen ohne diesen militärischen Triumph wohl versagt geblieben wäre. Führerpersönlichkeiten von Rang, haben sie alle das Ihre zum Sieg beigetragen. Sieht man jedoch vom nominellen Oberbefehl ab, der beim Präsidenten lag, und von den großartigen Gefechtsleistungen, für die die Generäle im Feld verantwortlich waren, ist der Hauptverdienst für diesen Sieg unleugbar Marshall zuzuschreiben. Winston Churchill nannte ihn den „eigentlichen Organisator des Sieges".

Zu Beginn seiner Amtszeit als Chef des Generalstabes war es Marshalls vordringliche Aufgabe, die amerikanische Bevölkerung auf das Ausmaß der nationalsozialistischen Bedrohung und auf die Notwendigkeit einer raschen personellen und materiellen Aufrüstung aufmerksam zu machen. In dieser Phase seiner Laufbahn erhielt die Erfindung und Verbreitung einer ‚Geschichte' entscheidende Bedeutung. Für Konflikte, die sich außerhalb ihrer Grenzen abspielten, brachten die Amerikaner seit je nur geringes Interesse auf, und sowohl im Kongreß als auch in der breiteren Öffentlichkeit dominierten isolationistische Gefühle. Außerdem vertraten die Vereinigten Staaten offiziell eine neutrale Haltung.

Marshall zeigte sich der Aufgabe einer Mobilmachung des öffentlichen Bewußtseins gewachsen. Durch sein Wirken hinter den Kulissen und seine Auftritte vor dem Parlament gelang es ihm, die Mehrheit der Bevölkerung von der Notwendigkeit zu überzeugen, die Armee zu vergrößern, eine angemessene Ausbildung des neuen Personals sicherzustellen, umfangreiche Mengen an Flugzeugen und Panzern zu bewilligen und ausländische Gruppen zu unterstützen, die gegen die Nationalsozialisten arbeiteten. Gleichzeitig wandte er sich gegen vorschnelle Operationen und begründete seine Haltung. „Mein einziges Ziel, mein einziger Auftrag", erklärte er einmal, „ist die Schaffung der leistungsfähigsten Armee der Welt".

Die Geschichte von der Unentbehrlichkeit einer starken Verteidigungsmacht war im Grundsatz nichts Neues, mußte aber der damaligen Generation neu eingeprägt werden. Die für Marshall kennzeichnende Verbindung von Faktenkenntnis und Formulierungskraft mit dem überzeugenden Glauben an die Dringlichkeit seines Mobilisierungsprogramms erwies sich als äußerst wirksam. Der Stabschef, dem man mit Recht politische Unparteilichkeit nachsagte, war in der Lage, die Mängel im amerikanischen Rüstungsbestand in dramatischer Form darzustellen und Schritte zu ihrer Behebung vorzuschlagen. Er konnte an den Idealismus der Parlamentsabgeordneten appellieren, lobte alle, die sich über Parteilichkeit hinwegsetzten, und ließ sanften Tadel hören, wo Abgeordnete ihre eigenen Anliegen oder die ihrer Wählerschaft über die Interessen der Nation stellten. Schon bald war Marshall ein erfolgreicherer Verfechter der Mobilmachung als Roosevelt.

Als nach Hitlers ‚Blitzkrieg‘ im Frühjahr 1940 aus der drôle de guerre ein wirklicher Krieg geworden war und der japanische Angriff auf Pearl Harbor im Dezember 1941 die USA in das Kriegsgeschehen hineinzog, wurde Marshall mit der Durchführung der kriegsnotwendigen Aktivitäten betraut. Er konzipierte die verschiedenen Fronten, errechnete den erforderlichen Personal- und Materialeinsatz und sorgte dafür, daß das Benötigte so effizient und umsichtig wie möglich beschafft wurde; er war aktiv an Entscheidungen über taktische und strategische Fragen beteiligt, sah darauf, daß sich die unvermeidlichen Auseinandersetzungen zwischen den amerikanischen Kommandeuren in Grenzen hielten, und vertrat in den Verhandlungen mit den Führern der Verbündeten nachdrücklich den amerikanischen Standpunkt. Als im Herbst 1943 der Sieg der Alliierten sicher schien, war Marshall an der nicht weniger schwierigen Aufgabe beteiligt, das ‚Endspiel‘ zu planen und die Vorbereitungen für die Zeit zu treffen, die zu einem gefahrvollen Frieden werden sollte.

Bei diesen Bemühungen stand Marshall neben Dutzenden enger Mitarbeiter ein Gesamtstab zur Verfügung, dessen Zahl in die Tausende ging; dazu kamen schließlich Millionen von Männern und Frauen, darunter die Kriegsdienstleistenden anderer Armeen und Nationen. Zahlreiche Mitarbeiter teilten sich die Aufgabe der Koordinierung von Information und Planung. Ein reibungsloses Zusammenspiel der Einzelteams zustande zu bringen war eine Herkulesarbeit. Doch irgendwo mußte der Schwarze Peter landen, und im Fall der Vereinigten Staaten als Kriegspartei war diese Stelle der peinlich geordnete Schreibtisch George Marshalls.

Führer gewinnen ihren Einfluß durch die Geschichten, die sie erzählen, und dadurch, wie sie ihre Geschichten verkörpern. Marshalls Geschichten boten den Zuhörern nichts Neues, zumindest nichts Originelles, das aufhorchen ließ; er erklärte der Armee und der Nation, warum es unumgänglich war, mobil zu machen und in den Krieg zu ziehen. Seinen militärischen Mitarbeitern machte er klar, daß sie nicht als Politiker, sondern als unparteiische Militärspezialisten zu handeln hätten; dem zivilen Teil der Bevölkerung erläuterte er die Rolle des Militärs in einer Demokratie des zwanzigsten Jahrhunderts und betonte, daß der Weg zum Sieg nur in Übereinstimmung mit den demokratischen Werten der Nation verfolgt werden dürfe.

Neu war keine dieser Geschichten, und doch hatte sich jede mit Gegengeschichten auseinanderzusetzen, die in ihrer Einfachheit verschiedene Adressatenkreise ansprachen. Die amerikanischen Isolationisten schilderten die Kämpfe Europas als Ereignisse, die sich in weiter Entfernung abspielten und die Interessen der Vereinigten Staaten nicht berührten; aus ihrer Perspektive erschien es als sinnvoll, die europäischen und später die asiatischen Staaten ihre bewaffneten Konflikte unter sich austragen zu lassen. Von militärischer Seite war die Auffassung zu hören, daß diejenigen, die ihr Leben aufs Spiel setzten, auch das Recht beanspruchen dürften, sich an den politischen Entscheidungsprozessen zu beteiligen und ihren ideologischen Gegnern zu widersprechen, während bei vielen Zivilisten und Politikern nach Kriegsausbruch die Neigung herrschte, einen Sieg um jeden Preis anzustreben. Marshall konnte nur darum einen so ungewöhnlichen Einfluß auf die öffentliche Meinung seines Landes gewinnen, weil er seine Geschichte mit bewunderungswürdiger Überzeugungskraft vortrug und weil er die Botschaft so offenkundig zum Maßstab des eigenen Lebens machte.

Als die Amerikaner eingesehen hatten, daß eine starke militärische Schlagkraft für den Kriegsfall unumgänglich war, mußte Marshall differenziertere Geschichten erfinden. Eines dieser Themen betraf die Zusammensetzung der Armee, die, so erklärte er, nicht länger das traditionelle Zufallsgemisch Freiwilliger darstellen dürfe; sie müsse einen Querschnitt des amerikanischen Lebens repräsentieren, was gerechte Aushebungsverfahren erforderlich mache. Die Offiziere sollten gut ausgebildet werden und die Operationen auf der Grundlage eines hochentwickelten militärischen Denkens leiten. Die Technik sollte modernsten Anforderungen genügen und die Forschung die besten Kräfte in Dienst nehmen, um die strategischen Verfahren der Zukunft zu planen. Ausgediente Offiziere sollten rasch durch jüngere ersetzt werden, deren Kenntnisse in Theorie und Praxis auf dem letzten Stand waren. Marshall entwarf das Bild einer neuen Armee, die sich von undurchschaubaren Reglements befreite und bürokratische Verkrustungen ebenso aufgab wie den „monotonen Drill, der, offen gestanden, Gehorsam auf Kosten von Initiative erreichte und jegliches Denken ausschloß".

Eine andere Geschichte betraf den Militärdienst: Soldaten hatten dem Land, seinen Führern und seinen Bürgern, frei von persönlichen Interessen und unbeeinflußt von den internen politischen Auseinandersetzungen zu dienen. Er selbst, als Generalstabschef, war verpflichtet, die Tatsachen unparteiisch vorzulegen und Empfehlungen abzugeben, wenn es verlangt wurde, sich jedoch jeder Parteinahme zu enthalten.

Marshall verkörperte diese Geschichten auf einfachste und wirksamste Art. Er wurde zum Ersten Soldaten des Landes, zur idealen Verkörperung des Bürgers in Uniform. Stets hervorragend unterrichtet, kannte er seine Offiziere, seine Mannschaft und die Bedürfnisse seiner Armee. Wie Alfred Sloan jr. konnte er fast jede Frage nach der überaus komplexen Organisation, an deren Spitze er stand, beantworten; und wenn er die Antwort nicht parat hatte, gab er umgehend eine Untersuchung in Auftrag, die diese Antworten lieferte. Er überblickte die komplexen Zusammenhänge einer sich global ausweitenden Kriegsführung ebenso minuziös, wie er

Ernennungs- und Rekrutierungsfragen gemeistert hatte. Sein „Schwarzes Buch" enthielt Informationen über jeden vielversprechenden Offizier, der jemals seinen Weg gekreuzt hatte, und sein unvergleichliches vernetztes Wissen war für das seiner Führung anvertraute Mammutunternehmen von unschätzbarem Wert. Marshalls Auswahl ranghoher Offiziere, die nicht selten auf persönlichen Eindrücken aus seiner Zeit in Fort Benning beruhte, war praktisch unfehlbar, und kaum jemals hatte er Grund, eine Ernennung zu bereuen. (Ein schärferer Gegensatz zu der wachsenden personellen Fluktuation, die in jüngerer Zeit im politischen Bereich zur Tagesordnung gehört, ist kaum denkbar.)

Marshall war die vollendete Verkörperung der Integrität. Seine persönliche Lauterkeit und Honorigkeit standen außer Zweifel. Er galt allgemein als uneigennütziger Mensch ohne eine Spur von Geltungsdrang und Selbstmitleid. Jede Art persönlicher Bevorzugung, ob es um ihn selbst oder Angehörige seines Kreises ging, suchte er mit allen Mitteln zu vermeiden. Er wies selbst die geringsten Begünstigungen für die Kinder seiner zweiten Frau zurück, von denen eines den Kriegshandlungen zum Opfer fiel. Ebenso konsequent lehnte er die Bitte ab, Sonderrechte für Kay Summersby, die Fahrerin und mutmaßliche Geliebte von General Dwight D. Eisenhower, zu erwirken.

Mit wachsender sprachlicher Kompetenz war Marshall zu einem glänzenden Redner geworden Er konnte Zuhörer jeder Art erreichen, auf ihre Fragen reagieren, ihre Anliegen voraussehen und ihre Aufmerksamkeit auf die relevanten Probleme richten. Er sprach meist ohne Manuskript und konnte, nur auf sein monumentales Gedächtnis gestützt, stundenlang reden. Er war einer der gesuchtesten Zeugen für den Kongreß. Ein ums andere Mal erschien er vor einem skeptischen Ausschuß, den er für seine Sache gewann, und seine Aussagen wurden Legende. Marshall verstand es, mit den selbstbewußten Parlamentariern umzugehen; Herablassung war ihm fremd, er nahm Bedenken ernst und wich dennoch keinen Fingerbreit zurück. In seinem Auftreten und seiner Ausdrucksweise entsprach er der Vorstellung der Abgeordneten von einer Führungspersönlichkeit. Ein politischer Beobachter, der die Auftritte mehrerer Präsidenten vor dem Kongreß erlebt hatte, erklärte: „Keiner von ihnen konnte General Marshall das Wasser reichen, wenn er sich vorgenommen hatte, die Zuhörer auf seine Seite zu ziehen."

Diese Wirkung wäre Marshall unmöglich gewesen, wenn er politische Sympathien hätte erkennen lassen. Aber er ging nicht einmal zur Wahl und gab seinem Mißfallen Ausdruck, wenn Angehörige des Militärs eine politische Karriere planten oder sich auf anderem Weg in politische Angelegenheiten mischten. Ohne despektierlich zu werden, konnte er dennoch seine Unzufriedenheit mit bestimmten Regierungsrichtlinien und sogar Sympathie mit wenig bekannten oder gefragten Auffassungen deutlich machen. Wie Parlamentssprecher Sam Rayburn einmal erklärte, hielt sich Marshall auch dann an die Wahrheit, wenn es seinem Anliegen schadete.

Marshall mußte beweisen, daß er mit seinem Vorgesetzten, Präsident Roosevelt, auskam. Spannungen hatte es vom ersten Moment an gegeben, wie die frühe Konfrontation und der warnende Hinweis verraten, mit dem Marshall auf seine Ernennung zum Generalstabschef reagierte: „Ich habe die Gewohnheit, immer das zu sagen, was ich denke, und das kann, wie Sie wissen, oft unangenehm sein." Tatsächlich standen Roosevelts Sprunghaftigkeit, seine Neigung, auf Intuition zu setzen, und sein improvisierter Regierungsstil im krassen Widerspruch zu Marshalls Vorliebe für Planungsdiagramme, klare Befehlshierarchien und abgegrenzte Kompetenzbereiche.

Im Verlauf ihrer engeren Zusammenarbeit lernten beide, die Stärken des anderen zu achten. Es gibt Hinweise darauf, daß Marshalls großer Einfluß auf den Kongreß und seine Fähigkeit, andere von der Uneigennützigkeit seines Handelns zu überzeugen, von Roosevelt mit einigem Neid beobachtet wurden. Doch der Vollblutpolitiker Roosevelt wußte Marshalls Vorzüge umfassend zu nutzen. Marshall wiederum zeigte sich beeindruckt von Roosevelts Geschick, sich politische Unterstützung für seine Programme zu sichern, und von seinem Mut, schwierige Entscheidungen zu fällen und dazu zu stehen. Doch bezeichnenderweise hielt er zum Präsidenten Distanz. Er wollte sich frei fühlen, Ratschläge anzubieten, auch solche, die seinen Vorgesetzten an empfindlicher Stelle treffen konnten.

Marshall ließ erkennen, daß ihn die menschliche Seite des Militärs nicht gleichgültig ließ. Obwohl sein Tagesablauf auf die Minute geplant war, fand er immer Zeit, sich mit Untergebenen zu treffen, einem verdienten Mitarbeiter ein Geschenk zu schicken und bei persönlichen Verlusten seine Teilnahme auszudrücken. Solange es möglich war, beantwortete Marshall alle an ihn gerichteten Briefe mit eigener Hand. (Auch später traf er täglich eine Auswahl zur persönlichen Erledigung und beauftragte andere mit den Antwortschreiben, die er nicht selbst übernehmen konnte.) Er reiste durch die Vereinigten Staaten und durch die Welt, um mit Offizieren und Frontsoldaten zusammenzutreffen. Den frühen Zusammenstoß mit dem scheinbar verständnislosen Pershing in guter Erinnerung, nahm er alle Beschwerden mit Aufmerksamkeit zur Kenntnis. Er glaubte, daß Gehorsam auf Achtung und nicht auf Furcht beruhen sollte, und legte Wert „auf die Wirkung des guten Beispiels, mit dem die Offiziere vorangehen; auf die Einsicht aller Dienstgrade in die Notwendigkeit eines Befehls und seiner Durchführung; auf Pflichtbewußtsein und auf *esprit de corps.*" „Ein Erlaß oder ein Reglement", erklärte er einmal, „würde vermutlich mehr schaden als nützen. Die Aufgabe muß eine persönliche Sache sein und umsichtig erledigt werden."

Berühmt – und berüchtigt – war Marshalls Leistungsanspruch. Er verlangte viel von sich selbst und stellte an andere die gleichen Anforderungen. Mit Dummköpfen hatte er wenig Geduld: „Gefühlsluxus kann ich mir nicht leisten. ... Ich bin zu kalter Logik verpflichtet." Auf Unfähigkeit oder Eigennutz reagierte er schroff, suchte aber das Gespräch mit allen, die ihm widersprachen, solange die Einwände mit Respekt vorgetragen wurden und gut begründet waren. Eine Woche nach Antritt seines Amtes als Generalstabschef ließ er eine Schimpfkanonade los, weil er von den dienstältesten Stabsoffizieren kein Wort des Widerspruchs gehört hatte. Für Offiziere, die mit Schmeicheleien ihren Aufstieg zu fördern hofften, hatte er nichts übrig, schätzte es aber, wenn Soldaten in Fragen, die ihnen am Herzen lagen, ihre Meinung vertraten. „Wenn unsere Leute vielversprechende Fähigkeiten und eine gewisse Unzufriedenheit mit unserem Vorgehen an den Tag legen, bin ich immer bereit, mich auf ein Gespräch einzulassen und Eindrücke aus erster Hand einzuholen", erklärte er einmal.

Gleichzeitig war Marshall vom Sinn der Befehlshierarchie überzeugt und setzte sie nie aufs Spiel. Er war innerhalb einer Hierarchie aufgestiegen und hielt eine derartige Organisationsstruktur für notwendig. Ein guter Soldat braucht die Fähigkeit, Menschlichkeit und Verständnis mit der erforderlichen Disziplin und Autorität in Einklang zu bringen, und Marshall als Erster Soldat des Landes zeigte anderen, wie dieses Gleichgewicht zu erreichen und aufrechtzuerhalten war. Seine Fähigkeit, Autorität anzuerkennen, ohne sich durch sie einschüchtern und erdrücken zu lassen, wurde von den übrigen Soldaten, von seinem Oberbefehlshaber und von den Bürgern des Landes als wichtige Botschaft verstanden.

Vielleicht war es gerade Marshalls vorbildliches Dienstethos, das ihn um den höchsten Preis des Krieges brachte. Auf der Konferenz von Teheran waren im November 1943 die letzten Entscheidungen über die Operation *Overlord* gefallen, die Landung der alliierten Truppen an der französischen Kanalküste, die den Verbündeten den Angriff auf die deutsche Westfront ermöglichen würde. Noch blieb der Befehlshabende General der Vereinten Streitkräfte zu bestimmen, der übereinkunftsgemäß ein Amerikaner sein sollte. Zur Wahl standen Marshall und Eisenhower, und die Entscheidung lag in der Hand Roosevelts.

Sie wurde dem Präsidenten zur Qual. Einerseits erwartete so gut wie jeder, daß seine Wahl auf Marshall fallen würde, der nicht nur Eisenhowers Vorgesetzter war, sondern sich auch das Recht erworben hatte, in der sicherlich bedeutendsten und denkwürdigsten Schlacht des Krieges, wenn nicht der Geschichte, das Kommando zu führen. Doch Roosevelt wollte Marshall als militärischen Hauptberater an seiner Seite wissen, und war sich ferner darüber im klaren, daß Marshall die Kampferfahrung des jüngeren Eisenhower fehlte, der sich in Nordafrika und im Mittelmeer als Kommandeur bewährt hatte.

Eine komplexe Ereigniskette folgte. Roosevelt überließ es Marshall, den Befehlshaber zu wählen. Marshall erklärte sich außerstande, dieses Recht wahrzunehmen, da die Entscheidung nur vom Oberbefehlshaber der amerikanischen Streitkräfte getroffen werden könne. Die meisten Beobachter sind der Meinung, daß Roosevelt Marshall im Land behalten wollte und darauf setzte, der stets bescheidene und soldatisch-disziplinierte Marshall werde ihm diese Option einräumen. Daß die Entscheidung eine persönliche Enttäuschung Marshalls bedeutete, ist kaum zu bezweifeln; nach der Ernennung Eisenhowers blieb er ein paar Stunden lang verschwunden und beschloß dann, den Kreis des Präsidenten in Kairo zu verlassen und eine Reise durch die Welt anzutreten. In den Augen der Öffentlichkeit jedoch hatte Roosevelt die harte, doch richtige Entscheidung getroffen. Marshall gegenüber äußerte er: „Ich fürchtete, schlaflose Nächte zu haben, wenn Sie außer Landes wären." Marshall stellte Roosevelts Wahl nie in Frage und gewährte Eisenhower in den folgenden Monaten bedingungslose Unterstützung.

Auch ohne das Kommando von *Overlord* hatte Marshall eine gewaltige Bürde zu tragen. Es fiel in seinen Aufgabenbereich, für einen Ausgleich zwischen den verschiedenen politischen und militärischen Interessengruppen in den Vereinigten Staaten zu sorgen. Außerdem oblagen ihm die Leitung der gesamten militärischen Operationen sowie die diplomatischen Verhandlungen mit den Vertretern der Bündnisparteien, darunter Churchill, mit dem es wiederholt zu Auseinandersetzungen kam, und Stalin, der ihn begönnerte. Während die britischen und amerikanischen Kommandeure, Viscount Bernard Montgomery und General Alan Brooke auf der einen, die Kommandierenden Generäle Patton und MacArthur auf der anderen Seite, die Gefechtstaktik planten, war Marshall für die Beziehungen zwischen den nationalen Streitkräften und ihren machtbewußten Anführern verantwortlich. Als Präsident Roosevelt einen Monat vor dem Sieg der Verbündeten in Europa an einer Gehirnblutung starb, wandte sich Eleanor Roosevelt an Marshall mit der Bitte, die Organisation des Begräbnisses zu übernehmen. Es überraschte wenig, daß die Amerikaner bei einer Meinungsumfrage nach dem Hauptverantwortlichen für die erfolgreiche Kriegsführung George C. Marshall vor Franklin D. Roosevelt an die Spitze stellten.

Mit fünfundsechzig Jahren war Marshall der Rücktritt von seinem Amt als Generalstabschef willkommen. Er dachte daran, seinen Lebensabend mit der geliebten zweiten Frau in seinem Heim in Virginia zu verbringen, zu gärtnern und zu faulenzen. Doch ein friedlicher Ruhestand war ihm noch nicht vergönnt. Präsident Truman bat den frischgebackenen Pensionär, eine Sondermission in China zu übernehmen, von wo Marshall ein Jahr später auf den Posten des Außenministers zurückkehrte. 1949, nach einer größeren Operation, verließ er das Außenministerium, erklärte sich jedoch ein Jahr später, bei Ausbruch des Koreakrieges, bereit, als Verteidigungsminister erneut ins Kabinett des Präsidenten einzutreten. Er versah dieses schwierige Amt während des Koreakonflikts und in der spannungsreichen Zeit, als MacArthur wegen Insubordination sein Kommando verlor und bei seiner Rückkehr von großen Teilen der amerikanischen Öffentlichkeit dennoch mit Jubel begrüßt wurde.

Marshalls Nachkriegskarriere waren nicht die Erfolge beschieden, die seine militärische Laufbahn ausgezeichnet hatten. (Wie Oppenheimer und andere, die unter wechselnden Umständen Führungsfunktionen ausübten, konnte er in einer klar umrissenen Rolle die größte Wirksamkeit entfalten, in einer Situation, in der Gut und Böse säuberlich voneinander getrennt waren, in der er mit einer eindeutigen Geschichte auftreten und über den Parteien agieren konnte.) Seine Chinamission bewirkte wenig – die Kommunisten setzten ihren unaufhaltsamen Marsch zur Herrschaft fort. Die Armee, für deren Aufbau und Stärkung er so hart gekämpft hatte, erlebte einen schnell voranschreitenden Demobilisierungs- und Demoralisierungsprozeß. Marshall war ein entschiedener Gegner der Anerkennung des Staates Israel durch die USA, Präsident Truman jedoch setzte sich über seinen Einspruch hinweg. Im Koreakrieg blieben entscheidende Erfolge aus. MacArthurs Gehorsamsverweigerung traf Marshall tief, der überdies – zu Unrecht – von vielen für die Entlassung des populären Generals verantwortlich gemacht wurde.

Am härtesten jedoch mußte Marshall treffen, daß Joseph McCarthy, der Parlamentsneuling aus Wisconsin, ihn neben anderen Staatsdienern zum Ziel seiner Diffamierungskampagnen machte. McCarthy scheute vor unverblümtem Rufmord nicht zurück und sprach von „Amerikas Rückzug vom Sieg: Die Geschichte des George Catlett Marshall". Er verglich Marshall mit dem blutbefleckten Macbeth und beschuldigte den General der Teilnahme an einer „so ungeheuerlichen Verschwörung und einer so schwarzen Schändlichkeit, daß alles, was die Geschichte der Menschheit bisher an Vergleichbarem gekannt hat, dahinter zurückbleibt." Marshall erwartete eine Verteidigung von General Eisenhower, dem künftigen Präsidenten. „Ike" jedoch war mehr daran interessiert, sich Wählerstimmen zu sichern, als der Wahrheit zu ihrem Recht zu verhelfen, und blieb die klärenden Worte schuldig. Marshall hatte den haßtriefenden Worten McCarthys nicht viel entgegenzusetzen: „Wenn ich mich an diesem

Punkt meines Lebens zu der Erklärung gezwungen sehe, daß ich kein Landesverräter bin, sind Worte wohl kaum der Mühe wert.«

Den Schwierigkeiten der Truman-Ära zum Trotz wurde in der Nachkriegsperiode eine Leistung möglich, die sich in ihrer Bedeutung mit dem militärischen Sieg im Zweiten Weltkrieg messen kann: der Wiederaufbau Westeuropas, der sowohl die siegreichen wie die auch die besiegten Länder einschloß, von denen so viele durch den Krieg verwüstet worden waren. Die Planung und Finanzierung dieser Hilfeleistungen konnten nur von den USA übernommen werden, der einzigen Macht, die den Willen und die Mittel besaß, diesen Prozeß zu verwirklichen.

In einer Rede, die im Juni 1947 anläßlich der Diplomfeierlichkeiten an der Harvard-Universität gehalten wurde, beschrieb Marshall Ziel und Umriß eines solchen Unternehmens:

Logischerweise sollten die USA alles ihnen Mögliche tun, zur wirtschaftlichen Gesundung der Welt beizutragen, denn ohne stabile wirtschaftliche Verhältnisse kann es keine politische Stabilität und keine Friedenssicherheit geben. Diese Politik richtet sich nicht gegen Staaten und Doktrinen, sondern gegen Hunger, Armut, Verzweiflung und Chaos. Sie soll die weltweite Wiederbelebung einer funktionierenden Ökonomie zum Ziel haben, um die Entstehung politischer und gesellschaftlicher Verhältnisse zu ermöglichen, in denen sich freie, demokratische Institutionen bilden können.

Obwohl neben Marshall auch außenpolitische Experten wie George Kennan und Dean Acheson an der Konzipierung des Plans und am Entwurf der Rede beteiligt waren, erhielt das Unternehmen (mit Billigung Trumans) schon bald den Namen Marshall-Plan, eine Zuschreibung, die sich als gerechtfertigt erwies. Zum Teil lag der Namengebung die Absicht zugrunde, den Ideen durch ihre Bindung an eine Person des öffentlichen Lebens, die auch den ersten Nachkriegspräsidenten der Vereinigten Staaten an Popularität übertraf, die Unterstützung beider Parteien zu sichern. Die Wiederaufbaumaßnahmen wurden jedoch zu Recht auch mit Marshalls persönlichen Überzeugungen in Verbindung gebracht. Ein pragmatischer Idealist, der an eine demokratische Gesellschaft und an die Möglichkeit glaubte, daß die Menschen für konstruktive Zwecke zu gewinnen waren, hatte ein Programm zum Wiederaufbau des zerstörten Europa vorgelegt, das an die besten Instinkte der Bürger seines Landes appellierte. Es forderte die Amerikaner im Namen eines vorbildlichen Staatsdieners dazu auf, über ihre unmittelbaren Interessen hinauszublicken. Hatte Marshall seinen Landsleuten früher geholfen, die Frage nach ihrer Identität in einer Welt des Krieges zu beantworten, gab ihnen der Plan, der seinen Namen trug, Orientierungshilfe zur Selbstbestimmung in Friedenszeiten.

Marshalls Geschichte, mit der er sich die größte Anerkennung der Nachkriegsjahre errang, lautete, daß dem Krieg der Wiederaufbau folgen müsse, an dem Sieger und Besiegte in gemeinsamer Arbeit beteiligt sein sollten. Sie appellierte an die Amerikaner, ihre Tatkraft und ihre Mittel über die Verteidigung der eigenen Grenzen und eigenen Werte hinaus für die Erneuerung der übrigen Welt einzusetzen. Es war eine Geschichte, die von den Menschen verlangte, ihre ‚Grenzen‘ zu überwinden, alte Feindschaften aufzukündigen und sich als Weltbürger zu betrachten, und darum eine Geschichte, die Differenzierung erforderte und das Attribut des Visionären verdient. Wollte Marshalls Programm sich durchsetzen, mußte es einfacher konstruierte Gegengeschichten aus dem Feld schlagen, die für eine Glorifizierung Amerikas und eine Bestrafung all derer warben, die sich in Gegenwart oder Vergangenheit nicht als bedingungslose Parteigänger Amerikas erwiesen hatten. Es ist ein Tribut an Marshalls Einfluß, an die Kraft seines Vorbilds und seines Namens, daß seine Geschichte vom uneigennützigen Bürger so lange erfolgreich war.

1951 zog Marshall sich endgültig aus seinen öffentlichen Ämtern zurück; er überstand das McCarthy-Debakel und blieb im In- und Ausland hoch geachtet. 1953 erhielt er den Friedensnobelpreis, eine wohl singuläre Erfahrung für einen Menschen, dessen Ruhm in der planerischen Bewältigung des größten Vernichtungskrieges der menschlichen Geschichte seinen Ursprung hatte. Das Nobelkomitee sprach von der „konstruktivsten Friedensarbeit ... in unserem Jahrhundert". Danach verschlechterte sich sein Gesundheitszustand. Im Oktober 1959 starb George Marshall im Walter-Reed-Krankenhaus in Washington.

Aufgrund der Meisterschaft seiner direkten Führung einer militärischen Institution, der Armee, und seiner direkten Führungsrolle in der Gesellschaft als Minister mit wechselndem Geschäftsbereich nimmt Marshall unter den Führungspersönlichkeiten meiner Fallstudien – und wohl im gesamten Kreis amerikanischer Führer – eine Sonderstellung ein. Er gewann Einfluß durch seine führende Position in einem sozialen System, trug jedoch durch seine Amtsausübung dazu bei, die Institution neu zu definieren. Der Wortlaut seiner Botschaften richtete sich nach dem Zielpublikum; daß er sie auch glaubhaft verkörperte, kam ihm bei Zuhörern aller Provenienz zustatten. Marshall zeichnete sich auch als indirekter Führer aus – seine schriftlichen Resümees zum Beispiel wurden sehr geschätzt. Unverwechselbar war er indes vor allem als Mensch, der die Gabe besaß, zu anderen Menschen, meist in überzeugender Absicht, gelegentlich aber auch als Opponent, unmittelbaren Kontakt zu finden.

Selten, wenn je, wurde ein Mann von der großen Mehrheit seiner Landsleute und von Bürgern aus anderen Teilen der Welt mehr gefeiert. „Weder unser eigenes Land noch irgendein anderes", erklärte Truman, „hat jemals einen größeren Soldaten hervorgebracht." Und er schloß: „Je länger ich mit ihm zusammen bin und mit ihm spreche, desto stärker wird meine Überzeugung, daß er *der* große Soldat unseres Zeitalters ist." Kriegsminister Henry Stimson stellte fest: „Ich habe in meinem Leben viele Männer des Militärs kennengelernt, aber keinen großartigeren als Sie." *Time magazine* machte ihn zweimal zum „Mann des Jahres", und fast alle Militärführer und Diplomaten seiner Zeit berichten in ihren Memoiren von den Spuren, die Marshall als Persönlichkeit und vorbildlicher Führer in ihrem Leben hinterlassen hat.

1953 wurde Marshall von Präsident Eisenhower gebeten, die Vereinigten Staaten bei der Krönung Elisabeths II., der jungen Monarchin des einstigen Kriegsverbündeten, zu vertreten. Als Marshall die ehrwürdigen Hallen von Westminster Abbey betrat, bemerkte er, daß die Anwesenden, Repräsentanten des gesamten britischen Commonwealth, sich von ihren Plätzen erhoben. Auf seine Frage nach dem Anlaß erklärte ihm sein Nachbar, die Versammlung erhebe sich ihm, dem illustren amerikanischen Gast, zu Ehren. Churchill als erster, nach ihm Brooke und Montgomery, alle in den historischen Roben der Mitglieder des Oberhauses, traten auf Marshall zu, um ihm die Hand zu schütteln.

Churchill, mit dem der General so oft gestritten hatte, war

nicht kleinlich in seinem Lob und nannte ihn mit den Worten von Shakespeares Antonius den „beste[n] unter allen Römern". Unmittelbar nach Kriegsende hatte er Marshall eine einfache Botschaft zukommen lassen: „Ich danke Ihnen." Im Sommer desselben Jahres äußerte er sich ausführlicher: „Sie waren vom Schicksal nicht dazu ausersehen, die großen Armeen zu kommandieren. Sie mußten sie schaffen, organisieren und beleben. … In den zurückliegenden Jahren geistiger Anspannung wuchs in mir das Gefühl bewundernden Respekts vor Ihrer Furchtlosigkeit und unerschütterlichen Kraft, die für Ihre Mitstreiter, als deren einer ich hoffentlich für immer in Erinnerung bleiben werde, Trost und Ermutigung bedeuteten." Weil Marshall, wie Churchill selbst, soviel von dem verkörperte, was die Menschen bewundern, wurde es ihm möglich, seine Mitbürger im Krieg wie im Frieden auf fruchtbare Weise zu beinflussen.

Papst Johannes XXIII.:
Die geistige Wiederbelebung der Kirche

UPI/Bettmann

> Tief unten, im Verborgenen ihrer Quellen und
> Fundamente ... haben die menschlichen Kulturen
> unendlich viel mehr gemeinsam.
>
> *Václav Havel*

Als Siebenundsiebzigjähriger im elften Wahlgang zum neuen Pontifex maximus bestimmt, war Angelo Giuseppe Roncalli ein Papst, an dessen Wirken sich zu Beginn seiner Amtszeit nur begrenzte Erwartungen knüpften. Nach dem langjährigen Pontifikat von Pius XII., dessen Einfluß, wie man annahm, ein Jahrhundert überdauern würde, rechneten die meisten Beobachter mit einem kurzen, ereignislosen Interim ohne nennenswerte Folgen. Im Tagebuch des Mannes, der sich den Papstnamen Johannes XXIII. gab, finden sich Überlegungen zu dieser Situation:

Als die Kardinäle der Heiligen Römischen Kirche am 28. Oktober 1958 mich im Alter von 77 Jahren zum Oberhaupt der ganzen Erde Christi erwählten, verbreitete sich die Meinung, ich würde ein Papst des provisorischen Übergangs sein. Und jetzt stehe ich bereits vor dem vierten Jahre meines Pontifikats und habe ein gewaltiges Programm abzuwickeln, auf das die ganze Welt erwartungsvoll blickt. Was mich angeht, so halte ich mich an den hl. Martin: „Er fürchtete den Tod nicht, aber er weigerte sich nicht zu leben."

Die nur knapp fünfjährige Amtszeit Johannes' XXIII. war alles andere als ereignislos. Als er am 3. Juni 1963 starb, hatte er viele der bisher unbezweifelten Annahmen der Kirche in Frage gestellt und Initiativen angebahnt, die versprachen, das Bild der Kirche in aller Welt zu verändern. Er hatte das erste Vatikanische Konzil seit mehr als achtzig Jahren einberufen und zwei bedeutende Enzykliken vorgelegt, hatte wichtige Schritte unternommen, um eine Annäherung zwischen den Supermächten zustande zu bringen und, seine vielleicht bedeutendste Leistung, das Leben und den Geist von Millionen Menschen berührt, von denen viele nicht durch förmliche Beziehungen mit dem römischen Katholizismus verbunden waren. Wie nur wenigen Menschen in unserer Zeit – man könnte Mutter Teresa und Nelson Mandela nennen – wurde diesem Papst über nationale und religiöse Grenzen hinweg Zuneigung und Verehrung entgegengebracht.

Roncalli hatte keinen größeren Anspruch auf die Papstwürde als jeder andere Italiener römisch-katholischen Glaubens, der Ende des neunzehnten Jahrhunderts aufwuchs. Er wurde 1881 als ältestes von 13 Kindern einer armen Pächterfamilie in Sotto il Monte bei Bergamo geboren. Dreißig Verwandte lebten in einer Großfamilie zusammen. Roncalli erinnerte sich an eine glückliche Kindheit und erwähnte besonders die Großherzigkeit seiner Eltern:

Brot war nie auf unserem Tisch, nur Polenta. Tauchte ein Bettler an unserer Küchentüre auf, wenn die Kinder – zwanzig an der Zahl – ungeduldig auf die Schüssel mit Minestra warteten, war er doch stets willkommen, und meine Mutter beeilte sich, in unserer Mitte für den Fremden Platz zu schaffen.

Der junge Angelo war kein eifriger Schüler. Beeinflußt von seinem Onkel Zaverio und dem Gemeindepfarrer, Pater Francesco Rebuzzini, machte er die Kirche zu seiner Welt. Er nahm täglich an der Frühmesse teil und wurde 1889 gefirmt. Später erklärte er, soweit er zurückdenken könne, habe er nie einen anderen Wunsch gehabt, als Priester zu werden. Es überrascht darum wenig, daß er am Vorabend seines zwölften Geburtstags ins Priesterseminar von Bergamo eintrat.

Mit diesem Schritt hatte sich Angelo aus der Welt seiner Zeit zurückgezogen. Das Seminar war konservativ und pflegte einen traditionalistischen, gegenreformatorischen Geist. Die jungen Männer, so das erklärte Ziel der Anstalt, sollten zu mustergültigen Söhnen der Kirche erzogen und vor allen weltlichen Versuchungen geschützt werden. Im jugendlichen Alter von vierzehn Jahren begann Roncalli ein Tagebuch zu führen, eine Übung, die ihm zur lebenslangen Gewohnheit wurde. Aus diesen Selbstzeugnissen wissen wir, daß er den Prozeß der „geistlichen Bildung" außerordentlich ernst nahm.

Die ersten achtzig Seiten dieses Tagebuchs enthalten Gedanken und Erfahrungen Roncallis aus seiner Bergamasker Seminarzeit. Neben Schlüsselzitaten aus der Bibel und anderen kanonischen Schriften finden sich Aufzählungen guter Vorsätze, Schilderungen von Augenblicken der Erleuchtung oder Gnade, Berichte über Bagatellverfehlungen oder vorübergehende Rückfälle und von Herzen kommende Darstellungen seiner Liebe zu Jesus und zur Heiligen Jungfrau Maria. Die Eintragungen sind sowohl die Chronik eines Bewußtseinsprozesses als auch der Versuch, lebensbestimmende Gewohnheiten zu entwickeln, und lassen das Bild eines jungen Mannes erkennen, der den leidenschaftlichen Wunsch verspürt, zu tun und zu denken, was recht ist.

Wem die Hingabe an einen geistlichen Bildungsprozeß fremd ist, der kann die Darstellungen als eintönig, ja leblos empfinden. So erfährt man – eine trockene Lektüre – von Verhaltensanweisungen, auszuführen täglich („Sofort nach dem Aufstehen am Morgen mindestens eine Viertelstunde dem stillen Gebet widmen", „Ein ganzes Kapitel, oder wenigstens einen Teil, aus dem sehr erbaulichen Buch des hl. Thomas von Kempen in Latein lesen"), wöchentlich

(„Abhaltung einer geistlichen Konferenz oder Teilnahme an einer solchen", „Am Freitag und Samstag fasten"), monatlich („sich eingehender über die Überwindung seiner Fehler, … sowie die Beachtung dieser Regeln prüfen"), jährlich („Vor der Abreise in die Ferien mit dem geistlichen Vater sprechen und sich Verhaltensregeln geben lassen") und jederzeit („Liebe deine Kameraden mit einer besonderen Liebe, diese gegenseitige Liebe muß von Gott kommen und auf Gott gerichtet sein", „Auf keinen Fall und unter keinem Vorwand sich duzen, einander mit den Händen anfassen; benutze auch keinen Dialekt oder, schlimmer noch, ungebührliche Ausdrücke, wenn du sie von anderen hörst, entferne dich und zeige damit, daß du an solchen Gesprächen nicht teilnehmen willst", „Sich mehr als vor jedem anderen Übel vor schlechten … Kameraden hüten", „Es soll kein Buch gelesen werden, das auch nur die geringste Anstößigkeit enthält", „Unbedingt auf die verbotenen und auch auf die erlaubten Spiele verzichten … erst recht in der Öffentlichkeit").

Wie ist dieses Dokument des jungen Roncalli zu beurteilen? Hannah Arendt, eine der hellsichtigsten Interpretinnen dieses Papstes, bringt ihm wenig Verständnis entgegen. Sie beschreibt es als „eigentümlich enttäuschend und eigentümlich faszinierend. … Seitenlang liest es sich wie ein elementares Lehrbuch über das Thema: wie man ein guter Mensch wird und lernt, das Böse zu meiden. … Es besteht aus sich endlos wiederholenden frommen Ergüssen und Selbstermahnungen … und nimmt nur sehr selten auf aktuelle Ereignisse Bezug." Aus diesen Zeugnissen schließt sie, daß „Papst Johannes XXIII., gleichgültig, was und wer er im übrigen gewesen sein mag, und von seinen mittelmäßigen Leistungen als Schüler ganz abgesehen, weder interessant noch geistvoll war und im späteren Leben keinerlei intellektuelle oder wissenschaftliche Interessen erkennen ließ."

Daß Roncalli kein philosophischer Kopf war, dürfte zutreffen. Aber es wäre ein Trugschluß, ihn darum für uninteressant zu halten, oder gar mit Arendt zu glauben, er sei „ein wenig unbedarft, nicht einfältig, doch schlichten Gemüts" gewesen. Vieles spricht dafür, daß der junge Roncalli der Welt mit Wißbegier begegnete und sogar in Schwierigkeiten geriet, weil das, was er las und dachte, seinen geistlichen Oberen allzu gewagt erschien.

Die persönlichen Aufzeichnungen Roncallis bezeugen das entschlossene Bemühen eines ernsthaften jungen Menschen, eine Persönlichkeit aus sich zu machen, die höchsten Respekt verdient, einen Respekt, wie man ihn großen Religionsstiftern, Heiligen oder den Frommen im Lebensalltag entgegenbringt. Ein Teil dieses steinigen Weges wurde durch Lebensregeln bestimmt, denen sich alle Priesterschüler in gleicher Weise unterziehen mußten, den größeren Teil dieser Aufgabe, eine geistliche ,Lehrzeit', hatte Roncalli jedoch als Individuum zu leisten. 1922 schrieb er: „Das Leben des Geistes ... ist die allmähliche Bildung von Gewohnheiten des Denkens und Handelns im Licht höherer Grundsätze, die sich der Seele stufenweise offenbaren. Es ist ein Leben, das gelernt und eingeübt werden muß wie eine exakte Wissenschaft – die Wissenschaft der Heiligen."

Es gibt auf der Welt vermutlich Tausende, wenn nicht Millionen junger Seminaristen – und zahlreiche Nichtseminaristen –, die den Versuch unternehmen, sich zu neuen, von geistlichen Idealen geprägten Menschen zu bilden, von denen die meisten aber auf andere Bahnen geraten. Sie geben den Versuch als hoffnungsloses Bestreben oder als fundamentalen Irrtum auf und wenden sich weltlichen Zielen zu;

sie haben gelernt, fromm zu erscheinen, und sind dabei zynisch geworden (vielleicht ohne sich diesem Zynismus zu stellen), oder sie haben sich zu unerträglichen Moralisten entwickelt, die zuerst sich selbst das Leben zur Qual gemacht haben und dann ihren Mitmenschen das Dasein vergällen.

Anders Roncalli, der weder aufgab, noch zum Zyniker, noch beschränkt oder doktrinär wurde. Wie Arendt bemerkt, gelang es ihm, den Weg zur geistlichen Erfüllung zu finden, zu einer Persönlichkeit zu werden, die ihre Richtschnur gefunden hatte und darum auch andere inspirieren konnte. Sein Vorbild, von dem er sich aus innerster Bedürftigkeit leiten ließ, war das Leben Christi, dessen Einfachheit als Sohn Gottes auf Erden. Roncalli war in aller Aufrichtigkeit davon überzeugt, daß es verdienstlich sei, ein unscheinbares, gering geschätztes Dasein zu führen. Seine Ausbildung zum geistlichen Leben erstreckte sich über die mehrfach erwähnte Zehnjahresperiode, und seine Entscheidungen hat er in den darauffolgenden Jahrzehnten täglich neu bekräftigt. Die Entwicklung zu einer Persönlichkeit, deren Rang in ihren Anfängen so viele erstreben und den so wenige erreichen, machte ihn dem kleinen Kreis von Menschen zugehörig, die Frömmigkeit verkörpern und dadurch nach Art führender Köpfe Einfluß auf ihre Mitwelt ausüben.

Bei aller Frömmigkeit und Gottergebenheit wurde Bergamo dem jungen Priester Roncalli zu eng („Ich war völlig durcheinander, von Predigt und Lektüre, kurz, von allem gelangweilt."), und er erwartete von Rom „den Anreiz zur Forschung". In Rom lernte er Msgr. Giacomo Radini Tedeschi kennen, einen Domherrn an St. Peter und dynamischen geistlichen Führer, der das soziale Engagement der Kirche förderte, zum Beispiel die Gründung und Unterhaltung von

Armenküchen und -herbergen. Roncalli wurde von dem Wunsch ergriffen, in der geistlichen Gemeinschaft eine aktivere Rolle zu übernehmen. Nun, nachdem er die bedrückende Eintönigkeit Bergamos hinter sich gelassen hatte, stellte er einen neu erwachenden Wissensdurst fest: „... ich verspüre die Notwendigkeit, ja die Leidenschaft zu studieren. ... ein heftiges Verlangen, alles zu wissen, alle bedeutenden Autoren zu kennen, über jede wissenschaftliche Strömung in ihren vielfältigen Richtungen im Bilde zu sein", schrieb er und sprach im positiven Sinn von der „aufwärtssteigende[n] Bewegung der katholischen Kultur".

Gleichzeitig aber wurde schon damals die ausgeprägte Neigung zum mäßigenden und vermittelnden Ausgleich erkennbar, die bewußte Vermeidung exponierter Stellungnahme. In einem Tagebucheintrag vom Dezember 1903 heißt es:

Ich halte mich auf dem laufenden über neue Gedankengänge ... Die Kritik ist für mich Licht ... Gleichwohl werde ich mich stets bemühen, in die Diskussionen, bei denen allzuoft unbesonnener Überschwang und blendender Augenschein die Oberhand bekommen, Mäßigung hineinzutragen, Harmonie, Ausgewogenheit und Klarheit des Urteils ... In den strittigen Punkten werde ich lieber als Unwissender schweigen, als kühne Behauptungen aufzustellen, die auch nur im geringsten vom Glaubenssinn der Kirche abweichen.

Daß Roncalli auf einen maßvollen Kurs setzte und moderate statt modernistischer Töne anschlug, war in seiner Situation kein Nachteil. Schon 1904 hatte er geschrieben: „Am Tag des Jüngsten Gerichts werden wir nicht danach gefragt werden, was wir gelesen haben, sondern was wir getan haben; nicht danach, wie überzeugend wir geredet, sondern wie tugendhaft wir gelebt haben." Seine traditionelle Frömmigkeit war darum kein Nachteil, weil ein neuer Papst, Pius X., im Amt war, der als erklärter Antimodernist für die katholische Sozialbewegung wenig übrig hatte. Er löste die *Opera dei Congressi*, ihre Dachorganisation, auf, und bewirkte damit „den bittersten Augenblick im Leben ihres Kaplans, Radini Tedeschi". Die Maßnahme kam, wie Roncalli später sagte, „wie ein Blitz aus heiterem Himmel". Es war Ironie des Schicksals, daß Tedeschi zum Bischof der Provinzdiözese Bergamo ernannt wurde und der inzwischen vierundzwanzigjährige Roncalli zu seinem Sekretär.

Wie Alfred Sloan jr. durch seine Tätigkeit für Hyatt und General Motors in die Welt des amerikanischen Unternehmertums hineinwuchs und George Marshall als Berater von General Pershing mit den Feinheiten militärischer Führung vertraut wurde, gewann Angelo Roncalli im Dienst Tedeschis intimen Einblick in kirchliche Führungsstrukturen. Seine persönliche geistliche Ausbildung wurde durch Lehrjahre in größerer Öffentlichkeit als „Schatten des Bischofs" ergänzt. Roncalli empfand besondere Zuneigung zu Tedeschi, den er immer „mein Bischof" nannte. Mit Interesse beobachtete er, wie Tedeschi sein Amt in der Bergamasker Diözese im Geist autoritativer und autoritärer geistlicher Führung antrat. Tedeschi war entschlossen, in seiner neuen Funktion den Geist der katholischen sozialen Aktion wiederzubeleben. Er nahm die Pflicht der Pastoralvisitation ernst, besuchte alle Kirchen seines Amtsbereichs und verteidigte die Rechte der Arbeiter. Doch ging es ihm nach Roncallis vorsichtig formulierter Auffassung „weniger um die Durchführung von Reformen als um die Erhaltung der glorreichen Traditionen seiner Diözese und ihre Interpretation im Licht der neuen Bedingungen und Bedürfnisse unserer Zeit."

Die zitierte Äußerung verrät eine wichtige Erkenntnis, der Roncalli treu blieb und die noch ein halbes Jahrhundert später sein eigenes Wirken als Papst bestimmen sollte. Er kam zu der Einsicht, daß man fähig sein sollte, ein loyaler Katholik und Bewahrer der Tradion zu sein und dennoch den Wandel zeitgenössischer und historischer Situationen zu berücksichtigen, sah aber keinen Anlaß, durch reformistische Brandreden Unruhe zu stiften. In späteren Jahren versuchte er mit seinem Schlüsselbegriff *aggiornamento* – meist als „Erneuerung" oder „Anpassung an den neuesten Stand" übersetzt – dieses Bewußtsein einer Dauer im Wandel festzuhalten.

Die Zeit der leidenschaftlichen innerkirchlichen Debatte über die Zulässigkeit neuer Ideen, insbesondere solcher mit betont sozialem oder sozialistischem Inhalt, erlebte Roncalli als schwerste Prüfung der eigenen Überzeugungen. Im Widerstand gegen die neuen geistigen Strömungen hatte Pius X. seine Enzyklika *Pascendi* erlassen, die jedem, der sich modernistischer Sympathien schuldig machte, die sofortige Exkommunizierung in Aussicht stellte. Unter dem Eindruck dieser päpstlichen Politik zog Roncalli sich zurück und nahm Zuflucht zum Studium der Kirchengeschichte, wo sich möglicherweise Vorbilder für reformerische Bestrebungen würden finden lassen. Wie auf der Suche nach Erleuchtung begann er sein jahrzehntelanges Studium des heiligen Karl Borromäus, der nach dem Konzil von Trient eine religiöse Erneuerungsbewegung anführte.

Roncalli ging jedoch nicht gänzlich ungeschoren aus dem Konflikt um kirchlichen Liberalismus und Antimodernismus hervor. Zu den vielbeachteten Publikationen der damaligen Zeit gehörten die Schriften des französischen Kirchenhistorikers Louis Marie Olivier Duchesne (gest. 1922), dessen *Histoire ancienne de l'église* (erschienen 1906–08) von einem hohen Geistlichen aus dem Umkreis Pius' X. scharf angegriffen und dann auf den Index gesetzt worden war. Mitgliedern der Diözese Bergamo wurden Sympathien für Duchesne nachgesagt, und Pius erklärte: „In keiner anderen Diözese findet Duchesnes *Geschichte* so weite Verbreitung und Resonanz." Roncalli wurde von Kardinal Gaetano De Lai, einem engen Vertrauten des Papstes, ermahnt, als Lehrer auf eine sorgfältige Auslegung der Heiligen Schrift zu achten.

Nun hatte Roncalli niemals die Bibel gelehrt und glaubte an eine Verwechslung. Als er De Lai den Fall darlegte, klärte ihn das Antwortschreiben des Kardinals über den wahren Grund der Maßregelung auf:

Ich habe erfahren, daß Sie ein Leser Duchesnes und anderer radikaler Autoren sind und bei bestimmten Gelegenheiten Ihre Neigung zu dieser Denkschule geäußert haben, die dazu tendiert, den Wert der Tradition und die Autorität der Vergangenheit auszuhöhlen.

Roncalli war aufs äußerste getroffen. Er entwarf mehrere Antwortschreiben und sandte De Lai schließlich einen Brief, in dem er alle gegen ihn erhobenen Anschuldigungen unter Eid zurückwies:

Ich habe nicht mehr als 15 bis 20 Seiten gelesen – und auch diese nur, um mir ein Bild zu machen. ... Ich habe also *keine einzige Zeile* von Duchesnes Geschichte in der Übersetzung von [Nicola] Trunchi gelesen und sie zu keiner Zeit in der Hand oder unter meinen Büchern gehabt. ... nie auch nur ein einziges modernistisches Buch, Pamphlet oder Blatt gelesen außer Fogoazzaros *Il Santo*, den ich durchgeblättert habe, bevor das Buch in Bann getan wurde.

Aus dem kurzen Zusammenstoß mit der Disziplinargewalt seiner Kirche hatte Roncalli gelernt, daß er sich vorsehen mußte und seine innersten Überzeugungen tunlichst für sich behielt. Direkte Konfrontationen nach dem Vorbild Marshall-Pershing waren in der Kirche seiner Zeit unvorstellbar. Wenige Jahre später vertraute Roncalli seinem Tagebuch an: „Ich neige meiner Veranlagung nach sehr zum Gespräch. ... Ich will immer noch mehr achten auf das, was ich sage. Ich muß in den Äußerungen und Urteilen noch reservierter sein, auch gegenüber vertrauten Personen." Gleichzeitig konnte er es sich nicht versagen, die rücksichtslose Schärfe der Verurteilung zu kritisieren: „Die Wahrheit, die ganze Wahrheit mußte ans Licht, [aber] ich konnte nicht verstehen, warum es unter Donner und Blitz vom Berg Sinai zu geschehen hatte statt mit der Ruhe und heiteren Gelassenheit der Reden eines Jesu am See oder auf dem Berg." Er war der Meinung, man solle die Möglichkeit suchen, auf Irrtümer hinzuweisen, ohne die Irrenden moralisch zu vernichten.

In seiner reflektierenden Rückbesinnung auf das schwierige Erlebnis suchte Roncalli nach einem verbindlicheren Mittelweg. Er wollte sich weder mit Richtern wie De Lai noch mit Bilderstürmern vom Schlag Duchesnes identifizieren, sondern traditionelle Werte hochhalten und zugleich Toleranz mit denen üben, die weniger konventionelle Wege einschlugen. 1938 schrieb er: „Ich kann auf meine eigene Art, das heißt auf Art einer Kirche arbeiten, die sowohl die Lehrerin aller als auch modern ist, den Bedürfnissen von Ort und Zeit entsprechend."

Der Zeit in Bergamo folgten schicksalsschwere Jahre für die Welt. Nicht anders als die meisten seiner Zeitgenossen erlebte Roncalli die Ereignisse des Ersten Weltkriegs, der Weltwirtschaftskrise, des italienischen und deutschen Faschismus sowie des Zweiten Weltkriegs als eine Periode tiefer Erschütterungen. In den ersten Jahrzehnten des zwanzigsten Jahrhunderts war er in verschiedenen Funktionen tätig. Im Ersten Weltkrieg diente er zunächst als Unteroffizier in einer Sanitätseinheit, später als Feldkaplan. Anfang der zwanziger Jahre lebte er in Rom und arbeitete zum Teil als Historiker, zum Teil für Propaganda Fide als Präsident des Zentralrats des Päpstlichen Missionswerkes für Italien. Von geübten Fähigkeiten profitierend, erwarb er sich in dieser Zeit einen Ruf als beeindruckender Redner und potentielles Führungstalent. Die Jahre von 1925 bis 1935 verbrachte er als Erzbischof in Bulgarien, wirkte danach und während des Zweiten Weltkriegs als Vertreter des Vatikans in der Türkei und in Griechenland und wurde 1944 erster päpstlicher Nuntius im befreiten Frankreich, wo er auch Bischöfen gegenüberstand, die mit den Nationalsozialisten zusammengearbeitet hatten. 1952 übernahm er sein mutmaßlich letztes Amt, das Patriarchat von Venedig.

Aus den verschiedenen Ernennungen läßt sich in etwa ablesen, wie Roncalli in der vatikanischen Hierarchie eingestuft wurde. Er galt offensichtlich nicht als Star. Das bulgarische Erzbistum war ein Provinzposten, auf dem er außerdem lange Zeit verweilte. Die Aufgaben in der Türkei und in Griechenland erforderten großes diplomatisches Geschick, vor allem während der Kriegsjahre, als der Balkan und der Mittelmeerraum heftig umkämpft waren. Die Berufung in die wichtige, doch prekäre Pariser Nuntiatur hatte ihren Grund zweifellos in Roncallis Fähigkeit, erfolgreich mit divergierenden Parteien umzugehen, jedenfalls aber Katastrophen zu vermeiden. Daß ihm mit dem Stuhl von Venedig ein reizvoller Abschluß seiner Laufbahn in der Nähe seines Geburtsortes zugedacht wurde, war nicht mehr als angemessen.

Angesichts der wenig imponierenden, zaghaften Haltung der katholischen Kirche in den Vorkriegsjahren und während des Krieges stellt sich die Frage nach Roncallis Gesinnung und Verhalten in dieser Zeit. Die Dokumente ergeben kein vollständiges Bild. Aber mit einigem Recht läßt sich meines Erachtens behaupten, daß Roncalli gegen Mussolini und den italienischen Faschismus wenig oder keine Bedenken hatte, den Aufstieg Hitlers, die Wende zum „totalen Krieg" und den Versuch zur „Ausrottung" der europäischen Juden hingegen mit verzweifelter Sorge verfolgte.

Soweit sich das beurteilen läßt, teilte Roncalli im wesentlichen die offizielle Haltung der Kirche. Er half das Leben zahlreicher Juden in der Türkei zu retten – es wird die Zahl 24 000 genannt –, war aber, wie sich belegen läßt, andererseits überzeugt, nicht weiter gehen zu können, und nahm die Erklärungen des deutschen Botschafters in Ankara, Franz von Papens, allzu leichtgläubig auf. Zu einem späteren Zeitpunkt bemerkte er einmal mit etwas wie stiller Verzweiflung:

Hätte ich nicht mehr tun können? Tun sollen? Gegen meine natürliche Neigung einen entschlosseneren Versuch machen sollen? Verbarg sich hinter dem Verlangen nach Ruhe und Frieden, in dem ich dem Geist des Herrn näher zu sein meinte, nicht vielleicht ein Widerstreben, das Schwert zu ergreifen?

Im großen und ganzen scheint er bereit gewesen zu sein, in seinem geistlichen Stand Trost zu suchen und sich darin zu verstecken: „Alle Politik ist mir zuwider! Und der Nationalismus ist ein wirklicher Fluch für eine Nation, wenn er die Religion für seine Zwecke einspannt! Wir Katholiken können uns glücklich schätzen, daß uns unsere Religion zum Patriotismus bewegt, doch keinen Vorwand gibt, andere Völker beherrschen zu wollen."

Was läßt sich über Roncallis allgemeine Befindlichkeit in jenen Jahren berichten? Meist scheint er mit seinem Schicksal zufrieden gewesen zu sein. Er hält fest: „Eine gewisse glückliche Veranlagung, ein großes Geschenk des Herrn, hat mich von jenen Leiden ferngehalten, wie sie kühne und großmütige Seelen ständig zu tragen haben, jene, die sich wie brennende Fackeln in die Arbeiten seelsorgerlichen Eifers stürzen." Das Altern nahm er gelassen hin; er war dankbar „für das Schweigen und die Ruhe des Fleisches". Vereinzelte Bemerkungen in den Tagebüchern lassen jedoch erkennen, daß er seine Beziehungen zu den kirchlichen Autoritäten als wenig erfreulich empfand. In Bulgarien sprach er von „viele[n] Widrigkeiten ..., deren Ursache nicht die Bulgaren sind ..., sondern die zentralen Organe der kirchlichen Verwaltung." Und weiter: „Das ist eine Form der Demütigung und Erniedrigung, die ich nicht erwartet habe und die mich tief verletzt." An anderer Stelle schrieb er: „Ich bin innerlich losgelöst von allem, von jedem Gedanken an mögliche Veränderungen. Ich weiß, daß ich ohne Verdienste bin und fühle keine Ungeduld. Wahr ist allerdings auch, daß die Differenzen zwischen meiner unmittelbaren Wahrnehmung von Situationen an Ort und Stelle und der Beurteilung derselben Dinge in Rom mich empfindlich kränken; es ist mein wahrhaftiges Kreuz." In einer Anmerkung liest man: „Meine Mission in Griechenland ist für mich die schwierigste. Deshalb muß sie mir um so lieber sein."

Wie sahen die Jahre aus, die seiner Wahl zum Papst unmittelbar vorausgingen? In seiner ersten Ansprache in Venedig erklärte Roncalli bezeichnenderweise, er wolle „betonen, was verbindet und nicht, was trennt." Er war innerhalb und außerhalb der Diözese viel auf Reisen und verfaßte umfangreiche Hirtenbriefe, die sich rückblickend wie Vorbereitungen seiner späteren päpstlichen Enzykliken lesen. Im allgemeinen gab er zu erkennen, daß er nach dreißig Jahren im Ausland eine komplexe italienische Diözese effizient, diplomatisch und nicht ohne natürliches Geschick zu leiten verstand.

Fast die Hälfte der Kardinäle, die sich nach dem Tod Pius' XII. zur Wahl des Nachfolgers auf dem Stuhl Petri in Rom versammelten, war älter als der siebenundsiebzigjährige Roncalli. Man dürfte weniger einen Wandel päpstlicher Politik im Blick gehabt haben als eine Fortsetzung der zurückhaltenden Amtsführung des viel bewunderten Pius' XII. Roncalli galt als umgänglicher Mensch. Ihn zu wählen war risikolos – den katholischen Laien würde er gefallen, und für die Hauptinteressen des kirchlichen Establishments, die Macht der römischen Kurie und die Unantastbarkeit der kirchlichen Lehre stellte er keine Bedrohung dar. Roncalli hatte sich nicht für das höchste kirchliche Amt ins Gespräch gebracht – man könnte spekulieren, daß sein Lebensplan die Papstwürde ausschloß – und schien über seine Wahl aufrichtig erstaunt.

Roncallis erste Handlung als Papst, die Wahl seines Namens, war ein Hinweis darauf, daß er nicht so berechenbar oder so fügsam sein würde, wie die Traditionalisten es wünschen mochten. Er überging die Namen seiner unmittelbaren Vorgänger und griff auf den Namen Johannes zurück, der seit mehr als sechshundert Jahren außer Gebrauch gewesen war. Er bezog sich damit auf zwei Heilige, auf Johannes den Täufer, den „Wegbereiter des Herrn", und auf den Evangelisten Johannes, nannte aber weitere Gründe für seine Wahl: Johannes war der Name seines Vaters; in einer „Johannes-Kirche" war er getauft worden, und unzählige Kirchen in aller Welt waren nach einem Johannes benannt. Er erinnerte ferner an die Worte des Apostels: „Kindlein, liebet einander", und wie im freundlichen Spott auf die Kardinäle, die ihn gewählt hatten, verwies er auf Johannes als den häufigsten Papstnamen, auf die kurz und überwiegend glanzlos verlaufene Amtszeit vieler Päpste dieses Namens und rief den letzten päpstlichen Träger des Namens, Johannes (XXIII.), den Gegenpapst, in Erinnerung.

Der neugewählte Papst Johannes XXIII. machte von Anfang an klar, daß er trotz seinem hohen Alter ein aktives Pontifikat plante. Es mochte ihm sogar leichter fallen als einem jüngeren Mann, in seinem Amt ‚er selbst zu sein', die administrativen Geschäfte anderen zu überlassen und sich auf die großen Linien zu konzentrieren. Er schien wie ein Mensch, der weiß, daß er im Lauf der zurückliegenden Jahre seine Schuldigkeit getan hat und sich nun die Freiheit nimmt, nach seinen Wünschen zu handeln und seine lang gehegten, doch selten geäußerten Ansichten kundzutun. Anders als sein Vorgänger verließ er den Vatikan häufig, um heilige Stätten sowie Gemeinden, Krankenhäuser, Gefängnisse und andere soziale Institutionen zu besuchen. Unter Beibehaltung zahlreicher neu eingeführter liturgischer Reformen setzte er zweiundfünfzig Kardinäle ein (ebenso viele wie zur Zeit seiner Wahl im Amt gewesen waren), nahm zehn Heiligsprechungen vor, gab acht Enzykliken heraus und nahm aktiv an den Verhandlungen über die Freilassung von Geistlichen teil, die in kommunistischen Staaten inhaftiert waren. An die Stelle eines spröden, hierarchiebewußten Kirchenvaters war ein wohlbeleibter, gutherziger Onkel getreten. Die Herzenswärme, Freundlichkeit und Offenheit des neuen Papstes wurden von den Gläubigen in aller Welt sofort erkannt, und man sah ihn, wie er gesehen werden wollte – als demütigen und aufgeschlossenen ‚Hirten' einer Weltgemeinde von neunhundert Millionen Katholiken.

Doch schon kurz nach Beginn seines Pontifikats löste Papst Johannes heftige Kontroversen aus, als er das Zweite Vatikanische Konzil – das erste seit 1869/70 – einberief, dem in der ganzen Kirchengeschichte nur neunzehn vorausgegangen waren, und erreichte damit zugleich seinen größten Einfluß. Johannes XXIII. hatte den Plan des Konzils als „Eingebung" bezeichnet, „die Uns in der Demut Unseres Herzens traf wie ein unerwarteter und unwiderstehlicher Befehl". Spätere historische Untersuchungen konnten zeigen, daß die Idee älteren Ursprungs war und auf frühere Studien und Schriften des Papstes sowie eine Anregung seines Vorgängers zurückging. Doch kann der Entschluß, eine Möglichkeit in die Tat umzusetzen, sehr wohl als die spontane Eingebung empfunden worden sein, von der das Selbstzeugnis spricht. Darüber hinaus steht einer so bedeutenden historischen Darstellung wie der Geschichte eines Vatikanischen Konzils ein entschiedener Auftakt gut an.

Jedem war klar, daß eine Versammlung von Kirchenfürsten aus aller Welt, die verschiedene Kulturen und verschiedene Glaubensrichtungen innerhalb des Katholizismus vertraten, mancherlei Zwecken dienen und zu den verschiedensten Ergebnissen führen konnte. Gerade die Ungewißheit, von der die erste Zusammenkunft dieser Art nach beinahe einem Jahrhundert umgeben war, trug wesentlich dazu bei, daß viele geistliche Würdenträger dem Ereignis mit einer gewissen Nervosität entgegensahen. Der Papst verstand das Konzil als eine Zeit der Selbstvergewisserung und Erneuerung der Kirche, der Besinnung auf die Ursprungsideen des christlichen Lebens und dessen zentrale Überzeugungen, Rituale und Gewohnheiten, hielt es aber zugleich für wünschbar, daß sich die Kirchenführer um ein Verständnis der Gegenwart, ihrer Forderungen und Kräfte bemühten und nach Wegen suchten, wie die Kirche ihnen am besten gerecht werden könne, ohne dem Kern ihrer Lehre untreu zu werden.

Papst Johannes betrachtete das Konzil nicht als Forum, auf dem katholische Dogmen diskutiert oder neu formuliert oder gar neue Verdammungsurteile ausgesprochen werden sollten. Er wollte vielmehr gemeinsam mit anderen Katholiken Glaubenswahrheiten in modernen Begriffen neu formulieren und festlegen, wie diese Ideen in der Sprache der Seelsorge zu erläutern waren. Im Kreis seiner engsten Mitarbeiter bereitete er sich gewissenhaft auf das Konzil vor, setzte zahlreiche Ausschüsse und Sekretariate ein und legte siebzig „schemata", Textentwürfe, zur Diskussion vor. Als man ihm sagte, es sei unmöglich, ein Konzil dieses Umfangs bis 1963 auf den Weg zu bringen, soll er geantwortet haben: „Gut, dann machen wir es 1962."

Ein besonders wichtiges Element dieser Erneuerung war die Ökumene. Johannes war der Überzeugung, die römisch-katholische Kirche solle nicht nur mit anderen katholischen Kirchen, sondern auch mit „unseren getrennten Brüdern" aus den anderen christlichen Konfessionen zu gegenseitigem Nutzen eng zusammenarbeiten. Er gründete ein „Sekretariat für die Einheit des Christentums", von dem er hoffte, es werde zu einer bleibenden Institution des Heiligen Stuhls werden. Wenn der Papst mit Protestanten zusammenkam, nahm er nicht auf seinem Thronsessel Platz, sondern legte Wert darauf, auf gleicher Höhe mit den anderen Delegierten zu sitzen. Er machte nicht an den Grenzen der Christenheit Halt und traf sich auch mit dem shintoistischen Oberhaupt und mit führenden Köpfen des Judentums.

Papst Johannes hatte vorausgesehen, daß es unter den kirchlichen Würdenträgern in vielen Punkten zu Unstimmigkeiten kommen würde, ein Sachverhalt, der ihn nicht beunruhigte. Er begrüßte offene Diskussionen und in „heiliger Freiheit" rücksichtsvoll geführte Streitgespräche unter den Bischöfen. In seiner Zusammenfassung der ersten Sitzung sagte er: „Es sind scharf divergierende Standpunkte zutage getreten. Solche Meinungsunterschiede können unter Umständen unerfreulich sein, haben aber nichts Überraschendes. Im Grunde kann man sie als Glücksfall ansehen, denn sie haben dazu gedient, die Probleme kenntlich zu machen und ... die Freiheit der Söhne Gottes zu zeigen." Als er erkannte, daß die Differenzen nicht so leicht zu beheben waren, ließ er sich den taktisch geschickten Schritt einfallen, eine Sonderkommission zu bilden, in die Vertreter der widerstreitenden Fraktionen in gleicher Zahl Einsitz nehmen sollten. Eine übergeordnete Kommission wurde damit beauftragt, „die Arbeit der einzelnen Kommissionen zu koordinieren und ihr unter Berücksichtigung der allgemeinen Ziele und Absichten des Konzils als ganzen eine genauere Richtung zu geben." Die Legitimierung eines solchen Diskussions- und Beratungsprozesses, der die Vertreter rivalisierender Standpunkte zusammenführte, erwies sich als ebenso wichtig wie die Ergebnisse, die schließlich erreicht wurden. (Der Vorgang läßt an analoge Verfahren denken, die von Margaret Mead bei Kulturvergleichen, von George Marshall im Umgang mit neuen Offizieren seines Stabs und von Alfred Sloan jr. mit Blick auf die verschiedenen Anspruchsberechtigten von General Motors gewählt wurde.)

In der Person Johannes' XXIII. waren die Botschaft und ihre Vermittlung außergewöhnlich eng und überzeugend miteinander verquickt, allenfalls Marshall ließe sich als Vergleich nennen. Vor den Mitgliedern seiner Kirche verurteilte der Papst bürokratische Intrigen an der Spitze der Autoritätshierarchie und forderte eine Rückkehr zur einfachen Lehre Christi. Er verschrieb der Kirche den Weg zu ihren Ursprüngen und anerkannte damit das Menschliche als essentiellen Wert. Innerhalb der Kirche sollte es keine privilegierten Gruppen oder Stände geben. Der Papst sollte, wie er es selbst ausdrückte, Italien nicht mehr lieben als die Philippinen.

Papst Johannes verdeutlichte die Geschichte, die er im Laufe von Jahrzehnten entworfen hatte: es war möglich, erklärte er, zugleich traditionell und modern zu sein. Theorie und Praxis der kirchlichen Lehre hatten ihr Vorbild im Leben Christi und der Heiligen. Aber die Kirche mußte sich, um ihre Dauer und Bedeutung zu sichern, den Tatbeständen und Verhältnissen des modernen Zeitalters gewachsen zeigen, ob es sich um die Kernwaffen, den kalten Krieg oder die Armut in der Dritten Welt handelte. Ihr Anspruch, als moralische Autorität zu gelten, verpflichtete die Kirche dazu, bei der Behandlung dieser Probleme und wenn möglich bei ihrer Bewältigung eine besondere Rolle zu übernehmen.

Papst Johannes richtete seine Worte aber auch über die Kirche hinaus an eine größere Religionsgemeinschaft und erklärte, daß jeder zunächst als Mensch und erst in zweiter Linie als Angehöriger einer Glaubensgemeinschaft zu betrachten sei. In der Welt sei Platz für Menschen aller Religionen, Glaubensrichtungen und Philosophien, und der Papst fühle sich allen verwandt. Ausdrücklich richtete er seine Enzykliken an „alle Menschen guten Willens". Er gab diesen Überzeugungen in seinen Adressen an das Konzil, in anderen Reden und Schriften sowie vor allem in zwei bedeutenden Enzykliken Ausdruck. In *Mater et Magistra* vom Mai 1961 sprach er sich für soziale Reformen aus und nannte Unterstützung für die Nationen der Dritten Welt, ausreichende Löhne für alle Erwerbstätigen, eine gerechtere Wirtschaftspolitik und andere Sozialmaßnahmen, die den Menschen Hilfe in Aussicht stellten. Mit *Pacem in terris* vom März 1963 forderte er ein Ende des atomaren Wettrüstens, eine Ordnung nationaler Verhältnisse im Interesse der Menschheit und eine Versöhnung zwischen Ost und West, zwischen dem kommunistischen und kapitalistischen System.

In der Mitte des zwanzigsten Jahrhunderts mußte allein die Äußerung dieser Gedanken als Zeichen einer deutlichen Aufbruchsstimmung im Vatikan verstanden werden. Die frappant direkten Geschichten des Papstes waren in dem von mir zugrundegelegten Sinn des Begriffs innovativ. Er machte sich Ideen zu eigen, die seit langem, genauer seit der Zeit Christi, ein Teil des christlichen Glaubens waren, kleidete sie in zeitgemäße Form und gab ihnen neue Bedeutung. Alle Forderungen, die im Mittelpunkt seiner Botschaften standen, Nächstenliebe, Achtung vor allen Menschen, Unterstützung der Benachteiligten und Abbau der sozialen und religiösen Spannungen, waren Ausdruck eines breiteren, auf soziale Inklusion gerichteten Verständnisses menschlicher Identität. Man könnte es für bezeichnend halten, daß viele dieser Themen beim Mann – und bei der Frau – auf der Straße, bei den ungeschulten Köpfen also, mehr Anklang fanden als bei Menschen, die nach komplexeren Erklärungen suchten oder ein Interesse daran hatten, den Status quo zu bewahren. Doch die Wirkung der Geschichten Johannes' XXIII. blieb nicht auf die Ungebildeten beschränkt. Wie die einflußreichsten Gedanken und Allegorien der großen Religionen sprachen sie Menschen unterschiedlicher Bildungsstufen an und konnten von allen sinnvoll gedeutet werden.

Für die Gegner des Papstes war es nicht einfach, mit

Gegengeschichten aufzutreten – wer will schon engherzig und und lieblos erscheinen? Doch vielen Konservativen auf den verschiedensten Ebenen der kirchlichen Hierarchie waren die Botschaften des Papstes Grund zur Beunruhigung. Wenn man den Begriff des guten Katholiken, des guten Christen und Menschen, erweiterte, dann wurde allen, die sich bisher durch treue Befolgung bestimmter Glaubensregeln oder Lebensgewohnheiten ausgezeichnet hatten, die Exklusivität streitig gemacht. Durch seine sozial integrierende Haltung nahm Johannes den ‚Säulen der Gemeinde' ihren Sonderstatus. Hinzu kam, daß alle Schritte in Richtung sozialer Gerechtigkeit wie in den jungen Jahren des Papstes vielerorts als Vorreiter einer Radikalisierung galten, die Instabilität mit sich bringen und kirchliche Traditionen untergraben konnte. Die Gegenbotschaft gab zu bedenken, daß es besser sei, sich an die bestehende Ordnung zu halten, als chaotische Umwälzungen im Glaubensleben und im hierarchischen Gefüge zu riskieren.

Der Einfluß des Papstes war nicht weniger als in seiner Botschaft auch in seiner Lebensführung begründet, wie unter anderen das Zeugnis des Dominikaners Yves Congar beweist: „Die Öffnung zur Welt und zum ‚Anderen' zeigte sich mehr im konkreten Verhalten und in der schieren Dynamik seines ganz und gar seelsorgerischen, menschlichen und neutestamentlich orientierten Stils als in seinen Reden." Seine sanfte Provokanz ermutigte zum Handeln. Von einem der bischöflichen Konzilsteilnehmer war die Äußerung zu hören: „Wir haben bemerkt, daß Menschen es wagten, Gedanken auszusprechen, die uns privat seit langem bewegten."

Johannes XXIII. fühlte sich als normaler Sterblicher und nicht als herausgehobenes Mitglied einer privilegierten Elite.

Die persönlichen Gespräche, in denen er den Gläubigen am liebsten begegnete, ließen seine tiefe Menschlichkeit erkennen. Er hatte zu Bischöfen und Laien nicht weniger Kontakt als zu seinen Kardinälen, und er verzichtete darauf, andere abzukanzeln, nur weil er sie auf einem Irrweg wähnte. Aufrichtigkeit und Nächstenliebe eines Menschen bedeuteten ihm mehr als dessen Zugehörigkeit – oder Nichtzugehörigkeit – zu bestimmten Gesellschaftsschichten. Johannes umgab sich nicht mit irdischen Gütern, er verschenkte, was er bekam, und verfügte bei seinem Tod über persönliche Besitztümer im Wert von weniger als zwanzig Dollar.

Um die Person Johannes' XXIII. ranken sich wie um das Leben anderer frommer Männer Geschichten und Anekdoten. Auch wenn ihre Authentizität im einzelnen nicht immer gesichert ist, vermitteln sie in ihrer Gesamtheit das Bild eines von Grund auf unprätentiösen Menschen, der seinen Frieden mit den Menschen und mit sich selbst gemacht hatte. Es sind Geschichten, die sich von keinem anderen Papst des zwanzigsten Jahrhunderts hätten erzählen lassen. Ich begnüge mich hier mit der Wiedergabe einiger weniger kennzeichnender Bemerkungen:

– „Ich versuche immer, den Leuten klarzumachen, daß ich ein ganz gewöhnlicher Mensch bin. Ich habe zwei Augen, eine Nase – die unübersehbar ist –, einen Mund, zwei Ohren und so weiter. Trotzdem bleiben die Leute manchmal steif und stumm."
– Zu einer Gruppe Gefängnisinsassen: „Da ihr nicht zu mir kommen konntet, komme ich zu euch."
– Über eine alte Bäuerin: „Sie sollte mir ebenso nahe kommen wie der König von Jordanien."
– Zu einem Diplomaten: „Ich weiß, Sie sind Atheist, wollen Sie dennoch erlauben, daß ein alter Mann Sie segnet?"
– Zu einem Arbeiter, der in seiner Gegenwart geflucht hatte: „Ist das nötig? Kannst du nicht ‚Scheiße' sagen wie wir?"

– Zu den Mitarbeitern, die es nicht für richtig hielten, daß er bei seinen täglichen Spaziergängen in den vatikanischen Gärten gesehen wurde: „Warum sollen die Leute mich nicht sehen? An meinem Benehmen ist doch nichts auszusetzen?!"

– Zu einem nervösen jungen Priester: „Mein Sohn, es besteht doch kein Grund nervös zu sein! Du kannst sicher sein, daß Jesus beim Jüngsten Gericht nicht fragen wird: ‚Und wie war dein Verhältnis zum Heiligen Offizium?'"

– An sich selbst gerichtet, als er bemerkte, daß ihn die Verantwortung durch sein Amt belastete: „Giovanni, nimm dich nicht so wichtig!"

Johannes XXIII. war auch bereit, Wagnisse einzugehen. In den spannungsreichen Jahren des Mauerbaus und der Kubakrise meinte er festzustellen, daß John F. Kennedy und Nikita Chruschtschow, die Führer der verfeindeten Supermächte, als Menschen ansprechbar und dialogfähig waren. Die Kirche repräsentierte die einzige Großmacht, die sich möglicherweise über geographische und ideologische Grenzen hinwegsetzen konnte. In Erwiderung auf eine vorsichtige Fühlungnahme Chruschtschows erklärte der Papst: „Der Herr bedient sich des niedrigen Instruments meiner Person, um die Geschichte zu bewegen." Über einen Mittelsmann, den amerikanischen Journalisten Norman Cousins, gelang es, die Führer der beiden Weltmächte miteinander ins Gespräch bringen. Sowohl Kennedy als auch Chruschtschow achteten und bewunderten den Papst. Das neue Vertrauensverhältnis führte zur Befreiung des ukrainischen Metropoliten Jusyf Slipyi, der seit langem in Rußland gefangen gehalten wurde, trug allgemein zum Abbau der politischen Spannungen bei und gipfelte schließlich im Abschluß des Atomsperrvertrages, der kurz nach dem Tod Johannes' XXIII. unterzeichnet wurde. Die Initiative des Papstes und ihre Folgen waren eine eindrückliche Botschaft, die der Welt deutlich machte, was sie bisher nicht erkannt hatte: die

Repräsentanten der beiden verfeindeten Großmächte mußten Wege zur Zusammenarbeit finden, wenn die atomare
Vernichtung der Welt verhindert und ein dauerhafter Frieden gesichert werden sollte.

Papst Johannes war oft in der Lage, seine Ziele ohne die
Unterstützung der einflußreichsten Machtzirkel der Kirche
zu erreichen. In den Kommentaren der ultrakonservativen
katholischen Presse wurde er als „verantwortungslos" und
„politisch naiv" bezeichnet. Die Kurie ist nicht weniger konservativ als jede andere traditionsreiche Bürokratie und hat
jahrhundertelange Erfahrung darin, die Macht von Päpsten
zu untergraben, die versuchen, neue Wege zu gehen. Papst
Johannes war sich dieses Umstandes bewußt und verwandte viel Mühe darauf, die Beamten des Vatikans wenn möglich zu beruhigen und wenn nötig in die Knie zu zwingen.
Die vorsichtigen Formulierungen seiner ersten Reden scheinen mit Bedacht und zur Beruhigung der Kurie gewählt; bei
seinen ersten Ernennungen berücksichtigte er ausschließlich
die gemäßigten und konservativen Flügel der vatikanischen
Geistlichkeit, und in brisanten Fragen wie der Empfängnis-
verhütung und dem Frauenordinariat bezog er traditionelle
Positionen.

Wenn jedoch der Eindruck entstand, die Kurie könne den
Papst von der Verfolgung seiner wichtigsten Ziele abhalten,
wich er der Konfrontation nicht aus. Als die Bibelkommission, das Organ der Fundamentalisten, eine konstruktive
Zusammenarbeit verweigerte, schrieb er dem Kardinal-
Staatssekretär: „Die Zeit ist reif, diesem Unsinn ein Ende zu
machen. Entweder die Bibelkommission sputet sich, leistet
ordentliche Arbeit und trägt durch ihre Vorschläge an den
Heiligen Vater Nützliches zu den Bedürfnissen der Gegenwart bei, oder es wäre besser, sie aufzulösen und von der

Obersten Autorität durch etwas anderes im Herrn ersetzen zu lassen." Bei anderer Gelegenheit stellte er fest, daß konservative Mitarbeiter seine Worte absichtlich falsch wiedergegeben hatten, und korrigierte den Vorfall durch ein Selbstzitat nach der Originalversion.

Als Papst Johannes Ende 1962 erfuhr, daß er an einer unheilbaren Krebserkrankung litt, verdoppelte er seine Anstrengungen. Er setzte seine Arbeit für das Konzil und seine Bemühungen um internationale Entspannung fort. Verstärkt nutzte er ein informelles Beziehungsnetz von kirchlichen und diplomatischen Mitarbeitern und äußerte Befürchtungen, seine Arbeit in Kirche und Politik könne nach seinem Tod zunichte gemacht werden. Zu einem Besucher, dem Priester Roberto Tucci, sagte er am 9. Februar 1963:

Sehen Sie, ich weiß, daß ich nur noch kurze Zeit zu leben habe. Darum muß ich alle meine Unternehmungen sorgfältiger abwägen denn je, um zu vermeiden, daß das Konklave nach meinem Tod eine Wahl ‚gegen mich' trifft. Das könnte bedeuten, daß alles zerstört wird, was ich in die Wege geleitet habe.

Die Besorgnis Johannes' XXIII. um das Schicksal seiner geistigen Hinterlassenschaft war mehr als berechtigt. Kurz nach seinem Tod nannte ihn ein Kardinal „die größte Katastrophe in der jüngeren Geschichte der Kirche – in den letzten fünfhundert Jahren". Sein Nachfolger wurde der von ihm selbst für das Amt ausersehene Kardinal Giovanni Battista Montini, Papst Paul VI., der versuchte, die Bemühungen seines Vorgängers um die Internationalisierung der Kirche fortzusetzen. Doch seine vergleichsweise liberalen Vorstellungen von der kirchlichen Praxis und Lehre wurden teils durch die Aktivität nachfolgender Päpste, teils durch den universell verbreiteten instinktiven Konservativismus des kirchlichen Establishments mit den Jahren weitgehend verwässert. Auch die Verfechter weitestgehender Inklusionsbestrebungen stoßen früher oder später auf Gegnerschaft, die meist von Menschen ausgeht, die ungern auf eine Sonderstellung verzichten, und nicht selten gelingt es der Opposition, die progressiven Bestrebungen zu unterlaufen.

Die nachhaltigste Wirkung Johannes' XXIII. ging von der Botschaft aus, die er vorlebte. Er zeigte der Welt, daß der Oberhirte der katholischen Kirche darauf verzichten konnte, als Verkörperung strenger priesterlicher Unnahbarkeit aufzutreten, daß er sich den Durchschnittsmenschen verbunden fühlte, die diese Gefühle erwiderten, und daß die Führung der katholischen Kirche sich nicht von anderen Kirchen und nicht einmal vom atheistischen Kommunismus abzuschotten brauchte. Mit diesem Leitbild förderte er eine engere Verbindung zwischen den Religionsgemeinschaften, zwischen den Völkern und sogar zwischen verfeindeten Weltmächten.

Seine Schlichtheit war absolut, unverfälscht und beredt. Giancarlo Zizola zitiert den Verfasser von *Papa Giovanni*, Ernesto Balducci, mit den Worten: „… die essentielle Modernität Johannes' XXIII., die von der Welt sogleich intuitiv erkannt wurde, lag in der völligen Aufrichtigkeit, mit der er dem Triumph des Lebens begegnen konnte, dem des Kindes ebenso wie dem des Astronauten." So wie er zuerst als Angelo, dann als Johannes versuchte, den Geist Christi wiederzubeleben, sind viele nach ihm bestrebt, den Geist und die Botschaft dieses Papstes lebendig zu halten.

Die Darstellung dreier prototypischer Führungspersönlichkeiten aus drei zeitgenössischen ,Ständen' umfaßt ein weites geographisches Feld, das von der Mitte Nordamerikas bis zum modernen Rom und den globalen Schauplätzen eines Weltkrieges reicht, sowie ein repräsentatives Spektrum moderner ‚Stände‘ vom amerikanischen Konzern über die amerikanischen Streitkräfte bis zur größten kirchlichen Institution der Welt. Die drei erreichten ihre Führungsposition Schritt für Schritt über erfolgreich durchlaufene ‚Probeetappen‘ und durch den wachsenden Respekt ihrer Kollegen. Als Mitglieder hierarchisch aufgebauter Institutionen forderten sie Autoritätspersonen heraus, wenn sachliche Gründe es zwingend erscheinen ließen. Nachdem sie ins höchste Amt aufgerückt waren, mußten sie Klarheit darüber gewinnen, wie ihre Organisation in einer Zeit beschleunigten historischen Wandels geführt werden sollte, und dieses Führungskonzept nach außen vertreten. Alle drei fühlten sich in gewissem Maß historischen Normen verpflichtet und trugen trotzdem zu einer Neudefinierung ihres Wirkungsbereichs bei. Obwohl ihre Funktion sie in ein gewisses Konkurrenzverhältnis zu anderen Standesvertretern brachte, waren sie bestrebt, den eigenen Wirkungsbereich breiter und umfassender zu definieren.

Alfred Sloan jr. gab eine Deutung des industriellen Amerika; George Marshall erklärte die wichtige Rolle einer gut ausgebildeten und motivierten Armee; Johannes XXIII. beschrieb die Bedeutung der Kirche in der Epoche des Nord-Süd-Konflikts und der nuklearen Kriegsführung. Mehr als durch ihre Geschichten wirkten sie jedoch durch deren Verkörperung. Sloan gewann seinen Einfluß durch die unvergleichliche Kenntnis des von ihm geführten Unternehmens und sein ausdauerndes Interesse an dessen Mitgliedern; Marshall beeindruckte durch seine Verkörperung des musterhaften Soldaten, der patriotisch war und doch unparteiisch blieb; Papst Johannes schließlich zeigte der Welt, was es heißt, als guter Christ zu leben. So verschmolz die Identität dieser Männer mit der Institution, deren Wesen sie den übrigen Mitgliedern sowie den Außenstehenden zu vermitteln suchten.

Ein weiteres Merkmal ist den drei Männern gemeinsam: jeder stand an der Spitze einer großen, über Jahre oder Jahrhunderte gewachsenen Hierarchie. Ihr Status legitimierte sie zur Führung, und jedes Delegieren von Autorität, jeder Verzicht, Druck auszuüben, war freiwillig. Ihre Geschichten ergaben sich zum Teil aus ihrer Position; von größerem Gewicht war ihre exemplarische Lebensführung. Die bereits bestehenden Strukturen ermöglichten ihnen personelle Unterstützung und befreiten sie von der Notwendigkeit, eine Organisation aufzubauen und über Wasser zu halten. Außerdem verfügte jede der drei Institutionen über bestimmte Privilegien: ein industrielles Unternehmen ist in der Lage, sich durch Aktionäre neue Gelder zu verschaffen, und genießt gewisse gesetzliche Privilegien; das Militär kann in Kriegszeiten von zahlreichen Sonderrechten Gebrauch machen, deren Legitimität kaum jemals in Zweifel gezogen wird, und die Kirche verfügt nicht nur über ein bedeutendes Finanzpotential, sondern auch über erhebliche geistliche Autorität.

In diesen Punkten unterscheiden sich die Führer etablierter Institutionen markant von den Persönlichkeiten, die in den nächsten beiden Kapiteln dargestellt werden. Weder Eleanor Roosevelt noch Martin Luther King jr. bekleideten öffentliche Ämter. Sie verdankten ihre führende Stellung der verallgemeinerungsfähigen, apologetischen beziehungsweise zukunftsweisenden Deutung, die sie ihrem persönlichen Leben und ihrer Zeit zu geben gelernt hatten, sowie ihrer Fähigkeit, diese Erklärungen anderen verständlich zu ma-

chen. Roosevelt und King sind innerhalb meines Deutungs-
systems als selbstberufene Führer nichtdominanter Gruppen
zu sehen und nehmen in dieser Hinsicht unter den hier dargestellten Führungspersönlichkeiten eine Sonderstellung ein.

10

Eleanor Roosevelt:
Eigenart und Durchschnitt

UPI/Bettmann

Was sind die charakteristischen Merkmale einer Führungspersönlichkeit? An erster Stelle steht meines Erachtens die Fähigkeit, die Zeitgenossen und künftige Generationen mit einem Gefühl der Daseinslust zu begeistern, der Überzeugung, daß die Zukunft für ihr Land und für die gesamte Menschheit reiche Möglichkeiten bereithält.

George W. Ball

Den bisher behandelten Führungspersönlichkeiten ist gemeinsam, daß sie eine Laufbahn wählten, die Führungsrollen bereithielt. Die Wissenschaftler Margaret Mead und J. Robert Oppenheimer hatten die Gewähr, daß ihnen ihr Beruf die Möglichkeit bieten würde, in einflußreicher Funktion tätig zu sein: Als führenden Vertretern ihres Faches stand ihnen der Weg zur bedeutenderen Plattform direkter Führung offen. Robert Maynard Hutchins hatte bereits in jungen Jahren das Ziel vor Augen, zum führenden Bildungsplaner aufzusteigen, und blieb der gewählten Rolle im großen und ganzen treu. Zu Anfang ihres dritten Lebensjahrzehnts hatten alle innerhalb ihres Berufsstandes eine ausgezeichnete Stellung erreicht und Wege eingeschlagen, die sie früher oder später an die Spitze ihres Faches führten.

Ehrgeizig waren auf ihre Art auch Eleanor Roosevelt und Martin Luther King jr. Wie sie diesen Ehrgeiz in die Tat umsetzen würden, hätte sich indes nicht voraussehen lassen, weil die Gesellschaft, in der sie aufwuchsen, die schließlich von ihnen besetzten Nischen noch nicht bereithielt. Sie mußten sich eine Rolle und eine Geschichte erfinden, die plausibel und packend wirkte, und sich ein empfängliches Publikum schaffen. Sie strebten nach Führung, so würde der Psychiater Ronald Heifetz es formulieren, obwohl sie nicht über offizielle Autorität verfügten.

Weder Roosevelt noch King konnten ihre Jugendträume verwirklichen. Eleanor wollte mit zwanzig nichts anderes als die perfekte Ehefrau sein, die ihren begabten und ehrgeizigen Gatten Franklin unterstützte, und daneben eine untadelige Mutter, die einen vorbildlichen Nachwuchs großzog. King sah sich im selben Alter vor allem als Pfarrherrn einer blühenden Gemeinde und späteren Dozenten an einer angesehenen Universität.

In ihrer Stellung als Gouverneurs- und Präsidentengattin sowie schließlich als Frau mit einem eigenen Leben verhalf Eleanor Roosevelt Grundsätzen zu Ansehen, von deren Geltung sie im Innersten überzeugt war. Darüber hinaus zeigte sie den Amerikanern, vor allem aber den Frauen, daß auch eine ‚Frau ohne Geschäftsbereich‘ in der nationalen und internationalen Politik signifikanten Einfluß ausüben kann.

In seiner Stellung als prominentester Afroamerikaner* seiner Zeit rückte Martin Luther King jr. zuerst die hoffnungslose Lage der schwarzen Amerikaner und später die Situation weiterer benachteiligter Bevölkerungsgruppen Amerikas wie auch anderer Weltregionen ins öffentliche Bewußtsein. Wie Eleanor Roosevelt verkörperte er die wichtigsten Geschichten, denen er Aufmerksamkeit verschaffte, im eigenen Leben, und wie diese gewann er seine Erkenntnisse im wesentlichen aus dem Nachdenken über eigene Lebenserfahrungen.

Ein Blick auf den Lebensweg beider läßt Merkmale erkennen, die bereits in den früheren Fallstudien beobachtet wurden. Weil sie aber in späteren Jahren Führungsrollen neuer Art verkörperten, wich auch ihr Verhalten in bezeichnender

---

* Ich verwende in diesem sowie im folgenden Kapitel das Wort *Schwarze (blacks)*, weil es zu Kings Zeit immer häufiger gebraucht wurde.

Weise von dem bisher als typisch betrachteten Führungsverhalten ab. So konnten sie nicht einfach bereits bekannte
Geschichten verkörpern. Vielmehr entstand, als sie anfin-
gen, ihr Publikum zu finden, und dieses Publikum zu ihnen
fand, ein fragiler und differenzierter Prozeß von Wechselbeziehungen. Veranlaßt durch einschneidende Vorkommnisse
im persönlichen Leben sowie durch Reaktionen der enga-
giertesten Mitglieder ihres Adressatenkreises, mußten sich
King und Roosevelt mehr noch als andere Führungsfiguren
von Zeit zu Zeit neu erfinden.

Am Ende riefen beide starke Reaktionen hervor – ableh-
nende ebenso wie zustimmende. Sie äußerten profilierte,
zum Widerspruch reizende Vorstellungen von persönlicher
Identität und Gruppenidentität, provozierten jedoch vor
allem mit ihrer Behauptung, daß vernachlässigte Gruppen
so etwas wie Identität *besaßen* und darin zu respektieren
seien. Ich betrachte Roosevelt und King als Führer nichtdominanter Gruppen – Führer der Enteigneten –, als Anwälte
amerikanischer Bevölkerungsgruppen, die von der dominant auftretenden Gruppe weitgehend übersehen worden
waren. Archie Bunker, die Fernsehfigur aus den sechziger
Jahren, die allgemein als Verkörperung einer Bigotterie mit
versöhnlichen Zügen betrachtet wurde, traf ungewollt den
Nagel auf den Kopf, als er in einer Episode der Serie *All in
the Family* erklärte: „Bevor Eleanor Roosevelt sie entdeckte,
wußten wir doch gar nicht, daß es die Farbigen gab."

Eleanor Roosevelt verlebte eine bemerkenswerte Kindheit.
1884 in einer vermögenden New Yorker Familie von hohem
gesellschaftlichen und politischen Ansehen geboren, standen
ihr als Frau wohl mehr Möglichkeiten offen als jeder anderen Zeitgenossin. Ihre Kindheit aber war unglücklich genug,

um schmerzhafte Spuren zu hinterlassen, wie sie ein Kind fürs Leben zeichnen, wenn nicht gar seelisch verkrüppeln können.

Ihre Eltern, Anna Hall Roosevelt und Elliott Roosevelt, erweckten den Eindruck eines idealen Ehepaars. Ihre Autobiographie eröffnete Eleanor* mit dem Satz: „Meine Mutter war eine der schönsten Frauen, die ich kannte." Zwei Seiten darauf erklärte sie: „Mit meinem Vater war ich vollkommen glücklich. ... [Er] war die große Liebe meines Lebens." Doch die glänzende Fassade des weitläufigen Roosevelt-Clans verbarg ein gerütteltes Maß an Morbidität. In der ungeschminkten Sprache der Biographin Blanche Wiesen Cook: „Zur viktorianischen Welt ihres Vaters und ihrer jungen Onkel und Tanten gehörten Alkoholismus, Ehebruch, Kindsmißbrauch, Vergewaltigung [und] böswilliges Verlassen."

Im Alter von acht Jahren verlor Eleanor ihre Mutter. Anna Roosevelt, eine gefühlskalte, strenge Frau, erlag einer Diphtherie. Zwei Jahre später starb der Vater, der zwar gutherzig war, aber zunehmend ein selbstbezogenes, leicht gestörtes und unbeherrschtes Verhalten annahm. Die verwaiste Eleanor wurde zusammen mit ihren Geschwistern von der Großmutter mütterlicherseits erzogen.

Sie hatte sich als unattraktives Kind in Erinnerung, als häßliches junges Entlein beinah, das sich den anderen Familienmitgliedern chronisch unterlegen fühlte, in dauernder Angst lebte und sich nach Lob und Geborgenheit verzehrte. Abschätzig äußerte sie sich über die geistigen Fähigkeiten („erst im späteren Leben lernte ich selbständig zu denken") und schulischen Leistungen der jungen Eleanor. Andere

---

* Um möglichen Verwechslungen der zahlreichen Roosevelts vorzubeugen, benutze ich in diesem Kapitel häufig die Vornamen.

berichteten, daß ihre Größe und ihre gesetzte Art sie älter erscheinen ließen und daß man früh aufhörte, sie als Kind zu behandeln. (Ihre Mutter gab ihr den Spitznamen „Oma".) Trotzdem ließ sie bereits am Ende ihrer Grundschulzeit die Sprachgewandtheit, das Interesse an Fragen der Moral und andere Führungseigenschaften erkennen, die sie im späteren Leben auszeichneten.

Zur wichtigsten Station für Roosevelts Entwicklung wurde die *Allenswood School* im vorstädtischen London, die sie von 1899 bis 1902 besuchte. Direktorin der Schule war Mlle. Marie Souvreste, eine außergewöhnliche Frau, die zu den aktuellen Fragen der damaligen Zeit entschieden Stellung nahm. Der siebzigjährigen Souvreste gefiel Eleanors Ehrlichkeit und Direktheit, und sie nahm das junge Mädchen unter ihre Fittiche. Offensichtlich verwandte Seelen, blieben die beiden bis zum Tod von Mlle. Souvreste am 19. März 1905 eng verbunden. Mit der mütterlichen Freundin reiste Eleanor durch Europa und lernte die Kultur der Alten Welt kennen, lernte darüber hinaus aber auch, wie sich eine starke, unabhängige Frau in einer von Männern dominierten Welt zurechtfinden konnte. Es dürfte keine Übertreibung sein, wenn sie erklärt: „Was seit damals aus mir geworden ist, hatte seinen Ursprung in diesen drei Jahren der Verbindung mit einem liberalen Geist und einer starken Persönlichkeit."

Durch diese Zeit, die sie unter dem Tutorat von Marie Souvreste im Ausland verbrachte, gewann Eleanor eine Weltläufigkeit und geistige Lebendigkeit, die ihr ohne diese Erfahrung vielleicht nie zugänglich geworden wäre. Sogleich nach ihrer Rückkehr in die Vereinigten Staaten engagierte sie sich in der Sozialarbeit. Es war die Fortschrittsära Washingtons unter der dynamischen Präsidentschaft ihres Onkels

Theodore Roosevelt und die Ära der sozialen Reformen in New York, wo die Familie Roosevelt lebte. In Organisationen wie der *National Consumers' League* und der *Junior League* arbeitete Eleanor für bessere Lebensbedingungen in der Großstadt, vor allem in den Slums. Sie unterrichtete Immigrantenkinder in einem Gemeindezentrum in der Rivington Street. In ihrem Rückblick auf diese Jahre kommentierte sie: „Ich war ein ernsthaftes Mädchen gewesen. In meiner Londoner Zeit lernte ich zum ersten Mal Sorglosigkeit und Unbedenklichkeit kennen, doch schon bald nach meiner Rückkehr in die USA traten die ernsten Seiten des Lebens in den Vordergrund."

Doch diese Tätigkeit im öffentlichen Bereich, so fordernd und verdienstvoll sie auch war, konnten einer New Yorker Debütantin nicht zur Lebensaufgabe bestimmt sein. Es galt als selbstverständlich – und Eleanor widersprach dieser Annahme nicht –, daß sie sich in absehbarer Zeit verlieben, heiraten und eine Familie gründen würde. Den Erwartungen entsprechend verlobte sich Eleanor mit einem entfernten Cousin, Franklin Delano Roosevelt, einem eindrucksvollen, wenn auch nicht tiefsinnig veranlagten jungen Harvard-Studenten. Die beiden heirateten 1905, als Franklin an die Juristische Fakultät der Columbia Universität überwechselte.

Die einundzwanzigjährige Eleanor wird kaum darüber nachgegrübelt haben, wer sie war und zu welcher Gruppe sie gehörte, Fragen, die sich in der Regel denjenigen aufdrängen, die sich als Außenseiter fühlen und vom bergenden gesellschaftlichen Mainstream erkennbar ausgeschlossen sind. Eleanor indes war durch ihre Herkunft wie auch als junge Ehefrau Franklin Roosevelts in kaum zu überbietender Evidenz Teil dieses Establishments. Jeder Gedanke an die Gründung oder Führung einer systemverändernden Bewegung wäre bizarr gewesen. Ihre neue Aufgabe bestand darin, ihrem Mann zu dienen: „Ich hörte mir seine Pläne mit großem Interesse an. Daß ich selbst eine Rolle darin übernehmen könnte, wäre mir nie eingefallen. ... Ich möchte ihm das Gefühl geben, daß jemand zu ihm gehört." Die Wunden der frühen Kindheit waren nicht minder weit in Vergessenheit geraten als der hochgemute Ausbruch mit Souvreste. Das großbürgerliche Ethos der Roosevelts verbot es, dergleichen Erlebnisse auch nur zu erwähnen, geschweige denn, ihnen insgeheim nachzuhängen.

Die folgenden fünfzehn Jahre brachten ihre Überraschungen, Höhepunkte und Probleme, doch nichts wies darauf hin, daß Eleanors Leben eine ungewöhnliche Wende nehmen könnte, die sie in den Mittelpunkt weltweiter Aufmerksamkeit, Zustimmung und Kritik rücken würde. Sie brachte fünf Kinder zur Welt, und alle überlebten das Säuglingsalter. Daß sie keine sonderlich begabte Mutter war, mochte mit der eigenen schwierigen Kindheit und ihrer ausgeprägten Nüchternheit zusammenhängen. Doch sie versuchte, aus ihren Fehlern zu lernen und ihren Kindern zu geben, was sie brauchten. Neben Sara Delano Roosevelt, ihrer Schwiegermutter und zweifellos einer der dominantesten Figuren im Kreis einer dominanten Familie, hatte sie wenig Spielraum, doch Eleanor bemühte sich nach Kräften, den Familienfrieden zu wahren.

Ihre ungenutzten Energien konzentrierte sie auf Franklin, der rasch Karriere machte. Joseph Lash, der Verfasser mehrerer Biographien Eleanor Roosevelts, berichtet davon, wie der junge Roosevelt im Kreis von Referendarkollegen seine künftige Laufbahn entwarf und dabei an die Karriere seines Onkels Theodore Roosevelt anknüpfte: „Senatssitz in

New York, Staatssekretär im Marineministerium, Gouverneur und dann mit etwas Glück die Präsidentschaft." Genau nach Plan – und dem umwerfenden Selbstvertrauen und der Schicksalsgewißheit entsprechend, die auch bei anderen Führern in spe zu beobachten war – wurde Franklin 1910 in den Senat des Bundesstaates New York gewählt, und die Familie zog in die Landeshauptstadt Albany. Woodrow Wilson, der 1912 das Amt des Präsidenten der USA übernahm, ernannte ihn zum Unterstaatssekretär im Marineministerium, und die Familie zog nach Washington. Eleanor war eine vorbildliche Politikergattin und unermüdliche Managerin der wachsenden Familie. Sie lernte den Familientrupp zwischen den verschiedenen Wohnsitzen der Familie – der Residenz in Hyde Park, New York, dem Sommersitz auf der Insel Campobello vor der Küste Maines und dem temporären Domizil in Washington – hin und her zu dirigieren.

Das keimende Interesse an öffentlicher Tätigkeit hatte Eleanor, der Not, wenn nicht eigener Wahl gehorchend, bei ihrer Eheschließung zumindest vorübergehend auf Eis gelegt. Amerikas Eintritt in den Ersten Weltkrieg verschaffte ihr die Gelegenheit zu erneuter sozialer Tätigkeit, die sie begierig nutzte. Sie arbeitete in der Kantine des Roten Kreuzes, organisierte das Rote Kreuz der Kriegsmarine und beaufsichtigte die Frauengruppen, die in den Arbeitsräumen des Marineministeriums für die Soldaten strickten. Zu Hause führte sie eine strikte Lebensmittelrationierung ein und warb öffentlich für die Verbreitung dieses Sparmodells. Ihre politische Einstellung wurde zunehmend liberal, und sie begann sich für das Frauenstimmrecht einzusetzen. Zum ersten Mal riskierte sie häusliche Auseinandersetzungen, wenn konservativer gesonnene Familienangehörige sich über kriegsbedingte Einschränkungen beklagten oder die

Zeiten zurückwünschten, in denen man sich dem Wehrdienst entziehen konnte, indem man einen – bezahlten – Ersatz stellte. Diese neue Selbstsicherheit, so verspätet sie sich meldete, könnte den Widerspruchsgeist ankündigen, der Führungsverhalten kennzeichnet.

Das Kriegsende im November 1918 hätte Eleanor die Möglichkeit oder den Anstoß geben können, ihre Rolle als dienstfertige, doch wesentlich unpolitische Politikergattin fortzusetzen. Es traten jedoch zwei ausgesprochen dramatische Ereignisse ein, die ihre Ehe von Grund auf veränderten und ihr den Weg in die Unabhängigkeit wiesen, der ihr weiteres Leben bestimmte.

Zunächst stieß sie auf versteckte Briefe, die ihr eine mehr als beiläufige Romanze ihres Mannes mit Lucy Mercer entdeckten, einer attraktiven jungen Dame der Gesellschaft, die für Eleanor Sekretariatsarbeiten erledigte. Eleanor hatte nie den geringsten Anlaß gesehen, ihrem gutaussehenden Mann, der gerne flirtete und seit einigen Jahren häufig spät abends nach Hause kam, zu mißtrauen. Jetzt hielt sie unwiderlegliche Beweise in der Hand, die keinen Zweifel zuließen. Später bekannte sie: „Meine Welt war aus den Fugen. ... Zum ersten Mal ... sah ich mir selbst ehrlich ins Gesicht. In diesem Jahr wurde ich wirklich erwachsen." Nach einer unerquicklichen Auseinandersetzung, in der alle Möglichkeiten, einschließlich der Scheidung, erwogen wurden, erklärte sich Franklin bereit, Lucy Mercer aufzugeben, und Eleanor willigte ein, die Ehe weiterzuführen, die eine Verbindung ohne Leidenschaft wurde und wohl zutreffend, wenn auch unvollständig, als Vernunftehe zu bezeichnen ist. Eleanor kam zu dem Schluß, daß sie gezwungen sein würde, in anderen Beziehungen und Tätigkeiten Befriedigung zu suchen. Franklin setzte seine Affären fort. Als er fünfundzwanzig Jahre später starb, war er in Gesellschaft Lucys, unterdessen Lucy Rutherford. Eleanor soll nach Vermutung einiger Wissenschaftler, die allerdings keine sexuellen Beziehungen nachweisen können, enge Verbindungen zu verschiedenen lesbischen Frauen und zu wenigstens einem oder zwei jüngeren Männern gehabt haben.

Hatte sich die erste Krise in schmerzlicher Intimität abgespielt, war die zweite ein dramatisches öffentliches Ereignis. Im Sommer 1921 erkrankte Franklin schwer an Poliomyelitis, und man fürchtete, daß er gelähmt bleiben würde. Allgemein herrschte die Erwartung, die vor allem auch seine Mutter teilte, er werde die Politik aufgeben und sich als charmanter Hausherr im Rollstuhl nach Hyde Park zurückziehen.

Eleanor widmete sich mit ungeheurer Tatkraft und Hingabe der gesundheitlichen Wiederherstellung ihres Mannes. In einer Wendung von vielleicht unbeabsichtigter Ironie erklärte sie: „[Seit der Krankheit] stehe ich auf eigenen Füßen, was das Leben meines Mannes, mein eigenes Leben und die Erziehung meiner Kinder betrifft." Sie war entschlossen, alles zu tun, eine dauernde Invalidität Franklins zu verhindern. Dem öffentlichen politischen Leben stand sie mit gemischten Gefühlen gegenüber, wollte indes dafür sorgen, daß ihrem Mann die Leistungsfähigkeit erhalten blieb und er die Möglichkeit hatte, in die Politik zurückzukehren, wenn das sein Wunsch sein sollte. Sie fand Unterstützung bei dem Journalisten Louis Howe, mit dem die Roosevelts seit über zehn Jahren bekannt waren. Howe hielt Franklin Roosevelt für einen hochbegabten Politiker und setzte sich dafür ein, daß der noch junge Demokrat seine außergewöhnlich vielversprechende Laufbahn würde fortsetzen können. Eleanor betrachtete er als Franklins anstellige Schülerin, Freundin und Gehilfin.

Bevor ich anfing, mich mit dem Leben Eleanor Roosevelts zu beschäftigen, hatte ich angenommen, der Ursprung ihrer glänzenden Laufbahn als Persönlichkeit des öffentlichen Lebens liege in Franklins Gouverneurszeit im Bundesstaat New York (1929–1933) und in den Anfängen seiner Präsidentschaft. Aber ein Blick in das biographische Material zeigt, daß das Bild der Frau, die für die Welt Eleanor Roosevelt wurde, sich bereits Anfang der zwanziger Jahre ausprägte, in der Zeit – und das mag überraschen –, als ihr Mann mit seiner Krankheit und Wiedergenesung beschäftigt war und der Politik vorübergehend den Rücken kehrte. Die zwanziger Jahre sind Eleanors Lehrzeit, in der sie die ‚Domäne des Staatsdienstes' zu meistern lernte.

Eleanor Roosevelt war die Welt der Politik nicht fremd. Die Familie hatte sowohl in New York als auch in Washington im politischen Leben gestanden. Eleanor war die Ehefrau eines Politikers und hatte Gelegenheit gehabt, die politische Szene als Beobachterin kennenzulernen: während Franklins Senatszeit in New York, während seiner Tätigkeit im Marineministerium in Washington und seiner gescheiterten, ihm jedoch letztlich nicht abträglichen Bewerbung um die Vizepräsidentschaft im Wahljahr 1920.

Doch erst nach fünfzehnjähriger Ehe, einer Zeit, in der sie sich allmählich vom Einfluß der dominierenden Schwiegermutter befreite, war Roosevelt bereit, sich ganz dem politischen Leben zu widmen. Sie tat es vorbehaltlos. Im New York der zwanziger Jahre griff sie in enger Zusammenarbeit mit einer beeindruckenden Frauengruppe zahlreiche Themen der sozialpolitischen Agenda auf, von der Gesundheits-

und Wohnpolitik bis zum Schutz der Arbeitnehmerinnen. Roosevelt und ihre Mitarbeiterinnen übten sich nicht nur erfolgreich im politischen Handeln – sammelten Hintergrundwissen, führten Anhörungen durch und verfaßten Gesetzesentwürfe –, sondern unterstützten einander auch persönlich. „Das einfache Beziehungsnetz der gemeinsamen Arbeit und persönlichen Freundschaft gab vielen Frauen die notwendige Unterstützung in ihrem Kampf für Reformen und Gleichstellung in einer Welt, von deren Organisation man sie fernzuhalten versuchte und die beständig neue Hürden aufrichtete."

Eleanor erkannte, daß signifikante Veränderungen nur über politische Prozesse zustande kamen, von denen die Frauen nach wie vor weithin ausgeschlossen blieben. (Das Wahlrecht für Frauen war 1920, in der Zeit ihrer beiden großen Lebenskrisen, eingeführt worden.) Sie wechselte also vom parteilosen *Woman's City Club* in die spannungsreichen demokratischen Zirkel des Bundesstaates New York. Hatte sie sich bisher angeeignet, wie man Recherchen betreibt, lernte sie jetzt, sorgfältig angeleitet durch ihren Mann und durch Howe, was jeder Führer in einer Demokratie können muß: wie man Reden hält, mit Abgeordneten umgeht und Wählerstimmen abschätzt. Es fiel ihr nicht leicht, im Umgang mit einflußreichen Persönlichkeiten direkt oder gar offensiv aufzutreten: „Für viele Frauen, und ich gehöre zu ihnen, ist es schwierig, genug Anteilnahme [für eine Frage] aufzubringen, um Kontroversen oder Irritationen auszulösen; ich bin aber zu dem Schluß gekommen, daß dieses Engagement für eine gewisse Zeit nötig ist, damit wir unsere Durchsetzungskraft unter Beweis stellen und unseren Wünschen Respekt sichern können."

Interesse und Motiviertheit mochten wichtig sein, doch

durfte Begabung nicht fehlen. Wie die Roosevelt-Biographin Doris Kearns Goodwin berichtet, entdeckte Roosevelt, daß sie „Fähigkeiten [besaß], von denen sie keine Ahnung hatte – Organisationstalent, ein glänzendes Urteilsvermögen, praktisches Verständnis und eine erstaunliche Ausdauer." Ihre Talente blieben nicht lange unentdeckt, und sie übernahm Ämter in verschiedenen politischen und nichtpolitischen Gruppierungen. Die Historikerin Elizabeth Perry erklärt, daß Eleanor „durch ihre Tätigkeit in den politischen Netzwerken der Frauen von New York zu einer erfahrenen, weithin bekannten und bewunderten Persönlichkeit geworden war." Es wurde sogar behauptet, während der zwanziger Jahre sei sie in den politischen Kreisen New Yorks bekannter gewesen als ihr imponierender Ehemann.

Damit hatte Roosevelt ihre politische Lehrzeit abgeschlossen und neben Franklin eigene politische Geltung gewonnen. Trotz einer Erziehung, die ihr nahelegte, sich dem traditionellen weiblichen Rollenbild entsprechend als zuarbeitende Kraft zu verstehen, die im Hintergrund waltet, wurde sie zu einer Hauptakteurin auf der politischen Bühne. Die innovationsträchtige Geschichte, die sie ihrem Kreis, aber auch skeptischen Mitbürgern vermittelte, hatte zum Inhalt, daß eine Frau in entscheidender Funktion an liberaler demokratischer Politik beteiligt sein kann, und diesen Inhalt wußte sie aufgrund ihrer Lebensführung mit jedem Jahr glaubhafter zu machen.

Es mag paradox erscheinen, daß gerade in der Zeit, als Eleanor zu politischer Artikulations- und Handlungsfähigkeit fand, auch Franklin sich stark genug fühlte, in die Politik zurückzukehren. Es war ein beeindruckender Neueinstieg. 1928 ging er aus den Gouverneurswahlen des Bundesstaates

New York als Gewinner hervor, wurde 1930 mit überwälti-
gender Mehrheit wiedergewählt und errang einen Erdrutschsieg bei den Präsidentenwahlen von 1930, die eine politische Wende einleiteten.

Eleanor brachte den Fähigkeiten ihres Mannes uneingeschränkte Bewunderung entgegen und hatte von ihm gelernt, menschliche Situationen zu beobachten und zu analysieren. Seine politischen Siege nahm sie indessen erstaunlich
gelassen auf. Man konnte den Eindruck gewinnen, es seien
die Erfolge eines Fremden, eines beiläufigen Bekannten und
nicht des Mannes, mit dem sie zweimal – zum zweiten Mal
nach einschneidenden Krisen – die Entscheidung für ein
gemeinsames Leben getroffen hatte. Zu diesem mangelnden
Enthusiasmus mag die Tatsache beigetragen haben, daß sie
den eigenen Gaben zum Trotz an den Turbulenzen der Politik kein wirkliches Gefallen fand. Ihr mißfielen die Notwendigkeit eiserner Selbstdisziplin, die unvermeidlichen Winkelzüge und Geheimniskrämereien. Aus ihrer Abneigung
gegen das Leben einer amerikanischen Politikergattin, der –
bis heute – kein Privatleben zugestanden wird, machte sie
kein Hehl. Nach Franklins erfolgreicher Bewerbung um die
Präsidentschaft erklärte sie: „Ich wollte nie die Frau eines
Präsidenten sein, und will es auch heute noch nicht." Doch
läßt sich ein weiterer Grund für ihre Indifferenz vermuten.
Es ist denkbar, daß der erlittene Liebesverlust sie so tief verletzt hatte, daß es ihr unmöglich war, sich an den Erfolgen
ihres Mannes zu freuen. Verschiedene Beobachter gehen
davon aus, daß Eleanor Roosevelt die Kraft ihrer Leidenschaft, der sich ihr Mann entzogen hatte, dem Mandat ihres
Mannes und den zahlreichen Anliegen zuwandte, die sie
gemeinsam vertraten.

Nachdem Franklin in einflußreiche Führungspositionen

aufgestiegen war, denen er sich mit voller Hingabe widmete, ging Eleanor beherzt daran, sich ein eigenes Leben zu schaffen. Am wichtigsten waren ihr in den späten zwanziger und frühen dreißiger Jahren die Tätigkeiten, die sie als eigene betrachten konnte: Vorträge, Publikationen, gelegentliche Radiosendungen und der öffentliche Einsatz für Ideen, die ihr am Herzen lagen. An der *Todhunter School* in New York hielt sie Vorträge über Literatur, Geschichte und aktuelle Ereignisse und nutzte diese Tätigkeit zweifellos dazu, den heranwachsenden Mädchen etwas von den Erfahrungen weiterzugeben, aus denen sie während ihrer eigenen Jugend an der *Allenswood School* Nutzen gezogen hatte. Zusammen mit zwei Freundinnen, Nancy Cook und Marion Dickerman, ließ sie sich am Val-Kill Creek, wenige Kilometer vom Landsitz in Hyde Park entfernt, ein eigenes Haus und eine kleine Möbelfabrik bauen. Die Möglichkeit eines räumlichen und geistigen Rückzugs bedeutete ihr viel, besonders in Zeiten, in denen das Ehepaar unausgesetzt im Licht der Öffentlichkeit stand.

Als Franklin 1933 die Präsidentschaft übernahm, hatte Eleanor sich zu einer Persönlichkeit entwickelt, die mit der jungen Hausfrau und Mutter von 1910 nur noch wenig Ähnlichkeit besaß. Wer sie näher kannte, hatte Gelegenheit zu bemerken, daß sie nicht nur eine fähige Politikerin, sondern auch eine unabhängige Frau geworden war, die von ihrer Schwiegermutter keine Befehle mehr entgegennahm und es auch gegenüber ihrem Ehemann an Selbstbewußtsein nicht fehlen ließ. Sie hatte gelernt, anderen die Stirn zu bieten, sei es in persönlichen oder beruflichen Belangen, und war in mancherlei Hinsicht mehr die geistige Tochter ihrer Vorbilder Howe und Souvreste als eine Angehörige des Roosevelt-Clans. Anfang der dreißiger Jahre stand sie vor ihrer

vielleicht größten Herausforderung, der Aufgabe, sich als
First Lady zu bewähren und dabei ihren neu gewonnenen
Grundsätzen treu zu bleiben.

Als Franklin Roosevelt am 4. März 1933, auf dem Höhepunkt der größten Wirtschaftskrise des Landes, den Amtseid
leistete, war für Eleanor in keiner Weise vorauszusehen, was
ihr die nächsten vier, geschweige denn was ihr die nächsten
zwölf Jahre bringen würden. Sie wußte, daß sie sich ein
Stück Selbständigkeit wahren wollte, erkannte aber auch,
daß diese Unabhängigkeit nur schwer zu erreichen war. Den
ihr traditionsgemäß zufallenden symbolischen Aufgaben der
Gastgeberin und nationalen Galionsfigur sah sie mit tiefer
Abneigung entgegen. Sie fürchtete um die Freiheit, sich eigenen Interessen widmen oder in wichtigen Fragen persönlich – und nicht als Sprachrohr des Präsidenten – Stellung
beziehen zu können. Gleichzeitig aber dürfte ihr bewußt
gewesen sein, daß die neue Stellung ihr Macht verlieh und
daß es Möglichkeiten gab, diese Macht sinnvoll zu nutzen.

Tastende Schritte standen am Anfang. Sie versuchte sich
als Journalistin für Presse und Rundfunk, gab die Medien
jedoch bald auf. Das Angebot, als Sekretärin ihres Mannes
zu arbeiten, lehnte der Präsident klugerweise ab. Sie wagte
es, vor einer Gruppe ausgewählter Reporterinnen die erste
Pressekonferenz einer First Lady zu geben, und erklärte sich
mit dieser Plattform zufrieden. Sie suchte sich dem Schutz
des Geheimdienstes zu entziehen und ging so weit, riskante
Reiserouten zu wählen, um sich ein Mindestmaß an Privatsphäre und Unabhängigkeit zu sichern.

Was Eleanor unternahm und wie sie sich verhielt, hinterließ in der Öffentlichkeit einen nachhaltigen Eindruck. Wie
Franklin gezeigt hatte, daß er willens war, praktisch jedes

Instrument einzusetzen, das der Nation in den schweren Zeiten von Nutzen sein konnte, machte Eleanor klar, daß ihr Ehrgeiz über die Erfüllung zeremonieller Pflichten hinausging. Seit Abigail Adams (und vor Hillary Clinton, ließe sich heute hinzusetzen) die fachlich bestpräparierte Präsidentengattin, war sie entschlossen, im nationalen Rahmen zu einer aktiven Kraft zu werden. Bei der Festlegung ihrer Rolle schonte sie sich nicht und steckte auch Blamagen ein, vermied es jedoch peinlich, ihren Mann öffentlich in Verlegenheit zu bringen.

Die Eleanor Roosevelt, die seit den dreißiger Jahren an die Öffentlichkeit trat, spielte mindestens vier verschiedene Rollen mit vier charakteristischen Botschaften und meisterte sie mit bemerkenswertem Können. Sie übernahm, wie ich es nenne, direkte Führung. Ihre Botschaften enthielten zwar nichts zukunftsweisend Neues; zweifellos innovativ aber waren ihr Selbstbild und ihre Art, diese Geschichten zu vermitteln.

Zum einen setzte sie sich als hartnäckige Kämpferin für die Beteiligung der Frauen an der Regierung ein. Sowohl öffentlich wie auch hinter den Kulissen warb sie um die Zulassung von Frauen in Schlüsselpositionen und trat ebenso nachdrücklich dafür ein, daß die Ansichten von Frauen bekannt und, soweit möglich, berücksichtigt wurden. Die Zahl weiblicher Arbeitskräfte nahm nur langsam zu, doch konnte ein größerer Prozentsatz in klassischen staatlichen Behörden wie der Post oder in Neugründungen wie der *Works Progress Administration*, einer Einrichtung zur Untersuchung von Arbeitsbedingungen und zur Arbeitsbeschaffung, angestellt werden. Die Beteiligung von Frauen am Ausschuß für das demokratische Parteiprogramm von 1936 nannte die *New York Times* „den größten Coup für

Frauen seit Jahren". Roosevelts erste Botschaft lautete: „Frauen sind in maßgeblichen Positionen an der Politik zu beteiligen. "

Die zweite Rolle spielte sie als öffentliches Sprachrohr für liberale Anliegen. Roosevelt hatte praktisch uneingeschränkten Zugang zu den Medien und nutzte ihn. Sie hielt regelmäßige Nachrichtenkonferenzen ab, verfaßte Artikel und Bücher und meldete sich über Jahre mit einer täglichen Gastkolumne unter dem Titel „Mein Tag" *(My Day)* zu Wort, die in 136 Zeitungen erschien. Die amerikanische Bevölkerung hatte noch nie erlebt, daß eine Frau aus den Reihen des politischen Establishments in ähnlicher Weise Öffentlichkeit für sich in Anspruch nahm, und Roosevelt veränderte praktisch aus eigener Kraft das Bild ihres Landes vom Wissen und Können der Politikerfrauen, von ihrer Fähigkeit zur wirksamen Einflußnahme auf die öffentliche Meinung, vor allem, was die Rechte der weniger privilegierten Bürger und Bürgerinnen betraf. Roosevelts zweite Botschaft lautete: „Amerika muß zu einer fortschrittlichen Nation werden. "

Ihre dritte Rolle war die einer Ombudsfrau und Lobbyistin in verschiedenen Regierungsstellen, die zwischen Regierung und Öffentlichkeit vermittelte. Der Blick auf einen Bruchteil ihres Posteingangs genügte ihr, um einen Einblick in die Fragen zu gewinnen, die die Bevölkerung bewegten, und sie zögerte nicht, alles, was sie überzeugte, zu ihrer Sache zu machen. Als sie von einer fragwürdigen politischen Maßnahme der *Agricultural Adjustment Agency* hörte, ließ sie den Verwaltungsbeamten kommen und stellte die Frage: „Warum wird dieses Schweinefleisch in den Mississippi gekippt, wenn im Land Tausende von Menschen hungern?

... Warum kann das Fleisch nicht an sie verteilt werden?" Außerdem machte sie ihren Einfluß zugunsten verschiedener Projekte geltend, von der *National Youth Agency* bis zu einer Mustersiedlung mit dem Namen Arthursdale. Die Reporterin Mary Beard schrieb: „Das Weiße Haus ist in erstaunlichem Ausmaß zu einem öffentlichen Tribunal geworden. Hinter dem Portikus schenkt die erste Frau des Landes geduldig jedem Fall Gehör, der ihr vorgetragen wird." Das war Eleanors dritte Botschaft: „Die First Lady vertritt die Interessen der vergessenen Amerikaner."

Als informelle Beraterin ihres Ehemannes erfüllte Roosevelt ihre vierte, die vielleicht wichtigste und vermutlich schwierigste Rolle. Sie spielte ihre Stellung im Küchenkabinett des Präsidenten gewöhnlich herunter, und Franklin war ohne Zweifel ein Mensch, der seine Absichten häufig für sich behielt und nach eigenem Ermessen entschied. Wenn Eleanor versuchte, ihn für das eine oder andere ihrer Lieblingsprojekte einzuspannen, so konnte es ihm seinerseits gelegen kommen, daß sie zu strittigen Fragen, wie den Rechten für Minderheiten, öffentliche Erklärungen abgab, die sich der Präsident aus bestimmten Gründen nicht leisten konnte.

Dennoch spricht alles dafür, daß Eleanor namentlich in den ersten Jahren der Präsidentschaft Franklins, als Experimente an der Tagesordnung waren und innenpolitische Fragen im Vordergrund standen, im inneren Zirkel des Weißen Hauses maßgeblich zu Wort kam. Sie setzte sich beharrlich und nachdrücklich für ihre Ziele ein und nutzte jede Gelegenheit, öffentlich oder privat, Franklin von den Vorzügen ihres Standpunktes zu überzeugen. Rexford Tugwell, Mitglied des Küchenkabinetts in dessen Anfängen, läßt daran keinen Zweifel:

Wer einmal beobachten konnte, wie Eleanor Roosevelt Platz nahm, ihren Mann fest anblickte und zu ihm [sagte]: „Franklin, ich glaube, du solltest ...“ oder: „Franklin, du wirst doch daran denken ...“, wird dieses Erlebnis nie vergessen. ... Unmöglich zu sagen, wie oft die Arbeit der amerikanischen Regierung dank ihrer Entschlossenheit in eine neue Richtung gelenkt wurde.

Sie war Mitglied ohne bestimmten Geschäftsbereich, nahm sich aber der vielleicht wichtigsten Aufgabe aller Ämter an, der Wahrnehmung des öffentlichen Interesses. Ihre vierte Botschaft formulierte Eleanor wie folgt:

[Franklin] wäre mit einer vollkommen unkritischen Frau vielleicht glücklicher gewesen. Ich war dazu niemals fähig, und er mußte diese Eigenschaft bei anderen suchen. Dennoch glaube ich, manchmal als Ansporn gewirkt zu haben, obwohl dieser Stachel vielleicht nicht immer erwünscht oder willkommen war. Ich gehörte zu denen, die seinen Zwecken dienten.

Es ist lohnend, sich heute, sechzig Jahre später, bewußt zu machen, wieviel öffentliche Anerkennung Eleanor Roosevelt erhielt. In fast jeder Meinungsumfrage nach der am meisten bewunderten Frau Amerikas stand ihr Name an der Spitze; sie rangierte unter den meistbewunderten Angehörigen ihrer Nation, und auch bei der Frage nach der am meisten bewunderten Frau der Welt wurde ihr Name gewöhnlich am häufigsten genannt. 1939 äußerten sich zwei Drittel der amerikanischen Öffentlichkeit zustimmend zur Ausübung ihrer Pflichten als First Lady, und sie galt als eine der einflußreichsten Persönlichkeiten Washingtons. Diese Einschätzung, die bis zu ihrem Tod anhielt, zeigt nicht nur, daß sie bekannt war – das waren auch Königin Elizabeth, Mme. Chiang Kai-shek und andere First Ladies. Sie sind darüber hinaus Ausdruck der Tatsache, daß es Eleanor Roosevelt gelungen war, der Rolle der Präsidentengattin, die ihrem Mann zur Seite steht, den Charakter einer unabhängigen Persönlichkeit zu geben, die selbständig urteilt und aufgrund eigener Überzeugungen handelt. Sie beeinflußte nicht nur die verbreiteten Vorstellungen über bestimmte gesellschaftliche Gruppen und Probleme, sondern setzte neue Maßstäbe für den Handlungsspielraum von – weiblichen – Personen ohne offizielle Funktion.

Diffamierungen blieben Eleanor Roosevelt nicht erspart. Sie waren manchmal auf den Präsidenten gemünzt, galten häufig jedoch auch ihr selbst, wenn sie konservative Bürger mit dezidierten Ansichten oder mit ihrem Auftreten in Harnisch brachte. Ihre Geschichten über die Rolle der Frau in einem fortschrittlichen Staatswesen waren ein Affront gegen die Anhänger der verbreiteten Überzeugung – der Gegengeschichte –, derzufolge eine Politikergattin sich aus der Politik heraushielt oder vorbehaltlos hinter die Grundsätze und Programme ihres Mannes stellte. Da bestimmte Gruppen Roosevelts Anschauungen, andere die scheinbare Abweichung ihrer Anschauungen von denen ihres Mannes und dritte beides mißbilligten, trat sie nicht nur als vielbewunderte, sondern auch als viel gescholtene Frau in Erscheinung. Weil sie aber Stehvermögen zeigte und durchhielt, konnte sie als lebender Beweis für die Leistungsmöglichkeiten einer Frau auf der politischen Bühne Amerikas ihren Landsleuten schließlich zu einer neuen Erfahrung verhelfen.

Ende der dreißiger Jahre wurde die Arbeit beider Roosevelts durch die politischen Vorgänge in Europa überschattet. So wichtig die wirtschaftliche Erholung und der soziale Umbau des Landes waren, zum vorrangigen Anliegen wurde jetzt die Verteidigung der Demokratie in einer vom Totalitarismus bedrohten Welt. Die Zuspitzung der Krise führte zu einer dritten und vierten Amtszeit Roosevelts und beanspruchte zunehmend seine Aufmerksamkeit. Der Ausbruch des Zweiten Weltkriegs ermöglichte Eleanor und Franklin eine öffentliche Zusammenarbeit von bisher ungekannter Intensität. Ungeachtet früherer pazifistischer Neigungen unterstützte Eleanor den Kriegseintritt Amerikas und setzte sich rückhaltlos für die Politik ihres Mannes ein. Außerdem glaubte sie trotz ihrer persönlichen Abneigung, im Rampenlicht zu stehen, fest daran, daß Franklin als einziger fähig sei, das Land durch den Krieg zu führen. Sie leistete ihrem Mann wichtige Hilfe, indem sie zum Beispiel beschwerliche Reisen unternahm, um die in Asien und Europa kämpfenden amerikanischen Truppen zu besuchen, und sich in Missionen bewährte, zu deren Ausführung der Präsident körperlich nicht in der Lage war.

Dennoch scheint die persönliche Beziehung zwischen den Ehegatten in den letzten Jahren vor Franklins Tod von zunehmenden Spannungen geprägt. Eleanors bevorzugtes Tätigkeitsgebiet war seit je die Innen- und Sozialpolitik, und sie befürchtete, der radikale Wandel nationaler Interessen könne ihre Kernanliegen in den Hintergrund drängen und ihren Zugang zum Präsidenten einschränken. Tatsächlich konnte Franklin für Eleanors weit liberalere Ansichten nur noch wenig Zeit und Interesse aufbringen. Der Krieg beanspruchte seine Aufmerksamkeit und Kraft, und das Familienleben hatte zurückzustehen. Selbst seine Kinder konnten ihn nur auf Voranmeldung sprechen. Auch die nach wie vor virulenten Neigungen des Frauenliebhabers Roosevelt waren im Terminkalender angemessen zu berücksichtigen. Eleanor stellte sich auf die Veränderungen ein, straffte ihr soziales Engagement und konzentrierte ihre Kräfte auf die Kriegsarbeit. Im Mittelpunkt ihrer Aufmerksamkeit aber stand weiterhin das Schicksal der Benachteiligten im eigenen Land und jenseits der Grenzen.

Wer an der Spitze einer traditionellen Institution steht, kann mit einer gewissen Konstanz der Agenda und der Arbeitsabläufe rechnen. Ohne die festen Geleise institutioneller Autorität ist man jedoch weit weniger Herr – oder Herrin – der Ereignisse und muß darauf gefaßt sein, mehr oder minder radikale Kursveränderungen vorzunehmen, um sich das Publikum und den Einfluß auf die Öffentlichkeit zu sichern. Ein gesunder politischer Instinkt führte Eleanor dazu, ihre langfristigen Interessen mit den vorrangigen Anforderungen des Tages zu verbinden, die der Krieg mit sich brachte. Bei ihrem unermüdlichen Einsatz im nationalen Interesse konzentrierte sie ihre Energien auf zwei Bevölkerungsgruppen. Sie trat dafür ein, daß die Frauen an allen Aspekten der Kriegswirtschaft beteiligt wurden, daß ihre Arbeit anerkannt und honoriert wurde und daß sie in ihrer zusätzlichen anspruchsvollen Rolle als Mütter und Familienmittelpunkt Unterstützung erhielten. Mit gleicher Tatkraft kämpfte sie für das Recht der Schwarzen, in den Streitkräften Dienst zu tun und im Privatleben, am Arbeitsplatz und im öffentlichen Bereich als vollgültige Amerikaner behandelt zu werden. Beide Initiativen stießen namentlich bei Vertretern eines exklusiven nationalen Selbstverständnisses auf erbitterten Widerstand. Paradoxerweise haben vermutlich die enormen Belastungen im Gefolge des ‚totalen Krieges‘ mehr als jeder andere Einflußfaktor zur Statusverbesserung beider Gruppen beigetragen. Für ihre ausdauernde Förderung dieser zwei oft unpopulären Anliegen verdient Eleanor Roosevelt höchste Anerkennung.

Beim Tode des Präsidenten im Dezember 1945 trauerte Eleanor für Amerika, schien indes persönlich bemerkens-

wert gefaßt. Sie sprach von einem „fast unpersönliche[n]
Gefühl" bei der Nachricht von seinem Tod und dann von der
„Trauer all derer, denen der Tote, der auch mein Ehemann
war, ein Symbol der Kraft und der Standhaftigkeit gewesen
ist". Sie fuhr fort: „Mein Mitgefühl gilt mehr den Menschen
dieses Landes und der Welt als meiner Familie." Als der neu
vereidigte Präsident Harry Truman sich mit der Frage an sie
wandte, was er für sie tun könne, entgegnete ihm: „Können
wir etwas für *Sie* tun? Für *Sie* beginnen doch jetzt die Probleme!"

Nach dem Tod Roosevelts hegte Eleanor die Erwartung und
vielleicht auch den Wunsch, sich in ihr geliebtes Dutchess
County zurückzuziehen und ein Privatleben fern der Öffentlichkeit zu führen, in das gelegentliche Auslandsreisen und
regelmäßige Ferien mit Kindern und Großkindern willkom-
mene Abwechslung brachten. Einem Reporter sagte sie, „die
Geschichte (sei) … zu Ende", und wie Henry Morgenthau jr.
berichtete, fragte sie sich, „ob irgend jemand Interesse daran
haben werde, die Witwe des Präsidenten anzuhören".
Bereits ihre Aufgabe als Frau des Präsidenten hatte Eleanor
vorausblickend falsch eingeschätzt, und auch jetzt befand
sie sich im Irrtum darüber, welche Rolle und welcher Einfluß
ihr in den letzten siebzehn Jahren ihres Lebens zufallen
würde.
    Etwa um dieselbe Zeit, als George Marshall den Ruhe-
stand aufgab, um seine Mission in Fernost zu beginnen,
wurde Eleanor Roosevelt von Präsident Truman gebeten,
der ersten UNO-Delegation der Vereinigten Staaten beizu-
treten. Für die einzige Frau der Delegation bedeutete die
Wahl ebensosehr eine Auszeichnung wie eine Herausforderung. „Wenn es mir nicht gelänge, nützliche Arbeit zu lei-

sten," bemerkte sie dazu, „würde es nicht einfach heißen, ich persönlich hätte versagt, sondern die Frauen hätten versagt, und damit wären ihre Aussichten, in öffentliche Ämter zu gelangen, für die nächste Zukunft auf ein Minimum geschrumpft." Roosevelt versah ihr Amt, das sie während der Präsidentschaft Trumans und Kennedys innehatte, mit Erfolg und erwies sich als robuste Verhandlungspartnerin, die mehr als einmal mit Andrej Vyschinskij, dem furchteinflößenden Delegierten der Sowjetunion, die Klingen kreuzte. Bemerkenswert war ihre Arbeit in der Kommission für Menschenrechte, wo sie sich unermüdlich für eine Deklaration der Menschenrechte einsetzte. Ihre Bemühungen wurden gewürdigt, als „Delegierte sich von ihren Plätzen erhoben, um die Frau mit einer Ovation zu ehren, die mehr als jeder andere Mensch weltweit zum Symbol für die Sache der Menschenrechte geworden war".

Auch außerhalb ihrer offiziellen Funktion trat sie mit zahlreichen Anliegen an die Öffentlichkeit. Sie war regelmäßig in den Medien vertreten, und zu ihren langjährigen Beiträgen in Rundfunk und Presse kam nun noch das Fernsehen. Sie ging weder den Kontroversen um die Anerkennung des Staates Israel noch der hysterischen Angst vor der ‚roten Gefahr' aus dem Weg, die in den späten vierziger und frühen fünfziger Jahren das Land ergriff. Über brisante Themen dieser Art führte sie öffentliche Auseinandersetzungen mit dem konservativen New Yorker Kardinal Spellman und mit dem ultrarechten Kolumnisten Westbrook Pegler. Der Historiker William Chafe berichtet von langen Briefen an Präsident Truman: „Sie bat die Regierung inständig, sich nachdrücklich für die Bürgerrechte einzusetzen, den Ausschuß für gerechte Arbeitsbedingungen (*Fair Employment Practices Committee*) beizubehalten, eine Außenpolitik zu

führen, die die Bedürfnisse anderer Nationen berücksichtigte, und auf ein politisches System für die Welt hinzuarbeiten,
in der Atombomben nicht länger als Trumpfkarten im internationalen Verhandlungspoker eingesetzt wurden." Diese
Themen beschäftigten zwar nicht sie allein, gerade auch liberale Denker wie Robert Maynard Hutchins teilten ihre Vorstellungen und Besorgnisse. Doch Roosevelts Bekanntheit,
verbunden mit ihrer evidenten Glaubwürdigkeit, ihrer Hartnäckigkeit und politischen Erfahrung, machten sie zu einer
wirkungsvollen direkten Führungspersönlichkeit.

Wie die Eleanor der zwanziger Jahre engagierte sich die
frühere First Lady auf städtischer, bundesstaatlicher und
nationaler Ebene intensiv in demokratischer Parteipolitik.
Sie war informiert, hochgeachtet und nahm innersten Anteil
daran, wer die Partei und das Land führte. Ihr Verhältnis zu
Präsident Truman, der in wiederholte Kämpfe mit den Führern der New Yorker Parteizentrale verstrickt war, hatte
seine Höhen und Tiefen. Sie ging auf Distanz zum früheren
Vizepräsidenten Henry Wallace, bekundete eine Abneigung
gegen Eisenhower und Nixon und anfängliche Skepsis
gegenüber John F. Kennedy. Sie war äußerst präsent als einflußreiches Mitglied (und Hauptgeldgeberin) der damals
aktiven Reformgruppe „Amerikaner für demokratische
Aktionen" *(Americans for Democratic Action)*. Zahlreiche
politisch Tätige erbaten sich ihren Rat und ihre Vermittlung – sie wirkte zweifellos als *elder stateswoman*, wenn
nicht als Gewissen ihrer Partei.

Im Mittelpunkt des politischen Lebens von Eleanor
Roosevelt stand nach dem Zweiten Weltkrieg der Gouver-
neur von Illinois, Adlai Stevenson, den sie bei seiner ersten
Präsidentschaftskandidatur im Jahr 1952 unterstützte, vier
Jahre später erneut mit allen Kräften förderte und 1960 zum

dritten Mal als Präsidentschaftskandidaten ins Rennen zu schicken versuchte. Sie schätzte Stevensons politischen Stil, und seine global orientierten Ideen im Geiste des New Deal waren ein Programm nach ihrem Herzen. Die politische Leidenschaft, die Eleanor für den Patriziersproß und Groton-Princeton-Absolventen Stevenson an den Tag legte, steht in bemerkenswertem Kontrast zu ihrem distanzierten Urteil über die Kandidatur des Patriziersprosses und Groton-Harvard-Absolventen Franklin Roosevelt.

Nach dem Tod ihres Mannes widmete sich Eleanor Roosevelt ungeteilt der Verkündigung und Verkörperung der wichtigsten Botschaften ihrer früheren Jahre. Neu war dabei erstens die Möglichkeit, im eigenen Namen zu sprechen, ohne abwägen zu müssen, welche Folgen ihre Worte für die Karriere des Präsidenten haben könnten. Ein weiterer Unterschied war ihre verstärkte Hinwendung zur Weltpolitik. In der Spätphase ihrer Karriere wurde in der Tat eine deutliche Interessenverschiebung bemerkbar: Sie wandte sich einem weit größeren Publikum zu und griff neben nationalen auch globale Probleme auf. Sie sprach weiterhin über die Rolle der Frauen in der Politik, über die Notwendigkeit fortschrittlicher politischer Maßnahmen und die Verpflichtung, den Benachteiligten zu Hilfe zu kommen, äußerte sich aber auch zu neuen Fragen wie der Abrüstung oder zum Problem von Armut und Hunger in weiten Teilen der Welt. Wie bereits in der Zeit der Roosevelt-Administration war sie ein Dorn im Fleisch der weniger wagemutigen Politiker und der Verteidiger des Status quo.

Nach ihrem fünfundsiebzigsten Geburtstag nahm ihre Energie ab. Sie starb nach längerer Krankheit im Herbst 1962. Bis zum Ende blieb sie das sichtbarste Symbol des New Deal und stand in mancherlei Hinsicht für die Hinterlassenschaft ihres Mannes. Adlai Stevenson, der politische Freund und Vertraute, sprach vemutlich vielen seiner Landsleute aus dem Herzen, als er bei einem Gedenkgottesdienst die Frage stellte: „Welcher Mensch hat das Dasein so vieler Mitbürger berührt und verändert? Gibt es einen besseren Maßstab für die Wirkung eines Menschenlebens?" Der Kolumnist Raymond Clapper nannte sie ohne rhetorische Umschweife „die einflußreichste Frau unserer Zeit".

Führungspersönlichkeiten treten in mancherlei Gestalt auf und wirken auf unterschiedliche Weise. Roosevelt ging der Übernahme staatlicher Ämter aus dem Weg. Man legte ihr einige Male nahe, für ein öffentliches Amt zu kandidieren, doch sie lehnte stets ab, konnte also nie offizielle Befehlsgewalt oder Autorität ausüben. Ihr Einfluß auf die Zeitgenossen ging ganz aus der Überzeugungskraft ihrer Worte und aus der Botschaft hervor, die sie im eigenen Leben verkörperte.

Eleanor Roosevelts bleibende Wirkung beruht meines Erachtens auf drei Botschaften, die sie sowohl vorlebte wie auch programmatisch verkündete. Die Frau aus privilegiertem, wohlhabendem Haus erschien ihren Zeitgenossen als Person von biederem Durchschnitt, die in ihrem Aussehen, ihrer Kleidung und – sieht man von der eigenartig hohen Stimme ab – in ihrer Sprache ein unscheinbares Mittelmaß verkörperte. Sie hatte sich gegen die Erwartungen durchzusetzen, daß zur herausgehobenen Führungsrolle auch ein adäquates Erscheinungsbild gehört, und überzeugte die Menschen davon, daß jeder in der Lage ist, Einfluß auszuüben:

Wenn meine Lebensgeschichte irgendeinen Wert hat, so liegt er darin, zu zeigen, daß man auch ohne besondere Gaben scheinbar unüberwindliche Hindernisse bewältigen kann. ... Auch wenn besondere Talente fehlen, lassen sich Wege finden, ein reiches, erfülltes Leben zu führen. ... Ich besaß nur drei Vorzüge: ich war neugierig, nahm jede Herausforderung und Gelegenheit wahr, mehr zu lernen, und hatte viel Energie und Selbstdisziplin.

An anderer Stelle erklärte sie: „Ich glaube fest daran, daß auch wenige Leute eine wichtige Hilfe sein können, wenn sie willens sind, zu verstehen und zu helfen, und nicht nur für einen kleinen Kreis, sondern für viele Leute das Richtige zu tun."

Nirgends wurde diese Einheit von Ungewöhnlichkeit und Durchschnitt so sichtbar wie in Roosevelts Kolumne „Mein Tag", die sechsundzwanzig Jahre lang täglich erschien. Der Entwurf des Textes gehörte zu ihrem Tagesprogramm, von dem sie nur einmal, nach dem Tod ihres Mannes, für vier Tage abwich. Der Inhalt war oft belanglos – sie schilderte ihre ersten Eindrücke von einer Stadt, eine ereignislose Konferenz oder alltägliche Erlebnisse aus dem Familien- und Freundeskreis. Viele Gedanken waren schlicht und wenig originell und wurden im Lauf der Zeit unübersehbar banal. Verstreut fanden sich Berichte über faszinierende Begegnungen mit den berühmten und den berüchtigten Großen der Welt, aber auch treffende und ebenso bedenkenswerte wie kontroverse Überlegungen zu zentralen Fragen. Die Artikel waren auf ihre Art individuell, von der Persönlichkeit und gesellschaftlichen Position Eleanor Roosevelts geprägt und aus dem sichtlich aufrichtigen Wunsch heraus verfaßt, für ihre Mitbürger einschließlich des Präsidenten Aufklärungsarbeit zu leisten.

Die Kolumne verschaffte ihrer Verfasserin unvergleichliche Möglichkeiten der Kommunikation mit ihrem Publikum. Sie erhielt viele Briefe, die sie oft persönlich oder auf dem Weg über ihre Artikel beantwortete. Während sie einerseits auf Probleme aufmerksam machte und damit zur Meinungsbildung in der amerikanischen Bevölkerung beitrug, kamen ihr durch dieses ungewöhnliche ‚öffentliche Kolloquium' zweifellos auch neue Themen zur Kenntnis, die sich in ihren Botschaften niederschlugen. Eleanors Fähigkeit, zuzuhören, zu beobachten und zu lernen, hat ihren persönlichen Wachstumsprozeß von Jugend an erleichtert. Nicht umsonst nannte ihr Mann sie seine „Augen und Ohren".

Das Bild Roosevelts als des Besonderen im Gewand des Alltäglichen wird von anderen bestätigt. Der Leitartikler Bruce Bliven schrieb in der *New Republic*: „Mir scheint, das Land findet Gefallen an der Persönlichkeit, als die sich Mrs. Roosevelt in ihrer Kolumne zu erkennen gibt – freundlich, unprätentiös, von unerschöpflicher Vitalität, interessiert an Menschen aller Art und von dem Wunsch nach ihrem Wohlergehen beseelt." Ein Fischer aus Gloucester faßte die Wirkung Roosevelts so zusammen: „Sie ist nicht aufgetakelt und hat keine Angst, den Mund aufzumachen."

Durch ihre Lebensweise gab sie außerdem der innovativen Botschaft Ausdruck, daß unabhängiges Denken und Handeln einer Frau keine rebellische Herausforderung zu sein braucht, die das Volk in die Defensive treibt. Sie mußte sich mit einigen Äußerungen und Überzeugungen im Lauf ihrer langjährigen Karriere wiederholt Kritik gefallen lassen; ihre Lebensführung jedoch, ihr Respekt vor den Menschen (darunter die Mitglieder einer großen und nicht immer einfachen Familie) und ihre Sensibilität für Fragen, die die Zeitgenossen bewegten, machten aus manchem Skeptiker einen Anhänger, mindestens aber einen toleranteren Kritiker.

Als einschlägiges Thema der Führerinnen und Führer

nichtdominanter Gruppen kann eine letzte Botschaft Roosevelts gelten: man sollte sich darum bemühen, den weniger vom Glück Begünstigten zu helfen. Ihre Teilnahme am Leben der Mitmenschen war echt. Das Schicksal der Armen, der Marginalisierten und Rechtlosen – der Schwarzen, der Bevölkerung der Dritten Welt, der Jugendlichen, der Juden und der Frauen – bewegte sie vor allem, eine Einstellung, die ihr nicht in die Wiege gelegt wurde. Gesellschaftlicher Dünkel war der amerikanischen Oberschicht nicht fremd, und manche von Vorurteilen geprägten Kommentare aus ihren frühen Jahren verraten ihre Herkunft. Auch konnte sie nie als glaubwürdiges Sprachrohr der Armen gelten. Allem, was sie dazu äußerte, hing unvermeidlich eine Spur von Herablassung an. Doch ihr stets waches Ohr für die Botschaften anderer befähigten sie dazu, den Kastengeist ihres Kreises und die Gegengeschichten ihrer Zeit zu überwinden und als Anwalt für alle aufzutreten, die ihre Sache nicht aus eigener Kraft verfechten konnten. Ihre Einsichten wurzelten in eigenen Erfahrungen. Ein Beobachter stellte fest: „Aus den überstandenen persönlichen Katastrophen hatte sie gelernt, daß Zeiten der Belastung und Gefährdung zwar lähmen und zerstören, aber auch befreien und stärken können. ... Von sentimentalen Predigten unterschieden sich solche Appelle an Güte und Altruismus durch das grundlegende psychologische Verständnis. "

Die Fähigkeit, aus Erfahrungen zu lernen, ist für alle Führer von größter Bedeutung, vor allem dann, wenn Rollenvorbilder und organisierte Unterstützung weitgehend fehlen. Anders als Führer von Institutionen wie George Marshall oder Papst Johannes XXIII. war Roosevelt buchstäblich in einer Position, die sie zwang, sich selbst zu erfinden und neue Geschichten zu entwerfen. Das konnte sie nur, wenn sie die Bedeutung ihrer Alltagserfahrungen zu entziffern versuchte, wenn sie im Auge behielt, wie andere auf ihre Äußerungen und Handlungen reagierten, und ihren Lernprozeß öffentlich machte. Es wurde bereits gesagt, daß sie sich mehrere Male neu definieren mußte. Die Amerikaner honorierten die Entwicklung, die die First Lady seit ihren nicht vorurteilsfreien Anfängen im Kreis der Oberschichten Neuenglands durchlaufen hatte, eine Entwicklung, die es ihr ermöglichte, neue Gruppen, Themen und Ereignisse dem ihnen eigenen Wert gemäß zu behandeln. Ihr Beispiel ermutigte viele dazu, dieselben Schritte der Annäherung zu wagen.

Sie konnte in den Jahrzehnten zwischen 1930 und 1960 die öffentliche Meinung auf so ungewöhnliche Weise beeinflussen, weil ihre Mitbürger spürten, daß sie aufrichtig war, daß sie ein Leben der Nächstenliebe führte und einen Menschen aufgrund seiner persönlichen Qualitäten schätzte, und nicht seiner sozialen Stellung wegen. Sie predigte nicht nur, sie löste ihre Worte ein. So trat sie aus der Organisation der *Daughters of the American Revolution* aus, als der Verein 1939 ein Konzert der schwarzen Altistin Marian Anderson in der *Constitution Hall* verhindern wollte. In seiner Gedenkrede führte Stevenson aus: „In die Slums und Ghettos der Welt kam sie nicht, um die Verhältnisse zu untersuchen ... sie ging als eine, die nicht zufrieden sein kann, solange andere hungern." Ein Historiker hielt fest: „Unzählige Male beantwortete sie einen Hilfsappell mit einem feinfühligen Brief, mit der Aufforderung an ein Bundesamt, sich der Sache anzunehmen, oder auch mit einem persönlichen Scheck. ... [Sie] ließ sich mit Wärme und Herzlichkeit auch auf unbekannte Korrespondenten ein, die Eleanor Roosevelts Bereitschaft spürten, sich ihren Nöten zu öffnen."

Sie neigte zum Moralisieren und fiel instinktiv in die Rolle der Lehrerin, gelegentlich auch Predigerin, doch ihre Beziehungen zu anderen Menschen waren lauter und ohne jede Frömmelei. Eine oft erzählte, möglicherweise nicht authentische Episode illustriert ihr emotionales Verhältnis zur Mitwelt. Auf einer ihrer Reisen in die Kriegsgebiete aß sie mit einigen Matrosen in der Schiffsmesse, als einem unbesonnenen Jüngling ein Vulgärausdruck entfuhr. In das betretene Schweigen sagte sie: „Haben Sie nicht gehört – geben Sie ihm das Scheißsalz rüber!"

Soziale Offenheit und Inklusion sind das Merkmal von Eleanor Roosevelts Kerngeschichten, die sich über soziale und nationale Grenzen hinaus an größere Gruppen der menschlichen Gemeinschaft richteten. In ihren Schlüsselbotschaften machte sie deutlich, daß man keine herausragenden Talente brauche, um andere zu inspirieren; man konnte seiner traditionellen gesellschaftlichen Rolle treu bleiben und dennoch eigene Gedanken und Einstellungen vertreten; man konnte – und mußte – aus seinen Irrtümern und den Vorurteilen seiner Gesellschaftsschicht lernen, und die vom Schicksal Begünstigten waren verpflichtet, den Benachteiligten zu Hilfe zu kommen. Mit ihren Attacken auf Eigennutz und Engstirnigkeit appellierte Roosevelt an die großzügigen Seiten ihrer Landsleute und weckte häufig ein positives Echo. Mancher Amerikaner mochte sich durch diesen Angriff auf einen schrankenlosen Individualismus beleidigt fühlen, und einige ihrer Landsleute, wie Präsident Dwight D. Eisenhower, empfanden ihre Äußerungen und Anschauungen manchmal tatsächlich als bedrohlich und kränkend. Dafür jedoch wurde die Botschaft, daß Amerika sich in einem wesentlichen Sinn als Teil der Weltgemeinschaft versteht, von zahlreichen Menschen an anderen Orten der Welt um so höher geschätzt.

Ein Jahr nach Eleanor Roosevelts Tod veröffentlichte die Schriftstellerin und Aktivistin Betty Friedan ihr Buch *The Feminine Mystique (dt. Der Weiblichkeitswahn, 1964)*, das oft als Startschuß des modernen Feminismus betrachtet wird. Suchte man nach einer Persönlichkeit, die innerhalb der Frauenbewegung dieselbe Rolle gespielt hat wie Martin Luther King jr. in der Gemeinschaft der Afroamerikaner, würde man vermutlich nicht Eleanor Roosevelt nennen, sondern nach Gestalten aus jüngerer Zeit Ausschau halten. Roosevelt hatte nur langsam zu feministischen Anliegen gefunden, auch zu solchen, die wie das Frauenstimmrecht im Rückblick als relativ unumstritten erscheinen. Viele ihrer Auffassungen über Rolle und Psyche der Frau sind heute überholt und galten schon zu ihrer Zeit als fraglich.

Trotz dieser Bedenken halte ich es für berechtigt, Eleanor Roosevelt neben Margaret Mead und Margaret Thatcher zu den Frauen zu zählen, die bei der Bildung des weiblichen Bewußtseins (und des neuen männlichen Bewußtseins von der Frau), die im zwanzigsten Jahrhundert in vielen Ländern zu beobachten ist, eine entscheidende Rolle gespielt haben. Roosevelt sprach zu Frauen und über Frauen, und was sie zu sagen hatte, erschien ihrem Publikum bedeutungsvoll. Sie sprach über Aspekte der Führung und erklärte: „Frauen, die führen wollen, müssen sich exponieren und erwarten, unter Beschuß zu geraten. Immer mehr Frauen werden es tun und sollten es immer mehr tun. … Jede Politikerin braucht eine Haut wie ein Rhinozeros." In ihren Versuchen, die Rolle der Ehefrau und Mutter mit einem unabhängigen Denken, einem ungebundenen Geist und eigenen Karriereinteressen zu verbinden, hat sie ein Beispiel gesetzt, das auch heute noch schwerlich zu übertreffen ist.

11

Martin Luther King jr.:
Führung in einer Zeit schnellen Wandels

UPI/Bettmann

Ein großer Führer muß ein Erzieher sein, der die Kluft zwischen dem Zukunftsentwurf und dem Altbekannten überbrückt. Er muß aber auch bereit sein, alleine zu gehen, um seine Gesellschaft dazu zu befähigen, den Weg einzuschlagen, den er gewählt hat.

Henry Kissinger

Michael King wurde als Sohn eines angesehenen Baptistengeistlichen 1929 in Atlanta geboren. Wie im Vorgriff auf kommende Ereignisse beschloß sein Vater 1934, nach einer Reise in mehrere europäische Länder und in den Mittleren Osten, die seine kühnsten Erwartungen überstieg, sich selbst und seinen Sohn fortan Martin Luther King zu nennen. Das Leben des jungen Martin hatte seine Höhen und Tiefen. King sr. hatte keine Bedenken, Schläge als Erziehungsmittel einzusetzen, und es scheint, daß der Junge zweimal versuchte, sich das Leben zu nehmen. Doch in markantem, fast paradoxem Gegensatz zu einer privilegierten Eleanor Roosevelt aus großbürgerlichem Haus sprach Martin Luther King jr. rückblickend von einer geborgenen Kindheit: „Die ersten fünfundzwanzig Jahre meines Lebens waren eine sehr glückliche, behütete Zeit. Nichts bereitete mir Sorgen. ... Die Schule konnte ich ohne Unterbrechung hinter mich bringen; ich brauchte nie, zum Beispiel um zu arbeiten, vorübergehend auszusteigen."

Der junge King war ein guter Schüler. Mit fünfzehn trat er ins *Morehouse College* ein, eine traditionelle Bildungsanstalt für Schwarze* in Atlanta, und absolvierte einen Son-

---

* Ich benutze in diesem Kapitel das Wort *Schwarze (blacks)* und gelegentlich auch das Wort *Neger (negroes)*, weil beide Wörter zu Kings Zeit allgemein gebräuchlich waren.

derstudiengang für Begabte. Nachdem er vorübergehend mit dem Gedanken gespielt hatte, Jura oder Medizin zu studieren, entschloß er sich, der Familientradition zu folgen und Geistlicher zu werden. Er studierte zunächst an einem theologischen Seminar *(Crozier Theological Seminary)* in Pennsylvania, das er 1951 als Magister der Theologie verließ, und setzte seine Ausbildung an der Universität Boston fort, wo er 1955 promovierte. Er hatte die Werke der führenden protestantischen Theologen seiner Zeit studiert, darunter Paul Tillich, Reinhold Niebuhr und Walter Rauschenbusch, und war zum ersten Mal auf die Schriften Gandhis und auf kritische Untersuchungen des amerikanischen Kapitalismus gestoßen. Noch hatten sich seine Ansichten nicht zu einem kohärenten Weltbild verfestigt, doch interessierte ihn bereits das Verhältnis zwischen der Beziehung des Menschen zu Gott und seinen sozialen Verpflichtungen. Daneben versuchte er, seine persönlichen Erfahrungen als Angehöriger der traditionellen, von starker Emotionalität getragenen schwarzen Kirche mit den schwer verständlichen Gedanken der jüngeren protestantischen Theologie zu vereinbaren.

Der gut aussehende junge King war ein begabter Redner und bewegte sich mühelos in den verschiedensten Gesellschaftsschichten. Seine baldige Berufung an eine bedeutende Gemeinde schien sicher. Der berufliche Aufstieg begann 1954 mit dem Antritt einer Pfarrstelle an der *Dexter Avenue Baptist Church* in Montgomery, Alabama.

Der dramatische Vorfall, der sich am 1. Dezember 1955 in Montgomery ereignete, dürfte King nicht weniger unvorbereitet getroffen haben als das übrige Amerika. Rosa Parks, eine gut beleumundete schwarze Näherin, weigerte sich, ihren Sitzplatz im Bus auf Aufforderung des Chauffeurs einem Weißen zu überlassen. Parks wurde festgenommen und angeklagt, gegen die Rassentrennungsverordnung der Stadt verstoßen zu haben. Im Jahr zuvor hatte das Oberste Bundesgericht im Fall Brown gegen die Erziehungsbehörde *(Board of Education)* in Topeka, Kansas, sein epochemachendes Desegregationsurteil gefällt und getrenntrassige Schulen verboten. Im Hinblick auf dieses Urteil beschlossen die Schwarzenführer und ihre weißen Helfer, die Episode Parks zum Testfall zu machen. Innerhalb weniger Tage hatten sie einen Berufungsantrag eingereicht, einen Boykott der Autobusbetriebe von Montgomery organisiert, eine neue Organisation mit dem Namen *Montgomery Improvement Association* (Vereinigung für ein besseres Montgomery) gegründet und auf Vorschlag von Kings Amtsbruder Ralph Abernathy den jungen Pfarrer zu ihrem ersten Präsidenten gemacht.

Die Frage, was bestimmte junge Menschen zu Führungsrollen prädestiniert, hatte sich bereits in früheren Kapiteln gestellt. In einigen Fällen – Robert Maynard Hutchins und J. Robert Oppenheimer gehören dazu – ist die geistige Frühreife des Kandidaten offensichtlich. Auch die Bereitschaft, sich ohne Rücksicht auf die möglichen Folgen mit Autoritätspersonen auseinanderzusetzen, kann, wie im Fall George Marshalls, den künftigen Führer kenntlich machen. Auf King fiel die Wahl zur Führung der neu gegründeten *Montgomery Improvement Association* vermutlich aus mehreren Gründen. Von ihm, dem gebildeten und redegewandten jungen Mann, ließ sich erwarten, daß er der Sache Anhänger gewann und der Opposition gegen den Boykott Boden entzog. Seine Stellung als Pfarrer einer relativ wohlhabenden Gemeinde konnte ihm Unterstützung aus den Reihen der traditionell konservativ eingestellten Geistlichkeit sichern. Er brachte den weiteren Vorteil mit, daß er als Neubürger in der Kommune nicht in frühere politische Kontroversen verwickelt war, die das Publikum, das er ansprechen mußte, vielleicht polarisiert hatten. Und schließlich drohten ihm, wenn der Boykott fehlschlagen sollte, weniger harte Konsequenzen als den bekannten Aktivisten.

Am Abend nach seiner Wahl zum Präsidenten sollte King zu den Tausenden von Schwarzen sprechen, die sich an dem Boykott beteiligten. Er hatte wenig Zeit, die Rede vorzubereiten, und seine Äußerungen scheinen nicht auf hastig gesammelten Ad-hoc-Einfällen zu beruhen, sondern auf Gedanken, die seit längerer Zeit in ihm gereift waren. King begann seine Rede mit der Festellung, daß alle Versammelten amerikanische Bürger und als solche befugt waren, sämtliche ihnen zustehenden Rechte auszuüben. Der besondere Zweck der Versammlung sei jedoch der Busboykott. Er faßte die Ereignisse zusammen und schilderte Parks als integren Menschen und gute Christin. Die Menge reagierte und bestätigte seine Ausführungen mit einstimmigen Zurufen.

King kam rhetorisch in Fahrt, als er erklärte, daß Geduld dem Protest weichen müsse: „Und ihr wißt, meine Freunde, es kommt eine Zeit, da werden die Menschen es müde, von den eisernen Füßen der Unterdrückung getreten zu werden." Das Echo der Menge war laut, anhaltend und zustimmend. Demselben Rhythmus folgend, fuhr er fort: „Es kommt eine Zeit, da werden die Menschen es müde, aus dem Sommer des Lebens und seinem Sonnengefunkel in die Kälte des Bergwinters verstoßen zu werden. Wir sind hier, weil wir es müde sind." Er erklärte, der Boykott sei kein Aufruf zur Gewalttätigkeit und ihre einzige Waffe der Protest. Er sprach von der unauflösbaren Einheit der Nächstenliebe und der Gerechtigkeit. Auf den Höhepunkt seiner Rede zusteuernd, rief er: „Was wir tun, ist kein Unrecht. ... Wenn wir im

Unrecht sind, ist es der höchste Gerichtshof dieses Landes. … Wenn wir im Unrecht sind, ist Gott selbst im Unrecht." Die Begeisterung der Menge kannte keine Grenzen.

Taylor Branch, der Biograph Martin Luther Kings, schilderte die Ereignisse:

Der Boykott war angelaufen. King überlegte sich jeden Schritt genau, aber seine Rede hatte ihn bereits zur öffentlichen Person gemacht. In den wenigen Minuten seiner ersten politischen Ansprache war eine unwiderstehliche kommunikative Kraft von ihm ausgegangen, die Fremde in Bann zog, von denen er, wie es das Schicksal aller Propheten ist, geliebt und verunglimpft wurde.

Der erfolgreiche Auftritt vor Tausenden seiner Mitbürger war für King ohne Zweifel ein Schlüsselerlebnis. Er hatte bereits die Erfahrung gemacht, daß er eine Rede oder Predigt schreiben und seiner Gemeinde wirkungsvoll vortragen konnte. Aber er hatte noch nie einer so großen Menschenmenge so unzureichend vorbereitet gegenübergestanden, und war noch nie in eine politische Auseinandersetzung verwickelt gewesen, bei der so viel auf dem Spiel stand. Rückblickend bemerkte er: „Zum ersten Mal verstand ich, was die älteren [Prediger] meinten, wenn sie sagten: ‚Öffne deinen Mund, und Gott wird für dich sprechen.'"

In Abwandlung des bekannten Ausspruchs von Pasteur möchte ich für solche Fälle geltend machen, daß der Zufall den begünstigt, dessen *Zunge* gut vorbereitet ist. Wohl hatte sich King in einer für ihn neuen Situation bewähren müssen, doch er war mit der Bibel und anderen religiösen Schriften und mit wichtigen Quellentexten der amerikanischen Geschichte vertraut. Er hatte Hunderte, wenn nicht Tausende von Predigten gehört und ihre Themen und ihre Tonart in sich aufgenommen. Ob er in der Lage sein würde, diese

Erfahrungen zu einer wirkungsvollen Darbietung zu verschmelzen, ließ sich nicht voraussagen, und darum ging er mit seiner Rede vor den Teilnehmern des Boykotts von Montgomery ein hohes Risiko ein. Ohne diese Bildungserfahrungen hätte es jedoch eines Wunders bedurft, um King den Erfolg jenes Dezemberabends zu ermöglichen.

King schlug den Weg ein, dem er bis zu seinem Lebensende folgen würde. Der junge Pfarrer, der bisher wie andere seinesgleichen nichts anderes erhofft hatte, als in einer Pfarrstelle oder als Universitätslehrer sein Glück zu machen, war bereitwillig oder widerstrebend in eine Führungsposition katapultiert worden und sah sich den Erwartungen eines Publikums gegenüber, das Orientierung und Inspiration verlangte. Er wiederum mußte seine Zuhörer beobachten, um einschätzen zu können, welche seiner Worte und Taten die gewünschten Folgen hatten. Fast ein Jahr lang wirkte er als Führer von fünfzigtausend Schwarzen, die am Busboykott von Montgomery teilnahmen, um bessere Anstellungsbedingungen und eine rücksichtsvollere Behandlung durch ihre weißen Mitbürger zu erreichen.

Als die verantwortlichen Behörden beschlossen, den Boykott zu brechen und Verhaftungen wegen formeller Gesetzwidrigkeiten vornahmen, wurde King als erster in Arrest genommen. Nach wenigen Stunden freigelassen, erlebte er kurz darauf die nächste Krise, als auf sein Haus ein Bombenanschlag verübt wurde. Seinen Anhängern erklärte er: „Ich habe diesen Boykott nicht begonnen. ... Ich möchte, daß sich das Land darüber im klaren ist, daß die Bewegung auch ohne meine Beteiligung weiterleben wird. ... Bringt mich um, aber macht euch bewußt, daß ihr noch fünfzigtausend andere umbringen müßt." Die Erfahrung, Zielscheibe von Vertretern staatlicher Autorität zu sein, stärkte Kings Entschlossenheit. Aus tastenden Herausforderungen wurde offene Rebellion. 1956 wurde er wegen Verletzung eines aus dem Jahr 1921 stammenden Boykottverbots festgenommen. Er versicherte seinen Anhängern: „Diese Verurteilung und alle weiteren, die sie mir aufbürden können, werden mich nicht um ein Jota von meinem Ziel abbringen."

Kings Anstrengungen wurden belohnt, als der Oberste Gerichtshof entschied, daß die Gesetze des Staates Alabama über die Rassentrennung in öffentlichen Verkehrsmitteln gegen die Verfassung verstießen. Die schwarzen Bürger Atlantas jubelten, und Kings Rolle fand landesweit Anerkennung. 1957 erschien sein Foto auf dem Titelblatt der *Time*. Es war ein kluger und kennzeichnender Schachzug, daß King den Gerichtsspruch als Sieg nicht nur für die schwarze Bevölkerung, sondern für alle Amerikaner bezeichnete. King versuchte in dieser Zeit, die Ereignisse des vergangenen Jahres zu überdenken, und formulierte eine Reihe von Lektionen für den ‚neuen Neger':

1. Wir können zusammenhalten;
2. Unsere Führer verkaufen uns nicht;
3. Drohungen und Gewalt wirken nicht unbedingt einschüchternd auf Menschen, die ausreichend stimuliert und zum Verzicht auf Gewalttätigkeit entschlossen sind;
4. Unsere Kirche wird militant;
5. Wir glauben an uns – „Seit Montgomery bin ich stolz darauf, ein Neger zu sein";
6. Unser Kampf richtet sich auch gegen die Wirtschaft;
7. Wir haben eine neue, mächtige Waffe entdeckt – den gewaltlosen Widerstand;

8. Wir wissen, daß der Neger der Südstaaten politisch und
moralisch mündig geworden ist.

Nach einem Seitenhieb auf William Faulkner, der die
Schwarzen aufgefordert hatte, „jetzt mal eine Weile Frieden
zu geben", schloß King mit den Sätzen: „Wir wollen nicht
den Triumph über die weiße Bevölkerung. ... Wenn es uns
gelingt, gewaltlos zu sein in Worten und Taten, wird eine
Gesellschaft ohne Rassengrenzen entstehen, deren Grundlage die Freiheit für alle ist."

Kings Feststellungen scheinen wenig spektakulär, doch die
Einfachheit dieser Liste trügt. Der junge Pfarrer unternahm
es, für die Schwarzen der Südstaaten zu sprechen und zu
einem neuen Selbstverständnis der Gemeinschaft beizutragen. Mit einem Komplex eng verzahnter Identitätsgeschichten gab er ihnen zu verstehen, wer sie waren, was sie erwarten konnten und welche Mittel es gab, diese Ziele zu
erreichen. Die Anweisungen waren überdies aus dem Stoff
realer Vorgänge wie den dramatischen Ereignissen des Bus-
boykotts abgeleitet. Im Zentrum dieses Geflechts narrativer
Belehrung stand das Problem der Gewaltlosigkeit. Er räumte ein, daß andere möglicherweise nicht auf Gewalt verzichten würden und daß sogar die Kirche militanter werden
müsse; gleichzeitig aber vertrat er die Methode des gewaltlosen Widerstandes und verwies darauf, daß man offensichtlich auch mit Hilfe der taktischen Kunstgriffe, die sich
aus den täglichen Reibereien der Aktionen von Montgomery
zum Teil absichtslos entwickelt hatten, Ergebnisse erzielen
konnte. Diese Themen, die heute den meisten Amerikanern
vertraut sind, waren damals, als sie zum ersten Mal formuliert wurden, unzweifelhaft originell, wenn nicht utopisch.

In Kings programmatischen Thesen sind die Prozesse zu

erkennen, aus denen sich der erste Entwurf einer Identitätsgeschichte bildet. King identifizierte die Themen, die seine Zuhörer beschäftigten – Rasse, Gewalt, die Kirche, die ökonomische Situation –, und verwob sie zu einem zusammenhängenden Textganzen. Zu jedem einzelnen Punkt hatten die verschiedenen Akteure Fragen und Gegengeschichten vorzubringen: Konnte man die Schwarzen als kohärente Gruppe betrachten? Konnte die Kirche einen Rollenwandel durchmachen? Was war der Preis der Gewaltlosigkeit und der Gewalt? King ging nicht über diese Bedenken hinweg, noch leugnete er ihre Berechtigung. Er griff sie auf und fand Antworten, die seinen unmittelbaren Adressaten und anderen, beiläufigen Zuhörerkreisen sinnvoll erschienen.

Nachdem King bei der Einführung der neuen Form des militanten sozialen Protests in der Schwarzengemeinschaft Montgomerys zum ersten Mal in entscheidender Rolle an die Öffentlichkeit getreten war, verbrachte er die nächsten Jahre damit, seine Erfahrungen zu vertiefen und zu erweitern. Unter der Leitung des Bürgerrechtsaktivisten Bayard Rustin wurde aus seiner Bekanntschaft mit den Ideen Gandhis ein gründlicheres und differenzierteres Verständnis für die Prinzipien des gewaltlosen Widerstandes. Als Vorsitzender einer Bewegung für den gewaltlosen Widerstand gegen Diskriminierung und Rassenhetze, der neu gegründeten *Southern Christian Leadership Conference* (SCLC – Konferenz der Christlichen Führung des Südens) besuchte King Ghana und Indien, wo er mit den Premierministern Kwame Nkrumah und Jawaharlal Nehru zusammentraf. Diese Reisen hinterließen tiefe Spuren und gaben ihm die Möglichkeit, die politischen Organisationen der beiden Staatsführer aus unmittelbarer Nähe kennenzulernen.

King, der sich als Führer der nationalen Schwarzenbewegung verstand und von anderen in dieser Rolle gesehen wurde, wandte seine Aufmerksamkeit verstärkt auch Fällen von Menschenrechtsverletzungen zu. Er richtete ein scharfes Schreiben an Präsident Eisenhower, Vizepräsident Nixon und Justizminister Herbert Brownell. Er nahm weiter an „Aktionen" teil, zu denen jetzt Sit-ins in Imbißstuben gehörten, und verbrachte seine erste Nacht im Gefängnis. Auch die Bombendrohungen und andere Anschläge gingen weiter. In New York griff ihn eine geistesgestörte Frau mit dem Messer an. Seine Pfarrtätigkeit in Montgomery hatte er immer mehr reduziert, und 1960 siedelte er nach Atlanta über, wo er neben seinem Vater als Pfarrer der großen und einflußreichen *Ebenezer Baptist Church* wirkte. Bei seiner Rückkehr nach Atlanta kündigte er eine umfassender geplante Gleichstellungskampagne an, die nicht nur die Forderung nach Eintragung ins Wahlregister, sondern auch einen allgemeinen Angriff auf Diskriminierung und Rassentrennung einschließen sollte.

Während der entscheidenden Jahre seines Werdegangs zum nationalen Führer erarbeitete sich King ein detailliertes Programm, das in der Folge zur Grundlage seiner Ansprachen, seiner Schriften und seiner persönlichen Ausstrahlung wurde. In Kings neuer Botschaft lassen sich vier Hauptelemente unterscheiden.

Das erste war sein tief verwurzelter christlicher Glaube, der alles durchdringende Leitfaden seines Lebens. King war ein guter Bibelkenner; er identifizierte sich zutiefst mit dem Christentum, den Geschichten des Neuen und Alten Testaments, vor allem aber mit Christus, der, wie er sagte, die Welt mehr beeinflußt hat als jeder andere Mensch. Häufig bezog er sich auch auf Moses, der gegen die tyrannischen

Pharaonen seiner Zeit Protest erhob und forderte: „Laß mein Volk ziehen."

Ein zweites Element waren die Erfahrungen Kings mit der Kirche, namentlich mit den schwarzen Kirchen des Südens. Seit über hundert Jahren war die Kirche das Bollwerk aller Schwarzengemeinschaften in den amerikanischen Südstaaten, die einzige Institution, die über Macht und Glaubwürdigkeit verfügte. King stammte aus einer Pfarrerfamilie. Seine Vorfahren mütterlicher- und väterlicherseits waren Pfarrer gewesen, er war im Milieu der Kirche erzogen und spürte ihren Geist in seinen Adern. Die Kanzel war sein ureigenes Rednerpult und die Gemeinde sein ureigener Adressatenkreis. Auch wenn er in anderer Umgebung zu anderen Gruppen sprach, ließ sich der Pfarrer in ihm kaum verbergen.

Ein drittes Element bildeten die religiösen Ideen und Themen aus nichtchristlichen Glaubenstraditionen. Wie Papst Johannes XXIII. vertrat King eine Utopie der sozialen Inklusion und war offen für die verschiedensten intellektuellen und kulturellen Überlieferungen. Er kannte keine Berührungsängste, mochte es sich um Ideen und Angehörige des Islam, des Katholizismus, des Judentums oder fernöstlicher Religionen handeln. In der Zeit seiner zweiten Berufung erlebte er Gandhi als seinen stärksten religiösen Einfluß. Die Ideen des Inders über *satyagraha*, den Weg der Gewaltlosigkeit, schienen King wie vielen Zeitgenossen als das legitime und effektivste Mittel, mit dem benachteiligte Bevölkerungsgruppen ihre Ziele verfolgen konnten (vgl. Kapitel 14). Gandhi hatte gezeigt, wie sich die christliche Philosophie, die sich an den einzelnen in seinen Beziehungen zum Mitmenschen richtet, auf die Beziehungen zwischen Gruppen übertragen ließ. Ein Ausspruch Gandhis wurde für King zur

Inspiration: „Vielleicht werden es die Neger sein, die die unverfälschte Botschaft der Gewaltlosigkeit in die Welt tragen." Wenn auch der zeitraubende und häufig schmerzliche Weg der Gewaltlosigkeit King zuweilen bedrückte, er gab seinen überzeugten Glauben an die Vorbilder Christus und Gandhi nie auf.

So schwer die Mängel seines Landes wogen, den Prinzipien, auf denen die Gründung der Vereinigten Staaten beruhte, fühlte sich King zutiefst verpflichtet. Sie sind das vierte Element seines Programms. King kannte die Unabhängigkeitserklärung, die Verfassung und die *Bill of Rights*, die Proklamation der Sklavenbefreiung und die durchgehenden Themen und Motive der amerikanischen Geschichte. Wie der bekannte schwedische Sozialwissenschaftler Gunnar Myrdal betrachtete King das Elend der schwarzen Bevölkerung Amerikas als ein Problem besonderer Art, das nur im Zusammenwirken mit den gesellschaftlichen Kräften zu lösen sei. Er war sich über das Erbe im klaren, das die Sklaverei hinterlassen hatte, über die ambivalente Einstellung in Teilen der dominierenden weißen Bevölkerung und Reste rückwärts gewandten Denkens, über das offenbar nicht enden wollende Trauma der multirassischen Nation.

Diese vier Komponenten bestimmten die gesellschaftlichen Anschauungen Kings, die sich in den Jahren nach den Anfängen in Montgomery entwickelten. Sie knüpften an seine frühere Beschreibung schwarzer Identität an, ordneten sie jedoch in einen dichter strukturierten Zusammenhang ein. Mit einer Virtuosität, die an Margaret Meads Verwendung ihres enzyklopädischen Wissens erinnert, nutzte King die genannten Elemente in unzähligen Bezügen und Kombinationen – um den Besonderheiten einer bestimmten Situation gerecht zu werden, um aus Zuhörern engagierte und

tatkräftige Anhänger zu machen oder um aus der wechsel-
seitigen Verstärkung einzelner Momente eine noch überzeu-
gendere Geschichte zu gestalten. Er konnte zum Beispiel ein
Thema in christlicher Perspektive einführen und durch einen
Filter von Ereignissen aus der amerikanischen Geschichte
oder, wenn nötig, aus der Gegenwart brechen. Seine Wirkung
als Redner wuchs, es gelang ihm, die Gefühle seiner verschiedenen Adressatenkreise zu bewegen, von denen er seinerseits
Kenntnis nahm und nicht selten auch selbst bewegt wurde.

Als aufsteigender Führer einer nichtdominanten Gruppe
konnte King sich weder auf ein traditionelles Publikum noch
auf eine Institution stützen. Beides mußte neu gebildet und
wiederholt umgeformt werden, oft innerhalb kurzer Zeit.
King wurde diesen äußerst anspruchsvollen Aufgaben gerecht. Er lernte es, seine Worte wechselnden Situationen und
Gesprächspartnern anzupassen: seiner heimischen Gemeinde, einer fremden Gemeinde, einem sympathisierenden
Interviewer, einem feindseligen Reporter, den Zuschauern
einer Talk-show oder den Lesern eines Intelligenzblattes,
und er spürte, wann er zuhören mußte, wann Kompromiß-
bereitschaft und wann Unnachgiebigkeit am Platz war.

Anfänglich hatte King sich nach eigenem Bekunden dagegen gesträubt, zum Führer seiner Gemeinschaft zu werden.
Doch 1957 war er zu der Erkenntnis gelangt, daß die Entscheidung darüber, wie sein künftiges Leben zu gestalten sei,
nicht allein bei ihm lag. Sie war ihm von Kräften diktiert
worden, die sich seinem Willen entzogen. „Ich erkannte, daß
mir die Entscheidung aus der Hand genommen war. Die
Menschen erwarten Führung; man sieht, wie es mehr und
mehr werden, die sich an den Aktionen beteiligen, und
plötzlich weiß man – es gibt keine Wahl, man kann nicht
mehr entscheiden, ob man bleibt oder geht, man *muß* blei-

ben." Das Bild des historischen Namensvetters taucht auf, wenn er berichtet, was er im Jahr 1957 beim Gebet erlebte: „Ich hörte eine innere Stimme, die zu mir sagte: ‚Martin Luther, steh ein für das Recht. Steh ein für die Gerechtigkeit. Steh ein für die Wahrheit. Und siehe, ich werde mit dir sein.'" In der Abschiedspredigt an seine Gemeinde in Montgomery hatte er unter Tränen gesagt: „Ich kann nicht zurück. Die Geschichte hat mir etwas in den Weg gelegt, von dem ich mich nicht abwenden kann."

Schon 1960 stand King an der vordersten Front der Schwarzenführer Amerikas. Er hob sich markant von den bis dahin als zentral geltenden Persönlichkeiten ab. Die bekanntesten und am besten organisierten Gruppen, die *National Association for the Advancement of Colored People* (NAACP – Nationale Vereinigung zur Förderung der Farbigen) und die *Urban League* (Stadtliga) waren vergleichsweise konservative Gremien. Ihre Mittel kamen weitgehend aus der weißen Bevölkerung, und in ihrem Kampf für Veränderungn stützten sie sich hauptsächlich auf Musterprozesse und andere anerkannte rechtliche und soziale Verfahrenswege. Die großen protestantischen Organisationen wie die *National Baptist Convention* (Nationale Baptistenkonferenz) wirkten vornehmlich durch moralische Appelle. Einzelne prominente Persönlichkeiten der Schwarzengemeinschaft – der draufgängerische Kongeßabgeordnete Adam Clayton Powell, Jackie Robinson, der unaufhaltsame Angriffsspieler seines Baseballteams, und der gewinnende Künstler Harry Belafonte – waren eindrucksvolle Erscheinungen, doch ohne politische Breitenwirkung.

Kings SCLC ging auf Konfrontationskurs, ein Vorgehen, das bei einigen der älteren Gruppen auf wenig Beifall stieß.

Roy Wilkins von der NAACP zum Beispiel und J. H. Jackson von der *National Baptist Convention* betrachteten die SCLC als unbequeme Herausforderung ihrer bisher bevorzugten inoffensiven Protestmethode und als potentielle Bedrohung ihrer finanziellen Sicherheit, sei es durch Konkurrenz bei den Geldgebern oder durch generell nachteilige Auswirkungen für die Sache der Schwarzen. Die Geschichte der SCLC von der Strategie des direkten Konflikts konkurrierte mit ihren traditionelleren Geschichten vom allmählichen Wandel, Kompromiß und legalen Protest. Am wenigsten schrecken ließ sich vermutlich A. Philip Randolph, Präsident der *Brotherhood of Sleeping Car Porters* (Bruderschaft der Schlafwagenschaffner), der nicht nur über einen unangefochtenen Platz in der schwarzen Führungsspitze verfügte, sondern selbst aktive Konfrontationspolitik betrieben hatte, so vor allem in den frühen vierziger Jahren, als er gegen die Diskriminierung der Schwarzen bei der Stellenvergabe kämpfte.

Kings persönliche Ausstrahlung, die Aufmerksamkeit, die die Medien ihm und seiner Leistung als Führer des Schwarzen-Protests in den Südstaaten sowie seiner Organisation zukommen ließen, sorgten dafür, daß King und seine Bewegung bald im Rampenlicht der Öffentlichkeit standen. Kings Entwicklung zum Führer der Protestbewegung verschaffte der SCLC Unterstützung sowohl im finanziellen Bereich als auch bei der Durchführung ihrer verschiedenen Kampagnen. King war ferner in der Lage, Persönlichkeiten, die sonst unweigerlich miteinander in Konflikt geraten wären, nicht nur zur Mitarbeit, sondern auch zur Zusammenarbeit zu bewegen. Sein Charisma war entscheidend für das Überleben und die periodischen Erneuerungsschübe der SCLC. Doch King war kein Organisator und konnte den planeri-

schen Aspekten des Führens wenig abgewinnen. Machtkämpfe und eine aufreibende Anzahl von Auseinandersetzungen über den Einsatz von Geld und Personal ließen die
SCLC selten zur Ruhe kommen, und das Verhältnis Kings zu
den anderen Führern und Organisationen, die sich der Sache
der Schwarzen annahmen, gedieh über einen prekären Waf-
fenstillstand nie hinaus.

Kings Einfluß wuchs, und er kam mit zahlreichen wichtigen Persönlichkeiten und Gruppen des Landes ins Gespräch.
Das zeigte sich nie so deutlich wie im Oktober 1960, als er
aufgrund einer fingierten Anklage wegen Fahrens mit ungül-
tigem Fahrausweis festgenommen und im Hochsicherheits-
gefängnis von Reidsville im Staat Georgia inhaftiert wurde.
Der damalige Präsidentschaftskandidat John F. Kennedy
ging das bewußte Risiko ein, Kings Frau Coretta telefonisch
sein Bedauern über die Festnahme auszudrücken und ihr
seine Hilfe anzubieten. Dieser Anruf, der nicht einmal zwei
Minuten dauerte, sowie ein Telefongespräch seines Bruders
Robert Kennedy mit dem zuständigen Richter bewogen den
Republikaner Martin Luther King sr. dazu, seinen Einfluß
zugunsten Kennedys geltend zu machen und in der Wahl-
woche ein Pamphlet zu verbreiten, das Millionen schwarzer
Wähler erreichte. Viele Beobachter glauben, daß Kennedys
Geste teilnahmsvoller Freundlichkeit gegenüber der Familie
King so viele schwarze Wähler zu seinen Gunsten beeinfluß-
te, daß ihre Stimmen zum ausschlaggebenden Faktor für seinen knappen Sieg im Präsidentschaftswahlkampf von 1960
wurden.

Während der dreijährigen Regierungszeit John F. Kennedys führte King eine nicht abreißende Reihe von Aktionen
durch. Wie ein General über den Gewinnen in kleineren
Scharmützeln die größeren Ziele nicht aus den Augen ver-

liert, wählten King und seine Mitarbeiter ihre Schauplätze mit Bedacht. Allein im Jahr 1963 hielt King über 350 Ansprachen und legte über 440 000 Kilometer zurück. Die Gegner waren nicht weniger wichtig als die Verbündeten und die Ziele, für die man eintrat. So war es überaus nützlich, herzlosen Amtsträgern vom Schlag des Polizeipräsidenten von Birmingham, Alabama, Eugene „Bull" Connor, entgegenzutreten. Connors Akte sinnloser Grausamkeit an Teilnehmern von Protestmärschen empörten oder beschämten jeden, der den Anliegen der Schwarzen auch nur begrenzte Sympathie entgegenbrachte. (Präsident Kennedy erklärte einmal: „Die Bürgerrechtsbewegung verdankt Bull Connor nicht weniger als Abraham Lincoln.") King hatte immer wieder zu entscheiden, wohin er gehen und gegen wen er antreten sollte, wo die Grenzen der Aktionen zu ziehen waren, wann er den Konflikt anheizen und wann er eine vorübergehende Entspannung zulassen sollte.

Kings Kampagne hatte sich jedoch höhere Ziele gesetzt als die Zusammenstöße mit den erklärten Rassisten in den Verwaltungsbehörden der Südstaaten. In den frühen sechziger Jahren bestand ein großer Teil seiner Aufgabe darin, Druck auf Präsident Kennedy und Justizminister Robert Kennedy auszuüben, um sich ihre Unterstützung für die Protestmärsche zu sichern und sie zu bewegen, intransigenten Gouverneuren wie George Wallace in Alabama oder Ross Barnett in Mississippi und ihrer Obstruktionspolitik den Kampf anzusagen. Daneben stand die Zusammenarbeit mit anderen Bürgerrechtlern, die komplementäre Ziele verfolgten, so mit Robert Moses, der in der Wählerregistrierung aktiv war, mit James Farmer von CORE (*Congress of Racial Equality* – Kongreß für Rassengleichheit) und John Lewis sowie anderen Schlüsselfiguren des SNCC (*Student Non-Violent Coor-*

dinating Committee – Studentisches Koordinationskomitee für gewaltlosen Widerstand). In späteren Jahren hatte sich King außerdem gegen schwarze Führer wie Malcolm X und Stokely Carmichael zu behaupten, denen er zu konservativ erschien, zuviel Onkel Tom-Larmoyanz und „Gott, unser Herr"-Pathos verbreitete, und die bereit waren, den Weg offener Gewalttätigkeit zu gehen.

Ganz ließen sich diese widerstreitenden Kräfte (und Geschichten) zwar nie versöhnen, doch in der Zeit der Kennedy-Administration gelang es King mehr oder weniger, sie im Gleichgewicht zu halten. Die Kennedys standen der Sache der Schwarzen nicht grundsätzlich ablehnend gegenüber, ließen sich jedoch von Vorsicht und politischem Opportunismus leiten und hielten ihr Verhältnis zu King in einem Zustand fortgesetzter Spannung. King und seine Mitarbeiter orientierten sich am Beispiel Billy Grahams und Gandhis und planten ihre Märsche und Protestkundgebungen mit Bedacht. Sie verfolgten ihre längerfristigen Ziele wie Aufhebung der Rassentrennung und Wählerregistrierung, blieben in Rhetorik und Taktik indes flexibel. Die verschiedenen Protestaktivitäten der frühen sechziger Jahre – in Montgomery, Alabama, in Albany, Georgia und in Birmingham, Alabama – waren von bescheidenem Erfolg gekrönt: Kings Anhänger fühlten sich legitimiert, ihre Taktik des nachhaltigen Drucks auf neuen Kampfplätzen einzusetzen.

Seine einzigartige Stellung innerhalb der Schwarzengemeinschaft und in den Annalen amerikanischer Protestbewegungen überhaupt verschafften King zwei Ereignisse des Jahres 1963: das erste, persönliche und private, war ein Beweis indirekter Führung; das zweite, ein Musterfall direkter Führung, fand in breitester Öffentlichkeit statt.

Das private Ereignis fiel in den April, als King, diesmal in Birmingham, erneut im Gefängnis saß. Er las einen Zeitungsartikel mit der Schlagzeile: „Weiße Pfarrer drängen städtische Neger zur Absage an Demonstrationen". Die Geistlichen, die sich selbst als Liberale bezeichneten, legten dar, daß Proteste kontraproduktiv seien, und rieten den Schwarzen zu mehr Geduld. Sie vertraten die traditionelle Geschichte des allmählichen, konfliktfreien Wandels. Diese Nichtachtung alles dessen, wofür er stand, traf King ins Mark, und aus seiner tiefen inneren Erregung entstand in den folgenden Tagen das Dokument, das heute den Titel trägt: „Brief aus dem Gefängnis von Birmingham".

Die Schrift zeigt King in jeder nur denkbaren Hinsicht auf der Höhe seiner Kraft und seines Einflusses. King erklärte zunächst, warum er in Birmingham sei: weil dort Unrecht herrsche, und er zögerte nicht, sich neben den Apostel Paulus zu stellen. Er versuchte, sich in die Geistlichen hineinzuversetzen und zu verstehen, was sie zu der Frage veranlassen konnte: „Wozu direkte Aktionen? Sind Verhandlungen nicht der bessere Weg?" Dann bemühte er sich, sein Publikum – und das bedeutete schon bald die ganze Nation – darüber aufzuklären, warum die empfohlene Haltung unendlicher Geduld nicht länger tragbar sei. Mit der ganzen Kraft seines jahrelang aufgestauten Zorns schilderte King seinen Lesern die Erfahrung der Neger, die Erfahrung, zu lange gelitten zu haben:

Seit mehr als 340 Jahren warten wir auf die uns von der Verfassung und Gott verliehenen Rechte. Während sich die Nationen Asiens und Afrikas im Raketentempo auf die politische Unabhängigkeit zubewegen, kriechen wir im Trott eines Pferdegespanns voran – und das Ziel? Ein Kaffee vom Imbißstand! Für den, der die brennenden Pfeile der Rassentrennung nicht kennt, ist es vermutlich einfach zu sagen: „Wartet". Aber wenn ihr gesehen habt, wie der Mob nach Belieben eure Mütter und Väter lyncht und, wenn es ihm einfällt, eure Brüder und Schwestern ertränkt, wenn ihr gesehen habt, wie haßerfüllte Polizisten schwarze Brüder und Schwestern verfluchen, treten, behandeln wie Vieh und sogar straflos töten … wenn ihr spürt, daß euch die Worte fehlen, wenn ihr stotternd versucht, eurer sechsjährigen Tochter zu erklären, warum sie nicht in den Vergnügungspark gehen kann, für den das Fernsehen gerade Reklame macht, und sehen müßt, wie sich ihre Augen mit Tränen füllen, wenn sie hört, daß farbige Kinder nicht in den Park gehen dürfen … dann versteht ihr vielleicht, warum wir es schwierig finden zu warten.

Nachdem er seiner verzweifelten Enttäuschung Luft gemacht hat, kehrt er zu einem ruhigeren Ton zurück und erläutert seine Position. Auf ein traditionelles Verständnis der Gesetze Gottes gestützt, legt er den Unterschied zwischen einem gerechten und einem ungerechten Gesetz dar und stellt den ärgerlichen Widerstand gegen ein Gesetz, das man aus bestimmten Gründen ablehnt, dem überzeugten, offenen Ungehorsam gegen ein ungerechtes Gesetz gegenüber. Er drückt seine Enttäuschung darüber aus, daß die weiße Kirche seine gewaltlosen Aktionen nicht häufiger unterstützt. „Schmerzliche Erfahrung hat uns gelehrt, daß der Unterdrücker die Freiheit niemals von sich aus gewährt; die Unterdrückten müssen sie verlangen." Er beklagt das Lob, daß die Geistlichen der Polizei von Birmingham spenden, und bittet die Vertreter der christlichen Kirche eindringlich, anzuerkennen, daß die schwarzen Demonstranten „inmitten unmenschlicher Provokation bewundernswürdige Disziplin" gewahrt hätten. Schließlich ruft er den Süden dazu auf, seine wahren Helden zu erkennen, die enterbten Kinder Gottes, die die Imbißstuben besetzten und damit

„aufstanden für das Beste des amerikanischen Traums, für die heiligsten Werte unseres jüdisch-christlichen Erbes und auf diese Weise unsere ganze Nation an die Quellen der Demokratie zurückführen, die uns die Gründungsväter mit dem Entwurf der Verfassung und der Unabhängigkeitserklärung erschlossen haben."

Auf den zwanzig Seiten, die der Brief umfaßte, gelang es King in einer Meisterleistung indirekter Führung, dem Bild von Heldentum und Ungeduld, das er den Amerikanern offenbarte, Struktur und Tiefe zu geben. Der Leser konnte in unübertroffener Klarheit verfolgen, wie sich die verschiedenen Stränge in Kings Repertoire zu einer kohärenten Geschichte über die Vergangenheit der Schwarzen und eine Charta ihrer zukünftigen Aktionen zusammenfügten.

Der Marsch nach Washington vom 28. August 1963 gab King die Gelegenheit zum meist beachteten Auftritt seines Lebens. Das Ereignis, zu dessen Vorbereitung sich die Führer der verschiedenen Bürgerrechtsorganisationen in seltener Einigkeit zusammenfanden, hatte Schlüsselcharakter. Die riesig dimensionierte, friedliche Veranstaltung war ein Versuch, den Kongreß und den Präsidenten dazu zu drängen, Gesetze zum Wahlrecht, zur Aufhebung der Rassentrennung an öffentlichen Orten und zu anderen zentralen Forderungen zu verabschieden. Außer den zweihunderttausend Anwesenden waren Millionen von Fernsehzuschauern Zeuge der ersten planmäßig durchgeführten nationalen Protestkundgebung der schwarzen Bevölkerung in der amerikanischen Geschichte. King waren acht Minuten Redezeit zugeteilt.

Er war der letzte Redner des Tages und verlas einen vorbereiteten Text. Von einem „Schuldschein" war die Rede, den die Gründungsväter und Lincoln an alle Amerikaner, einschließlich der schwarzen Bevölkerung, ausgestellt hätten. Mit vielleicht schockierender Drastik sagte er: „Wir sind in die Hauptstadt unseres Landes gekommen, um den Scheck einzulösen." Er kam auf die Gewalttätigkeiten von Birmingham zurück, und in einem Moment, in dem die Vorbereitung der Bürgerrechtsgesetze die Gemüter der Nation bewegte, erklärte er seinen Zuhörern, die Zeit sei reif zu handeln. Er beschrieb sein Programm, den gewaltlosen Protest, als Mittelweg zwischen ergebener Duldung andauernder Intoleranz einerseits und den sich abzeichnenden Gefahren zunehmender Militanz und eines schwarzen Rassenseparatismus. Der Ton war emphatisch und bejahend, ohne unangemessen optimistisch oder sentimental zu wirken.

Kings Rede fand von Beginn an eine positive Aufnahme. In den ersten Sätzen sprach er von der „größten Demonstration für die Freiheit in der Geschichte unseres Landes". Doch erst gegen Ende der mehr oder minder förmlichen Einleitung wich er vom Manuskript ab und fand zu seiner eigenen Sprache. Dieselbe Stimme, die acht Jahre zuvor in Montgomery zum erstenmal spontan an die Öffentlichkeit gedrungen war und die inzwischen jeder Amerikaner kannte, der die Abendnachrichten sah, erzählte der Welt von einem Traum. Der Traum war „in der Tiefe des amerikanischen Traumes verwurzelt", er nährte sich von der Bibel und den Worten der Propheten und bewegte die Menschen in allen Teilen des Landes. Seinen Höhepunkt erreichte der Traum – und mit ihm die Rede – im Refrain eines alten Negrospirituals: „Endlich sind wir frei, endlich sind wir frei. Dank sei dem allmächtigen Gott: endlich sind wir frei."

Die Rede Kings wurde in ihrer Bedeutung sogleich erkannt. Der Präsident gratulierte King, als dieser mit der

Menge ins Kabinettzimmer des Weißen Hauses zog, und wiederholte das Leitmotiv der Rede: „Ich habe einen Traum." James Reston, Korrespondent der *New York Times* kommentierte am folgenden Tag:

Die klangvolle, melancholische Stimme von Pfarrer Dr. Martin Luther King jr., der seine Träume hinaus in die Menge rief, wird [Washington] so bald nicht vergessen. ... Dr. King griff alle Themen des Tages auf, doch besser als jeder andere. Er war erfüllt von Symbolen, die er dem Wirken Lincolns und Gandhis entnahm, und von der rhythmischen Sprache der Bibel. Er war voll Kampfgeist und voll Trauer und entließ die Menge in dem Gefühl, daß sich die weite Reise gelohnt habe.

Die Herzen der Nation, der Weißen wie der Schwarzen, und überdies das Lob der Medien zu gewinnen ist keine leichte Aufgabe. Kings außergewöhnliche Leistung wurde anerkannt, als ihn *Time* 1963 zum „Mann des Jahres" wählte und als er 1964 den Friedensnobelpreis erhielt. Die Spannungen, die Kings Beziehungen zu anderen Gruppen und Adressatenkreisen gekennzeichnet hatten, schienen an Bedeutung zu verlieren.

Für kurze Zeit sah es so aus, als habe King eine Geschichte geschaffen – und verkörpert –, die ein weit größeres Publikum anzusprechen vermochte als die Boykotteure von Montgomery und die Schwarzen der Südstaaten. Vielleicht, so konnte man meinen, hatte Kings ‚farbenblinde' Botschaft die Kraft, eine ganze Nation, die 19 Millionen Schwarzen und die übrigen knapp 200 Millionen Amerikaner, zu einen und zu verändern. Vielleicht würde es den meist selbstzufriedenen Landesbürgern gelingen, über ihren Schatten zu springen und die Erfahrungen einer Gruppe zu würdigen, deren Aussehen sich von dem ihren so deutlich unterschied,

und vielleicht konnte seine Organisation oder ein Zusammenschluß von Bürgerrechtsorganisationen zum dauernden
Sachwalter des Traumes werden, von dem King gesprochen
hatte.

Doch kurz nach dem Marsch auf Washington brachen
sich Unruhe, Hader und Wirren Bahn, die immer dicht unter
der Oberfläche geschwelt hatten. Den Anfang machte das
erschreckende Attentat auf Präsident Kennedy im November 1963, dem weitere brutale Gewalttaten folgten: die Mor-
de am CORE-Mitarbeiter James Chaney und an den SNCC-
Mitarbeitern Andrew Goodman und Michael Schwerner im
Staat Mississippi im Juni 1964, an schwarzen Kindern, die
an einem Gottesdienst in Birmingham teilnahmen, im September 1964, und an Bürgerrechtsaktivisten wie dem
weißen Fürsorger Viola Liuzzo aus Detroit, der im Staat
Alabama arbeitete, im März 1965. Für andere, weniger eindeutige Protestkundgebungen – in Selma, Alabama, sowie in
Montgomery – ist es schwieriger, den politischen Zusammenhang mit den blutigen Konfrontationen zu bestimmen.

Unter der Führung von Präsident Lyndon Johnson wurden das Wahlrechtsgesetz von 1965, das den Schwarzen
Schutz bei der Ausübung des Wahlrechts sicherte, und weitere Bürgerrechtsgesetze verabschiedet und die krassesten
Formen des Rassismus allgemein verpönt. Doch die Situation in den Innenstädten verschärfte sich, und es folgten die
Sommer der städtischen Unruhen mit ihrem Blutvergießen
und ihrer Verzweiflung. Eine wachsende Zahl von Schwarzen verlor das Zutrauen zu Kings pazifistischer Strategie und
entschloß sich zu einem militanten Kurs. Bis zur Ermordung
des radikalen Führers im Jahr 1965 folgten sie Malcolm X,
und sie übernahmen die aggressive Rhetorik der Black-
Power-Bewegung von Stokely Carmichael, Eldridge Cleaver

und anderen Befürwortern des Separatismus. King geriet unter den Druck einer radikaleren Gegengeschichte, die eine Revision seiner an Gandhi ausgerichteten Haltung nahelegte. Der Vietnamkrieg tobte, und viele amerikanische Soldaten, von denen ein unverhältnismäßig großer Anteil Schwarze waren, verloren ihr Leben. Es herrschte das verbreitete Gefühl, daß die Vereinigten Staaten, nicht weniger als ein kleines, fernes Land, von dem Konflikt in Stücke gerissen wurden.

King litt unter den Ereignissen. Seine mutigen Aktionen, die aber im wesentlichen lokal begrenzte Ereignisse blieben, nahmen sich im Licht der epochemachenden nationalen und internationalen Geschehnisse armselig aus. Ein Kommentator erklärte, „die Zeit hat [King] überholt". Genau läßt sich nicht sagen, was den Wandel bewirkte, doch der King von 1967/68 war nicht mehr der Mann von 1963. Vielleicht zermürbt von der zunehmenden Kritik an seinen Aktionen in den Südstaaten und seiner einseitigen Ausrichtung auf die Probleme des Südens, vielleicht getrieben von den militanteren Fragestellungen der jüngeren schwarzen und weißen Amerikaner, versuchte er, im Norden Proteste zu organisieren. Zur Rassenfrage kamen die Themen Armut und ökonomische Ungerechtigkeit. Sein Denken bewegte sich vermehrt in Kategorien des Klassenkampfes, und er organisierte Protestmärsche für die Armen. Doch seinen ersten Aktionen in Chicago, wo er versuchte, Probleme der Wohnungsnot, der Fürsorge, der Ausbildung, der Brutalität von Polizisten und der Rassendiskriminierung aufzugreifen, blieb ein erkennbarer Erfolg versagt. Die Sanierung eines heruntergekommenen Ghettos im Norden und der Widerstand gegen brutale Südstaaten-Polizisten waren kaum vergleichbare Aufgaben.

Über soziale Fragen im Inland hinausgehend, attackierte King mit wachsender Bitterkeit und Schärfe die amerikanische Außenpolitik in Südostasien. Im April 1967 verurteilte er von der Kanzel der *Riverside Church* in Manhattan den Krieg in Vietnam:

Wir haben die beiden Institutionen zerstört, die ihnen am meisten bedeuteten: die Familie und das Dorf. Wir haben ihr Land und ihre Ernten zerstört. Wir haben an der Vernichtung der einzigen nicht-kommunistischen revolutionären Macht, der Vereinigten Buddhistischen Kirche, mitgewirkt. Wir haben die Feinde der Bauern von Saigon unterstützt. Wir haben ihre Frauen und Kinder korrumpiert und ihre Männer getötet. Was für eine Befreiung! … Was denken sie, wenn wir unsere neuesten Waffen an ihnen testen, so wie die Deutschen in den europäischen Konzentrationslagern neue Medikamente und neue Foltermethoden testeten?

Die Stimme von 1967 war eine andere als die von 1955, eine andere auch als die von 1963.

Mit jeder Veränderung seines Themenspektrums und seines Wirkungsfeldes ging King neue Risiken ein. Seinen Ruf und seinen Erfolg hatte er auf heimischem Boden begründet, wo ihm die Verhältnisse intim vertraut waren und die moralischen Dimensionen seiner Mission am wenigsten in Frage gestellt wurden. Jeder Schritt, der ihn vom tiefen Süden entfernte, und alle Themen jenseits der Rassenproblematik, besonders aber seine Angriffe auf die Außenpolitik – die traditionellerweise als parteipolitisch unabhängiger Bereich galt –, kosteten ihn Unterstützung und gefährdeten sein gesamtes Unternehmen. Während dieser Phase der Neuorientierung geriet er außerdem unter zunehmend harsche Kritik von seiten des FBI, der seit Jahren sein Privatleben überwachte und seine Unterstellung, King segle im Fahrwasser der Kommunistischen Partei, mit einer Flüsterkampagne über sein angeblich verworfenes Sexualleben verband.

Was den Wandel Kings vom Reformer zum Radikalen bewirkte – ein Sinnesumschwung, der Druck anderer Führer, seiner Anhänger, der äußeren Ereignisse oder aber, was wahrscheinlicher ist, die Gesamtheit dieser Faktoren –, läßt sich nicht schlüssig ermitteln. Er selbst begründete ihn so: „Jahrelang bin ich mit der Idee umgegangen, die bestehenden Institutionen der Gesellschaft zu reformieren, eine kleine Veränderung hier, ein kleiner Wandel da. Heute ist meine Einstellung eine andere geworden. Ich glaube, die Veränderung muß aus der Gesamtgesellschaft heraus kommen, wir brauchen eine Revolution der Werte."

King machte sich bereit, diese Revolution anzuführen. Ob er die nötigen Anhänger in seinem Lager hatte, steht keineswegs fest. In früheren Kämpfen hatte er sich auf vertrautem Terrain bewegt, hatte den Mitstreitern persönlich nahe gestanden und seine Geschichten nach Bedarf umformen können; jetzt war er unterwegs in unbekanntes Gelände. Später erhob sich zwar eine gewaltige Welle des Widerstandes gegen den Vietnamkrieg, doch sie kam hauptsächlich aus der Mittelschicht und wurde vor allem von desillusionierten Mitgliedern der Demokratischen Partei getragen. Auf die sozialen und wirtschaftlichen Mißstände wiederum, die King im ganzen Land diagnostizierte, hat in den zunehmend konservativen siebziger und achtziger Jahren nie eine politische Interessengruppe mit anhaltendem Protest reagiert.

Diese Situation kann als Hinweis darauf verstanden werden, daß Führer sich zu weit von ihren Adressaten entfernen können. Der King der Jahre 1960 und 1963 hatte zu einem Publikum gesprochen, das darauf eingestimmt war, seine Botschaft zu bejahen. Der King von 1967/68 stand vor einer einschneidenden Entscheidung: entweder mußte er aufmerksamer auf sein traditionelles Publikum hören, das, überwältigt von eigenen Sorgen, den außenpolitischen Fragen wenig Gehör schenkte; oder er mußte sein Erzähltalent nutzen, mußte neue Geschichten erfinden und verkörpern und sich einen von Grund auf neuen Adressatenkreis schaffen.

Die Ereignisse aus Kings späterer Zeit bringen ferner in Erinnerung, daß Führer so gut wie nie eine ununterbrochene Kette von Erfolgen erleben. Man kann die regierungsamtlichen Zweifel an Oppenheimers oder Marshalls patriotischer Zuverlässigkeit erwähnen, die Vorbehalte gegen das Vatikanische Konzil Johannes' XXIII. oder die plötzliche Hinwendung zu einer außenpolitischen Agenda in den späteren Jahren der Ära Roosevelt. Die Beispiele deuten darauf hin, daß alle Führungspersönlichkeiten mit Phasen des Einflußverlustes oder Phasen des Scheiterns rechnen müssen, die um so sicherer bevorstehen, je höher das Risiko ist und je verheißungsvoller das Programm. King hatte in der Frühzeit seiner Kampagnen manche Rückschläge und Enttäuschungen hinnehmen müssen, sah sich jedoch in seinen letzten Jahren weit härteren Erschütterungen gegenüber. Was führende Persönlichkeiten voneinander unterscheidet, sind weniger die Wechselfälle des persönlichen Schicksals als die Art und Weise, wie sie auf diese unausweichlichen Konstanten ihrer Mission reagieren und sie bewältigen.

King wußte seit seinen Anfängen in der Protestbewegung, daß sein Leben an einem seidenen Faden hing. Vor allem nach der Serie von Morden, Bombendrohungen, Bombenattentaten, Mordversuchen und geglückten Mordanschlägen, von denen Schwarze wie auch liberale Weiße in den sechziger Jahren betroffen waren, sprach er oft über die Möglichkeit von Attentaten und schien bereit, dieses Schicksal auf sich zu nehmen. Nach dem Anschlag auf John F. Kennedy erklärte King lakonisch: „Das wird auch mir passieren."

Am 3. April 1968 reiste King von Atlanta nach Memphis, um einen Streik zu unterstützen, den die Arbeiter der Stadtreinigung durchführten. In einer Ansprache an diesem Abend sagte er unter anderem: „Was jetzt vor uns liegt, weiß ich nicht – ein paar schwierige Tage jedenfalls. Aber das ist für mich jetzt von geringer Bedeutung. Ich war auf dem Berg … und habe das verheißene Land gesehen. Ich werde es vielleicht nicht mit euch erreichen. Aber eines möchte ich euch heute sagen: Wir als Volk werden das verheißene Land erreichen."

Am nächsten Tag wurde King von einem extremistischen Rechten namens James Earl Ray ermordet. Wie sein bewundertes Vorbild Gandhi, wie John F. Kennedy, dem er sich in gewisser Weise verwandt fühlte, und wie Kennedys kampflustiger Bruder Robert, der ironischerweise Verbindungen zu Kings traditioneller Anhängerschaft angebahnt hatte, wurde King ein Opfer des Hasses, den er hatte tilgen wollen. Nach seinem Tod feierte man ihn als amerikanischen Helden, als einen Mann der Mäßigung, der versucht hatte, die Wunden zu heilen, die der Rassismus dem Land geschlagen hatte. Seine radikalere Spätzeit war so gut wie vergessen. Der Kommentar des Journalisten Richard Lentz, der über den Streik in Memphis berichtete, entspricht vielleicht mehr dem Wunsch als der Wirklichkeit:

Wo und wie King starb, hat darum seinen guten Sinn: im Kampf mit seinen Todfeinden aus alter Zeit, den weißen Rassisten seines heimatlichen Südens, nicht aber mit der Gesellschaft als ganzer, vertreten von der Regierung des Landes, die King zur Zielscheibe seines radikalsten und weitreichendsten Projekts machte.

Kings Utopie war eine überzeugende Botschaft, die er überzeugend vorlebte. Er war ein Schwarzer aus dem evangelischen Kernland der Schwarzengemeinschaft des Südens und hatte die Greuel erlebt, denen fast jedes schwarze Mitglied der Gesellschaft ausgesetzt war. Allen Schmerzen und Leiden zum Trotz, und vielleicht gestärkt aus ihnen hervorgehend, suchte er einen Weg zu finden, den Schwarze wie auch andere entrechtete Gruppen Amerikas gehen konnten, um sich den Platz zu erobern, der ihnen zustand und wiederholt versprochen worden war. Immer wieder beschwor er die „geliebte Gemeinschaft", in der Schwarze und Weiße harmonisch zusammenleben könnten. Er verwob Motive und Botschaften aus verschiedenen Religionen, Subkulturen und Kulturen zu einem neuen Text, der seinen Zuhörern sinnvoll erschien und, an das Credo Eleanor Roosevelts erinnernd, die Menschen dazu anhielt, mehr Großmut und mehr Menschlichkeit zu zeigen. Da seine mündlichen und schriftlichen Äußerungen in ständig wachsendem Maß an Ausdrucks- und Überzeugungskraft gewannen, fand er auf direkte und indirekte Weise den Weg zu verschiedensten Adressatenkreisen.

Es fehlte ihm nicht an Mut. Zu einem schwarzen Reporter in Montgomery sagte er: „Wenn man sich einer Sache verschrieben hat, geht es um mehr als persönliche Sicherheit. Was einem persönlich zustößt, ist bedeutungslos. Für das, wofür ich kämpfe, meine Rasse, lohnt es sich zu sterben." Der Verzicht auf Gewalt entsprach seinem innersten Naturell. Als er auf einer Konferenz im Dezember 1961 körperlich attackiert wurde, sah er seinem Angreifer ins Gesicht und ließ die Hände sinken. Diese Ruhe angesichts der Bedrohung durch Verletzung oder Tod war eine Botschaft, die beeindruckte und Sicherheit vermittelte.

Kings ungewöhnlicher Mut mag die Kehrseite eines Verhaltens gewesen sein, das kaum vorbildlich zu nennen ist. King war demütig, konnte aber auch stolz und pompös auftreten und identifizierte sich ohne Scheu mit den größten religiösen Führern der Geschichte. Er leistete sich Gewagtheiten, die eines geistlichen Führers unwürdig waren. Ein großer Teil seiner Universitätsarbeiten waren Plagiate. Die unvertretbaren Versuche des FBI, Kings Ruf zu untergraben, förderten Beweise für zahlreiche Frauenaffären zutage. Der Loyalitätsverrat an seiner Familie und seinem Glauben belastete King. Sein Hinweis darauf, daß eine ähnliche Ausbeutung von Frauen für nur allzu viele Politiker neuer und älterer Zeit typisch gewesen sei, entschuldigt ihn ebensowenig wie die Tatsache, daß es sich dabei offenbar um eine Form von Kameraderie mit anderen schwarzen Geistlichen handelte. Glücklicherweise brachten ihn seine persönlichen Schwächen nicht in Widerspruch zu den allgemeineren Themen seines politischen und sozialen Programms und beeinträchtigten dessen Durchführung nicht. Er blieb, soweit es um die zentralen Punkte ging, die glaubwürdige Verkörperung seiner Geschichte.

Vielleicht erscheint es gerade dann als verlockend, eine Führungsrolle zu übernehmen, wenn an diese Position keine formelle Autorität geknüpft ist und ein Erfolg ausschließlich von der Fähigkeit abhängt, überzeugend zu sprechen und zu handeln und andere dazu zu bewegen, dem Beispiel zu folgen. Wie Eleanor Roosevelt übernahm King im politisch-sozialen Gefüge des Landes eine Funktion ad personam. Beide hatten keine Rollenvorgänger und im übrigen auch keine Nachfolger. (Kings Freund, Pfarrer Ralph Abernathy, übernahm die Leitung der SCLC, die ihren Einfluß indes zunehmend verlor.) King hatte dazu beigetragen, das öffentliche Bewußtsein für die Rolle der Schwarzen in Amerika zu sensibilisieren und diese Rolle zu definieren, doch die Gültigkeit dieser Definition blieb nicht über seinen Tod hinaus gültig. Seine Botschaft war an seine Person gebunden und konnte sich nicht auf eine starke, zeitüberdauernde Organisation stützen.

Das Wirken Kings verlief wie das Eleanor Roosevelts als ständiges Wechselspiel zwischen den eigenen Erfahrungen, den Erfahrungen der Adressatenkreise und denen der Gesamtgesellschaft. Kings vergleichsweise unbelastete Kindheit im tiefen Süden war eine notwendige Voraussetzung für die Bildung der Persönlichkeit, zu der er heranwuchs, für die Risiken, die er einging und vielleicht auch für die Grenzen, auf die er am Ende stieß. Die bewußte Wahrnehmung schwarzer Existenz hatte schon in den frühen Jahrzehnten des Jahrhunderts begonnen: die Aufhebung der Rassentrennung in den amerikanischen Streitkräften und der Fall Brown gegen die Erziehungsbehörde in Topeka waren Kings Aufstieg zum Führer seiner Gemeinschaft vorausgegangen. Doch trotz des Auftritts einiger Helden und Schurken war die Vielfalt von Einzelproblemen und -situationen noch nicht zur ‚Sache der schwarzen Amerikaner' geronnen.

Kern der King-Legende ist die Gleichzeitigkeit zweier Ereignisse, die historische Koinzidenz der Geschichte eines begabten Menschen, der bereit war zu wachsen, mit den Bedürfnissen einer Gruppe, die um Selbstverständnis rang. Im Nachdenken über seine Zeit gelangte King zu den Vorstellungen, die den Schwarzen und, weiter gefaßt, auch anderen Enteigneten, ein Identitätsbewußtsein gaben. Seine Botschaft versuchte die beschränkten Kategorien des ungeschulten Kopfes, von denen die Rede war, zu erweitern: wie Eleanor Roosevelt forderte er die amerikanischen Bürger

dazu auf, die gewohnten Unterscheidungen – und Konflikte – zwischen den Gruppen aufzugeben und ihre Gesellschaft
als eine offene Gesellschaft zu verstehen, die ein- und nicht
ausschloß, und die Lage der weniger Begünstigten zu verbessern. Es gelang King nicht, eine Organisation oder eine
Interessengemeinschaft zu schaffen, die über seinen Tod hinaus Bestand hatte, und damit wurde es notwendig, seine
Anliegen neu zu erfinden und nach neuen Führungspersönlichkeiten und -gruppen zu suchen. Die jüngsten Versuche
bauen jedoch auf den unabdingbaren Grundlagen auf, die
dieser ungewöhnliche Führer einer nichtdominanten Gruppe
geschaffen hat.

In den folgenden beiden Kapiteln wende ich mich Persönlichkeiten zu, die wie die großen Drei von Teheran den Inbegriff des Führens, die Führung einer Nation, repräsentieren:
Kapitel 12 bringt eine Darstellung von Margaret Thatcher,
einer der einflußreichsten Führungspersönlichkeiten ihrer
Zeit. In Kapitel 13 untersuche ich eine Gruppe von Führern,
die während der kritischen Zeit des Zweiten Weltkriegs auf
nationaler und internationaler Ebene richtungsbestimmend
wirkten.

Es war ein wesentliches Ziel dieses Buches, den Verlauf
des Führungskontinuums nachzuzeichnen, das heißt, den
Zusammenhang der Führung kleinerer oder größerer, doch
relativ homogener Gruppen (eines College, der katholischen
Kirche, der amerikanischen Streitkräfte) mit der Führung
großer und relativ heterogener Gruppen festzuhalten. Der
Übergang zur Ebene der Nation gibt uns Gelegenheit zu
einer kurzen Reprise: wir halten Rückschau auf das bewältigte Terrain und werfen einen Blick auf die vor uns liegen-
den letzten Stationen unserer Reise.

Reprise

Unter dem Begriff des Führers versteht man, sofern er ohne einschränkendes Attribut gebraucht wird, im allgemeinen das Oberhaupt einer politischen Gemeinschaft – einer Stadt, eines Stammes oder einer Nation. Die Mitglieder der politischen Gemeinschaft repräsentieren unterschiedliche Bereiche fachlicher Kompetenz und unterschiedlichen Status, begegnen sich jedoch in einem Gefühl der Gruppenzugehörigkeit. So umfassen die heutigen Nationalstaaten innerhalb einheitlicher Institutionen und ähnlicher Glaubensbekenntnisse Angehörige der verschiedensten Berufsgruppen und sozialen Herkunft.

Während der klassische Nationalstaat Menschen derselben Volksgruppe verbindet, wächst die Zahl der Nationen, die wie die Vereinigten Staaten aus Bürgern verschiedenster ethnischer Herkunft bestehen. Hier kann es zu Auseinandersetzungen kommen, wenn konfligierende Gruppen innerhalb desselben Territoriums den Wunsch nach eigener politischer Einheit anmelden, wie es im amerikanischen Bürgerkrieg geschah. Einen Unruheherd bilden auch ethnisch homogene Gruppen, die auf verschiedenen Territorien leben und den Zusammenschluß unter eine gemeinsame politische Einheit anstreben – der chronische Zustand auf dem Balkan.

In den folgenden beiden Kapiteln wende ich mich Persönlichkeiten zu, die den Auftrag hatten, in diesen großen und manchmal sehr heterogenen Populationen Führungsfunktion auszuüben. Ob gewählt oder ernannt – alle Führer von Nationen müssen einen Weg finden, zu ihrer Bevölkerung zu sprechen, zumindest zu den Segmenten, denen sie ihre Autorität verdanken und denen sie sich verpflichtet fühlen. Je größer und heterogener die Bevölkerung, desto schwieriger die Aufgabe, eine Geschichte zu gestalten, die den Adressatenkreis anspricht, und desto wahrscheinlicher der Zwang zur Vereinfachung, wenn nicht gar simplifizierenden Verkürzung der Botschaft.

Ein Überblick über das bisher Gesagte erleichtert es uns, die Aufgabe der Führung von Nationen im Kontext zu positionieren. Als erste traten zwei Persönlichkeiten ins Blickfeld, deren Aufstieg in einflußreiche Stellungen in der Qualität ihrer Arbeit auf traditionellen akademischen Gebieten beruhte. Margaret Mead begann als Ethnologin, die exotische Regionen bereiste. Erst als ihre Untersuchungen der menschlichen Natur auch die Frauen und Männer der Vereinigten Staaten einschlossen, überschritt ihre Führung die Grenzen eines Expertenpublikums. Ihr Pendant, J. Robert Oppenheimer, begann seine Laufbahn als Physiker. Durch die Ereignisse des Zweiten Weltkriegs gelangte er an die Spitze einer Gemeinschaft von Wissenschaftlern, das heißt noch immer von Experten. Erst nach dem Krieg trug er seine Ideen mit wechselndem Erfolg auch einem breiteren Publikum im In- und Ausland vor.

Die nächste Gruppe der Beispielfälle umfaßte Persönlichkeiten, die mehr oder minder geschlossenen Institutionen verschiedener Größe vorstanden. Robert Maynard Hutchins führte die relativ begrenzte Institution einer amerikanischen Universität mit ihrem Gemisch aus Experten verschiedener Disziplinen. Von den Vertretern der ,Stände' leitete Alfred P. Sloan jr. ein Industrieunternehmen; George C. Marshall übernahm Führungsfunktion im Rahmen des Militärs, und Papst Johannes XXIII. stand an der Spitze der größten Kirche der Welt. Die Mitgliederschaft war, besonders in der Kirche und im Militär, heterogen, doch eine gemeinsame Verpflichtung wirkte als einigendes Band zwischen den Angehörigen; in anderen, weniger relevanten Erfahrungsbereichen gab man ‚dem Kaiser, was des Kaisers war‘. Die von den Führern entwickelten Utopien konnten sich nicht auf ältere ‚Identitätsgeschichten‘ ihrer Organisation stützen, aber sie mußten die Zustimmung der Hauptinteressengruppen unter den Mitgliedern finden, ihnen als Angehörigen der Gruppe zu einem zeitgerechten Selbstverständnis verhelfen.

Vor einer gänzlich anderen Aufgabe standen Eleanor Roosevelt und Martin Luther King jr. Beide fanden weder einen traditionellen Adressatenkreis mit eigenen Normen und festem Selbstverständnis vor, noch war ein Werdegang vorgegeben, der ihnen führende Positionen in einer etablierten Institution erschlossen hätte. Ein ‚Vorher‘ gab es nicht, und wie sich zeigte, konnte auch von einem ‚Danach‘ nur sehr bedingt die Rede sein. King wie auch Eleanor Roosevelt gelangten durch die Verflechtung ihrer individuellen Geschichte mit den besonderen zeitlichen Umständen in Positionen, in denen ihre Worte und ihr Verhalten nichtdominante Gruppen ihrer Gesellschaft beeinflussen konnten. Ihre Adressatenkreise waren kaum weniger uneinheitlich zusammengesetzt als Nationen, doch der Randgruppenstatus sowie gemeinsame kulturelle Erfahrungen wirkten als Bindemittel. Die von King und Roosevelt beschriebenen Utopien halfen den Gruppen, die Lebensmöglichkeiten von Frauen beziehungsweise Schwarzen im zwanzigsten Jahrhundert zu erkennen.

Die Legitimierungsprozesse, die an die Spitze von Gemeinwesen oder Staaten führen, sind so verschieden wie die Fähigkeiten und Strategien, mit denen die Herrschenden ihr Amt ausüben. Traditionelle Wege sind die Erbfolge – der älteste Sohn, seltener die älteste Tochter des Herrschers folgt diesem ins Amt – oder die Regelung der Nachfolge durch Kämpfe – der Stärkste oder der erfolgreichste Haudegen erwirbt das Führungsmandat. In jüngeren Jahrhunderten wird die Herrschaft über ein Land im allgemeinen auf anderem Weg erreicht: im größten Teil der westlichen Welt durch die Volkswahl, in den meisten nichtdemokratischen Gesellschaften durch Konsensdiskussion und geheime Rangeleien innerhalb einer Elite oder durch gewaltsame Machtergreifung durch eine revolutionäre Gruppe in den instabileren Staatswesen. Manchmal stammen die Führer dieser Gruppen aus traditionellen Domänen oder Disziplinen wie der Dramatiker und Staatspräsident Václav Havel in der Tschechischen Republik oder der frühere deutsche Bundeskanzler und Professor der Wirtschaftswissenschaften Ludwig Erhard. Häufig kommen die Führer aus den größeren Ständen: Woodrow Wilson war zunächst Historiker, dann Rektor eines College, Silvio Berlusconi, von 1992 bis 1994 Ministerpräsident Italiens, ist ein erfolgreicher Geschäftsmann, Dwight D. Eisenhower war General und Ajatollah Khomeini ein religiöser Führer.

Der weitaus häufigste Weg zur nationalen Herrschaft ist der Aufstieg durch die Ränge der politischen Hierarchie. Die meisten amerikanischen Präsidenten traten in jungen Jahren ins politische Leben ein und hatten auf Landes- und Bundesebene verschiedene Ämter inne. In Oligarchien stammen die späteren politischen Führer häufig aus den Reihen der staatlichen Justizbeamten. Auch die Führer erfolgreicher revolutionärer Bewegungen hatten eine politische Laufbahn hinter sich, die aber vor allem auf geheime, gewalttätige und/oder illegale Aktivitäten hinauslief und mit größerer Wahrscheinlichkeit hinter Gitter führte als in staatliche

Amtsstuben. So unterschiedliche politische Führer wie Hitler, Stalin und Mao Zedong in der ersten Jahrhunderthälfte und Fidel Castro, Saddam Hussein und Muhammar al Gadhafi in späteren Dezennien des Jahrhunderts gelangten durch Machtergreifung zur Herrschaft oder regierten in Gemeinwesen, die sie selbst geschaffen hatten. Sie waren, um ein weiteres Mal mit Ronald Heifetz zu sprechen, Führer, lange bevor sie die legitime Herrschaft ausübten.

Der Weg zur Macht ist indessen nicht unbedingt ein Hinweis darauf, wie die Macht ausgeübt wird. So mancher Führer hat nach seinem Amtsantritt eine abrupte Kehrtwende vollzogen. Ein notorisches Beispiel ist Hitler, der zum Reichskanzler gewählt wurde und sogleich sicherstellte, daß es mit ‚freien‘ Wahlen dieser Art ein Ende hatte. Tyrannen werden nicht geboren, sondern gemacht. Nur wenige Beispiele weisen in die umgekehrte Richtung: General de Gaulle zum Beispiel führte die Präsidentenwahl ein, nachdem er selber per Dekret regiert hatte; der Diktator Francisco Franco ebnete den Weg für die Einsetzung der konstitutionellen Monarchie in der Nach-Franco-Ära. Auch Persönlichkeiten, die nie eine Wahl zu bestehen hatten, mußten sich durch besondere persönliche Fähigkeiten für ihr Amt qualifizieren, so war Mao ein überragender Organisator und brillanter Debattierer, Stalin ein Meister der Propaganda und Intrige. Führer wie Roosevelt, die mehrere Male wiedergewählt werden, müssen im Amt andere Begabungen ausspielen als bei der Nominierung und im Wahlkampf.

Eine letzte Überlegung betrifft den Versuch, das Selbstverständnis der Bevölkerung zu ändern. Die meisten Staatsführer geben sich im allgemeinen damit zufrieden, die Geschichten ihrer Vorgänger aufzugreifen und deren Amtstugenden zu verkörpern. Diese ‚alltäglichen‘ Führer – man denkt an die Präsidenten aus Amerikas jüngster Vergangenheit Gerald Ford oder George Bush – erfüllen eine bewahrende Funktion. Ein ‚innovativer' Führer greift traditionelle Themen und Bilder seiner Gesellschaften auf, die jedoch in den Hintergrund getreten sind oder bagatellisiert wurden, und rückt sie erneut ins Zentrum der Aufmerksamkeit. In diesem Sinn sind in jüngerer Vergangenheit de Gaulle und Ronald Reagan als innovative Führer zu betrachten.

Am seltensten sind die politischen Führer, die gänzlich neue Geschichten oder Vorstellungen schaffen, Ideen, die zuvor unbekannt waren, und die Adressaten von ihrer Kraft und Tragfähigkeit zu überzeugen verstehen. Eine solche Führerschaft durch Vision und Wandel ist nur schwer zu erreichen. Erstens sind neue politische Ideen nicht leicht zu entwickeln, und außerdem muß, wer einen heterogenen Adressatenkreis anspricht, weniger die Experten als die ungeschulten Köpfe überzeugen. Während die Kollegen eines Physikers oder Lyrikers nach neuen Ideen Ausschau halten und Persönlichkeiten begrüßen, die neue Perspektiven eröffnen, sind Bevölkerungsgruppen überwiegend konservativ. Im zwanzigsten Jahrhundert ist es nur wenigen politischen Führern, Lenin und Mao, und nur wenigen ideologischen Neuerern, wie Mahatma Gandhi und Jean Monnet, gelungen, Geschichten zu erfinden, die das Attribut *visionär* verdienen, und ihrer Botschaft über einen engeren Kreis von Anhängern hinaus Gehör zu verschaffen.

12

Margaret Thatcher:
Ein ausgeprägtes Identitätsgefühl

UPI/Bettmann Nachrichtenfotos

Ich blicke nie über die nächste Schlacht hinaus. Sie
ist ein Kulminationspunkt und verhindert wie eine
Mauer jede weitere Sicht.

Winston Churchill

Margaret Thatcher wurde dreimal zur Premierministerin
Großbritanniens gewählt und war somit länger im Amt als
jeder andere ihrer Vorgänger im zwanzigsten Jahrhundert.
Sie gelangte als erste Frau an die Spitze einer der großen britischen Parteien und gab der britischen Nachkriegsgesell-
schaft nach ihrer Wahl zum Regierungsoberhaupt eine von
Grund auf neue Richtung. Im Unterschied zu den bisher dargestellten Führungspersönlichkeiten stand Thatcher vor der
Aufgabe, die Einwohnerschaft eines Landes mit ihren verschiedenen Traditionen, Sorgen und Zielen anzusprechen.
Sie entwarf ein neues nationales Selbstverständnis und forderte ihre Landsleute auf, es sich zu eigen zu machen. Wer
ihr jedoch die Gefolgschaft verweigerte und eine Identifizierung mit diesem neuen Bild ablehnte, sah sich sehr schnell
aus ihrer Gunst entlassen. Ihre Ideen waren, anders als die
bisher betrachteten, im Grunde Modelle der Abgrenzung
und nicht der Inklusion: Statt den Weg des Kompromisses
und der Annäherung zu gehen, zog Thatcher es vor, zwischen ‚uns‘ und ‚anderen‘ zu unterscheiden. Über einen
erstaunlich langen Zeitraum war dieser Kurs erfolgreich.
Schließlich aber trug der Hang zu Entzweiungsstrategien
zum Amtsverlust der britischen Regierungschefin bei.

Die politische Karriere Margaret Thatchers (geb. Roberts)
erscheint als faszinierende Verbindung des Profanen und
Außerordentlichen. Sie verlebte eine Kindheit, wie sie glanz-
loser in den dreißiger Jahren kaum denkbar ist. Ihr Vater
Alfred, Eigentümer des größten Konsumwarenladens der

mittelenglischen Kleinstadt Grantham, war ein treues Mitglied der Methodistischen Kirche und ein geachteter Lokal-
politiker, der unter anderem als Ratsherr und Friedensrich-
ter wirkte. Er stand im Ruf eines pflichtbewußten, doch
unabhängig denkenden Bürgers. In seiner Tochter Margaret
liebte Alfred den Sohn, den ihm das Schicksal versagte. Die
junge Margaret war eine gute Schülerin, tüchtig und streb-
sam wie ihr Vater, galt aber nicht wie zum Beispiel Hutchins
oder Mead als intellektuelle Frühbegabung.

Im Zusammenhang mit ihrer Herkunft fällt vor allem auf,
daß sie ihre Mutter praktisch verleugnete. In öffentlichen
Verlautbarungen erwähnte sie nur ihren Vater, von dem sie
im Ton warmer Begeisterung sprach. Bei ihrer Wahl zur Premierministerin im Jahr 1979 erklärte sie: „Natürlich verdanke ich fast alles meinem Vater. Von ihm habe ich die
Ideen, an die ich glaube, und das sind auch die Werte, die ich
im Wahlkampf vertreten habe." In ihrem biographischen
Eintrag im *Who's Who* bleibt die Mutter unerwähnt. Als
man sie 1988 darauf hinwies, schien sie überrascht und entgegnete: „Ich hatte sie sehr lieb, aber als ich fünfzehn wurde,
hatten wir uns nichts mehr zu sagen. Es war nicht ihre
Schuld. Sie kam nicht aus dem Haus heraus, und der Haushalt hat sie erdrückt." Von einer ehemaligen Mitschülerin
war zu hören, Thatcher habe „ihre Mutter ziemlich verachtet und ihren Vater vergöttert".

Man fühlt sich an analoge Situationen im Leben anderer
Berühmtheiten erinnert. Pablo Picasso legte den Namens seines Vaters ab und übernahm den Familiennamen der Mutter. Charles Darwin, dessen Mutter starb, als er acht war,
erklärte als Erwachsener, er habe nie einen Familienangehörigen verloren. Michael King gab sich und seinem Sohn
den Vornamen Martin Luther. Es fällt leicht, sich vorzustel-

len, daß eine zutiefst peinliche oder erschütternde Erfahrung einen Heranwachsenden zu derartigen Verdrängungsversuchen bewegen kann. Margaret könnte ihrer Mutter einen heftigen Streit oder eine der Tochter unverzeihlich erscheinende Sünde nachtragen.

Wahrscheinlicher ist jedoch, daß sie wie Picasso die Durchschnittlichkeit des gleichgeschlechtlichen Elternteils nicht ertrug. Wiederholt beschrieb sie ihre Mutter abschätzig als „richtigen Martha-Typ" – was den Freudianer veranlassen könnte, auf die Ähnlichkeit mit ihrem eigenen Vornamen hinzuweisen. Wenn Thatcher danach strebte, die außerordentliche, die einzigartige Frau zu sein, die ihrem Vater auch in Interessen und politischen Neigungen verwandt war, die ‚Engländerin aus der Mitte', die ihre Nation zurück zu früherer Größe führte, mußte sie alles Gewöhnliche in der eigenen Person austilgen – und das Inbild dieser Gewöhnlichkeit war ihre Mutter.

Die begabte Tochter sollte die Hochschulbildung genießen, auf die Alfred Thatcher hatte verzichten müssen, und Margaret absolvierte die Universität in Oxford. Am Somerville College verfolgte sie zwei verschiedene Interessenrichtungen. Mit der künftigen Nobelpreisträgerin Dorothy Hodgkin als Tutorin studierte sie Chemie. Eine Laufbahn als Industriechemikerin bot die sozialen Aufstiegsmöglichkeiten, die eine junge Frau in ihrer Situation sich wünschen mochte, und auf den Universitätsabschluß folgte eine zeitweilige Tätigkeit in der Industrie.

Doch Margarets Leidenschaft war schon zu Studienzeiten die Politik. Das politische Interesse, das sie von ihrem Vater übernommen hatte, wurde vertieft und in eine bestimmte Richtung gelenkt. Sie las die Werke der führenden konservativen Denker, vor allem die Schriften des österreichischen

Sozialismuskritikers Friedrich von Hayek, und wurde zur Anhängerin konservativer Theorien. Unter Anleitung ihres Vaters übte sie sich in der Kunst der politischen Rede und entwickelte ein glänzendes rhetorisches Talent.

Durch die Erfahrungen in einer kritischen Lebensphase erhielt ihre politische Einstellung die entscheidende Prägung. Ihre definitive Hinwendung zur Politik erfolgte während des Zweiten Weltkriegs, als Großbritannien für Europa die demokratischen Werte gegen die Geißel des nationalsozialistischen Deutschland verteidigte. Es waren stolze, wenn auch schwere Jahre. Unter Churchills mitreißender und kompromißloser Führung bewies Großbritannien, daß es noch immer eine Großmacht war und darüber hinaus ein Land, das für verdienstliche Werte stand.

Ich glaube, die Erfahrungen dieser Zeit der Reifung während des Zweiten Weltkriegs lieferten Thatcher das Modell, an dem sie ihre Vorstellung vom angemessenen Platz Großbritanniens in der Welt ausrichtete. Aus diesem ‚Bildungserlebnis' gewann sie ihre nur selten angefochtene ideologische Überzeugungsgewißheit. Wäre ihre politische Mündigkeit in die dreißiger Jahre gefallen, die Zeit von Neville Chamberlains Defätismus, oder in die fünfziger und sechziger Jahre, als das britische Weltreich zerfiel, so hätte sich ihr politisches Auftreten unter dem Einfluß der Zeitereignisse wohl zögernder oder behutsamer gestaltet.

Sie gab eine Tätigkeit auf, die für eine Frau ihrer Herkunft das Gegebene schien, absolvierte ein Jurastudium und machte 1953 ihr Anwaltsexamen. Wie bislang war sie eine zwar gute, doch nicht überragende Studentin und gehörte in der Regel zu den Ersten im zweiten Rang. Das Rechtsstudium spielte für ihre künftige Karriere eine wichtige Rolle, weil es sie mit Fragen der Wirtschaft und Politik sowie mit politischen Verfahren bekannt machte. Ihre naturwissenschaftliche Ausbildung vergaß sie dennoch nie und pflegte darauf zu verweisen, um eine Argumentation oder Einstellung in bestimmten Fragen zu rechtfertigen.

In der Wahl des Ehepartners bewies Margaret auf ihre Weise nicht weniger Realitätssinn als Franklin Roosevelt oder Bill Clinton. 1951 heiratete sie den geschiedenen Denis Thatcher, einen älteren, außerordentlich erfolgreichen Geschäftsmann. Mit dieser Heirat ‚über ihrem Stand' bekräftigte Margaret ihre Bindung an die Konservative Partei und trat überdies von der Methodistischen zur Anglikanischen Kirche über. Auf eine Erwerbsarbeit konnte sie von da an verzichten. Denis brachte indes nicht nur Geld und Prestige in die Ehe. Er erwies sich als idealer, hilfreicher Gefährte, der seiner Frau das Rampenlicht überließ und unauffälligen Rat beisteuerte. Nach der Geburt ihrer Zwillinge Mark und Carol im Jahr 1953 widmete sich Margaret für einige Jahre ganz ihrer Familie.

Doch ihr Entschluß, für ein Wahlamt zu kandidieren, stand bereits fest. Seit ihren Studienzeiten hatte sie mit Eifer Beziehungen gepflegt und sah sich jetzt nach einem geeigneten Parlamentssitz um. Erst in den späten fünfziger Jahren ergab sich eine Gelegenheit – die traditionell konservative Londoner Vorstadt Finchley, eine Kommune mit sozial aufstrebender Einwohnerschaft, in der man Thatchers Kompetenz und Selbständigkeit schätzte und sie wiederholt mit großer Mehrheit ins Unterhaus wählte.

In den sechziger Jahren galt Thatcher als aufsteigender Stern in den Reihen der britischen Konservativen. Jung, attraktiv, souverän, gut informiert, von stupender Redegewandtheit und energischem, doch nie unvorsichtigem Auf-

treten beeindruckte sie sowohl ihre politischen Bündnisge-
nossen wie die breitere Öffentlichkeit. Führende konservative Politiker wie Keith Joseph fungierten als ihre Mentoren.
Bereits 1963 äußerte Parteiführer Alec Douglas-Home seiner Frau gegenüber: „[Margaret Thatcher] hat mehr Intelligenz als wir alle zusammen – wir sollten uns vorsehen." Von
1965 bis 1970 übernahm sie verschiedene Aufgaben im
Schattenkabinett und wurde 1970, nachdem die Konservativen an die Macht zurückgekehrt waren, von Premierminister Edward Heath zur Erziehungsministerin ernannt. Sie
bewährte sich in allen Ämtern, beherrschte ihren Aufgabenbereich bis ins Detail und wirbelte selten Staub auf. Wichtiger war vielleicht, daß sie lernte, harsche Kritik einzu-
stecken.

Ihre Fähigkeiten wurden zwar allgemein anerkannt und
von vielen bewundert, doch blieb die Frage offen, wie weit
sie es bringen würde. In den Führungsrängen der Konservativen drängten sich Angehörige des Adels, die einander seit
Jahren kannten, konservative Naturen ohne Neigung zum
Bildersturm. Von den typischen Repräsentanten des Partei-
establishments, den Douglas-Home, R.A. Butler, Quintin
Hogg und Macmillan, wich Thatcher in beinahe jeder Beziehung ab. (Ihre Herkunft verband sie einzig mit Heath, der
wie sie aus bescheidenen Verhältnissen stammte und nicht
als ‚echter' Vertreter des Establishments galt.) Sie war eine
Frau, kam aus der mittleren Mittelschicht, hatte ein staatli-
ches Gymnasium, keine Privatschule *(public school)* besucht, war die erste Absolventin einer Hochschule in ihrer
Familie, hatte kein klassisch-humanistisches, sondern ein
gewerbliches Fach studiert und vertrat darüber hinaus mit
Überzeugung konservative Werte, denen ihre Zeitgenossen
mehr durch Verstoß als durch Respekt Genüge taten – Heath

warf sie später vor, die Sache der Konservativen verraten zu haben.

In einer Lage, die dem Außenseiter keine Chance läßt, können nur bestimmte Konstellationen Wandel schaffen. Erstens muß der Außenseiter entschlossen auftreten, ohne bedrohlich zu wirken. Während der zehnjährigen Arbeit im Schattenkabinett und ihrer Regierungsarbeit hatte Thatcher sich als kooperationswillige Kollegin gezeigt, die andere konservative Führungsfiguren nicht öffentlich herausforderte. Als Frau bereits deutlich marginalisiert, konnte sie es mit dieser ‚natürlichen‘ Herausforderung genug sein lassen – und tat vielleicht gut daran. Zweitens muß sich die passende Gelegenheit ergeben. In diesem Fall ergab sie sich, als Heath, dessen Amtsführung man allgemein für farblos und unwirksam hielt und nicht zu verlängern wünschte, in den Wahlen von 1974 unterlag.

Drittens muß der potentielle Nutznießer ein Gespür für den richtigen Zeitpunkt haben. Thatcher schätzte ihre Aussichten nüchtern ein. 1974 erklärte sie: „Es wird Jahre dauern, bevor eine Frau die Parteileitung oder die Regierung übernimmt. Ich werde es wohl nicht mehr erleben." Doch als sich 1975 der Augenblick bot, nutzte sie ihn. In einer Situation, in der möglicherweise stärkere, sicherlich aber aussichtsreichere Kandidaten nicht wagten, aus dem Glied zu treten, hatte sie Mut zum Risiko, trat gegen den geschwächten Heath an und ging aus dem zweiten Wahlgang als Führerin ihrer Partei hervor.

In ihrer neuen Funktion als Oppositionsführerin während der Labourregierung von James Callaghan absolvierte sie eine gekonnte Gratwanderung. Sie war einerseits bemüht, als Integrationsfigur zu wirken, versuchte ihre Konkurrenten unter den führenden Konservativen in die Parteipflicht einzubinden und begegnete möglichen Opponenten mit entwaffnendem Respekt. Gleichzeitig aber begann sie der Nation – und der Welt – klarzumachen, daß sie eigene politische Vorstellungen besaß, die weit weniger moderat waren als die ihrer Altersgenossen aus den Reihen sowohl der Konservativen als auch der Labourpartei.

Im Begriff des *Thatcherismus* gab man der Überzeugung Ausdruck, daß der Sozialismus versagt habe und die englische Regierung zugunsten von Privatisierung und persönlicher Initiative auf staatliche Interventionen verzichten müsse. Eine härtere Haltung gegenüber den Gewerkschaften und Staatsbeamten kündigte sich an. Außerhalb Großbritanniens galt Thatcher als unbelehrbare Repräsentantin des kalten Krieges, und nach zwei Reden, in denen sie kämpferische Töne anschlug, tauften die Russen sie die „eiserne Lady", ein Etikett, das kaum schmeichelhaft gemeint war, der Betroffenen in ihrem Land indessen mehr nützte als schadete. Die Russen erfreuten sich keiner sonderlichen Sympathie, eine Frau in der Politik mußte den Eindruck von Stärke vermitteln, und im Wort *eisern* mochten Churchillsche Konnotationen anklingen, die Thatcher nur zustatten kamen.

Zumindest im Rückblick erscheinen gewisse Urnengänge zweifellos als Schicksalswahlen. In den Vereinigten Staaten denkt man an den Erfolg Abraham Lincolns gegen Stephen Douglas im Jahr 1860 sowie an die Präsidentenwahlen von 1932 und 1980, als sich Franklin Roosevelt gegen Herbert Hoover und Ronald Reagan gegen Jimmy Carter durchsetzten. Auch der britische Wahlgang von 1979 kann als Kampf um eine Wende gelten. Die Regierung Callaghan stand für ein überparteiliches Konsensprogramm, das, im wesentlichen unbestritten, seit der Nachkriegszeit gültig war: Unterstützung oder doch Duldung verstaatlichter Institutionen;

Konzessionen an die Gewerkschaften; Bemühungen um eine verstärkte Loslösung Großbritanniens von seinen früheren Kolonien und eine engere Bindung an das neue gemeinschaftliche Europa sowie eine nichtrestriktive Finanzpolitik. Die konservativen Premierminister Macmillan, Douglas-Home und Heath mochten andere Akzente setzen als die Labourpremiers Harold Wilson und Callaghan, doch die Unterschiede zwischen ihnen waren noch unerheblicher als die zwischen den demokratischen und republikanischen Präsidenten der Vereinigten Staaten in den Jahren 1945 bis 1980.

In ihrem Wahlkampf von 1979 stellte Margaret Thatcher den geltenden Konsens in Frage. Ihr wirksam gestaltetes Wahlplakat verkündete: *„Labour is not Working"* („Labour bringt nichts"). Sie erklärte, Großbritannien sei „ein großes Land, das offenbar nicht mehr weiß, wohin es geht." Sowohl die Energie, mit der sie ihren Wahlkampf führte, als auch ihre offensive Herausforderung Callaghans („Sie haben nicht mehr den Mut zu handeln. Werden Sie wenigstens den Mut haben zurückzutreten?") und ihr durchdachtes Programm halfen Thatcher, die Wähler davon zu überzeugen, daß die Zeit gekommen war, das Steuer herumzuwerfen. Callaghan versuchte die Bürger vor den Risiken einer Revolution à la Thatcher zu warnen: „Es geht um die Frage, ob wir es wagen wollen, Umwälzungen vorzunehmen, die bis an die Wurzeln gehen." Eine Mehrheit der Wähler war offenkundig bereit, die Frage zu bejahen.

Als Thatcher und die Tories 1979 an die Macht kamen, war es dennoch nicht ausgemacht, ob die versprochenen Veränderungen Wirklichkeit werden würden. Viele Führungspersönlichkeiten entwickeln eine imponierende Rhetorik, sind aber nicht in der Lage, sie in Taten umzusetzen. Es fehlt ihnen der Mut, zu ihren Überzeugungen zu stehen, oder es gelingt ihnen nicht, gewählte Amtsträger, ernannte Minister und unbewegliche Bürokraten zu einem neuen Kurs zu bewegen. Der Amtsschimmel im britischen Staatsdienst und der brüderliche Geist unter den Spitzenvertretern der Konservativen Partei ließen ahnen, daß Thatcher es nicht leicht haben würde, ihre Pläne für ein neues Großbritannien zu verwirklichen.

Mir scheint, der beste Verbündete Thatchers war ihr Selbstvertrauen. Nach ihrer Wahl erklärte sie: „Faszinierend ist für mich die Tatsache, daß mir vermutlich genau das, was ich in einer Kleinstadt und einem sehr bescheidenen Zuhause gelernt habe, geholfen hat, die Wahlen zu gewinnen." Es gehörte zu ihren Überzeugungen, daß die Tugenden Integrität, Selbständigkeit, Initiative und Anstand, die sie ihrem Vater abgesehen hatte, auch die Heilmittel für das leidende Großbritannien waren. In einer aufschlußreichen, wenngleich nicht von Bescheidenheit geprägten Passage ihrer Autobiographie erklärt sie: „Man kennt die Bemerkung des älteren Pitt: ‚Ich weiß, daß ich dieses Land retten kann und kein anderer.' Es wäre vermessen gewesen, mich mit Pitt zu vergleichen. Doch muß ich in aller Ehrlichkeit zugeben, daß mein leidenschaftliches Hochgefühl aus einer ähnlichen inneren Überzeugung stammte." Wie keine andere Politikergestalt seit Churchill konnte Thatcher das Selbstvertrauen verkörpern, das sie in den demoralisierten Bürgern ihres Landes wachrief. Sie war bereit, sich mit anderen auseinanderzusetzen und ihren eigenen anspruchsvollen Normen gerecht zu werden.

Allgemein gesagt entsprach Thatcher dem Bild der künftigen Führungspersonen, die sich schon in jungen Jahren als

Schicksalsgestalten sehen und die Fähigkeit zeigen, Autoritäten herauszufordern. Aber es sollte gesagt werden, daß sie als Frau in einer Männerwelt darauf zu achten hatte, daß aus Provokation nicht Brüskierung wurde. Wie Eleanor Roosevelt gab sie andern – und vielleicht auch sich selbst – ihre Kämpfernatur erst allmählich zu erkennen.

Nach ihrer Wahl ließ sie jedoch erkennen, daß ihre Amtsführung sich von der ihrer unmittelbaren Vorgänger deutlich unterscheiden würde. Überzeugungen dominierten über Konsens; sie machte ihre Ziele und ihre Mission unzweideutig klar; sie sprach von „Neuanfang", „Mandat" und „radikalem Wandel". Sie betraute ihre Anhänger mit den wichtigsten Kabinettsposten vor allem im Wirtschafts- und Finanzbereich. Von Natur aus aktiv, befaßte sie sich eingehend – einige würden sagen penetrant – mit allen Ministerien und Programmen. Sie war Frühaufsteherin, arbeitete bis in die Nacht, verlangte, stets umfassend informiert zu werden, und forderte ihre Mitarbeiter auf, ihrem engagierten Beispiel zu folgen. (In dieser Beziehung ist sie eher mit den aktiven Präsidenten Carter und Clinton zu vergleichen als mit dem passiv veranlagten Reagan.)

Im eigenen Land wie auf internationalen Schauplätzen stand Thatcher bald im Ruf der Intransigenz, eines Menschen, der zu bestimmten Auffassungen gelangt ist, sie unmißverständlich klarmacht und Kritik oder Ratschläge weitgehend ignoriert. Bei internationalen Gipfeltreffen bildete sie gewöhnlich den Mittelpunkt von Kontroversen. 1985 kommentierte der langjährige britische Labourpolitiker Roy Jenkins:

Als Verfechterin der britischen Interessen kann sie einen entscheidenden Vorteil für sich nutzen: Sie ist praktisch immun gegen feindselige Gefühle. Ich habe sie als neugewählte Premierministerin erlebt; sie war umgeben von Leuten, die sie ablehnten, und blieb davon in einem nur schwer nachvollziehbaren Maß unberührt.

Ghostwriter Ronald Millar hat ihre Position 1985 treffend umrissen: *„The lady's not for turning"** – „Die Dame ist unbeugsam".

Der Erfolg ihrer ersten Amtsjahre hielt sich in Grenzen. Einerseits konnte sie zeigen, daß man in England bereit war, einen streng monetaristischen Kurs zu steuern und hohe Arbeitslosigkeit zuzulassen. Die britische Öffentlichkeit schien die Möglichkeit von Arbeitsplatzverlusten hinzunehmen, wenn dadurch die Inflationsrate gesenkt und und der Staatshaushalt ausgeglichen wurde. Die Loyalität gegenüber dem Wohlfahrtsstaat war geringer als vermutet, und es war möglich, einige Industrien zu privatisieren und die Macht der Gewerkschaften einzuschränken. Wie in den Vereinigten Staaten fand eine Art Umorientierung der Wählerschaft statt. Labourwähler wurden zu Tories, machten von der Möglichkeit Gebrauch, Kommunalwohnungen zu erwerben, und fanden an der konservativen Auffrischung ‚altmodischer' Werte wie Familie und Patriotismus wenig auszusetzen.

Für diesen Kurswechsel hatte Thatcher ihren Preis zu entrichten. Im Kabinett herrschte Unbehagen. Viele der sogenannten *wets*, der konservativen Anhänger der alten Konsenspolitik, drohten mit Rücktritt, und verschiedene Kabinettsumbildungen hinterließen traumatische Spuren. Doch diese Erschütterungen störten Thatcher nicht. „Ich bin nicht unmenschlich", erklärte sie, „aber bestimmte Dinge

---

* Anspielung auf den Titel von Christopher Frys bekanntem Bühnenstück *The Lady's Not For Burning (Die Dame ist nicht fürs Feuer)* [A. d. Ü.]

müssen sein." Sie verteidigte ihren Beschluß, nur Mitarbeiter zu ernennen, die rückhaltlos hinter ihr standen: „Als Premierministerin konnte ich es mir nicht leisten, mit internen Auseinandersetzungen Zeit zu verlieren." Die ethnischen Spannungen verschärften sich, und den Problemen der Armen und der Immigranten, die am meisten unter ihren Maßnahmen zu leiden hatten, brachte die Regierungschefin wenig Verständnis und Sympathie entgegen.

Vor allem ihr Umgangston machte böses Blut. Sie schien es zu genießen, ihre Umgebung unter Druck zu setzen. Sie wollte nicht nur recht behalten; mehr noch schien es sie zu befriedigen, daß der Sieg sein Publikum hatte, daß er dramatisch und mit einer Demütigung des Gegners verbunden war. Ein Kommentar David Howells hält dazu fest:

Während viele Tories danach strebten, den alten politischen Konsens aufzukündigen, um ... auf klassisch konservative Manier einen wirksameren neuen zu schaffen, war es Frau Thatchers Art, den ganzen Prozeß zu einem anhaltenden Aufruhr zu machen und in jeder Frage selbst dann noch polarisierende Fronten zu schaffen, wenn sich die Ereignisse ohnehin bereits in die erwünschte Richtung bewegten; damit verlängerte sich die Hektik des Umbruchs, und die geschlossene Unterstützung für einen Wandel schrumpfte auf ein Minimum.

Durch diese Konfrontationspolitik mehr noch als durch ihre radikalen Maßnahmen stieß Thatcher ihre Wähler vor den Kopf. Im Dezember 1981 gaben ihr bei einer Erhebung nur 23 Prozent der Befragten gute Noten, die bis dahin niedrigste Popularitätsrate eines britischen Regierungsoberhauptes.

Ebenso wie Schicksalswahlen gibt es Ereignisse, die in der Karriere eines Politikers einen Wendepunkt herbeiführen und die gesamte politische Stimmungslage einschneidend verändern können. Franklin D. Roosevelts erste hundert Tage im Amt, Churchills Agieren während der deutschen Bombardierung, der israelische Sechstagekrieg in der Amtszeit Golda Meirs, Reagans Entlassung der Fluglotsen und Bushs erfolgreiche Beendigung des Golfkriegs sind Beispiele für den hier behandelten Zeitraum. Aber keine andere politische Führungsfigur der jüngeren Geschichte hat einen dramatischeren Wandel öffentlicher Anerkennung erlebt als Thatcher zur Zeit des Falklandkrieges.

Am 1. April 1984 besetzte das argentinische Militär die vor der Küste Argentiniens gelegenen Falklandinseln, die seit 150 Jahren unter britischer Verwaltung standen. Bereits war von verschiedenen britischen Regierungen erwogen worden, diesen skurrilen Restbestand des Empire Argentinien zu überlassen, das die Souveränität über die dort so genannten *Islas Malvinas* beanspruchte. Dennoch reagierten die Briten mit Empörung auf diesen aggressiven Akt eines korrupten, faschistischen Regimes, und die Mehrzahl der britischen Politiker forderten eine, wenn nötig gewaltsam erzwungene Rückgabe der Inseln.

Unter Thatchers entschlossener Führung wurden die Inseln in der Tat zurückerobert. Die Premierministerin reagierte ohne Zögern. Sie malte den Krieg in krassem Schwarzweiß als ‚Kampf zwischen Gut und Böse‘ und erklärte, die argentinische Invasion sei umgehend zu beenden. Unter ihrem Vorsitz disponierte man schnell und effektiv über die finanziellen und personellen Ressourcen. Sie beteiligte sich mit Feuereifer an der Planung der Einsätze und ließ sich in ihrem Enthusiasmus dazu hinreißen, an der Seite des Generalstaatsanwalts über den Teppich zu rutschen und Territorialkarten zu vermessen. Sie genehmigte die Versenkung des argentinischen Kreuzers *General Belgrano*, bei der 368 argentinische Besatzungsmitglieder ums Leben kamen. Als daraufhin bei einem Raketenangriff auf den Zerstörer *Sheffield* britische Verluste zu beklagen waren, wich sie von ihrem Ziel, der Kapitulation Argentiniens, nicht ab. Später sagte sie von dieser Zeit: „Ich glaube, daß ich noch nie so gespannt und intensiv gelebt habe." Sie hielt durch bis zum letzten, erfolgreichen Angriff auf Port Stanley und zur Kapitulation der argentinischen Streitkräfte.

Der Thatcher-Biograph Hugo Young bemerkte: „Der Falklandkrieg war ein Schlüsselereignis in der Zeit der Regierung Thatcher. Sein triumphales Ende, das die mannigfachen innenpolitischen Sorgen auslöschte, garantierte den Konservativen ihren Triumph bei den nächsten Wahlen und bis in unabsehbare Zukunft." In einer Rede in Cheltenham verkündete Thatcher im Ton Churchillscher Siegesgewißheit: „Wir sind nicht länger eine Nation auf dem Rückzug. Wir haben ein neues Selbstbewußtsein gewonnen, das aus den ökonomischen Kämpfen unseres Landes hervorgegangen ist und 8000 Meilen von hier erprobt und für echt befunden wurde. ... Großbritannien hat den Geist neu entfacht, der es generationenlang beflügelte und heute heller brennt als je zuvor." In ihrer Autobiographie erklärte sie:

Die britische Außenpolitik war ein einziger langer Rückzug gewesen. ... Wohin ich nach dem [Falkland]krieg auch kam, der Name Großbritanniens hatte an Ansehen gewonnen. ... Jahre später sagte mir ein russischer General, die Sowjetunion sei fest davon überzeugt gewesen, daß wir nicht um die Falklands kämpfen würden und daß wir, sollte es zu einem Krieg kommen, verlieren würden. Wie haben beide Annahmen widerlegt, und diese Tatsache haben sie nicht vergessen.

Wie in früheren Zeiten wußte sie mit dem Pfund ihres Erfolges zu wuchern. Sie war sich der Symbolkraft des Sieges bewußt, den sie als Zeichen für eine generelle Rechtfertigung ihrer Politik verstand. Vorübergehend schwenkte sie auf einen Inklusionskurs ein und versuchte, alle politischen Kräfte zu einer von ihr definierten Einheit zusammenzuschließen: "Wichtig ist, daß wir uns einig waren. Wir wußten alle, was wir zu tun hatten, gingen hin und taten es." Von ihrem Kabinett verlangte sie mit Erfolg uneingeschränkte Loyalität, und gestützt auf eine neue Welle der Wählergunst errang sie im Juni 1983 einen überwältigenden Wahlsieg mit der größten Stimmenmehrheit einer Partei seit 1945. Sie betrachtete ihren Sieg als „die vernichtendste Niederlage, die der demokratische Sozialismus in Großbritannien je hinzunehmen hatte. ... Die Linke konnte sich seither nie mehr glaubwürdig auf Forderungen der Öffentlichkeit berufen, wenn es um ihr Programm umfassender Verstaatlichung, um drastisch erhöhte öffentliche Ausgaben, größeren Einfluß der Gewerkschaften und unilaterale atomare Abrüstung ging."

Die komfortable Parlamentsmehrheit erlaubte Thatcher, ihre Politik mit neuem Selbstvertrauen und wachsendem Erfolg fortzusetzen. Sie riskierte innenpolitische Unruhen, als sie den Streik der Kohlearbeiter fast zwei Jahre andauern ließ. Am Ende der Aktion hatte sie den rebellischen Gewerkschaftsführer Arthur Scargill und seine zweifelhafte Gefolgschaft außer Gefecht gesetzt und die Rolle der britischen Gewerkschaften so empfindlich geschwächt wie ihr Seelenverwandter Reagan die amerikanischen. Die Privatisierung der Industrie ging ungeachtet einiger Rückschläge weiter. Auf der internationalen Szene nahm ihr Ansehen stetig zu. Sichtlich überzeugt von ihrer bedeutenden Rolle, zog sie großen Nutzen aus der ‚besonderen Beziehung‘ zu Reagan, und die übrigen weltpolitischen Führungsfiguren zollten ihr zumindest widerwilligen Respekt.

Das Weltbild einer Thatcher, die den Falklandkrieg, die Wiederwahl und die Konfrontation mit den Bergarbeitern hinter sich hatte, war in seinen Grundzügen jedermann klar geworden. Sie ging von der zentralen Voraussetzung aus, daß es nur zwei Möglichkeiten gab: man stand auf der ‚richtigen‘ oder auf der ‚falschen‘ Seite. In den Anfängen ihrer Amtszeit pflegte sie ihre Mitarbeiter zu fragen: „Ist er einer von uns?“ Die Bedeutung des „uns“ konnte dabei je nach Kontext wechseln, ohne jedoch die Grundfrage zu beeinflussen, ob der oder die Betreffende die Lebensauffassung Thatchers und ihres Kreises teilte oder ihr auf die eine oder andere grundsätzliche Weise widersprach. Ihr politisches Credo faßte sie einmal so zusammen: „Der Konflikt zwischen Gut und Böse hat mich veranlaßt, in die Politik zu gehen, und ich glaube, daß letzten Endes das Gute siegen wird.“

Diese manichäische Sicht, in der sich, wie dargestellt, undifferenziertes Denken spiegelt, prägte ihr Verhalten in verschiedenen politischen Handlungsbereichen. Im Kabinett war ihr Dauerthema die Abgrenzung der *wets* von den *dries* (den Regierungsmitgliedern, die sich Thatchers Laissez-faire-Ökonomie und ihrer sozialen Einstellung anschlossen). Ob man sich als Konservativer verstand, interessierte sie nur am Rande, wichtig war, ob man zu den ‚richtigen‘ Konservativen gehörte.

Um ‚uns‘ und ‚die anderen‘ ging es ihr auch auf nationaler Ebene. Ihre Sympathien waren auf seiten der kleinen Geschäftsleute, aller Bürger, die sich selbst hochgearbeitet hatten, und der Beschäftigten im Ingenieur- und Technikbereich. Ihre Gegner sah sie in der Regierungsbürokratie, in den Gewerkschaften, in den Universitäten und unter den Intellektuellen. Die Angehörigen der ersten Gruppe hielt sie für hart arbeitende Menschen, die ihre, Thatchers, Philosophie des Individualismus teilten, während sie die zweite Gruppe als arbeitsscheue Anhänger kollektivistischer Ideologien betrachtete. Zuneigung und Ablehnung waren wechselseitig. Der Schriftsteller Julian Barnes hielt fest:

> Für die Liberalen, die Snobs, die urbanen und kosmopolitischen Existenzen verkörperte sie die Krämerseele. … Ihren Anhängern jedoch erschien sie als Rednerin, die kein Blatt vor den Mund nahm, als klare Denkerin mit zukunftsweisenden Ideen, die die Tugend der Nüchternheit und Selbständigkeit verkörperte, als Patriotin, die erkannte, daß wir allzu lange von geliehener Zeit und geliehenem Geld gelebt hatten.

Aus den Tatsachen von Thatchers Leben ergibt sich ein offenkundiger Widerspruch. Der Herkunft nach ‚eine von uns‘, teilte sie vieles mit ‚den anderen‘ – schließlich war sie eine wohlhabende Akademikerin, für die Gedankenarbeit zum Alltag gehörte. Eine eingeschworene Gegnerin aufgeblähter Staatlichkeit, hatte sie ihr Einkommen dennoch immer vom Staat bezogen. Aber wie Reagan gelang es ihr, die Öffentlichkeit davon zu überzeugen, daß sie ‚unsere‘ Tugenden verkörperte und sich in Wesen und Lebenseinstellung von den ‚anderen‘ grundlegend unterschied. Ihre Überzeugungstreue, verbunden mit ihrer bescheidenen Herkunft, schützte sie vermutlich vor dem Vorwurf der Heuchelei.

Sie läßt in den genannten Punkten eine erstaunliche Ähnlichkeit mit Reagan, der zweiten erfolgreichen Politikerfigur der achtziger Jahre, erkennen. Beide trugen ihren Zuhörern eine einfache, nostalgische Botschaft vor, an die sie selbst glaubten, die sie überzeugend darstellen konnten und die sie kleineren Einschränkungen zum Trotz auch durch die eigene Lebensführung einzulösen schienen. Sie waren glaubwürdige Vertreter ihres Standpunkts. Zu beachten ist, was Reagan und Thatcher von ihren Nachfolgern trennt: weder Bush noch Clinton noch Major sind mit einem hinreichend prägnanten Programm vor die Bürger getreten, und wenn sie öffentlich Stellung beziehen, scheint ihrem Einsatz die letzte Überzeugungskraft zu fehlen.

Zu Thatchers Botschaft gehörte der Glaube, daß Großbritannien unter der Herrschaft der ‚anderen‘ – Labours und der konservativen Mitläufer – versagt habe. Als überzeugte Anhängerin Hayeks mißtraute sie jeder Form des Kollektivismus, und in programmatischen Worten, auf die man fast überall mit hochgezogenen Augenbrauen reagierte, erklärte sie, daß nur Individuen, nicht aber Gesellschaften existierten. Sie blickte mit Sehnsucht auf das Viktorianische Zeitalter des freien Unternehmertums und der freiwilligen Wohltätigkeit sowie auf den Patriotismus der beiden Weltkriege zurück und verachtete die kollektivistische Idee des modernen Wohlfahrtsstaates. Sie plädierte für Chancengleichheit, doch nicht für eine grundsätzliche Gleichstellung und vertrat die Meinung, jeder habe das Recht, zu behalten, was er verdiene. Im Grunde war sie eine traditionelle Sozialdarwinistin. In einer Rede vor angehenden Geschäftsleuten sagte sie: „Eines und nur dies werde ich für Sie tun: Ihnen mehr Freiheit geben, selbst etwas für sich zu tun. Wenn Sie das nicht können, tut es mir leid. Mehr habe ich Ihnen nicht zu bieten.“ Sie forderte eine Regierung, die „Arbeit, Fähigkeiten, Anstrengungen und vor allem Erfolg wenigstens ansatzweise ermuntert“. Und stolz wies sie auf die Leistungen hin, die Großbritannien auf dem Gebiet der Arbeit, Erfindung,

Wissenschaft und Demokratie in der Vergangenheit aufzuweisen habe: „Wer könnte angesichts solcher Erfolge daran
zweifeln, daß Großbritannien eine bedeutende Zukunft vor
sich hat. Unsere Freunde drängen darauf zu erfahren, ob
diese Zukunft Wirklichkeit wird."

Vor diesem ideologischen Hintergrund war es leicht, die
Feinde Großbritanniens auszumachen. Im Inneren waren es
die Gegner ihrer Ideen, die Anhänger der sozialistischen
Gegengeschichte, im Ausland alle diejenigen, von denen Ein-
griffe in die britische Lebensart drohten. Thatcher lebte in
der Vorstellung, daß Großbritannien eine besondere Beziehung zu den Vereinigten Staaten unterhalte, während seine
Verbindungen zum Commonwealth, zu Europa und zum
Rest der Welt zunehmend lockerer wurden. Von Anfang bis
Ende ihrer Regierungszeit stand sie jeder Art Bindung an
Europa, sei es auf ökonomischer, politischer oder sozialer
Ebene, mit äußerster Zurückhaltung gegenüber. Sie war
keine Freundin der zentralistischen, bürokratischen und
sozialistischen Tendenzen der Europäischen Gemeinschaft
und ging zu allen Europapolitikern, namentlich aber den
Vertretern Frankreichs und Deutschlands, die nach einem
starken, gemeinsamen Europa riefen, auf Distanz. (Sie stand
in dieser Hinsicht de Gaulle näher als Jean Monnet.) In ihrer
Autobiographie bemerkt sie unwirsch: „Noch gefährlicher
ist die Idee anderer kluger Köpfe – und Jacques Delors war
einer der klügsten europäischen Politiker, die mir begegnet
sind –, sie könnten auf dem holprigen Fundament alter
Nationen, unterschiedlicher Sprachen und unterschiedlicher
Wirtschaftssysteme ihren Turmbau von Babel errichten."

Ihr Weltbild ist ein anschauliches Beispiel für die verschiedenen Ebenen, die sich in einer dominanten Geschichte
überlagern können. Für anspruchslose Gemüter genügte es,

Großbritannien und seine glorreiche Vergangenheit zu preisen und jeden Angriff auf die freie Marktwirtschaft verächtlich zu machen. Für Interessierte hielten Thatcher und ihre Kollegen indessen mehr Substanz bereit. Ihre Geschichte appellierte an unterschiedliches Bildungsniveau. Wie in den USA der Reagan-Ära entstand ein ganzer Geschichtenkreis um den richtigen Weg, den das Land einst gegangen war und die ‚Bösen‘, die während der letzten fünfzig Jahre versucht hatten, es von diesem Weg abzubringen. Eine ansehnliche Gruppe von Intellektuellen entdeckten sich als Neokonservative, die diese Geschichte mit gelehrten Elementen ausstatteten und um weitere glanzvolle Kapitel ergänzten.

Jedem, der in den Jahrzehnten des kalten Krieges im Westen lebte, mußte die Sowjetunion als natürlicher Erzfeind erscheinen. Thatcher hatte für den russischen Kommunismus so wenig übrig wie für den Sozialismus in Großbritannien oder Europa, und daher ist es bemerkenswert, daß sie als erstes westliches Regierungsoberhaupt Beziehungen zu Michail Gorbatschow anknüpfte. Im Laufe eines Treffens und stundenlanger Gespräche mit dem damaligen russischen Ministerpräsidenten war sie zu dem Schluß gekommen, daß er nicht unsympathisch sei und man mit ihm, so die überlieferte Formulierung, ‚ins Geschäft kommen könne‘. Ihre Einsicht, daß Gorbatschow sich von den übrigen sowjetischen Führern unterschied, und ihre andauernde Beziehung zu ihm, waren wesentliche Faktoren beim Wandel, wenn nicht beim Zusammenbruch der Sowjetunion. So ermöglichte eine Persönlichkeit von unzweifelhaft konservativem Zuschnitt eine Verschiebung festgefahrener politischer Konstellationen. Dasselbe war in den frühen siebziger Jahren Nixon in den Beziehungen zum kommunistischen China gelungen.

Thatcher hatte Glück mit den Opponenten, die ihren Weg kreuzten: mit Edward Heath, dem schwachen Führer der Konservativen, mit dem diffusen Labourführer Neil Kinnock, dem besonders unfähigen argentinischen General Leopoldo Galtieri und dem ungehobelten, extremistischen Führer der Bergbaugewerkschaft, Arthur Scargill. Selbst Gorbatschow erwies sich als Glücksfall. Es muß jedoch hinzugefügt werden, daß Thatcher zumindest in den ersten Jahren ihrer Amtszeit ihre Gegner zu wählen wußte und sie gekonnt zur Förderung ihrer Interessen einsetzte.

Der Reichtum ihres Ehemannes und ihr beträchtliches intellektuelles Kapital hinderten Thatcher nicht daran, ihre Geschichten in eigener Person zu verkörpern. Sie war eine enthusiastische Patriotin, eine beschlagene Politikerin und arbeitete unermüdlich für die Anliegen, an die sie glaubte. In gewisser Hinsicht blieb das vereinfachende Denken der Fünfjährigen für sie verbindlich. Sie sah die Welt in scharf kontrastierenden Schwarzweiß-Tönen und ertrug weder Mehrdeutigkeit noch Subtilität. Ihr Interesse an Übereinstimmung war ungewöhnlich gering; sie ging so weit, um Konsens bemühte Politiker als Quislinge zu bezeichnen.

Erstaunlicherweise gelang es ihr mühelos, ein einfaches Weltbild mit einem detaillierten und differenzierten Verständnis für politische und wirtschaftliche Fragen zu verbinden. Anders als Reagan war sie weder faul noch uninformiert. Ihre Besucher überraschte sie immer wieder durch ihren Kenntnisreichtum, ihr exzellentes Gedächtnis, ihre gewitzten Fragen und ihre Fähigkeit, diskussionsrelevantes Wissen zu mobilisieren. Sie diskutierte gern und respektierte Opponenten, die in der Lage waren, Tatsachen zu präsentieren und Argumente vorzubringen. Gefühlsduselei und Scheinheiligkeit verärgerten sie. Sie besaß Expertenkenntnisse in mehr als einer Domäne und bewies ein bei Politikern selten anzutreffendes Geschick, ihr Expertenwissen von ihren politischen Instinkten zu trennen und je nach Bedarf das eine oder das andere einzusetzen. Ihre unweifelhafte Intelligenz ließ sie nie im Ungewissen darüber, wo das Publikum stand. In den verschiedensten Bereichen, vom Falklandkrieg bis zur Fiskalpolitik, stellte Thatcher unter Beweis, daß politische Führungsstrategie es erlaubt, Fachwissen mit einfachen, klaren Botschaften produktiv zu vereinbaren.

Zu ihren persönlichen Eigenschaften gehörte Zivilcourage. Beim Mordanschlag auf Count Mountbatten in Nordirland eilte sie sofort zum Schauplatz der Tragödie, und als sie bei einem terroristischen Bombenattentat während des Parteitags der Konservativen in Brighton beinahe ums Leben kam, setzte sie ihre Arbeit ohne Aufschub, mit fast herausfordernder Entschlossenheit fort, ein bewundernswertes Vorbild für ihre Minister und Mitbürger. Im Unterschied zu den vielen, denen die Maxine nicht mehr als Lippenbekenntnis ist, war sie sichtlich bereit, für ihre Prinzipien Opfer zu bringen, und ließ diese Bereitschaft mehr als einmal erkennen.

Doch ihre Schwächen waren ihren Stärken allzu eng verwandt. Sie suchte alles zu beherrschen, verstand sich selten dazu, Verantwortung zu delegieren, schlief nur vier Stunden und behielt in der übrigen Zeit jede Einzelheit im Auge. Ihr Selbstbewußtsein wurde leicht zu Intoleranz, Unbeweglichkeit und moralisierender Rechthaberei. Selbst von Anhängern wurde sie allgemein als dominant und engherzig betrachtet, als Mensch, der Gräben aufriß und über andere gleichgültig hinwegging. Wenn sie im Fernsehen auftrat, nahm man nicht selten an ihrem „Befehlston" Anstoß. Allergisch gegen Unschlüssigkeit und Reflexionen, entließ sie einen Minister mit den Worten: „Er hatte die Untugend, sich alles zweimal zu überlegen." In verwandter Stimmung erklärte sie: „Die Propheten des Alten Testaments gingen nicht unter die Leute, um sich Konsens zu erbitten." Sie war bekannt für unnötige Beleidigungen. Ein enger Mitarbeiter, Umweltminister Kenneth Baker, beschrieb sie als „persönlich dominant, über die Maßen selbstbewußt und aufreizend starrköpfig … eine seltsame Mischung aus Aufgeschlossenheit und kleinlichen Vorurteil." Ein Staatsbeamter sagte von ihr: „Sie war das einzige Mitglied einer Ministerrunde, von der ich nicht ein einziges Mal den Satz gehört habe: ‚Ich frage mich, ob …'".

Bleibt die Frage nach ihrer Rolle als Frau in der Politik. Die Jahre, in denen sie an die Öffentlichkeit trat, waren deutlicher als die Wirkungszeit Margaret Meads und Eleanor Roosevelts von der Neudefinition der Frauenrolle geprägt, ein Umstand, von dem sie profitiert haben dürfte. Es ist schwer vorstellbar, daß sie in präfeministischer Zeit in ein hohes politisches Amt gewählt worden wäre, selbst in einem Land, das auf eine lange Tradition von Monarchinnen zurückblickt. Anfänglich wurde sie als Frau in der Politik behandelt, mußte die frauentypischen sozialen Aufgaben übernehmen und die Fragen beantworten, die solchen Frauen üblicherweise gestellt werden. Thatcher ließ ihre Abneigung gegen die Behandlung als weiblicher Minister jedoch deutlich erkennen und wehrte sich entschieden dagegen, als Angehörige des anderen Geschlechts klassifiziert zu werden.

Tatsächlich steht die Politikerin Thatcher eher in der Tradition der Präsidentinnen von Indien, Israel und Pakistan, Indira Gandhi (ihrer einzigen erklärten Vorbildfigur), Golda Meir und Benazir Bhutto, drei geborenen politischen Talenten. Allen Aspekten des Politikerhandwerks, die als typisch männlich gelten, wurde sie besser gerecht als ihre politischen Gegner: sie war die gewandtere Debattenrednerin, war härter, analytischer und, wenn es um Krieg ging, entschlossener. (Der Politikwissenschaftler John Stoessinger behauptet, keine Politikerin des zwanzigsten Jahrhunderts habe einen Krieg verloren.) Sie hielt ihre fast ausschließlich männlichen Opponenten für weiblicher als die von ihnen verspotteten Frauen:

> Meiner Erfahrung nach verkörpern eine ganze Anzahl von Männern, mit denen ich in der Politik zu tun hatte, genau die Eigenschaften, die sie selbst den Frauen zuschreiben: Eitelkeit und Entschlußlosigkeit. ... Eine Frau, die keine Privilegien fordert und erwartet, nur aufgrund ihrer Persönlichkeit und ihrer Leistungen beurteilt zu werden, wirkt auf gravierende und unverzeihliche Weise desorientierend.

Aber sie war keine Feministin und identifizierte sich kaum mit Frauenfragen (oder vertrat, wie sie selbst es vielleicht ausdrücken würde, die Interessen aller Frauen, sofern sie zeigte, daß es einer Frau gelingen konnte, sich ohne Defensivstrategien in einer Männerwelt durchzusetzen). Ich müßte mir jedoch Nachlässigkeit vorwerfen lassen, wenn ich den Hinweis schuldig bliebe, daß Margaret Thatcher eine in mancherlei Hinsicht überaus attraktive Persönlichkeit war. Wie Führer beiderlei Geschlechts von charismatischen Zügen profitieren, können Führerinnen in der noch immer von Männern dominierten Welt der Politik aus ihrer Attraktivität Nutzen ziehen.

Ob Thatcher ihre Ziele würde verwirklichen können, blieb während der ersten Phase ihrer Amtszeit unentschieden.

Nach dem Falkland-Sieg und ihrer spektakulären Wiederwahl stand sie auf dem Gipfel ihrer Macht. Es war nicht
leichter geworden, mit ihr zusammenzuarbeiten, als in
früheren Jahren, und ihre Flexibilität hatte nicht zugenom-
men, doch sie stellte fest, daß der Zeitgeist ihr entgegenkam,
und tat alles, um diesen Trend zu stützen. Nach einem weiteren Wahlsieg im Jahr 1987 hatte sie selbst das Empfinden,
sie könne „endlos so weitermachen". In einem Interview
sagte sie: „Ich glaube, langsam werde ich zur Institution",
und fügte hinzu: „Ich beabsichtige, so lange im Amt zu bleiben, bis ich das Gefühl habe, es sind Leute da, die das Ban-
ner mit demselben Engagement und Weitblick, mit derselben
Überzeugung, Kraft und Zielstrebigkeit weitertragen."

Der Wahlsieg war für sie kein Grund zur Konzilianz. Wie
Nixon nach seinem Erdrutschsieg von 1972 wollte sie die
vollkommene Rehabilitierung. Sie agierte weiterhin, als sei
sie der Kopf einer verwundbaren Guerillagruppe und nicht
die populäre Führerin der Massen. Von ihren Ministern forderte sie uneingeschränkte Loyalität. Ihre Gegner haßten es,
mit ihr in Auseinandersetzungen zu geraten: „Sie wirkte einschüchternd, war unbedenklicher, rücksichtsloser und weniger zugänglich für Vernunftappelle als sie."

Doch drei Jahre nach ihrem dritten Wahlsieg, am
22. November 1990, trat Margaret Thatcher auf Druck von
Mitgliedern ihrer eigenen Partei von ihrem Amt zurück. Wie
ist dieser plötzliche Umschwung zu erklären? Man fühlt sich
versucht, einzelne Faktoren als Grund zu nennen, die zunehmende Kluft zwischen arm und reich in der britischen Bevölkerung zum Beispiel, Thatchers Versuch, praktisch im
Alleingang die Schaffung einer effizienten Europäischen
Gemeinschaft zu verhindern, ihre unablässigen Angriffe auf
die Lokalverwaltungen, die vielleicht überraschenden Ver-

suche, die zentrale Kontrolle über das Unterrichtswesen und andere traditionell lokal verwaltete Aufgabenbereiche zu verstärken, und vor allem vielleicht ihr geharnischtes Drängen auf die von jedem Bürger zu entrichtende regressive Kopfsteuer (‚poll tax‘) zur Finanzierung der kommunalen Verwaltungen.

Aber sie hätte eine Verbindung solcher Fehleinschätzungen und unangebrachten Maßnahmen vermutlich politisch überlebt, wäre sie eine andere Persönlichkeit gewesen. Mitgliedern beider Parteien erschien sie in wachsendem Maß als Mensch, der den Kontakt zur politischen Realität verloren hatte. Überzeugt von ihrer Unfehlbarkeit in jeder Frage, handelte sie mehr und mehr wie eine regierende Monarchin und nicht wie die auf Zeit eingesetzte Führerin einer gewählten Partei, die das Vertrauen der Wähler gewinnen und sich periodischer Wiederwahl stellen mußte. Allein ihr eigener Standpunkt in einer Frage schien zu zählen, andere für die eigene Überzeugung zu gewinnen, entbehrlich zu sein. Geoffrey Howe, langjähriger Minister der Thatcher-Regierung erklärte im Ton ärgerlicher Verzweiflung: „Das Beharren auf der unumschränkten Souveränität ihrer Meinung, die im Gewand der souveränen Volksmeinung auftrat, wurde ihr zum Verhängnis."

Margaret Thatcher verließ den Amtssessel weder freiwillig noch mit Gelassenheit. Sie trat erst dann zurück, als klar wurde, daß sie die Herrschaft über ihre Partei verloren hatte, sparte in ihren Memoiren nicht mit Verachtung für die Gruppen, die ihren Rücktritt betrieben hatten, und schonte einzig John Major, den sie als ihren Nachfolger favorisierte. Während andere für ihren erzwungenen Rücktritt ihre persönlichen Mängel verantwortlich machen, sucht sie selbst die Schuld offenkundig bei den Führern und Anhängern, die ihre weitsichtigen politischen Vorstellungen nicht zu schätzen wußten.

Seit ihrem Ausscheiden aus dem Amt wirkt sie als eine Art ‚loyale Opposition‘ für beide Parteien, als allzeit bereite Kritikerin und Ratgeberin in innen- und außenpolitischen Fragen. In den Versuchen, die Welt zum Eingreifen in die grauenhaften Geschehnisse in Bosnien zu bewegen, zeigten sich ihre bewundernswerten Seiten, während aus den Seitenhieben auf frühere Kollegen kindliche Bockigkeit und Kleinlichkeit spricht.

Noch ist es zu früh, ein abschließendes Urteil über die bleibenden Wirkungen von Margaret Thatchers langjähriger Regierungszeit zu fällen. Erst in Jahrzehnten wird uns die Entscheidung darüber möglich sein, ob der ‚Thatcherismus‘ eine grundlegende Neuorientierung des politischen Lebens in Großbritannien bewirkt hat oder als kurzfristige Abweichung von einem Prozeß zu betrachten ist, der bereits viel früher begonnen hat und sich bis weit ins kommende Jahrhundert fortsetzen dürfte. Obwohl sie die Vorsitzende einer Partei war, die aller Voraussicht nach Zukunft hat, ist sie in derselben Lage wie vor ihr Martin Luther King jr., Eleanor Roosevelt oder Papst Johannes XXIII., das heißt, sie hat wie alle innovativen Persönlichkeiten unter den führenden Köpfen keine Gewißheit darüber, ob ihre Hinterlassenschaft fortgeführt wird. Daß sie sich über diesen Umstand im klaren war, zeigt eine Erklärung aus der Zeit nach ihrem Rücktritt:

Eine orthodoxe Finanzpolitik, wenige staatliche Eingriffe und ein niedriges Steuerniveau, ein Minimum an Bürokratie, eine starke Verteidigung, die Bereitschaft, die britischen Interessen zu verteidigen, wann und wo immer sie bedroht sind – ich hätte nicht gedacht, daß es nötig wäre, Männern in diesen Punkten neue Einsichten zu vermitteln. Ich hielt die Debatten darüber für abgeschlossen, ihren Sieg für gesichert. Jetzt weiß ich, daß diese Debatten nie abschließend gewonnen werden.

Es läßt sich jedoch schon jetzt über Thatchers interimistische Wirkung auf ihr Land und ihre Amtszeit sprechen, die zu Recht als Thatcherära bezeichnet wird. In vielen einzelnen Punkten, die ihr besonders am Herzen lagen, wurden keine nennenswerten Erfolge erzielt. Sie konnte Rezession und Inflation nicht aufhalten, die öffentlichen Ausgaben und die Abgabenlasten nicht wesentlich senken, konnte keine neuen Steuerquellen erschließen noch die hohe Arbeitslosenrate herabdrücken. Regionale Spannungen und Rassenkonflikte nahmen in ihrer Amtszeit zu. Sie war außerdem in ihren Maßnahmen nicht immer konsequent. So verteidigte sie Entlastungen bei der Hypothekarsteuer und sprach sich gegen eine Erhöhung der Geldzinsen aus, weil diese Anleihen beim Programm der *wets* den Interessen ihrer treuesten Anhänger entgegenkamen.

Bedeutend war dagegen ihr Einfluß auf das Selbstverständnis der Nation, auf das Bild, das sich die britischen Bürger von ihrem Land, ihren Zukunftsmöglichkeiten und ihrem Platz in der Welt machten. Mit Erfolg wandte sie sich gegen die sozialistischen Strömungen, die die britische Politik seit dem Zweiten Weltkrieg bestimmt hatten; sie begünstigte Privatunternehmer, kleine innovative Gesellschaften und die Marktkräfte im allgemeinen, und sie untergrub den gesellschaftlichen Konsens über die einst beherrschende Rolle der Gewerkschaften, der verstaatlichten Industrie und der Lokalverwaltungen. Wie Franklin D. Roosevelt und Ronald Reagan in den Vereinigten Staaten veränderte sie in ihrem Land die Grundlagen der öffentlichen Diskussion. Henry Kissinger, der frühere US-Außenminister, sagte in einer Würdigung Thatchers: „Der Wandel war so groß, daß die gegenwärtige offizielle Plattform der Labourparty sich kaum von dem unterscheidet, was Frau Thatcher 1975 als Programm der Konservativen übernahm".

Demnach präsentiert sie sich als erfolgreiche direkte Führerin, unter deren Einfluß sich das Denken, Fühlen und Handeln ihrer Zeitgenossen tiefgreifend veränderte. Weil es ihr gelang, Überzeugungen und Wertvorstellungen zu wecken, die in ihrem Land seit vielen Jahren verstummt waren, verdient sie außerdem als innovative Führerin betrachtet zu werden. Aber sie bewirkte diese Veränderungen nach Art des ungeschulten Denkens, das heißt auf häufig stark vereinfachende und polarisierende Art – durch Betonen der Unterschiede zwischen Großbritannien und anderen Ländern, zwischen Tories und Konservativen, zwischen ihren Kritikern und den rückhaltlosen Anhängern innerhalb der eigenen Partei. Wäre sie bereit gewesen, Brücken zu den verträglichen unter ihren Kritikern zu schlagen, sie hätte die politischen Stürme der späten achtziger Jahre vielleicht überstanden. (Man denke daran, wie Ronald Reagans Gabe der Verbindlichkeit ihm in der Iran-Contra-Affäre zustatten kam.) Ohne ihre verbissene Hartnäckigkeit, ließe sich dagegenhalten, hätte sie vielleicht niemals die Macht des höchsten Amtes erlangt und, einmal im Amt, der Aufmerksamkeit, den Interessen und Energien der britischen Bevölkerung eine neue Richtung gegeben. Ihr Versagen war die Kehrseite ihres Erfolges.

In demokratischen Gesellschaften sind dem Handlungsspielraum führender Repräsentanten genau umschriebene Grenzen gesetzt. Über fast jeden Schritt wird debattiert und abgestimmt; verschiedene Interessengruppen müssen berücksichtigt und zufriedengestellt werden, und angesichts von Wahlen gilt es den oft launischen Wähler im Auge zu behalten. Drängen Führer oder führende Gruppen mit Nachdruck in eine bestimmte Richtung, ist eine Reaktion zu erwarten, und häufig ist diese Reaktion stark genug, die Kraft des innovativen Schubs nachhaltig zu beeinträchtigen. Man braucht nicht auf den Historiker Arthur Schlesinger jr. und seine Theorie der Drei-Dekaden-Zyklen in der amerikanischen Geschichte oder auf die Forderung Thomas Jeffersons (und Mao Zedongs) nach einer periodischen Revolution zurückzugreifen, um zu erkennen, daß geistige Strömungen in demokratischen Gesellschaften immer ihre ‚Laufzeit' haben.

Selbst totalitäre Regime erleben Zeiten des Aufbruchs und der Stagnation, und auch sie gehen früher oder später zu Ende. Aber solange sie an der Macht sind, können sie ihren Kurs entschlossener verfolgen als Demokratien. Stalins, Maos oder Francos jahrzehntelange Herrschaft findet in westlichen Demokratien nicht leicht ihre Parallele, wo man eine derartige soziale Mobilisierung allenfalls in Krisenperioden kennt. In Zeiten kriegerischer Konflikte oder wirtschaftlicher Depression sind die Bürger bereit, ihre Rechte und persönlichen Ziele wenigstens zeitweise aufzugeben, um sich ein Mindestmaß an Sicherheit zu erhalten oder ein wirtschaftliches Chaos abzuwenden. Margaret Thatcher konnte sich eine ähnliche Krisenlage vorübergehend zunutze machen und verlor ihren Einfluß, als die Situation sich stabilisierte. Über ihre Leistungen als Weltpolitikerin und Führerin ihres Landes werden indessen erst spätere Generationen mit besseren Gründen urteilen können.

13

Eine Generation weltpolitischer Führer

> Beim Auftreten des Führers sind die Menschen
> voll Panik, handlungsunfähig und ohne Zukunfts-
> hoffnung. Wenn der authentische Führer gespro-
> chen hat, ist ihr Mut zurückgekehrt.
>
> *William Rees-Mogg*

> [Franklin Roosevelt] wurde ein Wissenschaftler
> und Spezialist – sein Fach war die Politik, so wie
> Einsteins Fach die theoretische Physik war.
>
> *Thomas Parrish*

> Wenn wir auf die langsam akkumulierte Menge
> der Erfindungen zurückblicken, die uns zum Men-
> schen und schließlich zum kultivierten Menschen
> gemacht haben, so fällt uns darunter die wach-
> sende Fähigkeit des Menschen ins Auge, sich in
> immer größere soziale Zusammenhänge zu stel-
> len: in seinen Klan, seinen Stamm, seine Nation,
> seine Religion, seinen Erdteil.
>
> *Margaret Mead*

Die politischen Führer, die 1943 am Gipfelgespräch von
Teheran teilnahmen – Franklin D. Roosevelt (1882–1945)
aus den USA, Winston Churchill (1874–1965) aus Großbritannien und Iosif Stalin (1879–1953) aus der UdSSR –
waren eine bemerkenswerte Gruppe. Jeder der drei stand an
der Spitze einer Weltmacht, die durch die militärischen
Angriffe ihrer Gegner nie zuvor erlebten Belastungen ausge-

setzt war. Noch lagen die genauen Einzelheiten über das Ende des Zweiten Weltkriegs im dunkeln; daß der Sieg auf ihrer Seite sein würde, stand Ende November 1943 jedoch bereits fest. Früher oder später würden die Achsenmächte geschlagen sein und die brutalen Angriffe auf Pearl Harbor, London und Leningrad gerächt. Die drei mächtigen Staatsführer, die zum ersten Mal als Gruppe zusammentrafen, hatten sich in der Hauptstadt Irans versammelt, um über die letzten strategischen Entscheidungen des Krieges zu beraten und die Grundzüge der nachfolgenden Friedensverhandlungen festzulegen.

Während der Verhandlungen lernten Stalin, Churchill und Roosevelt einander kennen, und jeder hatte Gelegenheit, sich ein persönliches Bild von den zwei Bündnispartnern zu machen. Wie im ersten Kapitel berichtet, besprachen sie die Möglichkeiten, wie Hitler und die Achsenmächte effizient und entscheidend zu schlagen seien; sie einigten sich über die endgültigen Details der für das Frühjahr 1944 geplanten Atlantikinvasion, trafen Entscheidungen über die Fronten im Mittelmeerraum sowie im Fernen Osten und erwogen territoriale und rechtliche Optionen für die Nachkriegszeit. Noch wurden zwar wenige bindende Beschlüsse gefaßt – man denkt an das nachfolgende Treffen auf Jalta im Jahr 1945, das kontroverser verlief und zu schwerwiegenderen Abmachungen führte –, doch wurden grundsätzlich zu vereinbarende Interessen erkennbar. Die drei alternden, doch noch aktiven Politiker kehrten darauf hin in ihre Heimat zurück, um ihre Länder weiter durch den Krieg zu führen und den Frieden vorzubereiten.

Der Teheraner Gipfel ist ein Kardinalbeispiel für die Erwartungen, die sich üblicherweise an die Tätigkeit von Führern knüpfen. Jeder der drei Politiker war das Ober-

haupt einer großen Nation und eine unbestrittene Führungs-
gestalt; jeder bewährte sich während des Krieges als mutiger
Oberbefehlshaber seiner Truppen, und jedem gelang es, in
der Bevölkerung seines Landes Widerstandsgeist und Opferbereitschaft zu wecken. Zu dritt verkörperten sie ein unge-
heures Machtpotential, eine Verfügungsgewalt über Personen und materielle Mittel, das die Schlagkraft legendärer
Heerführer wie Alexander, Karl der Große, Dschingis Khan
oder Napoleon und sogar der verhaßten deutschen und
japanischen Potentaten in den Schatten stellte. In Teheran
schließlich waren sie mit Verhandlungen von schicksalhafter
Bedeutung befaßt, die ein doppeltes Ziel verfolgten: die
Rechte ihrer Staaten zu schützen und einen Frieden zu planen, der weltweit Bestand haben würde.

Aber die ‚großen Drei' bildeten nicht nur eine Klasse für
sich , sondern repräsentierten überdies eine Generation, die
starke Führungspersönlichkeiten hervorgebracht hat. Neben Churchill und Roosevelt als Führern der demokratischen Gesellschaft stand Charles de Gaulle (1890–1970),
der seit 1940 als selbsternannter Führer der freien Truppen
Frankreichs *(Forces Françaises Libres)* auftrat. Zu den totalitären Führern der Achsenmächte gehörten Adolf Hitler
(1889–1945), Benito Mussolini (1883–1945) und der Japaner Hideki Tojo (1884–1948). Lose verbunden mit den
kriegführenden Mächten waren außerdem die Chinesen
Chiang Kai-shek (1887–1975) und Mao Zedong (1893–
1976). Zu derselben Generation gehörten auch Stalin und
der damals bereits verstorbene Gründer der Sowjetunion,
V. I. Lenin (1870–1924). (Zwei andere wichtige Persönlichkeiten, Mahatma Gandhi und Jean Monnet, sind Thema des
nächsten Kapitels.) Jede Entscheidung über die Auswahl aus
dieser Generation weltpolitisch bedeutender Führergestal-

ten muß zufällig erscheinen. So könnte Tojo, oder Lenin, fehlen und der spanische Diktator Francisco Franco die Reihe der Beispielfälle ergänzen. Für den Zweck unserer Untersuchung jedoch lassen sich die Genannten als repräsentative Weltpolitiker des zwanzigsten Jahrhunderts betrachten.

In den vorausgehenden Kapiteln wurden neun Persönlichkeiten dargestellt, die aufgrund der von ihnen erzählten Geschichten sowie ihrer Lebensführung ebenfalls als repräsentative Führungsfiguren gelten können. Die Beispiele reichen von Margaret Mead, deren Führungsrolle wesentlich durch ihre Zeichenproduktion legitimiert war, über die Führer relativ begrenzter Institutionen, wie Robert Maynard Hutchins, bis zu Margaret Thatcher als Vertreterin nationaler Führungspersönlichkeiten. Keine dieser Persönlichkeiten hatte so viel Verantwortung zu tragen wie die Politiker von Teheran, und keinen umgab ein vergleichbarer Ruhm, doch alle erfüllten die Grundkriterien authentischen Führungsverhaltens: die wesentliche Beeinflussung des Denkens, Fühlens und/oder Handelns einer bedeutenden Anzahl von Menschen. Man könnte sogar behaupten, daß gewisse Aspekte von Führung deutlicher hervortreten, wenn man Persönlichkeiten analysiert, die weniger außergewöhnlich, weniger Legende waren als die ‚großen Drei'.

Die Untersuchung der Beispielfälle des vorliegenden Kapitels dient zwei wichtigen Zielen. Erstens muß jede Untersuchung des Phänomens Führung, die auf Vollständigkeit Anspruch erhebt, außer einer Anzahl typischer Figuren (wie sie in den vorausgehenden Kapiteln dargestellt wurden) auch paradigmatische Fälle wie die genannten zehn Weltpolitiker einbeziehen. Dazu kommt zweitens, daß sich im Laufe der Studien Hinweise auf interessante lebensgeschichtliche Kon-

stanten ergeben haben, die sich an den Großen der Weltpolitik testen lassen. Es wird sich zeigen, ob sie sich nicht nur
für die Charakterisierung der repräsentativen Führungspersönlichkeiten, sondern auch bei der Betrachtung der prototypischen Fälle als relevant erweisen. Schließlich werden bei
der Darstellung der zehn einige Themen aktiviert, die bisher
nur am Rande auftauchten oder fehlten.

Zwei weitere Punkte zum Umfang des vorliegenden Kapitels sollten erwähnt werden. Wie ich im ersten Kapitel
anmerkte, sind meine Studien über Führung nach der Vollendung einer ähnlich gelagerten Untersuchung entstanden,
die den Merkmalen der Kreativität nachging. Bei der Suche
nach ,Symptomen' authentischen Führungsverhaltens versuche ich die Ergebnisse im Auge zu behalten, die aus der
früheren Untersuchung, *So genial wie Einstein. Schlüssel
zum kreativen Denken*, hervorgegangen sind. Margaret
Mead und J. Robert Oppenheimer boten sich hier vor allem
an, weil beide zu Beginn ihrer Laufbahn in indirekten Führungsrollen (nach der Einstein/Picasso-Tradition) auftraten,
später aber direkte Führungsfunktionen (nach der Thatcher/
Marshall-Tradition) übernahmen.

Schließlich bleibt zu betonen, daß es sich nicht um eine
quantitative Studie handelt. Meßbar zu machen, wieviel von
einem Rebellen in einem Führer steckt, durch wie viele
Höhen und Tiefen sich eine Karriere auszeichnet oder wie
einfach oder komplex eine Geschichte ist, liegt außerhalb
meiner Möglichkeiten. Nach dem Vorbild der von Howard
Gruber und Erik Erikson durchgeführten „idiographischen"
Erforschung individueller Beispielfälle suche ich nach lebensgeschichtlichen Momenten, die sich in dieser Population wiederholen. Ich warte mit Ungeduld auf die Zeit, in
der es möglich sein wird, die sich aufdrängenden allgemei-

nen Schlußfolgerungen auf eine festere, „nomothetische" Grundlage zu stellen.

Aber es darf nicht der Eindruck entstehen, als handle es sich bei den hier vorgelegten thematischen Angaben um zufällig aufgefangene Impressionen. Emma Laskin und ich waren bemüht, für jede Person Informationen zu jedem biographischen Thema zusammenzutragen. Doch für zehn Personen je ein Dutzend lebensgeschichtlicher Motive abzuhandeln, ergäbe eine schwerfällige Dokumentation pedantischer Wissenschaftlichkeit. Wir haben das Kapitel also nicht mit einer erschöpfenden Materialsammlung, sondern mit einer Reihe schlagender Beispiele bestritten und für Leser, die an einem umfangreicheren Materialüberblick zu den thematischen Hauptpunkten interessiert sind, Anhang II zusammengestellt.

Die früher untersuchten kreativen Persönlichkeiten kamen im allgemeinen aus intakten bürgerlichen Familien, in denen die hingebungsvolle Erfüllung einer – irgendeiner – Aufgabe, als unentbehrliche Tugend galt. Alle hatten ein gutes, geregeltes, wenn auch nicht betont liebevolles Verhältnis zu ihren Eltern. Die endgültige Berufswahl blieb zunächst häufig unentschieden, doch waren alle zumindest ein Jahrzehnt lang in einer bestimmten Domäne tätig und erwarben sich die Qualifikation meisterlicher Reife, bevor sie sich neuartigen Anwendungen ihrer Fähigkeiten in den Randzonen der Domäne zuwandten.

Die direkten Führer*, die in diesem Kapitel dargestellt werden, stehen zur Gruppe der Kreativen in bezeichnendem

---

* Im folgenden benutze ich die Begriffe *Führer* und *direkte Führer*, wenn weitere Angaben fehlen, zur Bezeichnung der zehn Führer, die im vorliegenden Kapitel dargestellt sind.

Gegensatz. Obwohl sie etwa gleichzeitig aufwuchsen und die meisten aus europäischen Nationen stammten, ist der familiäre Hintergrund sehr viel uneinheitlicher. Ganz allgemein lassen sich zwei Gruppen unterscheiden: die Privilegierten und die Benachteiligten. Roosevelt und Churchill kamen aus Patrizierfamilien, die auf eine lange Tradition politischer Tätigkeit zurückblickten, die wissenschaftlich orientierten Familien de Gaulles und Lenins gehörten dem oberen Mittelstand an. Interessanterweise war de Gaulles Familie staatstreu und patriotisch, während Lenins Familie dem Zarenregime kritisch gegenüberstand und sein älterer Bruder wegen revolutionärer Umtriebe gehängt wurde.

In deutlichem Gegensatz dazu steht die weit weniger privilegierte familiäre Herkunft der totalitären Führer. Hitlers Vater war ein uneheliches Kind und hatte sich vom Schustergesellen zum Zollbeamten hochgearbeitet. Mussolinis Vater war Schmied und Gelegenheitsjournalist, Stalins Vater ein ärmlicher Schuhmacher. Die Herkunft der chinesischen Führer spiegelt ihre spätere oppositionelle Rolle im chinesischen Bürgerkrieg: der revolutionäre Mao war Sohn eines Bauern (der zu Wohlstand gelangte), während Chiang, der Vertreter der Rechten, aus einer Kaufmannsfamilie stammte.

Die Beziehung zum Vater gestaltete sich für die meisten der künftigen Führer als höchst problematisch und bedeutungsvoll. Stalin wurde von seinem Vater geprügelt, Hitler verurteilte seinen tyrannischen Vater, neben dem die geliebte Mutter kein einfaches Leben hatte; Maos Verhältnis zum Vater war stürmisch, und in Mißachtung der chinesischen Familientradition verließ Mao schon in jungen Jahren sein Elternhaus. Während diese Gruppe unter den totalitären Führern sich gegen den Vater auflehnte, identifizierten sich Lenin und de Gaulle (denen totalitäre Impulse nicht fremd waren) mit ihrem Vater und übernahmen seine politischen Neigungen. Einem andernorts erwähnten Muster entsprechend haben fast alle Führer schon früh den Vater verloren. Das Fehlen der väterlichen Autorität bedeutet für ehrgeizige junge Männer (vielleicht auch junge Frauen) die Aufforderung, die Verantwortung für das eigene Leben und das ihrer Familie in die Hand zu nehmen und sich ihren selbst verantworteten moralischen (oder amoralischen) Kodex zu schaffen.

Ähnlich bedeutungsvoll waren die Schulerfahrungen. Während Mead, Oppenheimer und Hutchins, die alle im Bildungsmilieu aufwuchsen, Schulen und Hochschulen mühelos durchliefen, sich durch glänzende Leistungen auszeichneten und die Umgebung durch ihre scharfe Intelligenz und ihr wissenschaftliches Potential beeindruckten, war die Schule für die meisten der großen Zehn eine ungemütliche, wenn nicht katastrophale Erfahrung. Hitler war ein Schulversager, und die Kunstakademie, deren Besuch sein leidenschaftlicher Wunsch war, blieb ihm verschlossen. Stalin trat auf Wunsch seiner Mutter ins theologische Seminar von Tiflis ein, wurde aber wegen marxistischer Propaganda relegiert. Mussolini war kein unbegabter Schüler, doch ein ungezügelter sozialer Außenseiter, der zweimal Kameraden mit dem Messer angriff. Ähnlich waren Maos Erfahrungen: intellektuelle Begabung, der persönliche Aufsässigkeit im Weg stand. Churchills Schulprobleme sind hinreichend dokumentiert. Roosevelt hatte keine Schwierigkeiten, die geforderten Leistungen zu erbringen, führte jedoch im wesentlichen das Leben des privilegierten Aristokraten mit den ‚standesgemäßen' Durchschnittsnoten, nicht das eines jungen Wissenschaftlers. Einzig de Gaulle und Lenin waren Musterschüler und -studenten, denen eine wissenschaftliche Laufbahn offenstand. Hätten sie nicht in Zeiten einschneidender politischer Umbrüche gelebt, würden wir sie möglicherweise wie Karl Marx oder den französischen Konservativen Charles Maurras ihrer Schriften wegen als indirekte Führer bewundern.

Drastisch wird der Unterschied zwischen kreativen und führenden Köpfen, was die berufliche Ausbildung betrifft. Die meisten schöpferischen Menschen, zu denen ich auch Mead und Oppenheimer rechne, widmen sich, wie angemerkt wurde, mindestens zehn zurückgezogene Jahre lang dem Erlernen des Handwerks, in dem sie später ihre großen kreativen Leistungen vollbringen.

Ein vergleichbares systematisches Eintauchen in eine gesellschaftlich organisierte Studiendomäne kannte die Generation der Weltpolitiker nicht, die statt dessen abenteuerlustig auszogen, die Welt der Menschen zu erkunden und vielleicht zu erobern. Die Laufbahn, die sie sich wählten, war im allgemeinen das Militär (de Gaulle, Chiang, Tojo, Franco, Churchill), der Journalismus (Mussolini, Churchill, Lenin) oder die Politik, teils in der konventionellen Spielart (Churchill, Roosevelt), teils in ihrer revolutionären Variante (Hitler, Mao, Stalin, Lenin). Einige ließen sich, wie angemerkt, auf zwei oder gar drei dieser Karrierewege ein. Fast alle nahmen in der einen oder anderen Form am Ersten Weltkrieg teil, was bezeichnenderweise für keinen der Kreativen zutrifft.

Aufschlußreich ist auch der Entschluß, Reisen zu unternehmen, sei es im eigenen Land oder ins Ausland. Churchill unternahm die ausgedehntesten Reisen und besuchte als junger Kriegsberichterstatter Kuba, Indien, den Sudan und Südafrika. Chiang bereiste Japan und die Sowjetunion, Tojo vollendete seine militärische Ausbildung in Berlin, Lenin ging ins europäische Exil, nachdem er schon vorher die

Schweiz, Frankreich und Deutschland kennengelernt hatte, und Roosevelt absolvierte wie seine Frau die sprichwörtliche Europatour. Ins Auge fallen die ‚Nesthocker': Stalin kannte die Sowjetunion; seine einzigen Auslandsreisen führten ihn nach Wien und Teheran, und Mao war weit in China herumgekommen, doch nie ins Ausland gereist. Der junge Hitler reiste in Deutschland und Österreich; Paris besuchte er aus Anlaß der Niederlage Frankreichs im Jahr 1940. Sein Biograph Alan Bullock bemerkte dazu: „[Hitlers] Gespür für die Stimmungslage in den westlichen Demokratien war verblüffend, wenn man bedenkt, daß er keine davon je besucht hatte noch eine Fremdsprache beherrschte."

Auslandsreisen in der Jugend, wie Mead und Oppenheimer sie auskosten konnten, sensibilisieren für die Perspektiven verschiedener Kulturen und Weltanschauungen. (In dieser Hinsicht ist Gandhis mehr als zwanzigjähriger Aufenthalt in Europa und Südafrika bemerkenswert.) Es wird schwieriger, bei einer monolithischen Perspektive, einer undifferenzierten, oft ab- und ausgrenzenden Geschichte zu bleiben, wenn man regelmäßig mit gegensätzlichen Gesichtspunkten konfrontiert war. Wer *nicht* weit gereist ist, neigt darum eher dazu, alles aus dem Blickwinkel der eigenen Landsleute zu betrachten, die in ihrer Mehrzahl ebenfalls wenig weltoffen, vielleicht sogar fremdenfeindlich sind.

Daß Wohlstand die Reiselust stimuliert, soll nicht bestritten werden. Weder Churchill noch Roosevelt mußten ihre Pfennige zusammenkratzen, um ins Ausland zu reisen. Doch der Verzicht, zu reisen, wenn man die Möglichkeit dazu hätte, könnte ein Hinweis darauf sein, daß man bewußt auf Erfahrungen verzichtet, die das eigene Weltbild zu komplizieren drohen. Es ist darum vielleicht kein Zufall, daß die drei großen totalitären Politiker unserer Zeit – Hitler, Stalin und Mao – auch dann nur selten fremden Boden betraten, als sie reichlich Gelegenheit dazu hatten, und daß ihre kosmopolitischen Kollegen Kompromissen zugänglicher waren.

Die beruflichen Anfänge der von mir untersuchten kreativen Menschen hatten ihre Tücken. Fast alle erlitten Rückschläge; Freud zum Beispiel war vierzig und hatte mehrere halbherzig betriebene Anläufe hinter sich, bevor er endlich sein Lebenswerk in Angriff nahm. Doch nur die wenigsten aus dem Kreis dieser Schöpfer der Moderne führten ein Leben, das an Spannungen, unerwarteten Möglichkeiten und abrupten Wendepunkten dem Leben der zehn politischen Führer gleichkam.

Über alle ist viel geschrieben worden. Es wäre unmöglich und ist angesichts ihrer Bekanntheit wohl auch entbehrlich, den zahlreichen Windungen ihres Lebenslaufs nachzugehen. Zur Illustration und Erinnerung halte man sich die folgenden ungewöhnlichen Lebensdaten vor Augen:

IOSIF STALIN, gebürtiger Georgier, wurde zwischen 1902 und 1913 wegen revolutionärer Umtriebe fünfmal verhaftet und konnte jedesmal fliehen. Seine ersten Jahre in den Reihen der Bolschewisten sind von Akten der Illegalität und Gewalttätigkeit bestimmt. In den frühen zwanziger Jahren, als Lenin den Staatsapparat leitete, hatte Stalin, der ein glänzender Organisator war, verschiedene Funktionen inne. Er benutzte sie, um einen ihm ergebenen Parteiapparat aufzubauen, den er nach Lenins Tod zur Abhalfterung Trotzkis und anderer Opponenten einsetzte. Er hielt sich unter Verwendung zunehmend tyrannischer Mittel dreißig Jahre lang an der Macht, vernichtete seine Gegner und erstickte jede oppositionelle Regung, schloß vorübergehende Bündnisse mit den Deutschen, dann mit den Alliierten und war mit beharrlicher Zielstrebigkeit darauf aus, die Sowjetunion zu einer unbesiegbaren Industrienation zu machen.

MAO ZEDONG (Mao Tse-tung) nahm an den frühen revolutionären Aktivitäten der Kommunistischen Partei Chinas teil. Er schrieb bereits 1919: „Die Welt gehört uns, die Nation gehört uns, die Gesellschaft gehört uns. Wer sollte sprechen, wenn nicht wir? Wer, wenn nicht wir, sollte handeln?" Nach dem Zusammenschluß mit der rivalisierenden Kuomintang-Fraktion in den frühen zwanziger Jahren, die das Ziel hatte, das Unterdrückerregime in Peking zu bekämpfen, erlebte er, daß Ende der zwanziger Jahre fast alle seine Genossen getötet wurden. Die wenigen hundert überlebenden Kommunisten gründeten eine neue revolutionäre Bauernbewegung auf dem Land, bauten sich im Laufe der nächsten zwanzig Jahre langsam und stetig eine Machtbasis auf, überlebten zahlreiche Konflikte und Krisen, bis sie 1949 die Herrschaft über das Land antraten. Aus Maos Sicht „erhoben sich [die Bauern] wie ein Tornado oder ein Unwetter, als eine Kraft von so ungewöhnlicher Schnelligkeit und Gewalt, daß kein noch so starkes Gewaltmittel sie aufhalten konnte". In den folgenden siebenundzwanzig Jahren von Maos Regierung nahm das Regime zusehends tyrannische Züge an, da der Führer chaotische Zustände zu bekämpfen hatte, zu denen er mit seinen periodischen Rufen nach Korrektur und Revolution selbst beitrug.

BENITO MUSSOLINI war ein Problemkind. Seiner Mutter erklärte er: „Eines Tages werde ich die ganze Welt zum Zittern bringen." Der nicht untalentierte junge Mann gründete eine Zeitung, baute eine Gewerkschaft auf, führte Generalstreiks an und formierte seine Gefolgschaft als Organisation gegen den Kommunismus und Sozialismus. Begleitet von einer Serie gewalttätiger Auseinandersetzungen gründete er eine neue politische Bewegung, den *Fascismo*, und lancierte im Oktober 1922 seinen Marsch auf Rom. Nach der Machtergreifung richtete er ein Regime ein, das ihm wegen seiner disziplinierten Funktionsweise weltweit viel Bewunderung eintrug. Als er territorialen Machtgelüsten nachgab und seinen Pakt mit Hitler schloß, schlug er einen Kurs ein, der seinem Land und ihm selbst zum Verhängnis wurde.

WINSTON CHURCHILL war zeitlebens ein Bilderstürmer, der mit Lust den Konventionen trotzte. Doch machte er durch seine Jugendtaten in Krieg, Journalismus und Politik in den verschiedensten Winkeln des britischen Empire auf so ungewöhnliche Weise von sich reden, daß er, noch in den Zwanzigern stehend, zu einer Berühmtheit wurde. Von 1911 bis 1915 bekleidete er das Amt des Ersten Lords der Admiralität, des britischen Marineministers, und bezeichnete sich als „Vater des Seeflugwesens". Nach der Verwicklung in umstrittene Aktivitäten und Entscheidungen, mit denen er sich zahlreiche Feinde schuf, war er 1922 „ohne Amt, ohne Parlamentssitz, ohne Partei und obendrein ohne Blinddarm." Er knüpfte lose Verbindungen zu verschiedenen politischen Bewegungen an und wetterte – erfolglos – gegen Hitlers Aufstieg in den dreißiger Jahren. Als das Land nach dem Fall Frankreichs im Jahr 1940 eine starke Führung brauchte, fiel die Wahl seiner Landsleute zwangsläufig auf ihn.

In mehrfacher Hinsicht ähnlich verlief die Karriere CHARLES DE GAULLES. Auch de Gaulle war ein Mensch, der militärisches, politisches und schriftstellerisches Talent vereinte. Auch er wurde während der dreißiger Jahre ignoriert, als er ein militärisches Deutschlands vorhersagte, und übernahm nach der Niederlage Frankreichs eine Führungsrolle. Obwohl er das Freie Frankreich mutig durch den Zweiten Weltkrieg führte, zunächst über den britischen Rundfunk, dann als Führer militärischer Streitkräfte in Nordafrika, erhielt er nach dem Krieg nicht die von ihm geforderte politische Unterstützung und zog sich zurück, um seine Memoiren zu schreiben, „ein alter Mann, erschöpft von den zurückliegenden Mühen, fern vom Zeitgeschehen". Erst 1958, während der Algerienkrise, wandten sich ihm die Franzosen erneut zu, und er übernahm für ein Jahrzehnt die Führung Frankreichs. Wie Churchill Englands Größe beschwor, versuchte de Gaulle mit allen Kräften, das nationale Selbstbewußtsein der Franzosen zu festigen, auch wenn er damit die Führer anderer Länder und die international gesinnten Kräfte im eigenen Land vor den Kopf stieß. Nach den Studentenunruhen in den späten sechziger Jahren zog sich de Gaulle ein zweites Mal freiwillig aus öffentlichen Diensten zurück.

CHIANG KAI-SHEK stand anfänglich unter dem Einfluß von Sun Yat-sen, dem chinesischen Führer, der vom Westen zu lernen versuchte. Als junger Mann las Chiang die Werke von Marx und Lenin und erhielt in der Sowjetunion eine militärische Ausbildung. Er war überzeugt, daß die Rückständigkeit seines Landes ihren Grund in den verkrusteten Traditionen des Kaisertums hatte, und versuchte mit seiner Partei, Kuomintang, sein Land zu einen und zu modernisieren. Er ließ sich auf einen mehr als zwanzigjährigen erbitterten Kampf mit den Kommunisten ein, der durch die von den USA erzwungene „Einheitsfront" im Zweiten Weltkrieg unterbrochen, jedoch nicht entschieden wurde. Während China von den Alliierten als Großmacht reinstalliert wurde, zerfiel das von Korruption durchsetzte Regime Chiangs, dem die Bevölkerung die Unterstützung versagte. 1949 floh er mit seinen Anhängern auf die kleine Insel Taiwan.

TOJO HIDEKI, der am wenigsten bekannte unter den zehn Führungspersönlichkeiten, war Japans Premierminister und militärischer Führer während des Zweiten Weltkriegs. Er hatte die Militärakademie in Tokio besucht. Nach dem Ersten Weltkrieg tat er Dienst in Berlin, wo er sich als tüchtiger Administrator, guter Feldkommandeur und strenger Zuchtmeister einen Namen machte. Mitte der dreißiger Jahre übernahm er eine führende Rolle in der Kwangtung-Armee in der Mandschurei und kehrte 1938 als stellvertretender Kriegsminister nach Tokio zurück.

In den späteren Jahren seiner Laufbahn gehörte Tojo zu den militantesten Führern Japans. Er befürwortete einen antisowjetischen Pakt mit Deutschland und Italien und zwang 1941 den gemäßigteren Premierminister Konoe Fujimaro zum Rücktritt. Mit der Verkündigung einer „neuen Ordnung" in Asien gab er im Dezember 1941 den endgültigen Befehl für den Angriff auf Pearl Harbor.

Tojo trat als faschistischer Führer auf und feierte die anfänglichen Siege Japans gegen die Vereinigten Staaten. Als sich in den Jahren 1943 und 1944 die japanischen Niederlagen häuften, wurde er nicht nur Handels- und Industrieminister, sondern auch Generalstabschef, mithin ein veritabler Diktator. Im Juli 1944 wurde er zusammen mit seinem Kabinett aus dem Amt gezwungen. Nach der Kapitulation Japans (der er sich widersetzt hatte), übernahm Tojo die Verantwortung für die Niederlage und machte einen Selbstmordversuch. Er wurde gesundgepflegt und nach einem Prozeß als Kriegsverbrecher 1948 verurteilt und gehängt.

Als Jugendlicher verdiente ADOLF HITLER sein Geld mit dem Verkauf selbstgemalter Postkarten, mit Teppichklopfen und ähnlichen Hilfsarbeiten. Nachdem er sich dem Militärdienst zunächst entzogen hatte, kämpfte er während des Ersten Weltkriegs als tüchtiger Soldat in der deutschen Armee. Enttäuscht und verbittert über die deutsche Niederlage und die Instabilität des Landes in der Nachkriegszeit, wurde er 1919 Mitglied der neu gegründeten Deutschen Arbeiterpartei (DAP – seit 1920 NSDAP). Während er eine Haftstrafe wegen eines gescheiterten Putschversuchs absaß, verfaßte er *Mein Kampf*, ein bemerkenswertes Bekennerdokument, in dem er seine persönlichen Anschauungen über die faschistische Machtausübung, über die Mystik des „Volkes", über Reinigung und Größe Deutschlands, den Antisemitismus und das Ziel der Weltherrschaft niederlegte. Nach der Auflösung des politischen Systems in Deutschland erlangte er 1933 auf legalem Weg das Amt des deutschen Reichskanzlers. Danach demontierte er, was von der repräsentativen Staatsform geblieben war, zerschlug die Opposition mit nicht minderer Härte als Stalin und regierte im wesentlichen durch Dekrete und die Macht der Persönlichkeit. Einer massiven militärischen Aufrüstung in den dreißiger Jahren folgte auf eine Serie brillanter Siege in den ersten Jahren des Zweiten Weltkriegs seit Anfang 1943 eine langsame Wende und die brutale Vernichtung der Juden und anderer „Nicht-Arier" sowie schließlich seiner Anhänger und eines großen Teils der deutschen Bevölkerung.

In meiner Darstellung Eleanor Roosevelts im 10. Kapitel war die Rede von FRANKLIN D. ROOSEVELTS schnellem Aufstieg im politischen System der Vereinigten Staaten: ein Senatssitz im Staat New York als Zwanziger, als Dreißiger

Marinesekretär und erfolgloser Bewerber um die Vizepräsidentschaft, als Vierziger Gouverneur des Staates New York
und danach viermal gewählter Präsident der Vereinigten
Staaten. In gewisser Hinsicht scheint seine Karriere weniger
stürmisch verlaufen zu sein als die der bisher betrachteten
Führer. Deren Nöte können indes kaum härter gewesen sein
als der persönliche Schlag, der Roosevelt traf, als er 1921, an
der Schwelle der Vierzig, an Kinderlähmung erkrankte. Eine
Zeitlang blieb unklar, ob er je wieder imstande sein würde
zu gehen und ins politische Leben zurückzukehren. Die
Unterstützung seiner engsten Vertrauten und seine finanziellen Mittel ermöglichten ihm eine weitgehende Wiederherstellung. Seine seit je bedeutenden politischen Fähigkeiten
hatten an Differenziertheit gewonnen und richteten sich auf
progressive und integrative Ziele. Sein persönlicher Mut
wirkte nicht nur als moralisches Vorbild für seine Landsleute, sondern gewann ihm den Vertrauensvorschuß, der nötig
war, um erstens eine beispiellose Wirtschaftskrise zu
bekämpfen und zweitens einen Krieg zu führen, der das
Land zwar nicht unmittelbar berührte, doch letztlich die
gesamte Zivilisation bedrohte.

W. I. Lenin hätte sich vielleicht für die Karriere eines An-
walts oder Wissenschaftlers entschieden, doch die Zeitläuf-
te trieben ihn in die politische Arena. Nach dem frühen Tod
seines Vaters, der im Januar 1886 an einer Hirnblutung
starb, und der Hinrichtung seines Bruders im Mai 1887,
dem man wegen einer Verschwörung gegen Zar Alexander III. den Prozeß gemacht hatte, wurde er zum revolutionären Anhänger von Karl Marx. Als Führer der Bewegung
der russischen Bolschewisten verfocht er die Notwendigkeit
einer nationalen und internationalen revolutionären Erhe-

bung. Ein begabter Theoretiker, Polemiker und politischer Führer, entwarf er den Plan für die Gründung einer Elitepartei, die er in den neunziger Jahren zu einer mächtigen Organisation aufbaute. „Gebt uns eine Organisation von Revolutionären, und wir werden Rußland aus den Angeln heben", schrieb er.

Im westeuropäischen Exil betrieb er weiterhin die Vorbereitung der Revolution in Rußland und förderte daneben die Kommunistische Partei als aktive politische Kraft auf dem Kontinent. Auf der Höhe des Ersten Weltkriegs kehrte er auf deutsche Vermittlung aus dem Exil zurück. In einem plombierten Eisenbahnwagen reiste er von der Schweizer Grenze durch Deutschland nach Petrograd, wo seine Heimkehr triumphal gefeiert wurde und dazu beitrug, im kriegszerrissenen kaiserlichen Rußland die lange erwartete Revolution auszulösen. Nachdem die imperialen Armeen und die Armeen der sozialistischen Rivalen besiegt waren, errichtete er ein autokratisches Regime in der neuen RSFSR. Da er kurz darauf schwer erkrankte, blieb der zukünftige Kurs seines Regimes ungeklärt. Er starb 1924 und hinterließ ein Vermächtnis, das sein schwer berechenbarer Genosse Iosif Stalin in unerwarteter Weise verwaltete.

Ein politiknaher familiärer Hintergrund und ein turbulentes Leben könnten sich als entscheidende Elemente der Entwicklung zum nationalen Führer erweisen. Daß diese biographischen Faktoren alleine nicht ausreichen, liegt auf der Hand. Zufallsmomente bestimmen die Gleichung mit, und es ist sehr wohl möglich, daß keiner der zehn zum Führer aufgestiegen wäre, wenn ihre Lebenszeit zwanzig Jahre früher oder später begonnen hätte. Sich einen dreißigjährigen Hitler des Jahres 1919 oder einen dreißigjährigen Stalin des Jahres 1909 als Kandidaten für ein Staatswesen von einiger Bedeutung vorzustellen, erscheint grotesk. Der junge de Gaulle und der jugendliche Churchill galten allgemein als begabt, doch ohne den Zweiten Weltkrieg wären die Memoiren beider in den frühen vierziger Jahren möglicherweise weit kürzer ausgefallen.

Ein spezifischer Faktor allerdings, der sich schon in den früheren Beispielfällen erkennen ließ, springt in den Biographien der großen Zehn unübersehbar ins Auge: die *Gewißheit*, etwas Besonderes zu sein, und die damit verbundene *Bereitschaft*, Autoritätspersonen mit dem Anspruch auf Gleichberechtigung gegenüberzutreten. Der selbstbewußte Einspruch richtet sich jetzt nicht mehr nur an die führenden Köpfe der eigenen Domäne (einen anderen Physiker oder Dichter), sondern an die verantwortlichen Führer ganzer Institutionen oder Staatswesen. Man erinnert sich an George C. Marshall, der General Pershing und später Präsident Roosevelt widersprach, oder an Margaret Thatcher im Konflikt mit den Führern ihrer Partei. Unter den Führern totalitärer Staaten war es Hitler, der in den frühen zwanziger Jahren mit seinen Brandreden Tausende in Bewegung brachte und es 1923 wagte, einen Putsch zu inszenieren; Stalin schuf sich eine Machtbasis und plante die Beseitigung Trotzkis, während er offiziell loyal zu Lenin stand. Mussolini trotzte mit seinem Marsch auf Rom König, Armee und Kirche, und Mao verbrachte Jahrzehnte in der ländlichen Provinz, um die Machtübernahme in seinem Land vorzubereiten. Lenin wandte sich mit derselben Entschlossenheit gegen die Führer rivalisierender sozialistischer Parteien, mit der er später in Rußland sein Sowjetregime errichtete, und Chiang lernte von den russischen Kommunisten, um anschließend mit denselben Methoden die kommunistischen Fraktionen im eigenen Land zu vernichten. Tojo schließlich trieb im Oktober 1941 in einem Handstreich den regierenden Premierminister Konoe aus dem Amt.

Derselbe Rebellionsgeist kennzeichnet Persönlichkeiten, die in nichttotalitären Gesellschaften lebten. Churchill, der bereit schien, in beinahe jeder politischen Frage seiner Zeit auf Konfrontationskurs zu gehen, stand häufig allein und nahm lieber Zurückweisung in Kauf, als seine innersten Überzeugungen zu verraten. De Gaulle widersprach den politischen und militärischen Konventionen der Zwischenkriegszeit, und in dem Gefühl, daß man ihm die geforderte Unterstützung schuldig blieb, kehrte er der Macht zweimal den Rücken. Unter den zehn war der jüngere Franklin D. Roosevelt der Angepaßte, am wenigsten Aufbegehrende, vielleicht weil ihm Rebellion als entbehrlich erschien. Doch sein Kampf mit der Kinderlähmung gab ihm die Kraft, für seine politische Existenz alles aufs Spiel zu setzen (zum Beispiel mit seinem Mentor Al Smith, dem Gouverneur von New York, zu brechen), eine rücksichtslose Einsatzbereitschaft, die sich in der Zeit seiner Präsidentschaft wiederholte. Wie andere Führungspersönlichkeiten gab sich Roosevelt nicht damit zufrieden, bestehenden Normen zu folgen. Angefangen bei der Nominierung zum Präsidenten, die er allem Herkommen entgegen persönlich annahm, bis zu seinem Entschluß, für eine dritte Amtszeit zu kandidieren, setzte er durch sein Beispiel vielmehr neue Normen, und tat dies, auch darin anderen Führern verwandt, ohne Bedenken und sogar in einem Gefühl des Triumphes. Der scharfsinnige britische Denker Isaiah Berlin sagte von Roosevelt: „Er war einer der wenigen Staatsmänner des zwanzigsten Jahrhunderts, vielleicht sogar aller Zeiten, der furchtlos in die Zukunft zu blicken schien."

Nun könnte es so aussehen, als ob ich mit meiner Feststellung, daß Führer vor und während der Zeit ihrer Herrschaft den Willen zeigten, sich anderen Autoritäten und früheren Konventionen zu widersetzen, offene Türen einliefe. Sind nicht neuartige Handlungsformen als selbstverständlich zu erwarten, wenn man in Zeiten des Umbruchs die Führung übernimmt? Dem wäre entgegenzuhalten, daß Herbert Hoover am Beginn der Weltwirtschaftskrise Präsident der Vereinigten Staaten war, daß Neville Chamberlain in England und Paul Reynaud in Frankreich die Regierung führten, als der Zweite Weltkrieg begann, und die Namen aller drei – wenn überhaupt – einzig darum in Erinnerung sind, weil sie sich anders als ihre Nachfolger den Anforderungen der Situation nicht gewachsen zeigten.

Es stellt sich jedoch eine andere, wichtigere Frage: Warum konnten es die in Rede stehenden jungen Männer schon vor ihrer Etablierung als nationale Führer für natürlich, zumindest aber denkbar halten, Autoritäten herauszufordern und sich ihnen als ebenbürtig an die Seite zu stellen? (Die entsprechende Frage läßt sich zum Beispiel für Margaret Thatcher und Golda Meir stellen.) Im Falle Churchills und Roosevelts liegt die Antwort nahe: beide kamen aus Familien, in denen die Ausübung politischer Funktionen zur lange geübten Tradition gehörte. Was aber konnte den arbeitslosen Hitler bewegen, von einem wiedererstarkten Deutschland unter seiner Führung zu phantasieren? Was die gesellschaftlichen Außenseiter Lenin und Stalin dazu veranlassen, sich als zukünftige Führer des ersten kommunistischen Staates der Welt zu sehen? Was trieb Chiang, Mao, Mussolini, Tojo und de Gaulle zu einem Selbstverständnis als taugliches Oberhaupt ihrer Nation?

Einen maßgeblichen Hinweis zur Lösung dieses Rätsels liefern die Arbeiten von Erik Erikson, der diesen Fragen vor allem in seinen ausführlichen Untersuchungen über Martin Luther und Gandhi, aber auch in gelegentlichen Überlegungen zu politischen und ideologischen Führern des zwanzigsten Jahrhunderts schon vor Jahren nachging. Der Psychoanalytiker Erikson ging von der Annahme aus, daß jeder Mensch damit beschäftigt ist, ein Bild seiner psychosozialen Identität zu gewinnen, das heißt, die Fragen zu beantworten, wer er ist, woher er kommt und wie seine Zukunft aussieht. Es kommt vor, daß in der Not einer individuellen „Identitätskrise" Antworten gefunden werden, die sich nicht nur für den einzelnen als hilfreich erweisen, sondern auch Lösungen für ein umfassenderes Problem versprechen, das einen signifikanten Teil seiner Gesellschaft bedrängt.

Man betrachte in diesem Licht den Zustand führender Nationen der Welt in den ersten Jahrzehnten unseres Jahrhunderts. Das kaiserliche Rußland, das unter den Kriegsfolgen leidende Deutschland, das chaotische Italien sowie das postimperiale China waren von Auflösungserscheinungen bedroht. Die Jugend dieser Länder verband ein Gefühl der Desorientiertheit und Enteignung, Angstgefühle, die den Zustand ihrer Familien, ihrer Generation, ihrer Länder und vielleicht der Welt spiegelten. Solche Zeiten, in denen die Konflikte und Ungewißheiten des Einzelnen mit einem Ordnungsverlust des Gemeinwesens verquickt sind, in denen vor allem auch die vorgestellten Auswege koinzidieren, schaffen die Voraussetzungen für das Auftreten potentieller nationaler Führungsfiguren.

Von solchen Nöten sind natürlich zahlreiche junge Menschen betroffen, und viele von ihnen bemühen sich um eine gangbare persönliche Lösung. Was die künftigen Führungsverantwortlichen auszeichnet, sind die Fähigkeit und der Wille, im Rahmen des größeren Ganzen zu denken. Zu dieser Fähigkeit gehören Geschick – oder Intelligenz – im mündlichen und schriftlichen Ausdruck, im analytischen Denken und im suggestiven Umgang mit Menschen. Der Wille schließt großen Ehrgeiz und Machthunger ein, Gefühle, die häufig von Erlebnissen persönlicher Kränkung einerseits und einer Berufungsgewißheit andererseits genährt werden. Es fällt leicht, sich vorzustellen, wie der zukünftige Führer mit tiefer Trauer beobachtet, was in seinem Land vor sich geht, und zu dem vielleicht verstiegenen Schluß gelangt, er selbst sei geeignet, bessere Arbeit zu leisten als der gegenwärtige Amtsinhaber. Schon denkt er als zukünftiger Führer, zieht die Worte und Stellungnahmen, die Entscheidungen und Handlungen der herrschenden Vaterfiguren in Zweifel. Er identifiziert sich faktisch mit ihnen, doch nicht im Wunsch, ihnen ähnlich zu werden, sondern in der Überzeugung, daß ihre Rolle perfekt auf ihn selber zugeschnitten ist. Die enge Verknüpfung der von ihm vorgesehenen Auswege aus dem nationalen Dilemma mit seinen persönlichen Lebensumständen könnte der Grund dafür sein, daß dieses Vorgehen soviel eindrücklicher und angemessener erscheint als der Aufstieg von Führern aus einer früheren, sehr anderen Ära. Wenn sich ihm also die Möglichkeit bietet – oder für ihn geschaffen wird –, die Herrschenden der Zeit in Worten oder Taten herauszufordern, hat er genug Kraft, Mut oder vielleicht Tollkühnheit, sie zu ergreifen.

Das von mir gewählte analytische Verfahren ergänzt einen Ansatz Eriksons. Führer erzählen Geschichten und verkörpern sie; die Geschichten der direkten Führer, das heißt derjenigen Führer, die beanspruchen, eine Nation zu lenken, müssen so einfach sein, daß sie auch dem undifferenzierten

Denken des ungeschulten Kopfes einleuchten. Man mag es bedauern, daß die Führer des zwanzigsten Jahrhunderts reichlich Beweise dafür geliefert haben, wie erfolgreich sich einfache Geschichten, besonders in unruhigen Zeiten, behaupten.

Politisch betrachtet, ließe sich das zwanzigste Jahrhundert als ein Ensemble konkurrierender Geschichten darstellen, von denen jede versucht hat, die verschiedenen Bevölkerungen fester in ihren Bann zu ziehen. Die zeiteigene Geschichte des Jahrhunderts ist der Faschismus. In anti-aufklärerischen Impulsen wurzelnd, warb Mussolinis Fa-schismus-Geschichte für die Erklärung von Staat und Nation als den beherrschenden Lebenskräften, denen alle Menschen in absoluter Treue verpflichtet seien. Den unter dem Zeichen der Faszes vereinten Bürgern eines faschistischen Staates versprach sie Größe und Kraft, den Bedrohungen standzuhalten, die vom Individualismus, von der Demokratie, vom internationalen Kommunismus und von schlechtweg jeder konkurrierenden Ideologie ausgingen, die auf den ersten Blick verführerisch war, jedoch die Möglichkeit eines starken Staates untergraben konnte. Entscheidend war die Idee eines allmächtigen Führers – in Mussolinis Worten „ein Mann, der hart und energisch genug ist, Ordnung zu schaffen." Bei seinem Machtantritt ließ Mussolini sich mit folgenden Worten hören: „Wir sind Italiener und nichts als Italiener. Jetzt, da Stahl auf Stahl getroffen ist, bricht aus unseren Herzen der eine, einstimmige Ruf: ‚Es lebe Italien!'"

Wenn Mussolini die Parteidoktrin des Faschismus ins Leben rief, führte Hitler sie in Deutschland zu ihrer entsetzlichen Vollendung. Hitlers „nationalsozialistische" Geschichte ging über die Totalitätsansprüche des italienischen Faschismus weit hinaus. Deutschland war nicht nur groß, sondern dazu bestimmt, der mächtigste Staat der Welt zu sein; den Deutschen war nicht nur Unrecht geschehen, sie waren die edelste „Rasse" der Welt und dazu ausersehen, über alle anderen zu triumphieren. Für die Erreichung dieser Vormachtstellung sein Blut zu vergießen war ein Privileg, kein Opfer. Der allmächtige Führer verdiente unbedingte Loyalität und trug die Verantwortung für alles Geschehen. „Unser nationalsozialistisches Programm", erklärte Hitler 1937, „setzt an Stelle des liberalen Begriffs des Individuums, des marxistischen Begriffs der Menschheit, das blutbedingte, mit dem Boden verbundene Volk." Er unterstrich die Wichtigkeit der einfachen Geschichte und der „großen Lüge": „Überhaupt besteht die Kunst der wahrhaft großen Volksführer zu allen Zeiten mit in erster Linie darin, die Aufmerksamkeit eines Volkes nicht zu zersplittern, sondern immer auf einen einzelnen Gegner zu konzentrieren. ... Es gehört zur Genialität eines großen Führers, selbst auseinanderliegende Gegner immer als nur zu einer Kategorie gehörende erscheinen zu lassen."

Auf dem Hintergrund der chaotischen Umstände im Leben Hitlers und Mussolinis sowie ihrer Landsleute werden die faschistischen ‚Lösungen' der beiden Diktatoren verständlich. Aus der Unordnung mußte eine großartigere und umfassendere Ordnung geschaffen werden. Hitler forderte einen Glauben, der die Masse in diesen Tagen des Chaos nicht im Stich lasse, bei dem sie schwören und bleiben könne. Mussolinis Position war kaum subtiler, doch sein hedonistisches Temperament und eine gewisse Vollzugsträgheit sorgten dafür, daß die faschistischen Ziele in seinem Land weder mit voller Überzeugung verkörpert noch mit gleichem Fanatismus verfolgt wurden, und auch die dem Faschismus zuneigenden Tojo und Chiang ließen in ihren Systemen gewisse Abweichungen zu. Hitlers Bewußtsein war von solchen Zweifeln und Ambivalenzen ungetrübt. Er war bereit, die Geschichte vom Faschismus als faschistisches Ideal uneingeschränkt Wirklichkeit werden zu lassen. Konsequenter als Mussolini verfolgte er einen synthetischen Ansatz, der das Leben der Bevölkerung von der Geburt bis zum Grab in allen Aspekten umfaßte und weder Sport noch Religion, noch Kunst oder Wirtschaft unberührt ließ. Hitlers Geschichte war bestens geeignet, alle Fragen, die das Denken des fünfjährigen Kindes bewegen können, direkt und vielleicht mit besonderer Lebhaftigkeit anzusprechen.

Der Kommunismus stellte in gewisser Weise den Gegenpol zum Faschismus dar. Anders als dieser zog er die geltende Wirtschaftsordnung und die Religion radikal in Zweifel; den Nationalstaat seiner Zeit glorifizierte er nicht, sondern betrachtete ihn als Anachronismus; statt nationale Begrenzung zu feiern, suchte er im Bündnis der Arbeiter aus aller Welt gegen die verachtete Bourgeoisie nach Verbindungen über die Ländergrenzen hinweg. Lenin und Mao hoben diese Punkte in ihren Schriften hervor, und in seinen offiziellen Kundgebungen bekannte sich selbst Stalin dazu. Dennoch waren diese Ideen den meisten, namentlich aber den Bauern und Arbeitern unbekannt, in deren Interesse man sie angeblich doch in Umlauf brachte. So wurden die Details und Feinheiten des Marxismus, des Marxismus-Leninismus, des Stalinismus und Maoismus in den kommunistischen Parteieliten diskutiert, nicht aber vor der breiteren, weniger gebildeten Öffentlichkeit. Lenin mochte von der „revolutionären und demokratischen Diktatur des Proletariats" geschrieben haben, verwandte in seiner populären Propaganda indessen wenig Mühe darauf, die Wendung auseinanderzunehmen und transparent zu machen.

Tatsächlich wurden die kommunistischen Ideen in ihrer Substanz so weit vereinfacht, daß sie sich kaum mehr von den faschistischen unterschieden, denen sie vorgeblich entgegengesetzt waren. Vor dem Krieg lautete der allgemeine Appell an Arbeiter und Bauern, die feindlichen imperialen Herrschaftsmächte im eigenen Land und jenseits der Grenzen zu zerschlagen. Stalin ließ Lenins apologetische Erklärung des Sowjetkommunismus als Vorhut einer internationalen Bewegung im wesentlichen fallen; Mitte der dreißiger Jahre, als die Faschisten Spanien überrannten, stand er bezeichnenderweise abseits, und während des Krieges rief er die Russen zur Verteidigung der Heimat auf und ließ kommunistische Themen so gut wie unerwähnt. Der schockierende Hitler-Stalin-Pakt von 1939 wird besser verständlich, wenn man die beiden Regime nicht als ideologische Gegner betrachtet, sondern als analoge Ausprägungen totalitärer Bestrebungen. Die gequälte Psyche, die Stalin dazu führte, zunächst für den revolutionären Kommunismus einzutreten und später, angeblich um ihn zu verteidigen, brutalste Herrschaftsmethoden zu installieren, war derjenigen Hitlers enger verwandt, als beiden Männern lieb gewesen sein konnte.

Zielstrebig sorgten die totalitären Führer für die Verbreitung ihrer Botschaften. Sie kontrollierten die Presse und bauten einen massiven Propagandaapparat auf. Alle waren davon überzeugt, und diese Tatsache verdient besondere Beachtung, daß das Weiterleben ihrer Geschichte von der Annahme und Verkörperung der Botschaft durch die junge Generation abhing. Mit beispiellosen Anstrengungen wurde sichergestellt, daß das Erziehungswesen zum Hauptvermittler der aktuellen Ideologie, des Faschismus, des Nationalsozialismus und der verschiedenen Spielarten des Kommunismus wurde. In dieser Hinsicht stehen die totalitären Systeme in auffallendem Gegensatz zu den Demokratien, in denen die Bildungspolitik nur selten den Interessensschwerpunkt der Regierungen darstellt.

Die Hinwendung von den totalitären Positionen der Linken und Rechten zu den politischen Verfahren der demokratischen Staaten läßt differenziertere Geschichten erwarten. So sehen denn die Staatsformen der konstitutionellen Monarchie zum Beispiel Großbritanniens, des Parlamentssystems, wie es Frankreich kennt, und der Präsidialdemokratie nach amerikanischem Muster Lösungen mit stark eingeschränktem Totalitätsanspruch vor. Freie Wahl der Bürger, nicht dreiste Machtergreifung führt zur Herrschaft; Entscheidungen werden debattiert und abweichende Standpunkte grundsätzlich toleriert, wenn auch nicht immer begrüßt; die Mehrheit entscheidet, doch die Rechte der Minderheiten werden respektiert; zwischen den verschiedenen Staatsorganen herrscht ein Gleichgewicht der Kräfte, und eine regierungsunabhängige Presse sorgt dafür, daß kritische Stimmen Gehör finden.

Von den Führern der demokratischen Staaten hat keiner diese Grundsätze in Frage gestellt. In diesem Sinne waren sie politische Konservative, die ihr System zu verteidigen suchten. Doch paradoxerweise übertrug ihnen die Kriegslage größere Machtbefugnisse, als ihnen in Friedenszeiten je erreichbar gewesen wäre. Der politische Kommentator William Pfaff erklärte:

Erst nachdem die Politik des Appeasement (und der Kollaboration) versagt hatte, wandte sich die Bevölkerung Churchill und de Gaulle zu. ... Regierungen wie die der Demokratien, die von der öffentlichen Meinung abhängen, sind in der Regel unfähig, mit langfristigen Bedrohungen fertigzuwerden, die existentielle Opfer und eventuell sogar den Einsatz des Lebens fordern, auch dann, wenn abzusehen ist, daß damit auf lange Sicht Leben gerettet wird.

Churchill nach seiner Wahl im Jahr 1940, Roosevelt nach dem Angriff auf Pearl Harbor und de Gaulle nach der Niederlage Frankreichs sowie nach seinem Aufstieg zum Präsidenten im Jahr 1958 waren in mancher Hinsicht die Nutznießer einer Zwangslage, die durch die vorhergehende Tatenlosigkeit der Demokratien entstanden war. Man gewährte ihnen den Handlungsspielraum, der für gewöhnlich einem autokratischen Regime vorbehalten ist. Einzig die eigene Vernunft und der Gedanke an die nächsten Wahlen wirkten als Verhaltensregulative, und hier, wenn in keinem anderen Punkt, waren Churchill und Roosevelt ihrem russischen Bündnispartner gegenüber im Nachteil, der niemandem verantwortlich war.

Statt nach den neuen Utopien des Faschismus oder Kommunismus zu schielen, sprachen Roosevelt, Churchill und de Gaulle von der Notwendigkeit, die Freiheitsrechte zu schützen, die der Westen sich in Jahrhunderten gewonnen hatte. Roosevelt berief sich auf das „Arsenal der Demokratie" und „die vier Freiheiten", Churchill wollte „die Welt für die Demokratie sichern", und de Gaulle nannte sich Führer des Freien Frankreich. Diese idealistischen Proklamationen stützten sich indes auf unverhohlene Appelle an nationalistische und chauvinistische Gefühle. Churchill stilisierte die Verteidigung gegen die deutschen Luftangriffe zur „Schlacht um England", stellte seinen Landsleuten „Blut, Mühsal, Tränen und Schweiß" in Aussicht und warnte später vor der „Tyrannei des eisernen Vorhangs". De Gaulle beschwor unablässig die „Größe Frankreichs" und die Notwendigkeit, dem Land die frühere Bedeutung zurückzugeben, während Roosevelt es für angebracht hielt, die Besonderheit des amerikanischen Traums hervorzuheben, wenn er, seine Worte von 1932 zitierend, dem amerikanischen Volk eine Neuverteilung der Karten, einen ‚New Deal', zusicherte und versprach, „den Aggressor unter Quarantäne zu stellen".

In den vorausgehenden Kapiteln wurde dargestellt, daß führende Persönlichkeiten, auch diejenigen, die sich zunächst nur an Fachkollegen wenden, unter Umständen mit einer neuen Geschichte auftreten, die allgemein unbekannt ist, und sie einer breiteren Öffentlichkeit mit Erfolg ins Bewußtsein prägen. Alfred P. Sloan jr. beeinflußte die Auffassung der Amerikaner vom Geschäftsleben, Martin Luther King jr. brachte durch seine Gedanken über die Stellung der Schwarzen in der amerikanischen Gesellschaft einen Prozeß sozialer Umwälzung in Gang, und Margaret Mead verhalf ihren Landsleuten dazu, ein neues Bild ihrer selbst und der Menschen aus anderen Ländern zu gewinnen. Den neuen Geschichten war gemeinsam, daß sie das individuelle Selbstbild veränderten und die Vorstellung vom Wir erweiterten.

Der Anspruch, eine neue Geschichte zu schaffen, die überdies integrierende Funktion haben soll, stellt Führer und Führerinnen vor eine schwierige Aufgabe. Primär auf die Sicherung ihrer Legitimität in der eigenen Gesellschaft verpflichtet, könnten sie sich mit einer Geschichte, die allzuweit auf Neuland vorstößt, leicht Gegner schaffen. Roosevelt und Lincoln machten sich bei Teilen der Bevölkerung verhaßt, weil es zu ihren Zielen gehörte, die Vorstellung, wer zur amerikanischen Familie gehört, zu erweitern. De Gaulle, der bemüht war, Frankreich aus seinen kolonialen Verstrickungen zu lösen, wurde das Opfer mehrerer Attentatsversuche.

In schwierigen Zeiten, vor allem aber in Kriegszeiten, haben Geschichten Konjunktur, die an Hurrapatriotismus und Chauvinismus appellieren. „Große Führer sind fast immer große Vereinfacher, die sich über Argumente, Diskussionen und Zweifel hinwegsetzen, um eine Lösung anzubieten, die jeder versteht und behält ... – holzschnittartig verknappte, doch wirksame Botschaften", so urteilte der Autor Michael Korda, und Mao erklärte: „Die einzige Lösung sind Ideen, die so einfach sind, daß das Volk sie versteht." Undifferenzierte Geschichten dieser Art betonen den besonderen, fast geheiligten Status der Nation und das Band, das ihre Bürger zusammenschließt.

Immer wieder trifft man auf Varianten der *Star-Wars*-Geschichte (beschrieben im dritten Kapitel), in der sich zwei Gruppen – das gute und böse Prinzip – gegenüberstehen und „wir", die derselben Rasse oder demselben Volk angehören, zusammenhalten müssen, damit „wir" uns behaupten. Wer als einzelner oder als Gruppe aus dem einen oder anderen Grund nicht unter den nationalen Schutzschirm paßt, wird wie ein böser Geist ‚ausgetrieben', häufig mit brutalen Mitteln. Selbst im ‚Schmelztiegel' der Vereinigten Staaten wurden, um ein Beispiel zu nennen, Bürger japanischer Herkunft während des Zweiten Weltkriegs einzig aufgrund ihrer ethnischen Zugehörigkeit in Internierungslager gepfercht. Auch wenn biologistische Darstellungen von den Ursprüngen der Gruppenidentität übertrieben sind – daß Menschen gleicher Herkunft die Bereitschaft zeigen, sich gegen fremd erscheinende Artgenossen zusammenzuschließen, ist nicht zu leugnen.

Zugespitzt ließe sich also sagen, daß die Kriegssituation den Führern des Zweiten Weltkriegs die Handlungsweise diktierte. Die Notwendigkeit, die Nation zu einen und ihre Wählerschaft mit eindringlichen Appellen zu den Waffen zu rufen, ließ ihnen wenig Spielraum. Doch ihr Erfolg hing entscheidend auch davon ab, wie effektvoll sie ihr Skript artikulierten und wie überzeugend sie es verkörperten.

Die meisten von ihnen hatten passable schriftstellerische Talente und waren begabte Redner. Man denkt an Präsident Woodrow Wilsons Zeugnis: „Ich habe einen ausgeprägten Führungsinstinkt, ein unverkennbares rhetorisches Temperament. ... Mir scheint, daß mein literarisches Talent hinter anderen Fähigkeiten zurücktritt, daß meine schriftstellerische Begabung nur die Dienerin meiner Rede- und Organisationsbegabung ist." Die öffentliche Rhetorik, die Kunst, verschiedene Adressatenkreise direkt und überzeugend anzusprechen, ist in der Tat ein Gebiet, das jeder der zehn zu beherrschen gelernt hat. Roosevelt, Churchill und de Gaulle wußten ihre Muttersprache virtuos zu benutzen und werden noch Jahrzehnte nach ihrem Tod häufig zitiert. Mussolini war ein dramatischer Redner mit klangvoller Stimme und eindrucksvoller, theatralischer Gestik. Mao konnte eine Zuhörermenge durch seine lebhaften Bilder elektrisieren, und Lenins hitzige Rhetorik spielte bei der Auslösung der Revolution eine bedeutende Rolle. Von den hier dargestellten Führern scheint einzig Stalin nicht als glänzender Redner gewirkt zu haben. Allerdings soll seine Rede an das sowjetische Volk nach der überraschenden deutschen Invasion den Patriotismus seiner Landsleute geweckt und damit zur späteren Niederlage Deutschlands beigetragen haben.

Der erstaunlichste Redner seiner Zeit war Hitler. In den Jahren vor dem Ersten Weltkrieg hatte er entdeckt, daß er in kleinen Gruppen mit demagogischer Argumentation überzeugend wirken konnte, und in den frühen zwanziger Jahren erkannte er, daß er ein Massenpublikum mitzureißen vermochte. Von da an arbeitete er unablässig daran, sein Diktum zu beweisen: „Führer sein, heißt die Massen in Bewegung setzen können." Mit einem Appell an idealistische Gefühle, an Machtlust, Haß und Tatendurst war er imstande, Zuhörermengen zur Raserei aufzupeitschen. Der Einsatz von Hakenkreuz, Stechschritt, Hitler-Gruß und „Horst-Wessel-Lied" in Film und Wirklichkeit ist in Arbeiten über das Thema Propaganda und Überzeugungsrhetorik vielfach behandelt worden. Zutreffend beschrieb Otto Strasser, der Mitarbeiter der frühen Jahre, Hitler als einen „ungewöhnlich empfindlichen Seismographen der Seele": „Wie eine empfindliche Membrane hat dieser Mann es mit einer Intuition, die durch keine rationalen Fähigkeiten ersetzt werden könnte, verstanden, sich zum Sprecher der geheimsten Wünsche, der peinlichsten Instinkte, der Leiden und der inneren Unruhe eines Volkes zu machen." Die Formulierung desselben Sachverhalts durch den Wissenschaftler Charles Lindholm weist auf die „Identitätsverwandtschaft" Hitlers mit vielen Deutschen hin: „In seiner Rededarstellung spielte Hitler für sein Publikum die dramatischen Stationen der eigenen Leidensgeschichte nach, die innere Zerrissenheit, die Verluste und die folgende Erlösung durch Setzung einer grandiosen Identität und Projektion allen Übels nach außen."

Ein Führer, der von seinen Adressaten verlangt, für eine Sache zu sterben, muß glaubwürdig sein. Er muß die Geschichten, mit denen er vor sein Publikum tritt, überzeugend verkörpern. Ich habe bereits darauf hingewiesen, daß die Neigung Hitlers, Mussolinis, Stalins und Maos zu totalitären Idealen und Verfahren aus einer quasi organischen Weiterentwicklung persönlicher Erlebnisse hervorging. Daß Lenins Konversion sich ursprünglich stärker aus Quellen des

Intellekts als der Innerlichkeit speiste, hat seinen Totalitätsanspruch als Führer nicht relativiert. Eine militärische Ausbildung ließ es Roosevelt, de Gaulle, Churchill, Tojo und
Chiang natürlich erscheinen, daß sie in Kriegszeiten die Führung der Streitkräfte ihres Landes übernahmen.

Alle Führer waren unermüdliche Arbeiter. Ihre vollkommene Hingabe an die Amtspflichten war den Landsleuten
bekannt und wurde geschätzt. Weil sie das Glück hatten, in
einer Zeit zu leben, in der Allzumenschliches von der Presse
ignoriert oder verziehen wurde, konnte ihr Bild einen Anflug
mythischer Größe gewinnen. Man halte sich das Beispiel
einer Frau vor Augen, die im Zweiten Weltkrieg ihre ganze
Familie verloren hatte: „Stalin war alles, was ihr geblieben
war. Wie ihre ganze Generation war sie von der Gewißheit
durchdrungen, die nicht trog, daß Rußland ohne Stalin und
sein System den deutschen Angriff nicht überstanden hätte.
Stalin personifizierte den ‚Großen Vaterländischen Krieg‘.“
Zu denken geben die Tatsachen, daß kein offizielles Foto
Roosevelts Invalidität sichtbar machte, daß auch Stalins geringe Körpergröße von den Fotografen kaschiert wurde und
Churchills Trinkgewohnheiten und Flegeleien kein öffentliches Thema waren. Um Hitlers asketische Lebensgewohnheiten wurde viel Aufhebens gemacht. Was von Mussolinis
Frauengeschichten bekannt wurde, mag zu seiner magnetischen Wirkung beigetragen haben; andererseits könnte es
einem Frauenhelden und triebhaften Genußmenschen leicht
an Glaubwürdigkeit fehlen, wenn er die Mitwelt zu persönlichen Opfern aufruft.

Zur Verkörperung der Botschaft gehörte das Element der
Tapferkeit. General de Gaulle wurde im Ersten Weltkrieg
dreimal verwundet und unternahm als Kriegsgefangener
mehrere Fluchtversuche. Im Zweiten Weltkrieg war ein Preis

auf seinen Kopf gesetzt, weil er den Waffenstillstandsvertrag mit Deutschland nicht anerkannte. Auch Mussolini hatte Kriegsverletzungen davongetragen. An Roosevelts unnachgiebigem Kampf gegen seine Krankheit nahm die Öffentlichkeit bewundernd Anteil. Mao, Tojo und Chiang hatten sich im Krieg bewährt, und Maos Langer Marsch wurde Legende. In den dunkelsten Tagen des Zweiten Weltkriegs, als die gesamte Regierung aus Moskau evakuiert war, harrte Stalin im Kreml aus, für das von feindlichen Truppen belagerte russische Volk ein sichtbares Zeichen des Beistands. Interessanterweise blieb Hitler, der Mann kämpferischer Rhetorik, seinen Truppen in Zeiten der Niederlagen fern; er zog es vor, sich in Augenblicken des Triumphs an ihrer Seite zu zeigen, und warf den Deutschen am Ende vor, sie seien seiner Führerschaft unwert gewesen.

Zur Personifizierung persönlichen Muts wurde Churchill. Als die ‚Schlacht um England' begonnen hatte, war er allgegenwärtig. Er arbeitete in Militärhauptquartieren und Flugabwehrbaracken, besuchte Schauplätze von Bombenangriffen und ließ sich regelmäßig mit zündenden Worten im Rundfunk hören. In den Kriegsjahren legte er unter Mißachtung der Gefahr für Leib und Leben fast 250 000 Kilometer zurück, um die Soldaten zu unterstützen und den Familien Hoffnung zu machen. Der Psychiater Anthony Storr erklärte:

In jener dunklen Zeit brauchte England keinen klugen, ausgeglichenen Führer. Es brauchte einen Propheten, einen heroischen Visionär, einen Mann, der vom Sieg träumen konnte, als alles verloren schien. Ein solcher Mann war Winston Churchill, und seine inspirierende Wirkung verdankte ihre vitale Kraft der Welt romantischer Phantasien, in der sein Wesen beheimatet war.

Daß Churchill hundertprozentig an seine Geschichte glaubte, bezweifelte niemand.

Die zehn Männer, über die das vorliegende Kapitel berichtete, müssen, gleich welcher Definition man folgt, als erfolgreiche Führer betrachtet werden. Jedem gelang es mit oder ohne Hilfe familiärer Beziehungen, in die wichtigste Position seines Staates aufzusteigen und diese Stellung während einer Zeit höchster Bedeutung und beispielloser Konflikte zu behaupten. Wie die sieben Kreativen meiner früheren Untersuchung und mehr als die übrigen hier dargestellten Führungspersönlichkeiten kennt man sie unter dem bloßen Familiennamen, und ihr Ruf wird ein weiteres Jahrhundert überdauern.

Sie stehen indes auch für ein anderes Motiv dieses Buchs. Früher oder später überschreiten fast alle Führer die Grenze ihrer Kraft und gefährden das eigene Werk. Ihr ans Übermenschliche grenzender Status macht sie für diese Selbstüberhebung vielleicht besonders anfällig. Das zeigt sich am offenkundigsten bei den Führern der besiegten Nationen: Tojo wurde hingerichtet, Hitler nahm sich das Leben und Mussolini wurde erschossen; ihre verstiegenen Weltreichträume endeten auf den Trümmern, die sie allenthalben hinterließen. Chiang verlor den tödlichen Kampf mit den Kommunisten und verbrachte den Rest seines Lebens auf einer kleinen Insel, die nicht einmal auf einen eindeutigen Rang als Nation Anspruch erheben kann. Churchills Kriegskabinett wurde unmittelbar nach Kriegsende durch eine Labourregierung abgelöst, und auch seine Vision des ‚tausendjährigen‘ britischen Empire hatte sich bald verflüchtigt. De Gaulle schied freiwillig aus dem Amt; er trat zwar wie Churchill ein zweites Mal an die Spitze seines Landes, zog sich jedoch erneut zurück, als er spürte, daß sein Rückhalt bei der Bevölkerung nachließ.

Unter den kommunistischen Führern konnten drei ihre Stellung halten und starben eines natürlichen Todes. Lenins Regierungszeit war zu kurz, um seine Zukunftspläne und mutmaßliche Reaktionen auf Stalins Terrorregime erkennen zu lassen. Doch Stalin und Mao zahlten für ihr langes Überleben im Amt einen schrecklichen Preis: beide endeten ohne Freunde und glaubwürdige Berater, umgeben von kriecherischen Gefolgsleuten, und beide werden wegen ihres mörderischen Regimes und wegen der gravierenden Probleme, die sie ihrem Land hinterließen, heute allgemein verurteilt. Die Sowjetunion ist zerfallen und die Anerkennung des chinesischen Kommunismus nicht mehr als ein Stück Papier. Roosevelt blieb bis zu seinem Tod gegen Kriegsende im Amt und wird unverändert als einer der großen amerikanischen Präsidenten gewürdigt, doch sein Entschluß, für eine dritte und vierte Amtszeit zu kandidieren, stieß bei den amerikanischen Bürgern auf Ablehnung, die mit deutlicher Mehrheit einen Verfassungszusatz guthießen, der die individuelle Präsidentschaft auf zwei Amtszeiten begrenzt. Sein vielgepriesener New Deal, dessen Erfolg während der dreißiger Jahre heute widerstrebend eingeräumt wird, ist ein Symbol für umsichtige staatliche Eingriffe, die nicht unbedingt auch Lösungen für Langzeitprobleme darstellen. (Es verdient Beachtung, daß führende amerikanische Politiker aus jüngerer Zeit, so Ronald Reagan und Newt Gingrich, Roosevelts Führungsqualitäten bewundern, ihren politischen Einfluß jedoch dazu nutzen, mit seiner Hinterlassenschaft aufzuräumen.

Vom Scheitern der großen Führer zu sprechen bedeutet vielleicht nur die Anerkennung menschlicher Unvollkommenheit und Endlichkeit und könnte ein Wink sein, die Vorstellung vom großen Führer als vermessen in Frage zu stellen. Zugleich aber erinnert der Blick auf dieses Versagen an die Hinfälligkeit menschlichen Strebens und uneingelöste Versprechen. Manchmal liegt die Verheißung in der Person des jungen Führers, dessen Idealismus dem Druck der Sachzwänge und den Versuchungen der Macht um der Macht willen erliegt, manchmal bei den Anhängern, die anfänglich dem Ruf zur Opferbereitschaft folgen, des Altruismus jedoch über kurz oder lang müde werden. Denkbar ist auch die Erklärung, daß jede ambitiöse und ambitiös erzählte Geschichte unvermeidlich Gegenreaktionen hervorruft. In den Worten des ehemaligen amerikanischen Außenministers Henry Kissinger: „Jede politische Revolution erreicht früher oder später ihr Ende, wenn die Leute es müde werden, von einer Neuerung in die nächste zu stürzen." Interessant ist die Beobachtung, daß diese Form der Gegenreaktion im Bereich der künstlerischen und wissenschaftlichen Kreativität so gesetzmäßig aufzutreten scheint wie im Bereich der Politik: noch hat die Generation der Picasso, Strawinsky und Einstein ebensowenig Nachfolger gefunden wie die Generation der Stalin, Roosevelt und Churchill.

Teil III

Ausklang:
Führung, die in die Zukunft blickt

14

Jean Monnet und Mahatma Gandhi:
Grenzüberschreitende Führung

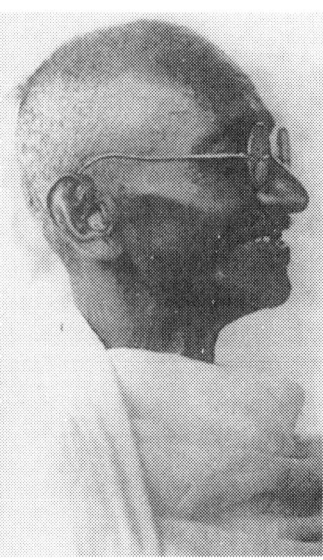

Jean Monnet
UPI/Bettmann

Mahatma Gandhi
UPI/Bettmann Nachrichtenfotos

Überhaupt ist es mit dem Nationalhaß ein eigenes Ding. Auf den untersten Stufen der Kultur werden Sie ihn immer am stärksten und heftigsten finden. Es gibt aber eine Stufe, wo er ganz verschwindet und wo man gewissermaßen über den Nationen steht und man ein Glück oder ein Wehe seines Nachbarvolks empfindet, als wäre es dem eigenen begegnet.

Johann Wolfgang von Goethe

Zweimal in diesem Jahrhundert hat ganz Europa für die Engstirnigkeit und Phantasielosigkeit seiner Demokratien einen tragischen Preis bezahlt.

Václav Havel

Mit den Einzeldarstellungen von Margaret Mead bis Iosif Stalin scheint der Überblick über das gesamte Führungsspektrum abgeschlossen. Direkte und indirekte, innovative und visionäre Formen der Führung wurden ebenso erörtert wie eine Reihe von Identitätsgeschichten und Verkörperungen. Würde die Untersuchung an diesem Punkt abgeschlossen, bliebe jedoch eine Führungsvariante unberücksichtigt, die für die Zukunft entscheidend sein könnte.

Im vorliegenden vierzehnten Kapitel werden zwei Persönlichkeiten betrachtet, Jean Monnet (1888–1979) und Mohandas K. Gandhi* (1869–1948), die ihr Leben einer Konzeption politischer Gemeinwesen widmeten, die nationale Grenzen unbeachtet ließ. Monnet interessierte sich in erster Linie für internationale Regierungsformen, Gandhi

---

* Im Lauf seiner Entwicklung zum anerkannten geistlichen Führer wurde Gandhi allgemein als „Mahatma" („große Seele") bekannt.

für die direkten Beziehungen zwischen Menschen in allen Teilen der Welt. Trotz bedeutenden Unterschieden zeichneten sich beide durch die Fähigkeit aus, traditionelle politische Ordnungen und Verfahren in Frage zu stellen und mit einigem Erfolg eine Neugestaltung der Politik durchzusetzen. Meine Darstellung Monnets und Gandhis leitet zum Abschlußkapitel über, das die wichtigsten Ergebnisse der Arbeit zusammenfaßt, die Zwänge und Möglichkeiten diskutiert, von denen Führung im zwanzigsten Jahrhundert bestimmt ist, und Überlegungen anstellt, wie Führung in Zukunft sinnvoll und wirksam zu gestalten ist.

Jean Monnet wurde als Sohn wohlhabender Eltern 1888 im französischen Weinbaugebiet Cognac geboren. Die Familie Monnet war im Branntweingeschäft tätig. Jean war ein desinteressierter Schüler; er verzichtete auf ein Hochschulstudium, unternahm statt dessen ausgedehnte Reisen in Europa, Afrika, den Vereinigten Staaten und Kanada und lebte in seinen frühen zwanziger Jahren eine Zeitlang in England. Obwohl er aus einer traditionsbewußten Familie stammte und die Ansprüche seiner Vorfahren auf Kultiviertheit und Komfort nie aufgab, ließ Monnet sich durch die verschiedenen Lebenseinstellungen und Lebensweisen, die er auf seinen Reisen kennenlernte, nachhaltig beeinflussen. „Ich wagte etwas, weil ich keine Tabus kannte", sagte er rückblickend. „Der Bedeutung offizieller Funktionen war ich mir nicht bewußt. Wie die Amerikaner hatte ich gelernt zu denken, daß jeder das Recht hat, sich einzumischen, wenn etwas geändert werden muß."

Als der Erste Weltkrieg ausbrach, bemühte sich Monnet, der aus gesundheitlichen Gründen zurückgestellt wurde, um eine engere Zusammenarbeit zwischen Frankreich und England vor allem bei der Beschaffung und Verteilung von Kriegsmaterial. Mit Erfolg „suchte [er] Mittel und Wege, jene Männer in Paris zu erreichen, die beschließen konnten, endlich eine interalliierte Aktion ins Leben zu rufen", und wurde 1914 nach London geschickt. Im Rahmen bestehender, doch nur sehr eingeschränkt funktionierender Kooperationsorgane entwickelte er eine Art konsolidierter Bilanz, die ein Pooling der Ressourcen ermöglichte. Aus diesen Erfahrungen lernte er, daß Bündnisse stärker werden, wenn die beteiligten Partner auf einer konkreten wirtschaftlichen Basis zusammenarbeiteten, an deren Erfolg jeder mit einem fairen Anteil beteiligt war. (Monnets „*Balance sheets*", [Aufstellungen einer gemeinsamen „Bilanz der Bedürfnisse und der Ressourcen", die er „Wegzeichen für das Handeln" nannte – A. d. Ü.], hatten dieselbe befreiende Wirkung wie das neue Unternehmensdiagramm, das Alfred P. Sloan jr. aus gänzlich anderen Gründen entwarf, als er die Leitung von General Motors übernahm.)

Monnet entdeckte, allgemeiner gesagt, daß er eine natürliche Begabung für die internationale Diplomatie besaß, für das Anknüpfen und Aufrechterhalten von Kontakten zwischen den unterschiedlichsten Persönlichkeiten, und sein Geschick und sein Takt verschafften ihm allgemeinen Respekt. Er bemerkte, daß er sich als unparteiischer Insider mühelos und wirksam in den Korridoren der Macht bewegen konnte: „Meine Stärke war die Naivität der Jugend. Ich hatte keine Ahnung, was ein Premier vorstellte. ... Für mich war er ein Mann wie alle anderen. ... Ich erschien zu einem Zeitpunkt auf der Szene, als die Machthaber ratlos waren und nicht wußten, welche Richtung sie einschlagen sollten." Mit dem Selbstbewußtsein und der Kühnheit des künftigen innovativen Führers verzichtete er darauf, führende Persönlichkeiten mit dem ihnen zustehenden Titel „Herr Präsident" anzusprechen.

Von da an widmete Monnet seine Zeit weitgehend der Anknüpfung bilateraler und multilateraler Beziehungen. 1918 sprach er von der Notwendigkeit eines Zusammenschlusses aller Demokratien. Von 1919 bis 1923 war er stellvertretender Generalsekretär des neu gegründeten Völkerbundes. Danach zog er sich vorübergehend ins Familienunternehmen zurück, arbeitete daneben an der Wall Street und betätigte sich später als Finanzier mit großem Geschick bei der Absicherung und Sanierung von Privatunternehmen in verschiedenen Teilen der Welt. Alarmiert vom skrupellosen Aufstieg Hitlers und der Wahrscheinlichkeit eines neuen Weltkrieges setzte er seine Talente für die Aufrüstung Englands und Frankreichs ein. Er dachte ernsthaft an eine Union zwischen den beiden Staaten auf der Basis der Doppelbürgerschaft, einer einheitlichen Währung und der gemeinsamen Verwaltung aller Produktionsmittel, und mit diesen Überlegungen trat er 1940, in den Monaten vor der Kapitulation Frankreichs, an die Öffentlichkeit.

Monnet ließ sich als Leiter des 1939 geschaffenen französisch-britischen Koordinationskomitees zunächst in London nieder. Im Juli 1940 erhielt er von Churchill den Auftrag, für die britische Einkaufskommission in Washington zu arbeiten. Die von ihm gesuchte Zusammenarbeit mit General de Gaulle scheiterte an der ideologischen Gegnerschaft beider Männer: Monnet setzte sich stets für internationale Zusammenarbeit, für die Gleichstellung der Völker und für Grenzerleichterungen ein, während de Gaulle seine Kräfte in den Dienst eines souveränen, unabhängigen und mächtigen Frankreich stellte. Ungeachtet dieser Differenzen unterstützte Monnet de Gaulle, als der General sich 1943 in Algerien an die Spitze der französischen Befreiungsbewegungen setzte, und trat in den nächsten zwei Jahrzehnten bei verschiedener Gelegenheit als sein Verbündeter auf.

Mit dem Ende des Zweiten Weltkriegs begann die Periode, in der Monnets Einfluß seine größte Wirksamkeit erreichte. Monnet war sich der diplomatischen und wirtschaftlichen Fehler bewußt, die nach dem Ersten Weltkrieg gemacht wurden, und entschloß sich, alles zu tun, damit sie sich nicht wiederholten. Vor allem erkannte er, daß Rachsucht gegenüber den Besiegten katastrophale Folgen haben würde. In einer Zeit, in der die Führer und ihre Nationen ausgelaugt und erschöpft waren, brodelte es in Monnet von vielversprechenden Ideen für den Neuaufbau Europas und eine dauerhafte Friedenssicherung. 1947 unterbreitete er Vorschläge zur Modernisierung der französischen Industrie und Landwirtschaft, die mit George Marshalls Programm für den Wiederaufbau Europas zusammenstimmten. Gestützt auf sein in Jahrzehnten aufgebautes einzigartiges Beziehungsnetz, war er außerdem mit nie nachlassender Energie darum bemüht, das Verhältnis zwischen einem mißtrauischen Frankreich, Großbritannien und den Vereinigten Staaten zu festigen und dadurch das Überleben des Atlantischen Bündnisses zu sichern.

Im Jahr 1950 legte Monnet den Staatsmännern Europas ein weiteres Bündel neuartiger Ideen vor. Der Schumanplan, so der Name, unter dem sein Konzept in der Folgezeit bekannt wurde, führte zur Gründung des ersten supranationalen Gebildes, der Europäischen Gemeinschaft für Kohle und Stahl (Montanunion). Die Institution bedeutete einen wichtigen, riskanten und schließlich erfolgreichen Schritt zur friedlichen wirtschaftlichen und politischen Wiedereingliederung Deutschlands in die Familie der europäischen

Nationen. Die neue ökonomische Gemeinschaft war der Beweis dafür, daß die europäischen Länder zur einheitlichen Bewirtschaftung wichtiger Industriezweige, zur konstruktiven und kooperativen Aufteilung von Markt, Arbeit und Gewinn fähig waren. Monnet war sich darüber im klaren, daß es bei der Montanunion im wesentlichen nicht um Kohle und Stahl, sondern um den Beginn eines neuen Europa ging. Seine parallelen Bemühungen um die Bildung einer Europäischen Verteidigungsgemeinschaft scheiterten, und Euratom, einem dritten supranationalen Projekt, das im besonderen die gemeinsame Verwendung von Atomkraft vorsah, war nur mäßiger Erfolg beschieden.

Nach Beendigung seiner Amtszeit als Präsident der Hohen Behörde der Montanunion – die wichtigste seiner offiziellen Funktionen – organisierte Monnet das „Aktionskomitee der Vereinigten Staaten von Europa", das Vorläufergremium der Europäischen Wirtschaftsgemeinschaft, einer Institution, die Bestand hatte und das ökonomische Gesicht Europas veränderte.

1958 kehrte de Gaulle an die Macht zurück, und die Spannungen zwischen den beiden Männern lebten erneut auf. De Gaulle verfolgte Monnet mit seiner Kritik und bespöttelte seine Idee eines einheitlichen Europa. „Dante, Goethe und Chateaubriand gehören nur insofern zu Europa, als sie in hervorragender Weise italienisch, deutsch und französisch waren. Ohne ihre eigenen Länder, mit einem Idiom in der Art von Esperanto hätten sie Europa einen schlechten Dienst erwiesen", erklärte der General in einem seiner oft suggestiven Kommentare, und bei anderer Gelegenheit bemerkte er bissig: „Die Zeiten, in denen Herr Monnet das Sagen hatte, sind vorbei." De Gaulle gab einem Europa mit den Schwerpunkten Frankreich und Deutschland den Vorzug, während

Monnet auf die Einbeziehung Großbritanniens in alle europäischen Pläne drängte. Es gelang de Gaulle, verschiedene Initiativen Monnets zu sabotieren oder auf die lange Bank zu schieben. So widersetzte er sich Großbritanniens Beitritt zum Gemeinsamen Markt, verlangte das Vetorecht für europäische Beratungen und durchkreuzte das Vorhaben einer multilateralen atomaren Streitmacht. Jedem Kapitel von Monnets neuer, integrationsfreundlicher Geschichte hatte er eine ebenso eindrucksvoll formulierte Gegengeschichte entgegenzusetzen, die den Exklusivcharakter der Nationen betonte.

Doch Monnet hatte den längeren Atem – er erlebte das Entstehen des Europäischen Marktes und die Anfänge einer einheitlichen europäischen Gemeinschaft, der Europäischen Union, wie sie im Maastrichter Vertrag von 1993 entworfen ist. Als Monnet den vom *Freedom House* jährlich verliehenen Freiheitspreis erhielt, schrieb ihm Präsident John F. Kennedy:

… seit Jahrhunderten haben Kaiser, Könige und Diktatoren versucht, Europa die Einheit mit Gewalt aufzuzwingen. Sie sind im Guten wie im Bösen gescheitert. Aber unter Ihrer Anregung hat Europa größere Fortschritte auf die Einheit hin gemacht als in den tausend Jahren zuvor. Sie und diejenigen, die mit Ihnen zusammenarbeiten, haben auf die Vernunft und die wirtschaftlichen und politischen Interessen gebaut. Sie haben Europa lediglich durch die Kraft einer konstruktiven Idee umgeformt.

Kennedys Botschaft (deren Verfasser sehr wohl der damalige stellvertretende Außenminister der USA, George Ball, ein enger Freund Monnets, gewesen sein könnte) war präzis und zutreffend. Schon als junger Mann war Monnet überzeugt, daß nur eine engere Bindung zwischen den einzelnen Län-

dern die Lebensfähigkeit Europas garantiere. Die schrecklichen Geschehnisse der ersten Jahrhunderthälfte machten
diese Vermutung zur Gewißheit. Im Unterschied zu anderen,
die neben ihm für die abstrakte Vorstellung des „einen Europa" oder der „einen Welt" plädiert haben mochten, hatte
Monnet ohne Aufheben um seine Person jahrzehntelang
unermüdlich und besessen daran gearbeitet, die Idee Wirklichkeit werden zu lassen, und war weiter gekommen, als der
größte Optimist prophezeit hätte. Er selbst sagte einmal: „In
allem, was man in Angriff nimmt, steckt ein Traum. Doch
wenn der Traum dauert, wird er eines Tages Wirklichkeit."

Von Europa auf halbem Weg um die Welt, in der indischen
Stadt Porbandar am Arabischen Meer, wurde 1869 Mohandas K. Gandhi geboren. Gandhis männliche Vorfahren, weit
weniger wohlhabend und kosmopolitisch als die Familie
Monnet, standen seit Generationen im Dienst der Regierung
ihrer Provinz. Während im französischen Cognac kommerzielle Interessen die häusliche Atmosphäre bestimmten, war
das Leben in Gandhis Familie von seiten beider Eltern in entscheidendem Maße ethisch und religiös geprägt. Wie Monnet war Gandhi ein lustloser Schüler, doch ein frühreifer junger Moralist, der die eigenen Verfehlungen mit besonderer
Unnachsichtigkeit verurteilte. Bestrebt, als guter Hindu zu
leben, tadelte er sich streng wegen einiger jugendlicher Verfehlungen und hat es sich niemals verziehen, daß er sich vom
Sterbebett seines Vaters entfernte, um mit seiner jungen Frau
zu schlafen.
    Gandhis Aufbruch aus dem Elternhaus war ungleich
spektakulärer als Monnets konventionelle Kavalierstour;
dem Rat eines Ältesten seiner Gemeinschaft trotzend, ergriff
er die Gelegenheit, in England ein Jurastudium aufzuneh-

men. Die Begegnung mit einer von Grund auf fremden Kultur und eine erstaunliche Vielfalt politischer, sozialer und geistiger Erfahrungen wirkten wie ein Schock, hatten aber auch formenden Einfluß auf seine Entwicklung. Im allgemeinen ein stiller Beobachter der britischen Szene, sah Gandhi sich dennoch zu mündlichem Protest veranlaßt, als ein Bürger bestraft werden sollte, weil er sich öffentlich zu unpopulären sozialen Anschauungen bekannt hatte (obwohl er selbst wenig Sympathie für traditionsfeindliches Verhalten aufbrachte). In fremder Umgebung moralisch Position zu beziehen war für den jungen Jurastudenten ein prägendes Erlebnis. In den Neubeginn auf heimischem Boden mit seinen absehbaren Aussichten auf ein Leben als Anwalt oder Beamter in der Provinz traf das unerwartete Angebot, als Rechtsbeistand in einem Prozeß nach Südafrika zu reisen. Gandhi nahm das Angebot an und brach in die Kapprovinz auf, wo er zwanzig Jahre lang blieb.

Während seiner Berufsjahre in Südafrika entwickelte Gandhi die Ideen und Verfahren, die ihn zu einer Persönlichkeit von Weltrang machten. Er geriet ins Rampenlicht der Öffentlichkeit, weil er sich gezwungen fühlte, nein zu sagen zu der Behandlung, die Inder und andere dunkelhäutige Bürger in diesem holländisch-britischen Vorposten erfuhren. Gandhi empfand es als persönliche Demütigung, wenn er und andere Inder daran gehindert wurden, dort Platz zu nehmen, wo sie wollten, zu reisen, wohin sie wollten, oder uneingeschränkt am politischen und wirtschaftlichen Leben ihrer Wahlheimat teilzunehmen. Also begann er ein Leben des Protests, hielt Versammlungen ab, gründete Organisationen und publizierte, schrieb Petitionen, führte Prozesse und nutzte juristische Manöver und Schlupflöcher. Für seine Bemühungen erntete Gandhi tätliche Angriffe,

Haftstrafen und anhaltende Kritik von seiten der Weißen im staatlichen Machtapparat und in den Kreisen einfacher Bürger.

Von Protestierenden in anderen Teilen der Welt unterschied sich Gandhi durch seine langjährige Arbeit an der Entwicklung neuartiger Methoden und einer innovativen Theorie. Stark beeinflußt von westlichen Schriftstellern wie Henry David Thoreau und John Ruskin, von den Werken und vom persönlichen Beispiel Tolstojs sowie vom religiösen Schrifttum des Ostens und Westens, kehrte Gandhi weltlichen Vergnügen den Rücken, verurteilte die industrielle Zivilisation und ihre Folgen und führte das Leben eines Asketen. Im Kreis seiner Familie experimentierte er mit verschiedenen Ernährungsweisen und Formen rationeller Zeit- und Arbeitseinteilung. Er setzte sich konkrete moralische Ziele und bezog in diese Exerzitien auch andere Mitglieder der experimentellen Wohngemeinschaft auf der Tolstoj-Farm ein, die er 1910 in der Nähe von Johannesburg gegründet hatte. Eine Geschichte genügte Gandhi nicht – die Verkörperung im persönlichen Leben war integraler Bestandteil der Botschaft.

Von größter Bedeutung für Gandhis geistige Entwicklung war seine tiefe Abneigung gegen Gewalttätigkeiten, die ihn bewog, neue Formen des Protests zu erfinden. Aus einer inneren Haltung heraus, die später unter ihrem Namen, *satyagraha*, weit über den Kreis der Gandhi-Anhänger hinaus bekannt wurde, verweigerten alle, die sich diskriminiert fühlten, ungerechten Gesetzen den Gehorsam. Aber sie verzichteten dabei auf jede Gewaltanwendung und waren bereit, alle Konsequenzen von der Gefängnisstrafe bis zur Gefährdung des eigenen Lebens auf sich zu nehmen.

In dem Gefühl, seine Mission in Südafrika beendet zu

haben, und auf Drängen seiner Landsleute in Indien kehrte Gandhi Ende 1914, kurz nach Ausbruch des Ersten Weltkriegs, in die Heimat zurück. Wie Franklin Roosevelt, Margaret Thatcher und andere der hier dargestellten Führungspersönlichkeiten war der junge Anwalt zu der Überzeugung gelangt, daß er der einzige sei, der ‚seinem Volk' helfen könne. In Gandhis Fall war es das Land, das Hilfe brauchte, eine Kolonie, die in ihrem wachsenden Unabhängigkeitsdrang dennoch nicht in der Lage war, die Herrschaft eines mächtigen, rückzugsunwilligen Großbritannien abzuschütteln. Getreu einem Abkommen, das er mit einem politischen Freund und Berater geschlossen hatte, reiste Gandhi zunächst ein Jahr lang privat durch Indien und machte sich mit den Verhältnissen in seinem Land vertraut, dem er zwei Jahrzehnte ferngeblieben war. Während des Ersten Weltkriegs unterstützte Gandhi die Briten im Kampf gegen die Mittelmächte, war aber schon bei Kriegsende zu der Entscheidung gelangt, Indien solle – und könne – nicht länger im Besitz Großbritanniens bleiben.

Kreiste Monnets Denken um den Weg der europäischen Nationen zur Einheit, ging Gandhi von der Zielvorstellung aus, daß seinem Land der Status einer Kolonie nicht länger zuzumuten sei, daß es vielmehr als gleichberechtigter Partner Englands betrachtet werden müsse. Im Vergleich zu Monnets völkerverbindendem Traum erscheint Gandhis Kernidee mithin als nationalistisch. Doch schon früh erkannte man vielerorts, wenn auch nicht im Kreis der führenden britischen Politiker, daß Gandhis Ideen im Grunde einen anderen, einen universalistischen Prozeß anbahnten.

Wie in seiner Methode, dem gewaltlosen Widerstand (*satyagraha*), verbürgt, war Gandhis Leben dem Glauben gewidmet, daß die Menschen mehr verband, als sie trennte.

Wenn sich die Möglichkeit zu einer persönlichen Begegnung bot, sollten sie sich dem Anspruch gewachsen zeigen, ihre Differenzen auf gewaltlose Art zu lösen, so daß die Menschlichkeit beider Seiten zum Tragen kam und bekräftigt wurde. Nicht der Idee des freien Indien war Gandhis Leben gewidmet. Was seine Mission und ihre Anhänger in aller Welt beflügelte, war vielmehr die Hoffnung auf bessere, humanere Beziehungen zwischen den Angehörigen aller Nationen. Bezeichnend ist sein Ansinnen an seinen Gegner Lord Irwin, den Vertreter der britischen Krone: „Ich möchte weniger den Vizekönig von Indien als den Menschen in Ihnen kennenlernen."

Monnet wirkte vor allem hinter den Kulissen. Weder sein Name noch seine Unternehmungen sind außerhalb der politischen Elite Europas sonderlich bekannt geworden. Gandhi schlug die entgegengesetzte Richtung ein – er suchte und nutzte die Öffentlichkeit. Obwohl ihm wenig daran lag, für die Leistungen der von ihm gegründeten Bewegung persönliche Anerkennung entgegenzunehmen, sind sein Name, seine Ideen und seine Erscheinung bis in unsere Zeit vielen Menschen bekannt geworden, und nach dem unerwarteten Erfolg von Richard Attenboroughs Filmbiographie aus dem Jahr 1982 ist zu erwarten, daß Gandhis Werk auch kommenden Generationen unvergessen bleibt.

Schon 1918 hatte Gandhi Gelegenheit, die eigene Kraft und die Kraft seiner Ideen unter heimischen Bedingungen zu erproben. In der Stadt Ahmedabad in Westzentralindien führte er eine Protestaktion durch. Den Anlaß bildeten Auseinandersetzungen zwischen den Gandhi persönlich bekannten Arbeitern und Eigentümern einer Textilfabrik. Gandhi nutzte die Gelegenheit dazu, Methoden zum Einsatz zu bringen – darunter ein persönliches Fasten –, die beiden

Seiten konstruktive Verhandlungen ermöglichten. Wie in späteren Aktionen war es sein Ziel, zu einer Lösung zu kommen, die den Interessen beider Parteien gerecht wurde und es beiden ermöglichte, durch ihre Teilnahme an einem durchstrukturierten Konflikt-Prozeß, der gelegentlich die Form eines Rituals annehmen konnte, gestärkt hervorzugehen.

Der Streik in Ahmedabad ging aus verschiedenen Gründen erfolgreich und friedlich zu Ende, was nicht für alle Aktionen gilt, die in den folgenden dreißig Jahren unter Gandhis Beteiligung stattfanden. Der 1919 durchgeführte Protest gegen die Rowlatt-Gesetze, die kriegsbedingte Einschränkungen der bürgerlichen Rechte in Indien zum Regelfall machen sollten, hatte gewalttätige Ausschreitungen zur Folge und endete im Blutbad von Amritsar, bei dem mehr als tausend Menschen den Tod fanden. Ohne durchschlagenden Erfolg versuchte Gandhi in der Zeit von 1920 bis 1922, durch die Khilafat-Bewegung eine Annäherung zwischen der Muslim- und Hindu-Partei zustande zu bringen. 1922 wurde Gandhi nach mehreren Aktionen bürgerlichen Ungehorsams gegen die britische Oberhoheit wegen Aufwiegelei vor Gericht gestellt. Während des Prozesses kam es zu einem denkwürdigen Dialog mit dem Richter, in dem beide den präzedenzlosen Charakter der Konfrontation anerkannten. Richter Broomfield räumte ein: „Es läßt sich nicht übersehen, daß Sie einer anderen Kategorie angehören als alle Angeklagten, mit denen ich jemals zu tun hatte und voraussichtlich auch zu tun haben werde. Es ist ... unmöglich die Tatsache zu übersehen, daß Sie in den Augen von Millionen Ihrer Landsleute ein großer Patriot und Führer sind." Dennoch wurde Gandhi zu sechs Jahren Gefängnis verurteilt. Gandhi erwiderte: „Ich bin gerne bereit anzuerkennen, daß ein milderes Urteil kaum möglich war, und was das ganze

Verfahren angeht – höflicher hätte ich nicht behandelt werden können."

Nach der Haftentlassung setzte Gandhi seine politische Tätigkeit mit unverminderter Intensität fort. 1930 inszenierte er seine berühmteste Widerstandsaktion, den Salzmarsch, der ihn und Tausende seiner Anhänger an die Küste führte, wo er eine symbolische Handlung von großer politischer Bedeutung vornahm: aus Protest gegen die neu erlassene Salzsteuer las er einige Salzkörner vom Strand auf. Er rechnete mit seiner Verhaftung und hoffte, daß mit ihm Tausende aus dem Kreis der Marschierenden in Gewahrsam genommen würden. Die Gewaltdemonstration der Regierung hatte er nicht erwartet.

Bewaffnete Polizisten schlugen Hunderte der Marschierenden nieder, die zu Boden fielen, ohne auch nur den Arm zu heben, um die Schläge abzuwehren. In seinem berühmt gewordenen Bericht für *United Press* schilderte der Korrespondent Webb Miller die Ereignisse:

Es gab keine Kämpfe, kein Handgemenge; die Leute gingen einfach weiter, bis sie niedergeschlagen wurden. ... Die Polizisten traten die Sitzenden in den Unterleib und die Geschlechtsteile, packten sie an Armen und Beinen, schleiften sie an die Gräben und warfen sie hinein. ... Stundenlang wurden auf Bahren reglose, blutende Körper fortgeschafft.

Die moderne Nachrichtenübermittlung sorgte dafür, daß die brutale, blutige Unterdrückung des friedlichen Protestes augenblicklich in aller Welt bekannt wurde. Die Engländer waren der Unruhen Herr geworden, das moralische Recht auf ihre Herrschaft hatten sie für immer verspielt.

Mit dem Salzmarsch war es Gandhi gelungen, Großbritannien und die Welt für seine Sache zu gewinnen. Es folgten zögernde, unwillige Schritte in Richtung auf die Unabhängigkeit Indiens, die erst durch den Zweiten Weltkrieg rapide beschleunigt wurden. Aufgrund seines Ansehens und seiner großen moralischen Autorität war Gandhi an den Verhandlungen zur Aufhebung des Kolonialstatus zwar beteiligt, doch die offizielle politische Führung übernahm sein Schützling Jawaharlal Nehru. Mitte der dreißiger Jahre zog Gandhi sich vorübergehend aus dem öffentlichen Leben zurück und führte wie schon in der mittleren Phase seines Südafrikaaufenthaltes ein bewußt exemplarisches, einfaches Leben in der bäuerlichen Provinz.

Als Indien im August 1947 die Unabhängigkeit erlangte, stand Gandhi erneut auf der politischen Bühne und setzte sich mit Hingabe für einen Abbau der Spannungen ein, die die Beziehungen zwischen Hindus und Muslimen belasteten. Er sprach, schrieb, drängte, lockte und fastete und schien über die Energien eines um Jahrzehnte Jüngeren zu verfügen. Die Spannungen steigerten sich zu blutigen Auseinandersetzungen. Als von Feiern zum Tag der Unabhängigkeit die Rede war, fragte Gandhi mit bitterem Spott, ob es nicht angebrachter sei zu trauern. Schließlich fiel er selbst diesem mörderischen Kampf zum Opfer. Im Januar 1948 wurde er auf dem Weg zu einer Gebetsstätte von einem Glaubensgenossen, einem fanatischen Hindu namens Nathuram Vinayak Godse, erschossen.

In Indien wird die Erinnerung an Gandhis Errungenschaften hochgehalten. Trotz anhaltenden, oft blutigen Konflikten wird er als überragender Führer des zwanzigsten Jahrhunderts anerkannt. Doch seine größten Leistungen wirkten weit über den indischen Subkontinent hinaus. Seine einflußreichen Schriften und sein vorbildlicher persönlicher Mut führten Menschen in aller Welt vor Augen, daß es möglich ist, sich gegen Ungerechtigkeiten auf respektgebietende Art zur Wehr zu setzen: ohne Gegenschläge und vielleicht sogar mit dem Ergebnis einer Lösung, die alle Beteiligten bereichert.

Zwei der zahllosen Zeugnisse, mit denen die Nachwelt dem Mahatma ihre Reverenz erwies, stammen von einem direkten und einem indirekten Führer unseres Jahrhunderts und drücken am klarsten aus, was Millionen Menschen empfanden. Martin Luther King jr. erklärte, Gandhis Weg sei „die einzige moralisch und praktisch vertretbare Methode, die den Unterdrückten im Kampf um die Freiheit offensteht". Einstein wies auf das merkwürdige zeitliche Zusammentreffen der Entwicklung nuklearer Waffen und der Idee von *satyagraha* hin und bemerkte dazu:

Gandhi hat bewiesen, daß eine machtvolle menschliche Gefolgschaft nicht nur durch das Ränkespiel der üblichen politischen Machenschaften und Gaunereien zusammengebracht werden kann, sondern auch durch das zwingende Beispiel einer moralisch überlegenen Lebensführung. In unserer Zeit tiefsten moralischen Verfalls war er der einzige Staatsmann, der für geläuterte menschliche Beziehungen im politischen Bereich eintrat. … Künftige Generationen … werden es vielleicht kaum glauben, daß ein solcher Mensch tatsächlich in Fleisch und Blut über unsere Erde ging.

King wiederum hat die zwei großen Persönlichkeiten hellsichtig in Zusammenhang gebracht: „Zweimal in unserem Jahrhundert hat der Mensch gedacht – einmal in Einstein und dann in Gandhi. Einsteins Denken hat unser Verständnis der materiellen Welt, Gandhis Denken hat unser Verständnis der politischen Welt verändert."

Die Unterschiede zwischen Monnet und Gandhi drängen sich auf. Dem wohlhabenden, kultivierten Europäer Monnet standen zahlreiche Karrieremöglichkeiten offen. Er beschloß schon früh, seine Energien darauf zu verwenden, einen engeren Zusammenschluß zwischen den europäischen Ländern herbeizuführen und diesen so weit wie möglich auf Nordamerika auszudehnen. Er war fast ausschließlich in inoffizieller Mission tätig. Dem Insider Monnet steht Gandhi, der Außenseiter, gegenüber. In Südafrika gehörte er zu einer unterdrückten, eindeutig nichtdominanten Bevölkerungsgruppe, die von den mächtigen britischen Herren als unbequemes Untertanenvolk behandelt wurde. Die Laufbahn eines obskuren indischen Amtsträgers lehnte er ebenso ab wie später die Karriere als erfolgreicher Anwalt in Südafrika und bekannte sich zu einem Leben von äußerster Einfachheit und Genügsamkeit. In denkbar größtem Gegensatz zu einer Tätigkeit im Verborgenen entwickelte er Methoden des gewaltlosen Widerstandes, die essentiell öffentlich und damit angreifbar waren, und ging, ein Inbild persönlichen Muts, häufig das Risiko ein, sich zu Tode zu fasten oder durch die Hand Bewaffneter verletzt zu werden.

Bei dem Versuch, die beiden Persönlichkeiten im Rahmen meines Themas zueinander in Beziehung zu setzen, beabsichtige ich nicht, diese Unterschiede zu bagatellisieren. Trotz aller Verschiedenheit bleibt unübersehbar, daß beide sich auf eine Weise gleichen und ergänzen, die im Zusammenhang meiner Untersuchung von großer sachlicher Bedeutung ist. Da sind zunächst die vergleichbar elementaren und zielbewußten Geschichten. Monnet erklärte einmal: „Ich hatte nur eine einzige gute Idee, aber das war genug." Zu seinem Ziel, den Zusammenhalt Europas durch stärkere Bindungen friedlich zu festigen, bemerkte er:

Ich glaube, ich bin immer derselben durchgehaltenen Linie gefolgt, unter allen Umständen, in ganz verschiedenen Breiten, doch immer mit einem einzigen Ziel: die Menschen zu einen, die Probleme in Ordnung zu bringen, die sie trennen, sie dazu zu bringen, ihre gemeinsamen Interessen zu sehen. ... es [hat] mich immer zur Einheit, zur kollektiven Aktion gedrängt ... Ich könnte nicht sagen, warum, außer daß die Natur mich eben so geschaffen hat.

So einfach sie war, lief Monnets Idee dennoch den Vorstellungen – Gegengeschichten – zuwider, mit denen Millionen Menschen jahrhundertelang gelebt hatten. In den Köpfen der Durchschnittsbürger war Europa eine Ansammlung von Staaten und Völkern, die miteinander in einem teils friedlichen, teils kriegerisch geführten Wettbewerb standen. Periodisch wiederkehrende Versuche, Europa zu einen – die triumphierenden Siegesvisionen Karls des Großen, Napoleons und Hitlers – fanden in Form militärischer Interventionen statt. Monnet stellte dieser ‚ungeschulten' Vorstellung eines Europa unter einer einzigen Flagge eine Version entgegen, die er um die Begriffe Friedfertigkeit und Einigkeit erweitert hatte. Die Leidenschaft, mit der diese Idee von Politikern wie Margaret Thatcher und Charles de Gaulle bekämpft wurde, ist Beweis genug, daß es nicht leicht fiel, sie zu akzeptieren. Es war Monnets große Leistung, sie so vertraut und so unbedrohlich erscheinen zu lassen, daß wir heute eine europäische Freihandelszone und einen freien Grenzverkehr für selbstverständlich halten. Monnets Biograph François Duchêne faßt diese Leistung in Begriffen zusammen, die an die Thesen meines Buches anklingen: „[Monnet war] der bisher einzige konsequente Internationalist, der erkennbare Spuren in der Geschichte hinterlassen hat. ... Er ergriff eine vorübergehende Gelegenheit und vollbrachte eine der seltensten historischen Taten, die bewußte Einführung eines neuen Themas."

Gandhis Schlüsselidee – sein Leitmotiv – war mindestens ebenso einfach, doch weit älter. Er betonte, daß die Menschen derselben Gattung angehörten und daß ihre häufigen, oft gewalttätigen Kämpfe eine fundamentale Verfehlung seien; die Menschen müßten ihre Konflikte friedlich lösen. Es sei ein Unrecht, wenn eine Gruppe sich die andere unterwerfe; Wesen einer Art müßten lernen, sich als Geschöpfe gleichen Ranges und ohne Furcht zu begegnen. Alle diese Gedanken waren von den großen Religionsstiftern, unter ihnen Christus, in gleicher Weise schon früher geäußert worden.

Von den Vertretern ähnlicher Vorstellungen in unserer industrialisierten Welt trennte Gandhi die Ernsthaftigkeit, mit der er seine Ideen verfolgte. Sklaverei oder Unterdrükkung galten ihm nicht nur grundsätzlich als Unrecht; er empfand sie als zutiefst verwerfliches Fehlverhalten, gegen das einzuschreiten war. Gandhi forderte eine Beilegung alter Feindschaften mit friedlichen Mitteln, und er entwickelte detaillierte Methoden für eine reibungslose und konstruktive Durchführung von Schlichtungsverfahren in Streitfällen. Diese besonderen Verfahren, die *satyagraha* zu seiner Wirksamkeit verhalfen, waren das zukunftsträchtige Element seiner Geschichte.

Gandhis Ideen stießen sowohl bei den Unterdrückten wie auch bei den Kolonialherren auf breiten Widerstand. Wie Churchill die Idee eines freien Indien lächerlich machte, so spotteten Gandhis Landsleute über die Vorstellung, die Unabhängigkeit könne auf gewaltlosem Weg erreicht werden. Doch im britischen Empire und mehr noch in anderen Weltregionen, in denen Menschenrechte verletzt wurden, fand Gandhis Botschaft Gehör. Ob im amerikanischen Süden während der Bürgerrechtsbewegung, ob in der Volksrepublik China zu Zeiten der blutigen Niederschlagung der

Studentendemonstrationen – die Prinzipien des gewaltlosen Widerstandes haben ihren bleibenden Einfluß bewiesen. Allerdings setzte Gandhis Programm bei den Konfliktparteien ein gewisses Maß an Menschlichkeit voraus. Der Inder glaubte, fraglos zu Unrecht, Hitlers Haß auf die Juden werde verfliegen, wenn die verfolgten Juden ihren Tod stolz und ohne Gegenwehr auf sich nahmen.

Gandhi wie auch Monnet verfolgten ihre Kernidee mit äußerster Hartnäckigkeit, zeigten sich indessen flexibel, was die Art der Propagierung oder Umsetzung betraf, und begrüßten auch Zeiten der Instabilität, weil sie eine erhöhte Innovationstoleranz mit sich brachten. Beide liebten Experimente und hatten keine Angst, neue Wege zu erkunden, aus ihren Fehlern zu lernen und sie sogar öffentlich zu erörtern. Diese Bereitschaft zum Kurswechsel bei unverändertem Zielstreben ermunterte auch andere dazu, Einfallsreichtum zu zeigen.

Ich habe mich bisher mehr auf die Bedeutsamkeit der Botschaft, der Geschichte konzentriert als auf die Mittel zu ihrer Realisierung. Aber es wäre ein gravierender Fehler, im Falle Gandhis und Monnets den Wert der Methoden zu unterschätzen. Aus den praktischen Verfahren beider Männer ist mindestens ebensoviel zu lernen wie aus der berichtenden Darstellung ihrer Botschaft. Für Gandhi wie für Monnet gilt, daß ihre Methoden im eigentlichen Sinn ihre Botschaft *waren*.

Monnets Vorgehensweise, die er im Lauf eines halben Jahrhunderts entwickelte, war fast ausschließlich indirekt. Dem Rampenlicht wich er aus. Er war kein guter Redner und haßte politische Machtspiele. Er war der Unsichtbare, die Verkörperung des Unpersönlichen, und verbrachte seine Zeit damit, sorgfältig abzuwägen, wie er seine Absichten verwirklichen konnte. Er sammelte eine kleine Gruppe zuverlässiger Mitarbeiter um sich, an die er ebenso wie an sich selbst hohe Anforderungen stellte. Ihre Arbeit hatte weitgehend Privatcharakter. Obwohl Monnet zu fachspezifischen Analysen durchaus in der Lage und in mancher Hinsicht ein Perfektionist war, überließ er anderen den Großteil der technischen Studien und schriftlichen Arbeiten und konzentrierte die eigenen Kräfte auf die großen Linien und den Gesamtüberblick.

Monnets Hauptarbeit bestand darin, die Mächtigen davon zu überzeugen, daß die Ideen, die er und seine Mitarbeiter entwickelt hatten, ernsthafter Betrachtung wert waren. Er machte stets klar, daß den verantwortlichen Politikern die Anerkennung zufallen würde, wenn diese Ideen Umsetzung fanden. „In... Augenblicken, da [den Politikern] die Ideen fehlen", stellte er fest, „akzeptieren sie anerkennend die fremden, unter der Bedingung, daß man ihnen die Vaterschaft überläßt." In der Meinung, daß Prominenz seine Handlungsmöglichkeiten nur einschränken werde, ging Monnet so weit, auf öffentliche Anerkennung grundsätzlich zu verzichten. „Da [die Politiker] das Risiko tragen, brauchen sie auch den Lorbeer. Bei meiner Arbeit muß man die Lorbeerkränze vergessen." Anerkennung suchte er für die Politiker, die es wagten, sich für die Ideen einzusetzen, zu deren Artikulierung und Bekanntmachung er ihnen verholfen hatte.

Seine Führung war also indirekt, wenn auch nicht in dem Sinn, den ich dem Wort im Rahmen meiner Untersuchung überwiegend zugrunde lege. Wenn ich von dem Einfluß kreativer Menschen wie Strawinsky, Einstein oder der jungen Mead sprach, habe ich darauf hingewiesen, daß dieser Einfluß im wesentlichen durch die von ihnen geschaffenen

Symbolsysteme wirksam wurde – ihre Kompositionen, wissenschaftlichen Artikel, ethnologischen Studien und ähnliches. Monnet wirkte ebenfalls durch ein Medium, nämlich durch andere Menschen, die ihrerseits direkte Führer waren. Er hätte seine Ideen auch schriftlich festhalten können, die dann vielleicht von dem einen oder anderen politischen Führer aufgegriffen – und möglicherweise entstellt – worden wären. Aber der persönliche Kontakt mit den Politikern erlaubte es ihm, sich im Gespräch mitzuteilen, was den meisten entgegenkam, und gab ihm darüber hinaus die Möglichkeit, an der konkreten Gestaltung der Ideen mitzuwirken und den Beifall auf die politischen Führer zu lenken.

Es ist nicht einfach, Monnets berufliche Arbeit zu kennzeichnen, von der er sagte: „Ich habe noch nie eine Tätigkeit ausgeübt, die ich nicht selbst erfunden hatte." Er verbrachte viel Zeit damit, die voraussichtliche Entwicklung der politischen und ökonomischen Lage abzuschätzen, über die geeigneten Strategien zu ihrer Bewältigung nachzudenken und Möglichkeiten zu erwägen, politische Führer zur Einführung der Maßnahmen anzuregen, die diesen Strategien dienlich waren. Monnet war sich der Einzigartigkeit seines Status bewußt und bemerkte mit leiser Ironie: „Wenn die Konkurrenz beim Zugang zur Macht sehr lebhaft ist, so ist sie praktisch gleich Null in dem Bereich, in dem ich handeln wollte – bei der Vorbereitung der Zukunft."

Ein Selbstzeugnis Monnets gibt am deutlichsten Aufschluß darüber, wie er arbeitete. In seiner Autobiographie erinnert er sich an die Geistesverfassung des Siebenundfünfzigjährigen im Jahr 1945, am Ende des Zweiten Weltkriegs:

[Mein Leben] war eine Folge von Handlungen auf einer Ebene, auf der durch den Willen der Menschen … die zeitgenössischen Ereignisse entschieden wurden, und diese Handlungen befaßten sich regelmäßig mit öffentlichen Angelegenheiten. Doch im Gegensatz zu dem, was das eigentliche Wesen der Politik ist, handelte es sich nicht um eine immer erneuerte Wahl, die ständig in der grenzen- und endlosen Komplexität einer Staatsregierung zu treffen war. Dem, was ich in jeder bedeutenden Phase meines Lebens unternommen habe, ging eine Entscheidung voraus, und nur eine einzige, und diese Beschränkung auf *ein* Ziel hat mich vor der Versuchung zur Verzettelung und auch vor dem Geschmack an der Macht mit ihren tausend Facetten bewahrt.

... die, die sich um alle Geschäfte des Staates kümmern müssen, ... müssen die Gesamtheit der Probleme im Auge behalten. Diese andere Geisteshaltung, die notwendig zum Politiker gehört, enthält in sich die Grenzen der Macht über die Dinge. Ist er nur von *einer* Idee ausgefüllt, so wäre er anderen ... nicht mehr zugänglich. ... Bestand meine Rolle nicht schon seit langem darin, die zu beeinflussen, die [Macht] hatten, und über die zu wachen, die sich im günstigen Augenblick ihrer bedienen würden? ... Ich habe keinen großen Politiker kennengelernt, der nicht sehr egozentrisch gewesen wäre, und das hat seinen Grund: Wäre er es nicht, so könnte er nicht sein Image und seine Person in den Vordergrund schieben. Ich hätte es nicht gekonnt – nicht etwa, weil ich bescheiden wäre, sondern weil man sich nicht gleichzeitig auf eine Sache und auf sich selbst konzentrieren kann. Die Sache ist für mich immer die gleiche geblieben: Die Menschen dazu zu bringen, gemeinsam zu arbeiten, ihnen zu zeigen, daß sie jenseits aller Divergenzen oder über die Grenzen hinweg ein gemeinsames Interesse haben.

Daß Monnet auf die Vernunft baute, mochte ein Reflex seiner französischen Herkunft sein. Er glaubte, wenn es gelänge, den Menschen ihre Interessen rational einsichtig zu machen, müßten sie früher oder später zu einer Übereinstimmung kommen und für das gemeinsame Wohl optieren. Er legte großen Wert auf exakte Formulierungen. Von ihrer

Genauigkeit hingen seiner Meinung nach Erfolg oder Mißerfolg einer politischen Maßnahme ab. Er glaubte nicht an die Veränderbarkeit der menschlichen Natur, doch an die Möglichkeit, den Menschen ihre Probleme, die bestehenden Strukturen, die einer Lösung entgegenstanden, sowie die sich bietenden Lösungswege (einschließlich neuer Strukturen) verständlich zu machen. Sein Ziel waren Lösungen, nicht Kompromisse, und er versuchte, jeden Rückschlag in eine Chance zu verkehren.

Monnet arbeitete somit an der Schnittstelle des Menschen und seiner Institutionen. Er schätzte Freundschaften, pflegte sie über Jahrzehnte und wies darauf hin, daß Freundschaft als Ergebnis gemeinschaftlichen Handelns entstehe. Seine genaue Beobachtung von Verhandlungsteilnehmern erlaubte ihm Vermutungen darüber, welche Argumente die einzelnen von der Angemessenheit eines Vorschlags überzeugen würden. Er war fortwährend bemüht, ein Band der Gemeinsamkeit zwischen ihnen zu knüpfen, ohne sich dabei in Winkelzüge zu flüchten. Ungerührt konnte er bestimmte Ideen x-mal wiederholen und die Formulierung von Verträgen endlosen Prüfungen unterziehen. Doch er war sich im klaren darüber, daß das Vertrauen aller Beteiligten eine notwendige Voraussetzung für den Erfolg jedes Abkommens war, und wußte zugleich, daß jedes Abkommen individuelle Voraussetzungen überstieg. „Nichts wird ohne den Menschen gemacht, und nichts überdauert ohne Institutionen", hielt er scharfsinnig fest. Er war überzeugt, daß nichts so sehr zur Modifizierung tief verwurzelter Gewohnheiten beiträgt wie die Geburtsstunde neuer Institutionen. Ordnung war ihm ein Bedürfnis, und er suchte sie, wo immer möglich, im eigenen Leben und Handeln durchzusetzen. Aber sein Ordnungssinn hinderte ihn nicht an der Einsicht, daß in politischen Beziehungen „kein Fortschritt ohne eine gewisse Unordnung möglich war". Seine Hochachtung vor der einzigartigen Rolle der herausragenden Führer der großen Nationen könnte man als Zeichen seiner Herkunft und seiner Zeit verstehen.

Auch Gandhi widmete seinen Methoden ausführliche Überlegungen und nutzte dazu vor allem die Zeit seiner unfreiwilligen Isolation im Gefängnis. Er verließ sich außerdem auf die Mitarbeit einer kleinen Gruppe enger Vertrauter, die anders als im Fall Monnets eine große öffentliche Gefolgschaft lenkten. Gandhi verwandte folglich beträchtliche Bemühungen darauf, organisierte Gruppen von Mitstreitern *(satyagrahis)* aufzubauen und zu unterstützen.

Während Monnet mit wenigen, sorgfältig ausgewählten politischen Führern im Hintergrund wirkte, war Gandhis Arena, wir sagten es, die Öffentlichkeit. Als seine natürlichen Verbündeten betrachtete Gandhi die Masse seiner ganz gewöhnlichen Mitmenschen – „die einfältigen, halbverhungerten Millionen, die ich vertrete", wie er es einmal ausdrückte. Der Gedanke, daß Programme formuliert, verteidigt und verkörpert werden mußten, war Teil seiner Philosophie, so daß er der Öffentlichkeit in aller Deutlichkeit klarmachen konnte, welche Absichten er und seine Mitstreiter verfolgten und was Ziel und Zweck seiner Methode, *satyagraha*, war.

Diese Methode war minuziös ausgefeilt. Der *satyagrahi* mußte die Auffassungen der Opponenten kennen und diesen als Personen mit Achtung begegnen. Am Anfang standen Versuche, eine gütliche Einigung zu erzielen. Erst wenn diese Versuche fehlschlugen, durfte der *satyagrahi* dem Gesetz den Gehorsam verweigern, streiken, fasten oder durch öffentliche Aktionen anderer Art allen Beobachtern den Inhalt und die Bedeutsamkeit des Konflikts klarmachen. War eine Aktion angelaufen, mußte der *satyagrahi* strengste Disziplin üben. *Satyagraha* eignete sich nicht für jede Konfliktsituation und hatte nicht immer Erfolg. Kompromisse wurden nicht ausgeschlossen, doch die Grundprinzipien blieben unangetastet; der *satyagrahi* mußte bereit sein, vieles zu opfern, auch sein Leben, wenn die schicksalhafte Entscheidung zur Teilnahme getroffen war.

Die Schauplätze, auf denen Gandhi und Monnet agierten, könnten nicht unterschiedlicher sein. Monnet kam in seiner Führungsrolle kaum mit dem ,Mann auf der Straße' in Berührung, und er verließ sich fast ausschließlich auf seine Hintergrundsbeziehungen zu einflußreichen Politikern, von denen er viele persönlich kannte. Er erschien nur selten in der Öffentlichkeit, um über seine Unternehmungen zu informieren. Er vertraute in erster Linie auf die Vernunft, obwohl ihm die Bedeutung von Irrationalität und Leidenschaft im menschlichen Leben nicht fremd war.

In schärfstem Gegensatz dazu identifizierte Gandhi sich ausschließlich mit den gewöhnlichen Menschen, während er im Kreis der Mächtigen ein instinktives Unbehagen, vielleicht auch Rivalitätsgefühle empfand. Sein Wirkungsfeld war die Öffentlichkeit, von den gelegentlichen Rückzugsphasen abgesehen, die meist Gefängnisaufenthalte, also unfreiwillig waren. Gandhis Methode hatte ihre Vernunftgründe, beruhte indes wesentlich auf seinem Glauben und auf den geistigen Dimensionen der zwischenmenschlichen Beziehungen; für ihn war die Macht, die ins Gewicht fällt, der Geist und nicht das Militär. Gandhi wie Monnet mußten schließlich die Grenzen dessen, worauf sie bauten, des menschlichen Geistes wie auch der menschlichen Ratio, erkennen.

Nur wenige Menschen unserer Zeit haben die Botschaften, die sie verkündeten und die Methoden, die sie befürworteten, mit größerer Vollkommenheit verkörpert. Monnets Diskretion und Verläßlichkeit waren in Kreisen der Politik und Wirtschaft hochgeschätzt. „Er überzeugte mehr durch Scheu als durch große Gesten und Trompetengeschmetter", bemerkte ein Beobachter. Er bewegte sich so leicht und selbstverständlich von einem Milieu und einem Land zum anderen, wie er es sich für die Waren, Währungen und Bürger der Zukunft erhoffte. In Verhandlungen war er von unendlicher Geduld, nahm keine Niederlage als Dauerzustand hin und blieb der Idee des Fortschritts und der sozialen Inklusion, die sein Leben beseelte, unbeirrbar treu.

Mit mindestens gleicher Intensität vertrat Gandhi, der Führer einer nichtdominanten Gruppe, die Lehre und Methode, die sich aus seinem persönlichen Erleben heraus entwickelte. Erst nach langer Praxis der Selbsterfahrung, zu der Dutzende von „Experimenten" mit der Wahrheit gehörten, hatte Gandhi einen geistigen Standort erreicht, der ihm selbst, dem Indien seiner Zeit und mit wachsender Überzeugung auch den Enteigneten in anderen Weltregionen als sinnvoll erschien. Gandhi lebte seine Träume am Tag und in der Nacht, fast ein halbes Jahrhundert lang. Seine disziplinierten Verfahren gab er auf direktem Weg an seine Mitarbeiter und durch sein eindrucksvolles persönliches Beispiel an Millionen gläubiger Anhänger weiter. Irrtümer räumte er bereitwillig ein, darunter den „himalajahohen Irrtum", seine Anhänger zu einem Kurs der Gewaltlosigkeit veranlaßt zu haben, auf den sie noch nicht ausreichend vorbereitet waren. Durch seinen Humor, seine Freundlichkeit und die Bereitschaft, eigene Mängel einzugestehen und anderen ihre Fehler zu verzeihen, verkörperte Gandhi die Ideen, auf die er sein Leben verpflichtet hatte, nicht weniger als durch seine Unerschrockenheit.

Wie den übrigen prominenten Führungsgestalten, deren Schicksal die vorausgehenden Kapitel vor Augen riefen, blieb auch Monnet und Gandhi die Erfüllung ihres Traumes versagt. Seit ihrem vielversprechenden Start in Monnets letzten Lebensjahren hat die Europäische Gemeinschaft ihre Höhen und Tiefen erlebt. Bei Entstehen dieses Buches war der Vertrag von Maastricht, der die Völker und Institutionen dem Ziel einer einheitlichen Europäischen Union um einen entscheidenden Schritt näherbringen sollte, noch nicht von allen Ländern unterzeichnet. Der Zusammenbruch der Sowjetunion hat in Ländern Süd- und Osteuropas sowie in einigen westeuropäischen Demokratien paradoxerweise längst begrabene nationalistische Gefühle wiederbelebt.

Gandhis Folgen auf indischem Boden sind noch weniger greifbar als die Ergebnisse Monnets. Sein Wort und Beispiel wird häufiger mißachtet als respektiert. Zwischen Hindus und Muslimen gehen die Auseinandersetzungen mit unverminderter Schärfe weiter; innerhalb Indiens kam es zu wiederholten Kämpfen, mit den Nachbarn Pakistan und China zu gelegentlichen militärischen Zusammenstößen. Zwar wirkt Gandhis persönliches Beispiel auch weiterhin als begeisterndes Vorbild für alle, die die Anliegen der Menschenrechte im eigenen Namen oder für ihr Land verfechten, doch auf jeden Erfolg der amerikanischen Menschenrechtsbewegung, auf jeden relativ friedlichen Übergang, wie er vor kurzem in Südafrika erreicht wurde (ein volles Jahrhundert nach Gandhis Ankunft auf diesem notvollen Stück Erde), kommen allzu viele Beispiele, in denen *satyagraha* entweder nicht zum Einsatz kam oder durchexerziert wurde und sich als nutzlos erwies.

Eine Durchlässigkeit der Ländergrenzen und eine Absage an Klischeevorstellungen von anderen Völkern wird erst dann erreicht, wenn das Publikum bereit ist, auf neue Botschaften dieser Art zu hören und ihr Verhalten nach ihnen auszurichten. Gandhi und Monnet kämpften gegen Einstellungen, die sich in Jahrhunderten, wenn nicht Jahrtausenden konsolidiert hatten. Aus diesem Grund mußten beide ihre Botschaft so einfach wie möglich fassen und über Jahrzehnte, in guten und bösen Zeiten, daran festhalten. Die komplexen, subtilen, und utopischen Aspekte ihrer Botschaft waren grundlegend wichtig, doch gerade sie konnten in ihrer vollen Bedeutung erst dann erfaßt werden, als sie erstes Gehör gefunden hatten.

Es ist meine persönliche Überzeugung, daß nur die weitverbreitete Anerkennung der Einsichten und Einstellung Monnets und Gandhis unserer Welt ein Weiterbestehen sichern kann. Es muß uns gelingen, Monnets Glauben an die Vernunft mit Gandhis vernunftgeleitetem Zugang zum Geistigen in Einklang zu bringen.

Monnet und Gandhi sind den dargestellten Führungspersönlichkeiten zwar in vielen Einzelheiten verwandt, haben unser Verständnis von Führung jedoch in mancherlei Weise verändert. Sie sind erstens ein Beispiel dafür, daß es Führern oder Führerinnen gelingen kann, ihrem Publikum eine Geschichte, deren grundsätzlicher Anspruch dem ungeschulten Kopf fremd ist, mit gewissem Erfolg näherzubringen. Den Europäern, die gewöhnt waren, sich als Bürger rivalisierender Nationalstaaten zu betrachten, sagte Monnet sinngemäß: „Wir sind alle Europäer und müssen uns einem größeren Nutzen zuliebe verbinden". Den Kolonialherren und Kolonisierten, den Mächtigen und den Enteigneten versicherte Gandhi: „Wir alle sind in erster Linie menschliche Wesen und müssen auf der Basis dieser nackten Voraussetzungen miteinander in Beziehung treten." Diese beiden Wege zu einem erweiterten Identitätsbewußtsein sind reine Beispiele visionärer, wandlungsträchtiger Führung. Gewiß wandte Monnet sich vor allem an die politischen Führer und nicht an die gewöhnlichen Bürger, doch seine Pläne konnten erst Wirklichkeit werden, als sie schließlich auch der Allgemeinheit akzeptabel erschienen.

Das Beispiel Monnets verdeutlicht darüber hinaus, daß es verschiedene Formen indirekter Führung gibt. Während die Mehrzahl der indirekten Führer durch die von ihnen geschaffenen Zeichensysteme, also zum Beispiel durch Bücher oder wissenschaftliche Theorien wirkt, sprach Monnet direkt zu führenden Politikern – und damit indirekt zur breiten Öffentlichkeit. Monnets allgemeine Idee fand am Ende auch Eingang ins ungeschulte europäische Denken, nahm aber den Umweg über einen oder mehrere Vermittler.

Schließlich stehen Monnet und Gandhi für die Möglichkeit, auch ohne die Hilfsmittel der üblichen staatlichen Kanäle auf breiter Basis zu Erfolg zu kommen, vorausgesetzt, man verfolgt beharrlich eine einzige Idee. Weder Monnet noch Gandhi verlangten nach öffentlichen Auszeichnungen und Positionen; sie erzielten ihre Wirkung zum Teil gerade dadurch, daß sie sich vom offiziellen Regierungssystem fernhielten – Monnet durch seinen privilegierten Insider-Status, Gandhi als der fundamentale Außenseiter. Ich habe im Laufe meiner Untersuchung bereits auf solche Einflußmöglichkeiten außerhalb der offiziellen Machtzentren hingewiesen, so im Fall Martin Luther King jr. und Eleanor Roosevelt, die beide ebenfalls der staatlichen Bürokratie aus dem Weg gingen und beschlossen, ihre Geschichten ohne den Sukkurs institutioneller Schubkräfte publik zu machen. Die erkennbare Parallelität der vier Fälle hat darin ihre Grenze, daß King und Roosevelt ihren Einfluß vor allem im Umkreis und zugunsten bestimmter nichtdominanter Gruppen geltend machten, während Gandhi und Monnet, die einen breiteren Ausschnitt der Menschheit ansprachen, auf den allgemeinen Geschichtsverlauf einzuwirken suchten. (In ihren letzten Lebensjahren näherten King wie auch Roosevelt sich diesem Bestreben an.) Die Leistung Gandhis und Monnets läßt erkennen, wie wichtig es ist, eine gleichbleibende Idee zu vertreten und unter allen Umständen zäh und unverändert daran festzuhalten. Dieser Unbeirrbarkeit ist es vielleicht zu danken, daß beider Leistung aller Voraussicht nach bis ins nächste Jahrtausend lebendig bleiben wird.

15

Lehren aus der Vergangenheit und ihre Bedeutung für die Zukunft

> Wir gestalten die Welt schneller, als wir uns selbst
> verändern können, und nehmen die Gewohnhei-
> ten unserer Vergangenheit in die Gegenwart mit.
> *Winston Churchill*

Der Überblick über das Spektrum möglicher Führungsvarianten ist abgeschlossen. Er erlaubt eine bilanzierende
Betrachtung des Gesamtvorhabens, die den thematisch-bio-
graphischen Ansatz der vorausgehenden Kapitel zugunsten
einer systematischeren Darstellung aufgeben wird. Ich begin-
ne mit der Beschreibung einer hypothetischen Führerfigur,
des Idealtyps*, der die beobachteten lebensgeschichtlichen
Gesetzmäßigkeiten illustriert, und betrachte anschließend
die wesentlichen Ergebnisse der Fallstudien im Zusammenhang der sechs Faktoren, die Führung im weitesten Sinne
kennzeichnen. Um eine breitere Vergleichsbasis zu gewinnen,
stelle ich die elf auf den vorangegangenen Seiten behandelten
Führergestalten den sechs schöpferischen Künstlern und
Wissenschaftlern meiner älteren Kreativitätsstudie sowie den
zehn politischen Führern des Zweiten Weltkriegs gegenüber.
Die vergleichende Perspektive soll die Stufen des ‚Einstein-

---

* Der Idealtyp ist nicht identisch mit den einzelnen Mitgliedern einer Gattung; er soll vielmehr Züge herausheben, die in einer Mehrheit von Grup-
penvertretern auftreten und zum Verständnis des Gruppencharakters beitragen.

Teheran-Kontinuums' veranschaulichen, von dem ich einleitend sprach.

Auf den letzten Seiten kommen Punkte zur Sprache, die nicht abschließend zu behandeln sind. Ich gehe auf drei Kardinalfragen ein, die meine Untersuchung unweigerlich hervorrufen wird, weise auf sechs Faktoren hin, die sich in absehbarer Zukunft auf die Gestaltung von Führung entscheidend auswirken werden, und schließe mit dem Hinweis auf ein Verhaltenskonzept, das allen, die Führungsverantwortung tragen, ihre Aufgabe erleichtern könnte.

Die typische Führungspersönlichkeit

T. F., wie ich sie nennen will, läßt schon in jungen Jahren zwei ausgeprägte Talente erkennen: sie ist redegewandt und zeigt ein lebhaftes Interesse und Verständnis für ihre Mitwelt. Wenn keine überdurchschnittliche Lernbegabung vorliegt, kommt eine Karriere im Schul- und Hochschulbereich oder in den akademischen Berufen meist nicht in Betracht. Beobachtern fällt sie weniger durch besondere Fertigkeiten als durch ihre Tatkraft und ihren Ideenreichtum auf: daß sie Herausragendes leisten wird, scheint sicher, unklar bleibt zunächst, auf welchem Gebiet.

Die Ausnahme sind theoretisch begabte Jugendliche, die sich wie Mead, Oppenheimer oder Lenin zunächst der Wissenschaft oder einer Tätigkeit in den freien Berufen zuwenden und erst allmählich zu der Gewißheit kommen, daß sie ihren persönlichen Bedürfnissen oder denen ihrer Gemeinschaft am besten dienen, wenn sie ihr engeres Spezialgebiet verlassen und ein größeres Publikum ansprechen.

Zu den frühesten und besonders bezeichnenden Hinweisen auf spezifische Führungsbegabung gehört die Bereitschaft, sich mit Autoritäten auseinanderzusetzen. Die gelegentliche Schärfe solcher Konfrontationen ist dabei keine notwendige Bedingung. T. F. zeichnet sich vielmehr dadurch aus, daß sie sich mit Autoritätspersonen identifiziert und sich ihnen gleichrangig fühlt. Eine direkte Herausforderung scheint ihr also natürlich oder doch möglich. Hinzu kommt, daß T. F. die Sachfragen, die sich an eine bestimmte Führungsposition knüpfen, bedacht hat und zu dem Schluß gekommen ist, daß ihre eigenen Einsichten zumindest ebenso gut begründet sind wie die zur Zeit geltenden, vielleicht sogar größeren Erfolg versprechen. Diese Selbstgewißheit hat ihre Ursache möglicherweise darin, daß die von T. F. vorgesehenen Problemlösungen aus ihren eigenen Lebensverhältnissen erwachsen und darum zweckmäßiger sind als Konzepte, die aus früheren Zeiten oder fremden Regionen stammen. Wie zahlreiche andere Führerfiguren hat T. F. in jungen Jahren den Vater verloren, und vielleicht ermöglicht dieser Verlust ihr die Unabhängigkeit, die sie zum Widerspruch treibt, während andere den Vater oder eine Vaterfigur oppositionslos als gesellschaftliche Autoritäten anerkennen.

Das Gefühl der Anspruchsberechtigung, die Bereitschaft, sich der Macht zu stellen, birgt Risiken. Viele Menschen, die als junge Erwachsene gegen die herrschenden Mächte auftraten, mußten ihren Mut mit Verfolgung, Gefängnis oder Tod bezahlen. Doch künftige Führer sind risikofreudig und kämpferisch. (Ausnahmen sind hier Angehörige streng bürokratisch strukturierter Organisationen, des Militärs, der Kirche oder eines Großkonzerns, in denen ein künftiger Führer die Fähigkeit besitzen muß, sich auszuschweigen und abzuwarten. Bei aller Moderatheit hielten jedoch auch Persönlichkeiten wie George Marshall, Johannes XXIII. und Alfred Sloan jr., wenn es nötig war, mit ihrer Meinung nicht zurück.) Wer wie J. Robert Oppenheimer lähmende Augenblicke des Selbstzweifels erlebt, setzt sich den Angriffen der Gegner aus, denen solche Skrupel fremd sind.

Weitere frühe Indikatoren auf Führungseignung verdienen Erwähnung. T. F. befaßt sich intensiv mit Fragen der Moral. Sie ist ehrgeizig und liebt Machtpositionen. Herrschaft kann um ihrer selbst willen verführerisch sein, aber die meisten der hier behandelten Führungspersönlichkeiten suchten die Macht, um bestimmte Ziele durchzusetzen.

Gleichgültig, wie ihre Zukunftsvorstellungen aussehen, T. F. beginnt damit, innerhalb ihres engeren Lebenskreises ein Netz persönlicher Beziehungen zu knüpfen – zur Familie, zur Nachbarschaft und zu anderen Bürgern ihres Wohnorts. Auf eine künftige Führungsrolle deutet die Tatsache hin, daß dieses Netz in kurzer Zeit an Umfang gewinnt und T. F. noch vor Erreichen der Volljährigkeit statt mit einem oder mehreren Dutzend mit Hunderten von Menschen in Beziehung steht, die aus dem Umkreis ihrer eigenen Domäne, aber auch aus beliebigen anderen Domänen stammen können. In der Regel erhält T. F. diese heterogenen Kontakte aufrecht und unterscheidet sich damit vom Prototyp des schöpferischen Menschen, der enge persönliche Beziehungen abbricht, wenn sie für die weiteren Pläne bedeutungslos werden. T. F. neigt zur Identifizierung mit Personen in führenden Stellungen, die sie nachahmt oder herausfordert. Ihre Begegnungen mit anderen Menschen können unterschiedliche Formen annehmen, sie zeigt jedoch ein gleichbleibendes Talent, Erklärungen oder Lösungen anzubieten, die alle an einer Kontroverse beteiligten Parteien zufriedenstellen.

Als junge Frau erweitert T. F. ihren Erfahrungshorizont durch Auslandsreisen. Künftigen *Diktatoren* fehlt dieses führertypische Verhaltensmerkmal. Vielleicht ist ihre allgemein festzustellende Scheu, sich allzuweit von ihrem Herkunftsland zu entfernen, in der Furcht begründet, die Lebenserfahrungen in einer radikal andersartigen Umgebung könnten ihr handliches Weltbild unnötig komplizieren oder durch unbequeme Einsichten in Frage stellen.

Im Verlauf meiner Kreativitätsstudien konnte ich feststellen, daß schöpferische Menschen eine mindestens zehnjährige Lehrzeit durchmachen, um das Gebiet zu beherrschen, auf dem sie es später zu epochemachenden Leistungen bringen. Eine große Zahl direkter Führer operiert nicht im traditionellen wissenschaftlichen oder künstlerischen Umfeld und braucht darum nicht die tägliche Übung, die den Meister macht. Doch kein Führer wird mit dem Wissen geboren, das für ein erfolgreiches Agieren im Rahmen der Öffentlichkeit unerläßlich ist. Auch T. F. muß sich also die nötigen Kenntnisse und Fertigkeiten erwerben – sei es Sachverstand, Kommunikationsgeschick oder ein Verständnis der Organisationspolitik –, und diese Ausbildungsperioden können ebenfalls zehn oder noch mehr Jahre in Anspruch nehmen.

Persönliche Talente und hochgespannter Ehrgeiz sind nur ein kleiner Teil dessen, was erfolgreiche Führung möglich macht. Der künftigen Führungspersönlichkeit T. F. – oder ihren individuellen Ausprägungen wie Martin Luther King jr., Eleanor Roosevelt u. a., deren Handeln von den besonderen historischen Umständen bestimmt wird, – tritt eine Zuhörerschaft gegenüber, die elementare Fragen stellt und vor allem auf dem schwierigen Weg der Selbstfindung Orientierung sucht. Es kann sich dabei um ein Publikum aus dem beruflichen Umfeld T. F.s wie auch um heterogene, weniger klar identifizierbare Adressatenkreise handeln. Zu diesem Zeitpunkt ist T. F. bereit, eine Führungsrolle zu übernehmen, vorausgesetzt, sie verfügt über Antworten auf diese elementaren Fragen, kann sie mit der nötigen Eloquenz zu Gehör bringen und sie darüber hinaus verkörpern, das heißt im eigenen Alltag praktisch vorleben.

Je diffuser eine Domäne, Institution oder Zuhörerschaft ist, desto notwendiger wird es für T. F., eigene Lebensvorstellungen zu entwickeln, sich deren Bedeutung klarzumachen und die Geschichten, die sich daraus ableiten, an ihr Publikum weiterzugeben. Welche Geschichten sich als erfolgreich erweisen, wird von den wechselnden Umständen abhängen, und T. F. muß darauf gefaßt sein, Revisionen vorzunehmen, Gegengeschichten abzuwehren, künftige Geschichten – und Gegengeschichten – zu antizipieren und vielleicht sogar neue Geschichten zu entwerfen. Sie muß entscheiden, ob und wie weit eine Geschichte sozial integrativ oder exklusiv, traditionell oder innovativ ist, ob sie in erster Linie verbal, durch ein anderes Zeichensystem oder personifiziert vermittelt werden soll, und sie muß, wenn sie die Wirksamkeit ihrer Geschichte überprüft, Profil und Grenzen des ungeschulten Denkens im Auge behalten.

Unter den Geschichten der Führungspersönlichkeiten nehmen Identifikationsgeschichten eine herausrragende Stellung ein. Sie gehen im allgemeinen auf persönliche Erfahrungen T. F.s zurück. Erfolgreiche Geschichten lassen sich jedoch in einen größeren Maßstab übertragen; sie überzeugen nicht nur T. F.s Familie und ihren engeren Bekanntenkreis, sondern erreichen immer auch größere gesellschaftliche Gruppen, die Institutionen und im Extremfall heterogen zusammengesetzte politische Gebilde einschließen können.

Führung ist niemals endgültig erreicht, nie als stabil zu

betrachten; sie muß sich in jedem Moment behaupten. T. F. navigiert im Strom der ständigen Wechselwirkung zwischen ihren bevorzugten Geschichten, den Reaktionen der Zuhörer und den oft unberechenbaren gesellschaftlichen Ereignissen und kann im Lauf ihrer Karriere wiederholt den Zyklus Erfolg, Fall und Rückkehr zur Macht durchlaufen. Was in einer bestimmten Situation oder Zeit erfolgreich ist, verfehlt unter anderen Umständen seine Wirkung. T. F. muß also flexibel sein, ohne jedoch prinzipienlos für alles und nichts einzutreten. Von Bedeutung ist die Fähigkeit, Geschichten den wechselnden Umständen anzupassen, dabei jedoch an bestimmten Grundsätzen festzuhalten, ein Mensch zu bleiben – und nach außen als solcher zu erscheinen –, der aus innerer Überzeugung handelt. (Präsident Bill Clinton hat seine Schwierigkeiten damit, diesem Erfordernis zu entsprechen.)

Charisma läßt sich nicht nach Belieben schaffen und steuern (so hartnäckig die Zunft der Imagebildner auf dieses Ziel hinarbeitet). Dagegen ist kaum zu bestreiten, daß bestimmte Menschen, wie T. F., von frühester Jugend an durch eine besondere persönliche Anziehungskraft auffallen, die in der Regel von der äußeren Erscheinung ausgeht – großgewachsene, gutaussehende Führergestalten von gewinnendem Auftreten sind keine Seltenheit. Wenn anders, können sie durch markante Züge oder einen durchdringenden Blick die Aufmerksamkeit auf sich ziehen. Auch persönliche Attribute wie Oppenheimers geistige Präsenz, die spirituelle Aura Johannes' XXIII. oder sogar die beruhigende Durchschnittlichkeit einer Eleanor Roosevelt können ein Publikum fesseln. In jedem Fall aber gelingt es T. F., einen starken Einfluß auf ihre Adressaten zu gewinnen. Sie muß sich dieser charismatischen Fähigkeiten bewußt sein, muß Handlungen und Äußerungen vermeiden, die ihrer Ausstrahlungskraft entgegenwirken könnten. De Gaulles charismatische Wirkung zum Beispiel verdankte sich zum großen Teil seiner Unnahbarkeit, und hinter dem Bemühen des Generals, sich vom Hader der Parteien zu distanzieren, stand wohlüberlegte Absicht.

Zu den Faktoren, die T. F.s Laufbahn bestimmen, gehört ihr Verhältnis zu Institutionen und Organisationen, Systemen, die als Macht- und Unterstützungsbasis dienen. Wer gar an der Spitze etablierter Organisationen steht, verfügt bereits über eine autorisierte Plattform für die Weitergabe von Geschichten und kann mit einiger Gewißheit darauf zählen, interessierte Zuhörer zu finden; dem Präsidenten einer Institution ist die Aufmerksamkeit der Mitglieder sicher. Die Pflege und Erneuerung von Organisationen erfordert besonderes Talent. Wenn T. F. nichts daran liegt, diese Aufgabe selbst in die Hand zu nehmen, wenn sie sich auf die Geschichten konzentrieren will, deren Vermittlung sie als ihre eigentliche Mission betrachtet, muß sie sicherstellen, daß andere ihre Organisationsbasis betreuen. Zu ergänzen ist, daß T. F. diese Organisation natürlich nicht mitbringt – sie muß sich, wie Gandhi oder King, ihren eigenen Verband schaffen oder riskieren, daß ihre wichtigste Botschaft sehr schnell im Strudel konkurrierender Gegengeschichten untergeht.

Eine weitere Einflußgröße ist die Gelegenheit zur Reflexion. Anders als kreative Menschen, die ihre Zeit meist allein verbringen und nur gelegentlich das Bedürfnis nach Gesellschaft empfinden, wird T. F. von anderen oft übermäßig beansprucht. Ihr fehlt die Möglichkeit, mit sich zu Rate zu gehen, Abstand zu nehmen und Bilanz zu ziehen. Ohne die Gelegenheit zur Besinnung droht T. F. jedoch der Verlust ihrer Selbständigkeit. Sie läuft Gefahr, entweder von anderen Menschen oder von Kräften, die sich ihrer Kontrolle entziehen, instrumentalisiert zu werden.

Die Reflexion ist für T. F. darum besonders wichtig, weil sie das Gesamtbild, seine Konstanten und seine Veränderungen im Auge behalten muß. Auch von den fähigsten Mitarbeitern ist nicht zu erwarten, daß sie die Voraussetzungen von T. F. mitbringen, die ihre herausgehobene Stellung vermutlich einem besonderen Verständnis der Situation und ihrem privilegierten Verhältnis zu den Adressaten verdankt. Der renommierte Politiker und Führungsexperte John Gardner spricht von der Wünschbarkeit, „dem Denken Raum zu lassen", das Bewußtsein von kurzlebigen Tagesinteressen zu entlasten. Der Geist muß die Hindernisse, die seinen Gesichtswinkel einengen und den Blick in die Weite verstellen, laufend aus dem Weg räumen, um sich für die Wahrnehmung der wichtigen Fragen und Strömungen frei zu halten.

Auch außerordentliche Erfolge schützen uns auf die Dauer nicht vor der Erfahrung unserer Hilflosigkeit und Begrenztheit. T. F., die sich hohe Ziele setzt und große Verantwortung trägt, ist vielleicht gerade darum in besonderem Maß der Gefahr des Scheiterns ausgesetzt. Oftmals sind Fehlschläge nicht zu verhindern – sei es, daß neue Gegner auftauchen, daß andere Geschichten die Oberhand gewinnen, daß die Mitarbeiter ihr unbequeme, doch entscheidende Informationen vorenthalten oder daß die Voraussetzungen für das Entstehen von Popularität oder Autorität sich auf ungeahnte Weise verändern. Gerade bedeutende Errungenschaften T. F.s setzen ihre Umgebung unter Druck; eindrückliche Leistungen provozieren eindrückliche Reaktionen, und vermutlich bleibt es nur früh verstorbenen Führern erspart, mitansehen zu müssen, wie ihr Werk nachdrücklich in Frage gestellt, wenn nicht gar zunichte gemacht wird.

T. F. jedoch, das sei betont, läßt sich von Mißerfolgen nicht unterkriegen. Zäh und widerstandsfähig, ist sie auf Höhen und Tiefen gewappnet und kann aus Rückschlägen Energien filtern, um sich erneut in den Führungsstreit einzuschalten. Statt es denjenigen nachzutun, die sich nach Niederlagen oder Fehlschlägen ins Privatleben zurückziehen, hält sich T. F. an Jean Monnet, der in jeder Niederlage neue Möglichkeiten wahrnahm. Gerade diese Fähigkeit, anscheinend unfruchtbare Erfahrungen ins Positive zu wenden, ist für ihre Anhänger eine außerordentlich bedeutungsvolle, ermutigende Botschaft.

Trotz dieser Begabung, den Silberstreifen am Horizont zu erkennen, steht T. F. nicht selten im Ruf, in ihrer eigentlichen Mission versagt zu haben, und trägt wie eine tragische Heldin zu ihrem endgültigen Scheitern häufig auch selber bei. In ihrem brennenden Ehrgeiz und ihrem Wagemut verfolgt sie hochfliegende Pläne, strapaziert ihre Helfer durch überhöhte Anforderungen und verliert Menschen aus dem Blick, die von ihr Orientierung erwarten. Es scheint paradox, daß der Einfluß kreativer Persönlichkeiten auch dann Jahrhunderte überdauern kann, wenn sie an ihrem Nachruhm nur mäßig interessiert sind, während gerade hochambitionierte Führer am Ende vielleicht Hand dazu reichen, die eigenen Errungenschaften zu untergraben.

Ein Scheitern T. F.s kann also verschiedene Gründe haben: veränderte Umweltbedingungen, unerwartete historische Verwerfungen, eine Geschichte, die zu einseitig auf soziale Öffnung oder Abgrenzung angelegt ist, übertriebene Anforderungen des Führers an seine Umgebung oder an sich selbst. Alle Persönlichkeiten, die in meine Studie einbezogen wurden, haben mit ihrem Wirken Signale gesetzt und die Erfolge aufzuweisen, die sie für eine Untersuchung qualifizieren, und dennoch haben alle auf ihre Art Schiffbruch erlitten – sind in ihrer Mission gescheitert, haben ihre Stellung eingebüßt oder beides erleben müssen. Vielleicht erlaubt die gewöhnliche Führung im Sinne der Amtsverwaltung, den direkten Nachfolgern als erfolgreich zu erscheinen. Erfolge, die signifikante Veränderungen bewirken, werden damit jedoch nicht erreicht. Die exemplarische Führungspersönlichkeit dagegen kann unmittelbar nach ihrem Wirken als gescheitert dastehen, während sich später herausstellt, daß sie Entwicklungen angestoßen hat, die langfristige Folgen auslösten. Tritt dieser Fall ein, hat sich der für T. F. kennzeichnende Optimismus als gerechtfertigt erwiesen.

Sechs Führungskonstanten

In den einleitenden Kapiteln habe ich sechs Schlüsselmomente genannt, die meiner Untersuchung erfolgreicher Führung im zwanzigsten Jahrhundert als Orientierungspunkte dienten. Ich lasse eine Zusammenfassung der wichtigsten Ergebnisse folgen.

Die Geschichte

Führung beruht auf Geschichten oder Botschaften. Der Erfolg einer Geschichte in großen, heterogenen Gruppen wird davon abhängen, ob es ihr gelingt, den unmittelbaren Zugang zum ungeschulten Denken zu finden, dem Denken, wie es sich in der frühen Kindheit ohne didaktisches Zutun aus eigenem Antrieb entwickelt. Die Geschichten sollten das Gefühl der Selbst- und der Gruppenidentität, das Bewußtsein sozialer Unterscheidung, ansprechen, das durch die Geschichte verstärkt oder vermindert werden kann. Sie sollten nicht nur auf die Vergangenheit Bezug nehmen, sondern die Gruppenmitglieder ebenso dazu befähigen, Zukunftsbilder zu entwickeln.

In seltenen Fällen kann eine Geschichte, die neuartige Vorstellungen erfordert oder auf Wandel hinarbeitet, auch bei heterogener Gruppenmitgliedschaft überzeugend wirken. Die Erfolgschancen wachsen, wenn diese Geschichte zum zentralen Anliegen der Führungsmission wird, wenn die Möglichkeit besteht, daß sie über längere Zeit vorgebracht wird und in einer Situation gesellschaftlicher Stabilität Fuß faßt. Krisensituationen wie Kriege oder Rezessionen verlangen schnelle Lösungen und führen in der Regel zu Vereinfachungen. Führer verschaffen sich Vorteile, wenn sie, wie Martin Luther King jr., an bereits bekannte Geschichten anknüpfen, die aus dem Fundus der religiösen oder historischen Überlieferung stammen oder zum Traditionsbestand von Institutionen gehören und die vertrauten Stoffe neu gestalten.

Die meisten der hier vorgestellten Führungspersönlichkeiten sind mit Geschichten aufgetreten, die vom Geist sozialer Öffnung getragen waren und den einzelnen Adressaten dazu animierten, sich als Teil einer größeren Gemeinschaft zu sehen. Unter den elf Porträtierten verdankten einzig Robert Maynard Hutchins und Margaret Thatcher ihren Einfluß – und vielleicht auch ein Stück persönlicher Befriedigung – der Propagierung einer Ingroup/Outgroup-Perspektive. Die politischen Führer des Zweiten Weltkriegs wiederum standen in einer Situation, die Abgrenzung ebenso erforderlich machte wie Öffnung.

Auf den ersten Blick scheinen die Vorteile ganz auf der Seite sozial integrativer Geschichten zu liegen. Sie geben einer größeren Anzahl von Menschen das Gefühl ‚dazuzu-

gehören‘, und ein Führer kann sich im Gefühl seiner Großmut und moralischen Überlegenheit sonnen. Aber die tat-
sächliche Situation ist komplexer. Geschichten, die für eine
soziale Öffnung eintreten, wenden sich gegen die Sonderstellung, zu der bestimmte Gruppen sich vielleicht legitimiert glauben, und schaffen sich und ihrem Schöpfer damit
Opponenten, denen die Botschaft *allzu* integrativ erscheinen
könnte. So nahmen die Hindus Gandhis Bemühungen übel,
die Muslime in ihre Vorstellung eines unabhängigen Indien
einzubeziehen. Ein genauerer Blick auf das programmati-
sche Vorgehen zeigt überdies bei allen Führern ein Nebeneinander von Integrations- und Abgrenzungstendenzen.
Selbst Gandhi brauchte Gegner; ungewöhnlich war indes
sein Bemühen, den britischen Imperialisten in seinen Geschichten eine konstruktive Rolle zuzuweisen.

Geschichten, die Führer erzählen, sind nicht unbedingt
einzig in ihrer Art. Doch jede Führungspersönlichkeit
gewinnt ihr Profil durch ihre besonderen Geschichten, die
zumeist der eigenen Lebenserfahrung entnommen sind –
Identitätsgeschichten, Geschichten, die andere vitale Fragen
ansprechen, Geschichten, die innerhalb bestimmter Wir-
kungsbereiche oder fachüberschreitend gelten. Die Geschichten der hier dargestellten Führungspersönlichkeiten sind in
Anhang I zusammengefaßt.

Der Adressatenkreis

Auch die überzeugendste Geschichte ist eine Totgeburt,
solange ihr aufnahmebereite Zuhörer fehlen. Andererseits
können selbst mittelmäßige Geschichten bei empfänglichem
Publikum eine begrenzte Wirkung entfalten. Der Kontakt
zwischen dem Führer und seinen Adressaten läuft als komplexe Wechselbeziehung ab. Von einer besonders dynami-

schen Interaktion zwischen den Wünschen und Bedürfnissen der Adressaten und dem Profil der Geschichten scheint die Führung nichtdominanter Gruppen gekennzeichnet, deren Führer und Führerinnen ihre Geschichten meist von Grund auf neu erfinden und laufend an die oft extrem labilen Bedingungen anpassen müssen. Wer dagegen Organisationen mit bereits bestehenden Hierarchien führt, wird auf wenig Widerstand stoßen, solange er den Mitgliedern keine unerwarteten Aufbrüche in geistiges Neuland zumutet.

In einem großen Adressatenkreis lassen sich kleinere Veränderungen relativ mühelos zuwege bringen, und es kommt vor, daß bei bereits engagierten und sachkundigen Adressaten, etwa den Mitgliedern einer einzelnen Domäne, ohne größere Beschwerlichkeit auch ein weitergehender Wandel zu bewirken ist. Eine umfangreiche, heterogene Gruppe zu bedeutenden und anhaltenden Veränderungen zu veranlassen stellt den Führer vor die schwierigste Aufgabe. Führer sind nicht nur genötigt, Botschaften auf mehreren, nuanciert abgegrenzten Sprachebenen zu entwickeln; sie müssen sich, wo einschlägige Kenntnisse fehlen, zunächst dem ungeschulten Denken verständlich machen. Welches Vorgehen die besten Erfolgschancen verbürgt, lehrt das Beispiel von Gandhi und Monnet: die Konzentration auf ein gleichbleibendes Kernthema, verbunden mit einer flexiblen Präsentation und der wachsamen Aufmerksamkeit, ob die Botschaft bei Zuhörern der unterschiedlichen Bildungsschichten Aufnahme findet.

Einfacher ist notabene die Aufgabe des schöpferisch Tätigen, der, während sein bahnbrechendes Werk entsteht, seinem Publikum nur flüchtige Aufmerksamkeit zu schenken braucht. Ist das Werk vollendet, kann es für sich selbst sprechen oder von anderen gefördert werden. Dem Führer, der über Domänengrenzen hinweg agiert, ist solcher Luxus versagt. Seine Geschichte läßt sich nicht aus dem Verborgenen heraus mitteilen, und Außenstehende können bei ihrer Verbreitung nur unterstützend tätig werden. Für führende Persönlichkeiten gilt, daß sie ihre Geschichte bis zu einem gewissen Grad im lebensgeschichtlichen Kontext zur Darstellung bringen.

Die Organisation

Manchmal genügt der direkte Kontakt zu einem großen Adressatenkreis, um dem Führer dank der zwischen ihm und der Gruppe bestehenden Bindung anfängliche Erfolge zu ermöglichen. Führung, die Dauer beansprucht, kann jedoch langfristig auf eine institutionelle oder organisatorische Basis nicht verzichten. Gehört der Führer bereits einer Organisation an, der Kirche etwa, einem Konzern oder einer politischen Partei, wird er die Mitglieder für seine Vorstellungen gewinnen müssen. Dem berufenen Führer einer Organisation ist aufgrund seiner Stellung die allgemeine Aufmerksamkeit zunächst sicher, aber er muß jederzeit darauf gefaßt sein, daß die ihm von Amts wegen zufallende Autorität schwindet, wenn er mit besonderen Ansprüchen an die Mitglieder herantritt. Wo keine Organisation zur Verfügung steht, wie es bei Führern nichtdominanter Gruppen die Regel ist, muß sie geschaffen und funktionstüchtig gemacht werden. Die Leistungen der totalitären Führer des zwanzigsten Jahrhunderts wären undenkbar ohne die mächtigen Parteiorganisationen, die sie aufzubauen halfen und dann sorgfältig überwachten. Nichttotalitäre Führer wie Churchill und de Gaulle mußten entdecken, wie prekär ihre Stellung wurde, als die Krise, der sie die Herrschaft verdankten, bewältigt war.

Führer in traditionellen Domänen wie den Wissenschaften sind weniger abhängig von komplex strukturierten Organisationen. Einerseits organisieren sich diese Domänen ohne weitgehende Interventionen häufig von selbst; andererseits kann die Kraft von Ideen und schöpferischer Arbeit unabhängig von der jeweiligen Verfassung der Domäne Wirkungen hervorbringen. Sobald aber der Führer das Schicksal seiner Arbeiten selbst bestimmen will, werden Formen direkter Führung unausweichlich. Den Beispielfällen in Kapitel 4 und 5 ist zu entnehmen, wie schwierig es ist, unabhängige Wissenschaftler direkter Führung zu unterstellen. Robert Maynard Hutchins scheiterte als direkter Führer bei dem Versuch, neue, bleibende Organisationen zu schaffen; Margaret Meads Weigerung, sich an Organisationen zu binden, in persönlicher Hinsicht vielleicht eine kluge Entscheidung, bedeutete allerdings auch, daß es keine ‚Mead-Schule' geben würde.

Die Verkörperung der Botschaft

Der Erfinder der Geschichte muß seine Botschaft leben. Daß er als Heiliger auftritt, wird nicht verlangt. Eine zweifelhafte Vergangenheit, ja ein Vorleben im Zeichen von Gegengeschichten (wie das des heiligen Augustinus) kann, sofern überwunden, einem Führer sogar erhöhte Glaubwürdigkeit verleihen. Wenn der Führer jedoch den Eindruck erweckt, daß seine Lebensweise den programmatischen Maximen widerspricht, wenn er als Heuchler erscheint, wird die Geschichte auf lange Sicht nicht überzeugend wirken.

Die Geschichte kann in den persönlichen Erlebnissen eines Führers wurzeln und lange, bevor sie zur expliziten Richtlinie kristallisiert, seinen Lebensalltag geprägt haben. Es kommt sogar vor, daß eine Lebenshaltung zur eigentlichen Kerngeschichte wird. George Marshall und Johannes XXIII. sprachen von einem Leben, das ihnen sinnvoll erschien; deutlicher als ihre Worte aber redeten ihre Taten.

Mit der Forderung nach der Verkörperung der Botschaft stellt sich das Problem der Authentizität. Ebenso wie man nach der Wahrheit einer Geschichte fragt, kann man im Zweifel darüber sein, ob ein Mensch sein Credo wahrhaftig verkörpert. Solange uns der perfekte Lügendetektor fehlt, bleibt Lauterkeit unbeweisbar. An Scharlatanen mangelt es nie. Führern und Führerinnen zu glaubwürdiger und überzeugender Wirkung zu verhelfen ist heute außerdem zu einer einträglichen Beschäftigung geworden. In Ermangelung eines Patentrezepts verlasse ich mich mit Lincoln darauf, daß man nicht alle Menschen mit Erfolg fortgesetzt täuschen kann. Wer seinen Geschichten nicht nachlebt, wird sich irgendwann bloßstellen, wie es andererseits nicht ausgeschlossen ist, daß der schwerfällige Redner, der ein exemplarisches Leben führt, früher oder später mit Anerkennung belohnt wird.

Direkte und indirekte Führung

Die Wirkung kreativer Führer steht allgemein ‚im Zeichen‘ ihrer Werke, sie üben somit indirekten Einfluß aus, während sich die meisten politischen Führer mit ihren Geschichten direkt an ihr Publikum wenden. Es gibt jedoch Führungsrollen, die den Weg indirekter Einflußnahme offen lassen. Indirekte Führer wie Mead und Oppenheimer besetzen Führungspositionen innerhalb ihrer Domäne, während unter den direkten Führern der Tscheche Václav Havel oder der Senegalese Léopold Sédar Senghor einflußreiche politische und künstlerische Werke geschaffen haben.

Direkte Führung läuft stürmischer und riskanter ab, kann dabei aber, kurzfristig gesehen, unter Umständen leistungsfähiger und effektiver sein. Wo einem Führer jedoch die Zeit für eingehende Besinnung, für den ‚Gang auf den Gipfel‘ fehlt, der ihm den ‚Weitblick‘ erlaubt, werden umsichtige Entscheidungen häufig erschwert. Indirekten Führern kommt zugute, daß ihnen mehr Zeit bleibt, ihre Position zu bedenken und zu revidieren; ihr Einfluß wirkt sich zwar zögernder, dafür aber nachhaltiger aus. Auch Mischformen sind möglich; Jean Monnet zum Beispiel erreichte politische Zwecke auf dem Weg über die aktuellen Führungsorgane, ohne selbst eine direkte politische Plattform zu errichten oder zu benutzen.

Gezielte Übergänge zwischen den Formen führen zumeist von indirekten zu direkten Führungsvarianten. Meine Untersuchung belegt, daß dieser Wandel dann besonders reibungslos vor sich geht, wenn der Weg von der direkten und indirekten Geschichte zu ihrer Verkörperung relativ aufwandlos zu bewältigen ist. So hatten Mead und Sloan vermutlich gute Voraussetzungen, die führende Position innerhalb ihres beruflichen Feldes mit der Führung einer heterogen zusammengesetzten Gruppe zu vertauschen, weil die Inhalte ihrer Geschichten nur geringe lebensgeschichtliche Anpassungen erforderten. Hutchins und Oppenheimer hingegen, deren ursprüngliche Geschichten hochspezialisiertes Fachwissen verarbeiteten, fiel es schwerer, bei einer nichtakademischen Zuhörerschaft Resonanz zu finden.

Mag die Schwelle zum öffentlichen Engagement auch niedrig sein, jeder Führer muß letzten Endes wählen. Den schnell wechselnden Bedürfnissen und Ansprüchen eines Fachgebietes ebenso zu entsprechen wie den diffuseren (wenn auch oft nicht weniger unberechenbaren) Ansprüchen eines heterogenen Laienpublikums wird kaum möglich sein. Irgendwann muß jeder Führer entscheiden, wo seine

Aufgabe liegt – in einer Tätigkeit als Experte oder im Bereich der breiteren Öffentlichkeit. Wenn er sich, wie es vorkommt, auf seinem ursprünglichen Terrain ein begrenztes Ansehen bewahren kann, dürfte es sich um den Abglanz extrakurrikularer Verdienste handeln.

Das Problem der Sachkunde

Zum Verständnis fast aller Wissensgebiete sind heute spezielle Schlüsselkenntnisse erforderlich, die den meisten Führern nicht anders als den meisten ihrer Adressaten fehlen. Allenfalls wer wie Oppenheimer oder Mead als Fachexperte begonnen hat, ist in der Lage, sich solches Wissen auf direktem Weg zu beschaffen und kann davon nach Belieben Gebrauch machen, sofern er es den Bedürfnissen der besonderen Situationen anpaßt.

Auf jedem Tätigkeitsgebiet genießt gewöhnlich nur derjenige Ansehen, dessen Arbeit in dem Ruf steht, höchsten Anforderungen zu genügen. Mead und Oppenheimer wären nicht zu direkten Führern ihres Faches aufgestiegen, wenn ihre wissenschaftlichen Leistungen die Kollegen nicht beeindruckt hätten. Hutchins wiederum wurde bei Fakultätsversammlungen immer als eine Art Außenseiter betrachtet, weil ihm die höheren Weihen einer wissenschaftlichen Laufbahn fehlten.

Je entschiedener die Wissenschaftler zwischen zwei Welten sich direkten Führungsaufgaben zuwenden, desto schwerer fällt es ihnen, sich ihre Fachkompetenz zu erhalten, und es kann ihnen geschehen, daß sie von orthodoxen Fachvertretern als Spezialisten ihrer Domäne totgesagt oder zu den Populärwissenschaftlern gezählt werden. Die meisten Berufspolitiker verfügen zwar nicht über Expertenwissen in einer der traditionellen Domänen, können sich aber zu hervorragenden Kennern politischer Prozesse und Organisationen ausgebildet haben. Daraus ergibt sich ein Paradox: direkten Führern fehlt in der Regel das nötige Expertenwissen, während es indirekten Führern häufig möglich ist, aufgrund des eigenen Sachverstandes zu handeln. Sich laufend neueste Kenntnisse zu verschaffen stellt für jeden, der auf direkte Führung Anspruch erhebt, ein akutes Problem dar, vor allem wenn die Führung einer heterogenen Gruppe auf der Basis der besten aktuellen Informationen aus den wichtigsten Domänen angestrebt wird.

Fragen, die sich aus meiner Untersuchung ergeben

Eine Untersuchung, die sich wie die vorliegende durch eine ungewöhnliche Reichweite auszeichnet, wird Fragen aufwerfen. Wenn ich sie nicht stelle, werden die Leser es tun, und das mit Recht. Von den zahlreichen Problemen, die mich vor besondere Bedenken stellten, bringe ich im folgenden nur drei besonders wichtige Beispiele zur Sprache.

Der Begriff der Führung

Der Führungsbegriff, den ich zugrunde lege, ist nicht originell; aber ich habe bestimmte Züge auf Kosten anderer deutlich in den Vordergrund gerückt. Mein Blickwinkel kann in gewisser Hinsicht als traditionell gelten. Ich konzentriere mich auf die einzelne, üblicherweise als solche anerkannte Führungspersönlichkeit und auf die ungewöhnliche Wirkung, die sie aufgrund ihrer Machtstellung und/oder ihrer Überzeugungskraft ausüben kann. Ich bekenne mich gern zu dem Glauben, daß es, manchmal sogar entscheidend, auf den Einzelnen ankommt.

Die Validität anderer Auffassungen von Führung, die Machtmechanismen, Entscheidungsprozesse, die Adressaten oder die Persönlichkeit des Führers in den Mittelpunkt rücken (vgl. Kapitel 1), stelle ich, das sei betont, keinesfalls in Frage. Außerhalb meines Interesses lagen die neuere revisionistische Führungskritik und ihre Konzepte – so die Führung als kollektiver Prozeß, Führung, die nicht vom nominellen Führer, sondern von der Anhängerschaft ausgeht, Führung von seiten derer, die bisher meist „kein Gehör" und „keinen Platz am Tisch" fanden, wie auch die dekonstruktivistische, oder postmoderne, Kritik, die der Rede von Führung generell die Legitimität abspricht. Ich habe wenig Verständnis dafür, daß man die Theorie von Führung als Leistung des ‚großen einzelnen' in Frage stellt, um sie durch unspezifische ‚Kräfte der Geschichte' zu ersetzen. Jede seriöse Geschichtsforschung muß neben gesellschaftlichen und ökonomischen auch menschliche Faktoren in Rechnung stellen; die laufenden Wechselbeziehungen dieser Faktoren werden von den überzeugendsten historischen Untersuchungen illustriert.

Meine Arbeit stellt Menschen in den Mittelpunkt, die von der Mehrzahl ihrer Zeitgenossen als Führer betrachtet werden und im allgemeinen über die üblichen Führungsinstrumente verfügten oder sich wirksame Substitute geschaffen haben. Es bleibt offen, ob eine radikal abweichende Definition von Führung noch dem von mir angewandten Kriterium genügen würde, daß gelungene Führung „das Denken, Fühlen und Verhalten einer signifikanten Anzahl von Menschen beeinflußt".

In gewisser Weise traditionell, betritt meine Studie in anderer Hinsicht Neuland. Insbesondere die Idee, Führung primär als kognitiven Vorgang aufzufassen, als unabschließbaren Prozeß, der im Bewußtsein von Führern und Anhängern und als geistige Auseinandersetzung zwischen ihnen abläuft, hat kaum Vorbilder. Der Gedanke, daß Führer Botschaften verkünden, ist nicht originell; mit der These von der Vielfalt der Geschichten und Gegengeschichten, die einander in einem quasi darwinistischen Wettkampf zu verdrängen suchen, erschließe ich jedoch neues, nicht unumstrittenes Terrain. Auch die Unterscheidung zwischen indirekter Führung durch kreative Anwendungen bestimmter Zeichensysteme und direkter Führung durch Erzählung und Verkörperung von Geschichten stellt einen neuen Schritt dar. Dahinter stand der Versuch, den Einfluß des kreativ tätigen Menschen mit dem Einfluß des Lenkers von Organisationen oder Staaten in Beziehung zu setzen. Als Beitrag zu einem zeitgemäßen Verständnis von Führung versteht sich schließlich auch die durchgehende Betonung der Denkweise des Vorschulkindes, des ‚ungeschulten Kopfes‘, und der Begrenzungen, die sie den fachüberschreitenden Formen der Führung auferlegt.

Wie repräsentativ sind die Ergebnisse?

Daß sich aus jeder endlichen Zahl von Beispielen eine unendliche Menge verbindlicher Folgerungen ziehen läßt, entspricht den Gesetzen der Logik ebenso wie die Tatsache, daß ein einziges Gegenbeispiel genügt, um die Gültigkeit dieser Schlüsse außer Kraft zu setzen. Wieviel Glaubwürdigkeit kann angesichts so gewichtiger Vorbehalte eine Darstellung der Führung für sich in Anspruch nehmen, wie ich sie im Entwurf einer idealtypischen Führungspersönlichkeit und in den Erkenntnissen über die sechs Konstanten der Führung vorlege?

Es sei nochmals betont, daß meine Arbeit auf exakte Wissenschaftlichkeit im strikten Sinne des Begriffs keinen

Anspruch erhebt. Meine Kreativitätsstudie *(So genial wie Einstein)* enthält eine genauere Darstellung meines methodischen Vorgehens, das eine Verbindung zwischen den idiographischen Fallstudien von Howard Gruber und den nomothetischen Quantitativ-Untersuchungen der Simonton-Schule repräsentiert. Die Absicht war, anhand der Darstellung von sieben schöpferischen Talenten aus der Zeit der Moderne zu allgemeingültigen Folgerungen zu kommen; entsprechend liegen den Verallgemeinerungen (und Unterscheidungen) der vorliegenden Arbeit die Individualstudien von elf Führungspersönlichkeiten zugrunde. Hinweise darauf, wie weit die Kurzdarstellungen zehn führender Politiker sowie gelegentliche Vergleiche mit den Fallbeispielen der Kreativitätsstudie eine Modifizierung meiner Schlüsse nahelegten, können als bescheidener Test meiner Ergebnisse gelten.

Meine Auswahl ist zweifellos in mehrfacher Weise vorbelastet. Über einige Tendenzen – so die Beschränkung auf freiwillige, sozial inklusive und innovative Führung – bin ich mir im klaren; es dürfte darüber hinaus weitere geben, die mir unbewußt geblieben sind. Ferner muß ich einräumen, daß die hier dargestellten Führungspersönlichkeiten in relativ eng definierten Kontexten agierten und daß Führerinnen und Führer, deren Einfluß andere Wirkungsfelder umfaßt, sehr wohl abweichende Merkmale aufweisen könnten. Einen besonderen Hinweis verdient die Tatsache, daß meine Beispielfälle aus der ersten Hälfte des zwanzigsten Jahrhunderts und vorrangig aus den Vereinigten Staaten und Europa stammen. Um zu Erkenntnissen über Führung in anderen Epochen oder anderen Kulturen zu gelangen, müßte man neue Untersuchungswege einschlagen.

Ich rechne damit, daß die Erforschung weiterer Führungspersönlichkeiten – direkter oder indirekter Führer und Führerinnen oder eines Amalgams beider Formen à la Monnet – gewisse Schlüsse in Zweifel ziehen und neue zulassen wird. So kommt die Wissenschaft vom Fleck. Widerlegungen und Korrekturen sind mir kein Anlaß zur Sorge – ich begrüße sie. (Bereits habe ich anregende Gespräche mit Forschern geführt, die meine Erkenntnisse über außerordentliche Persönlichkeiten in jedem Sinn provozierend fanden.) Ich hoffe, daß die hier entwickelten Methoden und verwendeten Kriterien sich für vergleichende Darstellungen dieser Art in Zukunft als nützlich erweisen. Gültige Charakterisierungen lassen sich nur dann erreichen, wenn weitere Einzelfälle der Kategorie Führungspersönlichkeit, in ihrem weitesten Sinne verstanden, durch dieselbe Brille betrachtet werden.

Der Führungsbegriff und seine moralischen Dimensionen
Das Wort Führer wird, ich sagte es bereits, häufig im positiven Sinn verwendet. Wir sprechen zum Beispiel von einer „geborenen Führernatur" oder konstatieren einen beklagenswerten „Führungsmangel". Ich möchte festhalten, daß meiner Darstellung *kein* positives Verständnis von Führung zugrunde liegt. Die Wirkung der erzählten Geschichten, die Art ihrer Verkörperung sowie die Möglichkeiten, Führungseinfluß wahrzunehmen, sind für die abschreckenden Beispiele unter den Führern wie Hitler und Stalin ebenso kennzeichnend wie für die respektgebietenden Vorbildgestalten.

Während mein Darstellungssystem bewußt wertneutral gehalten ist, stelle ich mein persönliches Interesse für die moralischen Aspekte der Führung nicht in Abrede. Wie erwähnt, habe ich mich mit Bedacht den „frei gewählten Führern" demokratischer Gesellschaften zugewandt, und es ist kein Zufall, daß diese in ihrer Mehrzahl mit Geschichten von sozialer Öffnung aufgetreten sind, die die Primärgruppe, an die sie sich richteten, nicht eingrenzen, sondern erweitern wollten. Jede der hier dargestellten Führungspersönlichkeiten halte ich in gewisser Hinsicht für bewundernswert.

Führerinnen und Führer, die ihre Macht in Worten und Taten dazu benutzten, die Menschen zu entzweien, haben unermeßlichen Schaden angerichtet. Ich betrachte meine Untersuchung als bescheidenes Bemühen, Persönlichkeiten zu analysieren, die eine im wesentlichen soziale Haltung vertraten, und zu zeigen, was sie erreichten und welche Hindernisse sich ihnen entgegenstellten. Ich glaube, daß es uns besser gelingt, Führung verantwortlich zu gestalten, wenn wir die Prozesse, in denen sie abläuft, entmythologisieren. In diesem Sinn kann Aufklärung dazu beitragen, daß Führung zu moralisch wünschbaren Formen findet. Ehe man sich jedoch unkritisch zu dieser im wesentlichen optimistischen Haltung bekennt, sollte man bedenken, daß zwei der einflußreichsten Traktate über Führung von Machiavelli und Hitler stammen.

Sechs Faktoren, die Führung im zwanzigsten Jahrhundert bestimmen

Man darf, zumindest vorläufig, davon ausgehen, daß die sechs genannten Elemente bleibende Führungsmerkmale darstellen. Im Hinblick auf die Zukunft sollten jedoch zusätzliche Faktoren berücksichtigt werden, die den Erfolgskurs von Führung – und Führern – beeinflussen oder gar verändern könnten. Ich habe sechs Haupttrends benannt, die spätestens seit Beginn unseres Jahrhunderts zu beobachten sind und bis in die jüngste Zeit keine Abschwächungssymptome erkennen lassen. Sie sind jedem Leser bekannt. Ihre Bedeutung für zukünftige Führung empfiehlt sie jedoch genauerer Beachtung.

Die Möglichkeit globaler Vernichtung

Im Verlauf der beiden Weltkriege hat das militärische Potential ein nie gekanntes Ausmaß an zerstörerischer Kraft erreicht. Mit dem Bau von Kernwaffen ist die Vorstellung, daß unser Planet innerhalb von Tagen vollständig vernichtet werden könnte, zum erstenmal in der Menschheitsgeschichte in den Bereich des Machbaren gerückt. Die Staatsführer und -führerinnen müssen dieser Möglichkeit Rechnung tragen. Sie können die Waffen als Abschreckung einsetzen oder Maßnahmen zur Kontrolle oder Begrenzung ihrer Verbreitung durchsetzen. Nur eines können sie sich nicht leisten – vor der Möglichkeit weltweiter Zerstörung die Augen zu verschließen. Die Durchführbarkeit eines nuklearen Vernichtungsschlages beeinflußt neben den führenden Politikern jeden, der sich an führender Stelle mit wichtigen Fragen der menschlichen Existenz auseinandersetzt. Obwohl sie keine unmittelbare Bedrohung darstellt, wird auch die Möglichkeit der Zerstörung unserer Welt in ihrer jetzigen Form, sei es durch ökologische Katastrophen, sei es durch unkontrolliertes Bevölkerungswachstum, die zukünftige Führung vermehrt beeinflussen. Die Bedrohung einer jähen oder schleichenden Zerstörung unseres Planeten ist das häufig verborgene Leitmotiv jeder modernen Identitätsgeschichte.

Verzögerungslose – häufig simplifizierte – Kommunikation

Mit jedem Jahr wird es einfacher, in Sekundenschnelle zu erfahren, was rund um den Globus passiert, einfacher auch, am weltweiten Informationsaustausch teilzunehmen. Immer wieder wird auf die damit einhergehende Erweiterung und Demokratisierung der Wissensvermittlung hingewiesen. Informationsvermehrung ist allerdings nicht gleichbedeutend mit Informationsverbesserung. Die Zunahme an Nachrichtenkanälen bringt oft einen Strom entbehrlicher, unzuverlässiger und oberflächlicher Informationen mit sich, und die allgegenwärtige Versuchung, leicht verdauliche Schlagworte in die Medienwelt zu setzen, wird niemanden überraschen, der sich mit der vitalen Kraft des ungeschulten Denkens beschäftigt hat. Die wachsende Flut unverdauter, oft seichter Informationen könnte es noch schwieriger machen, dem forschenden Blick auf die großen Zusammenhänge ‚Raum zu lassen'.

Der Verlust der Privatsphäre

Mit der wachsenden Leichtigkeit der Informationsübertragung geht das Bewußtsein für Privates verloren. Nicht nur wird es für staatliche (und nichtstaatliche) Stellen leichter, detaillierte Angaben über jeden Bürger zu sammeln, auch die herkömmliche Respektierung der Grenze zwischen dem öffentlichen Leben und dem Privatleben schwindet; bei Personen des öffentlichen Lebens bereits weitgehend erodiert, wird sie auch beim Normalbürger vermehrt mißachtet.

Die erleichterte weltweite Kommunikation und der Verlust des Informationsvorsprungs wirken sich im Leben der Führer und Führerinnen wie auch der Anhänger aus. Weit mehr Menschen als früher haben die Gelegenheit, ihre Botschaften schnell und direkt zu verbreiten – das Dröhnen der zahlreichen konkurrierenden Botschaften verringert allerdings die Chancen der einzelnen, sich als vorrangige zu behaupten. Angriffe und Gegenangriffe, Geschichten und Gegengeschichten stürmen auf uns ein. Wenn intimste

Details aus dem Privatleben, teils unter Mitwirkung der Beteiligten, häufiger gegen ihren Willen, mit Windeseile Verbreitung finden, wird es Führern und Führerinnen schwer gemacht, auch nur Reste auratischer Unnahbarkeit zu bewahren. Was wäre aus den politischen Führern des Zweiten Weltkriegs geworden, hätten sie unter dem prüfenden Blick der Öffentlichkeit auf ihre Schrullen und Eigenheiten leben müssen, der heute im politischen Leben der USA, wie zunehmend aller nichttotalitären Staaten, zur Routine gehört? Ein Gedanke, der ebenso faszinierende wie beunruhigende Vorstellungen wecken kann.

Das Verschwinden der Privatsphäre bringt einen weiteren Verlust mit sich, dessen Tragweite bisher nicht abzuschätzen ist. Das Publikum, seiner Helden ledig, gewöhnt sich daran, führenden Persönlichkeiten mit vermindertem Respekt zu begegnen, und viele begabte Bürger ziehen die öffentliche Laufbahn oder auch nur einen Abstecher in Politik oder Verwaltung nicht mehr in Betracht.

Doch lohnt sich der Hinweis, daß weder Führer noch Führungskandidaten die zunehmende Enteignung ihres Privatlebens widerspruchslos hinzunehmen brauchen. Jeder hat das Recht, Auskünfte zu verweigern und sich im äußersten Fall mit rechtlichen Mitteln gegen Verleumdungen zur Wehr zu setzen. Meiner persönlichen Einschätzung nach nimmt die gegenwärtige amerikanische Führung impertinente Fragen allzu ergeben hin – ein höfliches „ich glaube, das ist nicht Ihre Angelegenheit" könnte den vielversprechenden Ansatz zu einer neuen Gegengeschichte abgeben.

Der Aufstieg neuer, supranationaler Institutionen
Die Glanzzeiten der Nationalstaatlichkeit sind weitgehend beendet. Seit mindestens einer Generation gehören multina-

tionale Konzerne zum Wirtschaftsalltag. Für zahlreiche Probleme – Ökologie, Luftfahrt, ansteckende Krankheiten, Bevölkerungswachstum und -migration, Menschenrechte, radioaktiver Niederschlag und Nuklearkontrolle, Brennstoffe, Abrüstung und Handel, um nur ein paar der augenfälligsten zu nennen, gelten nun einmal keine Staatsgrenzen. Infolge dieser Entwicklung sind während der letzten Jahrzehnte Tausende teils nationaler, teils internationaler, häufig nichtstaatlicher Organisationen entstanden, von denen einige einen erstaunlichen Einfluß erlangt haben. Zu institutionellen Grundpfeilern wie dem Roten Kreuz und der Weltbank gesellen sich zahlreiche weniger bekannte und weniger traditionell geführte internationale Wissenschaftsorganisationen, Computerplattformen, kommerzielle Einrichtungen sowie Institutionen im Bereich der Geburtenkontrolle und Ressourcenverteilung, der medizinischen Kontrolle, des Umweltschutzes und der Menschenrechte.

Neue Strukturen, die als Antwort auf die neuartigen Bedrohungen und bislang unverfügbaren Möglichkeiten entstehen, werden kaum Führer des herkömmlichen Schlages anziehen. Sie geben zum Teil flacheren, mehrgipfligen Hierarchien den Vorzug, andere kommen ganz ohne erkennbare Führungsfunktionen aus. Es ist nicht abzusehen, ob die älteren Herrschaftsformen im Lauf der Zeit ihren angestammten Platz behaupten oder ob sich in nichtnationalen Gebilden neue Formen der Führung durch Gruppen, vielleicht aber auch neu strukturierte Adressatenkreise herausbilden werden. Der Politikberater Max Kampelman beschreibt die gegenwärtige Verunsicherung: „In einer Welt wachsender Vernetzungen steckt die Politik noch immer im Mittelalter."

Nationalistische und fundamentalistische Reaktionen
Vermutlich als Erwiderung auf den sichtlichen Einflußver-
lust althergebrachter nationaler Organisationen sind Oppo-
sitionsbewegungen mit entsprechendem Machtbewußtsein
entstanden. Der von Monnet inspirierten Bewegung für ein
vereintes Europa ist in fast allen europäischen Ländern eine
starke nationalistische Gegenströmung sowie in Osteuropa
eine Form ethnischen Selbstbewußtseins von unerwarteter
Virulenz erwachsen, das hier und da in Forderungen nach
„ethnischer Reinheit" gipfelt. In den Vereinigten Staaten
wecken nahezu alle internationalistischen Tendenzen – von
der nuklearen Abrüstung bis zu den Menschenrechten und
ökologischen Kontrollinstanzen – den lautstarken Protest
von Bürgergruppen, die diesen Themen entweder grundsätzlich ablehnend gegenüberstehen oder der Ansicht sind, sie
gehörten in die Kompetenz der Staatsgewalt oder eines
organisierten religiösen Verbandes.

Während der Wunsch nach zeitgemäßen institutionellen
Strukturen eine neue, flexible Betrachtung von Identität
erforderlich macht, suchen die Gegner dieser innovativen
Tendenzen die elementarsten Bestände der Gruppenidentität
auszubeuten. Mit ihrem Ruf nach buchstäblicher Befolgung
traditioneller religiöser, politischer und gesellschaftlicher
Werte und Wahrheiten wenden sich die fundamentalisti-
schen Führer direkt an den rudimentär ‚gebildeten', wenig
variativen Geist. Angesichts der Unerschütterlichkeit des
unbelehrten Denkens ist es nicht leicht, diesen tief verwur-
zelten Überzeugungen wirksam entgegenzutreten.

Die Explosion des Wissens
In beinahe jeder Domäne nimmt das Wissen mit spektakulärer Schnelligkeit zu, und von den Experten wird erwar-

tet, daß ihre Kenntnisse mit der anhaltenden Wissensvermehrung Schritt hält. Diese Entwicklung ist nirgends so offensichtlich wie im Verwaltungswesen. Vor 150 Jahren arbeiteten die meisten Spitzenbeamten mit einem kleinen Mitarbeiterstab und waren häufig noch in der Lage, Probleme im Detail zu überblicken. Heute beherbergt der Verwaltungsflügel selbst bescheiden dimensionierter Institutionen (von den Universitäten bis zu Krankenhäusern und Kommunen) ein Heer von Experten, Technikern, Beratern und anderen Autoritäten. Sogar Politiker, das heißt Experten im Fach Politik, wenn schon in keinem anderen, sind von Beraterteams abhängig, deren Sachverstand auf den verschiedenen politischen Spezialgebieten von der Mittelbeschaffung bis zur Interessengruppe den ihren übertrifft. Man ist sich im allgemeinen darüber einig, daß Experten unentbehrlich sind, läßt aber häufig kein gutes Haar an ihnen und erinnert damit an ein Bonmot George Bernard Shaws, der die Berufe spöttisch „eine Verschwörung gegen die Laien" nannte.

Sich dieses Expertenwissen zu verschaffen, seine Bedeutung zu beurteilen und es an nichtspezialisierte Führer sowie an öffentliche Kreise weiterzugeben ist eine kaum zu bewältigende Aufgabe, deren innere Widersprüche auf der Hand liegen. Man will einerseits die besten Informationen und hofft, sie nach gründlicher Verarbeitung und umsichtiger Abwägung zur Grundlage von Entscheidungen zu machen; andererseits verfügen weder Führer noch Adressaten über die Voraussetzungen, die Informationen zu begreifen. Und selbst wenn ihnen ein Verständnis der Zusammenhänge erreichbar wäre, sähen sie sich zugleich dem herrschenden Druck ausgesetzt, die Informationen um der leichteren Verständlichkeit und Transferierbarkeit willen in vereinfachter Form darzubieten. Das Ergebnis ist häufig eine Verzerrung der Probleme. Der Soziologe Daniel Bell kommentiert mit Blick auf das aktuelle politische Leben in den Vereinigten Staaten:

Führung bedeutet urteilen und entscheiden; entscheiden, was wichtig ist und wie man verfahren soll. Daraus ergibt sich, daß die Leute entweder wie Reagan zu kraß vereinfachender Darstellung neigen oder den entgegengesetzten Weg gehen wie Dukakis [George Bushs Rivale bei den Präsidentschaftswahlen von 1988] und zu technokratisch werden. Urteilsfähigkeit und den Sinn für Komplexität in ein ausgewogenes Verhältnis bringen zu können ist eine Gabe, die immer seltener wird, ein Mangel, der, wie mir scheint, allen Gesellschaften gemeinsam ist.

Mit dem wachsenden Bedarf an Expertenwissen lockert sich die Bindung des Fachmanns an die Gesellschaft. Er investiert notgedrungen so viel Aufmerksamkeit in sein Spezialgebiet, daß ihm die Zeit fehlt, sich dem Gemeinwohl zu widmen. Viele Experten fühlen sich der Gesellschaft oder auch nur ihrem Berufsstand außerhalb ihres eigenen Fachgebiets immer weniger verantwortlich. Das Identitätsgefühl des Experten hat seine Wurzeln heute seltener als früher in der engeren Heimat oder der Nation, geschweige denn in einem weiteren Bereich der Weltgemeinschaft; es knüpft sich auch nicht, wie noch im letzten Jahrhundert üblich, an die Vorstellung der Berufung in einen ethisch gefärbten Wirkungsbereich, die Justiz, die Medizin, die Universität oder die Geistlichkeit. Vor allem die hohe Mobilität der Experten und die Wandelbarkeit der Institutionen, für die sie arbeiten, bewirken, daß sie sich allein dem kleinen Kreis derer, mit denen sie ihr Wissen teilen – einer extrem eng definierten Domäne –, und der eigenen Person – einer extrem selbstsüchtigen Klientel – verpflichtet wissen.

Diese Spannungen lassen sich bis ins griechische Altertum zurückverfolgen. Der Historiker H. D. F. Kitto bemerkte: „Der hochqualifizierte Fachmann, der Spezialist, hat in der Polis keinen ihm natürlich zukommenden Ort. Und wenn er wie in so vielen Lebensbereichen des fünften Jahrhunderts auftritt, ist die Bindung schwach oder die natürlichen Grenzen der Polis sind überschritten." Konfuzius, ein Zeitgenosse der Athener klassischer Zeit, beschreibt das Problem von einer anderen Seite: „Die Berater eines großen Führers sollten kalt sein wie Eis, der Führer selbst hingegen Feuer haben, einen Funken göttlichen Wahnsinns." Die Aufgabe, das Denken des Spezialisten mit dem Denken ungeschulter Köpfe in Einklang zu bringen, wird mit jedem Jahr dringlicher. Ich glaube, wenn es uns nicht gelingt, Führer und Führerinnen zu finden oder zu formen, die sich Zugang zum Expertenwissen verschaffen und gleichzeitig fähig sind, mit Nicht-Experten ins Gespräch zu kommen, wird die Welt unserer Kontrolle mehr und mehr entgleiten. Weit entfernt, sich überlebt zu haben, scheint kompetente Führung wichtiger zu werden denn je.

Leitlinien für überzeugendes Führungsverhalten

Auf den Seiten dieses Schlußkapitels habe ich sechs unveränderliche Führungsmerkmale sowie andererseits sechs jüngere Trends festgehalten, die Führung zu einem zweifellos veränderten und wahrscheinlich auch komplexeren Unternehmen gemacht haben, ein Wandel, der über das zwanzigste Jahrhundert hinaus Gültigkeit behalten dürfte. Wäre mein Buch eine systematische soziologische Abhandlung über die Ausbildung moderner Führungskräfte oder auch eine Version dieses Themas im Geiste Machiavellis, könnte ich versucht sein, jede der sechs Konstanten im Licht der sechs Trends zu untersuchen, womit sich sechsunddreißig Punkte zu nachdenklicher Betrachtung anböten. Dem Geist des Buches (und seines Autors) angemessener, folgen abschließend drei praktische Hinweise, die für eine Vorbereitung auf eine Führungsfunktion und deren erfolgreiche Wahrnehmung wichtig sind.

Die sechs festen Merkmale von Führung beachten
Wer als Führer überzeugen will, muß sich über die sechs wesentlichen Attribute des Führens im klaren sein und versuchen, realitätsgerecht mit ihnen umzugehen. Führer können sich nach dem Grad ihres Ehrgeizes, der Größe ihres Adressatenkreises und der Originalität ihrer Botschaft unterscheiden – die sechs festen Konstanten gelten für sie alle. Als Führer wird nur Erfolg haben, wer eine verständliche und eindrucksvolle Geschichte entwerfen und überzeugend vermitteln kann; wer den Voraussetzungen der Anhängergruppe(n), und ihrer Wandelbarkeit gerecht wird; wer seine Energie in Aufbau und Pflege einer Organisation investiert (oder fremde Kräfte dazu einsetzt); wer die wesentlichen Elemente seiner Geschichte im eigenen Leben verkörpert; wer direkte Führung übernimmt oder eine Möglichkeit findet, auf indirektem Weg Einfluß zu gewinnen, und schließlich, wer es versteht, sich Ressourcen des zunehmend spezialisierten Expertenwissens zu erschließen, ohne sich von der Informationsfülle überwältigen zu lassen.

Diese Gesichtspunkte sollten bei der Vorbereitung auf eine künftige Führungsrolle Beachtung finden. Die Führer und ihre Mitarbeiter sollten sie im Verlauf des Führungsengagements systematisch überprüfen.

Neue Trends voraussehen und berücksichtigen
Wer in der zukünftigen Welt Führungsaufgaben übernimmt, muß neue Strömungen, die häufig größere Komplexität schaffen, erkennen und einbeziehen. Diese Strömungen werden nach Ort, Zeit und situativen Gegebenheiten ihres Auftretens differieren. Zu den zeittypischen Trends, mit denen sich Führer im gegenwärtigen Kontext auseinandersetzen müßten, gehören die Möglichkeit einer schlagartig oder sukzessiv verlaufenden globalen Katastrophe; die neuen Formen beschleunigter, umfassender und häufig stark vereinfachender Kommunikation; die schwindende Achtung vor der Privatsphäre; die Ausbreitung grenzüberschreitender Institutionen und Probleme; die vielleicht unvermeidbare Reaktion auf diese verunsichernden Tendenzen in Form eines verstärkten Nationalismus und Fundamentalismus; die stetige Zunahme hermetischen Wissens; die beunruhigende Schrumpfung sozialer Verantwortlichkeit, die das hektische, unsichere Leben des heutigen Experten mit sich zu bringen scheint, und daraus folgend die um vieles komplexer gewordene Aufgabe, zu entscheiden, was an einen ausgesprochen laienhaften Anhängerkreis weiterzugeben ist.

Diese Strömungen werden in den verschiedenen Domänen auf spezifische Weise reflektiert, müssen jedoch von allen künftigen Führern zur Kenntnis genommen werden. Führungskräfte im Schulbereich – der Domäne, die ich am besten kenne – werden allen Faktoren Beachtung schenken, jedoch die Akzente anders setzen als zum Beispiel ein Konzernchef oder ein General. Den Pädagogen beschäftigt vor allem die schwierige Entscheidung, *was* aus dem ständig zunehmenden Grundlagenwissen die Aufnahme in die Lehrpläne verdient, oder die Versuchung, Curricula und Unterricht an den schnellen, doch oft oberflächlichen neuen Kommunikationsmöglichkeiten auszurichten. Der Geschäftsmann dagegen muß sein Augenmerk auf die weltweite Verflechtung der Organisationen und die explosive Vermehrung des Wissens richten, während militärische Führer sich vornehmlich auf das weltgefährdende Vernichtungspotential, die Auflösung zahlreicher nationaler Entitäten und den damit verbundenen Aufstieg lautstarker ethnischer Sekten konzentrieren. Keinesfalls aber darf ein Programm, das sich die Ausbildung von Führungskompetenz zum Ziel setzt, auf eine Behandlung dieser sechs Elemente im Licht der domänenspezifischen Interessen und Adressaten verzichten.

Zur Auseinandersetzung mit den Problemen, Paradoxien und Möglichkeiten von Führung anregen
Wer sich für die Modalitäten künftiger Führung verantwortlich fühlt, muß Wege finden, die Bürger – das heißt Führer und Führerinnen sowie Adressaten – zu bilden. Solche Bildung hätte nicht nur die genannten Konstanten und Variablen von Führung zu behandeln; sie müßte sich darüber hinaus mit den in der Rolle enthaltenen Schwierigkeiten und Widersprüchen auseinandersetzen, ohne dabei an ihrer vitalen Bedeutung Zweifel aufkommen zu lassen. Nur wenn es uns gelingt, einer breiteren Öffentlichkeit die wesentlichen Aspekte wirksamer Führung bewußt zu machen, ist in Zukunft mit einem handlungsfähigen Führungskader zu rechnen.

Die Fragen der Schulung künftiger Führungskräfte kommen in unserer Gesellschaft schon jetzt nicht zu kurz. Zahlreiche Institutionen, Fachschulen zum Beispiel oder das Militär, widmen sich gezielt der Heranbildung von Führungskräften. Die schier endlose Flut von Büchern, Artikeln, Seminaren, Workshops und Medienprogrammen über Führung in Politik, Wirtschaft und Gesellschaft beweist den verbreiteten Glauben an die Bedeutung von Führung und die Notwendigkeit einer sorgfältigen Vorbereitung auf die Übernahme künftiger Führungsverantwortung.

Obwohl also Führungskonzepte für einzelne Domänen vorliegen, ist das Thema Führung für den größeren Teil der Gesellschaft eine Unbekannte. Man hat weder ihre Bedeutung noch die Möglichkeiten zu ihrer erfolgreichen Gestaltung erkannt. Die einen betrachten Führung als Zusatzleistung, als eine Art Aperçu, das einem fertigen Redeentwurf Biß verleiht, nicht aber als grundsätzliche Einstellung zu menschlichem Denken, Verhalten und Empfinden. Die anderen sehen im Führer den geheimnisumwitterten charismatischen Helden, dessen Handeln eigener Gesetzlichkeit – oder Gesetzlosigkeit – folgt. Allein die Tatsache, daß die Mehrzahl der hier erörterten Gedanken, soviel ich weiß, nicht allgemein verbreitet sind und daß, selbst da, wo sie bekannt sind, kaum Wege existieren, über ihre Konsequenzen aufzuklären, macht deutlich, daß Führung bis heute ein Stiefkind der Gesellschaft ist.

Die egalitären Neigungen der Amerikaner und ihre Gewohnheit, Bildung zu nehmen, wie sie kommt, tun das ihre, diese Situation zu verschärfen. Kulturen haben seit je einen Teil ihrer Verantwortung darin gesehen, Milieus zu schaffen, in denen Führungseignung erkannt und gefördert werden kann. In Asien und Europa sind Ausbildungsstätten für die Eliten und eine traditionsreiche Beamtenbürokratie bewährte Mittel, Kader heranzuziehen, die mit den Anforderungen und Feinheiten der Führungskunst vertraut sind. Margaret Mead hat wiederholt erklärt, den Amerikanern seien Führer unerwünscht. Wir tun gerne so, als sei Führungstalent entweder selbstverständlich oder könne beiläufig erworben werden, und stellen damit sicher, daß nur ein unvertretbar schmaler Personenkreis zur Verfügung steht, der den wesentlichen Ansprüchen genügt, die an Führungskräfte gestellt werden müssen. Außerdem wird Angehörigen minder dominanter Gruppen und minder privilegierter Institutionen der Aufstieg in Führungspositionen auf diese Weise erschwert.

Leicht karikierend könnte man behaupten, daß sich das Verständnis von Führung allzuoft zwischen zwei Extremen bewegt: entweder gilt sie als unproblematisch („Auch du kannst führen") oder als unzugängliche, menschlichem Bemühen entzogene Kraft („der geborene Führer", „Führercharisma"). Notwendig wäre dagegen, Führung als Wissensgebiet zu betrachten, das beherrscht werden kann, und als Rolle, die sich meistern läßt, vorausgesetzt, man ist willens, viel in dieses Vorhaben zu investieren.

Wollen wir aber eine Führung, die Funktionsfähigkeit mit Verantwortungsbewußtsein verbindet, ist es nicht damit getan, eine Kaste „legitimierter" Führerpersönlichkeiten heranzuziehen. Die ‚beste Ausbildung' *potentieller* Führer bestände meines Erachtens darin, *alle* Bürger zu Führungsexperten zu machen – worunter *nicht* zu verstehen ist, daß jedermann und jede Frau die Fähigkeit erwerben soll, als designierte Führungsperson bestimmte Organisationen zu leiten. Gemeint ist vielmehr die Aufklärung der Bevölkerung darüber, was Führung bedeutet, was dabei mißlingen, aber auch erreicht werden kann.

Ich bezeichne dieses Wissen als *Bewußtsein der Probleme und Paradoxien, die Führung konstituieren.* Wer mit dem Phänomen der Führung vertraut ist – und ich hoffe, daß die Leser dieses Buches sich unterdessen zu diesem Kreis zählen –, hat sich folgende Punkte und Paradoxien bewußt gemacht:

– die Spannung zwischen dem Bedarf an Expertenwissen –
 das differenziertes Denken erfordert – und der Notwen-

digkeit weitreichender Kommunikationsfähigkeiten, um die ‚ungeschulten Köpfe‘ zu erreichen;

- die Unentbehrlichkeit von Geschichten, die viele Menschen ansprechen und ihnen helfen können, zu einer befriedigenden Selbst- und Gruppenidentität zu finden;
- das Potential solcher Geschichten, das Gemeinschaftsgefühl entweder zu spalten oder zu erweitern;
- die Erkenntnis, daß es ebensogut möglich wäre, Gesamtwissen an Gruppen zu delegieren, daß es jedoch einfacher ist, einem einzelnen, bevollmächtigten Führer gegenüberzustehen;
- die Einsicht, daß die Leistungsfähigkeit aller Führer begrenzt ist, daß alle Führer nicht nur Triumphe, sondern auch Fehlschläge erleben und daß beinahe alle Führer einmal auf unüberwindliche Hindernisse stoßen;
- die alternativen Möglichkeiten, daß Adressaten von ihrem Führer manipuliert werden, daß Adressaten den Führer beeinflussen und daß Adressaten in Zusammenarbeit mit dem Führer eine Botschaft auf den Weg bringen;
- die Notwendigkeit, Führer in der Wahrnehmung ihrer Aufgaben zu unterstützen, statt ihre Autorität auszunutzen oder zu untergraben;
- die Unterscheidung zwischen direkter Führung (dem unmittelbaren Kontakt zwischen Führer und Adressaten) und indirekter Führung (durch Vermittlung eines Werks oder durch die Ausbildung politischer Führer) sowie die Möglichkeit, beides unter Gewinnung von Synergieeffekten zu verbinden;
- die Spannung zwischen einem rationalen und spirituellen Appell an die Adressaten und die Wünschbarkeit einer Kombination beider Botschaften.

Die Punkte und Paradoxien zum Thema Führung sind damit nicht erschöpft; weitere finden sich auf den vorliegenden Seiten, andere bleiben namhaft zu machen. Man wird nicht erwarten, daß alle verstanden und gemeistert werden, aber die Bekanntschaft mit ihnen kann dazu anleiten, Führung in ihren *möglichen* und *wahrscheinlichen* sowie in ihren *problematischen* und *widersprüchlichen* Seiten zu erfassen.

Einsichten in Führungsfragen kommen zum Tragen, wenn wir uns die Führungserfahrungen unseres täglichen Lebens – am Arbeitsplatz, in der Schule und im Gemeinwesen – vor Augen halten. Sie sind nicht weniger wichtig, wenn man sich der bundespolitischen Szene zuwendet. Im Frühjahr 1995 schreibend, stelle ich fest, daß wir in den Vereinigten Staaten soeben einige der unerfreulichsten politischen Kampagnen unserer Geschichte erlebt haben. Ihre Rhetorik als ,ungeschult' zu bezeichnen, wäre ein Kompliment. Wissen über Führung kann nicht als Allheilmittel gelten, doch bin ich zuversichtlich, daß Auseinandersetzungen, die von sinnleerer Polemik geprägt sind, eher als solche erkannt werden, wenn die Bürger sich veranlaßt sehen, die genannten Punkte und Paradoxien zu bedenken. Eine bemerkenswert kurze Zeit hat ausgereicht, die amerikanische Bevölkerung gesundheitsbewußter zu machen. Es besteht kein prinzipieller Grund anzunehmen, warum sie nicht ebenfalls lernen sollte, wie sie ihr politisches Wohlergehen fördern – oder gefährden – kann.

Der Widerspruch, daß Wissen sowohl der Manipulation wie auch der Erziehung zur Selbständigkeit dienen kann, daß es das Potential enthält, abhängig zu halten oder aber souverän zu machen, ist nicht aus der Welt zu schaffen. Politische Rattenfänger rufen uns diese beunruhigende Tatsache immer wieder ins Gedächtnis. Eines scheint mir jedoch gewiß: Je mehr diese Fragen im Bewußtsein einer breiteren

Öffentlichkeit Raum finden, um so seltener wird verantwortungslose Führung und um so schwächer ihre Überlebenskraft. Ich hoffe ferner, daß aus den vereinten Bemühungen derer, die das Gewicht dieser Fragen erkennen und Mittel suchen, ihnen breites Gehör zu verschaffen, eine andere Welt hervorgehen wird, eine Welt, in der Führung weder bevormundet noch befiehlt, sondern die Bürger zu sinnvollem politischen Tun befähigt und konstruktive Zwecke mit besserem Gelingen verfolgt als heute.

Anhang I

Die elf Führungspersönlichkeiten bezogen auf alle zentralen Aspekte von Führung

	Ursprüngl. Wirkungskreis	Einstellung im Wirkungskreis	Identitätsgeschichte im Wirkungskreis
Margaret Mead, *1901–1978*	Ethnologie	Integrativ	Wir Ethnologen haben das Privileg, die Kulturen der Welt zu beschreiben, und zeigen, daß keine überlegen ist. Wir bringen unsere Erkenntnisse zurück und teilen sie unseren Landsleuten in verständlicher Sprache mit.
J.Robert Oppenheimer, *1904–1967*	Physik (Experte und Laborleiter)	Integrativ (alle sollen am Manhattan-Projekt teilnehmen)	Wir Naturwissenschaftler sind befähigt, bei der Durchführung eines kriegswichtigen Unternehmens von allerhöchster Bedeutung eine entscheidende Rolle zu spielen. Wir müssen alle Differenzen begraben und unseren Geheimauftrag ausführen.
Robert Maynard Hutchins, *1899–1977*	Führer einer Institution (Dekan e. Rechtsfakultät)	Anfänglich integrativ, später Neigung zur Abgrenzung	Wir Pädagogen müssen die Universität so reformieren, daß wir eine liberal gebildete Bevölkerung heranziehen, weder Bummelanten noch Fachidioten. Modische Mätzchen, forciertes Fortschrittsdenken, sinnloser Pluralismus und Wissenschaftsgläubigkeit sind zu vermeiden.
Alfred P. Sloan jr., *1875–1966*	Automobilunternehmen	Integrativ innerhalb des Unternehmens, nach außen Wettbewerbsverhalten	Wir Geschäftsleute leisten rechtschaffende Arbeit. General Motors kennt den besten Weg, Geschäfte zu führen, und hat die effizienteste Unternehmensfamilie geschaffen. Wir, die Beschäftigten des Unternehmens, sind bereit, anderen zu helfen.
George C. Marshall, *1880–1959*	Armee der Vereinigten Staaten	Integrativ, doch mit hohen Ansprüchen	Wir im Militär müssen professionell und unparteiisch arbeiten. Wir sollten nicht politisieren, für jede Eventualität gewappnet sein und andere durch unser Vorbild inspirieren.

Johannes XXIII., Papst, 1881–1963	Katholische Kirche	Integrativ	Katholiken und Christen müssen zur einfachen Lehre Christi zurückkehren. Die Kirche sollte bürokratische und politische Machtkämpfe vermeiden. Nur das geistliche Leben ist von maßgeblicher Bedeutung.
Eleanor Roosevelt, 1884–1962	Die amerikanischen Frauen nach Einführung des Frauenwahlrechts	Integrativ	Wir Frauen können und sollten einen festen Platz im politischen Leben des Landes einnehmen und uns einsetzen für das, was wir als richtig erachten.
Martin Luther King Jr., 1929–1968	Afroamerikaner, bes. die Gläubigen und Bürgerrechtsaktivisten	Integrativ	Wir Schwarze müssen für unsere Rechte kämpfen, doch ohne Gewalt anzuwenden.
Margaret Thatcher, 1925–	Politik, eine wesentlich heterogene Domäne	Entf.	Entf.
Jean Monnet, 1888–1979	Politik, eine wesentlich heterogene Domäne	Entf.	Entf.
Mahatma Gandhi, 1869–1948	Politik, eine wesentlich heterogene Domäne	Entf.	Entf.

	Gegengeschichten im Wirkungskreis	Nicht identitätsbezogene Geschichten im Wirkungskreis
Margaret Mead, 1901–1978	Bestimmte Kulturen sind anderen überlegen. Kulturen lassen sich nicht vergleichen. Popularisierungen sind gefährlich.	1. Darstellungen der Jugend, die auf rassen- und evolutionstheoretischen Vorstellungen oder auf der Annahme einer ‚Sturm-und-Drang-Phase‘ beruhen, sind unzutreffend. 2. Interdisziplinäres Arbeiten ist entscheidend. 3. Es fehlen wissenschaftliche Arbeiten über die Familie und über Kinder. 4. Kulturen lassen sich nach Gesetzmäßigkeiten ordnen, die denen des Zusammenhangs von Temperament u. Geschlecht entsprechen. 5. Die Jugend von Samoa hat eine harmonische Adoleszenz, sie kann den Amerikanern ein Vorbild sein.
J. Robert Oppenheimer, 1904–1967	Naturwissenschaftler sollten sich aus allen politischen u. militärischen Unternehmen heraushalten. Sie sollten als Gegengewicht zur Regierung wirken, und ihre Arbeit sollte allgemein zugänglich sein.	1. Die Quantenmechanik, die Relativitätstheorie und andere Elemente der modernen Physik sind wichtig. 2. Seit wir die Atomkraft entfesselt haben, wissen wir Physiker, was Sünde ist.
Robert Maynard Hutchins, 1899–1977	Es gibt keinen ‚besten‘ Bildungsweg. Wir müssen uns die Wahl offenhalten u. verschiedene Bildungstheorien berücksichtigen. Scholastisches u. orthodoxes Denken ist gefährlich.	1. Richtet euch auf Opfer ein, z.B. auf Gehaltskürzungen. 2. Die amerikanische Bildung ist auf Abwege geraten.
Alfred P. Sloan jr., 1875–1966	Es gibt viele Möglichkeiten der Unternehmensführung. General Motors ist paternalistisch und monopolistisch, unterscheidet sich aber zumindest nicht von anderen Großunternehmen.	1. Zentralisierung und Dezentralisierung lassen sich in einem Betriebsdiagramm verbinden. 2. Neue Vorstellungen von Marketing, Zusammenarbeit, Forschung und Planung überläßt man am besten erfahrenen Analytikerteams.
George C. Marshall, 1880–1959	Das Militär verfügt über besondere Kenntnisse und verdient besondere Aufmerksamkeit und Privilegien. Für das Militärpersonal sollte dennoch kein deutlich höherer Verhaltensstandard gelten als für andere.	Das Militär muß gestärkt und modernisiert und von Ballast befreit werden.

Johannes XXIII., Papst, 1881–1963	Das Risiko intensiverer Beziehungen mit anderen religiösen Gruppierungen können die Katholiken nicht eingehen. Wir sollten unserer Hierarchie vertrauen. Das geistliche Dasein ist ein Ideal, das nicht jedem erreichbar ist.	1. Die Macht sollte bei den Bischöfen und beim Kirchenvolk liegen, nicht bei der Kurie. 2. Lernt aus der Überlieferung, doch folgt ihr nicht blind. 3. Denkt überlieferte Dogmen neu in zeitgemäßen Begriffen. 4. Man kann ein guter Katholik und ein guter Mensch sein, auch wenn man sündigt.
Eleanor Roosevelt, 1884–1962	Für Frauen ist es besser, im Hintergrund zu bleiben und den Männern Hilfe und Unterstützung zu leisten.	1. Jeder kann am öffentlichen Leben teilnehmen; gesellschaftlicher Rang und Herkunft sind dafür ohne Bedeutung. 2. Die Frau eines Präsidenten kann gesellschaftliche Führung übernehmen.
Martin Luther King jr. 1929–1968	Der Versuch, in der amerikanischen Gesellschaft Gleichheit zu verwirklichen, ist hoffnungslos. Wir müssen uns auf eine Strategie der Gewalt einstellen.	1. Es ist wichtig, die kirchlichen Quellen, die amerikanische Geschichte und die Taktiken Gandhis zu kennen und die drei Elemente zu verschmelzen. 2. Die SCLC vertritt eine neue Einstellung in Rassenfragen. 3. Die Zeit des allmählichen Wandels ist vorbei.
Margaret Thatcher, 1925–	Entf.	Entf.
Jean Monnet, 1888–1979	Entf.	Entf.
Mahatma Gandhi, 1869–1948	Entf.	Entf.

	Weitere Gegengeschichten im Wirkungskreis	*Direkte/Indirekte Führung im Wirkungskreis*
Margaret Mead, 1901–1978	1. Die traditionellen Geschichten vom Unterschied der Rassen, von der kulturellen Evolution und der Jugend als Zeit geistig-seelischer Turbulenzen haben ihren Wert. 2. Interdisziplinäre Arbeit ist gefährlich. 3. Die Untersuchung der Familie und der kindlichen Entwicklung sollte anderen Disziplinen überlassen bleiben. 4. Man hüte sich vor Verallgemeinerungen über kulturelle Gesetzmäßigkeiten. 5. Meads Beobachtungen in Samoa sind suspekt.	Beide Formen
J. Robert Oppenheimer, 1904–1967	1. Diese neuen Ideen sind noch nicht verbürgte Wahrheiten. 2. Wir sollten unsere Rolle bei der Entwicklung der Nuklearwaffen nicht dramatisieren.	Begann als indirekter Führer; wurde durch das Manhattan-Projekt zum direkten Führer
Robert Maynard Hutchins, 1899–1977	1. Keine Experimente mit den Vorrechten der Ordinarien! 2. Das amerikanische Bildungssystem ist in Ordnung und sollte nicht grundsätzlich reformiert werden.	Beide Formen: wirksam als Redner und Autor
Alfred P. Sloan jr., 1875–1966	1. Henry Fords Abneigung gegen Betriebsdiagramme, Marktvielfalt und sorgfältige Planung und Analyse 2. Durants Laissez-faire-Haltung 3. Professionelle Analytiker schaffen mehr Verwirrung als Nutzen.	Begann aufgrund seiner Betriebsplanung als indirekter Führer; wurde zum erfolgreichen direkten Führer
George C. Marshall, 1880–1959	1. Man hüte sich vor Veränderungen der bewährten militärischen Praxis. 2. Das Senioritätsprinzip muß beachtet werden.	Überwiegend direkte Führung, doch Verfasser hervorragender Resümees.

		Direkte Führung
Johannes XXIII., Papst, 1881–1963	1. Es ist besser, dem Vatikan die Macht zu überlassen. 2. Der Tradition gebührt grundsätzlich Vorrang. 3. Der Katholizismus ist von außerordentlicher Bedeutung; wer vom rechten Weg abweicht, sollte bestraft werden.	
Eleanor Roosevelt, 1884–1962	1. Nur privilegierte Frauen können uneingeschränkt am amerikanischen Leben teilnehmen. 2. Die Ehefrau eines Präsidenten sollte im Hintergrund bleiben und ihren Mann unterstützen.	Überwiegend direkte Führung
Martin Luther King jr., 1929–1968	1. Es ist unmöglich, mit einer Verknüpfung der Kirche, der amerikanischen Geschichte und der Methoden Gandhis einen gesellschaftlichen Wandel anzubahnen. 2. Die Schwarzen sollten sich an traditionelle Organisationen wie die NAAC und bewährte Strategien wie Gerichtsverfahren halten. 3. Die Schwarzen müssen zu Aktionen der Gewalt bereit sein.	Mehr direkte als indirekte Führung
Margaret Thatcher, 1925–	Entf.	Entf.
Jean Monnet, 1888–1979	Entf.	Entf.
Mahatma Gandhi, 1869–1948	Entf.	Entf.

	Vorbildlichkeit im Wirkungskreis	Letzter Wirkungskreis	Allgemeine Einstellung
Margaret Mead, 1901–1978	Bemerkenswert	Amerikanische Öffentlichkeit, besonders Mittelklasse	Integrativ
J. Robert Oppenheimer, 1904–1967	Hervorragender Labor- und Institutsleiter; als Wissenschaftler weniger exzeptionell, als man hätte vermuten können; im persönlichen Umgang einschüchternd	Die amerikanischen Bildungsschichten, einschl. politische Eliten	Integrativ, doch verbunden mit persönlicher Reserve
Robert Maynard Hutchins, 1899–1977	Verkörperte seine Bildungstheorie dem Anschein nach; doch unklar, ob er tatsächlich die Diskussion befürwortete, bleibende Überzeugungen vertrat und ein guter Zuhörer war; möglicherweise vom Wunsch getrieben, die eigenen Interessen zu stimulieren.	Die amerikanischen Bildungsschichten	Integrative und abgrenzende Aspekte
Alfred P. Sloan jr., 1875–1966	Überzeugendes Vorbild des von ihm seinen Mitarbeitern und Händlern empfohlenen Verhaltens	Amerikanische Öffentlichkeit, Bürger anderer Industrieländer	Integrativ, doch wettbewerbsorientiert
George C. Marshall, 1880–1959	Beispielhaft – sein Handeln und Verhalten wurde zu einer Geschichte von Bedeutung	USA und Weltöffentlichkeit	Integrativ, Befund für die Nachkriegszeit allerdings nicht eindeutig

Johannes XXIII., Papst, 1881–1963	Hervorragend	Weltbürger	Integrativ; vielleicht größere Anerkennung außerhalb der Kirche
Eleanor Roosevelt, 1884–1962	Mit der Zeit hervorragend; legte keinen Wert auf Rang und Förmlichkeiten	Die eigene Nation und darüber hinaus besonders die Benachteiligten und alle, von denen Hilfe für sie zu erwarten war	Integrativ
Martin Luther King jr., 1929–1968	Hervorragend	Die amerikanische Nation	Integrativ
Margaret Thatcher, 1925–	Entf.	Die Briten und ihre Verbündeten	Meist abgrenzend
Jean Monnet, 1888–1979	Entf.	Die politischen Führer Europas und andere maßgebliche gesellschaftliche Akteure	Integrativ
Mahatma Gandhi, 1869–1948	Entf.	Die indische Nation, Großbritannien und die übrige Welt	Integrativ

	Identitätsgeschichte	Gegengeschichten
Margaret Mead, *1901–1978*	Das Studium der Wege, die andere Kulturen gegangen sind, gibt uns als Menschen die Möglichkeit zu souveränen Entscheidungen über unser Leben.	Wir Amerikaner sind eine Nation besonderer Art; von anderen Kulturen haben wir wenig zu lernen, aber vieles zu befürchten.
J. Robert *Oppenheimer,* *1904–1967*	Wir alle – Wissenschaftler, politisch Verantwortliche, Laien – müssen in der neuen Welt der Atomkraft zusammenarbeiten. In möglichst gemeinsamer Arbeit mit unseren Gegnern müssen wir eine freiwillige Kontrolle der Vernichtungswaffen und eine friedliche Nutzung der Kernenergie erreichen.	Wissenschaftler gehören nicht in die Politik. Die Sowjetunion ist unser Todfeind, und wir müssen um jeden Preis gegen die Sowjets Front machen. Der kalte Krieg wird endlos dauern.
Robert Maynard *Hutchins,* *1899–1977*	Wir gebildeten Amerikaner sind das Bollwerk unserer Demokratie. Ein Teil der geistigen Überlieferung, wie sie in den *Great Books* vorliegt, ist die beste Voraussetzung für diese Bildung.	Ein Kanon von *Great Books* ist spießig und beschränkt.
Alfred P. Sloan jr., *1875–1966*	Die Wirtschaft ist der Garant des bestmöglichen Lebens für uns alle und verdient es, im Zentrum des nationalen Lebens zu stehen.	Das Leben besteht nicht nur aus Markt und Profit. Das Leben hat eine geistige Dimension. Wirtschaft kann zwar Wohlstand bringen, führt aber auch zu Marktzyklen und zu einer materialistischen Lebenshaltung, die destruktiv wirken kann.
George C. *Marshall,* *1880–1959*	Wir Amerikaner müssen unsere Werte verteidigen, wenn nötig auch mit der Waffe, daneben aber versuchen, sie an die Welt weiterzugeben. Wir müssen bereit sein, Kriegsopfern in aller Welt zu helfen.	Die Amerikaner müssen um jeden Preis siegen. Wir sind anders als die anderen Nationen, mit denen man uns nicht vergleichen kann. Ländern, die aggressive Akte gegen die USA begangen haben, schulden wir keine Hilfe.

Johannes XXIII., Papst, 1881–1963	Wir sind zunächst Menschen, dann Gläubige. Wir müssen zusammenarbeiten, um die Welt vor Katastrophen zu schützen und einen dauernden Frieden zu sichern.	Die Schranken zwischen den Religionen lassen sich nicht überbrücken. Der kalte Krieg ist unvermeidlich und muß weitergehen.
Eleanor Roosevelt, 1884–1962	Alle müssen zusammenarbeiten, um den Enteigneten zu helfen, besonders den Frauen, den Schwarzen und den Bürgern der Drittweltländer. Wir müssen in begrenztem Maß zu Konfrontationen bereit sein.	Wir leben in einer Welt des Sozialdarwinismus, und daran läßt sich nicht viel ändern.
Martin Luther King jr, 1929–1968	Wir müssen farbenblind sein.	Rassendifferenzen wird es immer geben; man kann sie weder übersehen noch bagatellisieren; einmal werden sie vielleicht vermindert werden können, doch noch ist es nicht so weit.
Margaret Thatcher, 1925–	England hat sich in Verzagtheit und Sozialismus verirrt. ‚Denen' (Sozialisten, Unruhestiftern in den Gewerkschaften und *wets*) müssen wir die Führung streitig machen und die alte Größe wiederherstellen.	Das Großbritannien des Empire war ein Irrtum, seine Zeit ist vorbei, und das ist gut so. Der sozialistische Weg Labours ist trotz seinen Mängeln immer noch der beste.
Jean Monnet, 1888–1979	Europa muß zu einer einzigen Gesellschaft mit engen Bindungen an die Vereinigten Staaten werden.	Die europäischen Nationen haben eine lange, ruhmreiche Vergangenheit und können dieses Erbe um einer riskanten, ungewissen Zukunft willen nicht einfach über Bord werfen.
Mahatma Gandhi, 1869–1948	Wir Inder sind an Rang und Wert allen anderen Menschen gleich. Wir sollten mit denen, die sich von uns abgrenzen, wenn möglich zusammenarbeiten, aber auch zu Auseinandersetzungen bereit sein.	Zwischen Kolonialherren und kolonisierten Völkern besteht eine naturgegebene Ungleichheit. Macht ist Recht. Wenn man Konfrontationen sucht, muß man zu Gewaltanwendung bereit sein.

Margaret Mead,
1901–1978

1. Kulturen beruhen auf Gesetzmäßigkeiten. Auch die Gesetzmäßigkeiten der amerikanischen Kultur lassen sich festhalten. Wir haben Zugang zur menschlichen Natur in ihrer Einheitlichkeit und Vielfalt.
2. Die Amerikaner sollten bereit sein, mit unterschiedlichen Lebensweisen zu experimentieren.

J. Robert
Oppenheimer,
1904–1967

1. Die Welt der Theorie und Praxis ist voller Paradoxe (über Geheimhaltung, Macht, Wissen und Wissenschaft), und diese Widersprüchlichkeit muß ausgekostet werden.
2. Die menschlichen Erkenntnisse sind noch immer anfechtbar und begrenzt.

Robert Maynard
Hutchins,
1899–1977

1. Kluge Männer und Frauen sollten über die großen Fragen der Menschheit reflektieren und die Früchte ihres Nachdenkens weitergeben.
2. Die bürgerlichen Freiheiten sind wichtig.
3. Amerika sollte sich vor Verwicklungen in internationale Konflikte in acht nehmen (vor dem Zweiten Weltkrieg).

Alfred P. Sloan jr.,
1875–1966

1. Autos sind lebenswichtig.
2. Jede Behinderung der Wirtschaft ist schlecht.

George C.
Marshall,
1880–1959

1. Der kalte Krieg sollte nicht den bedingungslosen Maßstab unseres Handelns bilden.
2. Eine Anerkennung Israels ist verfrüht.

Johannes XXIII.,
Papst,
1881–1963

1. Es ist möglich, ein spirituelles Leben zu führen und andere zu läutern.
2. Wir sollten es zu unserer Aufgabe machen, den Armen zu helfen.

Eleanor Roosevelt,
1884–1962

1. Die Ideen des New Deal müssen in der amerikanischen Gesellschaft lebendig bleiben und an die übrige Welt weitergegeben werden.
2. Eine unscheinbar aussehende und auftretende Frau kann Außerordentliches leisten.

Martin Luther
King Jr.,
1929–1968

1. Die Gründe der Benachteiligung sind ökonomischer Art, und eine Neuverteilung der Ressourcen ist nötig.
2. Die Enteigneten der Welt müssen sich zusammenschließen, und Amerikas aggressive Außenpolitik verhindert das.
3. Die Reformer dürfen die Ghettos im Norden nicht übersehen.

Margaret Thatcher,
1925–

1. Nationalismus ist besser als Internationalismus.
2. Möglichst viele Industriezweige und öffentliche Aufgaben sollten privatisiert werden.
3. Haltet den kalten Krieg in Gang, laßt euch von Aggressoren nie einschüchtern, versucht aber, mit Michail Gorbatschow ins Geschäft zu kommen.

Jean Monnet,
1888–1979

1. Nationale Versöhnung fängt in der Wirtschaft an. Vertraut der Vernunft.
2. Man sollte mit führenden Persönlichkeiten arbeiten und ihnen das Rampenlicht und die Anerkennung überlassen.
3. Man sollte ein einziges Ziel mit Beharrlichkeit verfolgen.

Mahatma Gandhi,
1869–1948

1. Die Industrialisierung ist ihrem Wesen nach zerstörerisch; man sollte zu einem dörflichen Leben zurückkehren. Gewisse Hygienemaßnahmen sollten beachtet werden.
2. Aus Konflikten können beide Seiten gestärkt hervorgehen.
3. Die Enteigneten aller Länder sollen sich verbinden.
4. Bemühungen um Reformen brauchen Öffentlichkeit.
5. Die geistige Dimension des Lebens ist die wichtigste.

573

Andere Gegengeschichten

Margaret Mead,
1901–1978

1. Kulturen lassen sich in eine Wertskala einordnen. Wäre es nicht so, wären Kulturvergleiche sinnlos.
2. Seid auf der Hut vor Wissenschaftlern, die uns darüber belehren, wie wir leben sollen.
3. Experimente mit dem persönlichen Leben und dem Familienleben sind gefährlich.

J. Robert
Oppenheimer,
1904–1967

1. Vermeidet Widersprüche und sucht nach Klarheit, eindeutiger Orientierung und Lösungen.

Robert Maynard
Hutchins,
1899–1977

1. Akademische Zentren und Stiftungen sind grundsätzlich elitär und unzuverlässig.
2. Unsere Gesellschaft braucht mehr konservative Denker und Ideologien, nicht die Liberalen, die uns in die Patsche gebracht haben.
3. Amerika braucht eine engagierte Außenpolitik.

Alfred P. Sloan jr.,
1875–1966

1. Wir müssen uns auf Industriezweige und Wirtschaftsakteure einstellen, die sich von der Autoherstellung und den Großen Drei dieser Branche grundlegend unterscheiden.
2. Der gewerkschaftliche Gesichtspunkt weicht von dem des Managements erheblich ab.
3. Der Marxismus enthält tiefere Erkenntnisse als die klassischen ökonomischen Theorien.

George C.
Marshall,
1880–1959

1. Der kalte Krieg stellt alle anderen Probleme in den Schatten.
2. Israel verdient die sofortige Anerkennung.

574

Johannes XXIII., *Papst,* *1881–1963*	1. Religiöse Führer sollten sich aus der Politik heraushalten. 2. Zynismus als Antwort auf aufrichtige religiöse Hingabe hat seine Berechtigung. 3. Die Armen sollten sich mit ihrem Schicksal abfinden.
Eleanor Roosevelt, *1884–1962*	1. Die Zeit des New Deal ist vorbei, und dabei sollte es bleiben. 2. Nur eine außerordentliche Persönlichkeit kann Außerordentliches leisten.
Martin Luther *King jr.,* *1929–1968*	1. Die Suche nach ökonomischen Gründen weist auf eine marxistische Gesinnung hin, und die ist gefährlich. 2. Amerika ist ein Sonderfall und muß als Weltpolizist wirken. 3. Von den Problemen der Städte des Nordens, die sie nicht verstehen, sollten die Südstaatler die Finger lassen.
Margaret Thatcher, *1925–*	1. Nationalismus ist ein Anachronismus und gefährlich. 2. Es gibt öffentliche Aufgaben, die bei der Regierung besser aufgehoben sind. 3. Beendet den kalten Krieg und hütet euch vor Gorbatschow.
Jean Monnet, *1888–1979*	1. Nationale Versöhnung ist ein Problem der Gesellschaften. Geistige Belange sind wichtiger als rationale. 2. Es ist nicht empfehlenswert, hinter den Kulissen zu arbeiten. 3. Ein gleichbleibendes Ziel, zumal ein internationales, zu verfolgen ist angesichts der wechselnden Umstände und Prioritäten unrealistisch.
Mahatma Gandhi, *1869–1948*	1. Man kann die Uhren nicht zurückstellen. Lernt aus der Entwicklung der Wissenschaft. 2. Konflikte sind ein Nullsummen-Spiel. 3. Es ist unrealistisch, daß Benachteiligte aus verschiedenen Gesellschaften sich als homogene Gruppe verstehen. 4. Wascht eure schmutzige Wäsche nicht in der Öffentlichkeit; arbeitet im Hintergrund. 5. Vertraut auf den Verstand, nicht auf geistige Werte.

575

	Direkte/Indirekte Führung	*Allgemeine Vorbildlichkeit*	*Konsonanz der Geschichten beider Wirkungskreise*
Margaret Mead, *1901–1978*	Beide Formen	Bemerkenswert	Bemerkenswert
J. Robert *Oppenheimer,* *1904–1967*	Beide Formen, mehr Probleme mit direkter Führung	Ambivalent, konnte sich nicht hinreichend gegen Verratsanklage verteidigen; Arroganz für viele abschreckend	Die Vermittlung einer Geschichte des Fachgebiets erweist sich als problematisch, wenn man es mit einem wankelmütigen, ängstlichen Publikum zu tun hat.
Robert Maynard *Hutchins,* *1899–1977*	Versuchte beide Formen, war im späteren Leben in beiden wenig erfolgreich	War überall und nirgends und nicht überzeugend; Durchschnittsbürger hatten Schwierigkeiten, sich mit ihm zu identifizieren.	Zunächst mäßige Übereinstimmung, doch Bildungsfragen verloren an Bedeutung, als er einen größeren Problemkreis anschnitt.
Alfred P. Sloan jr., *1875–1966*	Direkte Führung	Zu Lebzeiten erfolgreich, wäre nach 1960 schnell zum Anachronismus geworden.	Bemerkenswert
George C. *Marshall,* *1880–1959*	Direkte Führung	Hervorragend, wichtiger als Geschichte	Bemerkenswert

Johannes XXIII., Papst, 1881–1963	Direkt	Hervorragend	Hohe Übereinstimmung
Eleanor Roosevelt, 1884–1962	Direkt	Überzeugend trotz ihrer besonderen Herkunft und Stellung	Hoch
Martin Luther King jr., 1929–1968	Direkt	Weniger wirksam als innerhalb der Domäne	Anfänglich sehr hoch; mit veränderten Geschichten abnehmende Konsonanz
Margaret Thatcher, 1925–	Direkt	Sehr überzeugend in der Politik, wenn auch für die Öffentlichkeit erst erkennbar, als sie im Amt war	Faktisch hohe Kohärenz seit ersten Anfängen
Jean Monnet, 1888–1979	Indirekt unter Benutzung politischer Führer als Medium; doch in erster Linie direkt, in Zusammenarbeit mit Politikern	Erstklassig; Kosmopolit, mit weitem Horizont; langfristige Konzentration auf ein einziges Problem.	Entf.
Mahatma Gandhi, 1869–1948	Beide Formen	Sehr überzeugend	Erstaunliche Beharrlichkeit bei der Verfolgung eines langfristigen Ziels, flexibel in seinen Geschichten

Margaret Mead,
1901–1978

Hat weder eine bleibende Organisation gegründet noch ein verwertbares Programm hinterlassen; die Analyse Samoas könnte anfechtbar sein; ihre progressiven Ideen verloren an Geltung, als die Gesellschaft in den siebziger und achtziger Jahren einen konservativeren Kurs einschlug; sie führte ein zunehmend zersplittertes Privatleben.

J. Robert
Oppenheimer,
1904–1967

Konnte die politischen Entscheidungsträger nicht dazu bewegen, ihre Rüstungswünsche zu zügeln; wurde während der antikommunistischen Hexenjagd als Sicherheitsrisiko eingestuft und gezwungen, sich aus dem öffentlichen Leben zurückzuziehen; seine Erfahrungen sind als Hinweis darauf zu verstehen, daß dem Einfluß von Wissenschaftlern in der rauhen Welt der Politik Grenzen gesetzt sind.

Robert Maynard
Hutchins,
1899–1977

Konnte die Dozentenschaft häufig nicht von seinen Programmen überzeugen; nach seinem Abgang von der Chicagoer Universität gelang es ihm nicht, ein einflußreiches Institut oder Programm auf die Beine zu stellen; nicht nur die Öffentlichkeit, auch viele Dozenten hatten Mühe, sich mit Hutchins zu identifizieren; unklar, ob er Diskussionen außer zu den von ihm aufgestellten Bedingungen begrüßte; gegen Ende seines Wirkens unterschieden seine Ideen sich kaum von denen anderer Schulmeister der Nation.

Alfred P. Sloan jr.,
1875–1966

Sah weder den Aufstieg Japans noch der Informationsgesellschaft voraus; unterschied zu wenig zwischen General Motors, der amerikanischen Gesellschaft und der übrigen industrialisierten Welt.

George C.
Marshall,
1880–1959

Wurde nicht mit dem Kommando der Operation Overlord betraut; die Außenpolitik nach dem Zweiten Weltkrieg war weit verwickelter als während der Kriegszeit; von Senator Joseph McCarthy angegriffen, von Eisenhower nicht genügend unterstützt; das von ihm aufgebaute Militär wurde binnen kurzer Zeit aufgelöst.

Johannes XXIII., Papst, 1881–1963	Negative Reaktionen innerhalb der katholischen Kirche; die Nachfolger setzten das von Johannes eingeleitete kirchliche Programm nicht fort; die meisten der zwischen Chruschtschow und Kennedy angeknüpften Verbindungen überdauerten die Amtsführung beider Politiker nicht.
Eleanor Roosevelt, 1884–1962	Ein großer Teil ihres innenpolitischen Programms mußte während des Zweiten Weltkriegs auf Eis gelegt werden; ließ nach dem Krieg zunehmend parteipolitische Bindung erkennen; die Führung der benachteiligten Bevölkerungsgruppen ging an jüngere Persönlichkeiten und repräsentative Vertreter der Sache über; sie empfand sich als unbegabte Mutter und führte eine ungewöhnlich belastete Ehe; geheimgehaltene Seiten ihres Privatlebens sind nie mit Erfolg durchforscht worden.
Martin Luther King jr., 1929–1968	Wurde von militanten Kräften innerhalb der Bürgerrechtsbewegung überholt; persönlich vom FBI angegriffen; Versuche, die Probleme in den Städten des Nordens aufzugreifen, mißlangen; sein Kernpublikum war an den Schwierigkeiten weit entfernter Länder und Völker nicht interessiert; Beweise für akademische Plagiate und sexuelle Promiskuität.
Margaret Thatcher, 1925–	Folgte immer mehr ihrem eigenen Gutdünken, ohne die Ansichten anderer auch nur in Erwägung zu ziehen; am Ende ihrer Amtszeit waren die Mißerfolge überwiegend selbstverschuldet; viele ihrer Ziele für Großbritannien blieben unerreicht, es gelang ihr aber, das Spektrum der öffentlichen Meinung grundlegend zu verändern.
Jean Monnet, 1888–1979	Die politischen Führer vieler Länder versagten ihm die Unterstützung; großer Widerstand von seiten der Institutionen gegen Veränderungen; bis heute sind relevante Verträge nicht ratifiziert, der Geist des ‚vereinten‘ Europa scheint fern; ein neuer Regionalismus macht sich breit.
Mahatma Gandhi, 1869–1948	Indien ist nach wie vor von Konflikten heimgesucht; bis zu einem gewissen Grad war Gandhi außerhalb Indiens erfolgreicher; kein harmonisches Familienleben; Gandhis Lehre ist heute mehr Ideal als Wirklichkeit.

579

Anhang II

Die politischen Führer
des Zweiten Weltkriegs

	Familie	Bildungsweg
Chiang Kai-shek, 1887 (Provinz Chekiang, China)–1975	Wohlhabende Eltern; Vater Kaufmann, gefühlskalt, die Mutter wurde erst liebevoller nach Tod des vorgezogenen älteren Bruders	Hauslehrer; stand akademischen Interessen fern; besuchte Militärakademie in Japan, später in der UdSSR
Winston Churchill, 1874 (Oxfordshire, England)–1965	Vater war ein britischer Lord, die Mutter Amerikanerin; Politikerfamilie, doch nicht vermögend; distanziertes Verhältnis zu Eltern, gespanntes zum Vater	Besuchte verschiedene Schulen, nie glücklich oder integriert; galt als Schüler mit langsamer Auffassungsgabe; besuchte Militärakademie; im späteren Leben Autodidakt
Charles de Gaulle, 1890 (Lille, Frankreich)–1970	Familie konservatives katholisches Bürgertum; warmherzige, aber fordernde Atmosphäre	Bei Jesuiten erzogen; guter Schüler, Stärken Geschichte und Mathematik; besuchte Elite-Militärakademie Saint Cyr
Adolf Hitler, 1889 (Braunau, Österreich)–1945	Vater autoritärer Beamter; Mutter nachsichtige jüngere Frau; Vater führte Eigenleben, schenkte Ehefrau und Sohn zeitweise wenig Beachtung; starb, als Hitler vierzehn war	Undisziplinierter Schüler; nicht zum Studium an Kunstakademie zugelassen; höhere Schulbildung nicht abgeschlossen
Wladimir Iljitsch Uljanov (Lenin), 1870 (Simbirsk, Rußland)–1924	Wohlwollende Eltern, die die Kinder förderten; verlor 1886, mit sechzehn, den Vater; Hinrichtung des geliebten älteren Bruders im Jahr 1887 trieb ihn in revolutionäre Bewegung	Ausgezeichneter Gymnasiast; Jurastudium

Mao Zedong (Mao Tse-tung), 1893 (Shaoshan, Provinz Hunan, China)–1976	Vater war relativ wohlhabender Reisbauer; schlug den Sohn, mit dem er häufig in Streit geriet; Mutter verwöhnte den Sohn und erzog ihn im Geist des Buddhismus	Zunächst Privatunterricht; besuchte mit sechzehn ohne Erfolg öffentliche Mittelschule; später Lektüre der Schriften der wichtigsten westlichen Denker und Übertritt an pädagogische Lehranstalt
Benito Mussolini, 1883 (Varano di Costa, Italien)–1945	Kinderreiche Familie; Vater wenig gebildeter Schmied und Sozialist, Mutter Lehrerin; untröstlich bei Tod der Mutter im Jahr 1905; Tod des Vaters 1910	Schwieriger, aufsässiger Schüler; griff Mitschüler tätlich an; später ausgezeichnete Leistungen in Geschichte, Geographie und Italienisch
Franklin Delano Roosevelt, 1882 (New York, USA)–1945	Vermögende, wohlwollende Eltern; Mutter extrem eigenwillig; Vater starb 1900; verwöhntes Einzelkind, von dem allerdings soziales Verhalten erwartet wurde	Hauslehrer und Privatschule; guter, doch nicht herausragender Schüler; Besuch des Harvard College und Jurastudium an der Columbia Universität
Iosif Stalin, 1879 (Gori, Georgien, Rußland)–1953	Eltern Analphabeten, arm; Vater schlug Frau und Sohn; liebevolle Mutter, der er wenig Dankbarkeit bewies	Vielversprechender Schüler mit stupendem Gedächtnis, doch ohne intellektuelle Interessen; vom Seminar ausgeschlossen; Erziehung zum scholastischen Denken spiegelt sich im dogmatischen Charakter seiner Reden und Schriften
Hideki Tojo, 1884 (Tokio, Japan)–1948	Ältester Sohn eines japanischen Samurai, der sich zum Anhänger eines Militarismus westlichen Stils entwickelt hatte; Mutter trug zum Familienunterhalt bei; von beiden Eltern verwöhnt	Lustloser Schüler; besuchte Militärakademie

	Persönlichkeit/Besonderheiten	Frühe Reisen
Chiang Kai-shek, 1887 (Provinz Chekiang, China)–1975	Wenn nicht krank, ein wildes Kind; erzeugte gern Krisensituationen; sehr arbeitsam; später Stoiker	Studium in Japan
Winston Churchill, 1874 (Oxfordshire, England)–1965	Energisch, zu Streichen aufgelegt, hemmungslos; vom Krieg fasziniert und stimuliert; Gefühl der Einzigartigkeit durch abenteuerliche Kämpfe	Reisen durch Europa und die USA, beruflich in Kuba, Indien und im Sudan
Charles de Gaulle, 1890 (Lille, Frankreich)–1970	Eigensinnig, ichbezogen; in der Schule respektiert, zum Teil wegen außergewöhnlicher Körpergröße; Identifizierung mit Frankreich; verkündete an der Militärakademie öffentlich, er sei zu Großem ausersehen	Studium in Belgien, Militärdienst in Deutschland, Polen und im Nahen Osten
Adolf Hitler, 1889 (Braunau, Österreich)–1945	Sah sich als Künstler; fand nicht leicht Freunde, besseren Kontakt mit Massenpublikum; lebte in Erwartung, die Welt mit seinen Taten zu überwältigen	Blieb in Deutschland und Österreich
Wladimir Iljitsch Uljanov (Lenin), 1870 (Simbirsk, Rußland)–1924	Als Junge wild, Neigung zur Herrschsucht, von anderen respektiert, hielt jedoch Distanz; streitsüchtig; war sich seiner Bedeutung als Revolutionsführer bewußt und fühlte sich zur Herrschaft ermächtigt	1895 Reise durch Westeuropa, dort auch als Emigrant am Anfang des zwanzigsten Jahrhunderts

Mao Zedong (Mao Tse-tung), 1893 (Shaoshan, Provinz Hunan, China)–1976	Sah sich als Außenseiter; stolz, entschlossen, eigenwillig; Mitgefühl für die gesellschaftlichen Verlierer	Hat China nie verlassen, ausgenommen Rußlandbesuch in mittleren Jahren
Benito Mussolini, 1883 (Varano di Costa, Italien)–1945	Als Jugendlicher Einzelgänger, las viel; streitsüchtig und tyrannisch; besessen von der Vorstellung, dem Jahrhundert seinen Stempel aufzudrücken	Schweiz und Deutschland als Wehrdienstverweigerer
Franklin Delano Roosevelt, 1882 (New York, USA)–1945	Als Schüler beliebt bei Lehrerschaft und Schulverwaltung, doch wenig Freunde; mit zunehmendem Alter lebendiger und geselliger	Mehrere Reisen durch Europa als Kind
Iosif Stalin, 1879 (Gori, Georgien, Rußland)–1953	Ertrug schon als Kind niemanden, der ihm widersprach; keine engen Freunde; galt als grausam und rachsüchtig; liebte Geschichten von Bauernerhebungen; Mutter nährte in ihm Glauben, daß er Großes vollbringen werde	Verließ Rußland nach einem einmonatigen Aufenthalt in Wien nicht mehr bis zum Gipfeltreffen in Teheran im Jahr 1943
Hideki Tojo, 1884 (Tokio, Japan)–1948	Unternehmend, ehrgeizig, selbstbewußt; verachtete Bedächtigkeit und Unentschlossenheit; nervöses Temperament	Militärdienst in Sibirien; Studium in der Schweiz und in Deutschland

	Verhalten gegenüber Autoritäten/Risikobereitschaft	Ursprüngl. Wirkungskreis(e)
Chiang Kai-shek, 1887 (Provinz Chekiang, China)–1975	Dem Knaben waren Vorschriften verhaßt; Kritiker der Man-dschu-Dynastie; führte Schülerproteste an; trat gegen Revolu-tionsführer und Regierungsvertreter auf	Militär; Verfasser von Beiträgen für Militärzeitschriften
Winston Churchill, 1874 (Oxfordshire, England)–1965	Aufsässig als Schüler und Erwachsener; in Krieg und Frieden zu Abenteuern bereit	Militär; Journalismus, Politik
Charles de Gaulle, 1890 (Lille, Frankreich)–1970	Beharrte auf Sonderstellung und Funktion der Inkarnation Frankreichs; widersetzte sich der französischen Kapitulation nach der deutschen Invasion und wurde von der Vichy-Regie-rung in Abwesenheit zum Tod verurteilt; zog Rücktritt von der Regierung einem Kompromiß vor	Militärdienst mit schwerer Verwundung; wurde Lehrer
Adolf Hitler, 1889 (Braunau, Österreich)–1945	Stritt mit seinem Pfarrer über die Methoden der Bibelausle-gung; kritisierte Mitglieder der deutschen Regierung; argu-mentierte und polemisierte mit Zeitgenossen; Selbstvertrauen (und Verachtung anderer) veranlaßten ihn zu hochriskanten Unternehmungen, z.B. zum Putsch von 1923	Zehnjähriges Wanderleben – las, schriftstellerte und malte; kämpfte als Freiwilliger im Ersten Weltkrieg; identifizierte sich mit Nationalismus und Soldatentum
Wladimir Iljitsch Uljanov (Lenin), 1870 (Simbirsk, Rußland)–1924	Der Waghalsige der Familie; liebte es, zu argumentieren, anzu-greifen und zu polarisieren	Anwalt; verteidigte Bauern

Mao Zedong (Mao Tse-tung), 1893 (Shaoshan, Provinz Hunan, China)–1976	Provozierte seine Lehrer durch Weigerung, Maximen zu rezitieren; widersetzte sich dem Vater; später offensives Verhalten gegenüber Mitarbeitern und Opponenten	Arbeitete in Bibliothek an Pekinger Universität; gründete Schule zur Alphabetisierung der Arbeiter
Benito Mussolini, 1883 (Varano di Costa, Italien)–1945	Kämpfte als junger Revolutionär gegen die Zivilgarde; forderte Gott heraus, ihn zu vernichten	Arbeitete zunächst als Maurer; nach Landesverweis durch die Schweizer Behörden wegen revolutionärer Umtriebe Eintritt in die italienische Armee
Franklin Delano Roosevelt, 1882 (New York, USA)–1945	Als Jugendlicher wenig Anlaß und Neigung, Autoritäten herauszufordern; schon als junger Mann überzeugt, höchste Ämter erreichen zu können; liebte es, den Advocatus diaboli zu spielen und anderen auf den Zahn zu fühlen; nach seiner Polioerkrankung offener für Reflexionen und Erprobung von Ideen	Praktizierte kurzzeitig als Anwalt vor seiner Wahl zum Staatssenator im Jahr 1910
Iosif Stalin, 1879 (Gori, Georgien, Rußland)–1953	Haßte jede Art Autorität, gegen die er sich lebenslang zwanghaft auflehnte; Drang, jeden – wirklichen oder eingebildeten – Opponenten zu vernichten; mißachtete nach dem Ersten Weltkrieg Trotzkis und Lenins Befehle	Nach Ausschluß aus Seminar Marxist, Berufsrevolutionär und -agitator
Hideki Tojo, 1884 (Tokio, Japan)–1948	Galt als ungewöhnlich streitsüchtig im Umgang mit jungen Mitarbeitern	Soldat, besuchte Kriegsschule der Armee

	Frühe politische Karriere/Verhältnis zu Organisationen	Sprachliche Ausdrucksfähigkeit
Chiang Kai-shek, 1887 (Provinz Chekiang, China)–1975	Trat schon in jungen Jahren der Kuomintang bei; beteiligte sich an revolutionären Bewegungen und Attentaten; diente direkt unter Sun Yat-sen; nach Suns Tod militärischer Führer der Kuomintang; von da an mit wenigen Unterbrechungen Kampf gegen die Kommunisten	Als junger Mann guter Geschichtenerzähler; schrieb für Zeitschriften
Winston Churchill, 1874 (Oxfordshire, England)–1965	Wurde 1911 Erster Lord der Admiralität; hatte weitere Ministerposten inne; Höhen und Tiefen, darunter Parteiwechsel und Verlust des Parlamentssitzes; galt als talentiert, doch unzuverlässig; kein Mann der Parteien	Bildete sich zu einem hervorragenden Redner und Schriftsteller; erhielt Nobelpreis für Literatur
Charles de Gaulle, 1890 (Lille, Frankreich)–1970	Nach Abschluß der *Ecole Supérieure de Guerre* verschiedene höhere Armeeposten; organisierte die freien Truppen Frankreichs und führte die provisorische französische Regierung	Ausgezeichneter Redner, hielt perfekt gestaltete, frei vorgetragene Ansprachen; in der Jugend kreativer Autor, später Monumentalstil
Adolf Hitler, 1889 (Braunau, Österreich)–1945	Trat der neu gegründeten Deutschen Arbeiterpartei (später NSDAP) bei; verantwortlich für Anwerbung und Propaganda; Umformung der Partei durch Erschließung neuer Anhängerkreise und Hilfsmittel; nutzte Wirtschaftskrise, um sich in nationale Führungsstellung zu manövrieren; an Regierungsarbeit nicht interessiert, doch in der Lage, durch bestehende Institutionen zu wirken; schließlich persönliche, tyrannische Machtausübung	Genialer Redner; sprach mehr Emotionen und irrationale Gefühle an als Verstand; schrieb nicht gern, hat seine Bücher offenbar diktiert
Wladimir Iljitsch Uljanov (Lenin), 1870 (Simbirsk, Rußland)–1924	Trat 1892 und 1893 revolutionären marxistischen Gruppierungen bei; erwies sich als begabter Redner, Autor und Führer; führte die Bolschewisten im Kampf gegen die gemäßigteren Menschewiki; glaubte an elitäre Hierarchie und arbeitete mit einem kleinen Führungskader Gleichgesinnter	Aggressiv in der Formulierung von Parolen und als Debattenredner, wirksamer als Pamphletist und Schriftsteller

Mao Zedong (Mao Tse-tung), 1893 (Shaoshan, Provinz Hunan, China)–1976	Schloß sich 1911 der Revolutionsarmee von Sun Yat-sen an; Gründungsmitglied der Kommunistischen Partei Chinas in den zwanziger Jahren; leitete Ausbildungsanstalt für Bauern; zeigte frühes Talent und Charisma bei der Führung von Bauern und Arbeitern; bald erbitterter Kampf gegen Kuomintang; später Führer zahlreicher politischer und militärischer Organisationen	Wirksam im Gespräch; fruchtbarer Autor politischer Schriften und Gedichte
Benito Mussolini, 1883 (Varano di Costa, Italien)–1945	Seit 1902 oder 1903 revolutionäre Aktivitäten; intensive frühe Journalistentätigkeit; 1913 Kandidat für die Sozialistische Partei; half die Faschistische Partei zu definieren; gewann und verlor Wahlen, wurde schließlich 1921 zum Führer Italiens	Autoritativ auftretender, beeindruckender Redner, trotz inhaltlicher Dürftigkeit seiner Reden; schrieb journalistische Aufsätze
Franklin Delano Roosevelt, 1882 (New York, USA)–1945	Stetiger Aufstieg über politische Ämter vor und während des Ersten Weltkriegs; immer ein überzeugter Demokrat; arbeitete gut mit Parteiorganisation zusammen	Passabler, doch nicht so großartiger Autor; fabelhafter Redner, besonders im Rundfunk („Kamingespräche")
Iosif Stalin, 1879 (Gori, Georgien, Rußland)–1953	Verbrachte einen großen Teil seiner revolutionären Anfänge im Gefängnis; ab 1911 Lenins rechte Hand; obwohl häufig aus Ämtern entfernt und von Lenin gemaßregelt, einflußreich in Partei dank organisatorischem Geschick und Schläue; richtete sich seine eigene Geheimabteilung ein, die ihm die Nachfolge als alleiniger Erbe Lenins sicherte; wußte administratives Geschick in politische Macht umzumünzen	Als Autor mittelmäßig, doch fähig, Argumente in klarer Schwarzweiß-Prägnanz zu formulieren; erfolgreicher Debattenredner; nicht effektvoll vor Massenpublikum; glaubte seine Aura als Führer zu verstärken, wenn er selten öffentlich sprach; sammelte seine Landsleute mit Erfolg zur Verteidigung gegen die deutsche Belagerung von 1941–1942
Hideki Tojo, 1884 (Tokio, Japan)–1948	Arbeitete im Büro für Militärische Angelegenheiten der Armee; in den frühen dreißiger Jahren mit Öffentlichkeitsarbeit beschäftigt	Eloquenter Redner

	Dominierende Geschichten	Gegengeschichten
Chiang Kai-shek, 1887 (Provinz Chekiang, China)–1975	Macht China unabhängig und einig durch Vertreibung der fremden Elemente! China braucht eine revolutionäre Armee. Die persönliche Freiheit sollte der Sache geopfert werden.	Der Kommunismus u. China sind Teil einer internationalen Bewegung. Die schöpferische Kraft der Bauern wird sich durchsetzen. Chiang ist ein elitärer, korrupter Diktator und dem chinesischen Volk entfremdet.
Winston Churchill, 1874 (Oxfordshire, England)–1965	Freiheit und die Rechte des Einzelnen sind von erstrangiger Bedeutung. Großbritannien und das Empire sind bewundernswert; es gibt ein besonderes „Genie der englischen Rasse". Kampf ist oft unvermeidlich.	Positive Werte sind Internationalismus, Sozialismus und Kommunismus; Churchill ist ein Größenwahnsinniger, ein Kriegstreiber, ein Imperialist und Monarchist.
Charles de Gaulle, 1890 (Lille, Frankreich)–1970	Mechanisierte Kriegsführung ist notwendig. Frankreich sollte seine Geltung als Weltmacht und gleichrangiger Partner der Alliierten wiedergewinnen. Keine supranationalen Gebilde! Wir brauchen eine starke Zentralregierung und einen starken Präsidenten.	Monnets Vorstellung eines geeinten Europa ist sehr bedenkenswert. De Gaulle ist ein anachronistischer Chauvinist, Bluffer und Diktator.
Adolf Hitler, 1889 (Braunau, Österreich)–1945	Das deutsche Volk ist ein besonderes Volk und anderen Völkern überlegen. Es braucht einen allmächtigen Führer. Juden, Kommunisten und Internationalisten sind Abschaum. Entzweiungstaktiken sind nützlich, um die Opposition im In- und Ausland zu neutralisieren. Kampf und Krieg sind Voraussetzungen des Menschseins.	Wichtig sind rationales Denken, ein moderater Kurs in innen- und außenpolitischen Geschäften. Internationalismus, Kommunismus und fremde Ethnien sollten nicht abgelehnt werden. Hitler ist ein monomaner Tyrann.
Wladimir Iljitsch Uljanov (Lenin), 1870 (Simbirsk, Rußland)–1924	Ein Marxismus leninistisch-russischer Prägung ist für Rußland existenznotwendig. Die einfachen Arbeiter sind die Vorhut der Revolution, aber eine Parteiführung durch eine Elite, bei der Intellektuelle die Schlüsselrolle spielen, ist unentbehrlich. Von Revolutionären gesteuerte bewaffnete Auseinandersetzungen sind unvermeidlich.	Wir brauchen einen Wandel durch Reform, nicht durch Konfrontation. Lenin ist Teil einer konspirativen Elite; er ist ein Intellektueller, kein Mann aus dem Volk.

Mao Zedong (Mao Tse-tung), 1893 (Shaoshan, Provinz Hunan, China)–1976

Der Sozialismus ist das einzig gerechte System, die einzige Idee, für die es sich lohnt zu sterben. Kampf gehört zum Leben. Das Volk hat schöpferische Kraft. Intellektuellen gegenüber ist Mißtrauen geboten; das weltweite Proletariat ist von großer Bedeutung. Wissen entsteht aus Erfahrung. Macht ist das Kardinalproblem im Leben.

Gültige Werte sind der Feudalismus, eine Politik der Mitte und der Faschismus, daneben der klassische Konfuzianismus und der Buddhismus. Die Kuomintang von Chiang Kai-shek verdient Unterstützung. Mao ist ein korrupter Kriegshetzer und Antiintellektueller.

Benito Mussolini, 1883 (Varano di Costa, Italien)–1945

Die neuen Massen sind das wichtigste Element in der italienischen Politik. Der auf blutige Kämpfe gegründete Faschismus soll absolut herrschen. Die Tugenden des alten Rom sollten wiederbelebt und die Verbindungen zu Deutschland gestärkt werden. Der einzelne muß sich dem Staat unterwerfen.

Vertretbare Positionen sind der Monarchismus, die Demokratie, eine Politik der Mitte, der katholische Sozialismus und die besondere Bedeutung der Bauern und Arbeiter. Mussolini ist ein Heuchler und Tyrann.

Franklin Delano Roosevelt, 1882 (New York, USA)–1945

Der Staat sollte, besonders in Krisenzeiten, aktiv werden. Die Amerikaner sollten gemeinsam und mit ihren Verbündeten den Faschismus bekämpfen.

Staatliche Interventionen sind grundsätzlich von Übel. Amerika wäre gut beraten, eine isolationistische Politik zu verfolgen. Roosevelt ist geld- und machthungrig.

Iosif Stalin, 1879 (Gori, Georgien, Rußland)–1953

Die Botschaft des Marxismus-Leninismus bringt der Gesellschaft den größten Nutzen. Der Sozialismus muß zunächst in einem einzelnen Land verwirklicht werden, bevor eine Weltrevolution stattfinden kann. Die Sowjetunion muß zu einer Industriemacht werden. Wir brauchen die kollektive Landwirtschaft, gleichgültig, welche Härten die Umsetzung mit sich bringt. Jede Opposition gegen die Partei und ihre Führung wird ausgerottet. Während des Zweiten Weltkriegs ist der Marxismus auf Sparflamme zu halten.

Die Staatsformen der Demokratie, des evolutionären Sozialismus und des Faschismus haben ihre Verdienste. Die Bemühungen um eine Revolution auf internationaler Ebene dürfen nicht nachlassen. Stalin ist ein Terrorist und übt ein Zwangsregime aus; zu Arbeitern und Bauern hat er keine Beziehung.

Hideki Tojo, 1884 (Tokio, Japan)–1948

Die Japaner sind eine überlegene, unbesiegbare Rasse. Deutschland ist ein bewunderungswürdiger Verbündeter. Die Amerikaner sind undiszipliniert und unfähig, einen längeren Krieg zu führen. Soldatentum und Krieg müssen unterstützt werden.

Das beste ist eine Politik der Mitte, die Konfrontationen vermeidet. Der Krieg mit China ist wichtiger als der Krieg mit Europäern und Amerikanern.

Vorbildlichkeit/Arbeitsgewohnheiten/Persönliches Leben

Chiang Kai-shek, 1887 (Provinz Chekiang, China)–1975	Asket; Bedeutung von Anstand, Etikette und Disziplin; zweite Eheschließung mit Soong Mao-ling, einer äußerst einflußreichen Chinesin, die zur gleichberechtigten Partnerin im Führungsamt wurde; Amtsnachfolger wurde sein Sohn.
Winston Churchill, 1874 (Oxfordshire, England)–1965	Arbeitstier; hohe Ansprüche an andere; enorme Konzentrationsfähigkeit; widerstandsfähig; seine überwältigende Persönlichkeit und Rhetorik, die in früheren Zeiten abschreckend wirkten, waren wie geschaffen für die Situation der kampfbereiten Briten während des Krieges; gute Ehe, doch gespannte Beziehungen zu seinen Kindern; Entspannung beim Malen und Fischen.
Charles de Gaulle, 1890 (Lille, Frankreich)–1970	Distanziertes Verhältnis zur Öffentlichkeit im Einklang mit französischer grandeur; Verachtung für politische Alltagsgeschäfte; Bereitschaft zum Rücktritt; Körpergröße Ausdruck des Überlegenheitsgefühls; mutiger Soldat; Sprachperfektionist; gute Ehe mit Yvonne de Gaulle, die sich aus der Politik heraushielt.
Adolf Hitler, 1889 (Braunau, Österreich)–1945	Regelmäßiger Arbeitsrhythmus in Frühzeit der Karriere machte einer willkürlichen, wenn auch immer noch asketischen Lebensweise nach persönlicher Vorliebe Platz; forderte absoluten Gehorsam, wachsende Abhängigkeit von persönlicher Beziehung zu Anhängerschaft; wenig Privatleben; heiratete seine Geliebte kurz vor gemeinsamem Selbstmord; in jungen Jahren tapferer Soldat in der deutschen Armee, bewies jedoch wenig Mut oder Opferbereitschaft während des Zweiten Weltkriegs.
Wladimir Iljitsch-Uljanov (Lenin), 1870 (Simbirsk, Rußland)–1924	Methodisch, unermüdlicher Arbeiter mit dem beharrlichen Ziel der Führung Rußlands vor Augen; schätzte Diskussionen innerhalb seines engeren Kreises; von Mitarbeitern bewundert; heiratete politische Gefährtin Nadja Krupskaja; feste Gewohnheiten bis in spätere Lebenszeit: Arbeitslektüre, Schachspiel, Spaziergänge.

Mao Zedong (Mao Tse-tung), 1893 (Shaoshan, Provinz Hunan, China)–1976	Anfänglich kämpferische, spartanische Lebensführung während des Langen Marsches, inspirierender Einfluß auf Kampfgenossen; später tyrannisch und triebhaft, begrüßte Personenkult.
Benito Mussolini, 1883 (Varano di Costa, Italien)–1945	Bezeichnete sich als harten Arbeiter, tatsächlich jedoch unregelmäßige Arbeitsroutine und triebhaftes Privatleben; Poseur, doch anfänglich wegen vermeintlicher Leistungen national und international bewundert; sprunghaft, liebte es, sein Publikum zu überraschen.
Franklin Delano Roosevelt, 1882 (New York, USA)–1945	Wurde nach Kampf mit der Kinderlähmung gefestigtere Persönlichkeit; harter Arbeiter; seine Furchtlosigkeit und Zivilcourage steckte andere an; hatte Schwierigkeiten, Verantwortung zu delegieren und reibungslos zu organisieren; Neigung, Berater gegeneinander auszuspielen; hatte politischen Verbindeten in seiner Ehefrau Eleanor; persönliche Beziehung jedoch gestört, als sie Franklins Verhältnis mit Lucy Mercer entdeckte; keine Beziehung zu seinen Kindern.
Iosif Stalin, 1879 (Gori, Georgien, Rußland)–1953	Stoisch, nahm Härten mit Nonchalance hin; schwieriger Chef und Mitarbeiter wegen Gewohnheit, alle Konflikte zu personalisieren; zweimal verheiratet, doch kaum Privatleben; seine zweite Frau nahm sich das Leben, seine Tochter verließ die Sowjetunion.
Hideki Tojo, 1884 (Tokio, Japan)–1948	Heirat 1909; frühere Entschlossenheit verwässerte zu Impulsivität; akzeptierte Persönlichkeitskult.

	Bilanz der Erfolge/Fehlschläge
Chiang Kai-shek, 1887 (Provinz Chekiang, China)–1975	Zwanzig Jahre an der Spitze Chinas; zeitweiliges Bündnis mit Kommunisten während des Zweiten Weltkriegs; schließlich erzwungener Rückzug von Festlandchina auf Insel Taiwan.
Winston Churchill, 1874 (Oxfordshire, England)–1965	Zahlreiche Erfolge und Fehlschläge in jungen und mittleren Jahren; Höhepunkt war Führung Großbritanniens und der Verbündeten im Zweiten Weltkrieg; politische Wirksamkeit begrenzt, doch später großer literarischer Erfolg.
Charles de Gaulle, 1890 (Lille, Frankreich)–1970	Repräsentierte ein ungebeugtes Frankreich in der dunklen Zeit des Zweiten Weltkriegs; leitete die Dekolonisierung Frankreichs ein; Frankreich als europäische Großmacht restituiert; verlor schließlich Unterstützung durch eigene Bevölkerung.
Adolf Hitler, 1889 (Braunau, Österreich)–1945	Trotz minimalen Erfolgsaussichten nach mehreren Fehlschlägen Aufstieg zum politischen Führer Deutschlands und Eroberer fast ganz Westeuropas; unkluge Invasion der Sowjetunion leitete Niederlage ein; überzeugt, daß die Deutschen seiner unwert seien, und bereit, sie mit in den Untergang zu ziehen.
Wladimir Iljitsch Uljanov (Lenin), 1870 (Simbirsk, Rußland)–1924	Die Revolution der Bolschewisten gelang, doch mit viel Blutvergießen; Erkrankung Lenins kurz nach Machtergreifung hinderte ihn daran, entscheidend auf seine Nachfolge Einfluß zu nehmen.

Mao Zedong (Mao Tse-tung), 1893 (Shaoshan, Provinz Hunan, China)–1976	Führte die größte Bauernrevolution der Geschichte an; beherrschte dreißig Jahre lang Chinas politische Szene; mehrere politische Strategien wie der Große Sprung nach vorn und die Kulturrevolution waren katastrophal und hatte Millionen Tote zur Folge; das Erbe des Kommunismus in China bestenfalls ungewiß.
Benito Mussolini, 1883 (Varano di Costa, Italien)–1945	Dynamischer Führer der Faschisten, anfänglich auch international angesehen; Ziel: Italien als Großmacht, doch nicht willens, militärische oder politische Macht aufzubauen; Bündnis mit Hitler führte letztlich zur Katastrophe; schließlich vom eigenen Volk fallengelassen.
Franklin Delano Roosevelt, 1882 (New York, USA)–1945	Persönlicher Sieg über seine Krankheit; beispiellose vier Wahlsiege und Hauptpartner der alliierten Siegermächte im Zweiten Weltkrieg; zu abhängig von persönlichen Beziehungen und vermutlich völlige Fehleinschätzung Stalins, was Voraussetzungen für kalten Krieg begünstigte.
Iosif Stalin, 1879 (Gori, Georgien, Rußland)–1953	Veränderte im Lauf einer Generation das Gesicht Rußlands um den Preis von Millionen Leben; der kommunistische Staat, den er geschaffen hatte, kam schließlich in Verruf und zerfiel.
Hideki Tojo, 1884 (Tokio, Japan)–1948	Überzeugte Japan von der Notwendigkeit des Kriegseintritts und hatte entscheidenden Anteil an ersten Siegen; zum Rücktritt gezwungen, als das Blatt sich wendete; übernahm Verantwortung; Selbstmordversuch; Hinrichtung nach Verurteilung als Kriegsverbrecher.

Anmerkungen

Kapitel 1. Einleitung: Führung als kognitiver Prozeß

S. 17 Disraeli: „Mit Worten beherrschen wir Menschen" ist zit. in Blake, 1994, S. 26.

S. 17 Keynes: „Praktiker, die sich …" – vgl. Keynes, 1936.

S. 17 Die Themen des Teheraner Gipfels werden behandelt in Cray, 1990 u. Mayle, 1987.

S. 18 Mehr zu Einsteins Theorien in Hoffmann, 1975 u. Pais, 1982.

S. 19 Mehr zu Einsteins Engagement im Zweiten Weltkrieg in Gardner, 1993 a.

S. 33 Nixon: „Ungefähr dann, wenn man …" ist zit. in Kelly, 1993, S. 18.

S. 37 [Nach dem Evolutionsbiologen Richard Dawkins sind Meme, analog den Genen – die den Bau von Proteinen steuern – Einheiten der *kulturellen* Übertragung in Form von Gedanken o. Gedankenkomplexen, d. h. Replikatoren, die das Verhalten steuern – vgl. DIE ZEIT, 16.2.96, S. 31 u. 30.8.96, S. 35. – A. d. Ü.]

S. 39 Mehr zur Vorstellung des menschlichen Geistes als Spielraum von Führung in Little, 1985, S. 15.

S. 40 Zur Entwicklung der Kognitionspsychologie vgl. Gardner, 1985.

S. 43 Weiterführendes zur Frage der persönlichen Eigenschaften u. der Lebensgeschichte von Führern bei Bell, 1992; Edinger, 1967; Hogan, Curphy u. Hogan, 1994; Korda, 1984; Petrullo u. Bass, 1961; Rustow, 1970; Skowronek, 1993 sowie Zalesnik u. Kets de Vries, 1985.

S. 44 Weiterführendes zur Frage verschiedener Formen von Führung bei Barber, 1985; Bennis u. Nanus, 1985; Bolman u. Deal, 1991; Burns, 1978; Cohen u. March, 1984; Gerth u. Mills, 1958; Hollander, 1964; Little, 1985, 1988; Neustadt, 1980; Schiffer, 1973; Simonton 1984 sowie Sutton u. Galunic, 1994.

S. 44 Weiterführendes zur Rolle der Adressaten in Armstrong, 1992; Fiedler 1967; J. Gardner, 1986, 1990; Heifetz, 1994 u. Smelser, 1962.

S. 44 Zu Eriksons Beiträgen vgl. dens., 1958, 1969.

S. 47 Zu Miroffs Gebrauch des Worts *dissenting* vgl. dens., 1993.

597

Kapitel 2. Führung und menschliche Entwicklung

S. 53 Truman: „Führer ist, wer andere ..." – ist zit. in Montgomery, 1958, S. 69.

S. 54 Mehr zum Verhalten männlicher Primaten in Dobzhansky, 1962 u. Goldberg, 1993.

S. 54 Mehr zu weiblichen Dominanzhierarchien in Eckholm, 1989.

S. 55 Mehr über den Zusammenhang zwischen Veränderungen des Sozialstatus und physiologischer Indikatoren in McDonald, 1994 sowie Sapolsky u. Jay, 1989.

S. 55 Mehr zu Ingroups und Outgroups bei Primaten in Rushton, 1989.

S. 55 Mehr zum Nachahmungstrieb der Primaten in Donald, 1991 u. Marshak, 1991.

S. 55 Mehr zu Dominanzmerkmalen bei Kindern in Heifetz, 1994.

S. 56 Mehr zur Bindung zwischen Säugling und Bezugsperson in Bowlby, 1969–1980; Harlow u. Harlow, 1969 u. Kraemer, 1992.

S. 58 Mehr zur Auswirkung früher Bindungen auf die individuellen Reaktionen auf Autoritäten bei Mitscherlich in Edinger, 1967.

S. 58 Mehr zum Individualitätsbewußtsein von Kleinkindern bei Gardner, 1982.

S. 58 Mehr zur Identifikation mit Rollenvorbildern bei Kagan, 1959.

S. 58 Die Fähigkeit, das mutmaßliche Verhalten von Rollenvorbildern vorauszusehen, ist behandelt in Gardner, 1982.

S. 59 [Zu seinem Schlüsselbegriff „Denken der Fünfjährigen" bemerkt der Verfasser in seinem früheren Werk *Der ungeschulte Kopf*, 1993, daß es sich bei diesem Ausdruck „gewissermaßen um die Kurzfassung einer Charakterisierung handelt" und genauer vom „‚Denken des fünf bis sieben Jahre alten Kindes'" zu sprechen wäre – vgl. das. S. 143 f. A. d. Ü.]

S. 60 Zu Freuds Auffassung von der Persönlichkeit des Kleinkindes vgl. dens., 1916.

S. 60 Zu Piagets Darstellung des kindlichen Bewußtseins vgl. dens., 1983.

S. 61 Mehr zur Fähigkeit des Erwachsenen mit erworbenem Expertenwissen, kindliche Vorstellungen aufzugeben, bei Gardner, 1991.

S. 62 Einzelheiten zur Erinnerung von Kindern an Ereignisse in Bauer, 1993 u. Nelson, 1986, 1992.

S. 62 Die Offenheit der Fünfjährigen für neue Möglichkeiten wird diskutiert in Cohen u. MacKeith, 1991.

S. 66 Einzelnes zu Wirkungskreisen bei Feldman, 1994 u. Turiel, 1989.

S. 67   Zur Bewertung verschiedener Tätigkeitsgebiete in verschiedenen Kulturen vgl. Gardner, 1993a, 1993 b.

S. 68   Mehr zur schulischen Begabung und Begabung in ähnlichen Bereichen in Bloom u. Sosniak, 1988; Feldman (mit Goldsmith), 1986 sowie Winner (im Druck).

S. 68   Mehr zu den „personalen Intelligenzen" in Gardner, 1993b sowie Rosnow et al. (im Druck).

S. 68   Zur Fähigkeit des Erwachsenen, Denken und Motivationen anderer einzuschätzen, vgl. Rosnow et al. (im Druck) u. Winner, 1988.

S. 70   Die begrenzte Fähigkeit, die Motivationen anderer zu durchschauen, ist diskutiert in R. Brown, 1986; Ekman, 1985 sowie Nisbett u. Ross, 1980.

S. 70   Johnson: „Es ging darum, herauszufinden ..." – ist zit. in Heifetz, 1994, S. 229.

S. 71   Zum frühen Vaterverlust künftiger Führer vgl. Csikszentmihalyi, 1994 u. Simonton, 1994.

S. 71   Zum frühen Verlust eines Elternteils bei 60 % der führenden britischen Politiker vgl. Berrington, 1974.

S. 72   Zu Sartres Behauptung, daß das Fehlen des Vaters zu eigenen Entscheidungen zwingt, vgl. dens. 1988, S. 11–13.

S. 72   Zum tiefen Einsamkeitsgefühl bei Führern, die Vater oder Mutter früh verloren haben, vgl. Berrington, 1974.

S. 72   Die Tatsache, daß Gandhi, Lenin und Hitler eine gute Beziehung zu einem, eine schlechte zum anderen Elternteil hatten, ist diskutiert in Burns, 1978.

S. 72   Zum gespannten Verhältnis Clintons zu seinem Stiefvater vgl. Kelly, 1994.

S. 72   Mehr zu Clintons Entscheidung für die politische Laufbahn nach Entdeckung seiner Vermittlerbegabung in R. Brown, 1993.

S. 73   Zum Erfolg einiger Führer mit sozial abweichendem Verhalten vgl. Csikszentmihalyi, 1993 b.

S. 73   Zu Risikobereitschaft und Ehrgeiz von Führern vgl. Burns, 1978 und Simonton, 1994.

S. 73   Gleichmut angesichts von Opposition als Beweis für Selbständigkeit ist behandelt in Freud, 1921.

S. 73   Churchill: „Berühmte Männer sind gewöhnlich ..." ist zit. in Berrington, 1974, S. 385.

S. 74   Zur Überzeugung von Führern, weit mehr leisten zu können als der Durchschnitt, vgl. Gerth u. Mills, 1958.

S. 75   Zum Urteil Napoleons über seine Fähigkeiten als General vgl. Klein, 1992.

S. 75   Die unablässige Suche von Anhängern nach einer Autoritätsfigur ist diskutiert in Hoffer, 1951.

S. 76   Das Diktum: „Wissen Sie, ich muß mich dem Volk anschließen ..." wurde verschiedenen Anführern der Französischen Revolution in den Mund gelegt.

S. 76   Die unterschiedliche Einstellung von Anhängern zur Macht ist behandelt in Fromm, 1941.

S. 76   Morris: „Die meisten Menschen geben sich ..." ist aus Morris 1983, S. 182 f.

S. 77   Mehr zum Phänomen der ‚Retter' bei Oliner u. Oliner, 1988.

S. 82   Die Fähigkeit von Kindern zur Beherrschung von Zeichensystemen ist behandelt in Gardner, 1991.

S. 84   Die Beobachtung, daß de Gaulles politisches Schicksal „auf Worte gebaut" war, stammt aus der Encyclopaedia Britannica, 1974., S. 965.

Kapitel 3. Die Geschichten der Führer

S. 87   Cooley: „Führung bedeutet ..." ist zitiert in Rustow, 1970, S. 24.

S. 87   Der Oberst: „Um das zu erreichen ..." ist aus Allende, 1991, S. 14 f.

S. 88   „waren geblendet von der Klarheit ..." – ebd. S. 16.

S. 88   Der Oberst: „Krieg ist das einzige ..." – ebd.

S. 88   Zu Homers Beschreibung des Achilles vgl. Kitto, 1951, S. 172.

S. 88   Zu den verschiedenen Ansichten über die Wirkungsweise von Geschichten vgl. Aristoteles, 1947; Bruner, 1986; Donald, 1991; Mandler, 1984; Propp, 1986 u. Schaefer, 1981.

S. 89   Zu Wittgensteins Analyse der „Sprachspiele" vgl. dens.1980.

S. 91   Mehr zum dualistischen Denken von Kindern in Egan, 1989 u. Lévi-Strauss, 1958.

S. 92   Mehr zur kindlichen Schwarzweiß-Auffassung moralischer Dilemmas in Fischer, 1984 u. Kohlberg, 1969.

S. 93   Thatchers Urteil über Reagans ‚Star Wars'- Initiative ist erwähnt in Thatcher, 1993, S. 462.

S. 93   Mehr zu Adoleszenz und Relativismus in Damon, 1983, 1988; Kegan, 1982; Kohlberg, 1969; Selman, 1980; Selman u. Schultz, 1990 sowie Turiel, 1989.

S. 100 Zur Unwahrscheinlichkeit, daß Kinder auf einer höheren kognitiven Entwicklungsstufe sich auf einen weniger differenzierten
Standpunkt ‚herunterziehen‘ lassen – vgl. Kohlberg, 1974.

S. 100 Die emotionale Kraft von Geschichten behandelt Brown, 1965.

S. 103 Die Nixon-Kennedy-Debatte ist analysiert in McLuhan, 1964.

S. 103 Allende: „denn es war nicht ihre Absicht …" ist aus Allende, 1991,
S. 12.

S. 104 Malcolm X: „Wir wollen wissen …" – vgl. dens., 1989, S. 118.

S. 104 Perot: „Es ist unsere Pflicht …" ist zit. in McFarland et al., 1993,
S. 310.

S. 104 Trilling: „Phantasievolle Menschen …" ist zit. in Harris, 1993,
S. 99.

S. 106 Der Eid der Athener: „Ich übernehme aus der …" ist zit. in Kerr,
1993, S. 5.

S. 106 Diogenes: „Ich bin weder Athener …" ist zit. in Smith, 1991, S. 7.

S. 106 Zur Entwicklung des kindlichen Selbstbildes vgl. Damon, 1977,
1983; Gardner, 1982; Kegan, 1982; Kohlberg, 1969, 1974; Selman
1980 sowie Selman u. Schultz, 1990.

S. 108 Mehr zum Schwanken zwischen Identitäten in Erikson, 1959.

S. 108 Mehr zur Addierung verschiedener Persönlichkeitsmerkmale ebd.

S. 108 Skowronek: „eine logisch und emotional schlüssige Erzählung …"
– vgl. dens., 1993, S. 25.

S. 110 Paine: „Die Sache Amerikas …" – vgl. dens. 1976, S. 63.

S. 113 Mehr zur Gruppenidentität von Serben und Muslimen auf dem
Boden des ehemaligen Jugoslawien in Goleman, 1994; Kinzer,
1993 u. Lewis, 1993.

S. 113 Jewtuschenko: „Leb wohl, Rote Fahne …" ist zit. in Schmemann,
1993, S. 4.

S. 114 Die zwei Quellen menschlicher Weltbilder sind behandelt in Cassirer, 1923–1931 u. Donald, 1991.

S. 116 Die Zählebigkeit von Vorstellungen des ‚gesunden Menschenver-
standes‘ wird diskutiert in Gardner, 1991.

S. 119 Mehr über Vertreter moderaterer Weltbilder in Kakutani, 1993.

S. 122 Mehr über den Beitrag der Filmregisseurin Leni Riefenstahl zum
Mythos Hitlers und des Nationalsozialismus in Buruma, 1992.

S. 123 Ailes: „Nach meinem Tod …" ist zit. in Kolbert, 1992, S. 69.

S. 125 Zu den individuellen Unterschieden und der Toleranz gegenüber
Mehrdeutigkeit vgl. Adorno et al., 1950.

S. 129 Mehr zur Darstellung des Entwicklungsverlaufs aus der Sicht der
genetischen Erkenntnispsychologie in Kohlberg, 1969.

Kapitel 4. Margaret Mead:
Eine Erforscherin fremder Kulturen erzieht die eigene Kultur

S. 135 Mead: „Ich habe den größten Teil …" – vgl. dies., 1972, S. 1.

S. 137 Eine Stimme aus dem Freundeskreis: „Sie würde Furore machen …" ist zit. in Howard, 1984, S. 52.

S. 139 Zu Halls Adoleszenz-Theorie vgl. dens., 1904.

S. 140 Zu Meads Ablehnung der Theorie einer Adoleszenz als Zeit des ‚Sturm und Drang' vgl. Howard, 1984, S. 88.

S. 141 Zu Meads Ansicht, das Leben in der modernen Gesellschaft fordere einen hohen Preis, vgl. dies., 1968, S. 178.

S. 141 Mead: „Außer dem Tod keinen schmerzlicheren Grund …" – vgl. dies., 1968, S. 146.

S. 142 Mead: „Es war die erste Arbeit …" – vgl. dies., 1968., S. 11.

S. 143 Mead: „In der Ethnologie genügt es …" ist zit. in Freeman, 1983, S. 77.

S. 143 Mead: „Beim ersten Licht …" – vgl. dies., 1968, S. 26.

S. 147 Zu Meads Schilderung der Umkehr der Geschlechterrollen bei den Tchambuli vgl. dies., 1972, S. 216.

S. 148 Mead: „Wir sind zu dem Schluß …" – ist zit. in Howard, 1984, S. 162.

S. 148 Mehr zu Meads und Batesons viergliedrigem Schema bei Bateson, 1984, S. 133.

S. 149 Mehr zu Meads und Batesons ‚wegweisender' Entdeckung bei Mead, 1972, S. 216–220.

S. 149 Zu Meads Analyse der balinesischen Trancezustände vgl. dies., 1964a, S. 38–40.

S. 150 Mead: „Reo hatte ein besseres …" ist zit. in Howard, 1984, S. 163.

S. 153 Mead: „setzen Grenzen, die man …" ist zit. in Degler, 1991, S. 137.

S. 153 Mehr zum Vergleich Meads mit einem Kind im Sommerlager in Howard, 1984, S. 175.

S. 154 Zur Leistung Meads für Geltungsbreite und Zuverlässigkeit anthropologischer Forschungen vgl. Bateson, 1984.

S. 155 Zur kritischen Überprüfung von Meads Arbeit vgl. Freeman, 1983 u. Geertz, 1988.

S. 157 Mead: „Meine Erfahrung als Ethnologin hat mich gelehrt …" ist zit. in Mead u. Metraux, 1980, S. 20 f.

S. 158 Mead: „furchtsamen Rückzug auf exklusive Normen …" ist zit. in Howard, 1984, S. 205.

S. 159   Meads: „Die einzelnen Gruppen unterscheiden sich nicht ...“ – vgl. Mead u. Metraux, 1980, S. 21.

S. 159   Zu Edward Steichens Fotosammlung *The Family of Man* vgl. Steichen, 1955.

S. 159   Mehr zu Mead als Figur des öffentlichen Lebens bei Bateson, 1994 u. Crapanzano, 1993.

S. 161   Mehr zu Meads erdrückender Persönlichkeit bei Bruner, 1993.

S. 161   Schwartz: „ein Manhattan-Projekt zur Untersuchung ...“ ist zit. in Howard, 1984, S. 308.

S. 162   Mead: „Ich empfinde immer stärker ...“ ist zit. in Bateson, 1984, S. 115.

S. 162   Mead: „Es war nicht meine Absicht ...“ – vgl. ebd., S. 116.

S. 162   Mehr zu Meads Religiosität in Howard, 1984, S. 348.

S. 163   Bateson: „Der Brief von 1955 ...“ – vgl. dies., 1984, S. 118.

S. 165   Friedan: „der Inbegriff weiblicher Intellektualität ...“ – vgl. dies., 1963, S. 135.

S. 167   Zu Meads Äußerung der Erleichterung, eine Frau zu sein, vgl. dies. 1972, S. 111.

S. 167   Zu Meads Vorliebe für informelle Führerschaft und ihrer Annahme, die Amerikaner wünschten sich keine Führer, vgl. Bateson, 1994.

S. 168   Zum Artikel in der *New York Times* (1983) über Derek Freemans Angriff auf die Arbeiten von Mead vgl. McDowell, 1983, S. 1.

S. 170   Mehr zur feministischen Einschätzung Meads aus den sechziger Jahren in Friedan, 1963.

Kapitel 5. J. Robert Oppenheimer: Physikunterricht und politische Lektionen

S. 174   Brodsky: „In jedem Dichter ...“ – vgl. dens., 1986, S. 136.

S. 174   Zum Titelfoto in *Life* vgl. Barnett, 1949.

S. 177   Oppenheimer: „salbungsvollen, abstoßend braven Musterknaben“ ist zit. in Rhodes, 1986, S. 119.

S. 177   Oppenheimers Suizidneigung ist erwähnt in Royal, 1969, S. 35.

S. 177   Oppenheimer: „Fast alles, was ich ...“ ist zit. in Rhodes, 1986, S. 122

S. 178   Oppenheimers Brief über den Tod seiner Mutter findet sich in Goodchild, 1983, S. 17.

S. 178   Die Diagnose des Psychiaters auf Schizophrenie ist erwähnt in Smith u. Weiner, 1980, S. 125.

S. 179   Oppenheimers frühe wissenschaftliche Arbeiten über Relativität und Quantenmechanik sind dargestellt in Rabi et al., 1969, S. 16 f.

S. 179   Mehr zu Oppenheimer als Lehrer ebd. S. 17.

S. 181   Rabi: „Er war kein origineller Kopf ..." ist zit. in Goodchild, 1983, S. 176.

S. 181   Rabis Ansicht, daß Oppenheimer naturwissenschaftliche Rätsel romantisiere, erwähnt Rhodes, 1986, S. 149.

S. 182   Oppenheimer: „Meine Bekannten in Pasadena ..." ist zit. in Goodchild, 1983, S. 30 – [aus der Antwort Oppenheimers (v. 4.3.54) auf den Anklagebrief Generalmajor Nichols', Generalmanager der Atomkommission der Vereinigten Staaten, im Zusammenhang der Hochverratsbeschuldigung – dt. erschienen in: J. R. O., Drei Krisen der Physiker, Olten Freiburg i. Br., 1966, S. 87–129. – A. d. Ü.]

S. 182   Oppenheimer. „Seit Ende 1936 ..." ist zit. in Rhodes, 1986, S. 445. [aus O., wie zit. – A. d. Ü.]

S. 182   Zu Oppenheimers Interesse an sozialistischen Ideen vgl. Chevalier, 1965, S. 186 f.

S. 183   Die Besorgnis der Physiker über das nukleare Gefahrenpotential und Einsteins Warnschreiben an Präsident Roosevelt sind dargestellt in Rhodes, 1986, S. 304–312.

S. 183   Oppenheimers theoretische Forschungen über atomare Reaktionen in Berkeley sind dargestellt in Smith u. Weiner, 1980, S. 224.

S. 184   Groves: „Niemand, mit dem ich sprach ..." – vgl. dens., 1962, S. 61.

S. 184   Groves: „vieles, das uns ganz und gar nicht ..." – vgl. ebd., S. 63.

S. 185   Bethe: „Der Erfolg von Los Alamos ..." ist zit. in York, 1989, S. 165 f.

S. 186   Weisskopf: „anhaltend intensiver Präsenz ..." ist zit. in Smith u. Weiner, 1980, S. 104.

S. 186   Horgan: „einen erstklassigen Anreger ..." – vgl. ebd., S. 221.

S. 186   Rabi: „einen geborenen Führer ..." – vgl. dens. in Rabi et al., 1969, S. 8.

S. 186   Teller: „Ich weiß nicht, woher Oppenheimer ..." ist zit. in Davis, 1968, S. 129.

S. 186   Chevalier: „Ich könnte mir denken ..." – vgl. dens., 1965, S. 185.

S. 186   Mehr zu den außerordentlichen Anforderungen, die die Organisation der Forschungseinrichtungen in Los Alamos an Oppenheimer stellte, in Barnett, 1949, S. 132.

S. 189 Zu Oppenheimers Erklärung, er wolle die Leitung von Los Alamos aufgeben, vgl. Smith u. Weiner, 1980, S. 261 u. Goodchild, 1983, S. 111.

S. 191 Ein Kollege Oppenheimers: „Die Führung unserer Gruppe …" ist zit. in Stern (mit Green), 1969, S. 97.

S. 191 Zu Oppenheimers Fähigkeit, Diskussionen kurz und prägnant zusammenzufassen, vgl. Smith u. Weiner, 1980, S. 328 f.

S. 191 Zu Oppenheimers Unterdrückung der Petition für eine „Probedemonstration" vgl. Halberstam, 1993, S. 28.

S. 192 Zu Oppenheimers Zitat aus *Bhagavad Gita* vgl. Barnett, 1949, S. 133.

S. 192 Oppenheimer: „In einem kruden Sinn …" ist zit. ebd.

S. 192 Zu Oppenheimers Befürwortung internationaler Kontrollen und einer friedlichen Nutzung der Kernenergie mit dem späteren Ziel der Abrüstung vgl. York, 1989, S. 47.

S. 192 Mehr zu Oppenheimers wenig populären Ansichten in politischen und verteidigungspolitischen Fragen bei Boyer, 1985.

S. 194 Oppenheimer: „Wie läßt sich die menschliche Moral …" ist zit. in Bruner, 1993.

S. 195 Truman: „Halten Sie mir in Zukunft …" ist zit. in Goodchild, 1983, S. 172.

S. 196 Oppenheimer: „Langsam dringt uns die Tatsache …" ist zit. in Barnett, 1949, S. 137 f.

S. 197 Oppenheimer: „Ein Sachverhalt ist schwieriger …" – vgl. ebd., S. 123.

S. 198 Oppenheimer: „Die Menschen dieser Welt …" ist zit. in Groves, 1962, S. 354.

S. 198 Oppenheimer: „Wir haben in das Bemühen …" – vgl. dens., 1984, S. 92.

S. 198 Oppenheimer: „Niemand sollte unsere Universitäten …" ist zit. in Rabi et al., 1969, S. 41.

S. 198 Oppenheimer: „Wir haben etwas geschaffen …" ist zit. in Boyer, 1985, S. 272.

S. 198 Oppenheimer: „Die Atombombe …" – vgl. dens., 1984, S. 20.

S. 199 Zur Nichterneuerung von Oppenheimers Unbedenklichkeitserklärung durch die nationale Atomenergiekommission vgl. Smith u. Weiner, 1980, S. 329.

S. 200 Zu Oppenheimers Bezeichnung des Hearing als „Farce" vgl. ebd., S. 331.

S. 201 Kennan: „Als Mensch, in dem sich …" – vgl. dens., 1994, S. 8.

S. 201 Zu Rabis Zeugenaussage im Fall Oppenheimer vgl. Goodchild, 1983, S. 246.

S. 202 Zu Oppenheimers Arroganz gegenüber Gesprächspartnern vgl. Stern (mit Green) 1969, S. 127.

S. 202 Zu Oppenheimers abschätziger Bemerkung über Graham vgl. Halberstam, 1979, S. 159.

S. 203 Latimer: „mystische Elemente" ist zit. in Davis, 1968, S. 152.

S. 203 Rabi: „spirituelle Qualität ..." – vgl. Rabi et al., 1969, S. 8.

S. 204 Brown: „Die Wirkung seiner Persönlichkeit ..." – vgl. Goodchild, 1983, S. 269.

S. 205 Zur abnehmenden Bereitschaft der Amerikaner, eine Einschränkung der Kernwaffen zu unterstützen vgl. Boyer, 1985.

S. 206 Oppenheimer: „Ich glaube, Herr Präsident ..." ist zit. in Goodchild, 1983, S. 275.

S. 208 Zu Oppenheimers Äußerung über seine Unfähigkeit, am „allgemeinen Diskurs" teilzunehmen vgl. dens., 1960, S. 7.

S. 209 Oppenheimer: „Es beunruhigt mich ..." ist zit. in Rabi et al., 1969, S. 56 f.

Kapitel 6. Robert Maynard Hutchins: „Höhere Bildung" für die Vereinigten Staaten

S. 212 Neustadt: „Die Macht eines Präsidenten ..." ist zit. in Allison, 1971, S. 148.

S. 212 Cohen u. March: „So gut wie jeder Gebildete ..." – vgl. dies., 1984, S. 18 f.

S. 215 Mehr zum Rednertalent des College-Studenten Hutchins in Dzuback, 1991, S. 35 u. Mayer, 1993, S. 41.

S. 216 Ashmore: „In seinen öffentlichen Verlautbarungen ..." – vgl. dens., 1989, S. 42.

S. 217 Zu den zwei Projekten, die Hutchins als Dekan verfolgte, vgl. Dzuback, 1991, S. 55 u. Mayer, 1993, S. 65.

S. 217 Mehr zu Ausnahmebegabungen in Feldman (mit Goldsmith) 1986; Gardner, 1993b u. Winner (im Druck).

S. 219 Hutchins: „Wir sind zufrieden ..." ist zit. in Ashmore, 1989, S. 54.

S. 221 Die statistischen Angaben über die Universität von Chicago finden sich in Dzuback, 1991, S. 83.

S. 221 Zu Hutchins' frühen Reformen in Chicago vgl. Mayer, 1993, S. 98.

S. 221 Dzuback: „Das College-Programm rückte ..." – vgl. dies., 1991, S. 69.

S. 222 Mehr zu Hutchins' und Adlers Seminar über *Great Books* in Adler, 1988, S. xxii u. Rubin 1922.

S. 223 Hutchins: „Die amerikanische Hochschulbildung besticht ..." – vgl. dens., 1936, S. 1.

S. 223 Hutchins: „Ein disziplinierter, gebildeter Geist wird sich ..." – vgl. ebd., S. 63.

S. 224 Hutchins: „Das verbindliche Ziel einer Universität ..." – vgl. ebd., S. 57.

S. 224 Hutchins: „Ausbildung bedeutet Unterricht ..." – vgl. ebd., S. 66.

S. 224 Zu Hutchins' Vorstellung, daß sein Studienplan auf der Basis der *Great Books* zu einem gemeinsamen Ideenschatz und gemeinsamen Arbeitsmethoden führen werde, vgl. ebd., S. 85.

S. 224 Hutchins: „An der Metaphysik als der höchsten ..." – vgl. ebd., S. 99.

S. 225 Hutchins: „dieselben Thesen und Tatsachen ..." – vgl. ebd. S. 107.

S. 225 Zu Allan Blooms Auffassung vgl. Adler, 1988.

S. 226 Gideonse: „Von oben verfügte Einheit ..." – vgl. dens., 1937, S. 32.

S. 227 Dewey: „[fortschrittliche Vorstellungen der genannten Art] ..." – vgl. Dewey, 1929, S. 37.

S. 227 Dewey: „Ich möchte dem Autor ..." ist zit. in Ashmore, 1989, S. 163.

S. 230 Mayer: „Der leidenschaftliche Verfechter ..." – vgl. dens., S. 71.

S. 230 Zu Hutchins' Vortragsprogramm vgl. Ashmore, 1989, S. 142.

S. 233 Hutchins: „der Weg zum Krieg ..." ist zit. in Ashmore, 1989, S. 214.

S. 233 Hutchins' Plan zu einem Artikel über das Thema „Wo Hitler recht hat" wird behandelt in Mayer, 1993, S. 234.

S. 234 Hutchins: „Langfristige Interessen ..." ist zit. in Ashmore, 1989, S. 214.

S. 234 Zu Hutchins' Stolz auf die kriegswichtigen Leistungen der Universität Chicago vgl. ebd. S. 225.

S. 234 Mehr über Hutchins' Forderung nach Abschaffung der Berufung auf Lebenszeit und sein Erstaunen über die Reaktionen in Ashmore, 1989, S. 140 u. Mayer, 1993, S. 321–334.

S. 234 Mehr zu den Reaktionen des Lehrkörpers auf Hutchins' Ankündigung einer grundlegenden Revision der Anstellungsbedingungen bei Ashmore, 1989, S. 240.

S. 235 Mehr zu Hutchins' Rücktrittsangebot und seiner wachsenden Tätigkeit außerhab der Hochschule in den späten vierziger Jahen bei Dzuback, 1991, S. 69 u. Rubin, 1992.

S. 236 Hutchins: „Die Lebenssäfte sind ausgetrocknet ..." ist zit. in Ashmore, 1989, S. 275.

S. 237 Hutchins: „eine auf Fachwissen spezialisierte Institution ..." ist zit. in Mayer, 1993, S. 46.

S. 239 Shils: „Fürsten im Exil" – vgl. Shils, 1990, S. 234.

S. 239 Hutchins: „stellt Düngemittel ... in Aussicht", „seien möglicher-
– 240 weise geeignet ...", „Langeweile und Suizidtendenzen" sind zit. in Boyer, 1985, S. 112, 142, 261.

S. 240 Hutchins: „Mit Hutchins geht's bergab" ist zit. in Cutler, 1994.

S. 241 Dzuback: „Als Hutchins das Zentrum ..." – vgl. dies., 1991, S. 275.

S. 242 Zu John Gardners Einschätzung Hutchins' als zu brillant und zu überheblich vgl. J. Gardner, 1993.

S. 242 Shils: „[argumentierte] er ... immer, als müsse er..." – vgl. dens., 1990, S. 214.

S. 242 Zu Hutchins' Vorliebe, gerade geltenden Thesen – auch eigenen – zu widersprechen, vgl. Mayer, 1993, S. 19.

S. 244 Hutchins. „Im Laufe der Zeit habe ich gelernt ..." ist zit. in Ashmore, 1989, S. xv.

Kapitel 7. Alfred P. Sloan jr.:
Die amerikanische Industrie

S. 248 Sloan: „Heutzutage muß jeder ..." – vgl. Sloan, 1941, S. 193.

S. 250 Ford: „Meines Erachtens ist keine Anlage ..." ist zit. in Byrne, 1993, S. 170 f.

S. 251 Die Marktanteile von Ford und General Motors zu Anfang des Zweiten Weltkriegs sind zit. ebd., S. 17.

S. 251 Mehr über GM als weltweit reichstes und größtes Unternehmen der fünfziger Jahre bei Halberstam, 1993, S. 118–130.

S. 252 Mehr zur Art der Unternehmensführung vor Ende des neunzehnten Jahrhunderts bei Chandler, 1964, 1991 u. Jensen, 1993.

S. 253 Chandler: „Die größte Innovation der amerikanischen Wirtschaft ..." – vgl. dens., 1991, S. 73.

S. 253 Mehr über die Entwicklung des Unternehmens zur wichtigsten Industrieeinheit ebd. S. 69.

S. 255 Sloan: „Über William Durant konnte ich mir ..." – vgl. den., 1972, S. 28.

S. 255 Zu Sloans Kritik an Durant und seiner Betriebspolitik vgl. Sloan, 1941, S. 4, 106.

S. 255 Mehr zu den Verlusten von GM und Durant bei Chandler, 1964, S. 71.

S. 255 Mehr zum erzwungenen Rücktritt Durants als Hauptgeschäftsführer von GM im Jahr 1920 in Jacobs, 1992, S. 51.

S. 256 Mehr zum neunzehnprozentigen Anteil der Familie du Pont an GM im Jahr 1919 bei Sloan, 1972, S. 16.

S. 256 Sloan: „den langsamen Prozeß, das heißt, alle verfügbaren Fakten ..." – vgl. dens., 1941, S. 50.

S. 256 Sloan: „Pierre du Pont war der Mann bei GM ..." – vgl. dens., 1972, S. 46.

S. 257 Die 101 Sitzungen, die 1921 abgehalten wurden, um GM über Wasser zu halten, sind erwähnt in Sloan, 1972, S. 61.

S. 257 Mehr zu Sloans Memorandum von 1919 zur Reorganisation von GM in Sloan, 1972, S. 49.

S. 257 Chandler: „eine Organisationsform für die *General Motors Corporation* ..." – vgl. dens., 1964, S. 114.

S. 259 Sloan: „umfassenden Plan, der das Unternehmen ..." ist zit. in Chandler, 1964, S. 149.

S. 259 Chandler: „einen der, wie sich zeigte, kostspieligsten Irrtümer ..." – vgl. dens., 1964, S. 68.

S. 261 Sloan: „Ich habe die Vollmachten ..." – vgl. Sloan 1972, S. 59.

S. 261 Mehr zu Sloans Behandlung der leitenden Angestellten in Sloan 1941, S. 106.

S. 261 Sloan: „Die Entscheidungen über die Geschäftspolitik ..." – vgl. dens., 1972, S. 510.

S. 261 Ford: „Die Ford-Fabriken und -unternehmen ..." ist zit. in Chandler, 1964, S. 15.

S. 262 Sloan: „Ein großer Teil meiner Arbeit ..." – vgl. dens., 1972, S. 511.

S. 262 Mehr zu Sloans Besetzung der Leitungskomitees durch Angestellte aus verschiedenen Abteilungen in Sloan, 1972, S. 152.

S. 262 Sloan: „Wie konnten wir eine dauernde ..." – vgl. ebd., S. 159.

S. 263 Sloan: „Während der zwanziger und frühen dreißiger Jahre ..." – vgl. ebd., S. 283.

S. 263 Mehr zu Sloans Ehrung durch eine Spende zugunsten der Krebsforschung ebd., S. 343.

S. 265 Wilson: „Wir bei General Motors ..." ist zit. in Halberstam, 1993, S. 118.

S. 266 Sloan: „Die finanzielle Geschichte ..." – vgl. dens., 1972, S. 245.

S. 267 Sloan: „Entwicklung einer Industrie ..." – vgl. dens., 1941, S. 42.

S. 267 Sloan: „Nach keiner anderen Maschine ..." – vgl. ebd., S. 53.

S. 267 Sloan: „Der Ehrgeiz ... in der Welt ..." – vgl. ebd., S. 170.

S. 267 Sloan: „Wer könnte sich zu der Behauptung ..." – vgl. ebd., S. 153.

S. 268 Sloan: „Keinem in der Industrie Tätigen ..." – vgl. ebd., S. 133, 144.

S. 271 Mehr zu Sloans Beschäftigung mit dem Design der jährlichen Automodelle in Halberstam, 1993, S. 127.

S. 271 Gerstner: „Das letzte, was IBM heute braucht ..." ist zit. in Lohr, 1994, S. C2.

S. 271 Gates: „Visionen sind trivial ..." – ist zit. in Miller u. Hays, 1993, S. B1 sowie Lohr, 1994, S. 1.

S. 272 Gerstner: „Memoranden genügen nicht ..." ist zit. in Lohr, 1994, S. 1.

S. 272 Gerstner: „Ich bin jetzt ..." – vgl. ebd.

Kapitel 8. George C. Marshall:
Die Verkörperung des guten Soldaten

S. 276 Montgomery: „Ich definiere Führung ..." – vgl. dens., 1958, S. 69 f.

S. 276 Marshall: „Mag sein, Herr General ..." ist zit. in Mosley, 1982, S. 57–60.

S. 277 Marshall: „Es tut mir leid ..." ist zit. in Stoler, 1989, S. 60–70.

S. 277 Morgenthau: „Immerhin, es war nett ..." ist zit. in Mosley, 1982, S. 122 f.

S. 277 Cray: „Zwei Jahrzehnte zuvor ..." – vgl. dens., 1990, S. 155.

S. 277 Morgenthau: „Unerschrocken bot er ..." – vgl. ebd. u. Pogue, 1965, S. 30 f.

S. 278 Mehr zu Menschen mit ungewöhnlich starkem moralischen Verantwortungsbewußtsein in Colby u. Damon, 1992.

S. 279 Mehr zu den Erwartungen kreativer Menschen hinsichtlich ihrer Arbeit in H. Gardner, 1993 a.

S. 280 Mehr zum Einfluß von Marshalls Eltern in Pogue, 1963, S. 19–23.

S. 281 Zu den finanziellen Rückschlägen in Marshalls Familie vgl. Pogue, 1963.

S. 281 Marshall: „Das vergesse ich nie ..." ist zit. in Stoler, 1989, S. 5.

S. 282 Mehr zu Marshalls Funktion als vorgesetzter Offizier seiner Klasse in „The General", 1944, S. 15–18.

S. 282 Mehr zu Marshalls Ansinnen an McKinley in Pogue, 1963, S. 64 f.

S. 283 Daß Marshall auf den Philippinen nur eine kleine Truppeneinheit kommandierte, wird behandelt in Cray, 1990, S. 42.

S. 284 Marshall: „Der vollkommene Beförderungsstillstand …" ist zit. in Mosley, 1982, S. 43.

S. 284 Bullard: „Oberleutnant Marshalls besondere Fähigkeiten …" ist zit. in Cray, 1990, S. 64 u. Pogue, 1963, S. 164.

S. 285 Mehr zu Marshalls Rolle bei der Planung der Maas-Argonnen-Offensive in „The General", 1944, S. 17 u. Pogue, 1963, S. 175.

S. 285 Stoler: „das Genie" und „großartigsten Stabsoperation des Krieges" – vgl. dens., 1989, S. 40.

S. 285 Mehr über Marshalls Ernennung zum Adjutanten Pershings bei Pogue, 1963, S. 220.

S. 285 Marshall: „Ich kenne keinen Mann …" ist zit. in Cray, 1990, S. 88.

S. 287 Mehr über Marshalls Ernennung zum Brigadegeneral durch Craig in Mosley, 1982, S. 111 f.

S. 287 Mehr zu Marshalls Ernennungen in den Jahren 1938 und 1939 bei Goodwin, 1994b, S. 22.

S. 287 Mehr zum Anwachsen der amerikanischen Armee auf 8 $\frac{1}{3}$ Millionen Wehrpflichtige bis zum Jahr 1945 in Pogue, 1965, S. 1.

S. 288 Churchill: „eigentlich[en] Organisator des Sieges" ist zit. in Pogue, 1973, S. xi.

S. 289 Marshall: „Mein einziges Ziel …" ist zit. in Stoler, 1989, S. 77.

S. 292 Marshall: „monotonen Drill …" ist zit. in Cray, 1990, S. 177.

S. 293 Marshalls Geschick bei der Ernennung hochrangiger Offiziere wird diskutiert in Pogue, 1965, S. 269 sowie von Bradley in Pogue, 1973, S. ix.

S. 294 Zu Marshalls geschickter Behandlung von Kongreßabgeordneten vgl. Pogue, 1965, S. 149.

S. 294 Ein Beobachter: „Keiner von ihnen konnte General Marshall …" ist zit. in Pogue, 1973, S. 131 f.

S. 294 Sam Rayburns Bemerkung über Marshall ist erwähnt in Stoler, 1989, S. 77.

S. 294 Marshall: „Ich habe die Gewohnheit …" ist zit. in Mosley, 1982, S. 128.

S. 295 Mehr zu Marshalls gewissenhafter Beachtung von Beschwerden aus Kreisen der Offiziere und Frontsoldaten ebd., S. 242.

S. 296 Marshall: „auf die Wirkung des guten Beispiels …" ist zit. in Cray, 1990, S. 177.

S. 296 Marshall: „Ein Erlaß oder ein Reglement …" ist zit. in Pogue, 1963, S. 249.

S. 296 Marshall: „Gefühlsluxus kann ich mir nicht leisten …" ist zit. in Pogue, 1965, S. 303.

S. 296 Mehr zu Marshalls Donnerwetter im Generalstab wegen fehlenden Widerspruchs in Pogue, 1965, S. ix.

S. 296 Marshall: „Wenn unsere Leute …" ist zit. in Cray, 1990, S. 150.

S. 298 Franklin D. Roosevelt: „Ich fürchtete, schlaflose Nächte zu haben …" ist zit. in Parrish, 1989, S. 416.

S. 300 Mehr zu McCarthys Rufmord an Marshall in Cray, 1990, S. 723.

S. 300 McCarthy: „so ungeheuerlichen Verschwörung" ist zit. in Stoler, 1989, S. 189.

S. 300 Mehr zur ausbleibenden Verteidigung Marshalls durch Eisenhower in Halberstam, 1993, S. 250 f.

S. 300 Marshall: „Wenn ich mich an diesem Punkt …" ist zit. in Cray, 1990, S. 723.

S. 301 Marshall: „Logischerweise sollten die USA …" ist zit. in Freidel 1990, S. 627 u. Cray, 1990, S. 404 f.

S. 302 Marshalls Erklärung, dem Krieg müsse der Wiederaufbau folgen, ist zit. in Cray, 1990, S. 621.

S. 303 Das Nobelpreis-Komitee: „konstruktivsten … Friedensarbeit …" – vgl. ebd., S. 730.

S. 304 Truman: „Weder unser eigenes Land …" – vgl. ebd., S. 555.

S. 304 Truman: „Je länger ich mit ihm zusammen bin …" ist zit. in McCullough, 1992, S. 535.

S. 304 Stimson: „Ich habe in meinem Leben …" ist zit. in Stoler, 1989, S. 130.

S. 304 Die Erinnerungen amerikanischer Militärführer und Diplomaten über den singulären Einfluß Marshalls auf ihr Leben sind behandelt in Stoler, 1989, S. 156.

S. 304 Mehr zur Begrüßung Marshalls durch Churchill, Brooke und Montgomery in Westminster Abbey bei Cray, 1990, S. 729.

S. 305 Churchill: „beste[n] unter allen Römer" ist zit. in Stoler, 1989, S. 130.

S. 305 Churchill: „Sie waren vom Schicksal nicht dazu ausersehen …" ist zit. in Mosley, 1982, S. 341.

Kapitel 9. Papst Johannes XXIII.:
Die geistige Wiederbelebung der Kirche

S. 308   Havel: „Tief unten, im Verborgenen ihrer Quellen …" – vgl. Havel, 1994.

S. 308   Johannes XXIII. (Roncalli): „Als die Kardinäle der Heiligen Römischen Kirche …" – vgl. dens., 1964, S. 326.

S. 309   Johannes XXIII.: „Brot war nie auf unserem Tisch …" ist zit. in Hebblethwaite, 1984, S. 8.

S. 309   Mehr zu Johannes' Bemerkung über den frühen Wunsch, Priester zu werden, ebd., S. 13.

S. 310   Mehr zur Analyse des *Geistlichen Tagebuchs* in Hebblethwaite, 1984.

S. 310   Alle Zitate über Lebensregeln stammen aus Johannes XXIII., 1964, S. 24–27.

S. 311   Arendt: „eigentümlich enttäuschend …" – vgl. dies., 1968, S. 57.

S. 311   Arendt: „Papst Johannes XXIII., gleichgültig, was und wer …" – vgl. ebd., S. 67.

S. 312   Arendt: „ein wenig unbedarft …" – vgl. ebd., S. 68.

S. 312   Roncalli (Johannes XXIII.): „Das Leben des Geistes …" ist zit. in Wigginton, !983, S. 73.

S. 313   Zu Arendt über Roncallis gelungenen Weg zur geistlichen Erfüllung vgl. dies., 1968, S. 58.

S. 313   Roncalli: „Ich war völlig durcheinander …" – vgl. Johannes XXIII., 1964, S. 100.

S. 313   Mehr zu Roncallis Freude auf Rom als „Anreiz zur Forschung" ebd., S. 47.

S. 313   Mehr über Tedeschis soziale Initiative in Hebblethwaite, 1984, S. 32.

S. 314   Roncalli: „ich verspüre die Notwendigkeit …" – vgl. Johannes XXIII., 1964, S. 129 u. 131.

S. 314   Roncalli: „die aufwärtssteigende Bewegung …" – vgl. ebd., S. 130.

S. 314   Roncalli: „Ich halte mich auf dem laufenden …" – vgl. ebd., S. 175.

S. 314   Roncalli: „Am Tag des Jüngsten Gerichts …" ist zit. in Zizola, 1978, S. 274.

S. 315   Radini Tedeschi: „den bittersten Augenblick …" ist zit. in Hebblethwaite, 1984, S. 47.

S. 315   Roncalli: „wie ein Blitz …" – vgl. ebd.

S. 315   Roncalli: „weniger um die Durchführung von Reformen …" – vgl. ebd., S. 51.

S. 317 Pius X.: „In keiner anderen Diözese ..." – vgl. ebd., S. 71.

S. 317 Kardinal De Lai: „Ich habe erfahren ..." – vgl. ebd., S. 73.

S. 317 Roncalli: „Ich habe nicht mehr als 15–20 Seiten ..." – vgl. ebd., S. 74.

S. 318 Roncalli: „Ich neige meiner Veranlagung nach ..." – vgl. Johannes XXIII., 1964, S. 234.

S. 318 Roncalli: „Die Wahrheit, die ganze Wahrheit ..." ist zit. in Hebblethwaite, 1984, S. 68.

S. 318 Roncalli: „Ich kann auf meine eigene Art ..." – vgl. ebd., S. 155.

S. 320 Mehr zur mutmaßlichen Rettung Tausender Juden aus der Türkei durch Roncalli in Zizola, 1978, S. 77 u. Hebblethwaite, 1984, S. 186.

S. 320 Mehr zu Roncallis Leichtgläubigkeit gegenüber von Papen in Hebblethwaite, 1984, S. 186–189.

S. 320 Roncalli: „Hätte ich nicht mehr tun können ..." ist zit. in Arendt, 1968, S. 62.

S. 320 Roncalli: „Alle Politik ist mir zuwider ..." ist zit. in Zizola, 1978, S. 38.

S. 321 Roncalli: „Eine gewisse glückliche Veranlagung ..." – vgl. Johannes XXIII., 1964, S. 280.

S. 321 Zu Roncallis gelassener Reaktion auf das Altern vgl. ebd. S. 275.

S. 321 Roncalli: „das Schweigen und die Ruhe des Fleisches" – vgl. ebd. Roncalli: „viele[n] Widrigkeiten ... deren Ursache nicht die Bulgaren ..." ist zit. in Arendt, 1968, S. 61.

S. 321 Roncalli: „Ich bin innerlich losgelöst ..." ist zit. in Zizola, 1978, S. 51.

S. 321 Roncalli: „Meine Mission in Griechenland ..." – vgl. Johannes XXIII., 1964, S. 285.

S. 321 Roncalli: „betonen, was verbindet ..." ist zit. in Hebblethwaite, 1984, S. 243.

S. 322 Johannes XXIII.: „Kindlein, liebet einander" – vgl. ebd., S. 286 u. Wigginton, 1983, S. 62.

S. 323 Mehr zu Johannes' Hinweis auf den Gebrauch des Namens Johannes durch andere Päpste in Hebblethwaite, 1984, S. 286 u. Tsanoff, 1968, S. 274.

S. 323 Mehr zum Entschluß Johannes XXIII., die administrativen Aufgaben anderen zu überlassen und sich auf das große Ganze zu konzentrieren, in „Man of the Year, Pope John", 1963, S. 50.

S. 323 Mehr zur Zahl der seelsorgerlichen Verpflichtungen und Enzykliken Johannes' XXIII. bei Wigginton, 1983, S. 63.

S. 324 Johannes XXIII.: „Eingebung, die uns in der Demut ..." ist zit. ebd., S. 65.

S. 325 Johannes XXIII.: „Gut, dann machen wir es ..." ist zit. in „Man of the Year, Pope John", 1963, S. 51.

S. 325 Mehr zum Sekretariat für christliche Einheit in Wigginton, 1983, S. 78.

S. 326 Johannes XXIII.: „Es sind scharf divergierende Standpunkte ..." – vgl. ebd., S. 83.

S. 326 Zur Bildung einer besonderen Kommission für die Vertreter verschiedener Fraktionen vgl. Hebblethwaite, 1984, S. 457.

S. 326 Johannes XXIII.: „die Arbeit der einzelnen Kommissionen ..." ist zit. in Wigginton, 1983, S. 85.

S. 327 Zu Johannes' Forderung, die Kirche müsse zu ihren Wurzeln zurückkehren und dürfe keine Gruppe privilegieren, vgl. Zizola, 1978, S. 208.

S. 327 Mehr zu Johannes' Glauben, daß der einzelne zuerst Mensch, dann Angehöriger einer religiösen Gruppe ist, ebd., S. 339.

S. 327 Johannes XXIII.: „alle Menschen guten Willens" wird zit. ebd., S. 105.

S. 329 Yves Congar: „Die Öffnung zur Welt ..." wird zit. ebd., S. 266.

S. 329 Ein Bischof: „Wir haben bemerkt ..." ist zit. in „Man of the Year, Pope John", 1963, S. 52.

S. 330 Johannes XXIII.: „Ich versuche immer ..." ist zit. in Zizola, 1978, S. 14.

S. 330 Johannes XXIII.: „Da ihr nicht zu mir kommen konntet ..." – vgl. Encyclopaedia Britannica, 1974.

S. 330 Johannes XXIII.: „Sie sollte mir ebenso nahe ..." – vgl. ebd. Johannes XXIII.: „Ich weiß, Sie sind ein Atheist ..." – vgl. ebd. Johannes XXIII.: „Ist das nötig? ..." – vgl. Arendt, 1968, S. 61.

S. 331 Johannes XXIII.: „Warum sollen die Leute mich ..." – vgl. ebd., S. 63.

S. 331 Johannes XXIII.: „Mein Sohn, es besteht doch ..." – vgl. ebd. Johannes XXIII.: „Giovanni, nimm dich nicht so wichtig!" – vgl. ebd., S. 65.

S. 331 Johannes XXIII.: „Der Herr bedient sich des niedrigen Instruments ..." ist zit. in Zizola, 1978, S. 111.

S. 332 Die Charakterisierung Johannes' XXIII. als „verantwortungslos" und „politisch naiv" durch die ultrakonservative katholische Presse ist zit. in Zizola, 1978, S. 165.

S. 332 Johannes XXIII.: „Die Zeit ist reif …" ist zit. in Hebblethwaite, 1986, S. 520.

S. 333 Mehr zur Richtigstellung des verfälschten Zitats durch den Papst in Hebblethwaite, 1984, S. 433.

S. 333 Johannes XXIII.: „Sehen Sie, ich weiß …" ist zit. in Zizola, 1978, S. 179.

S. 333 Ein Kardinal: „die größte Katastrophe …" ist zit. in Hebblethwaite, 1984, S. 369.

S. 334 Balducci: „… die essentielle Modernität …" ist zit. in Zizola, 1978, S. 289.

Kapitel 10. Eleanor Roosevelt:
Eigenart und Durchschnitt

S. 340 Ball: „Was sind die charakteristischen …" – vgl. Ball, 1994, S. 20.

S. 340 Mehr zu Heifetz' Ansicht, daß bestimmte Führer ihre Rolle übernehmen, ohne offizielle Autorität zu besitzen, vgl. dens., 1994.

S. 343 E. Roosevelt. „Meine Mutter war …" – vgl. dies., 1992, S. 3

S. 343 E. Roosevelt: „Mit meinem Vater war ich …" – vgl. ebd., S. 5.

S. 343 Cook: „Zur viktorianischen Welt ihres Vaters …" – vgl. dies., 1992, S. 15.

S. 343 E. Roosevelt: „erst im späteren Leben …" – vgl. dies., 1992, S. xvi.

S. 344 Zu Eleanors früher Sprachfertigkeit und ihrem Interesse für moralische Fragen vgl. Cook, 1992, S. 96 u. Lash, 1973, S. 102.

S. 344 E. Roosevelt: „Was seit damals aus mir geworden ist …" ist zit. in Cook, 1992, S. 4.

S. 345 E. Roosevelt: „Ich war ein ernsthaftes Mädchen …" – vgl. dies., 1992, S. 36.

S. 346 E. Roosevelt: „Ich hörte mir seine Pläne …" – vgl. ebd., S. 63.

S. 346 E. Roosevelt: „Ich möchte ihm das Gefühl geben …" ist zit. in Lash, 1973, S. 209.

S. 346 Lash: „Senatssitz in New York …" – vgl. dens., 1973, S. 237.

S. 347 Mehr zu Eleanors Bereitschaft, ihre soziale Tätigkeit im Ersten Weltkrieg wieder aufzunehmen, in Hoff-Wilson u. Lightman, 1984, S. 7 u. E. Roosevelt, 1992, S. 87.

S. 347 Mehr zu Eleanors häuslichem Sparprogramm und dessen Verbreitung in der Öffentlichkeit in Lash, 1973, S. 287–90.

S. 347 Eleanors zunehmend liberale Einstellung ist behandelt ebd., S. 289.

S. 348   E. Roosevelt: „Meine Welt war aus den Fugen ...“ ist zit. ebd.,
S. 302.

S. 348   Mehr zu Eleanors Entscheidung, die Ehe weiterzuführen, in Goodwin, 1994 b.

S. 349   E. Roosevelt: „[Seit der Krankheit] stehe ich auf eigenen Füßen ...“
ist zit. in Lash, 1973, S. 373.

S. 350   Mehr zu Eleanors Beschäftigung mit Fragen der Gesundheitspoli-
tik und des Schutzes von Arbeitnehmerinnen in Goodwin, 1994 b.

S. 351   Cook: „Das einfache Beziehungsnetz ...“ – vgl. dies., 1992, S. 299.

S. 351   E. Roosevelt: „Für viele Frauen ...“ ist zit. in Hoff-Wilson u. Lightman, 1984, S. 9.

S. 352   Goodwin: „Fähigkeiten [besaß], von denen ...“ – vgl. dies., 1994a,
S. 44.

S. 352   Perry: „durch ihre Tätigkeit in den politischen Netzwerken ...“ –
vgl. dies., 1984, S. 45.

S. 352   Daß Eleanor in politischen Kreisen New Yorks bekannter war als
Franklin, ist behandelt in Ware, 1984, S. 49.

S. 353   E. Roosevelt: „Ich wollte nie die Frau ...“ ist zit. in Lash, 1973,
S. 472.

S. 353   Mehr zu Eleanors Fähigkeit, ihrer Leidenschaft ein neues Ziel zu
geben, in Goodwin, 1994 a.

S. 356   *New York Times:* „den größten Coup für Frauen ...“ ist zit. in
Hoff-Wilson u. Lightman, 1984, S. 10.

S. 357   E. Roosevelt: „Warum wird dieses Schweinefleisch ...“ ist zit. in
Lash, 1973, S. 508.

S. 358   Beard: „Das Weiße Haus ist in erstaunlichem Ausmaß ...“ – vgl.
dies., 1933.

S. 359   Tugwell: „Wer einmal beobachten konnte ...“ ist zit. in Hoff-Wilson u. Lightman, 1984, S. 10 f.

S. 359   E. Roosevelt: „[Franklin] wäre mit einer vollkommen ...“ ist zit. in
Chafe, 1984, S. 22.

S. 359   Mehr über die Zustimmung der amerikanischen Öffentlichkeit zu
Eleanors Leistung als First Lady und ihren Ruf als eine der ein-
flußreichsten Persönlichkeiten in Washington in Lash, 1973,
S. 618.

S. 363   E. Roosevelt: „Trauer all derer, denen der Tote ...“ – vgl. ebd.,
S. 929.

S. 363   E. Roosevelt: „Mein Mitgefühl gilt mehr ...“ – vgl. ebd., S. 918.

S. 363   E. Roosevelt: „Können wir etwas für *Sie* tun?“ – vgl. ebd., S. 928.

S. 363 E. Roosevelt: „die Geschichte [sei] zu Ende" ist zit. in Lash, 1972, S. 25.

S. 363 Henry Morgenthau jr.: „ob irgend jemand Interesse daran haben würde ..." – vgl. ebd., S. 27.

S. 363 E. Roosevelt: „Wenn es mir nicht gelänge ..." ist zit. in Scharf, 1984, S. 243.

S. 364 Chafe: „Sie bat die Regierung inständig ..." – vgl. dens., 1984, S. 22.

S. 367 Stevenson: „Welcher Mensch hat das Dasein ..." ist zit. in Lash, 1972, S. 312.

S. 367 Clapper: „die einflußreichste Frau unserer Zeit" ist zit. in Goodwin, 1994a, S. 41.

S. 367 E. Roosevelt: „Wenn meine Lebensgeschichte ..." – vgl. dies., 1992, S. xix.

S. 368 E. Roosevelt. „Ich besaß nur drei Vorzüge ..." – vgl. dies., 1992, S. 410.

S. 368 E. Roosevelt: „Ich glaube fest daran ..." ist zit. in Lash, 1973, S. 475.

S. 369 Franklin über Eleanor: meine „Augen und Ohren" ist aus Goodwin, 1994a, S. 40.

S. 369 Bliven: „Mir scheint, das Land findet ..." ist zit. in Lash, 1973, S. 563.

S. 369 Ein Fischer: „Sie ist nicht aufgetakelt ..." ist zit. in Cook, 1992, S. 498.

S. 370 Lash: „Aus den überstandenen persönlichen Katastrophen ..." – vgl. dens., 1973, S. 507.

S. 371 Mehr zu Eleanors Austritt aus dem Verein der *Daughters of the American Revolution* in Lash, 1973, S. 684.

S. 371 Stevenson: „In die Slums und Ghettos ..." wird zit. von Chafe, 1984, S. 27.

S. 371 Chafe: „Unzählige Male beantwortete sie ..." – vgl. ebd.

S. 373 E. Roosevelt. „Frauen, die führen wollen ..." ist zit. in Cook, 1992, S. 5 f.

Kapitel 11. Martin Luther King jr.:
Führung in einer Zeit schnellen Wandels

S. 376 Kissinger: „Ein großer Führer muß ein Erzähler sein ..." – vgl. dens., 1994, S. 382.

S. 376 Mehr zu King sr. und dem Namenswechsel in Branch, 1989, S. 44.

S. 376 Mehr über die Suizidabsichten des jungen King in „Man of the Year, Martin Luther King jr.", 1964, S. 14.

S. 376 King: „Die ersten fünfundzwanzig Jahre ..." ist zit. in Garrow, 1989, S. 453.

S. 377 Zu Kings ansprechendem Äußeren und seiner Eloquenz vgl. Branch, 1989, S. 66.

S. 378 Die Gründe für die Wahl Kings zum Führer des Boykotts werden diskutiert in Lentz, 1990, S. 24.

S. 379 Kings Ansprache an die Boykott-Teilnehmer ist beschrieben in Branch, 1989, S. 139.

S. 379 Kings Rede ist zitiert ebd., S. 139–141.

S. 380 Mehr zum Erfolg von Kings erster öffentlicher Ansprache ebd., S. 142.

S. 380 King: „Zum ersten Mal verstand ich ..." ist zit. in Miroff, 1993, S. 312.

S. 381 Mehr zu Kings bereitwilliger oder zögernder Übernahme der Führungsrolle in A. Young, 1994, S. C1 f.

S. 382 King: „Ich habe diesen Boykott nicht begonnen ..." ist zit. in Branch, 1989, S. 166 u. Wofford, 1980, S. 105.

S. 382 King: „Diese Verurteilung ..." ist zit. in Branch, 1989, S. 185.

S. 382 Mehr zum Urteil des Bundesgerichts über die Verfassungswidrigkeit der Rassentrennung in öffentlichen Verkehrsmitteln in Branch, 1989, S. 193.

S. 382 King: „Wir können zusammenhalten ..." – vgl. ebd., S. 195 u. King, 1992, S. 76 f.

S. 383 Faulkner: „jetzt mal eine Weile Frieden ..." ist aus King, 1992, S. 81.

S. 383 King: „Wir wollen nicht den Triumph ..." – vgl. ebd.

S. 385 Mehr zu Kings Korrespondenz mit Eisenhower, Nixon und Brownell bei Branch, 1989, S. 213, u. Garrow, 1986, S. 86.

S. 385 Die Bombendrohungen und der Angriff auf King sind dargestellt in Garrow, 1986, S. 110.

S. 385 Kings Rückkehr nach Atlanta und sein Beschluß, eine umfassendere Kampagne zu starten, werden diskutiert in Garrow, 1989, S. 123.

S. 385 Mehr zu Kings selbstverständlicher Identifikation mit dem Christentum bei Wofford, 1980, S. 234.

S. 385 Mehr zu Kings Beschwörung der Gestalt Moses' in seinen Reden bei Callaway-Thomas u. Lucaites, 1993, S. 26.

S. 388 Gandhi: „Vielleicht werden es die Neger sein …" ist zit. in Wofford, 1980, S. 112.

S. 388 Mehr zu Kings anfänglicher Reaktion auf seine Führungsrolle ebd., S. 232.

S. 388 King: „Ich erkannte, daß mir …" ist zit. in Garrow, 1986, S. 85.

S. 389 King: „Ich hörte eine innere Stimme …" ist zit. in Miroff, 1993, S. 312.

S. 389 King: „Ich kann nicht zurück …" ist zit. in Wofford, 1980, S. 232.

S. 390 Mehr zu Kings Fähigkeit, Unterstützung für die SCLC zu gewinnen und die Beteiligten zur Zusammenarbeit zu bewegen, in Lentz, 1990, S. 320.

S. 391 Mehr zu Kings Festnahme im Oktorber 1960 in Branch, 1989, S. 362.

S. 392 Zur Anzahl von Kings Ansprachen und Reisekilometern vgl. „Man of the Year, Martin Luther King jr.", 1964, S. 27.

S. 392 Kennedy: „Die Bürgerrechtsbewegung verdankt …" – vgl. ebd., S. 16.

S. 392 Mehr zu Kings Verantwortung für alle Einzelentscheidungen in Heifetz, 1994, Kap. 9.

S. 394 Mehr zu Kings Lektüre des Zeitungsartikels „Weiße Pfarrer …" in Branch 1989, S. 737.

S. 394 Zu Kings Selbstvergleich mit dem Apostel Paulus vgl. dens., 1992, S. 290.

S. 394 King: „Seit mehr als 340 Jahren …" – vgl. ebd., S. 292 f.

S. 395 King: „Schmerzliche Erfahrung hat uns …" – vgl. ebd., S. 292.

S. 395 King: „inmitten unmenschlicher Provokation …" – vgl. dens., 1992.

S. 396 King: „aufstanden für das Beste …" – vgl. ebd., S. 302.

S. 396 Kings „*I have a dream*"-Rede ist enthalten in King, 1992, S. 217–220.

S. 398 Reston: „Die klangvolle, melancholische Stimme …" – vgl. dens., 1963, S. 1 u. 17.

S. 400 Mehr zu Kings Erschütterung über die neue militante Fraktion und den Krieg in Vietnam in Paris, 1991, S. 128.

S. 400 Ein Kommentator: „die Zeit hat [King] überholt" ist zit. in Wofford, 1980, S. 230.

S. 401 King: „Wir haben die beiden Institutionen …" ist zit. in Lentz, 1990, S. 237.

S. 402 King: „Jahrelang bin ich mit der Idee …" – vgl. *Encyclopaedia Britannica*, 1974.

S. 404   King: „Das wird auch mir ..." ist zit. in Wofford, 1980, S. 175.

S. 404   King: „Was jetzt vor uns liegt ..." ist zit. in Miroff, 1993, S. 345.

S. 404   Lentz: „Wo und wie King starb ..." – vgl. dens., 1990, S. 341.

S. 405   Kings wiederholter Ruf nach der ‚geliebten Gemeinschaft' ist behandelt in Callaway-Thomas u. Lucaites, 1993, S. 8.

S. 405   King: „Wenn man sich einer Sache ..." ist zit. in Garrow, 1986, S. 84.

S. 405   Mehr zum Angriff auf King im Dezember 1961 in Branch, 1989, S. 654.

Reprise

S. 413   Zu Heifetz' Auffassung, daß bestimmte Führer ihre Autoritätsfunktion ausüben können, noch ehe sie offiziell dazu legitimiert sind, vgl. dens., 1994.

Kapitel 12. Margaret Thatcher:
Ein ausgeprägtes Identitätsgefühl

S. 416   Churchill: „Ich blicke nie ..." ist zit. in Blake, 1994, S. 26.

S. 417   Thatcher: „Natürlich verdanke ich ..." ist zit. in Little, 1988, S. 100.

S. 417   Thatcher: „Ich hatte sie sehr lieb ..." ist zit. in der *New York Times*, 1993, S. B2.

S. 417   Eine ehemalige Mitschülerin: „ihre Mutter ziemlich verachtet ..." ist zit. in Young u. Simon, 1986, S. 16.

S. 421   Douglas-Home: „[Margaret Thatcher] hat mehr Intelligenz ..." ist zit. in Young, 1989, S. 27.

S. 422   Thatcher: „Es wird Jahre dauern ..." ist zit. in Little, 1988, S. 108.

S. 424   Thatcher: „ein großes Land, das offenbar ..." – vgl. ebd., S. 48.

S. 424   Thatcher: „Sie haben nicht mehr den Mut ..." ist zit. in Young, 1989, S. 128.

S. 424   Callaghan: „Es geht um die Frage ..." – vgl. ebd., S. 131.

S. 425   Thatcher: „Faszinierend ist ..." ist zit. in Little, 1988, S. 91.

S. 425   Thatcher: „Man kennt die Bemerkung ..." – vgl. dies., 1993, S. 10.

S. 426   Jenkins: „Als Verfechterin der britischen ..." ist zit. Young, 1989, S. 190.

S. 427   Millar: „The lady's not for turning" – vgl. ebd., S. 209.

S. 427 Thatcher: „Ich bin nicht unmenschlich …" – vgl. ebd., S. 104 f.

S. 428 Thatcher: „Als Premierministerin konnte …" ist zit. in Little, 1988, S. 72.

S. 428 Howell: „Während viele Tories …" – vgl. dens., 1993.

S. 428 Mehr zur Meinungsumfrage vom Dezember 1981 in Young, 1989, S. 241.

S. 430 Thatcher: „Ich glaube nicht, daß ich …" – vgl. dies., 1993, S. 173.

S. 430 Young: „Der Falklandkrieg war ein …" – vgl. dens., 1989, S. 279.

S. 430 Thatcher: „Wir sind nicht länger …" – vgl. dies., 1993, S. 235.

S. 430 Thatcher: „Die britische Außenpolitik …" – vgl. ebd., S. 173 f.

S. 431 Thatcher: „Wichtig ist, daß wir einig waren …" stammt aus einer Rede Thatchers vom 15. Juni 1982.

S. 431 Mehr zu Thatchers Wahlsieg von 1983 in Thatcher, 1993, S. 345.

S. 431 Thatcher: „die vernichtendste Niederlage …" – vgl. ebd., 339.

S. 432 Thatcher: „Der Konflikt zischen Gut und Böse …" ist zit. in Young, 1989, S. 352.

S. 432 Mehr zu Thatchers kontrastierender Gegenüberstellung von Geschäftsleuten und Selfmade-Personen mit Staatsbeamten und anderen in Cooke, 1989, S. 15.

S. 433 Barnes: „Für die Liberalen, die Snobs …" – vgl. dens., 1993, S. 82.

S. 434 Mehr zu Thatchers Ansicht, daß es nur Individuen, aber keine wirkliche Gesellschaft gebe, in Young, 1989, S. 536.

S. 434 Thatcher: „Eines und nur dies …" ist aus einer Rede Thatchers vom 4. Mai 1979 und zit. in Cook, 1989.

S. 434 Thatcher: „Arbeit, Fähigkeiten, Anstrengungen …" ist zit. in Little, 1988, S. 57.

S. 435 Thatcher: „Wer könnte angesichts solcher Erfolge …" ist zit. in Cooke, 1989, S. 22.

S. 435 Thatcher: „Noch gefährlicher ist die Idee …" – vgl. dies., 1993, S. 726.

S. 436 Zu Thatchers Annahme, mit Gorbatschow sei ‚ins Geschäft zu kommen' – vgl. ebd., S. 463.

S. 437 Mehr zu Thatchers Bezeichnung der Anhänger des Konsenses als „Quislinge" bei Young, 1989, S. 224.

S. 439 Thatcher: „Er hatte die Untugend …" ist zit. in Barnes, 1993, S. 85.

S. 439 Thatcher: „Die Propheten des Alten Testaments …" ist zit. in Little, 1988, S. 79.

S. 439 Baker: „persönlich dominant …" ist zit. in Barnes, 1993, S. 83.

S. 439 Ein Regierungsbeamter: „Sie war das einzige Mitglied …" ist zit. in Little, 1988, S. 43.

S. 440   Zu Stoessingers Behauptung über politische Führerinnen des zwanzigsten Jahrhunderts vgl. dens., 1994.

S. 440   Thatcher: „Meiner Erfahrung nach …" – vgl. dies., 1993, S. 129.

S. 440   Mehr zu Thatcher als Frau bei Young, 1989, S. 304.

S. 441   Thatcher: „endlos so weitermachen" – vgl. ebd., S. 543.

S. 441   Thatcher: „Ich habe vor, so lange …" – vgl. ebd., S. 545.

S. 441   Ryan: „Sie wirkte einschüchternd …" – vgl. dens., 1993, S. 7.

S. 442   Howe: „Das Beharren auf der unumschränkten Souveränität …" ist zit. in Riddell, 1993, S. 28.

S. 443   Thatcher: „Eine orthodoxe Finanzpolitik …" – vgl. dies., 1993, S. 755.

S. 444   Mehr zur Analyse der Thatcher-Ära in Barnes, 1993, Riddell, 1993 u. Ryan, 1993.

S. 445   Kissinger: „Der Wandel war so groß …" – vgl. dens., 1993, S. 1.

Kapitel 13. Eine Generation weltpolitischer Führer

S. 447   Rees-Mogg: „Beim Auftreten des Führers …" – vgl. dens., 1993, S. 20.

S. 447   Parrish: „[Franklin Roosevelt] wurde ein Wissenschaftler …" – vgl. dens. 1989, S. 41.

S. 447   Mead: „Wenn wir auf die langsam …" – vgl. dies., 1964b, S. 322.

S. 451   Zu Grubers und Eriksons „idiographischen" Studien vgl. Gruber, 1981 u. Erikson, 1958.

S. 454   Daß fast alle der zehn weltpolitischen Führer in frühem Alter den Vater verloren, wird diskutiert von Iremonger, 1970, Eisenstadt et. al., 1989 u. Simonton, 1984.

S. 454   Daß vaterlos aufwachsende Knaben das Steuer in der Familie übernehmen und ihren eigenen Moralkode entwickeln, wird behandelt in Sartre, 1980, S. 11–13.

S. 455   [Zu Fraglichkeiten um A. Hs. Abkunft vgl. z. B. J. C. Fest, Hitler, 1973, S. 29–33 – A. d. Ü.]

S. 456   Bullock: „[Hitlers] Gespür für die Stimmungslage …" – vgl. dens., 1962, S. 337.

S. 458   Mao: „Die Welt gehört uns …" ist zit. in der Encyclopaedia Britannica, 1974.

S. 458   Mao: „erhoben sich [die Bauern] wie ein Tornado …" – vgl. ebd. Mussolini: „Eines Tages werde ich …" – vgl. ebd. Churchill: „ohne Amt, ohne Parlamentssitz …" – vgl. ebd., 1993, Bd. 16, S. 372.

S. 460   De Gaulle: „ein alter Mann, erschöpft ...“ – vgl. ebd., 1974.

S. 464   Lenin: „Gebt uns eine Organisation ...“ – vgl. dens., 1955–65, S. 483.

S. 466   Berlin: „Er war einer der wenigen ...“ ist zit. in Goodwin, 1994b, S. 607.

S. 468   Zu Eriksons Arbeiten über Martin Luther und Gandhi vgl. dens., 1958, 1969.

S. 470   Mussolini: „ein Mann, der hart und energisch genug ...“ – vgl. *Encyclopaedia Britannica*, 1993, Bd. 8, S. 452.

S. 470   Mussolini: „Wir sind Italiener ...“ – vgl. ebd., 1974.

S. 471   Hitler: „Unser nationalsozialistisches Programm ...“ ist zit. in Bullock, 1953, S. 404.

S. 471   Hitler über die „große Lüge“ („Mein Kampf“) – vgl. ebd., S. 67.

S. 471   Hitler: „Überhaupt besteht die Kunst ...“ – vgl. ebd., S. 41.

S. 473   Mehr zur Ähnlichkeit der totalitären Regime Hitlers und Stalins in Bullock, 1991.

S. 474   Pfaff: „Erst nachdem die Politik des Appeasement ...“ – vgl. dens., 1993, S. 6.

S. 477   Korda: „Große Führer sind fast immer ...“ – vgl. dens., 1984, S. 51.

S. 477   Mao: „Die einzige Lösung sind Ideen ...“ ist zit. in der *Encyclopaedia Britannica*, 1974.

S. 478   Wilson: „Ich habe einen ausgeprägten ...“ ist zit. in Barber, 1985, S. 17.

S. 478   Zu Stalins Einfluß auf die sowjetische Bevölkerung nach der Invasion Rußlands durch die deutschen Truppen vgl. Stoessinger, 1993.

S. 479   Hitler: „Führer sein, heißt ...“ ist zit. in Bullock, 1953, S. 66.

S. 479   Strasser: „ungewöhnlich empfindlichen ...“, „Wie eine empfindliche Membrane ...“ – vgl. dens., 1948, S. 85.

S. 479   Lindholm: „In seiner Rededarstellung ...“ ist zit. in Bryman, 1992, S. 38.

S. 480   Bayley: „Stalin war alles ...“ – vgl. dens., 1993, S. 4.

S. 481   Storr: „In jener dunklen Zeit ...“ – vgl. dens., 1988, S. 49 f.

S. 484   Kissinger: „Jede politische Revolution ...“ – vgl. dens., 1993, S. 1.

Kapitel 14. Jean Monnet und Mahatma Gandhi: Grenzüberschreitende Führung

S. 488   Goethe: „Überhaupt ist es mit dem Nationalhaß …" (Eckermann, Gespräche mit Goethe, 14.3.1830) – vgl. dens., 1948–71, Bd. 24, S.733 f.

S. 488   Havel: „Zweimal in diesem Jahrhundert …" – vgl. Havel, 1993, S. 3.

S. 489   Monnet: „Ich wagte etwas …" ist zit. in Bromberger u. Bromberger, 1969, S. 13.

S. 489   [Genaueres zu Monnets privater Initiative und ihrer Aufnahme in die offizielle politische Agenda in Monnet, 1978, S. 60–64. – A. d. Ü.]

S. 490   [Monnet: „suchte … Mittel und Wege …" – vgl. ebd., S. 62. – A. d. Ü.]

S. 490   Mehr zu Monnets wachsender Erkenntnis, daß Bündnisse stärker werden, wenn die Partner auf einer konkreten ökonomischen Basis zusammenarbeiten, in Ball, 1982, S. 69–91.

S. 490   [Zu Monnets Grundsatz: Zuerst eine gemeinsame Bilanz aufstellen, seiner „kurzgefaßte[n] Regel für das Handeln", – vgl. dens., 1978, S. 162–164. – A. d. Ü.]

S. 490   Monnet: „Meine Stärke war die Naivität …" ist zit. in Bromberger u. Bromberger, 1969, S. 18.

S. 490   Mehr zu Monnets Gewohnheit, die politischen Führer nicht mit ihrem Titel anzusprechen, in Duchêne, 1994, S. 348.

S. 491   [Zu Monnets Projekt einer „franko-britischen Union" – vgl. dens., 1978, Kapitel 1 und S. 180–182. – A. d. Ü.]

S. 492   Zu Monnets Auffassung, daß die „Gemeinschaft für Kohle und Stahl" den Beginn eines neuen Europa bedeute, – vgl. Rieben, 1989, S. 28.

S. 493   De Gaulle: „Dante, Goethe …" ist zit. in Bromberger u. Bromberger, 1969, S. 175.

S. 493   De Gaulle: „Die Zeiten, in denen Herr Monnet …" ist zit. in Duchêne, 1994, S. 315.

S. 494   Kennedy: „seit Jahrhunderten haben Kaiser …" ist zit. in Monnet, 1978, S. 597 f.

S. 495   Monnet: „In allem, was man in Angriff nimmt …" ist zit. in Küsters, 1989, S. 45.

S. 495   Mehr zu Gandhis strengem Urteil über seine jugendlichen Verfehlungen in Mehta, 1977, S. 82 u. Payne, 1990, S. 42.

S. 497 Zu Gandhis Absage an weltliche Vergnügen – vgl. dens., 1938.

S. 499 Gandhi: „Ich möchte weniger den Vizekönig …" ist zit. in Brown, 1972, S. 248.

S. 499 Mehr zu Gandhis organisierter Aktion in Ahmedabad in Erikson, 1969 u. H. Gardner, 1993 a.

S. 500 Broomfield: „Es läßt sich nicht übersehen …" ist zit. in Payne, 1990, S. 367.

S. 500 Gandhi: „Ich bin gerne bereit, anzuerkennen …" – vgl. ebd. Miller: „Es gab keine Kämpfe …" ist zit. in Mehta, 1977, S. 148 u. Shirer, 1979, S. 98.

S. 502 Gandhis Bemerkung, ob es nicht angebrachter sei zu trauern, ist zit. in Mehta, 1977, S. 171.

S. 503 King: „die einzige moralisch und praktisch …" ist zit. in Nanda, 1985, S. 34.

S. 503 Einstein: „Gandhi hat bewiesen …" ist zit. in Fischer, 1950, S. 10.

S. 504 Monnet: „Ich hatte nur eine einzige …" ist zit. in Hackett, 1989, S. 168.

S. 505 Monnet: „Ich glaube, ich bin immer …" – vgl. dens., 1978, S. 283.

S. 505 Mehr zu Monnets Versuch, die ‚ungeschulte' Vorstellung eines Europa unter *einer* Flagge zu transformieren, in Swedberg, 1994.

S. 505 Duchêne: „[Monnet] war der bisher einzige …" – vgl. dens., 1994, S. 403, 410.

S. 507 Mehr zu Monnet als indirekter Führer und als Verkörperung des Unpersönlichen bei Bromberger u. Bromberger, 1969, S. 10.

S. 508 Monnet: „In … Augenblicken, da [den Politikern] …" – vgl. dens., 1978, S. 295.

S. 508 Monnet: „Da [die Politiker] das Risiko tragen …" – vgl. ebd.

S. 509 Monnet: „Ich habe noch nie …" ist zit. bei Duchêne, 1994, S. 346.

S. 509 Monnet: „Wenn die Konkurrenz beim Zugang …" – vgl. dens., 1978, S. 295.

S. 509 Monnet: „[Mein Leben] war eine Folge …" – vgl. ebd., S. 293 f.

S. 510 Mehr zu Monnets Überzeugung, daß genaue Formulierungen für den Erfolg politischer Maßnahmen entscheidend seien, in Ball, 1982, S. 73.

S. 511 Monnet: „Nichts wird ohne den Menschen …" ist zit. in Grosser, 1989, S. 198.

S. 511 Mehr zu Monnets Ansichten über die Modifizierung tief verwurzelter Gewohnheiten bei Ball, 1982, S. 81.

S. 512 Monnet: „kein Fortschritt ohne eine gewisse Unordnung …" ist zit. in Hackett, 1989, S. 163.

S. 512 Gandhi: „die einfältigen, halbverhungerten Millionen ...“ ist zit. in Shirer, 1979, S. 167 f.

S. 514 Von Simson: „Er überzeugte mehr durch Scheu ...“ – vgl. dens., 1989, S. 33.

S. 514 Mehr zu Gandhis Annäherung an seinen geistigen Standort durch Jahre der Selbstprüfung in Erikson, 1969 u. Mamali, 1993.

Kapitel 15. Lehren aus der Vergangenheit und ihre Bedeutung für die Zukunft

S. 519 Churchill: „Wir gestalten die Welt ...“ ist zit. in Walsh, 1993, S. 21.

S. 526 Mehr zu den fehlenden Reflexionsmöglichkeiten für Führerinnen und Führer in Sutton u. Galunic, 1994.

S. 527 Gardner: „dem Denken Raum zu lassen“ ist aus J. Gardner, 1995.

S. 541 Mehr zu idiographischen und nomothetischen Untersuchungen findet sich in Gruber, 1981 u. Simonton, 1984.

S. 547 Mehr zur Art der einflußreichen internationalen Organisationen, die in den letzten Jahrzehnten entstanden sind, in Simmons, 1994.

S. 547 Kampelman: „In einer Welt wachsender Vernetzungen ...“ ist zit. in Walsh, 1993, S. 155.

S. 550 Bell: „Führung bedeutet urteilen ...“ – vgl. dens., 1992, S. 6.

S. 551 Kitto: „Der hochqualifizierte Fachmann ...“ – vgl. dens., 1951, S. 169.

S. 551 Konfuzius: „Die Berater eines großen Führers ...“ wird zit. von Korda, 1984, S. 63.

Bibliographie

Abse, L., *Margaret, Daughter of Beatrice*. London 1989

Adler, M. J., *Reforming Education: The Opening of the American Mind.* New York 1988

Adonis, A. und T. Hames (Hg.), *A Conservative Revolution: The Thatcher-Reagan Decade in Perspective.* Manchester 1993

Adorno, T. W., E. Frenkel-Brunswick, D. Levinson und R. N. Sanford, *The Authoritarian Personality.* New York 1950 (dt.: *Der autoritäre Charakter. Studien über Autorität und Vorurteil.* Amsterdam 1968)

Allende, I., *The Stories of Eva Luna.* New York 1991 (Orig.: *Eva Luna.* Barcelona, 1987 – dt.: *Eva Luna.* Frankfurt a. M. 1988)

Allison, G., *Essence of Decision: Explaining the Cuban Missile Crisis.* Boston 1971

Arendt, H., *Men in Dark Times.* New York 1968 (dt.: *Menschen in finsterer Zeit.* München 1989)

Aristoteles, *Introduction to Aristotle.* New York 1947

Armstrong, D., *Managing by Storying Around.* New York 1992

Ashmore, H. S., *Unseasonable Truths: The Life of Robert Maynard Hutchins.* Boston 1989

Astin L. und C. Leland, *Women of Influence, Women of Vision.* San Francisco 1991

Astington, J., *The Child's Discovery of Mind.* Cambridge, Mass. 1993

Ball, G.W., „Kennedy up Close." Besprechung von R. Reeves, *President Kennedy: Profile of Power,* in: *New York Review of Books,* 3. Febr. 1994, S. 17–20

– *The Past has another Pattern.* New York 1982

Barber, J., *The Presidential Character.* 3. Aufl. Englewood Cliffs, N. J. 1985

Barnes, J., „The Maggie-Years." *New Yorker,* 15. Nov. 1993, S. 82–89

Barnett, L., „J. Robert Oppenheimer." *Life,* 10. Okt. 1949, S. 121–138

Bateson, M. C., *With a Daughter's Eye: A Memoir of Margaret Mead and Gregory Bateson.* New York 1984 (dt.: *Mit den Augen einer Tochter: meine Erinnerung an Margaret Mead und Gregory Bateson.* Reinbek 1986)

– Gespräch mit der Autorin, 5. August 1994

Bauer, P. J., „Application of World Knowledge: Examples from Research on Event Memory." Vortrag zum zweijährlichen Treffen der *Society for Research in Child Development*, New Orleans, La. April 1993

Bayley, J., Besprechung von D. Remnick, *Lenin's Tomb*, in: *New York Review of Books*, 12. Aug. 1993, S. 4

Bell, D., „A Conversation with Daniel Bell." *Harvard Gazette*, 28. Okt. 1992, S. 5 f.

Bennis, W. und B. Nanus, *Leaders: The Strategies for Taking Charge*. New York 1985 (dt.: *Führungskräfte. Die vier Schlüsselstrategien erfolgreicher Führer*. Frankfurt a. M. 1992)

Berger, J., *A New Deal for the World: Eleanor Roosevelt and American Foreign Policy*. New York 1981

Berkov, R., *Strong Man of China: The Story of Chiang Kai-shek*. Boston 1938

Berrington, H., Besprechung von *The Fiery Chariot: A Study of British Prime Ministers and the Search for Love*, in: *British Journal of Political Science* 4, 1974, S. 345–169

Bettelheim, B., *The Uses of Enchantment*. New York 1976 (dt.: *Kinder brauchen Märchen*. München 1993)

Birke, L. und J. Silvertown (Hg.), *More than the Parts: Biology and Politics*. London 1984

Blake, R., „A Volatile Greatness." Besprechung von N. Rose, *Churchill*. In: *Times Literary Supplement*, 22. Apr. 1994, S. 26

Blake R. und W. Louis, *Churchill*. London 1993

Bland, L., J. Bland und S. R. Stevens (Hg.), *George C. Marshall: Interviews and Reminiscences for Forrest C. Pogue*. Lexington, Va. 1991

Bloom, A., *The Closing of the American Mind*. New York 1987 (dt.: *Der Niedergang des amerikanischen Geistes: ein Plädoyer für die Erneuerung der westlichen Kultur*. Hamburg 1988)

Bloom, B., mit L. Sosniak, *Developing Talent in Young Children*. New York 1988

Bok, D., *The Cost of Talent*. New York 1993

Bolman, L. und T. Deal, *Reframing Organizations: Artistry, Choice, and Leadership*. San Francisco 1991

Bouc, A., *Mao Tse-tung: A Guide to His Thought*. New York 1977 (Orig.: *Mao Tsé-Toung ou la révolution approfondie*. Paris 1975)

Bowlby, J., *Attachment and Loss*. 3 Bde., New York 1969–1980 (Bd. 1 [*Attachment*] dt.: *Bindung; eine Analyse der Mutter-Kind-Beziehung*. München 1975; Bd. 3 [*Loss: sadness and depression*] dt.: *Verlust, Trauer und Depression*. Frankfurt a. M. 1983)

Boyer, P., *By the Bomb's Early Light: American Thought and Culture at the Dawn of the Atomic Age*. New York 1985

Branch, T., *Parting the Waters: America in the King Years*. New York 1989

Brinkley, D. und C. Hackett (Hg.), *Jean Monnet: The Path to European Unity*. London 1991

Brodsky, J., *Less than One: Selected Essays*. New York 1986

Bromberger, M. und S. Bromberger, *Jean Monnet and the United States of Europe*. New York 1969

Brown, J. H., *Gandhi: Prisoner of Hope*. Cambridge 1972

Brown, Rex, Gespräch mit dem Autor, 2. Aug. 1993

Brown, Roger, *Social Psychology*. Glencoe, 1965

– *Social Psychology*, 2. Aufl. 1986

Bruner, J. S., *Actual Minds, Possible Worlds*. Cambridge, Mass. 1986

– Gespräch mit dem Autor, 3. Dez. 1993

Bryman, A., *Charisma and Leadership in Organizations*. London 1992

Bullock, A., *Hitler. A Study in Tyranny*. London 1962 (dt.: *Hitler. Eine Studie über Tyrannei*. Düsseldorf 1953)

– *Hitler and Stalin: Parallel Lives*. New York 1991 (dt.: *Hitler und Stalin. Parallele Leben*. Berlin 1991)

Burns, J. M., *Leadership*. New York 1978

Buruma, I., „A Lethal Thing of Beauty". Besprechung von Leni Riefenstahls Memoiren. *Times Literary Supplement*, 9. Okt. 1992, S. 3–5

Butow, R. J. C., *Tojo and the Coming of the War*. Princeton, N. J. 1961

Byrne, J. A., *The Whiz Kids: The Founding Fathers of American Business – And the Legacy They Left Us*. New York 1993

Byrne, R. W. und A. Whiten, *Machiavellian Intelligence: Social Expertise and the Evolution of Intellect in Monkeys, Apes, and Humans*. Oxford, 1988

Callaway-Thomas, C. und L. Lucaites, *Martin Luther King jr. and the Sermonic Power of Public Discourse*. Tuscaloosa, Ala. 1993

Cannon, L., *President Reagan: The Role of a Lifetime*. New York 1991

Carr, W., *Hitler: A Study in Personality and Politics*. London 1978

Cassirer, E., *Die Philosophie der symbolischen Formen*. 3 Tle. Berlin 1923–31

Chafe, W.H., „Biographical Sketch", in: J. Hoff-Wilson und M. Lightman (Hg.), *Without Precedent: The Life and Career of Eleanor Roosevelt*. Bloomington 1984, S. 3–27

Chandler, A. D., *The Essential Alfred Chandler: Essays toward a Historical Theory of Big Business*. Boston 1991

– (Hg.) *Giant Enterprise: Ford, General Motors, and the Automobile Industry*. New York 1964

Chandler, A. jr. and S. Salsbury, *Pierre S. du Pont and the Making of the Modern Corporation*. New York 1971

Chevalier, H., *Oppenheimer: The Story of a Friendship*. New York 1965 (dt.: *Mein Fall J. Robert Oppenheimer; die Geschichte einer Freundschaft*. München 1965)

Chou, E., *Mao Tse-tung: The Man and the Myth*. New York 1980

Clark, R. W., *Lenin: The Man Behind the Mask*. Boston 1988

Cohen, D. und S. MacKeith, *The Development of Imagination: The Private Worlds of Childhood*. London 1991

Cohen, M. und J. March, „Leadership in an Organized Anarchy", in: W. E. Rosenbach und R. L. Taylor (Hg.), *Contemporary Issues in Leadership*. Boulder, Colo. 1984, S. 18–30

Colby, A. und W. Damon, *Some Do Care*. New York 1992

Collier, P. und D. Horowitz, *The Rockefellers: An American Dynasty*. New York, 1976

Cook, B. W., *Eleanor Roosevelt*. Bd. 1, New York 1992

Cooke, A. B., *Margaret Thatcher: The Revival of Britain*. London 1989

Cousins, N., *The Improbable Triumvirate: John F. Kennedy, Pope John, Nikita Khrushchev*. New York 1972

Craig, G., „Above the Abyss." Besprechung von A. Bullock, *Hitler and Stalin*. In: *New York Review of Books*, 9. Apr. 1992, S. 3–5

Crapanzano, E., Gespräch mit dem Autor, 24. Aug. 1993

Cray, E., *General of the Army: George C. Marshall, Soldier and Statesman*. New York 1990

Crozier, B., *De Gaulle*. New York 1973

Csikszentmihalyi, M., *The Evolving Self*. New York 1993 a

– Gespräch mit dem Autor, 23. Aug. 1993 b

– Gespräch mit dem Autor, 23. Sept. 1994

Cutler, P., Gespräch mit dem Autor, 23. Sept. 1994

Damasio, A., *Descartes' Error: Emotion, Reason, and the Human Brain*. New York 1994

Damon, W., *The Social World of the Child*. San Francisco, 1977 (dt.: *Die soziale Welt des Kindes*. Frankfurt a. M. 1984)

– *Social Personality Development*. New York 1983

– *The Moral Child*. New York 1988

Davidson, E., *The Making of Adolf Hitler*. New York 1977 (dt.: *Wie war Hitler möglich: der Nährboden einer Diktatur*. Düsseldorf 1980)

Davis, N. P., *Lawrence and Oppenheimer*. New York 1968

de Gaulle, C., *The Complete War Memoirs of Charles de Gaulle*. New York 1964 (Orig.: *Mémoires de guerre*. Paris 1940-46. Dt.: *Memoiren. Der Ruf. 1940-1942*. Berlin 1955; *Memoiren. Die Einheit. Das Heil*. Düsseldorf 1961)

– *Memoirs of Hope: Renewal 1958–62, Endeavor 1962*. London 1971 (Orig.: *Mémoires d'espoir*. 2 Bdd. Paris 1970–71. Dt.: *Memoiren der Hoffnung*. Zürich 1971)

Degler, C., *In Search of Human Nature*. New York 1991

Devillers, P., *Mao*. New York 1967 (dt.: *Was Mao wirklich sagte*. Wien 1967)

Dewey, J., *The Quest for Certainty*. New York 1929

Dobzhansky, T., *Mankind Evolving: The Evolution of the Human Species*. New Haven 1962 (dt.: *Die Entwicklung zum Menschen. Evolution, Abstammung und Vererbung. Ein Abriß*. Hamburg 1958)

Donald, M., *The Origins of the Modern Mind*. Cambridge, Mass. 1991

Duchêne, F., *Jean Monnet: The First Statesman of Interdependence*. New York 1994

Dzuback, M. A., *Robert M. Hutchins: Portrait of an Educator*. Chicago 1991

Eckholm, E., „New Views of Female Primates Assails Stereotypes." *New York Times*, 18. Sept. 1981, S. C1

Edinger, L. (Hg.), *Political Leadership in Industrialized Societies: Studies in Comparative Analysis*. New York 1967

Edmonds, R., *The Big Three: Churchill, Roosevelt, and Stalin in Peace and War*. New York 1991

Egan, K., *Teaching as Story Telling: An Alternative Approach to Teaching and Curriculum in the Elementary School*. Chicago 1989

Eisenstadt, M., A. Haynal, P. Rentichnik und P. de Senarchens, *Parental Loss and Achievement*. New York 1989

Ekman, P., *Telling Lies*. New York 1985

Encyclopaedia Britannica, 15. Auflage. Chicago 1974, 1993

Erickson, P. D., *Reagan Speaks: The Making of an American Myth*. New York 1985

Erikson, E. H., *Childhood and Society*. New York 1950 (dt.: *Kindheit und Gesellschaft*. Stuttgart 1965)

– *Young Man Luther*. New York 1958 (dt.: *Der junge Mann Luther: eine psychoanalytische und historische Studie*. Frankfurt a. M. 1983)

– „Identity and Life Cycle." *Psychological Issues* 1, Nr. 1, 1959, S. 1–171 (dt.: *Identität und Lebenszyklus: drei Aufsätze*. Frankfurt a. M. 1980)

– *Gandhi's Truth.* New York 1969 (dt.: *Gandhis Wahrheit.* Frankfurt 1980)

Feldman, D. H., *Beyond Universals in Cognitive Development.* Verb. Aufl. Norwood, N. J. 1994

Feldman, D. H. mit L. Goldsmith, *Nature's Gambit.* New York 1986

Fiedler, F. E., *A Theory of Leadership Effectiveness.* New York 1967

Fischer K., H. H. Hand, M. Watson, M. Van Paris und J. Tucker, „Putting the Child into Socialization: The Development of Social Categories in Preschool Children", in: L. Katz (Hg.), *Current Topics in Early Childhood Education.* Norwood, N. J. 1984, S. 27–72

Fischer, L., *The Life of Mahatma Gandhi.* New York 1950 (dt.: *Das Leben des Mahatma Gandhi.* München 1951)

Frank, R. H., *Choosing the Right Pond.* Oxford 1985

Freedman, D. G., *Human Sociobiology: A Holistic Approach.* New York 1979

Freeman, D., *Margaret Mead and Samoa: The Making and Unmaking of an Anthropological Myth.* Cambridge, Mass. 1983 (dt.: *Liebe ohne Aggression: Margaret Meads Legende von der Friedfertigkeit der Naturvölker.* München 1983)

Freidel, F., *Franklin D. Roosevelt: A Rendezvous with Destiny.* Boston 1990

Freud, S., *A General Introduction to Psychoanalysis.* New York 1952. *Vorlesungen zur Einführung in die Psychoanalyse*, Ges. Werke, London 1940–52, Bd. XI

– *Group Psychology and the Analysis of the Ego*, in: J. Rickman (Hg.), *A General Selection from the works of Sigmund Freud.* Garden City, N. Y. 1957. Massenpsychologie und Ich-Analyse (1921) in: *Ges. Werke*, London 1940–52, Bd. XIII (1940)

Friedan, B., *The Feminine Mystique.* New York 1963 (dt.: *Der Weiblichkeitswahn oder die Selbstbefreiung der Frau: ein Emanzipationskonzept.* Reinbek 1981)

Fromm, E., *Escape from Freedom.* New York 1941 (dt.: *Die Furcht vor der Freiheit.* München 1993)

Furuya, K., *Chiang Kai-shek: His Life and Times.* New York 1981

Gandhi, M., *Hind Swaraj, or Indian Home Rule.* Weale, N. H. 1938

– *Autobiography: The Story of My Experiments with Truth.* New York 1963 (dt.: *Eine Autobiographie oder die Geschichte meiner Experimente mit der Wahrheit.* Gladenbach 1977)

Gardner, H., *The Shattered Mind: The Person after Brain Damage.* New York 1975

– *Developmental Psychology: An Introduction*. Boston 1982
– *The Mind's New Science: A History of the Cognitive Revolution*. (dt.: *Dem Denken auf der Spur. Der Weg der Kognitionswissenschaft*. Stuttgart 1989)
– *The Unschooled Mind: How Children Think and How Schools Should Teach*. New York 1991 (dt.: *Der ungeschulte Kopf. Wie Kinder denken*. Stuttgart 1993)
– *Creating Minds: An Anatomy of Creativity Seen through the Lives of Freud, Einstein, Picasso, Stravinsky, Eliot, Graham, and Gandhi*. New York 1993 a (dt.: *So genial wie Einstein. Schlüssel zum kreativen Denken*. Stuttgart 1996)
– *Frames of Mind: The Theory of Multiple Intelligences*. New York 1993 b; zuerst ersch. 1983 (dt.: *Abschied vom IQ. Die Rahmentheorie der vielfachen Intelligenzen*. Stuttgart 1991)
Gardner, J., „The Nature of Leadership." Leadership Papers. *The Independent Sector* 1, Januar 1986
– *On Leadership*. New York 1990
– Gespräch mit dem Autor, 3. Dezember 1993
– Gespräch mit dem Autor, 15. März 1995
Garrow, D., *Bearing the Cross: Martin Luther King jr. and the Southern Christian Leadership Conference*. New York 1986
– (Hg.), *Martin Luther King jr.: Civil Rights Leader, Theologian, Orator*. Bd. 3, Brooklyn, N. Y. 1989
Geertz, C., *Works and Lives: The Anthropologist as Author*. Stanford, Calif. 1988 (dt.: *Die künstlichen Wilden: Anthropologen als Schriftsteller*. München 1990.) „The General." *Time*, 3. Jan. 1944, S. 15–18
Gerth H. und C.W. Mills, *From Max Weber: Essays in Sociology*. New York 1958
Gideonse, H. D., *The Higher Learning in a Democracy: A Reply to President Hutchins' Critique of the American University*. New York 1937
Gilbert, M., *Churchill's Political Philosophy*. Oxford 1980
– *Churchill: A Life*. London 1991
Goethe, J. W. v., *Gedenkausgabe der Werke, Briefe und Gespräche*. Zürich/Stuttgart 1948–71, Bd. 24
Goldberg, S., *Why Men Rule*. La Salle, Ill. 1993
Goleman, D., „Studying the Secrets of Child Memory." *New York Times*, 8. April 1993, Abt.C, S. 1, 11
– „Amid Ethnic Wars, Psychiatrists Seek Roots of Conflicts." *New York Times*, 2. Aug. 1994, Abt. C, S. 1

Goodchild, P., *Oppenheimer: The Father of the Atom Bomb*. London 1983 (dt.: *J. Robert Oppenheimer*. Basel 1982)

Goodwin, D. K., „The Home Front." *New Yorker*, 15. August, 1994 a, S. 38–61

– *No Ordinary Time: Franklin and Eleanor Roosevelt – The Home Front in World war II*. New York 1994 b

Gregory, M.S., A. Silvers und D. Sutch (Hg.), *Sociobiology and Human Nature*. San Francisco, 1978

Gritti, J., *Jean XXIII. dans l'opinion publique*. Paris 1967

Grosser, A., „La politique extérieure de l'Europe communautaire: tendances et perspectives." In: G. Majone, E. Noël und P. Van den Bossche (Hg.), *Jean Monnet et l'Europe d'Aujourd'hui*. Baden-Baden 1989, S. 191–200

Groves, L., *Now It Can Be Told: The Story of the Manhattan Project*. New York 1962

Gruber, H., *Darwin on Man*. Chicago 1981

Hackett, C. P., „Jean Monnet, Europe, and the United States", in: Majone, Noël, Van den Bossche, wie zit., S. 163–190

Hahn, E., *Chiang Kai-shek: An Unauthorized Biography*. New York 1955

Halberstam, D., *The Powers That Be*. New York 1979

– *The Fifties*. New York 1993

Hall, G. S., *Adolescence*. New York 1904

Harlow, H. und M. K. Harlow, „Effects of Various Mother-Infant Relationships an Rhesus Monkey Behaviors." In: B. M. Foss (Hg.), *Determinants of Infant Behavior*. Bd. 4, New York 1969, S. 15–36

Harris, L., „Di and Li: Life and Letters of Diana and Lionel Trilling." *New Yorker*, 13. Sept. 1993, S. 90 f.

Havel, V., „How Europe Could Fail." *New York Review of Books*, 18. Nov. 1993, S. 3

– „Transcendent Democracy: The Jackson H. Ralston Lecture." Ansprache vor der Juristischen Fakultät der Stanford Universität am 29. Sept. 1994

Hebb, D. O., *The Organisation of Behavior*. New York 1949

Hebblethwaite, P., *John XXIII: Pope of the Council*. London 1984 (dt.: *Johannes XXIII. Das Leben des Angelo Roncalli*. Zürich, 1986)

Heifetz, R., *Leadership without Easy Answers*. Cambridge, Mass. 1994

Hibbert, C., *Benito Mussolini: A Biography*. London 1962

Hitler, A., *Mein Kampf*. Boston 1962 (Zürich 1975; München 1930)

Hoffer, E., *The True Believer*. New York 1951

Hoffmann, B., *Einstein*. St. Albans, Engl. 1975 (dt.: *Albert Einstein. Schöpfer und Rebell*. Stuttgart 1976)

Hoff-Wilson, J. und M. Lightman (Hg.) *Without Precedent: The Life and Career of Eleanor Roosevelt*. Bloomington 1984

Hogan, R., G. Curphy und J. Hogan, „What We Know about Leadership." *American Psychologist* 49, 1994, S. 493–503

Hollander, E. P., *Leadership Dynamics*. New York 1964

Howard, J., *Margaret Mead: A Life*. New York 1984

Howell, D., „Whose Revolution? Review of *A Conservative Revolution*." Hg. v. A. Adonis und T. Hames. *Times Literary Supplement* 1993

Hoyt, E., Warlord: *Tojo against the World*. Lanham, Md. 1993

Hutchins, R.M., *The Higher Learning in America*. New Haven, Conn. 1936

– „Dark Hours in Our History." Ansprache zur Diplomfeier, Universität von Chicago, 10. Juni 1941. Abgedr. in: *Vital Speeches of the Day* 7, 1. Juli 1941 a, S. 69 f.

– „The Proposition is Peace: The Path to War is a False Path to Freedom." Ansprache in der Rockefeller Memorial Chapel, Chicago, Illinois am 30. März 1941 b. Abgedr. ebd., 15. Apr. 1941, S. 389–392

Iremonger, L., *The Fiery Chariot: A Study of British Prime Ministers and the Search for Love*. London 1970

Isaacson, W. und E. Thomas, *The Wise Men*. London 1986

Jacobs, T., *A History of General Motors*. New York 1992

Jaeger, W., *Paideia*. 3 Bde. New York 1943–45

Jaszi, O., *The Dissolution of the Habsburg Monarchy*. Chicago 1966

Jean Monnet: Proceedings of Centenary Symposium Organized by the Commission of the European Communities, Brüssel 10. Nov. 1988. Luxemburg 1989

Jensen, M. C., „The Modern Industrial Revolution, Exit, and the Failure of Internal Control Systems." *Journal of Finance* 48, Nr. 3, 1993, S. 831–880

Joes, A., *Mussolini*. New York 1982

Johannes XXIII. (Angelo Roncalli), *Journal of a Soul*. Garden City, N. Y. 1980. *Il Giornale dell'anima*. Rom 1982. (dt.: *Geistliches Tagebuch und andere geistliche Schriften*. Frankfurt/Basel/Wien 1964)

Kagan, J., „The Concept of Identification." *Psychological Issues* 65, Nr. 5, Sept. 1958, S. 296–305

Kakutani, M., „Books That Make a Case for Shades of Gray." *New York Times*, 18. Juni 1993, Abt. C, S. 1, 24

Keating, C. F., „Dominance and Deception in Children and Adults: Are Leaders the Best Misleaders?" *Personality and Social Psychology Bulletin* (im Druck)

Kegan, R., *The Evolving Self.* Cambridge, Mass. 1982

Kelly, M., „David Gergen: Master of the Game." *New York Times Magazine*, 31. Okt. 1993, S. 62 f.

– „Bill Clinton's Climb." *New York Times Magazine*, 31. Juli 1994, S. 20

Kennan, G. F., „In Defense of Oppenheimer." *New York Review of Books*, 10. Juni 1994, S. 8

Kerr, D. H., *Beyond Education: In Search of Nurture.* Seattle, Wash. 1993

Keynes, J. M., *The General Theory of Employment, Interest, and Money.* London 1936 (dt.: *Allgemeine Theorie der Beschäftigung, des Zinses und des Geldes.* München 1936)

Kimball, B., *The „True Professional Ideal" in America.* Oxford 1992

King, M. L. jr., *A Testament of Hope: The Essential Writings and Speeches of Martin Luther King jr.* Hg. v. J. M. Washington. San Francisco 1986 (dt.: *Testament der Hoffnung. Letzte Reden.* Gütersloh 1976)

– *I have a Dream: Writings and Speeches That Changed the World.* San Francisco 1992

Kinzer, S., „The Nightmare's Roots: The Dream World Called Serbia." *New York Times*, 16. Mai 1993, S. E1

Kissinger, H.A., „The Right to Be Right." Besprechung von M. Thatcher, *The Downing Street Years,* in: *New York Times Book Review*, 14. Nov. 1993, S. 1, 63–65

– *Diplomacy.* New York 1994

Kitto, H. D. F., *The Greeks.* London 1951 (*Die Griechen.* Stuttgart 1957)

Klein, G., Persönliches Gespräch, 18. Aug. 1992

Kohlberg, L., „Stage and Sequence: The Cognitive-Developmental Approach to Socialization." In: D. A. Goslin (Hg.), *Handbook of Socialization. Theory and Research.* New York 1969

– *The Psychology of Moral Development.* New York 1974

Kolbert, E., „Test Marketing a President." *New York Times Magazine*, 30. Aug. 1992, S. 18–20, 68–72

Korda, M., „How to Be a Leader." In. W. E. Rosenbach und R. L. Taylor (Hg.), *Contemporary Issues in Leadership.* Boulder, Colo. 1984, S. 61

Kouzes, J. M. und B. Z. Posner, *Credibility: How Leaders Gain and Loose It, Why People Demand It.* San Francisco 1993

Kraemer, G., „A Psychobiological Theory of Attachment", in: *Behavioral and Brain Sciences* 15, Nr. 3, 1992, S. 493–510

Kummer, H., *Primate Societies.* Chicago 1971

638

Küsters, H., „Jean Monnet and the European Union: Idea and Reality of the Integration Process", in: Majone, Noël, Van den Bossche (Hg.), wie zit., S. 45–60

Lamb, D., *The Africans*. New York 1987

Lash, J. P., *Eleanor: The Years Alone*. New York 1972

– *Eleanor and Franklin*. New York 1973

– *Love, Eleanor: Eleanor Roosevelt and Her Friends*. Garden City, N. Y. 1982

Lattimore, O., *China Memoirs: Chiang Kai-shek and the War Against Japan*. Tokio 1990

Ledwidge, B., *De Gaulle*. New York 1982

Lenin, W. I., Werke, Berlin 1955–65, Bd. 5 („Was tun? Brennende Fragen unserer Bewegung.")

Lentz, R., *Symbols, the News Magazines, and Martin Luther King*. Baton Rouge, La. 1990

Lévi-Strauss, C., *Structural Anthropology*. New York 1963 (Orig.: *Anthropologie structurale*. Paris 1958. Dt.: *Strukturale Anthropologie*. Frankfurt a. M. 1967)

Lewis, F., „We the Decent People, Saying ‚No‘„. *International Herald Tribune*, 28. Aug. 1993

Little, G., *Political Ensembles: A Psychosocial Approach to Politics and Leadership*. Melbourne 1985

– *Strong Leadership. Thatcher, Reagan, and an Eminent Person*. Melbourne 1988

Loh, P. P. Y., *The Early Chiang Kai-shek: A Study of His Personality and Politics, 1887–1924*. New York 1971

Lohr, S., „IBM Chief Making Drastic Cuts." *New York Times*, 28. Juli 1993, S. 1, 6

– „On the Road with Chairman Lou." *New York Times*, 26. Juni 1994, S. 1, C2

Lukacs, J., „Benito Mussolini Back from the Dead." *New York Times Magazine*, 24. Juli 1994, S. 14–17

Luria, A.R., *The Higher Cortical Functions in Man*. New York 1966

Lykken, D., M. McGue, A. Tellegen und T. J. Bouchard, „Emergenesis: Genetic Traits That May not Run in the Families." *American Psychologist* 47, Nr. 12, 1992, S. 1565–1577

Lyttle, R., *Il Duce: The Rise and Fall of Benito Mussolini*. New York 1987

Macfarquhar, R., T. Cheek und E. Wu, *The Secret Speeches of Chairman Mao*. Cambridge, Mass. 1989

Machiavelli, N., The Prince *and* The Discourses. New York 1950. (*Il Principe*. Rom 1984. Dt.: *Der Fürst*. Stuttgart 1984)

Majone, G., E. Noël und P. Van den Bossche (Hg.), *Jean Monnet et l'Europe d'Aujourd'hui*. Baden-Baden 1989

Malcolm X, *Malcolm X Speaks: Selected Speeches and Statements*. Hg. v. G. Breitman, New York 1989

Mamali, C. S., „The Gandhian Mode of Becoming: Machiavellianism and Gandhianism as Conflicting Modes of Becoming." Unveröfftl. Vortrag, Iowa City, 1993

Mandler, J. M., *Stories, Scripts, and Scenes: Aspects of Schema Theory*. Hillsdale, N. J. 1984

Maney, P., *The Roosevelt Presence: A Biography of Franklin Delano Roosevelt*. New York 1992

„Man of the Year, Martin Luther King jr.", *Time*, 3. Jan. 1964, S. 13–27

„Man of the Year, Pope John.", *Time*, 4. Jan 1963, S. 50–54

Marshack, A., *The Roots of Civilization*. Mt. Kisco, N. Y. 1991

Marshall, G. C., *The War Reports*. Philadelphia 1947

Mayer, M., *Robert Maynard Hutchins: A Memoir*. Hg. v. J. H. Hicks, Berkeley 1993

Mayle, P. D., *Eureka Summit: Agreement in Principle and the Big Three in Tehran, 1943*. Newark 1987

McCullough, D., *Truman*, New York 1992

McDonald, K., „Biology and Behavior." *Chronicle of Higher Education*, 14. Sept. 1994, S. 10 f.

McDowell, E., „New Samoa Book Challenges Mead's Conclusions." *New York Times*, 31. Jan. 1983, S. 1, C21

McFarland, L. J., L. E. Senn und J. R. Children (Hg.), *Twenty-First-Century Leadership: Dialogues with 100 Top Leaders*. New York 1993

McLuhan, M., *Understanding Media*. New York 1964

McNeal, R. H., *Stalin: Man and Ruler*. London 1988

Mead, M., *Male and Female: A Study of the Sexes in a Changing World*. New York 1949 (dt.: *Mann und Weib: das Verhältnis der Geschlechter in einer sich wandelnden Welt*. Hamburg 1976)

– *Sex and Temperament in Three Primitive Societies*. New York 1963, erstm. ersch. 1935 (dt.: *Jugend und Sexualität in primitiven Gesellschaften*. Bd. 3: *Geschlecht und Temperament in 3 primitiven Gesellschaften*. München 1979)

– *Anthropology, a Human Science: Selected Papers 1939–1960*. Princeton, N. J. 1964 a

– *Continuities in Cultural Evolution*. New Haven 1964 b

– *Coming of Age in Samoa.* New York 1968; erstm. ersch. 1928 (dt.: *Jugend und Sexualität in primitiven Gesellschaften.* Bd. 1: *Kindheit und Jugend in Samoa.* München 1976)
– *Blackberry Winter: My Earlier Years.* New York 1972 (dt.: *Brombeerblüten im Winter.* Reinbek 1978)
Mead, M. und R. Metraux, *Aspects of the Present.* New York 1980
Mehta, V., *Mahatma Gandhi and His Apostles.* New York 1977
Miller, M. und L. Hays, „Gerstner's Nonvision for IBM Raises a Management Issue." *Wall Street Journal,* 29. Juli 1993, Abt. B. S. 1
Millis, W. (Hg.), *The War Reports of General of the Army George C. Marshall, General of the Armee H. H. Arnold, Fleet Admiral Ernest J. King.* New York 1947
Miroff, E., *Icons of Democracy.* New York 1993
Monnet, J., *Memoirs.* Garden City, N. Y. 1978 (Mémoires. Paris 1976. Dt.: *Erinnerungen eines Europäers.* München Wien 1978)
Montgomery, B. L., *The Memoirs of Field-Marshal Montgomery.* New York 1958
Morgan, T., *FDR: A Biography.* New York 1985
Morris, R., *Evolution and Human Nature.* New York 1983
Mosley, L., *Marshall: Hero for Our Times.* New York 1982
„Mrs. Roosevelt Takes News Calmly." *New York Times,* 16. Febr. 1933, S. 1 f.
Mussolini, B., *My Autobiography.* London 1939
Nanda, B. R., *Gandhi and His Critics.* Delhi, 1985
Nelson, K., *Event Knowledge: Structure and Function in Development.* Hillsdale, N. J. 1986
– „Emergence of Autobiographical Memory at Age 4." *Human Development* 35, Nr. 3, Mai-Juni 1992, S. 172–177
Neustadt, R., *Presidential Power: The Politics of Leadership from FDR to Carter.* New York 1980
New York Times. Margaret Thatcher. 19. Okt. 1993, S. B2
Nisbett, R. und L. Ross, *Human Inference.* Englewood Cliffs, N. J. 1980
Noble, B. P., „The Debate over *la difference.*" *New York Times,* 15. Aug. 1993, Wirtschaftsteil S. 6
Nye, J., *Bound to Lead: The Changing Nature of American Power.* New York 1990
Oliner, S. P. und P. M. Oliner, *The Altruistic Personality: Rescuers of Jews in Nazi Europe.* New York 1988
Oppenheimer, J. R., *Uncommon Sense.* Boston 1984
– *Some Reflections on Science and Culture.* Chapel Hill 1960

Paine, T., *Common Sense*. New York 1976

Pais, A., *Subtle Is the Lord: The Science and Life of Albert Einstein*. New York 1982 (dt.: *„Raffiniert ist der Herrgott ..."* *Albert Einstein. Eine wissenschaftliche Biographie*. Braunschweig/Wiesbaden 1986)

Paris, P., *Black Religious Leaders: Conflict in Unity*. Louisville, Ky. 1991

Parrish, T., *Roosevelt and Marshall: Partners in Politics and War*. New York 1989

Paxton, R., „Radicals." Besprechung von Z. Sternhell, *The Birth of Fascist Ideology: From Cultural to Political Revolution*, in: *New York Review of Books*, 23. Juni 1994, S. 51–54

Payne, R., *The Life and Death of Mahatma Gandhi*. New York 1990

Pearson, J., *Citadel of the Heart: Winston and the Churchill Dynasty*. London 1991

Perlmutter, A., *FDR and Stalin: A not so Grand Alliance, 1943–1945*. Columbia, Mo. 1993

Perry, E. I., „Training for Public Life: ER and Women's Political Networks in the 1920's", in: Hoff-Wilson Lightman, wie zit., S. 28–45

Petrullo, L. und B. Bass (Hg.), *Leadership and Interpersonal Behavior*. New York 1961

Pfaff, W., „Passive Government Disarms Democracy." *International Herald Tribune*, 11. Juni 1993, S. 6

Piaget, J., „Piaget's Theory." In: P. Mussen (Hg.), *Handbook of Child Psychology*, Bd. 1, New York 1983

Pogue, F. C., *George C. Marshall: Education of a General, 1880–1939*. New York 1963

– *George C. Marshall: Ordeal and Hope, 1939–1942*. New York 1965

– *George C. Marshall: Organizer of Victory, 1943–1945*. New York 1973

Postbrief, S., „Departure from Incrementalism in U. S. Strategic Planning: The Origins of NSC-68." *Naval College Review*, März–Apr. 1980, S. 34–57

Preston, P., *Franco: A Biography*. London 1993

Propp, V., *The Morphology of the Folk Tale*. Austin, Tex. 1968. (*Morfologija skazki*. Moskau 1969. Dt.: *Morphologie des Märchens*. München 1972)

Rabi, I. I., R. Serber, V. Weisskopf, A. Pais und G. T. Seaborg, *Oppenheimer*. New York 1969

Rees-Mogg, W., „Our National Malaise." *London Times*, 28. Jan. 1993, S. 20

Reston, J., „,I have a dream ...' Preoration by Dr. King Sums Up a Day the Capital Will Remember." *New York Times*, 29. Aug. 1963, S. 1, 17

Rhodes, R., *The Making of the Atomic Bomb*. New York 1986 (dt.: *Die Atombombe oder Die Geschichte des 8. Schöpfungstages*. Nördlingen 1988)

Riddell, P., „What We Did and Why We Fell." Besprechung von M. Thatcher, *The Downing Street Years*. *Times Literary Supplement*, 29. Okt. 1993, S. 28

Rieben, H., „La naissance de l'idée européenne de Jean Monnet", in: Majone, Noël, Van den Bossche, wie zit., S. 21–28

Rieben, H., M. Nathusius und F. Nicod, *Jean Monnet, Robert Schuman, Correspondance, 1947–1953*. Lausanne, 1986

Riga, P., *John XXIII and the City of Man*. Westminster, Md. 1966

Roland, C., H. Friedlander und B. Müller-Hill (Hg.), *Medical Sciences without Compassion: Past and Present*. Arbeitspapiere-Atti-Proceedings Nr. 11, Herbsttreffen, Köln, 28.-30. Sept. 1988

Roosevelt, E., *You Learn by Living*. New York 1960

– *The Autobiographie of Eleanor Roosevelt*. New York 1992

Roosevelt, F. D., *Nothing to Fear: The Selected Addresses of Franklin Delano Roosevelt, 1932–1945*. Cambridge, Mass. 1946

Rosenbach, W. E. und R. L. Taylor, *Contemporary Issues in Leadership*. Boulder, Colo. 1984

Rosenberg, M., „Quixotic Prophet." Besprechung von H. Ashmore, *Unseasonable Truths*, in: *Chicago Tribune*, 27. Aug. 1989, Abt. 14, S. 33

Rosener, J., „Ways Women Lead." In: *Harvard Business Review* 68, Nov.–Dez. 1990, S. 119–125

Rosnow, R., A. Skleder, M. Jaeger und B. Rind, „Intelligence and the Epistemics of Interpersonal Acumen: Testing Some Implications of Gardner's Theory." *Intelligence* (im Druck)

Royal, D., *The Story of J. Robert Oppenheimer*. New York 1969

Rubin, J. S., *The Making of Middle-Brow Culture*. Chapel Hill, 1992

Rushton, G. P., „Genetic Similiarity, Human Altruism, and Group Selection." *Behavioral and Brain Sciences* 12, Nr. 3, Sept. 1989, S. 503–518

Rustow, D. A. (Hg.), *Philosophers and Kings: Studies in Leadership*. New York 1970

Ryan, A., „Yes, Minister." Besprechung von M. Thatcher, *The Downing Street Years*. In: *New York Review of Books*, 2. Dez. 1993, S. 7–12

Sapolsky, R. und R. Jay, „Styles of Dominance and Their Physiological Correlates among Wild Baboons", in: *American Journal of Primatology* 18, 1989, S. 1–13

Sartre, J. P., *The Words*. New York 1964. (*Les mots*. Paris 1980. Dt.: *Die Wörter*. Reinbek 1965)

Schaefer, R., *Narrative Actions in Psychoanalysis*. Worcester, Mass. 1981

Scharf, L., „ER and Feminism", in: Hoff-Wilson und Lightman, wie zit., S. 226–254

Schiffer, I., *Charisma: A Psychoanalytic Look at Mass Society*. Toronto, 1973

Schmemann, S., „A Poet Sings Fondly of an Old Enemy", in: *New York Times*, 24. Juli 1993, S. 4

Schram, S., *Chairman Mao Talks to the People*. New York 1974

Selman, R., *The Growth of Interpersonal Understanding*. New York 1980

Selman, R. und L. H. Schultz, *Making a Friend in Youth: Developmental Theory and Pair Therapy*. Chicago 1990

Service, R., *Lenin: A Political Life*. 2 Bde. London 1991

Shaller, G., *The Mountain Gorilla*. Chicago 1963

Shils, E., „Robert Maynard Hutchins: Former Controversial President of the University of Chicago and His Educational Philosophy, in: *American Scholar* 59, Nr. 2, 1990, S. 211–235

– „Do We Still Need Academic Freedom?", in: *American Scholar* 62, Nr. 2, 1991, S. 187–199

Shirer, W. L., *Gandhi: A Memoir*. New York 1979

Simmons, A., „President's Essay: Citizen Groups Are Essential Partners in the New Global Governance." *1993 Report on Activities of the Mac Arthur Foundation*. Chicago 1944, S. 2–6

Simonton, D. K., *Genius, Creativity, and Leadership: Historiometric Inquiries*. Cambridge, Mass. 1984

– „Putting the Best Leaders in the White House: Personality, Policy, and Performance", in: *Political Psychology* 14, Nr. 3, 1993, S. 537–548

– *Greatness: Who Makes History and Why*. New York 1994

Skowronek, S., *The Politics Presidents Make: Leadership from John Adams to George Bush*. Cambridge, Mass. 1993

Sloan, A. P. jr., *My Years with General Motors*. Garden City, N. Y. 1972

Sloan, A. P. jr. mit Boyden Sparkes, *Adventures of a White-Collar Man*. New York 1941

Smelser, N., *Theory of Collective Behavior*. New York 1962

Smith, A. K. und C. Weiner, *Robert Oppenheimer: Letters and Recollections*. Cambridge, Mass. 1980

Smith, D. M., *Mussolini*. New York 1982

Smith, H., *The World's Religions*. San Francisco 1991

Staw, B. und R. Sutton, „Macro Organizational Society", in: J. K. Murnighan (Hg.), *Social Psychology in Organizations: Advances in Theory and Research*. Englewood Cliffs, N. J. 1992, S. 350–384

Steichen, E., *The Family of Man*. New York 1955

Stern, P. mit H. Green, *The Oppenheimer Case: Security on Trial*. New York 1969

Stoessinger, J., Gespräch mit dem Autor, 6. Dez. 1994

– *Why Nations Go to War*. 6. Aufl. New York 1993

Stoler, M. A., *George C. Marshall: Soldier-Statesman of the American Century*. Boston 1989

Storr, A., *Churchill's Black Dog, Kafka's Mice, and Other Phenomena of the Human Mind*. New York 1988

Strasser, O., *Hitler und ich*. Konstanz 1948

Sutton, R. und D. C. Galunic, „Consequences of Public Scrutiny for Leaders and Their Organizations." Unveröfftl. Vortrag, Stanford Universität 1994

Swedberg, R., „The Idea of ‚Europe‘ and the Origin of the European Union – A Sociological Approach." *Zeitschrift für Soziologie* 23, Nr. 5, 1994, S. 378–387

Swift, G., *Waterland*. New York 1983

Tead, O., *The Art of Leadership*. New York 1935

Terrill, R., *Mao: A Biography*. New York 1980

Thatcher, M., *Margaret Thatcher: The Downing Street Years*. New York 1993 (dt.: *Downing Street Number 10: die Erinnerungen*. Düsseldorf 1993)

Thompson, K. W., *Winston Churchill's World View: Statemanship and Power*. Baton Rouge, La. 1983

Toland, J., *Adolf Hitler*. New York 1976 (dt.: *Adolf Hitler*. Bergisch Gladbach 1977)

Tsanoff, R., *Autobiographies of Ten Religious Leaders: Alternatives in Christian Experience*. San Antonio, Tex. 1968

Tucker, R. C., *Stalin in Power: The Revolution from Above, 1928–1941*. New York 1990

Turiel, E., „The Social Construction of Social Construction", in: W. Damon (Hg.), *Child Development Today and Tomorrow*. San Francisco 1989, S. 86–106

United States Atomic Energy Commission. *In the Matter of J. Robert Oppenheimer*. Cambridge, Mass. 1970

Volkogonov, D., *Stalin: Triumph and Tragedy*. London 1991 (dt.: *Stalin: Triumph und Tragödie*. Düsseldorf 1989)

von Simson, W., „Reflections on Jean Monnet's Skillful Handling of Member States and People during the First Years of the Community", in: Majone, Noël, Van den Bossche, wie zit., S. 29–36

Wals, J., „Where Have All the Leaders Gone?" *Time*, 12. Juli 1993, S. 17–21

Walsh, M. und B. Davies (Hg.), *Proclaiming Justice and Peace: Documents from John XXIII to John Paul II*. London 1984

Ware, S., „ER and Democratic Politics: Women in the Postsuffrage Era", in: Hoff-Wilson und Lightman, wie zit., S. 45–60

White, E. (Hg.), *Sociobiology and Human Politics*. Lexington, Mass. 1981

Wigginton, F. P., *The Popes of Vatican Council II*. Chicago 1983

Williams, P. und M. Harrison, *De Gaulle's Republic*. Westport, Conn. 1960

Williams, W., *Mismanaging America: The Rise of the Anti-analytic Presidency*. Lawrence 1990

Wills, G., *Certain Trumpets: The Call of Leaders*. New York 1994 a

– „What Makes a Good Leader?" *Atlantic Monthly*, April 1994 b, S. 63–80

Wilson, E., *To the Finland Station*. London 1960

Wilson, E. O., *Sociobiology*. Cambridge, Mass. 1975

Winner, E., *The Point of Words: Children's Understanding of Metaphor and Irony*. Cambridge, Mass. 1988

– *Giftedness and Its Myths*. New York (im Druck)

Wittgenstein, L., *Philosophical Investigations*. Oxford 1958. *Philosophische Untersuchungen*. Frankfurt a. M. 1980

Wofford, H., *Of Kennedy and Kings: Making Sense of the Sixties*. New York 1980

York, H., *The Advisors: Oppenheimer, Teller, and the Superbomb*. Stanford, Calif. 1989; erstm. ersch. 1976

Young, A., „Interview with Andrew Young." *New York Times*, 11. Mai 1994, S. C1 f.

Young, H., *The Iron Lady: A Biography of Margaret Thatcher*. New York, 1989

Young, H. und A. Simon, *The Thatcher Phenomenon*. London 1986

Zalesnik, A. und M. Kets de Vries, *Power and the Corporate Mind*. Chicago 1985

Zizola, G., *The Utopia of Pope John XXIII*. Maryknoll, N. Y. 1978 (Orig.: *L'utopia di papa Giovanni*. Assisi 1973)

Personenregister

Sachregister

653